OBRA
COMPLETA

Dados Internacionais de Catalogação na Publicação (CIP)
(Câmara Brasileira do Livro, SP, Brasil)

Lisieux, Teresa de, 1873-1897
  Obra completa : história de uma alma, cartas, poesias e manuscritos / Teresa de Lisieux ; tradução Frei Ary E. Pintarelli, OFM. – 1. ed. – Petrópolis, RJ : Editora Vozes, 2021.
  Título original : Soeur Thérèse de l' Enfant-Jésus et de la Sainte Face. Histoire d'une âme écrite par elle-même.
  ISBN 978-65-5713-114-5

  1. Biografia 2. Carmelitas (Freiras) – Vida espiritual 3. Teresinha do Menino Jesus, Santa, 1873-1897 I. Título.

21-63559 CDD-271.97102

Índices para catálogo sistemático:
1. Carmelitas : Freiras : Biografia e obra 271.97102

Aline Graziele Benitez – Bibliotecária – CRB-1/3129

TERESA DE LISIEUX

OBRA COMPLETA

HISTÓRIA DE UMA ALMA, CARTAS, POESIAS E MANUSCRITOS

Tradução de Frei Ary E. Pintarelli, OFM

Petrópolis

Tradução realizada a partir do original em francês intitulado *Soeur Thérèse de l'Enfant-Jésus et de la Sainte Face. Histoire d'une âme écrite par elle-même*

Arquivos digitais originais disponíveis em:
https://www.archives-carmel-lisieux.fr/carmel/

© desta tradução:
2021, Editora Vozes Ltda.
Rua Frei Luís, 100
25689-900 Petrópolis, RJ
www.vozes.com.br
Brasil

Todos os direitos reservados. Nenhuma parte desta obra poderá ser reproduzida ou transmitida por qualquer forma e/ou quaisquer meios (eletrônico ou mecânico, incluindo fotocópia e gravação) ou arquivada em qualquer sistema ou banco de dados sem permissão escrita da editora.

CONSELHO EDITORIAL

Diretor
Gilberto Gonçalves Garcia

Editores
Aline dos Santos Carneiro
Edrian Josué Pasini
Marilac Loraine Oleniki
Welder Lancieri Marchini

Conselheiros
Francisco Morás
Ludovico Garmus
Teobaldo Heidemann
Volney J. Berkenbrock

Secretário executivo
Leonardo A.R.T. dos Santos

Diagramação: Sheilandre Desenv. Gráfico
Revisão gráfica: Nilton Braz da Rocha / Fernando Sergio Olivetti da Rocha
Capa: Rafael Nicolaevsky
Ilustração de capa: Imagem: Santa Teresinha. Fonte: chadourasenke.org.br

ISBN 978-65-5713-114-5

Editado conforme o novo acordo ortográfico.

Este livro foi composto e impresso pela Editora Vozes Ltda.

Sumário

Apresentação à edição brasileira, 11

Cartas de aprovação e declarações, 19

Prefácio, 43

Introdução, 49

HISTÓRIA DE UMA ALMA

Capítulo I

Primeiras notas de um cântico de amor. – O coração de uma mãe. – Recordações dos dois aos quatro anos, 59

Capítulo II

Morte de sua mãe – Os Buissonnets – Amor paterno – Primeira confissão – Os serões de inverno – Visão profética, 71

Capítulo III

O colégio. – Dolorosa separação. – Doença estranha. – Visível sorriso da Rainha do Céu, 85

Capítulo IV

Primeira Comunhão. – Confirmação. – Luzes e trevas. – Nova separação. – Graciosa libertação de suas penas interiores, 97

Capítulo V

A graça do Natal. – Zelo das almas. – Primeira conquista. – Doce intimidade com sua irmã Celina. – Obtém de seu pai a permissão de entrar para o Carmelo aos quinze anos. – Recusa do Superior. – Apela para Monsenhor Hugonin, Bispo de Bayeux, 111

Capítulo VI

Viagem a Roma – Audiência de S. S. Leão XIII. – Resposta do Sr. Bispo de Bayeux. – Três meses de espera, 127

Capítulo VII
Entrada de Teresa na Arca bendita. – Primeiras provações. – Os esponsais divinos. – A neve. – Uma grande dor, 143

Capítulo VIII
As núpcias divinas. – Um retiro de graças. – A última lágrima de uma santa. – Morte de seu pai. – Como Nosso Senhor satisfaz todos os seus desejos. – Uma vítima de Amor, 155

Capítulo IX
O Elevador divino. – Primeiros convites para as alegrias eternas. – A noite escura. – A mesa dos pecadores. – Como este anjo terrestre entende a caridade fraterna. – Uma grande vitória. – Um soldado desertor, 169

Capítulo X
Novas luzes sobre a caridade. – O pincelzinho: sua maneira de pintar nas almas. – Uma oração atendida. – As migalhas que caem da mesa das crianças. – O bom samaritano. – Dez minutos mais preciosos do que mil anos de alegrias terrenas, 187

Capítulo XI
Dois irmãos sacerdotes. – O que ela entende por essas palavras do Cântico: "Atraí-me...". – Sua confiança em Deus. – Uma visita do céu. – Ela encontra seu repouso no amor. – Sublime infância. – Apelo a todas as "almas pequenas", 203

Capítulo XII
O Calvário. – O voo para o Céu, 221

CARTAS

Cartas de Irmã Teresa do Menino Jesus à sua irmã Celina, 249

Cartas à Revda. Madre Inês de Jesus, 269

Cartas à Irmã Maria do Sagrado Coração, 275

Cartas à Irmã Francisca-Teresa, 281

À sua prima Maria Guérin, 285

À sua prima Joana Guérin, 287

Aos dois missionários seus Irmãos espirituais, 289

POESIAS

Primeira Parte
Meu canto de hoje, 299

Viver de amor!, 301

Oração, 307

Cântico à Santa Face, 307

Dirupisti, Domine, vincula mea!, 309

Jesus, meu Amado, lembra-te!..., 310

Ao Sagrado Coração, 319

O cântico eterno, 321

Tenho sede de amor!, 322

O meu céu..., 324

Minha esperança, 325

Lançar flores, 326

Meus desejos junto ao Tabernáculo, 327

Jesus só, 329

O Viveiro do Menino Jesus, 331

Glosa ao Divino, 333

Ao Menino Jesus, 334

Minha Paz e minha Alegria, 334

Minhas Armas, 336

Um lírio entre espinhos, 338

A rosa desfolhada, 340

O abandono, 341

Segunda Parte

O Orvalho divino ou o Leite virginal de Maria, 345

A Rainha do céu à sua pequena Maria, 347

Por que te amo, ó Maria!, 349

A São José, 355

Ao meu Anjo da Guarda, 357

A meus irmãozinhos do céu, os santos Inocentes, 359

A melodia de Santa Cecília, 362

Cântico de Santa Inês, 365

Ao Venerável Teofânio Vénard, 366

Terceira Parte

A Pastora de Domremy escutando suas Vozes, 369

Santa Catarina e Santa Margarida, 370

São Miguel, 371

Joana sozinha, 372

São Miguel, 373

Santa Margarida, 373

Sana Catarina, 373

As duas Santas juntas, 374

São Miguel, 374

As Santas oferecem à Joana a palma e a coroa, 374

Santa Catarina, 374

Santa Margarida, 374

São Miguel, apresentando a espada, 375

As Santas juntas, 375

Joana sozinha, 375

São Miguel, 376

Hino de Joana d'Arc após suas vitórias, 376

Oração de Joana d'Arc na prisão, 377

As Vozes de Joana durante o martírio, 378

O julgamento divino, 379

O cântico do triunfo, 381

Oração da França à Venerável Joana d'Arc, 382

Cântico para obter a canonização da Venerável Joana d'Arc, 383

História de uma pastora que se tornou rainha, 386

O Divino Pequeno Mendigo do Natal, 388

Os Anjos no Presépio, 403

O Anjo da santa Face, 405

O Anjo da Ressurreição, 406

O Anjo da Eucaristia, 407

O Anjo do Juízo final, 408

Todos os Anjos, exceto o Anjo do Juízo final, 410

O Menino Jesus, 410

Resposta do Menino Jesus, 411

Resposta do Menino Jesus, 411

Resposta do Menino Jesus, 412

Resposta do Menino Jesus, 413

O Anjo do Juízo final, 413

O Menino Jesus, 413

O Anjo do Juízo final, 414

Refrão, 414

A fuga para o Egito, 415

O Anjo do deserto, 416

Jesus em Betânia, 418

Oração da filha de um Santo, 427

O que amei..., 430

Manuscritos autobiográficos

Manuscrito A, 441

Manuscrito B, 557

Manuscrito C, 569

Apêndice

Retrato físico de Santa Teresa do Menino Jesus, 611

Conselhos e Lembranças, 613

Ato de oferecimento de mim mesma como vítima de holocausto ao Amor misericordioso do bom Deus, 649

Consagração à Santa Face (Composta para o noviciado), 651

Orações, 653

Explicação das armas, 658

6 de setembro de 1910, no Cemitério de Lisieux, 660

Lista das gravuras

Retrato de Irmã Teresa do Menino Jesus, 21

Teresa menina e sua mãe, 65

Casa onde nasceu Teresa. Alençon (Orne) – Igreja Nossa Senhora de Alençon, onde Teresa foi batizada, 74

Os Buissonnets (Lisieux), 74

A Virgem do quarto de Teresa, 94

O Colégio das Beneditinas de Lisieux – Teresa no dia de sua Primeira Comunhão – Coro das religiosas, onde Teresa fez sua Primeira Comunhão, 104

Teresa aos 15 anos e seu pai, 119

Teresa aos pés de Leão XIII, 137

Irmã Teresa do Menino Jesus, noviça, 151

Irmã Teresa do Menino Jesus, sacristã, 162

Cela de Irmã Teresa do Menino Jesus – O claustro do Carmelo de Lisieux, 179

Capela do Carmelo de Lisieux – Coro das Carmelitas, 195

Antigo cemitério interno do Carmelo de Lisieux, 210

Vista geral do Carmelo de Lisieux – Claustro de onde se vê a enfermaria onde morreu Irmã Teresa do Menino Jesus, 233

Irmã Teresa do Menino Jesus após sua morte, segundo um quadro de Celina, 245

Teresa e Celina, 268

Retrato de Irmã Teresa do Menino Jesus, segundo um quadro de Celina, 296

A Santa Face, 306

A Virgem Mãe, 344

Oratório onde atualmente está a "Virgem do quarto de Teresa", 356

Menino Jesus do Claustro, 390

Afresco composto e pintado por Irmã Teresa do Menino Jesus, 409

Alameda das castanheiras no jardim do Carmelo de Lisieux, 631

Túmulo de Irmã Teresa do Menino Jesus, 648

As armas de Irmã Teresa do Menino Jesus, 657

Exumação de Irmã Teresa do Menino Jesus, 659

Apresentação à edição brasileira

Teresa, Teresinha ou Terezinha, do Menino Jesus, da Sagrada Face ou de Lisieux... as tantas variações de seu nome revelam o valor que esta santa tem para a vida dos fiéis devotos e para o cristianismo moderno, tornando-se exemplo de espiritualidade cristã e inspiração para os leitores. Apesar de breve e recente, a história e a produção textual de Teresa de Lisieux é intensa e repleta de nuanças. Escolher qual a versão seguir não foi uma tarefa das mais fáceis.

A história da compilação dos textos deixados por Teresa e de como eles foram editados pelas carmelitas de Lisieux revelam-se um episódio curioso. As primeiras versões do *História de uma alma*, publicadas nos anos que sucederam a morte de Teresa, foram editadas a partir da intenção das prioras de Lisieux de salvaguardar Teresa de situações que a afastassem da aura de santidade, evitando evidenciar as questões familiares ou mesmo algum conflito com as religiosas do Carmelo. Estas versões também receberam títulos que não continham nos manuscritos e tiveram corrigidas algumas imprecisões históricas e erros ortográficos. Com o passar do tempo, as edições críticas buscaram voltar à versão original escrita por Teresa, excluindo as edições redacionais, e aquela primeira versão de *História de uma alma* acabou se transformando em um texto desconstruído, mais fiel ao texto original de Teresa de Lisieux.

Nosso dilema estava em oferecer a redação conhecida do *História de uma alma*, mas também trazer a edição crítica, denominada *Manuscritos autobiográficos*. Nesta apresentação queremos apontar nossas opções visando a publicação não apenas do melhor texto, mas daquele que melhor atendesse à diversidade do leitor brasileiro que compreende desde os que buscam uma leitura espiritual ou devocional, mas também passando pelo leitor que deseja compreender o catolicismo moderno dos séculos XIX e XX, e os estudiosos da mística cristã.

A BREVE VIDA DE TERESA

A breve vida de Teresa ofereceu uma obra que contempla variados textos e estilos literários. Sua história é intensa e os breves anos que passou com sua família e com as religiosas do Carmelo de Lisieux são registrados pela própria Teresa. Recontar sua história seria criar desnecessários obstáculos ao leitor que quer chegar com mais agilidade aos escritos teresianos. Vamos aqui apontar alguns dados que auxiliam o leitor a melhor se situar ante os textos encontrados na obra.

Marie Françoise Thérèse Martin (Maria Francisca Teresa Martin) nasceu no dia 2 de janeiro de 1873, em Alençon, França, e mesmo passando seus anos de vida consagrada no interior do Carmelo de Lisieux, tornou-se uma santa conhecida por todo o mundo. A filha do casal Luís Martin e Zélia Guérin mostrava desde cedo o desejo de ser religiosa. Em 1876 Zélia é acometida por um câncer. Aos quatro anos de idade Teresinha perde a mãe e, em 1877, muda-se para Lisieux com o pai Luís e com suas irmãs Marie, Pauline, Léonie e Céline. Luís morre em 1894, por consequência de uma doença mental.

Em 9 de abril de 1888, ainda com 15 anos de idade, Teresinha ingressa no Carmelo de Lisieux recebendo o nome de Teresa do Menino Jesus. Em 8 de setembro de 1890 faz sua profissão religiosa, assumindo então o nome de Teresa do Menino Jesus e da Sagrada Face.

Teresinha morreu, prematuramente, em 30 de setembro de 1897, aos 24 anos, vítima de tuberculose, em Lisieux, onde foi sepultada. Sua beatificação aconteceu em 29 de abril de 1926 e sua canonização em 17 de maio de 1925, ambas pelo Papa Pio XI. O mesmo papa, em 1927, declarou-a padroeira universal das missões católicas e, em 1997, o Papa João Paulo II declarou Teresa de Lisieux doutora da Igreja.

Os pais de Teresinha foram beatificados em 2008 pelo Papa Bento XVI e canonizados em 2015 pelo Papa Francisco como parte do Sínodo para a família, realizado no Vaticano. A canonização do casal é expressiva por ser a primeira vez que um casal foi elevado à glória dos altares na história da Igreja. A festa litúrgica de São Luís e Santa Zélia Martin é celebrada no dia 12 de julho.

AS BASES PARA ESTA EDIÇÃO BRASILEIRA

Para a publicação desta *Obra Completa de Teresa de Lisieux* tomamos por base o livro *Therese de l'enfant Jésus et de la Sainte Face*, organizado em 1911/1912 pelo Carmelo de Lisieux. Mantivemos na primeira parte as cartas e os avisos próprios do original, inclusive aqueles que advertem sob a utilização dos termos santa e bem-aventurada quando os títulos se remetem à Teresa, visto que sua beatificação e canonização aconteceriam, respectivamente, em 1923 e 1925. Entendemos que a manutenção destes elementos que antecedem os escritos teresianos ajudam o leitor a adentrar na aura de santidade e na devoção que se construía.

Todas as cartas que abrem a edição, enviadas por membros do episcopado, mas também por membros de reconhecidas ordens e congregações religiosas, mostram o quanto Teresa era respeitada pela hierarquia católica e como caminhava para o reconhecimento de sua santidade. Mantivemos também os elementos pré-textuais como o prefácio escrito pela Madre Priora do Carmelo de Lisieux na ocasião da publicação da obra e a introdução que não foi assinada, bem como os textos que introduzem cada escrito de Teresa. Tais textos têm nobre importância literária, pois ajudam o leitor atual a adentrar na atmosfera de santidade que sondava o processo de reconhecimento da santidade de Teresa de Lisieux, com abertura oficializada em Roma em 1912.

Da versão original reservamos também as fotografias, sobretudo aquelas que registraram ambientes e pessoas que fizeram parte de sua vida. Como a obra é antiga, a qualidade gráfica das fotografias estava comprometida, mas decidimos mantê-las, pois são de grande valor ao leitor atual. Também na diagramação buscamos respeitar o original, embora adaptações fossem necessárias. Também foram mantidos alguns anexos que trazem informações sobre a exumação do corpo de Teresa e a ilustração do brasão da família, apesar de termos colocado tais elementos textuais no final da obra realmente como apêndice.

O livro publicado em 1912, organizado pelo Carmelo de Lisieux, contém os escritos *História de uma alma*, publicados originalmente em 1898 e provavelmente o mais conhecido dentre os escritos de Teresa, além de suas cartas e poesias. Somamos à obra os *Manuscritos autobiográficos* de Santa Teresa, o que possibilita que realmente denominemos este livro, que agora publicamos, como a obra completa. Os manuscritos foram reorganizados na segunda metade do século XX e alguns escritos foram realocados de modo que o leitor possa reler textos que constam também na primeira parte desta edição, que contêm o texto publicado em 1912.

Os escritos de Teresa de Lisieux passaram por vários processos e várias edições. Muitos dos textos foram organizados e até adaptados ou corrigidos por sua irmã Paulina, também carmelita. Outros textos, como as poesias, foram organizados pelas carmelitas de Lisieux. Já os manuscritos, da forma como publicamos na edição brasileira, é fruto de uma organização posterior.

As primeiras edições tiveram influência literária de Ir. Inês de Jesus, eleita priora em 1893, e Ir. Maria de Gonzaga, eleita priora do Carmelo em 1896. Ir. Maria do Sagrado Coração decide, em 1910, resgatar os manuscritos de Teresa, dando acesso a partes que originalmente haviam sido suprimidas. Mas foi apenas em 1948 que o trabalho crítico da obra de Teresa de Lisieux se iniciou, dando origem aos textos intitulados como *Manuscritos autobiográficos* que estão disponíveis nos arquivos do Carmelo de Lisieux. Foram estes arquivos que tomamos como base para a tradução.

Ao publicar a obra *História de uma alma*, as carmelitas fizeram uma compilação de vários textos escritos por Teresa, fazendo pequenas adaptações. Estes textos estão também nos *Manuscritos autobiográficos*, mas não no mesmo formato. Foram retiradas as alterações e cada texto foi devolvido à sua posição original. Mas as mudanças não terminaram com a publicação dos *Manuscritos autobiográficos*, por mais que a estrutura seja vigente até hoje. Na década de 1990 foi organizada a edição crítica do centenário e já nos anos de 2000 foi publicada a versão crítica organizada por Guy Gaucher.

Ao leitor brasileiro é importante ressaltar que os títulos e a redação final do *História de uma alma* que oferecemos no início do livro não trazem as modificações das leituras críticas posteriores. Tais modificações estão nos manuscritos que, além de trazerem as revisões críticas, ou seja, corrigirem algumas imperfeições históricas e de edição, são mais fiéis aos textos escritos pela própria Teresa, inclusive assumindo uma estrutura mais próxima do original. Então o leitor brasileiro tem, na prática, duas versões de um mesmo texto, sendo que o primeiro (*História de uma alma*) é uma compilação, com modificações, de partes dos *Manuscritos autobiográficos*.

A tradução desta obra ficou sob a responsabilidade do frade menor Ary Pintarelli, reconhecido por sua contribuição como tradutor junto à CNBB e que nos últimos anos se destacou pelo trabalho de tradução dos *Sermões* de Santo Antônio (Vozes, 2019). Frei Ary buscou garantir as características literárias originais dos escritos de Teresa e, ao traduzir as poesias, nos presenteou com um texto em português que, à medida do possível, transmite o ritmo poético.

A REDESCOBERTA DE TERESA DE LISIEUX

Teresa é uma santa moderna. Em seus escritos se delineiam as características do ser humano moderno, da sua subjetividade e dos conflitos que são próprios deste período histórico. A espiritualidade de Teresa de Lisieux apresenta traços de sua humanidade e, de certa forma, tais características não se apresentam como um problema em si, mas se revelam as circunstâncias onde a mística cristã se desenvolve.

Assim como as santas e místicas modernas, Teresa de Lisieux traz ideias próprias de seu tempo e mesmo concepções de vanguarda. Seu texto é envolto em características literárias do final do século XIX. Mas Teresa se mostra arrojada, por exemplo, ao pensar a mulher de forma original, bem como o ministério sacerdotal para além da hierarquia, protagonizando reflexões que foram assimiladas pela Igreja apenas no Concílio Vaticano II (1962-1965).

Seria possível dizer que Teresa de Lisieux traz consigo a perspectiva do sacerdócio comum dos fiéis ou mesmo a valorização do protagonismo de cada cristão batizado:

> Ser vossa esposa, ó Jesus! Ser carmelita, e, por minha união convosco, ser a mãe das almas, deveria bastar-me. Contudo, sinto em mim outras vocações: sinto em mim a vocação do guerreiro, do sacerdote, do apóstolo, do doutor, do mártir... Gostaria de realizar todas as mais heroicas obras, sinto em mim a coragem de um cruzado, gostaria de morrer no campo de batalha em defesa da Igreja.

Teresinha entende que a dignidade do cristão não está no ministério que exerce ou na posição hierárquica, assumindo o amor como o centro da vivência e da vocação cristã:

> Então, no auge de minha delirante alegria, exclamei: "Ó Jesus, meu amor! Até que enfim descobri minha vocação! *Minha vocação é o amor!* Sim, encontrei meu lugar no seio da Igreja, e este lugar, ó meu Deus, é a Vós que eu o devo: no coração da Igreja minha Mãe, *eu serei o amor!...* Assim, serei tudo; assim, realizar-se-á o meu sonho!"

E longe de negar a natureza humana e suas circunstâncias históricas, Teresa buscou viver plenamente seus dias, seja na relação com a família, seja no Carmelo de Lisieux. Suas poesias e cartas, seu gosto pelo teatro e até mesmo a quantidade de fotografias disponibilizadas sinalizam para uma atitude que vai além da contraposição entre a Igreja e a modernidade, o eterno e o secular, a alma e o corpo. Temas esses que seriam abordados em uma perspectiva de conciliação apenas no Concílio Vaticano II.

A vida humana não é uma condição a ser negada, mas um dom a ser vivido. E se a jovem carmelita teve sua vida prematuramente ceifada, também apresentou a consciência de que o céu não se limitava a uma circunstância pós-morte, mas deveria ser vivenciado trazendo "o meu céu na terra". A expressão "meu céu" é muitas vezes utilizada nos escritos teresianos e aponta para uma maturidade teológica não tão comum ao cenário eclesial do final do século XIX. Teresa de Lisieux mostra um pensamento de vanguarda, assim como outras místicas como a beguina Matilde de Magdeburgo (1207-1282), a dominicana Catarina de Sena (1347-1380), a filósofa Simone Weil (1909-1943). Elas foram capazes de oferecer escritos que apontassem caminhos e perspectivas até então não trilhados.

Somando-se aos proeminentes carmelitas, como João da Cruz e Teresa de Ávila, Teresa de Lisieux nos oferece textos que transcendem a passagem do século XIX para o XX. Suas reflexões místicas e eclesiais podem destinar-se a diferentes leitores, desde aquele que busca o contato com um estilo literário, passando pelos leitores de espiritualidade cristã e mesmo aos estudiosos que se debruçam sobre os clássicos. Abraçada pela devoção popular, Santa Teresinha do Menino Jesus tornou-se padroeira de um expressivo número de paróquias e comunidades pelo Brasil e pelo mundo. A ela recorrem os devotos e os leitores piedosos. Nos últimos tempos Teresa tem sido descoberta por intelectuais que cada vez mais veem a profundidade e a beleza literária de sua obra.

Embora Teresa ocupe lugar de destaque na religiosidade popular, sua obra foi pouco estudada pela teologia e mesmo pelos estudos literários e culturais da religião. É necessário ressaltar que você, leitor, não está diante de uma edição crítica, com notas e estudos aprofundados sobre os textos, como já mencionamos anteriormente. Mas você, leitor, pode ter a certeza de que está diante de uma obra que foi bem pensada e traduzida com cuidado, servindo de elemento para que pesquisadores realizem seus trabalhos, como também para o leitor que busca conhecimento acerca da espiritualidade cristã. Desejamos que a *Obra completa* de Teresa de Lisieux seja bem recebida pelos leitores brasileiros, somando-se aos títulos e autores que já compõem nosso catálogo de espiritualidade clássica.

Welder Lancieri Marchini
Editor teológico da Editora Vozes

12 de julho de 2021
Memória litúrgica de São Luís e Santa Zélia Martin,
pais de Santa Teresinha do Menino Jesus e da Sagrada Face

CARTAS DE APROVAÇÃO E DECLARAÇÕES

Declaração

Conforme o decreto do Papa Urbano VIII, declaramos que os títulos de *Santo* ou de *Venerável* que, no decorrer desta obra, aplicar-se-ão a pessoas sobre as quais a santa Igreja não se pronunciou, têm um valor puramente *humano* e *privado*.

Igualmente, nas diversas fotografias da Serva de Deus que publicamos, como também na exposição dos acontecimentos e das graças extraordinárias que são trazidas, não entendemos antecipar-nos ao julgamento do Sumo Pontífice, ao qual nos submetemos sem reservas.

A Serva de Deus
Irmã Teresa do Menino Jesus
Religiosa carmelita do Mosteiro de Lisieux
1873-1897

Ó meu Deus, vosso amor precedeu-me desde minha infância; ele cresceu comigo e agora é um abismo cuja profundidade não posso avaliar.

CARTA
de
Sua Excia. Monsenhor Lemonnier,
Bispo de Bayeux e Lisieux

Bayeux, 2 de fevereiro de 1909.

Reverenda Madre,

Aprovo seu desejo de fazer uma nova edição da **Vida de Irmã Teresa do Menino Jesus e da Santa Face**. Como eu, a senhora sabe quantos fatos maravilhosos parecem mostrar que o bom Deus quer pôr à luz esta florzinha do Carmelo que desabrochou em seu mosteiro e foi, rapidamente, colhida para ser transplantada no Céu.

Segundo a expressão do Apóstolo, ela foi o bom odor de Jesus Cristo e seu perfume místico aromatiza muitas almas!

Abençoo-a, Reverenda Madre, e lhe peço que aceite a expressão de meus sentimentos paternalmente devotados em Nosso Senhor.

† THOMAS,
Bispo de Bayeux e Lisieux

CARTAS DE APROVAÇÃO

Recebidas após a primeira edição
de History de uma alma

CARTAS
DE
SUA EMINÊNCIA O CARDEAL GOTTI
Prefeito da Sagrada Congregação da Propaganda

J. † M.

Roma, 5 de janeiro de 1900.

MUITO REVERENDA MADRE,

O magnífico exemplar de HISTÓRIA DE UMA ALMA que me foi enviado para ser oferecido ao Nosso Santo Padre o Papa lhe foi remetido na sexta-feira, dia 30 de dezembro último.

Sua Santidade, que quis tomar conhecimento pessoal, prolongou sua leitura por um bom tempo com visível satisfação, e encarregou-me de lhe escrever em seu nome, para dizer-lhe que ele aceita esta homenagem de sua piedade filial, e lhe envia, como também à sua Comunidade, a Bênção apostólica.

Cumprindo hoje a agradável missão que Sua Santidade me confiou, tenho o prazer de poder exprimir-lhe, ao mesmo tempo, Reverendíssima Madre, minha viva gratidão pelo rico exemplar da mesma obra que a senhora teve a bondade de me enviar. O que dela pude ver pareceu-me tão atraente que aguardo as primeiras horas de lazer para iniciar sua leitura.

Queira aceitar a expressão do religioso respeito com o qual tenho a satisfação de declarar-me, Reverendíssima Madre,

de Vossa Reverência

devotamente em Nosso Senhor

Fr. JÉROME-MARIE, Card. GOTTI

Roma, 19 de março de 1900.

Reverendíssima Madre,

Recebi, como um sentimento de viva gratidão, o rico estojo e seu precioso conteúdo[1], que a senhora teve a bondade de me enviar. Esta delicada atenção tocou-me muito mais porque Vossa Reverendíssima e sua comunidade tiveram de fazer um grande sacrifício ao se desfazerem em meu favor dessas recordações de Irmã Teresa do Menino Jesus e da Santa Face, que, com justiça, lhes são tão caras.

Mostrei-as ao Reverendíssimo Padre Geral dos Carmelitas Descalços, e pensamos que seria conveniente guardá-las na caixa da Postulação das Causas de nossos Veneráveis. É ali que serão melhor guardadas e será uma felicidade encontrá-las lá, se um dia for do agrado de Deus que sua fiel serva seja glorificada, fazendo-a ocupar as honras de um culto público em sua Igreja.

Queira aceitar, Reverenda Madre, com a homenagem de meu religioso devotamento, a expressão de minha viva gratidão.

Seu devoto em Nosso Senhor.

Fr. Jérome-Marie, Card. GOTTI

---

1. Uma mecha dos cabelos de Irmã Teresa do Menino Jesus e seu primeiro dente engastado numa de suas joias.

CARTA
de
Sua Eminência o Cardeal Amette,
ARCEBISPO DE PARIS
Então Bispo de Bayeux e Lisieux.

ARCEBISPADO
DE
BAYEUX

24 de maio de 1899.

REVERENDÍSSIMA MADRE,

O Espírito Santo disse que *"se é bom guardar o segredo do rei, é honrar a Deus também revelar e publicar suas obras"*.

Sem dúvida, vos recordastes desta palavra quando resolvestes publicar a HISTÓRIA DE UMA ALMA. Depositária dos segredos íntimos de vossa amada filha, *Irmã Teresa do Menino Jesus*, pensastes não dever guardar para vós somente e para vossas Irmãs o que ela escreveu somente para vós. Com boas razões, pensastes entre vós, que seria glorioso a Nosso Senhor fazer conhecer as obras maravilhosas de sua graça nessa alma tão pura e generosa.

Vossas esperanças não foram desiludidas, a rapidez pela qual se esgotou a primeira edição de vosso livro mostram-no bem.

Os celestiais perfumes que exalam as páginas escritas por vossa angélica filha entusiasmaram as almas a respirá-los e, sem dúvida alguma, atraíram mais de uma a seguir o Esposo divino.

Peço ao Senhor que derrame uma bênção semelhante e ainda mais abundante sobre a nova edição que preparais, e vos peço, Reverenda Madre, que aceite a expressão de meu religioso e paternal devotamento.

† LÉON-ADOLPHE,
Bispo de Bayeux e Lisieux

Carta
de
Monsenhor Jourdan de la Passardière,
Bispo de Roséa

Paris, 12 de Março de 1899.

Reverenda Madre,

Quisestes enviar-me a História de uma alma escrita por ele mesma; eis minha opinião sobre estas páginas tão atraentes em sua sobrenatural e luminosa simplicidade:

É impossível ler estas páginas sem, de alguma forma, ali tocar com o dedo a palpável realidade da vida sobrenatural e, sobretudo hoje, nada vale tal pregação.

Irmã Teresa do Menino Jesus, numa das páginas mais eloquentes saídas de sua pena, representou seu divino Esposo como uma águia que vinha derramar-se sobre ela das alturas do Céu e a levava na luz e na chama para a pátria das claridades sem sombras e sem declínio. Ora, parece-me que já duas grandes águias da santidade, abrigando-a sob suas possantes asas, prepararam-na para subir a essas alturas: e são Santa Teresa e São Francisco de Assis; e é difícil não se admirar com as semelhanças que aproximam esta menina dessas duas almas verdadeiramente *seráficas*, como a Igreja gosta de chamar uma e outra em sua incomparável linguagem.

Santa Teresa, *"a flor e a glória do Carmelo: flos et decor Carmeli"*, não revive em vossa "florzinha"? É a mesma atmosfera de forte e radiante piedade em sua vida familiar, quando sua mãe adormece abençoando suas filhas, como fez a de Santa Teresa, confiando-os, na hora de sua morte, à Rainha do Céu, e que seu pai, com uma energia de fé que recorda a dos Santos dos dias passados, doa quatro filhas do Carmelo, com uma alegria que as transfigura através de suas lágrimas. Na própria alma da criança privilegiada pela graça há um inquebrantável ardor por tudo que é grande, nobre e puro. A chama do apostolado acendeu-se em seu coração de quinze anos e o consome; ela não quer respirar, viver e sofrer senão pela

Igreja e, em particular (sinal característico de Santa Teresa e de suas filhas) pela santificação dos sacerdotes. Sem cessar, o pensamento dessa obra por excelência é vivo e ardente em suas palavras inteiramente ferventes de caridade, em sua atração pelas missões longínquas, na sua ávida paixão pela conquista de almas e pelo martírio do amor divino, em lugar daquele no qual ela poderia derramar seu sangue.

E o seráfico São Francisco de Assis, que mais de uma vez apareceu a Santa Teresa para encorajá-la na sua reforma do Carmelo, não revive, também ele, nesta natureza tão delicada e tão pura, inflamada de admiração e de ternura por toda a criação que lhe fala da eterna beleza, amando o sol e a neve, os pássaros e as flores; sorrindo também, em seu leito de morte, ao pequeno pássaro que vem cantar em sua cela o último canto, e juntado às mais ardentes palavras do amor divino uma lembrança comovente por sua família terrena e a casa onde se passaram os anos de sua infância?

Não teríeis podido cantar sobre seu túmulo virginal esta estrofe de um dos hinos da liturgia franciscana de 4 de outubro, no dia de seu sepultamento: *"No jardim de rosas dos santos, uma nova flor desabrochou"*?

Sigamos, portanto, pelo pensamento e os santos desejos, a alma de nossa querida filha, lá onde as grandes águias que a tomaram sobre suas asas a transportaram para os eternos esplendores: *"Sicut aquila provocat ad volandum pullos suos, extendit alas suas et assumpsit eos"*. – Não podemos nós repetir-lhe: *"Vós sois bem-aventurados, vós que o Senhor escolheu e elevou até si; vós habitais em seus tabernáculos"*? – Agora: *"Atraí-nos para vós"*, a fim de que também nós não vivamos senão para Jesus, a Igreja e as almas, os membros unidos à cruz que o Senhor nos escolheu, mas o coração para o alto e os olhos no céu para ali procurar a radiosa visão da Face de Deus.

Peço-vos, Reverenda Madre, que aceite os meus respeitosos e devotados sentimentos em Nosso Senhor.

† F.-J. Xavier,
Bispo de Roséa

CARTA
do
Revmo. Padre Bernardin de Sainte-Thérèse,
Geral dos Carmelitas Descalços

J. † M.

P.C.

Roma, Corso d'Italia, 39,
31 de agosto de 1899.

Minha Reverenda Madre,

Sou reconhecido à Vossa Reverendíssima por ter tido a bondade de me enviar esta maravilhosa "HISTÓRIA DE UMA ALMA"! Não se saberia percorrer essas páginas sem sentir-se movido até o fundo da alma pelo espetáculo de uma virtude tão simples, tão graciosa e, ao mesmo tempo, tão elevada e tão heroica.

É preciso que Nosso Senhor ame especialmente vosso Carmelo para vos ter doado tal tesouro. É verdade que este anjo terrestre não fez, por assim dizer, senão mostrar-se por um instante, tanta pressa tinha de juntar-se a seus irmãos do Céu e de repousar no Coração de seu único Amor; mas o claustro que teve a felicidade de abrigá-lo permanece embalsamado pelo perfume e pela claridade do traço luminoso que deixou após si.

Acreditastes, Reverendíssima Madre, que vosso Carmelo não devia ser o único a respirar esse perfume; que esta luz tão brilhante e tão pura não podia permanecer fechada no estreito recinto de um mosteiro, mas que devia estender para longe seu brilho benfazejo: seis mil exemplares vendidos no espaço de poucos meses falam bem que não vos enganastes. Alegrei-me ao saber que uma nova edição está sendo preparada: ela terá, sem dúvida alguma, o mesmo sucesso das precedentes. Se me for permitido expressar aqui um desejo, Reverendíssima Madre, pediria que penas competentes procurassem logo traduzir para muitas línguas a graça quase inimitável daquela que escreveu a *História de uma alma*: assim toda a

Ordem do Carmelo entraria na posse daquilo que eu julgo uma preciosa joia de família.

Queira aceitar, Reverendíssima Madre, com nova expressão de minha viva gratidão, a homenagem do religioso respeito com o qual tenho a honra de me dizer

De Vossa Reverendíssima

o humilde servidor em Nosso Senhor

Fr. BERNARDIN DE SAINTE-THÉRÈSE,
Preposto geral dos Carmelitas Descalços

Carta
do
Reverendíssimo Padre Godefroy Madelaine,
Abade dos Premonstratenses de Saint-Michel de Frigolet (Bouches-du-Rhône)[2]

Abadia de Mondaye (Calvados), Sexta-feira Santa, 8 de abril 1898.

Reverenda Madre,

Várias vezes pedistes-me uma palavra que pudesse servir de passaporte para a biografia de uma de vossas filhas junto aos que a lerem. Para dizer a verdade, eu não tenho título nem qualidade para vo-la dar; mas como poderia recusar-me a dizer-vos claramente que a primeira leitura do precioso manuscrito me encantou, e que a segunda me deixa num enlevo inexprimível? Essa dupla impressão, ouso predizer-vos, será experimentada por todos aqueles que tomarão conhecimento da História de uma alma.

Com efeito, este livro é daqueles que se recomendam por si mesmos. Da primeira linha à última, ali se respira uma atmosfera que já não é do nosso ambiente terrestre. A querida irmãzinha Teresa ama tudo o que lhe oferece um reflexo da imaterial Beleza de Deus. Primeiramente, ela ama sua família; ela ama a bela natureza, as flores, os pássaros, a gota de orvalho, a neve, o sol, o céu estrelado, "os espaços infinitos"; ela ama os pecadores, verdadeiros filhos pródigos do Pai celeste; ela ama Joana d'Arc, a libertadora da pátria; ela ama a Virgem Imaculada; sobretudo, com amor puro; ela ama a Jesus, seu imortal Esposo.

Há páginas tão vivas, tão ardentes, tão sugestivas que é quase impossível não permanecer ali sentado. Encontramos ali uma teologia que os mais belos livros espirituais só raramente descobrem num grau tão elevado. Percorrendo-as, não podemos deixar de pensar na *Vida de Santa Teresa escrita por ela mesma*. O mesmo tom, o mesmo acento de simplicidade e, por vezes, a mesma profundidade. Se o arrebatamento de nossa Irmãzinha é

---

2. Publicada só na primeira edição.

menos potente, se seu golpe de asas é menos vigoroso do que o da grande santa de Ávila, admira-se no relato da Irmã Teresa uma candura infantil, uma delicada inocência unida a uma rara maturidade de discernimento, uma conclusão de pensamento e muitas vezes de estilo que encantam o espírito e que vão direto ao coração.

Não é maravilhoso ver como uma jovem de vinte e poucos anos passeia com desembaraço pelo vasto campo das Escrituras inspiradas, para ali colher, com mão segura, os textos mais diversos e mais apropriados à sua pessoa? Por vezes, ela se eleva a alturas místicas surpreendentes; mas seu misticismo é sempre amável, gracioso e totalmente evangélico.

Há páginas sobre o Evangelho, sobre a Virgem Maria, sobre a caridade que poderiam indicar um escritor de classe. Quer narre em prosa a história de sua infância e de sua vocação, ou cante em maravilhosos versos o amor de Deus, o céu, a Eucaristia, ela é constantemente poeta, e poeta da melhor estirpe. Pode ser que as regras da prosódia não sejam sempre fielmente observadas nessas poesias improvisadas; em compensação, sente-se que ali passa o sopro de uma elevação extraordinária.

Sustentada pelo anjo que passa perto dela, a alma sacode sua poeira e eleva-se docemente para o ideal, isto é, para o Deus que é o eterno Amor. Ao ler esta suave história ou estas poesias tão puras, creríamos estar diante de um afresco de Fra Angélico; para servir-me de uma graciosa expressão de nossa Irmã, creríamos ouvir "uma melodia do céu". Em suma, eu desafio um espírito reto e puro a percorrer estas páginas íntimas sem se sentir obrigado a tornar-se melhor. Não é este o mais belo elogio que se poderia fazer de um escrito dessa natureza?

Permiti, pois, que eu vos agradeça, Reverenda Madre, ter permitido aos profanos respirar o perfume desta abençoada flor de vosso Carmelo. Os leitores da HISTÓRIA DE UMA ALMA – e eu tenho a certeza de que eles serão muito numerosos – ser-vos-ão gratos por ter-lhes aberto por um instante as grades de seu mosteiro habitualmente fechadas ao mundo.

Que mais? Se por acaso estas deliciosas páginas vierem a cair nas mãos de algum não crente, gostaria de pensar que após um primeiro movimento de surpresa, ele quererá lê-las até o fim e que elas serão para ele como a descoberta de um mundo novo. Quem sabe se a querida irmãzinha, continuando neste coração seu apostolado outrora preferido, não o dirigirá docemente a Deus e ao Evangelho?

Pois se, de sua misteriosa morada, a querida santa pode ainda discernir o que se passa em nosso pequeno planeta, ela será, sem dúvida, surpreendida em primeiro lugar por ver seu manuscrito aberto aos olhos da publicidade; porque sabeis, Reverenda Madre, foi *"para vós somente"* que ela ali entregou, ao correr de seu pensamento e de sua pena, ou, como ela dizia, *"ao correr de seu coração"*, esses mil detalhes íntimos da vida da família ou da vida do claustro, diante dos quais ela talvez tivesse hesitado, se pudesse adivinhar que um dia o público os leria.

Mas, não se pode duvidar, seu grande amor a Jesus e às almas, de boa vontade, far-lhe-ia aceitar este sacrifício; e para a conversão de alguns pecadores obstinados, de boa vontade, ela aprovaria o que fizestes, Reverenda Madre. Aliás, não tivestes outro objetivo.

Portanto, que este querido volume seja levado sobre as asas da divina caridade. Quer ele faça sorrir, quer ele faça chorar, quer ele ensine a sofrer e a amar, a amar a Deus, a religião e as almas! E que a todos aqueles que o abrirem, ele repita seu doce refrão: *Sursum corda*! Corações ao alto!

Aceitai, Reverenda Madre, a homenagem de meu religioso devotamento em Nosso Senhor.

FR. G. MADELAINE,
Prior.

CARTA
do
Reverendíssimo Padre dom Etienne,
Abade da Grande Trapa de Mortagne (Orne).

21 de janeiro de 1899.

REVERENDA MADRE,

De boa vontade far-me-ei o propagador e o apologista dos escritos e das virtudes admiráveis de vossa santa filha; mas, é preciso admiti-lo, esta pequena predileta de Nosso Senhor não necessita do elogio de ninguém; seu mérito lhe é suficiente diante de Deus e diante dos homens.

Entretanto, ao ler tão belas páginas, podeis aguardar, não faltarão outros ascetas que vos trarão o tributo de suas felicitações e de sua aprovação; quanto a mim, Reverenda Madre, permaneço sob o encanto desse eco do Céu, desse anjo terrestre que passou cá embaixo num voo rápido, sem manchar suas asas, e que nos ensinou, tanto por sua linguagem como por seus atos, o caminho que se deve seguir para chegar a Deus.

Não me surpreendeu a rapidez do esgotamento da primeira edição. Quando se leu o precioso volume da HISTÓRIA DE UMA ALMA, querer-se-ia que todos o lessem, tal o encanto, a piedade, a doutrina, o natural e o sobrenatural, o humano e o divino que ele encerra. É Nosso Senhor humanizado, tornado palpável, sensível, cultivando com um incessante amor esta florzinha do Carmelo, que ele faz germinar, crescer e que ele perfuma com os mais suaves aromas, para as delícias de seu Coração e o enlevo do nosso.

Há ali uma espiritualidade doce, viva, prática, arrebatadora, invejável, que faz compreender e amar a palavra de Jesus: *"Meu jugo é doce, e meu fardo, leve"*. Não há ninguém que não se deleite com essa leitura e que não experimente uma luz e um encorajamento.

Agradeço-vos por meus religiosos e por mim. Fez-nos o maior bem.

Aceitai, Reverenda Madre, a homenagem de meu religioso respeito.

F.-M. ETIENNE,
Abade da Grande Trapa

Carta
do
Reverendíssimo Padre Le Doré,
Superior Geral dos Eudistas.

Paris, 14 de fevereiro de 1899.
Nos cum Prole pia benedicat Virgo Maria!

Reverenda Madre,

Dizeis-me que quereis reeditar esse delicioso volume que tão bem foi intitulado a História de uma alma. Eis, Reverenda Madre, uma excelente ideia, que só o bom Deus vo-la pode ter inspirado.

Durante a vida de vossa jovem irmã Teresa, a Providência considerou bom reservá-la totalmente para suas irmãs de vida religiosa. Foi muito justo que o Carmelo de Lisieux tenha sido o primeiro a desfrutar, na intimidade da família, de suas amáveis qualidades e a edificar-se com suas virtudes. Doravante, porém, os limites de um mosteiro são demasiadamente estreitos para conter tão precioso tesouro. Muitas almas nas Congregações religiosas, nas fileiras do Clero, e mesmo no mundo, maravilhar-se-ão, como vós, por poderem gozar dos encantos dessa pequena flor que desabrochou tão deliciosamente em vosso Carmelo.

Ela oferece, ao mesmo tempo, a brancura do lírio, o suave perfume da violeta e o vigor embalsamado da rosa. Naturezas tão ricas e completas são raras; e mesmo na série de nossos santos católicos poucos são os que se apresentam com modelo tão completo de todas as virtudes. Em alguns pontos, ela se aproxima de vossa Fundadora, Teresa de Jesus; em outros, lembra Inês, a jovem mártir de Roma. Ela pertence à escola de Santa Gertrudes e de Santa Hildegarda.

Seu caráter conserva até o fim as graças simples e a franca retidão da juventude. É o ideal da pequenez e da infância recomendada por Nosso Senhor. Sua imaginação é de um frescor delicado. Que largura em sua inteligência; que fineza em seu olhar; que segurança em seu julgamento! Nada é poético como suas aspirações e sua linguagem; nada é nobre, generoso, delicado e amoroso como seu coração; e entretanto, num invólucro frágil, ela sabe mostrar a força de alma de um herói. É no Coração de Jesus que ela colocou sua humildade e sua doçura; é no Coração de Maria que ela aprendeu a ser tão cheia do abandono e da confiança na bondade de Deus. Com aquela verdadeira candura, com aquela lealdade feita de desapego e de sinceridade, ela nos delineia num estilo límpido a história de sua vida e, o que é mais atraente ainda, a história de sua alma!

Mesmo do ponto de vista literário, pelo estilo e pela composição, suas memórias formam uma verdadeira pequena obra-prima.

Quem tiver aberto esse livro, lê-lo-á até o fim; fará como eu, há de relê-lo, degustá-lo, e poderia até acrescentar, há de consultá-lo. As horas passam rápidas ao percorrer páginas onde a virtude se mostra sem disfarce nem busca, e por isso com formas plenas de encanto. Segue-se Irmã Teresa, sem duvidar dela, em seu voo para o ideal, plana-se com ela nos cumes da perfeição; em sua companhia ama-se mais ardentemente o bom Deus; e se está mais disposto a servir e a suportar seu próximo. Os sofrimentos tornam-se quase amáveis, e na provação, sentimo-nos mais fortes. A História e a Heroína agradam e tornam melhor.

Já pedi aos sacerdotes, às senhoras do mundo, aos noviços de nossa Congregação que lessem o exemplar que tivestes a bondade de me enviar. Todos ficaram encantados e dele tiraram proveito.

Aceitai, Reverenda Madre, a expressão de meu mais religioso e profundo respeito.

Ange LE DORÉ,
Superior dos Eudistas.

Carta
do
Reverendo P. Louis Th. de Jésus agonisant,
Da Ordem dos Passionistas.

Este venerável religioso, notável por seus escritos e mais ainda por sua santidade de vida, muitas vezes provado por fatos sobrenaturais, faleceu em 1907, com a idade de 89 anos, após ter exercido, várias vezes, os primeiros cargos de sua Ordem.

J.† P.
Mérignac, 30 de novembro de 1898.

Reverenda e querida Madre,

Obrigado!... Ah! é um grande *obrigado* que vos devo... Graças a vós, durante três dias vivi com um Anjo!

Como Deus é admirável! Diria mais, que se trata de uma nova *invenção* de santidade, desconhecida até hoje! Que revelação foi feita ao mundo! É certamente um *gênero* de santidade suscitado pelo Espírito Santo para a hora presente, quando tantas almas, mesmo cristãs, não veem nos sacrifícios do claustro senão os horrores da Cruz.

Que glória para o Carmelo e que esperança para todos!

Ao sopro do alto, esta estrelinha saiu de sua pequena névoa; e já brilha como um *arco-íris*, anunciando o fim das tempestades... *flor das rosas... lírio do vale; incenso do Carmelo*: Arcus refulgens inter nebulas... flos rosarum, lilium... Thus... Este perfume virginal aromatiza o Calvário de todas as flores do Carmelo.

E mais, esta História de uma alma, ao oferecer um modelo completo da paternidade cristã, fará bem tanto à sociedade quanto ao claustro. É sobretudo a família que tem necessidade de ser santificada, e ela o será: com alegria, Joaquim e Ana deram sua *Maria* ao Senhor.

O Carmelo, a seus anjos; e quantas jovens almas acorrerão à montanha santa, ao esplendor deste novo astro que aparece no firmamento!

Tenho a íntima convicção de que esta pequena estrela tornar-se-á sempre mais radiosa na Igreja de Deus... Ela ainda não é mais que a *estrela da manhã no meio da névoa*: STELLA MATUTINA IN MEDIO NEBULAE. Mas, um dia, ela encherá a Casa do Senhor: IMPLEBIT DOMUM DOMINI. Se Deus a enviou em nossos dias de trevas, em nossos *dias de nuvens e de turbilhões*, creio é que para nos trazer a luz, a paz, a esperança, o céu!

Não, no céu, nenhuma das aspirações dessa virgem apostólica é esquecida; e o divino Esposo, fazendo de sua *pequena rainha* uma grande Rainha, já colocou em sua mão o cetro de sua onipotência.

É agora que, nos braços de seu Amor, ela lhe repete com um encanto que o extasia: "*Quero passar meu céu empenhada em fazer o bem na terra*". – Que graças poderá lhe recusar?

Eu também a invoquei com não sei que irresistível atração. Minhas forças, quero reavivá-las nas energias de sua virtude e reaquecer meu coração nas chamas deste Serafim. Pedi a ela, essa privilegiada de Maria, que viesse em minha ajuda quando dirijo à Virgem Imaculada a oração que foi a sua:

"Tu que vieste sorrir-me na manhã de minha vida,

Vem sorrir-me ainda, Mãe, eis a tarde..."

Eu termino... mas, o que não será preciso dizer de suas poesias, tão graciosas, tão amenas, tão límpidas; e acrescento, tão *celestiais*! crê-se uma lira tangida por mão de um anjo.

Foi dito nesse fim de século: "A poesia está morta". Não, ela não está morta, ela é imortal; filha do céu, com sua irmã a oração, ela se elevará sempre do claustro para Deus em aspirações ardentes, em harmoniosos impulsos!...

E vós, Reverenda e querida Madre, pedi por mim a esta triunfante filha de Teresa, pedi-lhe que me obtenha do divino Esposo a felicidade e a graça de ir celebrar com ela a glória da Trindade Santa.

In Christo Jesu.

P. LOUIS TH., *Passionista*.

Trechos de outras cartas de pessoas eminentes

Espero firmemente que um dia (e queira Deus que isso seja logo), esta menina seja venerada em nossos altares.

Como nos escritos da insigne Reformadora do Carmelo, naqueles desta filha respira-se o mais delicioso misticismo – não um misticismo vago, aéreo e sentimental –, mas um misticismo sólido, legítimo, *"com sua cruz e seus espinhos"*, como dizia Bossuet a respeito de São Francisco de Sales. A alma de Irmã Teresa do Menino Jesus, como a de Santa Teresa de Jesus, não vivia senão de puro amor, de ardente caridade e, por isso, nutria-se de sofrimento e só aspirava ao martírio, que é a expressão suprema do amor e do sofrimento.

De uma como de outra, com igual verdade, pode-se dizer que foram mártires místicas, que elas morreram de seu puro amor.

Bendito seja o Senhor, cuja mão sempre aberta e benfazeja faz florescer também em nossos dias, no jardim de sua Igreja, estas extraordinárias e maravilhosas flores!

† *Augusto*, Arcebispo de Évora

(*Edição portuguesa* de "História de uma alma")

Serafim, ela o era no semblante e na alma, e dela pode-se dizer o que São Boaventura disse de São Francisco: toda ela era uma brasa ardente. *"O amor divino é fogo e chama"*, diz-nos o Cântico dos Cânticos, e Jesus, o amor substancial, declara que ele *"veio trazer fogo à terra e quer que se acenda"*. O coração de Irmã Teresa é uma tocha ardentíssima, uma viva chama do Paraíso, cujo ardor jamais se abrandou, que abrasou e abrasará muitos outros corações. E isso com aquela força e, ao mesmo tempo, com aquela doçura! Na verdade, dela podemos dizer, alterando um pouco o texto sagrado: *"Ela nos arrasta e nós corremos atraídos pelo aroma de seus perfumes"*.

Feliz vítima que, não somente foi consumida pelo fogo e pelas chamas do amor divino, mas recebeu também o dom tão belo de comunicá-los poderosamente às almas! As vidas dos Santos revelam-nos o fogo do amor divino: a vida de Irmã Teresa no-lo faz ver e sentir; as outras vidas nos estimulam a amar a Deus; esta, porém, acende o fogo na alma.

Lendo esta vida, quem não imagina estar lendo as palavras de fogo e de ciência divina de um dos mais sublimes, mais profundos e mais suaves doutores da Igreja?

E não são apenas as pessoas consagradas a Deus que ela reanima e arrasta; mesmo as pessoas do mundo não podem furtar-se à sua influência apostólica. Oh! que Jesus seja milhares de vezes bendito por nos tê-la dado!

A julgar pelo espetáculo das espantosas transformações operadas por esta santinha, parece-me que ela será no seu século o que foram as Gertrudes, as Teresas, as Margaridas-Maria no delas, com uma diferença que, mais do que esses arautos de Deus, Teresa do Menino Jesus mostrou o caminho que leva ao amor, caminho pequeno e sublime ao mesmo tempo, mas que, longe de amedrontar, estimula e atrai.

Não saberia dizer-vos com quantas delícias li a *"História de uma alma"*; preferiria que desaparecessem as obras-primas de Homero, Virgílio ou Rafael ao desaparecimento deste livro onde o amor divino resplandece tão vivamente.

Aos olhos do mundo, sou um homem de ciência que consagrou sua vida ao estudo das letras eclesiásticas e profanas; mas, na vida íntima, aos olhos de Deus, quero imitar Teresa e fazer-me *criança pequena*. Eis o que, na querida "pequena rainha", arrebatou-me de modo irresistível.

Feliz criança que tão perfeitamente compreendeu o amor! Tantas almas, até muito santas, compreendem-no tão mal! Nesse sentido, o coração de Teresa é um dos mais belos da Igreja.

ORAÇÃO
*para obter a beatificação
da Serva de Deus* TERESA DO MENINO JESUS
e da SANTA FACE

Ó Jesus, que vos fizestes criança para confundir nosso orgulho, e que, mais tarde, pronunciastes este oráculo sublime: *"Se não vos tornardes como crianças, não entrareis no Reino dos Céus"*, dignai-vos ouvir nossa humilde oração em favor daquela que viveu com tanta perfeição a vida da infância espiritual e dela tão bem nos mostrou o caminho.

Ó menino da manjedoura, pelos maravilhosos encantos de vossa divina infância; ó Face adorável de Jesus, pelo rebaixamento de vossa Paixão, nós vos suplicamos que, se for para a glória de Deus e a santificação das almas, façais que logo a auréola dos Bem-aventurados brilhe na fronte tão pura de vossa pequena Esposa, Teresa do Menino Jesus e da Santa Face. Amém.

Imprimatur:
21 de novembro de 1907. † Thomas, Bispo de Bayeux e Lisieux.

Ó Deus, que abrasastes de vosso Espírito de amor a alma de vossa serva Teresa do Menino Jesus, concedei que também nós vos amemos e vos façamos amar sempre mais.

50 dias de indulgência.
17 de julho de 1909. † Thomas, Bispo de Bayeux e Lisieux.

Quereis por pouco viver o céu cá na terra,
Respirar livremente um bom ar perfumado,
Ver o mundo a vossos pés e o que ele encerra,
E crer junto a vós um anjo do céu enviado?

Lede este canto de amor... pois um simples olhar
Jamais pode entender que mistério altaneiro
É viver na pobreza e servir o altar,
Amar fitos muros, ser feliz num mosteiro.

Quinze anos! Ternura de flor, alma ideal,
Tereza oferece a Jesus seu candor virginal
E o Papa abençoa seu imenso anelo:

Ser doçura de santo e sorriso celeste.
E a jovem radiosa enfim se reveste:
É de Deus Serafim a viver no Carmelo.

P.N.

Abadia de Mondaye, 8 de abril de 1898.

Prefácio

Se nos perguntarem por que tiramos o véu misterioso que cá na terra deve cobrir a existência ignorada de uma humilde carmelita, diremos simplesmente:

Conhecendo desde a infância esta alma privilegiada, e tendo-a visto crescer cada dia em sabedoria e em graça, nós lhe pedimos que pusesse por escrito as misericórdias do Senhor a seu respeito. Não tínhamos outro pensamento; só sonhávamos com nossa edificação pessoal. Porém, percorrendo melhor este piedoso manuscrito, espelho tão fiel de uma alma seráfica, não foi possível duvidar; não podíamos mais reservar somente para nós esse tesouro. Nova fonte se abrira aos pobres sedentos deste mundo: nosso dever era distribuir as águas vivas. E o fizemos. Bebendo por primeiro dessa fonte pura, não pensamos mais: chegara a hora de partilhar as delícias... Mas o branco lírio dessa alma virginal desabrochara desde os primeiros dias de uma primavera radiosa; a uva estava madura antes do tempo ordinário da vindima. E o Senhor se inclinou, colheu docemente a flor perfumada, tirou sem esforço sua uva querida da amarga cepa do exílio, achando-a totalmente dourada pelo fogo do Amor divino.

Que ações heroicas e brilhantes havia, então, podido realizar, aos 24 anos, Ir. Teresa do Menino Jesus e da Santa Face?, escreveu Francisco Veuillot. A jovem carmelita havia simplesmente servido a Deus com uma fidelidade constante e assídua nas mais pequenas coisas.

Muito criança, nascida numa família admiravelmente cristã, ela se sentira atraída para o claustro. Com a idade de quinze anos, mediante diligências e súplicas, ela obteve a permissão de entrar para o Carmelo.

Aos vinte e quatro anos, minada por uma doença no peito, ela adormeceu na paz do Senhor.

Eis sua carreira. A contar pelos acontecimentos exteriores, encher-se-ia, no máximo, uma dezena de páginas. Mas, se quisermos penetrar na vida íntima dessa alma, um volume inteiro pareceria demasiado curto.

Ora, esta vida íntima foi escrita pela mão mais indicada para compor tal obra: a própria mão de Irmã Teresa.

Pode-se imaginar que não foi segundo sua inspiração pessoal que a humilde carmelita iniciou essa obra. Foi sua superiora que, admirando esta virtude modesta e percebendo o fim prematuro desta existência angélica, deu a ordem à santa menina de narrar ela mesma. Antes de tudo obediente e sincera acima de tudo, Irmã Teresa do Menino Jesus escreveu tudo. Uma virtude medíocre ter-se-ia perturbado; uma humildade desonesta quereria diminuir seus méritos em prejuízo da verdade. Mas a real humildade simplesmente não se propõe esconder seus méritos; ela não sabe se a possui. As virtudes que se admiram em sua conduta, ela as expõe com simplicidade, como benefícios do Céu. As graças extraordinárias, nas quais todos reconhecem a predileção de Deus por uma alma de elite, ela as revela com um candor quase estranho como misericórdias imerecidas. Mas ela não pensa em esconder nem as virtudes nem as graças. Eis com que espírito Irmã Teresa escreveu a história de sua alma.

Aos homens instruídos, cansados das complicações e das finezas da literatura contemporânea, de boa vontade, indicaríamos estas memórias de uma carmelita: ali, só do ponto de vista do prazer artístico e intelectual, eles encontrariam um alívio delicioso, um banho de inocência, de frescor e de pureza.

Quanto às almas cristãs, será preciso dizer que lhes aconselhamos vivamente esta leitura angélica? Ali encontrarão um impulso ao mesmo tempo poderoso e doce para o Céu.

O que caracteriza a santidade de Irmã Teresa do Menino Jesus é uma simplicidade infantil no seu relacionamento com Deus. A jovem religiosa ouviu o conselho de Nosso Senhor: *"Se não vos tornardes como estes pequeninos, não entrareis no Reino dos Céus"*. Ela se fez pequenina segundo o divino Mestre. Ela lhe fala, ela o ouve, ela o serve com a familiaridade, a obediência e a solicitude de uma criança dócil e amável. Ela não larga sua mão, abandona-se totalmente a Ele, professa-lhe a confiança cega e ilimitada dos pequeninos pelos maiores. Qualquer anseio que lhe apareça, ela o confia, sem medo, a Jesus; qualquer desejo que Jesus lhe exprima, ela o cumpre com alegria. E é assim que, sem aparente esforço, como deixando-se conduzir, ela atinge o sublime.

Sem esforço aparente, mas não sem sofrimento e sem real labor. Esta inocência foi sustentada pelas lutas quotidianas; muitas vezes, teve de sofrer provas terríveis no segredo de sua alma. Em sua "história", narrou provas e lutas com a mesma franqueza e a mesma serenidade que as graças e as misericórdias.

E não se pense que esta constância em querer ser criança diante de Deus imprimiu à virtude de Irmã Teresa um caráter pueril! Esta religiosa adolescente, que se esforçou por fazer-se totalmente pequena, adquiriu, ao contrário, em pouco tempo, através da oração e do estudo, tal maturidade de inteligência e tal vigor de julgamento que sua superiora não hesitou em confiar-lhe a direção das noviças, numa idade em que talvez ela poderia ainda ser sua companheira[3].

Querida Eleita, que vos tornastes tão benfazeja, escreveu outro autor, que, como prometestes, tornais a descer do seio da glória para fazer o bem, acreditastes neste mundo no chão escolhido pelo Esposo, e lá fostes verdadeiramente o *lírio do vale*, especialmente protegido contra as tempestades do mundo e os maus ventos, que, com muita frequência desfolham e quebram as mais belas obras-primas de Deus. Mas, para o consolo de muitos, vos tornastes a *flor dos campos*, que os pobres passantes, totalmente cobertos pela poeira do caminho, podem admirar e cujo suave odor os vivifica e os alegra. É uma graça que não deixaremos passar sem apropriar-nos dela; admiraremos em vós a obra do divino Jardineiro, pedindo-lhe que a continue e a renove em muitas outras almas.

A fisionomia da jovem carmelita foi admiravelmente pintada por Monsenhor Gay, e diríamos que verdadeiramente ela se pôs diante dele quando escreveu essas luminosas páginas sobre o *Abandono*:

"A alma abandonada vive da fé, ela espera como respira, ela ama sem interrupção. Cada vontade divina, qualquer que seja, encontra-a livre. Tudo parece-lhe igualmente bom. Não ser nada, ser muito, ser pouco: mandar, obedecer, ser humilhada, ser esquecida; faltar ou ser dotada, viver muito, morrer logo, morrer na hora, tudo lhe agrada. Ela quer tudo, porque não quer nada, e não quer nada porque quer tudo. Sua docilidade é ativa e sua indiferença amorosa. Ela é somente um *sim* vivo para Deus.

"Direi a última palavra desse feliz e sublime estado? É a vida dos filhos de Deus, é a santa infância espiritual. Oh! isso é perfeito! mais perfeito do que o amor pelos sofrimentos, pois nada sacrifica tanto o homem quanto ser sincera e agradavelmente pequeno. O espírito de infância mata o orgulho com mais segurança do que o espírito de penitência.

"... O áspero rochedo do Calvário oferece ainda algum alimento ao amor-próprio; na manjedoura, o velho homem forçosamente morre de inanição. Ora, comprimam esse abençoado mistério da manjedoura, comprimam esse fruto da santa infância e só fareis sair o abandono. Uma criança livra-se sem defesa e se abandona sem resistência! O que sabe ela? O que pode? O que pretende saber e poder? É um ser do qual se é absolutamente mestre. Também com que precauções é tratado, que carinhos lhe são feitos...".

---

3. Univers, 11 de julho de 1906.

É até ali que Irmã Teresa do Menino Jesus se entregou; também ela conheceu a suavidade dos carinhos divinos, e no Coração do Mestre, em suas doces batidas, ela compreendeu o segredo do Rei, que é o amor. O espírito da infância comunicou-lhe também a liberdade que o P. Gratry tão bem definiu, como o estado de uma alma "que saiu dos acanhados limites de seu horizonte pessoal, que deixou a estreita prisão de seus hábitos, para tomar um caminho largo e poderoso, sempre renovado em Deus". Esta esposa fiel soube muito bem submeter sua natureza altiva e ardente e a extrema sensibilidade de seu coração, que, pouco tempo antes de morrer, pôde dar este testemunho: "Após a idade de três anos, jamais recusei alguma coisa ao bom Deus". Certamente ela recebeu muito, mas também deu muito, *e o mérito saiu dela como o riacho sai de sua fonte*.

Foi impossível analisar melhor e melhor compreender esta alma escolhida, ao mesmo tempo infantil e heroica.

Antes de introduzir o leitor neste santuário íntimo, devemos preveni-lo, como nas edições precedentes, sobre as modificações que pensamos dever fazer no Manuscrito original, dividindo-o em vários capítulos para ter mais clareza sobre o relato.

Seguirão: *Conselhos e Lembranças*, algumas *Cartas*, depois uma coleta de suas *Poesias*, última revelação de uma alma inflamada de celeste amor.

E, desde já, seja-nos permitido dar a conhecer em poucas palavras as aspirações desta *"virgem apostólica"* e como Nosso Senhor quis satisfazê-las.

"Não penso ficar inativa no Céu, dizia ela; meu desejo é de trabalhar ainda pela Igreja e pelas almas...

Depois da minha morte, farei cair uma chuva de rosas. Quero passar meu Céu fazendo o bem na terra".

Com efeito, estas esperanças e estas promessas realizam-se de maneira impressionante e muitas vezes prodigiosa. Após o aparecimento de *"História de uma alma"*, atualmente, na França, foram impressos 125.000 exemplares, sem contar os 350.000 da edição abreviada (*Apelo às pequenas almas*), não cessamos de receber, de todas as partes, os testemunhos mais preciosos.

A *"História de uma alma"*, com diferentes títulos, está traduzida em nove línguas; e as traduções portuguesa e inglesa – privilégio singular –

são enriquecidas de indulgências pelo Cardeal-patriarca de Lisboa, oito prelados da mesma nação e por Monsenhor Bourne, Arcebispo de Westminster.

Após quatorze anos, as peregrinações ao túmulo de Irmã Teresa do Menino Jesus tornam-se sempre mais numerosos. Beija-se respeitosamente esta terra santa, guardam-se flores como verdadeiras relíquias; e, o que é mais importante do que efêmeras flores, deste lírio bendito levam-se duradouras consolações, graças de toda a espécie. Ao regressar deste túmulo, "que logo será glorioso", disse, um bispo missionário confiou-nos que por três vezes viu a *pequena Teresa* lhe sorrir.

Mas a "Teresinha" não faz acepção de pessoas: se ela sorri a um príncipe da Igreja, de boa vontade ela enxuga também as lágrimas dos pobres. Muitas vezes ela no-lo fez saber! Citemos simplesmente o exemplo de uma mulher andrajosa, surpreendida lá, toda em pranto, na atitude e expressão do mais terrível desespero, mudada de repente, sorridente, como que irradiada por uma visão celeste. Admirada ante tal contraste, a testemunha dessa cena, que não conhecia nem Irmã Tereza, nem seu túmulo, ousou aproximar-se para interrogar a mendiga e conhecer a causa de tão súbita transformação: "Invoquei a santinha do Carmelo", responde a pobre mulher comovida e confusa... "Oh, como ela me consolou!..."

Portanto, os grandes e os pequenos são os clientes deste anjo.

Mal conseguimos contentar os piedosos desejos de todos aqueles que pedem um pedacinho de seu vestuário, uma *"relíquia"* qualquer, por mínima que seja, da *"pequena rainha"*, da *"pequena santa Teresa"*, da *"pequena grande santa"*, como por vezes a chamam. Já não contamos mais as lembranças distribuídas.

É assim que, por sua intercessão, obtém-se os favores mais significativos.

Nós daremos outros exemplos ao final deste volume, mas sabemos perfeitamente que somente o livro de ouro do Céu nos poderá revelar a abundância e o perfume desta *chuva de rosas* que hoje cai silenciosa...

É ainda nesse livro do Céu que nós saberemos todos os nomes benditos desta *"legião de pequenas almas"* pedidas por Teresa, vítimas como ela do "Amor Misericordioso", empenhadas em segui-la na sua *"pequena vida da infância espiritual"*, caminho de simplicidade, de confiança e de paz, do qual o Espírito Santo disse por boca do Profeta: "Haverá uma estrada, um caminho; chamar-se-á Caminho Santo, os simples o seguirão e não se desviarão" (Is 35).

Ó Teresa, vós que recebestes de Deus o dom de compreender tão perfeitamente este *"caminho santo"*, de por ele caminhar tão fielmente e para ele chamar suavemente as almas; vós que no leito de morte nos dizíeis: *"Ao bom Deus eu não dei senão amor, ele me retribuirá com amor..."*, vossa palavra foi uma profecia. Sim, nós somos as felizes testemunhas, o Senhor vos retribui com amor! Quantos altares vos são erguidos nos corações! E com que ardentes desejos esses corações que vos amam pedem o dia em que felizmente terminarão os trâmites que devem trazer à terra a vossa glorificação.

Com efeito, a causa de beatificação de Irmã Teresa do Menino Jesus, submetida à Santa Igreja em 1909, nos primeiros meses de 1910 já viu ser instruído o Processo diocesano dos Escritos. O Processo chamado de *Reputação de Santidade*, iniciado em agosto de 1910, rapidamente levado adiante, foi entregue em Roma em fevereiro de 1912 e atualmente foi submetido a um exame preparatório diante da Sagrada Congregação dos Ritos.

Humildemente pedimos aos inúmeros amigos de Irmã Teresa do Menino Jesus que unam suas orações às nossas para garantir o sucesso desta obra empreendida unicamente para a maior glória de Deus.

A MADRE PRIORA DAS CARMELITAS,
Mosteiro do Carmelo de Lisieux,
Dedicado ao Sagrado Coração de Jesus
e à Imaculada Conceição.

Introdução

No mês de setembro de 1843, um jovem de vinte anos, absorto e sonhador, galgava o cume elevado do Grande São Bernardo: seu olhar profundo e melancólico brilhava de piedoso entusiasmo. As belezas majestosas dessa grandiosa natureza dos Alpes despertavam-lhe na alma mil pensamentos generosos; e seu coração, ardente e puro como a neve eterna das montanhas, já não podendo conter a onda sempre crescente de seu amoroso louvor, fizeram-no parar por longo tempo e dar livre-curso às lágrimas... Depois, retomando sua marcha interrompida, não tardou a chegar ao fim de sua viagem, ao mosteiro abençoado que, do alto deste cimo perigoso, irradia-se ao longe como um farol de esperança e de aprimorada caridade.

Inicialmente, impressionado pela notável beleza de seu hóspede e pela leal expressão de seus traços, o venerável Prior recebeu-o com a mais cordial acolhida. Informou-se sobre sua família, o lugar de seu nascimento e soube também seu nome: Luís José Estanislau Martin, nascido em Bordéus a 22 de agosto de 1823[4], quando seu pai, bravo capitão[5], homem de fé, de valentia e de honra, ali estivera em missão. Soube que, após algum tempo, seus pais habitavam em Alençon, na Baixa Normandia, e que lá, presentemente, Luís era querido por ser o benjamim de seus irmãos e irmãs, o preferido entre todos.

Teria então empreendido tão longa viagem pelo único motivo de visitar de passagem as belezas pitorescas desse país encantador? Existe grande distância entre a Normandia e a Suíça, sobretudo para quem viaja em diligências e, com mais frequência, de bastão na mão! – Não, veio a estes

---

4. Mons. d'Aviau, o santo e ilustre Arcebispo de Bordéus, deu aos pais a honra de batizar o pequeno Luís. Prevendo o futuro, ele disse: "Alegrai-vos, pois esta criança é um predestinado".

5. Cavaleiro da Ordem real e militar de São Luís.

ermos não apenas para solicitar um abrigo por uma noite ou por algumas horas somente: era um asilo pela noite um pouco mais longa da vida...

"Meu bom jovem – disse-lhe então o respeitável religioso –, já terminou seus estudos de latim?" Diante da resposta negativa de Luís, acrescentou:

"Sinto muito, meu filho, porque é uma condição essencial para ser admitido entre nossos irmãos; contudo, não quero desencorajá-lo; regresse à sua terra, trabalhe com ardor e mais tarde será recebido de braços abertos".

Um pouco desapontado, nosso viajante retomou, então, o caminho de sua pátria, que, naquele dia, antes deveria ser chamado de caminho do exílio. Todavia, não tardou a perceber que o antigo mosteiro do Grande São Bernardo devia ser somente, por toda a sua vida, uma doce e longínqua recordação; e que, a seu respeito, o Senhor tinha outros desígnios, igualmente misericordiosos, igualmente inefáveis.

Por outro lado, na mesma cidade de Alençon – alguns anos mais tarde –, uma piedosa jovem de semblante agradavelmente marcado por uma rara energia de caráter, a Senhorita Zélia Guérin, apresentava-se, em companhia de sua mãe, ao Hospital das Irmãs de São Vicente de Paulo. Há muito tempo desejava ela solicitar sua admissão a este asilo de caridade; mas desde o primeiro encontro, guiada pelo Espírito Santo, a Madre Superiora declarou-lhe, sem hesitar, que esta não era a vontade de Deus. Zélia voltou, então, para a casa paterna, para a doce companhia de seus queridos pais, de sua irmã mais velha[6] e de seu jovem irmão, dos quais mais de uma vez se fará menção no decorrer desta narração.

Ora, depois de sua infrutífera tentativa, a jovem fazia com frequência em seu coração esta ingênua oração: "Meu Deus, já que não sou digna de ser vossa esposa como minha irmã querida, abraçarei o estado matrimonial para cumprir vossa santa vontade. Peço-vos, porém, *conceder-me muitos filhos e que todos vos sejam consagrados*".

---

6. Pouco depois, tomando o nome de Irmã Maria Dositeia, entrou para o Mosteiro da Visitação de Mans, onde praticou constantemente todas as virtudes religiosas. Por sua própria vontade, nunca, em sua vida, ela cometeu deliberadamente a mais leve falta. Dom Guéranger, que a conhecia, considerava-a como um modelo de perfeita religiosa. Mons. d'Outremont, Bispo de Mans de santa memória, visitou-a poucos dias antes de sua morte e disse-lhe esta palavra que a consolou sobremaneira: "Não temas, minha filha, *onde a árvore cai, ali fica*: em breve cairás no Coração de Jesus para ali permanecer eternamente". Assim estimulada, ela morreu em admiráveis sentimentos de confiança, a 24 de fevereiro de 1977, aos quarenta e oito anos de idade.

Em sua misericordiosa bondade, o Senhor reservava a esta alma de escol o virtuoso jovem do qual falamos; e, graças ao concurso de circunstâncias verdadeiramente providenciais, a 12 de julho de 1858, celebrava-se o seu abençoado enlace matrimonial na igreja de Nossa Senhora de Alençon.

Na própria tarde deste venturoso dia – uma carta íntima no-lo revelou – Luís confiou à sua jovem companheira o seu desejo de tê-la sempre como uma irmã muito querida. Mas, após longos meses, partilhando o sonho de sua esposa, como ela desejou ver sua união produzir frutos numerosos, a fim de oferecê-los ao Senhor. Pôde, então, repetir a admirável oração do casto Tobias: *"Se tomo uma esposa nesta terra, bem o sabeis, ó meu Deus, que o faço unicamente pelo desejo de uma posteridade, na qual seja bendito o vosso nome pelos séculos dos séculos"*.

Esta condescendência agradou ao Senhor. Deste chão seleto germinaram nove brancas flores, quatro das quais foram abrir-se nos jardins celestes já na tenra idade, enquanto as outras cinco desabrocharam mais tarde, seja na Ordem do Carmelo, seja na da Visitação. Realizou-se assim o desejo de sua piedosa mãe.

Desde o berço, todas foram consagradas à Rainha dos lírios, a Virgem Imaculada. Daremos aqui seus nomes, dando especial destaque à nona e última, por ser privilegiada entre todas, como entre os coros dos Anjos distingue-se o nono, o dos serafins: Maria Luíza, Maria Paulina, Maria Leônia, Maria Helena, falecida aos quatro anos e meio, Maria José Luís, Maria José João Batista, Maria Celina, Maria Melânia Teresa, falecida aos três meses, *Maria Francisca Teresa*.

Os dois meninos, com o nome de José, foram obtidos pela oração e pelas lágrimas. Após o nascimento das quatro filhas mais velhas, pediu-se a Deus, por intercessão de São José, *um pequeno missionário*; e aqui logo apareceu, cheio de sorrisos e encantos, o primeiro Maria José, que só se mostrou à sua mãe... Depois de cinco meses de exílio, voou para o santuário dos céus! Seguiram-se outras novenas, mais fervorosas. A qualquer preço, a família precisava obter um sacerdote, um missionário. Mas, *"os pensamentos do Senhor não são os nossos pensamentos, nem seus caminhos são os nossos caminhos"*. Outro pequeno José chega cheio de esperanças; e não eram bem decorridos nove meses, e ele fugiu deste mundo, reunindo-se ao irmão nos Tabernáculos eternos.

Desistiu-se então, e não se pediu outro missionário. Ah! se desde então o véu do futuro se tivesse aberto por um instante, quantos hinos de reconhecimento e de alegria ter-se-iam ouvido! Sim, apesar das aparências, o desejo destes cristãos de outras eras realizava-se plenamente; cumpria-se, sobretudo, em sua última filha, alma bendita, rainha entre suas irmãs, escolhida e privilegiada por excelência. Na verdade, não se escreveu dela: *"Teresa é agora um insigne missionário de palavra potente e irresistível, sua vida tem um encanto que jamais poderá ser perdido; e todas as almas que se deixarem prender neste anzol não permanecerão nas águas da tibieza, nem nas do pecado"...*

....

Seus próprios pais não se tornaram também missionários?... Lemos nas primeiras páginas da tradução portuguesa de "História de uma alma" esta tocante dedicatória de um piedoso e sábio religioso da Companhia de Jesus[7]: À SANTA E ETERNA MEMÓRIA DE LUÍS JOSÉ ESTANISLAU MARTIN E DE ZÉLIA GUÉRIN, DITOSOS PAIS DE IRMÃ TERESA DO MENINO JESUS, PARA SERVIR DE EXEMPLO A TODOS OS PAIS CRISTÃOS.

Muito longe de preverem este apostolado futuro, sem saber, eles o preparavam por uma vida sempre mais perfeita.

Muitas vezes foram visitados pelas provações, mas uma resignação cheia de amor foi sua única resposta a Deus, sempre Pai, que jamais abandona seus filhos.

Cada aurora sempre os encontrava aos pés dos santos altares. Ajoelhavam-se juntos ante o banquete sagrado, observavam rigorosamente as abstinências e os jejuns da Igreja, guardavam com absoluta fidelidade o repouso dominical e faziam das leituras santas seus passatempos preferidos. Rezavam em comum, ao modo tocante do venerável avô, o capitão Martin, que não se podia ouvi-lo rezar o Pai-nosso sem chorar.

As grandes virtudes cristãs resplandeciam neste lar. A facilidade não introduzia ali o luxo e jamais alguém se separava de uma simplicidade totalmente patriarcal.

"A maior parte dos homens vive na ilusão, repetia com frequência a senhora Martin. *Mal adquirem riquezas, logo anseiam por honrarias; e se as obtêm continuam infelizes, porque o coração que busca outras coisas e não a Deus, jamais se satisfaz".*

---

7. Rev.do Pe. Santanna.

Todas as suas ambições maternas fixavam-se no Céu. *"Quatro de meus filhos já estão bem colocados – escrevia ela –, e os outros, sim, os outros irão também para este reino celeste, mais ricos de méritos porque combateram por mais tempo..."*.

A caridade, sob todas as suas formas, tornou-se a saída desta pureza de vida e destes sentimentos generosos. Os dois esposos reservavam anualmente parte dos frutos de seus trabalhos, uma boa soma, para a Obra da Propagação da Fé. Socorriam os pobres em sua aflição e os serviam com as próprias mãos. O pai da família, a exemplo do bom samaritano, foi visto aproximar-se, sem medo, de um operário que jazia totalmente embriagado numa rua frequentada, tomar sua caixa de ferramentas, oferecer-lhe o braço como apoio e, fazendo-lhe uma doce admoestação, conduzi-lo para casa.

Sabia impor-se aos blasfemadores que, com uma simples observação sua, calavam-se em sua presença.

Jamais as mediocridades do respeito humano diminuíram a grandeza de sua alma. Em qualquer companhia que estivesse, saudava sempre o Santíssimo Sacramento ao passar diante de uma igreja. Igualmente, por causa do caráter sacerdotal, cumprimentava qualquer padre que encontrasse em seu caminho.

Por fim, citemos um último exemplo da bondade de seu coração:

Ao passar por uma estação, viu um pobre epiléptico a morrer de fome e sem dinheiro para regressar à sua terra. Movido de compaixão, o senhor Martin tomou seu chapéu, depositou nele a primeira esmola e passou a esmolar entre os passageiros. Choveram moedas naquela bolsa improvisada, e o doente, tocado por tamanha bondade, chorava reconhecido.

Em recompensa por tão raras virtudes, todas as bênçãos de Deus acompanhavam os passos de seu fiel servidor. Já em 1871, ele pôde deixar sua joalheria e mudar-se para sua nova habitação, na Rua São Braz, continuando apenas com a fabricação de rendas, conhecidas como "ponto de Alençon", iniciada pela senhora Martin.

Precisamente nesta casa da Rua São Braz devia nascer nossa celeste flor; nós lhe damos esse nome porque foi ela própria que deu esse título ao manuscrito de sua vida: "História primaveril de uma florzinha branca". De fato, ela não devia conhecer o outono e, menos ainda, o inverno com suas noites geladas...

Mas foi em pleno inverno, no dia 2 de janeiro de 1873, que ela nasceu no seio da bendita família da qual falamos. Por uma providencialíssima delicadeza para suas duas irmãs mais velhas – então internas no pensionato da Visitação do Mans – a data ocorreu durante as férias; assim, qual não foi sua felicidade quando, por volta da meia-noite, o bom pai subiu apressadamente ao aposento em que dormiam e, radiante de alegria, gritou: "Filhas, vocês têm uma irmãzinha!" Entretanto, ainda desta vez e sem pensar muito nisso, ele esperava um missionariozinho! Mas a decepção não foi grande e todos receberam esta última criança como um presente do Céu. "Era o *ramalhete*", dizia mais tarde seu bem-amado pai. E a chamava ainda e, sobretudo, "sua pequena rainha", quando não acrescentava ainda títulos pomposos "de França e de Navarra".

Temos certeza, a pequena rainha foi bem acolhida; e como veio ao mundo no tempo de Natal, os anjos cantaram também em seu berço; e para isso tomaram emprestada a voz de um pobrezinho que, naquele mesmo dia, bateu timidamente à porta da feliz morada e entregou um papel no qual estavam escritos estes versos:

> *Sorri, cresce depressa,*
> *Tudo te chama à alegria:*
> *Ternos cuidados, amor...*
> *Sim, sorri nesta aurora*
> *Botão que nasceste agora:*
> ROSA EM FLOR UM DIA SERÁS!...

Foi um doce presságio, uma profecia graciosa; com efeito, o botão tornou-se uma rosa de amor, mas por poucos instantes, "*o espaço de uma manhã!*"

Enquanto isso, ia sorrindo à vida e todos tributavam-lhe seus sorrisos. A 4 de janeiro, levaram-na solenemente à igreja de Nossa Senhora para receber o divino orvalho do batismo, dando-lhe por madrinha sua irmã mais velha Maria, com os nomes já mencionados MARIA FRANCISCA TERESA. Até ali, tudo era alegria e felicidade; mas logo, sobre seu caule delicado, o tenro botão definhou. Sem esperança, devia-se esperar vê-lo cair e morrer... "É preciso recorrer a São Francisco de Sales, escreveu a tia religiosa Visitandina e, se ficar curada, prometer chamá-la pelo seu segundo nome: 'Francisca'. Foi uma espada para o coração de sua mãe. Debruçada sobre o berço de sua *Teresa* querida, ela esperava, por assim dizer, o último momento, repetindo para si mesma: 'Quando toda esperança me parecer perdida, só então farei a promessa de chamá-la Francisca'".

O doce Francisco de Sales declinou da honra em favor da santa Reformadora do Carmelo: a criança recuperou a saúde e chamou-se definitivamente Teresa. Contudo, era preciso garantir sua cura por um grande sacrifício: levá-la para o campo e encontrar-lhe uma ama de leite. Então, o "pequeno botão de rosa" aprumou-se em seu caule, tornou-se forte e vigoroso, os meses do exílio passaram depressa; depois foi restituído saudável e charmoso aos braços de sua verdadeira mãe.

HISTÓRIA DE UMA ALMA

"Eu vim trazer fogo à terra; e o que quero senão que ele se acenda?" (Lc 12,49)

Recorda-te, Jesus, desta doce chama
que nos corações acender quiseste!
Este mesmo fogo celeste
que ora minha alma inflama
Seja aceso nos corações de todos.
Uma centelha branda... mistério da vida,
Basta para causar um imenso incêndio.
Levar pra longe, ó bom Deus,
Espalhar teu fogo, tua luz.
Recorda-te!
SANTA TERESA DO MENINO JESUS.

CAPÍTULO I

Primeiras notas de um cântico de amor.
O coração de uma mãe.
Recordações dos dois aos quatro anos.

A vós, minha venerada Madre, venho confiar a *história de minha alma*. No dia em que a mim a pedistes, receei que isso dissiparia meu coração; mas depois, Jesus me fez compreender que eu lhe agradaria obedecendo simplesmente. Portanto, começarei a cantar o que devo repetir eternamente: *as misericórdias do Senhor!*...

Antes de tomar a pena, ajoelhei-me diante da estátua de Maria[8]: aquela que deu à minha família tantas provas das maternais preferências da Rainha do céu; supliquei-lhe que guiasse minha mão, a fim de não escrever sequer uma linha que não fosse do seu agrado. A seguir, abrindo o santo Evangelho, meus olhos depararam com estas palavras: *"Tendo subido ao monte, Jesus chamou os que ele quis"* (Mc 3,13). Eis o mistério da minha vocação, de toda a minha vida; e sobretudo o mistério dos privilégios de Jesus por minha alma. Ele não chama os que são dignos disso, mas aqueles que lhe agradam. Como diz São Paulo, tomando palavras de Moisés: *Terei misericórdia de quem eu desejar ter misericórdia. Terei compaixão de quem eu desejar ter compaixão* (Ex 33,19). *Dessa forma, a escolha não depende de quem a quer nem de quem corre, mas da misericórdia de Deus"* (Rm 9,16).

---

8. Esta virgem preciosa, embora sem valor artístico algum, animou-se por bem duas vezes para, em graves circunstâncias, esclarecer e consolar a mãe de Teresa. Dessa imagem bendita, ela mesma recebeu graças notáveis, como se verá mais adiante.

Por muito tempo, perguntei-me por que o bom Deus tinha preferências, por que todas as almas não recebiam graças em igual medida. Estranhava vê-lo prodigalizar extraordinários favores a grandes pecadores, como São Paulo, Santo Agostinho, Santa Madalena e tantos outros, a quem Ele forçava, por assim dizer, a receber suas graças. Ao ler a vida dos santos, admirava-me ainda ao ver que Nosso Senhor acarinhava, do berço ao túmulo, certas almas privilegiadas, sem deixar em seu caminho obstáculo algum que lhes impedisse de elevar-se até Ele, jamais permitindo que o pecado manchasse a alvura imaculada de sua veste batismal. Perguntava-me ainda por que os pobres selvagens, por exemplo, morriam em tão grande número sem ao menos ter ouvido sequer pronunciar o nome de Deus.

Ora, Jesus dignou-se revelar-me esse mistério. Ele pôs ante meus olhos o livro da natureza, e então compreendi que todas as flores criadas por Ele são belas, que o brilho da rosa e a brancura do lírio não diminuem o perfume da pequena violeta, e nada tiram da simplicidade encantadora da margarida. Compreendi que se todas as pequenas flores quisessem ser rosa, a natureza perderia seus adornos primaveris e os campos deixariam de ser coloridos por variadas florinhas.

O mesmo acontece no mundo das almas, que é o jardim vivo do Senhor. Ele achou bom criar os grandes santos, que podem ser comparados aos lírios e às rosas; mas Ele criou também outras mais pequenas, que devem contentar-se sem ser margaridas ou simples violetas, destinadas a alegrar seus olhares divinos quando as abaixasse a seus pés. Quanto mais as flores são felizes em cumprir sua vontade, tanto mais perfeitas serão.

E compreendi outra coisa ainda... Compreendi que o amor de Nosso Senhor se revela tão bem na alma mais simples, que em nada resiste às suas graças, como na mais sublime. De fato, sendo próprio do amor o abaixamento, se todas as almas se parecessem com as dos santos Doutores, que iluminaram a Igreja, creio que o bom Deus não desceria tanto de chegar até elas. Todavia, Ele criou a criança, que nada sabe e só se faz ouvir por suaves vagidos; criou o pobre selvagem que não sabe seguir senão a lei natural; e é até seus corações que Ele se digna abaixar-se.

Ali estão *as flores dos campos*, cuja simplicidade o encanta; e nesse ato de descer tão baixo, o Senhor mostra sua grandeza infinita. Assim como o sol clareia, ao mesmo tempo, o cedro e a pequena flor, da mesma forma o Astro divino ilumina em particular cada alma, grande ou pequena, e tudo reverte para seu bem: como na natureza, onde as estações estão dispostas de maneira a fazer desabrochar, a seu tempo, a mais humilde margarida.

Sem dúvida, minha Madre, com admiração, haveis de perguntar-me aonde pretendo chegar com isso; afinal, até agora não disse nada que se pareça com a história da minha vida. Mas não me ordenastes que escrevesse, sem constrangimento, o que, com naturalidade, me viesse à memória? Portanto, nestas páginas não encontrareis, propriamente, a *minha vida*, mas *meus pensamentos* sobre as graças que Nosso Senhor dignou-se me conceder.

Encontro-me num período de minha existência no qual posso lançar um olhar sobre o passado; minha alma amadureceu no crisol das provações interiores e exteriores. Agora, como a flor após a tempestade, ergo a cabeça, e vejo que em mim se realizam as palavras do salmo:

> *O Senhor é meu pastor; nada me falta. Em verdes pastagens me faz repousar; conduz-me até as fontes tranquilas e reanima minha vida... Ainda que eu ande por um vale de espessas trevas, não temo mal algum, porque tu estás comigo, Senhor* (Sl 22,1-4).

Sim, comigo o Senhor foi sempre *clemente e misericordioso, lento para a cólera e rico de amor!* (Sl 102,8). Assim, sinto uma real felicidade em poder vir cantar seus inefáveis benefícios junto à minha Madre. É unicamente para vós que vou escrever a história da *florzinha* colhida por Jesus; este pensamento ajudar-me-á a falar com lealdade, sem me preocupar com o estilo nem com as numerosas digressões que hei de fazer; um coração de mãe compreende sempre sua filha, mesmo que ela saiba apenas balbuciar. Portanto, estou certa de ser compreendida e adivinhada.

Se uma florzinha puder falar, creio que ela dirá simplesmente o que o bom Deus fez por ela, sem procurar esconder seus dons. A pretexto de humildade, não diria que é desgraciosa e sem perfume, que o sol escureceu seu brilho, que as tempestades quebraram sua haste, quando está convencida de que tudo nela é diferente.

A flor que vai narrar sua história rejubila-se por ter de publicar as cortesias totalmente gratuitas de Jesus. Ela sabe que não tem nada capaz de atrair-lhe os olhares divinos; que somente sua misericórdia a encheu de bens. Foi Ele que a fez nascer numa terra santa e totalmente impregnada de um perfume virginal; foi Ele que a fez preceder aos *oito lírios* brilhantes de brancura. Em seu amor, quis preservá-la do sopro envenenado do mundo: mal sua corola começava a se abrir, o bom Mestre transplantou-a para a montanha do Carmelo, para o predileto jardim da Virgem Maria.

Minha Madre, em poucas palavras acabo de resumir o que o bom Deus fez por mim; agora vou entrar nos pormenores de minha vida de criança: sei que onde outros não veriam senão um relato enfadonho, seu coração materno encontrará encantos.

Na *história de minha alma* até a entrada para o Carmelo, distingo três períodos bem distintos: o primeiro, apesar de sua curta duração, não é o menos fecundo em recordações. Vai do despertar de minha razão até a partida de minha querida mãe para a pátria do céu; em outras palavras, até meus quatro anos e oito meses de idade.

O bom Deus deu-me a graça de abrir minha inteligência muito cedo e de gravar tão profundamente na minha memória as recordações de minha infância, que os acontecimentos do passado parecem-me de ontem. Sem dúvida, Jesus quis fazer-me conhecer e apreciar a mãe incomparável que me havia dado. Infelizmente, sua mão divina logo a levou para coroá-la no céu.

Aprouve ao Senhor encher de amor toda a minha vida; minhas primeiras lembranças estão repletas de sorrisos e das mais ternas carícias. Mas se Ele colocou tanto amor ao meu redor, Ele o colocou também em meu pequeno coração, criando-o afetuoso e sensível. Não é possível imaginar quanto eu amava meu pai e minha mãe; de mil maneiras testemunhava-lhes minha ternura, pois eu era muito expansiva; todavia, hoje eu me rio quando penso nos meios que empregava para isso.

Minha Madre, quisestes colocar-me nas mãos as cartas de mamãe, dirigidas naquela época à minha irmã Paulina, aluna na Visitação de Mans; recordo-me perfeitamente dos fatos ali referidos; mas ser-me-á muito mais fácil transcrever certas passagens dessas encantadores cartas, muitas vezes demasiado elogiosas a meu respeito, porque eram ditadas pelo amor materno.

Para confirmar o que eu dizia sobre a maneira de testemunhar meu afeto por meus pais, eis uma palavra de minha mãe:

O nenê é um traquinas sem par, que me acaricia desejando-me a morte! *"Oh! como gostaria que tu morresses, minha pobre mãezinha!"* A gente a repreende, mas ela se desculpa com um ar de admiração dizendo: *"Ora! é para que tu vás para o céu, pois dizes que é preciso morrer para ir lá!"*. Quando está nos *seus excessos de amor*, ela deseja até a morte de seu pai.

Esta pobre miudinha não quer me largar; está continuamente junto a mim e me segue com alegria, principalmente no jardim. Quando eu não estou lá, ela se recusa a ficar e chora tanto que é preciso trazê-la junto a mim. Também, não é capaz de subir sozinha a escada, sem chamar por mim a cada degrau: *Mamãe! mamãe!* Quantos forem os degraus, tantas as *mamãe!* e se uma vez apenas eu esquecer de responder *"sim, filhinha"*, ela permanece lá, sem ir para frente ou para traz.

Eu ia completar meus três anos, quando minha mãe escreveu:

...Outro dia, a Terezinha perguntou-me se ela iria para o céu: *"Sim* – respondi-lhe – *se tu fores boazinha"*. – *Mas mamãe* – replicou ela – *quer dizer que, se não for boazinha, eu irei para o inferno? Mas eu já sei o que vou fazer: eu voaria para o céu onde tu estás e tu me apertarias com força em teus braços. Como faria o bom Deus para me pegar?"* Vi no seu olhar que ela estava convencida de que o bom Deus nada poderia lhe fazer se ela se escondesse nos braços de sua mãe.

Maria ama muito sua irmãzinha. É uma criança que a todos nós dá muitas alegrias: ela é de uma franqueza extraordinária: é encantador vê-la correr atrás de mim e confessar: *"Mamãe, eu empurrei a Celina uma vez, eu bati nela uma vez; porém, não o farei mais"*.

Assim se ela cometer a menor falta, é preciso que todos o saibam: ontem mesmo, ela rasgou involuntariamente um cantinho da parede forrada com papel; ela ficou num estado de causar dó; mais tarde, era preciso dizê-lo logo a seu pai. Quando ele voltou, pelas quatro horas, ninguém mais se lembrava do acontecido; mas ela foi ter com Maria e lhe disse: *"Vai depressa contar ao papai que eu rasguei o papel"*. Ela ficou lá, como uma criminosa que espera sua condenação; porque ela meteu em sua cabecinha que seria mais facilmente perdoada se, espontaneamente, se acusasse.

Encontrando aqui o nome de meu querido paizinho, veem-me naturalmente à memória algumas recordações bem divertidas. Quando ele voltava para casa, invariavelmente, eu corria à sua frente e me sentava numa de suas botas; então ele me levava a passear, quanto eu quisesse, pelos aposentos e pelo jardim. Sorrindo, mamãe dizia que ele fazia todas as minhas vontades: "Que se há de fazer – respondia ele – é *a rainha!*" Depois, tomava-me em seus braços, erguia-me bem alto, sentava-me em seu ombro, abraçava-me, fazendo-me toda espécie de carinhos.

Contudo, não posso dizer que ele me mimava. Recordo-me muito bem que, um dia, eu brincava num balanço, meu pai passou por ali, chamou-me, dizendo: "Vem dar-me um abraço, minha pequena rainha!" Pois não é que, contra o meu costume, eu não quis largar o balanço e respondi em tom amuado: "Arranje-se, meu pai!" Ele não me ouviu e fez bem. Maria estava presente. "Menina malcriada – disse-me ela – é muito feio responder assim a seu pai!" Imediatamente saltei de meu fatal balanço; a lição produziu seu efeito! Por toda a casa ressoaram meus gritos de contrição; subi rapidamente a escada, e desta vez não apelei para *mamãe* a cada degrau; pensava só em encontrar papai e reconciliar-me com ele, o que aconteceu bem depressa.

Era-me insuportável o pensamento de ter magoado meus queridos pais; reconhecer meus erros era obra de instantes, como é ainda provado pelo fato da infância narrado tão naturalmente por minha própria mãe:

Uma manhã, eu quis abraçar a Terezinha antes de descer; pareceu-me que ela dormia profundamente; por isso, não ousei despertá-la, quando Maria me disse: "Mamãe, ela finge estar dormindo, tenho certeza disso". Debrucei-me, então, para beijá-la na fronte; mas ela se escondeu imediatamente sob a coberta, dizendo-me com ar de criança mimada: *"Não quero que me vejam"*. Fiz-lhe sentir que não estava nada contente com isso. Dois minutos depois ouvi-a chorar, e eis que imediatamente, para minha grande surpresa, percebi-a às minhas costas! Ela saíra sozinha de seu pequeno leito, desceu a escada com os pés descalços, envolta em sua camisola mais longa do que ela. Seu rostinho estava coberto de lágrimas: "Mamãe – disse-me ela ajoelhando-se a meus pés –, fui má, perdoe-me!" O perdão foi logo concedido. Tomei meu querubim nos braços, apertando-o ao coração e cobrindo-o de beijos.

Recordo-me também do grande afeto que, já naquele tempo, eu tinha por minha irmã mais velha, Maria, que estava a terminar seus estudos na Visitação. Sem dá-lo a perceber, eu prestava atenção a tudo o que se passava e se dizia ao meu redor; creio que então eu julgava as coisas como hoje. Ouvia atentamente o que ela ensinava a Celina; para merecer o favor de ser admitida ao quarto durante as lições, eu ficava comportada e lhe obedecia em tudo; inclusive dava-me presentinhos que, apesar de seu pouco valor, causavam-me imenso prazer.

Posso dizer que minhas duas irmãs mais velhas eram motivo de orgulho para mim! Porém, como Paulina me parecesse tão distante de mim, eu pensava nela desde a manhã até a noite. Assim que comecei a falar, e mamãe me perguntava: "Em quem estás a pensar?", a resposta era invariável: "Na Paulina!" Algumas vezes, ouvi dizer que Paulina seria religiosa;

TERESA MENINA E SUA MÃE

*Eu amei o terno sorriso de Mamãe;
Seus olhos profundos pareciam dizer:
"A Eternidade me encanta e atrai...
Irei para o Céu azul ver a Deus!"*

então, sem saber bem o que isso significava, eu pensava: *"Eu também hei de ser religiosa!"* Esta é uma das minhas primeiras recordações; e desde então, nunca mudei de resolução. Portanto, foi o exemplo desta querida irmã que, desde os dois anos de idade, encaminhou-me para o Esposo das virgens.

Minha Madre, quantas doces reflexões gostaria de confiar-vos aqui, sobre minhas relações com Paulina! Mas isso seria demasiado longo.

Também minha querida Leoniazinha ocupava um lugar de destaque no meu coração; ela me amava muito. À tarde, ao voltar de suas aulas, ela queria cuidar de mim quando a família toda ia passear; parece-me ainda ouvir as delicadas canções que ela entoava, com sua doce voz, para me fazer dormir. Lembro-me perfeitamente de sua primeira comunhão. Recordo-me também da pobre menininha, sua companheira, que mamãe havia vestido, seguindo o tocante costume das famílias abastadas de Alençon. Nesse belo dia, a menina não se afastou de Leônia um instante sequer; e, à tarde, no jantar solene, deram-lhe um lugar de honra. Mas ai! Nessa época, eu era muito pequena para participar daquele piedoso banquete; mas participei um pouco, graças à bondade de papai que, na hora da sobremesa, veio pessoalmente trazer um pedacinho de bolo à sua pequena rainha.

E agora, só me resta falar de Celina, a pequena companheira de minha infância. São tão abundantes as recordações a respeito dela que nem sei quais escolher. Nós duas nos entendíamos perfeitamente, embora eu fosse mais viva e bem menos ingênua do que ela. Eis uma carta que vos mostrará, minha Madre, como Celina era doce e eu traquinas. Eu estava então com quase três anos e Celina tinha seis e meio.

Minha pequena Celina é totalmente inclinada à virtude; quanto ao *pequeno furão*, não sei o que dele será; é tão pequeno, tão travesso! É uma criança muito inteligente, mas bem menos doce do que sua irmã e, sobretudo, de uma teimosia quase invencível. Quando me diz *não*, ninguém é capaz de fazê-la ceder. pode-se deixá-la um dia inteiro no porão sem obter um *sim* de sua parte; antes dormirá lá!

Eu tinha ainda outro defeito, do qual minha mãe não fala em suas cartas: era um grande amor-próprio. Apresento somente dois exemplos:

Um dia, querendo saber com certeza até onde iria meu orgulho, ela me disse sorrindo: "Minha Terezinha, dou-te um centavo se quiseres beijar o chão". Um centavo... para mim aquilo era uma fortuna. Naquela circunstância, eu não precisava abaixar-me muito para ganhá-lo, já que, devido ao meu tamanho, a distância entre mim e o chão não era tanta; entretanto, minha altivez se revoltou e, permanecendo bem retinha, respondi à mamãe: "Isso não, querida mãezinha, prefiro ficar sem o centavo".

Em outra ocasião, devíamos ir ao campo visitar uns amigos. Mamãe disse à Maria que me pusesse o mais elegante dos meus vestidos, mas não me deixasse os braços nus. Eu não disse palavra, e até mostrei a indiferença que costumam ter as crianças nessa idade; no íntimo, porém, eu me dizia: "Ora, eu ficaria bem mais engraçadinha com meus braços nus!"

Com tal natureza, compreendo perfeitamente que, se tivesse sido criada por pais menos virtuosos, ter-me-ia tornado muito má e, talvez, até corresse o perigo de perder a salvação eterna. Mas Jesus velava por sua pequena amada e soube tirar proveito de todos esses defeitos, que, reprimidos em boa hora, serviram para fazê-la crescer na perfeição. Com efeito, tendo em mim o amor-próprio e também o amor pelo bem, bastava que me dissessem uma só vez: "Não se deve fazer tal coisa", para que me passasse a vontade de fazê-la. Nas cartas de minha querida mãe, vejo com prazer que, crescendo em idade eu lhe dava mais consolação; não recebendo senão bons exemplos, naturalmente eu queria segui-los. Eis o que ela escreveu em 1876:

Até a Teresa começou a fazer sacrifícios. Maria deu às suas irmãzinhas um rosarinho feito expressamente para contar suas práticas de virtude; faziam juntas verdadeiras conferências espirituais muito interessantes. Dias atrás, Celina disse: "Como se explica que o bom Deus está numa pequena hóstia?" Teresa lhe respondeu: *"Não é de admirar, afinal, o bom Deus é todo-poderoso!"* – "E o que quer dizer todo-poderoso?" – *"Quer dizer que Ele faz tudo o que quer!"*

Porém, mais curioso ainda é ver Tereza pôr a mão no bolso cem vezes por dia para avançar uma conta no seu rosário de sacrifícios.

Essas duas crianças são inseparáveis, e uma basta à outra para se divertirem. A ama deu à Teresa um casal de garnisés; logo ela deu o galo à sua irmã. Todos os dias, após a janta, ela vai à procura do galo, agarra-o rapidamente, faz o mesmo com a galinha e ambas sentam-se ao lado da lareira e se divertem por um bom tempo.

Uma manhã, Teresa inventou de sair de sua pequena cama e deitar-se ao lado de Celina; a criada procurou-a para vesti-la; enfim, encontrou-a na cama de sua irmã. Abraçando a irmã e apertando-a fortemente em seus braços, a pequena disse-lhe: *"Deixa-me, minha pobre Luíza. Bem vés que somos como as duas galinhas brancas, que não podem viver separadas!"*

É bem verdade que eu não podia passar sem Celina; eu preferia levantar-me da mesa, sem terminar de tomar a sobremesa, do que não segui-la assim que ela se retirasse. Girando-me, então, na minha cadeira de criança, eu queria descer rapidamente e íamos brincar juntas.

Aos domingos, sendo eu muito pequena para participar dos ofícios, mamãe ficava para cuidar de mim. Nessas ocasiões, eu mostrava grande sabedoria, andando na ponta dos pés; mas assim que ouvia a porta se abrir, eu explodia numa alegria sem igual; precipitava-me ao encontro de minha irmãzinha e lhe dizia: "Celina, dá-me depressa pão bento!" Um dia, ela não o trouxe!... O que fazer? Eu não podia passar sem ele. Eu chamava esse banquete de *minha missa*. Uma ideia luminosa perpassou-me pelo espírito: "Tu não tens pão bento? Pois então, trata de *fazê-lo!*" Ela abriu o armário, tomou o pão, cortou um pedacinho e, recitando sobre ele uma *Ave-Maria* em tom solene, apresentou-o triunfante. E eu, fazendo o sinal da cruz, comi-o com grande devoção, sentindo-lhe perfeitamente o gosto do pão bento.

Um dia, considerando-se grande demais para brincar com bonecas, Leônia veio até nós duas com uma cestinha cheia de roupas, de belos retalhos de tecidos e outras fitinhas, sobre os quais havia deitado uma boneca, e nos disse: "Tomem, irmãzinhas, escolham o que quiserem". Celina olhou e tomou um novelo de cordão. Após um momento de reflexão, estendi a mão por minha vez e disse: *"Eu escolho tudo!"* e, sem cerimônias, levei a cesta com a boneca.

Este fato de minha infância é como que o resumo de toda a minha vida. Mais tarde, quando apareceu-me a perfeição, compreendi que para tornar-se santa era preciso sofrer muito, procurar sempre o que há de mais perfeito, sem esquecer-se de si. Descobri que, na santidade, os degraus são numerosos, que cada alma é livre de responder aos convites de Nosso Senhor, de fazer pouco ou muito por seu amor; numa palavra, de *escolher* entre os sacrifícios que Ele propõe. Então, como nos dias de minha infância, eu exclamei: "Meu Deus, eu escolho tudo! não quero ser santa pela metade; sofrer por Vós não me mete medo; só temo uma coisa: governar minha vontade; tomai posse dela, pois *eu escolhi tudo* o que Vós quereis!"

Mas eu me esqueci, minha querida Madre. Eu ainda não devia falar-vos de minha juventude; sou o pequeno nenê de três ou quatro anos.

Recordo-me de um sonho que tive nessa idade e que se gravou profundamente em minha memória:

Estava eu a passear sozinha pelo jardim, quando, de repente, ao pé do caramanchão, percebi dois terríveis diabinhos que dançavam sobre um barril de cal com uma agilidade espantosa, apesar dos pesados ferros que traziam nos pés. Primeiramente, cravaram sobre mim os olhos chamejantes; a seguir, como que tomados de medo, num abrir e fechar de olhos, vi-os precipitarem-se para o fundo da barrica, sair depois por não sei que abertura, correr e finalmente esconder-se na rouparia que estava no andar térreo do jardim. Considerando-os muito medrosos, e quis saber o que iam fazer; e, passado o primeiro susto, aproximei-me da janela... Os pobres diabinhos estavam lá, correndo sobre as mesas, e sem saber como fugir da minha presença. De tempos em tempos, aproximavam-se, lançavam um olhar inquieto pelas vidraças; depois, vendo que eu estava lá, recomeçavam a correr como alucinados.

Evidentemente, este sonho nada tem de extraordinário; todavia, creio que o bom Deus serviu-se dele para me provar que uma alma em estado de graça nada tem a temer dos demônios, que são covardes, capazes de fugir ao olhar de uma criança.

Minha Madre, como eu era feliz nessa idade! Não somente comecei a gozar da vida, mas a virtude tinha encantos para mim. Parece-me que eu já tinha as mesmas disposições de hoje, tendo já grande domínio sobre todos os meus atos. Assim, eu havia criado o hábito de jamais me queixar quando me tiravam o que era meu; ou então, quando me acusavam injustamente, eu preferia calar-me a me desculpar. Nisso não havia mérito algum de minha parte; fazia-o naturalmente.

Ah! como passaram rapidamente os anos ensolarados de minha ridente infância e que doce e suave impressão deixaram em minha alma! Com prazer me recordo dos passeios que dávamos aos domingos, sempre em companhia de nossa boa mãe. Sinto ainda as impressões profundas e poéticas que nasciam em meu coração à vista dos trigais coloridos de papoulas, de boninas e de margaridas. Eu já amava as distâncias, os espaços, as grandes árvores. Numa palavra, toda a bela natureza me arrebatava e transportava minha alma para o céu.

Com frequência, durantes esses longos passeios, encontrávamos pobres, e a Terezinha era sempre a encarregada de dar-lhes a esmola; o que a fazia muito feliz. Frequentemente também, meu bom pai, considerando o caminho um pouco longo para sua pequena rainha, levava-a para casa, com muita pena para ela! Então, para consolá-la, Celina enchia de margaridas seu lindo cestinho, que lhe entregava ao voltar.

Verdadeiramente, tudo na terra me sorria. Eu encontrava flores em todos os meus passos, e meu caráter feliz contribuía também para tornar minha vida agradável; porém, um novo período estava por se abrir. Antes de ser tão cedo a noiva de Jesus, eu tinha necessidade de sofrer desde minha infância. Assim como as flores da primavera começam a germinar sob a neve e desabrocham aos primeiros raios do sol, da mesma forma a florzinha cujas memórias escrevi teve de passar pelo inverno da prova e deixar que o orvalho das lágrimas enchesse seu delicado cálice...

CAPÍTULO II

Morte de sua mãe – Os Buissonnets – Amor paterno
Primeira confissão – Os serões de inverno – Visão profética

Deixai vir a mim as criancinhas, pois o Reino dos Céus é daqueles que são como elas (Mc 10,14).

Ainda trago em meu coração todos os detalhes da doença de minha mãe. Recordo-me, sobretudo, das últimas semanas que ela passou nesta terra. Celina e eu éramos como duas pobrezinhas exiladas! Todas as manhãs, a Senhora X vinha buscar-nos e passávamos o dia em sua casa. Um dia, não tivemos tempo de fazer nossa oração antes de sair e, durante o trajeto, minha irmã disse-me baixinho: "Será bom dizer-lhe que não fizemos nossa oração? – Ah! sim" – respondi-lhe eu. Então, muito timidamente, confiou seu segredo a essa senhora, que logo nos disse: "Pois bem, minhas filhas, haveis de fazê-la". Depois, deixando-nos numa grande sala, ela se retirou. Celina olhou para mim estupefata; e eu, que não estava menos espantada, exclamei: "Ah! mas assim não é como a mamãe! Ela sempre nos ajudava a fazer nossa oração".

Durante o dia, apesar das distrações que procurava nos oferecer, o pensamento voltava continuamente para nossa querida mãe. Lembro-me que, tendo recebido um lindo damasco, minha irmã inclinou-se para mim e me disse: "Não vamos comê-lo. Vou dá-lo à mamãe". Mas ai!... nossa querida mãezinha já estava demasiado doente para comer os frutos da terra; só no céu haveria de saciar-se com a glória de Deus e beber com Jesus o vinho misterioso do qual Ele falou em sua Última Ceia, prometendo reparti-lo conosco no reino de seu Pai.

A tocante cerimônia da Extrema-Unção ficou impressa em minha alma. Ainda vejo o lugar onde me fizeram ajoelhar e ainda ouço os soluços de meu pobre pai.

Minha mãe deixou este mundo a 28 de agosto de 1877, aos quarenta e seis anos de idade. No dia seguinte à sua morte, meu pai tomou-me nos braços e me disse: "Vem abraçar pela última vez tua querida mãezinha". E eu, sem pronunciar palavra alguma, aproximei meus lábios da fronte gelada de minha mãe querida.

Não me lembro de ter chorado muito. Não revelei a ninguém os sentimentos profundos que enchiam meu coração; eu olhava e ouvia em silêncio. Eu percebia muito bem coisas que queriam me ocultar: por momentos, encontrei-me só diante do caixão, colocado de pé no corredor; permaneci longo tempo a considerá-lo; nunca havia visto um deles, mas eu compreendia! Na ocasião, eu era tão pequena que devia levantar a cabeça para vê-lo por inteiro, e me parecia muito grande e muito triste...

Quinze anos mais tarde, vi-me novamente diante de um caixão; era o de nossa santa Madre Genoveva[9]; julguei estar novamente nos dias de minha infância. Minhas recordações passaram em peso por minha memória. Sem dúvida, era a mesma Terezinha que olhava, mas ela havia crescido, e o caixão parecia-lhe pequeno; ela não precisava erguer a cabeça para olhá-lo; levantava-a só para contemplar o céu, que lhe parecia muito alegre, pois a provação havia amadurecido e fortificado sua alma de tal sorte que, na terra, nada podia entristecê-la.

No dia em que a santa Igreja abençoou os restos mortais de minha mãe, o bom Deus não me deixou em completa orfandade; deu-me outra mãe e deixou-me escolhê-la livremente. Estávamos juntas as cinco irmãs, olhando-nos com tristeza. Vendo-nos assim, nossa ama sentiu-se movida de compaixão e, voltando-se para Celina e para mim, disse-nos: "Pobrezinhas, vocês não têm mais mãe!" Então Celina lançou-se nos braços de Maria, exclamando: "Pois bem, tu serás nossa mãe!" Habituada a seguir sempre a Celina, em si eu devia imitá-la num ato tão justo; mas pensei que talvez a Paulina se magoasse e se sentisse abandonada, não tendo uma

---

9. Esta veneranda Madre professara no Carmelo de Poitiers, de onde fora enviada para fundar o de Lisieux em 1938. Sua memória tornou-se uma bênção para esses dois mosteiros; ali, sob o olhar de Deus, ela praticou constante e unicamente as virtudes mais heroicas e, com sua morte muito santa, coroou uma vida cheia de boas obras, a 5 de dezembro de 1891. Ela tinha oitenta e seis anos de idade.

filhinha; então, olhei para ela com ternura e, apoiando a cabeça em seu coração, disse por minha vez: "Para mim, Paulina será minha mãe!"

Como escrevi acima, foi a partir dessa época que iniciou para mim o segundo período de minha existência, o mais doloroso, sobretudo depois que entrou para o Carmelo aquela que eu havia escolhido por minha segunda mãe. Esse período se estende a partir da idade de quatro anos e meio até os quatorze, quando reencontrei meu caráter de criança, embora compreendendo sempre mais a seriedade da vida.

É preciso dizer-vos, minha venerada Madre, que logo após a morte de mamãe, minha índole feliz mudou completamente. Tão viva e tão expansiva, tornei-me tímida e doce, excessivamente sensível; muitas vezes, bastava um olhar para levar-me às lágrimas; era preciso que ninguém se ocupasse de mim; eu não podia suportar a companhia dos estranhos e só reencontrava minha alegria na intimidade da família. Lá eu continuava a ser cercada das maiores delicadezas. O coração já tão afetuoso de meu pai parecia enriquecido de um amor verdadeiramente maternal e eu sentia que minhas irmãs haviam se tornado as mais ternas mães, as mais desinteressadas. Ah! se o bom Deus não tivesse prodigalizado seus benéficos raios sobre sua florzinha, nunca ela teria podido aclimatar-se na terra. Ainda muito fraca para suportar as chuvas e as tempestades, precisava de calor, de doce orvalho e de brisas primaveris; esses benefícios jamais faltaram, mesmo na neve da provação.

Não demorou, e meu pai resolveu deixar Alençon e ir morar em Lisieux, aproximando-nos assim de um tio, irmão de minha mãe. Fez este sacrifício com o intuito de confiar minhas irmãs, ainda jovens, à direção de minha querida tia, a fim de que ela as guiasse em sua nova missão e, de alguma forma, servir-nos de mãe. Não senti nenhum sofrimento ao abandonar minha terra natal; as crianças gostam de mudança e de tudo o que sai da normalidade; portanto, foi com prazer que vim para Lisieux. Lembro-me da viagem, de quando, à tardinha, chegamos à casa de meu tio; ainda vejo minhas priminhas, Joana e Maria, à nossa espera no limiar da casa em companhia de minha tia. Ah! quanto me comoveu a afeição que nossos queridos parentes nos testemunharam!

No dia seguinte, levaram-nos à nossa nova residência, isto é, aos Buissonnets, um bairro solitário, situado perto do belo passeio chamado "Jardim da Estrela". A casa alugada por meu pai pareceu-me encantadora: um mirante, de onde a vista se estendia para longe, o jardim inglês na frente e

Casa onde Teresa nasceu. Alençon (Orne).

Igreja Nossa Senhora de Alençon, onde Teresa foi batizada.

Os Buissonnets (Lisieux).
A janela marcada com um + é a do quarto de Teresa.

uma grande horta nos fundos. Tudo isso, para minha imaginação infantil, era uma novidade feliz. De fato, esta risonha habitação tornou-se o teatro de dulcíssimas alegrias e de inesquecíveis cenas familiares. Antes, como disse acima, eu estava exilada, chorava e sentia que não tinha mais mãe! Lá, meu coraçãozinho se expandia e, novamente, eu sorria à vida.

Logo ao acordar, recebia as carícias de minhas irmãs e, a seu lado, eu fazia minha oração. A seguir, tomava minha lição de leitura com Paulina; recordo-me que a primeira palavra que consegui ler sozinha foi a palavra *céus*. Terminada a minha aula, eu subia ao mirante, onde habitualmente estava meu pai, e ficava feliz em poder anunciar-lhe notas boas!

Todas as tardes eu fazia um pequeno passeio com ele, para visitar o Santíssimo Sacramento, um dia numa igreja, no dia seguinte em outra. Foi assim que entrei pela primeira vez na capela do Carmelo. "Olha, minha pequena rainha – disse-me papai –, atrás daquela grande grade há santas religiosas que rezam sempre ao bom Deus". Eu estava longe de imaginar que, nove anos mais tarde, estaria entre elas; que lá, neste Carmelo bendito, eu receberia tão grandes graças!

Após o passeio, eu voltava para casa, onde fazia meus deveres; depois, pelo resto do tempo, eu saltitava no jardim em volta ao meu bom pai. Não sabia brincar com bonecas; meu maior prazer era preparar infusões de sementes e cascas de árvores. Quando minhas infusões tomavam uma bela coloração, oferecia-as depressa ao papai, numa bela xicarazinha que dava verdadeiramente vontade de saborear-lhe o conteúdo. O terno pai deixava logo seu trabalho e depois, sorrindo, fingia tomar a bebida.

Gostava outrossim de cultivar flores; divertia-me em preparar pequenos altares numa cavidade que, por sorte, havia no muro do meu jardim. Quando tudo estava pronto, eu ia ter com papai que, para me agradar, extasiava-se diante dos meus maravilhosos altares, admirando o que eu julgava ser uma obra-prima! Se quisesse narrar mil fatos desse tipo que me ficaram na memória, não acabaria nunca. Ah! como poderia narrar todas as ternuras que meu incomparável pai esbanjava à sua pequena rainha.

Para mim, eram dias felizes aqueles em que meu *querido rei* – como costumava chamá-lo – levava-me consigo a pescar. Algumas vezes, eu mesma experimentava pescar com minha pequena linha; na maioria das vezes, porém, preferia ficar em lugar retirado, sentada sobre a erva florida. Era quando meus pensamentos vagavam bem profundos; e sem saber o que era meditar, minha alma lançava-se numa real oração. Escutava os ruídos distantes, o murmúrio do vento. Por vezes, a banda militar da cidade enviava-me algumas notas indecisas, que "melancolizavam" docemente meu coração. A terra parecia-me um lugar de exílio e eu sonhava com o céu!

A tarde passava rapidamente e era preciso regressar aos Buissonnets; porém, antes de ir embora, eu tomava a merenda trazida em minha pequena lancheira. Mas ai! a bela fatia de pão doce preparada por minhas irmãs mudara de aspecto: em lugar de sua cor viva, eu só via nela um leve cor--de-rosa muito *desbotado e envelhecido*. Então, a terra parecia-me mais triste ainda e eu compreendia que só no céu a alegria seria sem nuvens.

A propósito de nuvens, recordo-me que, um dia, o belo céu azul do campo se cobriu; logo o temporal começou a cair com força, acompanhado de relâmpagos luminosos. Eu me voltava para a direita e para a esquerda a fim de nada perder desse majestoso espetáculo; por fim, vi o raio cair num prado vizinho e, longe de sentir o menor medo, eu me reanimei: parecia-me que o bom Deus estava muito perto de mim! Meu querido pai, menos contente do que sua rainha, tirou-me de meu arrebatamento; as ervas e as grandes margaridas, mais altas do que eu, brilhavam como pedras preciosas, e nós tivemos de atravessar extensos prados antes de chegar à estrada. Por isso, pegou-me nos braços, apesar de seus apetrechos de pesca e de lá, eu olhava embaixo os belos diamantes, quase lastimando de não estar também eu coberta e inundada por eles.

Parece-me não ter dito ainda que, nos meus passeios diários, tanto em Lisieux como em Alençon, muitas vezes eu dava esmolas aos necessitados. Um dia, vimos um pobre que se arrastava penosamente, amparado pelas muletas. Aproximei-me para dar-lhe meu pequeno donativo; ele fixou em mim um longo e triste olhar, e depois, sacudindo a cabeça, com um doloroso sorriso recusou minha esmola. Não saberia dizer o que se passou em meu coração. Eu queria consolá-lo, aliviá-lo e, talvez, com isso eu o humilhei!

Sem dúvida, ele adivinhou meu pensamento, pois logo voltou-se para mim e sorriu-me de longe. Meu pai acabava de comprar-me um bolo, e eu tive enorme vontade de correr atrás do velho para dá-lo a ele; dizia comigo: "Não aceitou o meu dinheiro, mas, um bolo, por certo, causar-lhe-á prazer". Não sei que receio me conteve; sentia o coração tão apertado que mal pude reter as lágrimas; por fim, recordei-me de ter ouvido dizer que no dia da primeira comunhão obter-se-iam todas as graças que se pedissem: esse pensamento consolou-me imediatamente. Apesar de, na ocasião, ter apenas seis anos, eu disse comigo mesma: "No dia de minha primeira comunhão, rezarei por meu pobre"; cinco anos mais tarde, cumpri fielmente minha resolução. Sempre pensei que minha prece infantil por esse sofrido membro de Nosso Senhor foi abençoada e recompensada.

Crescendo, eu amava o bom Deus sempre mais e a Ele eu entregava muitas vezes meu coração, servindo-me de uma fórmula que aprendi de minha mãe; esforçava-me por agradar a Jesus em todas as minhas ações, cuidando de jamais ofendê-lo. No entanto, um dia cometi uma falta que vale a pena mencioná-la aqui; dá-me grande ocasião de me humilhar e creio ter tido dela uma contrição perfeita.

Era o mês de maio de 1878. Minhas irmãs consideravam-me muito pequena para participar das devoções do mês de Maria todas as tardes; ficava em casa com a empregada e fazia com ela minhas devoções diante do altar arranjado a meu modo. Tudo era tão pequeno, castiçais, vasos de flores etc., que bastavam dois palitos de cera para iluminá-lo perfeitamente. Uma vez ou outra, para economizar minha provisão de palitos, Vitória fazia-me a surpresa de dois toquinhos de vela de verdade; mas era raro.

Uma tarde, quando íamos iniciar nossa oração, eu lhe disse: "Pode começar com o *Lembrai-vos*, que vou acender as velas". Ela fingiu começar, mas, olhando para mim, desandou numa risada escandalosa. Vendo meus preciosos palitos consumirem-se rapidamente, supliquei-lhe mais uma vez que iniciasse depressa o *Lembrai-vos*. O mesmo silêncio, as mesmas explosões de riso. Então, no auge da indignação, levantei-me e, saindo de minha habitual doçura, bati o pé com força e gritei muito alto: "Vitória, você é má!" A pobre moça perdeu a vontade de rir; ela me olhou, muda de admiração, e mostrou-me, tarde demais, a surpresa de seus dois tocos de vela escondidos sob seu avental. Depois de chorar de raiva, derramei lágrimas de contrição; estava muito envergonhada e desolada e tomei a firme resolução de nunca mais recair.

Pouco tempo depois, eu ia confessar-me. Que doce recordação para mim! Paulina me dizia: "Terezinha, não é a um homem, mas ao próprio bom Deus que vais confessar teus pecados". Persuadi-me disso de tal maneira que lhe perguntei seriamente se era preciso dizer ao R. Pe. D. *que eu o amava de todo o coração*, pois era pessoalmente ao bom Deus que ia falar.

Muito bem instruída sobre tudo o que devia fazer, entrei no confessionário e, pondo-me bem em frente ao sacerdote para melhor vê-lo, confessei-me e recebi sua bênção com grande espírito de fé; minha irmã me havia asseverado que nesse momento solene as lágrimas do Menino Jesus iriam purificar minha alma. – Lembro-me ainda da exortação que me foi dirigida: convidava-me, sobretudo, a ter devoção à Virgem Santíssima e prometi redobrar minha ternura por aquela que já ocupava um lugar de destaque no meu coração.

Por fim, apresentei meu pequeno terço para que o benzesse e saí do confessionário tão contente e leve, como nunca até então havia sentido tanta alegria. Era à tardinha. Chegando ao pé de um lampião, parei e, tirando do bolso o terço recém-bento, eu o virava e revirava de todos os lados. "O que estás a olhar, Terezinha" – perguntou-me Paulina. "Ora, olho *o que vem a ser um terço bento!*" Esta estranha resposta divertiu muito minhas irmãs. De minha parte, fiquei muito tempo compenetrada pela graça que havia recebido; depois eu queria confessar-me nas grandes festas, e tal confissão, posso dizê-lo, enchia de alegria todo o meu pequeno interior.

As festas!... Ah! que saudosas recordações me traz esta simples palavra!... *As festas!...* eu as amava tanto! Minhas irmãs sabiam explicar-me tão bem os mistérios que cada uma delas encerrava! Sim, estes dias da terra tornavam-se para mim dias do céu. Atraíam-me, sobretudo, as procissões do Santíssimo Sacramento. Que alegria espalhar flores sob os passos do bom Deus! Mas, antes de deixá-las cair, jogava-as bem para o alto e não cabia em mim de contente quando via que minhas rosas desfolhadas tocavam o sagrado ostensório.

As festas! Ah! se as grandes eram raras, cada semana trazia uma muito cara ao meu coração: *o domingo*. Que dia radiante. Era a festa do bom Deus, a festa do *repouso*. Primeiramente, toda a família participava da missa cantada; recordo-me de que na hora do sermão – porque nossa capela ficava um tanto afastada do púlpito – era necessário descer e encontrar lugares na nave, o que não era muito fácil. Mas para a Terezinha e seu pai todos se apressavam a oferecer-lhes cadeiras. Meu tio alegrava-se em ver-nos chegar juntos; ele me chamava *seu pequeno raio de sol*, e dizia que ver este venerando patriarca levar pela mão sua filhinha, para ele, era um quadro encantador.

Pessoalmente, não me preocupava que olhassem para mim; ocupava-me unicamente em ouvir atentamente o sacerdote. O primeiro sermão que compreendi e que me tocou profundamente foi sobre a Paixão de Nosso Senhor; eu tinha então cinco anos e meio; depois disso pude entender e apreciar o sentido de todas as instruções.

Quando se falava de Santa Teresa, meu pai se inclinava e me dizia ao pé do ouvido: "Presta bem atenção, minha pequena rainha, fala-se de tua santa padroeira". Eu prestava muita atenção, é verdade, mas, confesso-o, os olhos corriam mais para o papai do que para o pregador. Sua bela figura dizia-me muitas coisas! Por vezes, seus olhos enchiam-se de lágrimas que, em vão, se esforçava por reprimir. Ouvindo as verdades eternas, parecia não habitar na terra: sua alma parecia-me mergulhada em outro mundo. Mas ai!... restava-lhe ainda muito caminho a percorrer, a meta estava bem longe: longos e dolorosos anos ainda deviam decorrer antes que o belo céu se abrisse a seus olhos e que o Senhor, com sua mão divina, viesse enxugar as amargas lágrimas de seu fiel servidor.

Volto a falar do domingo. Esta alegre festa, que se escoava tão rapidamente, tinha também seu tom de melancolia: minha alegria corria sem interrupção até as completas; mas, a partir desse ofício da tarde, um sentimento de tristeza invadia minha alma: lembrava-me de que no dia seguinte era preciso recomeçar a vida, trabalhar, aprender as lições e meu coração sentia o exílio da terra, suspirava pelo repouso do céu, pelo domingo sem ocaso da verdadeira pátria!

Antes de regressar para os Buissonnets, minha tia nos convidava, uma após outra, a passar a tarde em sua casa: eu ficava muito contente quando chegava a minha vez. Ouvia com extremo prazer tudo o que meu tio dizia; suas sérias conversas interessavam-me muito; certamente, ele nem duvidava da atenção que lhe prestava. Todavia, minha alegria misturava-se com o terror quando me sentava num de seus joelhos, cantando-me o *Barba azul* com uma voz extraordinária!

Por volta das oito horas, meu pai vinha buscar-me. Lembro-me de que, então, eu olhava as estrelas com um encanto inexprimível... Nas profundezas do firmamento havia, sobretudo, um grupo de pérolas de ouro (a constelação de Orion), que me deliciava especialmente por apresentar a forma de um T e, caminhando, eu dizia a meu querido pai: "Olha, papai, meu nome está escrito no céu!" E já não querendo ver coisa alguma da vil terra, pedia que me conduzisse; e, sem olhar onde punha os pés, erguia minha cabecinha para o ar, não me fartando de contemplar o céu azul estrelado.

Que poderia dizer dos serões de inverno nos Buissonnets? Após uma partida de damas, minhas irmãs liam o *Ano Litúrgico* e, depois, algumas páginas de um livro interessante e, ao mesmo tempo, instrutivo. Durante esse tempo, meu lugar era sobre os joelhos do meu pai; terminada a leitura, com sua bela voz, punha-se ele a cantar melodiosas canções, como que para me adormentar. Então, eu reclinava minha cabeça sobre seu coração e ele me embalava docemente...

Por fim, subíamos para fazer a oração; lá, novamente, meu lugar era perto de meu bom pai, bastando-me olhar para ele para saber como rezam os santos. A seguir, Paulina levava-me para a cama; depois de acomodada, eu lhe perguntava invariavelmente: "Fui boazinha hoje? – O bom Deus está contente comigo? – Os anjinhos virão voar ao meu redor?..." A resposta era sempre *sim*: caso contrário, eu passaria a noite toda a chorar. Terminado o interrogatório, minhas irmãs me abraçavam e... a Terezinha ficava a sós na escuridão.

Considero uma verdadeira graça ter sido habituada desde a infância a dominar meus medos. Por vezes, à noite, Paulina me mandava sozinha procurar alguma coisa num quarto afastado; ela não admitia recusas, e isso era necessário para mim, pois teria ficado muito medrosa, enquanto que no presente é muito difícil eu me assustar. Hoje eu me pergunto como minha mãezinha pôde me educar com tanto amor, sem me mimar, porque não me perdoava nenhuma imperfeição: nunca me fez uma repreensão sem motivo, e nunca – isso eu sabia bem – aconteceu que ela voltasse atrás de uma decisão já tomada.

Esta irmã querida ouvia as minhas confidências mais íntimas e esclarecia todas as minhas dúvidas. Um dia, falei-lhe de minha surpresa de o bom Deus não dar no céu uma glória igual para todos os eleitos; temia que nem todos fossem felizes. Então, ela me mandou buscar o grande copo de papai e o pôs ao lado do meu pequeno dedal. Enchendo ambos de água, perguntou-me qual dos dois estava mais cheio. Respondi-lhe que um estava tão cheio quanto o outro e que era impossível pôr neles mais água do que podiam conter. Dessa forma, Paulina me fez compreender que, no céu, o último dos eleitos não inveja a felicidade do primeiro. É assim que, pondo ao meu alcance os mais sublimes segredos, ela dava à minha alma o alimento de que necessitava.

Com que alegria, todos os anos, eu via chegar a distribuição dos prêmios! Embora fosse a única a concorrer, como sempre, a justiça era rigorosamente observada; só recebia os prêmios realmente merecidos. O coração batia-me mais forte ao ouvir minha sentença, e receber das mãos de meu pai, diante de toda a família reunida, os prêmios e as coroas. Para mim, era uma imagem do juízo final!

Mas ai!... Vendo papai tão radiante, eu estava longe de prever as grandes provações que o esperavam. Um dia, porém, o bom Deus mostrou-me, numa extraordinária visão, a imagem dessa dor futura.

Meu pai estava de viagem e não devia voltar tão cedo; podiam ser duas ou três horas da tarde: o sol brilhava de um vivo esplendor e toda a natureza parecia em festa. Achava-me sozinha a uma janela que dava para a horta, o espírito a vagar em pensamentos risonhos, quando, diante de mim, em frente à lavanderia, vi um homem trajado exatamente como papai, com a mesmíssima estatura elevada, a mesma maneira de andar, porém, muito curvado e envelhecido. Digo *envelhecido*, para descrever o aspecto geral de sua pessoa, porque não via seu rosto e sua cabeça estava coberta por um véu espesso. Ele caminhava vagarosamente, com passo regular, ladeando meu jardinzinho. Imediatamente, tomou-me um sentimento de terror sobrenatural e chamei com voz forte e trêmula: "Papai! Papai!..." Mas o misterioso personagem parecia não me ouvir; continuava sua caminhada, sem ao menos virar a cabeça, e se dirigia para um bosque de abetos que cortava a alameda principal do jardim. Esperava vê-lo reaparecer do outro lado das árvores; mas a visão profética desapareceu.

Tudo isso durou apenas um instante: mas um instante que se gravou tão profundamente em minha memória, que, ainda hoje, após tantos anos, conservo-o presente na lembrança como se fosse a própria visão.

Minhas irmãs estavam juntas numa sala próxima. Ouvindo-me chamar papai, elas próprias tiveram uma impressão de medo. Dissimulando sua emoção, Maria correu até mim e me disse: "Por que chamas pelo papai que está em Alençon?" Contei-lhe o que acabava de ver e ela, para me tranquilizar, disse-me que a empregada cobrira a cabeça com seu avental para me amedrontar.

A Vitória, porém, interrogada, afirmou não ter deixado a cozinha; afinal, a verdade não podia desaparecer do meu espírito: *vi um homem e esse homem, simplesmente, parecia-se com papai*. Então, fomos juntas atrás do conjunto de árvores e, não descobrindo nada, minhas irmãs disseram-me que não pensasse mais no caso. Não pensar mais no caso! Mas isso não estava em meu poder. Com muita frequência, minha imaginação reapresentava-me aquela visão misteriosa. Eu sempre procurava tirar o véu que me encobria seu sentido e, no fundo do coração, alimentava a íntima convicção de que um dia ser-me-ia inteiramente revelado.

E vós conheceis tudo, minha querida Madre! Agora sabeis: era realmente meu pai que o bom Deus me fez ver, a caminhar curvado pela idade e trazendo em seu semblante venerando, em sua cabeça embranquecida, o sinal de sua grande provação. Como a adorável Face de Jesus foi velada durante sua Paixão, da mesma forma a face de seu fiel servidor devia ser velada nos dias de sua humilhação, a fim de poder brilhar com mais esplendor nos céus. Ah! como admiro o modo de agir de Deus, fazendo-nos antever essa cruz preciosa, como um pai faz seus filhos anteverem o futuro glorioso que lhes prepara e, em seu amor, compraz-se em considerar as riquezas imensas que devem receber como herança!

Porém, uma reflexão me vem ao espírito: "Por que o bom Deus comunicou essa luz a uma criança que, se a tivesse compreendido, teria morrido de dor?" Por quê?... Eis um desses insondáveis mistérios que somente no céu podemos compreender, para então torná-los objeto de nossa eterna admiração! Meu Deus, como sois bom! Como medis a proporção das provações com as nossas forças! Naquele tempo, nem a coragem eu tinha de pensar, sem pavor, que papai podia morrer. Uma ocasião, ele estava no alto de uma escada e, vendo-me ali muito perto, disse-me: "Afasta-te, minha pequena rainha, pois se eu cair posso esmagar-te". Senti logo uma revolta interior e, aproximando-me ainda mais da escada, pensei: "Se papai cair, ao menos, não vou ter a dor de vê-lo morrer, morrerei com ele".

Não, não sou capaz de dizer quanto eu amava meu pai! Tudo nele causava-me admiração. Quando me comunicava seu modo de pensar sobre assuntos muito sérios – como se eu fosse uma moça – eu lhe dizia ingenuamente: "Claro, papai, se falasses assim aos grandes homens do governo, por certo, haveriam de levá-lo para fazê-lo rei e, então, a França seria feliz como jamais o foi; mas tu serias infeliz, porque esta é a sorte de todos os reis e, além disso, já não serias o meu rei exclusivo; assim, prefiro que não te conheçam".

Por volta dos seis ou sete anos, vi o mar pela primeira vez. Este espetáculo causou-me tão profunda impressão que não conseguia desviar meus olhos dele. A majestade do mar, o bramido de suas ondas, tudo falava à minha alma da grandeza e do poder do bom Deus. Recordo-me que, na praia, um senhor e uma senhora olharam demoradamente para mim e perguntaram ao papai se eu era dele, dizendo-lhe que eu era uma linda criança. Ele, porém, fez-lhes sinal para que não me louvassem. Senti prazer ao ouvir isso, pois não me considerava simpática; minhas irmãs prestavam muita atenção para nunca proferir uma palavra que pudesse fazer-me perder a simplicidade e a candura infantis! Por isso, unicamente por dar-lhes fé, não dei grande importância às palavras e aos olhares admirados dessas pessoas, e não pensei mais no caso.

À tarde desse dia, na hora em que o sol parece banhar-se na imensidão das ondas, deixando diante de si um rastro luminoso, fui sentar-me com Paulina num rochedo deserto; contemplei demoradamente esse rastro de ouro, que ela me dizia ser na terra a imagem da graça que ilumina o caminho das almas fieis. Então, eu representava meu coração no meio do rastro, semelhante a uma leve barquinha munida de graciosa vela branca e tomei a resolução de jamais me afastar do olhar de Jesus, a fim de que Ele pudesse velejar em paz e rapidamente para a margem dos céus.

CAPÍTULO III
O colégio. – Dolorosa separação.
Doença estranha.
Visível sorriso da Rainha do Céu.

O Senhor estendeu sua mão. Livrou-me de meu terrível adversário. salvou-me por comprazer-se em mim (Sl 18).

Tinha eu oito anos e meio quando Leônia saiu do colégio e fui tomar seu lugar na Abadia das Beneditinas de Lisieux. Fui colocada numa classe de alunas, todas maiores do que eu: uma delas, de quatorze anos de idade, era pouco inteligente, mas sabia impor-se às companheiras. Vendo-me tão jovem, quase sempre em primeiro lugar nas composições e querida de todas as religiosas, ela sentiu ciúmes e, de mil maneiras, fez-me pagar meus pequenos êxitos. Tímida e delicada por natureza, não sabia defender-me e limitava-me a chorar sem dizer nada. Celina, como também minhas irmãs de mais idade, ignoravam meus dissabores; mas faltava-me a virtude necessária para passar por cima dessas misérias e meu pobre pequeno coração sofria muito.

Felizmente, todas as tardes eu regressava ao lar paterno; então minha alma se expandia, saltava sobre os joelhos de meu pai, contava-lhe as notas que me haviam sido dadas e seu beijo fazia-me esquecer todas as mágoas. Com que alegria anunciei o resultado de minha primeira composição! Recebi nota máxima e, como recompensa, uma bela moedinha de prata que lancei no meu cofrezinho para os pobres e que foi destinada a receber quase todas as quintas-feiras uma nova companheira. Ah! precisava realmente desses mimos; era muito útil à florzinha mergulhar com frequência suas tenras raízes na terra amada e predileta da família, já que em parte alguma encontrava a seiva necessária para sua subsistência.

Todas as quintas-feiras nós tínhamos feriado; mas não podia compará-los aos feriados dados por Paulina, que eu passava em grande parte no mirante com papai. Não sabendo brincar como as outras crianças, não me sentia uma companheira agradável; no entanto, esforçava-me por imitá--las, mas nunca o consegui.

Além de Celina, que me era, por assim dizer, indispensável, procurava preferentemente a priminha Maria, por me dar a liberdade de escolher os jogos de meu agrado. Já estávamos muito unidas de coração e de vontade, como se o bom Deus nos tivesse feito pressentir que um dia, no Carmelo, abraçaríamos a mesma vida religiosa[10].

Muitas vezes – na casa de meu tio – Maria e Teresa tornavam-se dois anacoretas muito penitentes, possuindo apenas uma pobre cabana, um pedacinho de terra semeada de trigo e uma hortazinha para cultivar algum legume. Passavam sua vida em contemplação contínua; isto é, uma revezava a outra quando era preciso ocupar-se da vida ativa. Tudo se fazia em harmonia, em silêncio e com maneiras perfeitamente religiosas. Quando saíamos a passear, mesmo na rua, nosso divertimento continuava: as duas eremitas recitavam o terço, servindo-se dos dedos como contas, para não mostrar sua devoção ao indiscreto público. Entretanto, *o eremita Teresa* distraiu-se: tendo recebido um bolinho para seu lanche, antes de comê-lo, fez um enorme sinal da cruz e vários profanos não deixaram de sorrir.

---

10. Maria Guérin entrou para o Carmelo de Lisieux a 15 de agosto de 1895 e pronunciou seus votos com o nome de *Irmã Maria da Eucaristia*. Destacou-se por seu grande espírito de pobreza e sua paciência em meio a longos sofrimentos. "*Não sei se sofri muito* – dizia ela durante sua última doença – *parece-me, contudo, que TERESA comunica-me seus sentimentos e que a sigo no mesmo abandono. Oh! se pudesse morrer de amor como ela! Não seria de admirar, pois fiz parte da legião das pequenas vítimas que ela pediu ao bom Deus. Minha Madre, se, durante a minha agonia, notardes que o sofrimento me impede de fazer atos de amor; peço-vos encarecidamente, recordai-me meu desejo. Quero morrer dizendo a Jesus que o amo*". Esse desejo se realizou. A Madre Priora, numa carta circular dirigida a todos os Carmelos, narra assim seus últimos momentos: "Em sua cela, respirava-se verdadeiramente uma atmosfera que não era deste mundo. Uma de nossas irmãs trouxe-lhe a "Virgem de Teresa". O olhar já tão belo da Mariazinha iluminou-se com um clarão celestial. "*Como a amo!* – disse ela estendendo os braços. *Oh! como és bela!*" Aproximava-se o momento supremo e os impulsos de nossa doce moribunda tornavam-se sempre mais expressivos e abrasados: "Não tenho medo de morrer! Oh! que paz!... Não é preciso temer o sofrimento... Ele sempre dá força... Quem me dera morrer de amor!... de amor pelo bom Deus... Meu Jesus, eu vos amo!" E neste ato de amor, a 14 de abril de 1905, aos 34 anos, a alma de nossa angélica irmã expirou, deixando o frágil envólucro...

Por vezes, nossa união de vontades passava dos limites. Uma tarde, ao voltarmos da Abadia, quisemos imitar a modéstia dos eremitas. Eu disse à Maria: "Tu me guias pela mão, que eu vou fechar os olhos. – Vou fechá-los também eu", respondeu ela; e cada uma fez sua vontade.

Caminhávamos pela calçada, portanto, sem medo de esbarrar em carruagens. Porém, após poucos minutos de passeio, quando as duas travessas saboreavam as delícias de caminhar sem ver, de repente, ambas caíram sobre caixas colocadas à porta de uma loja e derrubaram tudo. Imediatamente, o comerciante saiu encolerizado para recolher suas mercadorias; mas as cegas voluntárias caíram em si e andavam rapidamente, os olhos e os ouvidos muito abertos ao ouvir as justas reprimendas de Joana, que parecia tão zangada quanto o comerciante.

Nada disse ainda das minhas novas relações com Celina. Em Lisieux, trocaram-se os papéis: ela se tornou a pequena traquinas cheia de malícia e Teresa uma menina muito meiga, embora excessivamente chorona! Inclusive, ela necessitava de um defensor e quem poderá descrever a intrepidez com que minha querida irmãzinha encarregou-se desse mister? Com frequência, oferecíamo-nos pequenos mimos que, mutuamente, nos causavam satisfações sem par. Ah! nesse tempo não sabíamos o que era tédio; nossa alma expandia-se em todo o seu frescor como uma flor primaveril, feliz por receber o orvalho matinal, acariciada pela brisa leve que fazia balançar nossas corolas. Sim, nossas alegrias eram comuns e senti isso no belo dia da Primeira Comunhão de minha querida Celina!

Na ocasião, eu tinha sete anos e ainda não frequentava a Abadia. Que saudades me traz a lembrança de sua preparação! Nas últimas semanas, cada tarde minhas irmãs falavam-lhe do grande ato que ela iria realizar; eu ouvia, ansiosa por me preparar também; e quando me mandavam sair, porque era ainda muito pequena, meu coração ficava magoado e pensava que para receber o bom Deus não era demais uma preparação de quatro anos.

Uma tarde, ouvi as seguintes palavras dirigidas à minha feliz irmãzinha: "A partir da Primeira Comunhão, será necessário iniciar uma vida totalmente nova". Imediatamente, tomei a resolução de não esperar até aquele tempo e iniciar uma vida nova com Celina.

Durante seu retiro preparatório, ela permaneceu sempre internada na Abadia e sua ausência pareceu-me muito longa. Mas enfim, raiou o belo dia. Que deliciosa impressão deixou em meu coração! Era como que o prelúdio de minha própria Primeira Comunhão! Quantas graças recebi naquele dia! Considero-o um dos mais belos de minha vida.

Voltei um pouco para trás, para recordar esta inefável lembrança. Agora devo falar da dolorosa separação que veio quebrar meu coração, quando Jesus arrebatou-me minha *mãezinha* tão ternamente amada. Certa ocasião, eu lhe dissera que desejava retirar-me com ela para um deserto distante; respondeu-me que meu desejo era também o seu, mas que aguardaria que eu estivesse mais crescida para partir. A pequena Teresa tomou a sério esta irrealizável promessa; mas qual não foi sua desilusão quando ouviu sua querida Paulina comunicar à Maria sua próxima entrada para o Carmelo! Eu não conhecia o Carmelo; mas compreendi que ela me deixaria para entrar para um convento e que não esperaria por mim!

Como poderia descrever a angústia do meu coração? Num instante, a vida apresentou-se a mim em toda a sua realidade: cheia de sofrimentos e de separações contínuas; e lágrimas muito amargas brotaram-me dos olhos. Ainda não tinha provado as alegrias do sacrifício; eu era fraca, tão fraca, que considero uma grande graça ter podido suportar, sem morrer, uma provação aparentemente bem superior às minhas forças.

Recordarei sempre a ternura com que me consolou minha mãezinha. Explicou-me a vida do claustro; e eis que uma tarde, estando totalmente só a considerar em meu coração o quadro que ela me havia traçado, percebi que o Carmelo era o deserto em que o bom Deus queria esconder-me também. Senti isso com tal força que não deixou a menor dúvida em meu espírito; não foi um sonho da criança que facilmente se entusiasmava, mas a certeza do chamado divino. Não tenho palavras para descrever tal impressão, mas posso dizer que me deixou uma grande paz.

No dia seguinte, confidenciei meus desejos à Paulina que, vendo neles a vontade do céu, prometeu levar-me em breve ao Carmelo para ver a Madre Priora, a quem poderia revelar meu segredo.

Um domingo foi escolhido para esta solene visita. Meu constrangimento foi grande quando soube que minha prima Maria, ainda muito jovem para ver as Carmelitas, devia acompanhar-me. No entanto, era preciso encontrar meios de ficar a sós com a Madre; ocorreu-me, então, o seguinte pensamento: diria a Maria que, tendo o privilégio de ver a Reverenda Madre, nós devíamos ser muito gentis, muito educadas e, por isso, confiar-lhe nossos segredos. Portanto, uma por vez, seria necessário sair um momentinho. Apesar de sua repugnância em confiar segredos que ela não tinha, Maria acreditou na palavra e, assim, pude permanecer a sós convosco, querida Madre. Ouvindo minhas grandes confidências e crendo em minha vocação, todavia, dissestes-me que não se recebiam postulantes de nove anos e que era necessário aguardar meus dezesseis anos. Tive de resignar-me, apesar de meu vivo desejo de entrar com Paulina e fazer minha Primeira Comunhão no dia em que ela tomaria o Hábito.

Enfim, despontou o dia 2 de outubro! Dia de lágrimas e de bênçãos, em que Jesus colheu a primeira de suas flores, a flor predileta que, poucos anos mais tarde, devia ser a Madre de suas irmãs. Enquanto meu amado pai, acompanhado de meu tio e de Maria, subia a montanha do Carmelo para oferecer seu primeiro sacrifício, minha tia levava-me para a missa com minhas irmãs e minhas primas. Nós derramávamos lágrimas, de modo que, vendo-nos entrar na igreja, as pessoas olhavam-nos com admiração; mas isso não me impediu de chorar. Perguntava-me como o sol ainda podia brilhar sobre a terra.

Talvez, minha venerada Madre, pensais que eu exagero um pouco em minhas penas. Com efeito, reconheço perfeitamente que essa partida não deveria afligir-me tanto; mas devo confessar que minha alma andava longe de estar madura e devia passar por muitos crisóis antes de atingir as praias da paz, antes de experimentar os deliciosos frutos do abandono total e do perfeito amor.

Na tarde desse mesmo dia 2 de outubro de 1882 vi minha querida Paulina, então já Irmã Inez de Jesus, atrás das grades do Carmelo. Como sofri naquele parlatório! Já que escrevo a história da minha alma, parece-me dever dizer tudo! Pois bem, confesso que considerava um nada os primeiros sofrimentos da separação, comparados com os que seguiriam. Habituada a me entreter intimamente com minha mãezinha, a muito custo obtive dois ou três minutos no fim da visita familiar; muito bem entendido que os passei a chorar e retirei-me com o coração despedaçado.

Não compreendia que fosse impossível dar, várias vezes, meia hora a cada uma de nós e que era preciso reservar a maior parte do tempo a meu paizinho e a Maria; não compreendia e, no fundo do meu coração, dizia: Paulina está perdida para mim! Meu espírito desenvolveu-se de forma tão impressionante no meio do sofrimento, que não tardei a cair gravemente doente.

A doença que me acometeu, certamente, vinha do ciúme do demônio, que, furioso por esta primeira entrada para o Carmelo, queria vingar-se em mim pelo enorme prejuízo que minha família lhe devia causar no futuro. Mas ele ignorava que a Rainha do Céu velava fielmente sobre sua florzinha, que do alto céu ela lhe sorria e estava prestes a fazer cessar a tempestade, no exato momento em que sua haste delicada e frágil ameaçava quebrar-se irremediavelmente.

No fim desse ano de 1882, fui tomada por uma dor de cabeça contínua, embora suportável, que não me impediu de prosseguir meus estudos; isso durou até a festa da Páscoa de 1883. Por esse tempo, tendo meu pai ido a Paris com Maria e Leônia, Celina e eu fomos confiadas a meu tio e minha tia.

Uma tarde, estando a sós com meu tio, ele me falou de minha mãe, das recordações do passado, com tal ternura que me tocou profundamente e me fez chorar. Ele próprio se emocionou diante de minha sensibilidade; surpreendeu-se com os sentimentos que eu manifestava em tão tenra idade e resolveu proporcionar-me toda espécie de distrações durante as férias.

O bom Deus, porém, decidira de modo diverso. Naquela mesma noite, minha dor de cabeça voltou com extrema violência e fui acometida por um tremor estranho que durou a noite toda. Como verdadeira mãe, minha tia não me deixou um instante; enquanto durou a doença, ela me dispensou a mais terna solicitude e me prodigalizou os mais devotados e delicados cuidados.

Pode-se imaginar a dor do meu pobre pai, quando, ao voltar de Paris, viu-me nesse estado desesperador. Pensou logo que eu iria morrer. Porém, Nosso Senhor bem que podia tranquilizá-lo: *"Esta doença não causará a morte, mas se destina à glória de Deus"* (Jo 11,4). Sim, o bom Deus foi glorificado nesta provação! E o foi pela resignação admirável de meu pai, por aquela de minhas irmãs, sobretudo de Maria. Como sofreu por minha causa! Quão profunda é minha gratidão para esta irmã querida! Seu coração ditava-lhe o que me era necessário e é bem verdade que um coração de mãe tem mais poder do que a ciência dos mais hábeis doutores.

Entretanto, aproximava-se a tomada de hábito de Irmã Inez de Jesus, e todos evitavam falar disso na minha presença, por medo de me fazerem sofrer, diante da certeza de não me ser possível participar. No fundo do coração, eu acreditava, firmemente, que o bom Deus me concederia o consolo de, naquele dia, rever minha querida Paulina. Estava convencida de que esta festa seria sem nuvens, saberia que Jesus não provaria sua noiva com minha ausência; ela que já havia sofrido tanto com a doença de sua filhinha. E de fato pude abraçar minha *mãe querida*, sentar-me nos seus joelhos, esconder-me sob o seu véu e receber suas doces carícias; pude contemplá-la, tão encantadora em seu hábito branco! Verdadeiramente, foi um belo dia no meio de minha sombria provação; mas este dia, ou antes, esta hora, passou depressa e logo tive de subir na carruagem que me levou para longe do Carmelo!

Chegando aos Buissonnets, acharam conveniente que eu fosse me deitar, embora não sentisse fadiga alguma; mas no dia seguinte fui violentamente retomada pelo mal e a doença tornou-se tão grave que, pelos cálculos humanos, eu jamais devia sarar.

Não sei como descrever tão estranha doença: eu dizia coisas que não pensava, fazia outras como que forçada, contra a vontade; parecia estar quase em constante delírio e, no entanto, tenho certeza de não ter perdido o uso da razão por um instante sequer. Com frequência, eu ficava desmaiada durante horas, e em desmaio tal que me teria sido impossível fazer o mais leve movimento. Todavia, em meio a este extraordinário torpor, ouvia distintamente que se dizia ao meu redor, mesmo em voz baixa, e disso ainda me recordo.

E que terrores o demônio me inspirava! Tinha medo, absolutamente, de tudo: meu leito parecia-me cheio de precipícios horríveis; alguns pregos, fixados às paredes do quarto, a meus olhos, tomavam a forma terrificante de grandes dedos, negros e carbonizados, que me provocavam gritos de horror. Um dia, estando papai a olhar para mim em silêncio, o chapéu que ele trazia na mão, de repente, transformou-se totalmente não sei em que forma horrível e manifestei tão grande terror que meu pobre pai saiu soluçando.

Mas se o bom Deus permitia que o demônio se aproximasse externamente de mim, enviava-me também anjos visíveis para me consolar e fortificar. Maria não me deixava e nunca deu mostras de tédio, apesar de todo o trabalho que eu lhe dava; pois eu não podia sofrer e que ela se afastasse de mim. Durante as refeições, quando Vitória tomava conta de mim, não cessava de chamar entre lágrimas: "Maria! Maria!" Quando ela queria sair, era para que pudesse ir à missa ou visitar Paulina; só então eu não dizia nada.

E Leônia! e minha Celinazinha! O que não fizeram por mim! Aos domingos, vinham trancar-se horas inteiras no meu quarto, para fazer companhia a uma pobre criança que mais parecia uma idiota. Ah! minhas queridas irmãzinhas, quanto vos fiz sofrer!

Também meu tio e minha tia eram muito afeiçoados a mim. Minha tia vinha ver-me todos os dias e me trazia mil mimos[11]. Não saberia dizer quanto cresceu minha ternura por esses queridos parentes durante esta doença. Compreendi melhor do que nunca o que, com frequência, dizia meu pai: "Lembrem-se sempre, minhas filhas, que seu tio e sua tia têm por vocês um desvelo extraordinário". Nos dias de sua velhice, ele próprio o experimentou; e agora, como deverá estar protegendo e abençoando aqueles que lhe dedicaram tão devotadas atenções!

Nas horas em que os sofrimentos eram menos vivos, minha alegria era tecer coroas de margaridas e de miosótis para Nossa Senhora. Estávamos, então, no lindo mês de maio e a natureza inteira enfeitava-se de flores primaveris; só a *florzinha* definhava e parecia estiolada para sempre! Junto dela, porém, havia um sol, que era a milagrosa imagem da Rainha dos Céus. E por vezes, muitas vezes, a florzinha voltava sua corola para este Astro bendito.

Um dia, vi meu pai entrar no meu quarto; parecia muito comovido e, dirigindo-se a Maria com mostras de grande tristeza, entregou-lhe várias moedas de ouro, pedindo-lhe que escrevesse a Paris a fim de encomendar uma novena de missas no santuário de Nossa Senhora das Vitórias, para obter a cura de sua pobre rainhazinha. Ah! quanto me tocou sua fé e seu amor! Queria levantar-me e dizer-lhe que estava curada! Infelizmente, porém, meus desejos não podiam realizar um milagre e era necessário um milagre muito grande para fazer-me voltar à vida! Sim, era necessário um grande milagre, e Nossa Senhora das Vitórias realizou-o plenamente.

---

11. Lá do céu, Teresa soube recompensar-lhe os cuidados maternais. Durante sua última doença, ela a protegeu visivelmente. Uma manhã, foi encontrada calma e radiante: "*Sofri muito* – disse ela –, *mas minha Terezinha velou-me com ternura. A noite toda, senti sua presença ao pé do meu leito. Acariciou-me várias vezes e isso deu-me uma coragem extraordinária*". A senhora Guérin viveu e morreu como uma santa, com a idade de 52 anos. Com um sorriso nos lábios, repetia: "*Sou feliz de poder morrer! É tão bom ir ver o bom Deus! Meu Jesus, eu vos amo. Ofereço-vos minha vida pelos sacerdotes, como minha Terezinha do Menino Jesus*". Era o dia 13 de fevereiro de 1900. O senhor Guérin, após ter empregado sua pena em defesa da Igreja por muitos anos e sua fortuna em favor das boas obras, faleceu santamente a 28 de setembro de 1909, aos 69 anos de idade, sendo Irmão da Ordem Terceira do Carmo.

Um domingo, durante a novena, Maria saiu para o jardim, deixando-me com Leônia, que lia ao pé da janela. Depois de alguns minutos, pus-me a chamar com voz quase sumida: "Maria! Maria!" Estando habituada a me ouvir sempre a gemer assim, Leônia não me deu atenção; então, gritei bem alto e Maria me acudiu. Vi-a perfeitamente entrar, mas ai! pela primeira vez não a reconheci. Procurei ao meu redor, lancei um olhar ansioso para o jardim e recomecei a chamar: "Maria! Maria!"

Esta luta forçada, inexplicável, era um sofrimento indizível para mim, e Maria talvez sofresse mais do que sua pobre Teresa! Enfim, após vãos esforços por se fazer reconhecer, voltou-se para Leônia, disse-lhe uma palavra muito baixinho, desaparecendo pálida e trêmula.

Minha Leoniazinha levou-me logo para perto da janela; então, ainda sem reconhecê-la, vi que Maria caminhava calmamente no jardim e, estendendo os braços para mim, sorria-me e me chamava com a maior ternura de sua voz: "Teresa, minha Terezinha!" Como esta última tentativa não surtisse resultado algum, minha querida irmã ajoelhou-se chorando ao pé do meu leito e, dirigindo-se à Virgem bendita, implorou com o fervor de uma mãe que pede, que quer a vida de sua filha. Leônia e Celina a imitaram e este foi um grito de fé que forçou a porta do céu.

Não encontrando socorro algum na terra e quase a morrer de dor, voltei-me também eu para minha Mãe do céu, pedindo-lhe de todo o meu coração que, enfim, tivesse compaixão de mim.

Subitamente, a estátua se animou! A Virgem Maria tornou-se bela, tão bela, que jamais encontrarei termo adequado para descrever esta beleza divina. Seu semblante recendia uma doçura, uma bondade, uma ternura inefável; mas o que mais penetrou nas profundezas de minha alma foi *seu encantador sorriso*! Desapareceram, então, todas as minhas dores, duas grossas lágrimas brotaram de meus olhos e rolaram silenciosamente...

Eram lágrimas de uma alegria celeste e sem mistura! *A Virgem santíssima aproximou-se de mim! Sorriu-me... Como eu era feliz!* Pensei: *Mas não o direi a ninguém, pois minha felicidade desapareceria*. Depois, sem esforço algum, baixei os olhos e reconheci minha querida Maria! Ela me olhava com amor, apresentava-se muito comovida e parecia até duvidar do grande favor que eu acabava de receber.

Era a ela, à sua comovente oração, que eu devia a graça inefável *do sorriso da Virgem Santíssima*! Ao ver meu olhar fixo na estátua, ela dizia para si mesma: "Teresa está curada!". Sim, a *florzinha* havia de renascer para a vida, um raio luminoso de seu *doce sol* a havia reaquecido e livrado para sempre de

A VIRGEM DO QUARTO DE TERESA
Ó Maria, se eu fosse a Rainha do Céu e vós fosseis Teresa,
quereria ser Teresa para ver-vos como Rainha do Céu!
8 de setembro de 1897

Últimas linhas escritas por Santa Teresa do Menino Jesus.

seu cruel inimigo! *"Eis que o inverno já passou, passaram as chuvas e se foram"* (Ct 2,11), e a flor da Virgem Maria fortaleceu-se de tal modo que, cinco anos mais tarde, ela desabrochava na fértil montanha do Carmelo.

Como já disse, Maria estava convicta de que, ao restituir-me a saúde, a Santíssima Virgem havia me concedido alguma graça oculta; assim, quando estive a sós com ela, não consegui resistir às suas perguntas tão ternas, tão prementes. Admirada por ver meu segredo descoberto sem que eu tivesse dito uma palavra, confiei-lhe tudo. Mas ai! eu não estava enganada, minha felicidade haveria de desaparecer e transformar-se em amargura. Durante quatro anos, a recordação dessa graça inefável tornou-se para mim uma verdadeira angústia de alma; e não consegui reencontrar minha felicidade senão aos pés de Nossa Senhora das Vitórias, em seu bendito santuário. Lá ela me foi restituída em toda a sua plenitude; mais tarde, falarei desta segunda graça.

Eis como minha alegria transformou-se em tristeza:

Tendo ouvido a narração ingênua e sincera de *minha graça*, Maria pediu-me a permissão para contar tudo no Carmelo; eu não lhe podia recusar. Na minha primeira visita a este Carmelo bendito, enchi-me de alegria ao ver minha querida Paulina com o hábito da Santíssima Virgem. Foram deliciosos instantes para ambas! Havia muitas coisas a nos dizer! Havíamos sofrido tanto! Eu mal podia falar, meu coração estava demasiado cheio...

Vós estáveis lá, minha amada Madre, e me cumulastes de muitos sinais de afeição. Vi também outras religiosas, e deveis recordar-vos que elas me perguntaram sobre o milagre de minha cura: umas me perguntaram se a Santíssima Virgem trazia o Menino Jesus; outras, se os anjos a acompanhavam etc. Todas estas perguntas me perturbaram e me fizeram sofrer; eu só podia responder uma coisa: *"A Santíssima Virgem parecia-me muito bela; vi-a aproximar-se de mim e me sorrir"*.

Percebendo que as carmelitas imaginavam bem outra coisa, pensei ter mentido. Ah! se tivesse guardado o meu segredo, teria conservado também minha felicidade. Mas a Virgem Maria permitiu este tormento para o bem de minha alma; sem isso, talvez a vaidade ter-se-ia aninhado em meu coração; agora, porém, que a humilhação se tornou meu quinhão, não posso olhar para mim sem um sentimento de profundo horror. Meu Deus, só Vós sabeis quanto sofri!

CAPÍTULO IV
Primeira Comunhão. – Confirmação. – Luzes e trevas. – Nova separação. Graciosa libertação de suas penas interiores.

Ó Deus, Tu és um outro eu, meu confidente e meu amigo, juntos partilhamos uma doce intimidade (Sl 55).

Ao narrar esta visita ao Carmelo, recordo-me da primeira visita que fiz após a entrada de Paulina. Na manhã deste radioso dia, perguntei-me que nome me seria dado mais tarde. Sabia que lá já existia uma Irmã Teresa de Jesus; de qualquer modo, considerava que não podia ser-me tirado o belo nome de Teresa. De repente, pensei no pequeno Jesus, que eu tanto amava, e disse para mim mesma: "Oh! eu ficaria muito feliz se me chamassem *Teresa do Menino Jesus!*" Todavia, minha venerada Madre, não me atrevi a manifestar esse desejo; e eis que no meio de nossa conversa me dissestes: "Quando vier a fazer parte de nossa comunidade, minha querida filhinha, receberá o nome de Teresa do Menino Jesus!" Minha alegria foi imensa; e nessa feliz coincidência de pensamentos parece-me ver uma delicadeza do meu amado Menino Jesus.

Ainda não falei de meu amor pelas imagens e pela leitura; e contudo, devo às belas imagens que Paulina me mostrava uma das mais doces alegrias e das mais fortes impressões que me levaram à pratica da virtude. Quando as contemplava, esquecia as horas. Por exemplo, "a florzinha do divino Prisioneiro" dizia-me tantas coisas, que eu ficava arrebatada numa espécie de êxtase; eu me oferecia a Jesus para ser sua florzinha, queria consolá-lo, aproximar-me muito do tabernáculo, ser vista, cultivada e colhida por Ele.

Como eu não sabia brincar, teria passado minha vida a ler. Felizmente, para me guiar, eu tinha anjos visíveis que me escolhiam livros ao alcance de minha idade, capazes de me recrear e, ao mesmo tempo, alimentar meu espírito e meu coração. Para essa distração predileta, eu devia tomar um tempo bastante limitado, e isso, muitas vezes, era ocasião de grandes sacrifícios; pois já que a hora passava depressa, considerava um dever interromper imediatamente, mesmo que estivesse no ponto mais interessante.

Quanto à impressão produzida por tais leituras, devo confessar que lendo certos relatos cavalheirescos, nem sempre eu compreendia o lado positivo da vida. É assim que, admirando as ações patrióticas das heroínas francesas, particularmente da Venerável Joana d'Arc, eu sentia o grande desejo de imitá-las. Foi então que recebi uma graça que sempre considerei como uma das maiores de minha vida; pois, nesta idade, eu não era favorecida por luzes do alto como sou hoje.

Jesus me fez compreender que a verdadeira, a única glória é aquela que durará para sempre; que, para lá chegar, não é necessário realizar obras extraordinárias, mas antes esconder-se aos olhos dos outros e de si mesmo, de sorte que a mão esquerda não saiba o que faz a direita. Pensando, então, que eu nascera para a glória, e procurando o meio de lá chegar, foi-me revelado interiormente que minha glória não haveria de brilhar aos olhos dos mortais, mas que ela consistiria em tornar-me uma santa.

Tal desejo poderia parecer temerário, se considerarmos quanto eu era imperfeita, e quanto ainda o sou, após tantos anos passados na vida religiosa; todavia, sinto sempre a mesma audaciosa confiança de me tornar uma *grande santa*. Não conto com meus méritos, pois não tenho nenhum; mas espero naquele que é a Virtude, a própria Santidade. Somente Ele, que se contenta com meus fracos esforços, elevar-me-á, cobrir-me-á com seus méritos e me fará santa. Então, eu nem pensava que era necessário sofrer muito para chegar à santidade; e o bom Deus não tardou a revelar-me esse segredo pelas provações acima referidas.

Retomo agora o meu relato, no ponto em que o deixei.

Três meses após o restabelecimento de minha saúde, meu pai concedeu-me uma agradável viagem; foi então que comecei a conhecer o mundo. Tudo era alegria e felicidade ao meu redor; eu era festejada, acarinhada, admirada; numa palavra, durante quinze dias minha vida foi semeada só de flores. Com razão, diz a Sabedoria que "o fascínio das frivolidades seduz até o espírito afastado do mal" (Sb 4,12). Aos dez anos, o coração se deixa deslumbrar com facilidade; e confesso que este tipo de vida teve encantos para mim. Mas ai!, como o mundo sabe aliar muito bem as alegrias da terra com o serviço de Deus! Como não pensa na morte!

E no entanto, a morte veio visitar grande número de pessoas que então conheci, jovens, ricas e felizes! Gosto de voltar, com o pensamento, aos lugares encantadores em que elas viveram, para perguntar-me onde estão agora, o que lhes aproveitam hoje os castelos e os parques onde os vi gozar das comodidades da vida. E penso que "tudo é vaidade sobre a terra (Ecl 1,2), exceto amar a Deus e só a Ele servir[12]".

Talvez, Jesus queria fazer-me conhecer o mundo antes de sua primeira visita à minha alma, a fim de me deixar escolher com mais segurança o caminho que eu devia prometer-lhe seguir.

Minha Primeira Comunhão há de permanecer sempre em minha memória como uma recordação sem nuvens. Creio que não podia ter melhores disposições. Lembrais-vos, minha Madre, do encantador livrinho que me destes, três meses antes do grande dia? Foi um agradável meio que me preparou de maneira seguida e rápida. Se há muito tempo eu andava pensando na minha Primeira Comunhão, era necessário, contudo, dar ao meu coração um novo impulso e enchê-lo de novas flores, como era indicado no precioso manuscrito. Por isso, eu fazia todos os dias um grande número de sacrifícios e atos de amor, que se transformavam em outras tantas flores: ora em violetas, ora em rosas; e também em boninas, margaridas e miosótis; numa palavra, todas as flores da natureza deviam formar em mim o berço de Jesus.

Além disso, eu tinha Maria, que, para mim, ocupava o lugar de Paulina.

Todas as tardes, eu permanecia muito tempo junto a ela, ávida de ouvir suas palavras; que coisas belas me dizia! Parecia-me que todo o seu coração, tão grande e tão generoso, passava para mim. Como os antigos guerreiros ensinavam a seus filhos o manejo das armas, assim ensinava-me ela o combate da vida, despertando meu ardor e mostrando-me a palma gloriosa. Falava-me também das riquezas imortais, que, dia após dia, facilmente se entesouram, do perigo de calcá-las aos pés, quando bastaria, por assim dizer, inclinar-se para recolhê-las.

---

12. *Imitação de Cristo*, livro I, cap. 1,3.

Como era eloquente esta irmã querida! Quisera não estar sozinha a ouvir seus profundos ensinamentos; na minha ingenuidade, cria que os maiores pecadores converter-se-iam se a ouvissem e que, deixando suas perecíveis riquezas, procurariam unicamente conquistar as riquezas do céu.

Nessa época, ter-me-ia sido muito doce fazer a oração; Maria, porém, considerando-me bastante piedosa, permitia-me somente orações vocais. Um dia, na Abadia, uma de minhas mestras perguntou-me quais eram minhas ocupações nos dias de folga, quando eu permanecia nos Buissonnets. Timidamente, respondi: "Senhora, com frequência, vou esconder-me num pequeno espaço vazio do meu quarto, que é fácil fechá-lo com as cortinas do meu leito, e lá, *eu penso*... – Mas pensa em quê?, disse-me rindo a boa religiosa. – Penso no bom Deus, na brevidade da vida, na eternidade; enfim, *eu penso!*" Essa reflexão não foi perdida e, mais tarde, minha mestra gostava de recordar-me o tempo em que *eu pensava* e me perguntava se *eu ainda pensava*... Hoje compreendo que eu fazia uma verdadeira oração, com a qual o divino Mestre instruía suavemente meu coração.

Os três meses de preparação para minha Primeira Comunhão passaram depressa; logo tive de entrar em retiro e, durante esse tempo, permanecer sempre no colégio. Ah! que retiro abençoado! Creio que não se pode gozar de semelhante alegria em outro lugar, senão nas comunidades religiosas: o número de crianças era pequeno, sendo muito fácil ocupar-se de cada um individualmente. Sim, com um reconhecimento filial, eu escrevi: nossas mestras da Abadia dispensavam-nos, então, cuidados verdadeiramente maternais. Não sei bem o motivo, mas percebi que elas atendiam mais a mim do que a minhas companheiras.

Todas as noites, a primeira mestra vinha com sua pequena lanterna abrir suavemente as cortinas do meu leito e, carinhosamente, dava-me um beijo na fronte. Ela me manifestava tamanha afeição, que, tocada por sua bondade, disse-lhe uma noite: "Senhora, amo-a tanto, que vou confiar-lhe meu grande segredo". Tirando, então, com ares de mistério, o precioso livrinho do Carmelo, escondido sob meu travesseiro, mostrei-o a ela com os olhos brilhantes de alegria. Ela o abriu delicadamente, folheou-o com atenção e me fez notar quanto eu era privilegiada. De fato, muitas vezes, durante meu retiro, percebi que muito poucas crianças, órfãs de mãe como eu, eram mimadas como eu fui naquela idade.

Prestava muita atenção às instruções do Rev.do Padre Domin e, diligentemente, fazia delas um resumo. Quanto aos meus pensamentos, não quis escrever nenhum deles, pensando que os recordaria facilmente; e isso de fato aconteceu.

Com que felicidade eu participava de todos os ofícios como as religiosas! Eu me destacava em meio às minhas pequenas companheiras pelo grande crucifixo, recebido de minha querida Leônia; trazia-o sempre à cintura, a modo dos missionários, o que fez alguns pensarem que, assim, eu queria imitar minha irmã carmelita. E, efetivamente, para ela fugiam, com frequência, os meus pensamentos e meu coração! Sabia que também ela estava em retiro; é verdade, não para que Jesus se entregasse a ela, mas para que ela se consagrasse totalmente a Jesus, e isso precisamente no dia de minha Primeira Comunhão. Tal solidão passada à espera foi para mim, portanto, duplamente querida.

Enfim, raiou para mim o mais belo de todos os dias de minha vida! Que inefáveis lembranças deixaram em minha alma os menores detalhes dessas horas de céu! O festivo despertar da aurora, os respeitosos e ternos beijos das mestras e das companheiras de mais idade, o quarto de vestir-se repleto *de níveos flocos*, de que cada criança era revestida por sua vez e, sobretudo, a entrada na capela ao canto do hino matinal:

Ó santo altar que os anjos rodeiam!

Mas não quero nem poderia dizer tudo... Existem coisas que perdem seu perfume quando são expostas ao ar; há pensamentos íntimos que não podem ser traduzidos numa linguagem terrena sem perder logo seu sentido profundo e celeste.

Como foi doce o primeiro beijo de Jesus à minha alma! Sim, foi um beijo de amor! Sentia-me amada e também eu dizia: "Eu vos amo e a Vós me entrego para sempre!" Jesus não me fez pedido algum e nenhum sacrifício me exigiu. Há muito tempo já, Ele e Terezinha haviam-se visto e compreendido... Naquele dia, nosso encontro já não podia chamar-se de simples olhar, mas de *fusão*. Já não éramos dois: Teresa desaparecera como a gota de água que se perde no seio do oceano e só restou Jesus; Ele era o Mestre, o Rei! Tereza não lhe havia pedido que tomasse sua liberdade? A liberdade causava-lhe medo; sentia-se tão fraca, tão frágil, que queria unir-se à Força divina para sempre.

E eis que sua alegria tornou-se tão grande, tão profunda, que ela não a pôde conter. Logo, deliciosas lágrimas a inundaram, para grande espanto de suas companheiras que, depois, diziam entre si: "Por que é que ela chorou? Teria ela tido uma inquietação de consciência? – Não, era antes por não ter junto a si a mãe ou sua irmã carmelita que tanto ama!" E ninguém compreendia que este coração exilado, fraco e mortal, não pode suportar toda a alegria que lhe vem do céu sem derramar lágrimas...

Como a ausência de minha mãe haveria de entristecer-me no dia de minha Primeira Comunhão? Já que o céu habitava em minha alma: recebendo a visita de Jesus, eu recebia também a de minha mãe querida... Tão pouco chorava pela ausência de Paulina; nós estávamos mais unidas do que nunca! Não, repito-o, só a alegria, inefável, profunda, enchia meu coração.

Após o almoço, em nome de minhas companheiras, pronunciei o ato de Consagração a Nossa Senhora. Minhas mestras escolheram-me, sem dúvida, porque fui privada muito jovem da minha mãe da terra. Ah! foi com todas as veras do meu coração que me consagrei à Virgem Maria, pedindo-lhe que velasse por mim! E creio que ela olhou para sua *florzinha* com amor e lhe sorriu novamente. Recordava-me de seu *visível* sorriso que outrora me havia curado e libertado; sabia perfeitamente o que eu lhe devia! Não viera ela própria, na manhã desse dia 8 de maio, depositar no cálice de minha alma o seu Jesus, *a Flor dos campos e o Lírio dos vales*? (Ct 11,1).

À tarde desse belo dia, papai, tomando a mão de sua pequena rainha, dirigiu-se ao Carmelo; vi minha Paulina, que se tornara esposa de Jesus: vi-a com seu véu branco como o meu e sua coroa de rosas. Minha alegria foi total; espero unir-me a ela em breve, e aguardar o céu a seu lado...

Sensibilizou-me a festa de família preparada nos Buissonnets. O belo relógio que meu pai me deu causou-me imenso prazer; e contudo, minha felicidade era tranquila e nada podia perturbar minha paz interior. Enfim, a noite veio fechar esta bela tarde, já que também os dias mais radiosos são seguidos de trevas: somente o dia da primeira, da eterna comunhão da pátria será sem ocaso!

O dia seguinte ficou coberto aos meus olhos por um certo véu de melancolia. Os belos enfeites, os presentes que recebi não enchiam meu coração! Doravante, só Jesus podia contentar-me e suspirava unicamente pelo feliz momento em que o receberia pela segunda vez. Fiz essa segunda comunhão no dia da Ascensão, e tive a felicidade de ajoelhar-me à Mesa sagrada entre meu pai e minha querida Maria. Minhas lágrimas rolaram outra vez com uma inefável doçura; recordava e repetia sem cessar as palavras de São Paulo: "Já não sou eu que vivo, é Cristo que vive em mim!" (Gl 2,20). Depois dessa segunda visita de Nosso Senhor, só desejava recebê-lo novamente. Infelizmente, porém, as festas pareciam-me bem distantes umas das outras!...

Na véspera desses felizes dias, Maria preparava-me como fez na minha Primeira Comunhão. Uma vez, bem me recordo, ela me falou do sofrimento, dizendo que em vez de me fazer andar por este caminho, o bom Deus, sem dúvida, levar-me-ia sempre nos braços como uma criancinha. Tais palavras vieram-me ao espírito após a comunhão do dia seguinte, e meu coração inflamou-se de um ardente desejo de sofrer, na íntima certeza de que me seria reservado um grande número de cruzes. Então, minha alma foi inundada de tais consolações como jamais as tive em toda a minha vida. O sofrimento tornou-se um atrativo e nele encontrava encantos que me arrebatavam, embora ainda não os conhecesse bem.

Senti também outro grande desejo: o de amar somente o bom Deus, de unicamente nele achar alegria. Durante minhas ações de graças, com frequência, eu repetia a passagem da Imitação: "Ó Jesus, doçura inefável, convertei-me em amargura todas as consolações da terra"[13]. Estas palavras saíam de meus lábios sem esforço; pronunciava-as como uma criança que, sem compreender, repete aquilo que uma pessoa amiga lhe inspira. Mais tarde, minha Madre, dir-vos-ei como aprouve a Nosso Senhor realizar meu desejo; como só Ele foi sempre minha doçura inefável. Se vos falasse disso agora, deveria como que antecipar minha vida de jovem; e ainda tenho muitos detalhes de minha meninice a vos narrar.

Pouco tempo depois de minha Primeira Comunhão, iniciei novamente um retiro para minha Confirmação. Preparei-me com muito cuidado para a visita do Espírito Santo; não conseguia compreender que não se desse grande atenção à recepção deste sacramento de amor. Como a cerimônia não se realizou no dia marcado, tive o consolo de prolongar um pouco minha solidão. Ah! quão feliz estava a minha alma! Como os Apóstolos aguardava com ansiedade o Consolador prometido e já me alegrava, pois logo seria uma cristã perfeita e teria na fronte, gravada para sempre, a misteriosa cruz desse inefável sacramento.

Não senti o vento impetuoso do primeiro Pentecostes; foi antes a *brisa leve* que o profeta Elias percebeu no murmúrio na montanha do Horeb. Nesse dia, recebi *a força* de sofrer, força que me era muito necessária, porque, pouco depois, começaria o martírio de minha alma.

---

13. *Imitação de Cristo*, livro III, cap. 26,3.

COLÉGIO DAS
BENEDITINAS DE LISIEUX

TERESA NO DIA DE SUA
PRIMEIRA COMUNHÃO

CORO DAS RELIGIOSAS,
onde Teresa fez sua Primeira Comunhão.

Findas essas deliciosas e inolvidáveis festas, tive de retomar minha vida de colégio. Conseguia ir bem nos meus estudos e retinha facilmente o sentido das coisas; tinha somente uma dificuldade imensa em decorar as lições palavra por palavra. Todavia, no catecismo, meus esforços foram coroados de pleno êxito. Nosso Capelão chamava-me de sua *doutorazinha*, certamente por causa do meu nome de Teresa.

Durante os recreios, muitas vezes eu me divertia olhando de longe as alegres brincadeiras de minhas colegas, ocupando-me em sérias reflexões. Era minha distração favorita. Inventei também um jogo que me agradava muito: com cuidado, procurava sob as grandes árvores os pobres passarinhos caídos mortos e dava-lhes *honrosa* sepultura, todas no mesmo cemitério, à sombra do mesmo relvado. Outras vezes, eu contava histórias e, com frequência, até alunas maiores uniam-se a minhas ouvintes; mas logo nossa sábia mestra proibia-me de continuar meu ofício de orador, porque queria ver-nos a *correr* e não a *discorrer*.

Naquele tempo, escolhi por amigas duas meninas de minha idade; mas, como é acanhado o coração das criaturas! Uma delas foi obrigada a voltar para a casa de sua família por alguns meses; durante sua ausência, cuidei de não a esquecer e manifestei grande alegria ao revê-la. Mas, que pena! Consegui apenas um olhar indiferente! Minha amizade era incompreendida; senti isso vivamente e, daquele dia em diante, nunca mais mendiguei uma afeição tão inconstante. Entretanto, o bom Deus deu-me um coração tão fiel que, depois que ele amou, ama sempre; inclusive, continuo a rezar por essa companheira e ainda a amo.

Vendo que muitas alunas apegavam-se particularmente a uma das mestras, eu quis imitá-las. Mas não consegui. Ó feliz incapacidade! Evitou-me grandes males! Quanto agradeço ao Senhor que me fez encontrar só amargura nas amizades terrenas! Com um coração como o meu, eu me teria deixado cativar e cortar as asas; como poderia então *"voar e descansar?"* (Sl 54,7). Como pode unir-se intimamente a Deus um coração entregue à afeição humana? Sinto que isso não é possível. Vi muitas almas, seduzidas por esta falsa luz, precipitarem-se como pobres mariposas sobre ela e ali queimar as asas e depois voltar feridas a Jesus, o fogo divino que queima sem consumir!

Ah! sei, Nosso Senhor considerava-me demasiado fraca para expor-me à tentação; sem dúvida, ter-me-ia queimado inteiramente pela enganosa luz das criaturas: mas ela não brilhou a meus olhos. Lá onde almas fortes encontram alegria e dela se desapegam pela fidelidade, eu só encontrei contrariedades. Onde está, pois, meu mérito por não me ter livrado desses ataques frágeis, já que fui preservada somente pelo doce efeito da misericórdia de Deus? Sem Ele, reconheço que também eu teria podido cair tanto quanto Santa Madalena; e a profunda palavra do divino Mestre a Simão, o fariseu, ressoa na minha alma com grande doçura. Sim, tenho certeza de que *"aquele a quem pouco se perdoa, pouco ama"* (Lc 7,47). Mas sei também que Jesus me perdoou mais do que a Santa Madalena. Tomara que eu possa expressar o que sinto! Eis ao menos um exemplo que, de algum modo, traduzirá meu pensamento:

Suponhamos que o filho de um hábil médico encontra em seu caminho uma pedra que o faz cair e lhe quebra um membro. O pai chega prontamente, levanta-o com amor, trata de suas feridas, e para isso emprega todos os recursos da arte; e logo o filho, completamente curado, manifesta-lhe seu reconhecimento. Sem dúvida, este filho tem razões para amar um pai tão bom; mas eis outra suposição:

Tendo sabido que no caminho de seu filho existe uma pedra perigosa, o pai toma a dianteira e retira a pedra sem ser visto por ninguém. Certamente, o filho, objeto de sua previdente ternura, ignorando a infelicidade de que foi preservado pela mão paterna, não lhe manifesta reconhecimento algum, e o amará menos do que se o tivesse curado de um ferimento mortal. Porém, se vier a saber de tudo o que se passou, não o amará mais ainda? Pois bem, eu sou esta criança, objeto do amor previdente de um Pai *"que não enviou seu Filho para converter os justos, mas os pecadores"* (Lc 5,32). Quer que eu o ame, porque não me perdoou *muito*, mas *tudo*. Sem esperar que eu o ame muito, como Santa Madalena, Ele me fez saber como me amou com um amor de inefável previdência, a fim de que agora *eu o ame até a loucura!*

Durante os retiros e alhures, tenho ouvido muitas vezes que não foi encontrada uma alma pura que amasse mais do que uma alma arrependida. Como gostaria de desmentir essa palavra!

Mas estou bem longe do meu assunto e já não sei bem onde hei de retomá-lo.

Foi durante meu retiro para a segunda comunhão que me vi assaltada pela terrível doença dos escrúpulos. É preciso ter passado por este martírio para compreendê-lo. Ser-me-ia impossível dizer o que sofri durante quase dois anos! Todos os meus pensamentos e minhas mais simples ações tornavam-se para mim assunto de perturbação e de angústia. Não tinha sossego enquanto não confiasse tudo à Maria, o que me custava muito, pois julgava-me obrigada a revelar-lhe absolutamente todos os meus pensamentos, por mais extravagantes que fossem. Assim que eu depunha meu peso, provava um instante de paz; mas esta paz passava como um raio, e meu martírio recomeçava! Meu Deus, quantos atos de paciência não terei causado à minha irmã querida!

Nas férias daquele ano fomos passar quinze dias à beira do mar. Minha tia, sempre tão boa, tão maternal por suas filhinhas dos Buissonnets, proporcionava-lhes todos os divertimentos imagináveis: passeios em burros, pesca de enguias etc. Esmerava-se até em nosso vestuário. Recordo-me que um dia ela me deu fitas azul-celeste. Eu era ainda tão criança, apesar de meus doze anos e meio, que sentia prazer ao amarrar meus cabelos com fitas tão belas. Depois, tive tanto escrúpulo que me confessei, em Trouville mesmo, desse prazer infantil que me parecia ser um pecado.

Lá fiz uma experiência muito proveitosa:

Minha prima Maria tinha enxaquecas com frequência; nessas ocasiões, minha tia a acariciava, dizia-lhe os nomes mais ternos, sem jamais obter outro resultado senão lágrimas, com a invariável queixa: "Estou com dor de cabeça!" Eu, que também tinha dor de cabeça quase todos os dias, e não me queixava, uma tarde quis imitar Maria. Sentei-me numa poltrona a um canto da sala e pus-me a choramingar. Minha prima Joana, a quem eu amava muito, logo me acudiu; veio também minha tia e perguntou-me pela causa de minhas lágrimas. Respondi como Maria: "Estou com dor de cabeça!"

Mas parece que eu não tinha muito jeito para lamúrias: jamais consegui fazer crer que essa dor de cabeça me fazia chorar. Em vez de me afagar, como fazia habitualmente, minha tia falou-me como a uma pessoa adulta. Joana até me censurou, embora com doçura, com ares de compaixão, por falta de confiança e de simplicidade em relação à minha tia, não lhe revelando a verdadeira causa de minhas lágrimas, que ela imaginava ser um grande escrúpulo.

Finalmente, safei-me a minhas custas, muito resolvida a nunca mais imitar os outros e compreendi a fábula *do jumento e do cachorrinho*. Eu era o jumento que, vendo os carinhos feitos ao cachorrinho, pôs sua pesada pata sobre a mesa para receber também sua parte de beijos. Embora não tenha sido repelida a golpes de bastão, como o pobre animal, paguei tudo na mesma moeda, e essa paga curou-me para sempre do desejo de chamar a atenção sobre mim.

Volto à minha grande provação dos escrúpulos. Ela acabou por me tornar doente e os meus viram-se na obrigação a retirar-me do colégio desde a idade de treze anos. Para terminar minha educação, meu pai me levava, várias vezes por semana, à casa de uma respeitável senhora, de quem recebia excelentes lições. Tais lições tinham a dupla vantagem de me instruir e de aproximar-me do mundo.

Naquele quarto mobiliado à antiga, cheio de livros e de cadeiras, muitas vezes eu assistia a numerosas visitas. Sempre que possível, a mãe de minha professora tomava parte na conversa; entretanto, naqueles dias, eu não aprendia lá grandes coisas. Com o nariz colado ao livro, eu ouvia tudo, inclusive aquilo que melhor seria não ouvir. Uma senhora dizia que eu tinha cabelos lindos, outra, ao se despedir, perguntava quem era aquela menina tão bonita. E tais palavras, muito mais enganadoras porque não eram pronunciadas na minha presença, deixavam-me uma impressão de prazer que me mostrava claramente como eu estava cheia de amor-próprio.

Como tenho compaixão das almas que se perdem! É tão fácil extraviar-se nas sendas floridas do mundo! Sem dúvida, a uma alma um pouco elevada, a doçura que Ele oferece está misturada à amargura, e o imenso vazio dos desejos não poderá ser enchido por louvores efêmeros; mas, repito, o que me teria eu tornado se meu coração não tivesse sido elevado para Deus desde seu primeiro despertar, se o mundo me tivesse sorrido desde minha entrada na vida? Ó minha venerada Madre, com quanto reconhecimento canto as misericórdias do Senhor! Segundo uma palavra da Sabedoria, não me *"arrebatou do mundo para que a malícia não me pervertesse a consciência, nem a perfídia me seduzisse a alma"*? (Sb 4,11).

Entretanto, resolvi consagrar-me muito particularmente à Virgem Santíssima, solicitando minha admissão entre as Filhas de Maria; para isso, tive de voltar duas vezes por semana ao convento, o que me custou um pouco, confesso, por causa de minha grande timidez. É verdade, eu amava muito minhas boas mestras e lhes terei sempre um vivo reconhecimento; mas, já o disse, eu não tinha, como as outras alunas mais antigas, uma mestra particularmente amiga, com a qual ter-me-ia sido possível passar muitas horas. Então, eu trabalhava em silêncio até o fim da lição de trabalho; e já que ninguém se preocupava comigo, eu subia à tribuna da capela até a hora em que meu pai vinha me buscar.

Eu considerava esta visita silenciosa meu único consolo. Jesus não era meu único Amigo? Eu sabia falar somente com Ele; as conversas com as criaturas, mesmo as conversas piedosas, fatigavam-me a alma. É verdade, nesses abandonos, eu tinha muitos momentos de tristeza e recordo-me que, com frequência então, eu repetia com prazer as palavras de uma linda poesia que meu pai nos recitava:

O tempo é teu navio e não tua morada.

Pequeninha ainda, estas palavras infundiam-me coragem. E ainda agora, apesar dos anos que fazem desaparecer tantas impressões de piedade infantil, a imagem do navio encanta sempre minha alma e a ajuda a suportar o exílio. A Sabedoria não diz também que "a vida é como o navio que corta as ondas agitadas, sem que se possa encontrar vestígio de sua passagem?" (Sb 5,10).

Quando penso nessas coisas, meu olhar inclina-se para o infinito; parece-me já tocar a praia eterna! Parece-me receber os abraços de Jesus... Creio ver a Virgem Maria vindo ao meu encontro com meu pai, minha mãe, os anjinhos meus irmãos e irmãs! Enfim, creio gozar, para sempre, da verdadeira, da eterna vida de família!

Porém, antes de me ver sentada no lar paterno dos céus, deveria sofrer ainda muitas separações sobre a terra. No ano em que fui recebida como Filha de Santa Virgem, ela me arrebatou minha querida Maria[14], o único amparo de minha alma. Após a partida de Paulina, ela era meu único oráculo, e eu a amava tanto que não podia viver sem sua doce companhia.

Assim que soube de sua determinação, resolvi não procurar nenhum prazer neste mundo; não saberia dizer quantas lágrimas derramei! Aliás, chorar era meu hábito naquele tempo: chorava não somente nas grandes ocasiões, mas também nas menores. Eis alguns exemplos:

Eu tinha um grande desejo de praticar a virtude, mas recorria a meios singulares: Ainda não estava habituada a me servir; Celina arrumava o nosso quarto e eu não me ocupava de nenhum trabalho caseiro. Algumas

---

14. Ela entrou para o Carmelo de Lisieux a 15 de outubro de 1886, e tomou o nome de *Irmã Maria do Sagrado Coração*.

vezes, pelo desejo de agradar ao bom Deus, acontecia-me de arrumar a cama ou, à tardinha, recolher as mudas e os vasos de flores, quando Celina estava ausente. Como disse, era unicamente pelo bom Deus que eu fazia tais coisas; por isso, não esperava o agradecimento das criaturas. Mas ai! acontecia coisa bem diversa; se Celina tivesse a infelicidade de não se apresentar alegre e surpreendida por meus pequenos serviços, eu não ficava contente e mostrava-lhe isso com minhas lágrimas.

Se me acontecia de magoar alguém involuntariamente, em vez de ir adiante, eu me entristecia a ponto de ficar doente, o que mais aumentava a minha falta do que a reparava; e quando começava a consolar-me da falta em si, chorava por ter chorado.

Realmente, eu me afligia com tudo! Justamente o contrário do que é hoje; o bom Deus deu-me a graça de não me abater por alguma coisa passageira. Quando me lembro do passado, minha alma transborda de reconhecimento; em troca dos favores que recebi do céu, operou-se tal mudança em mim que nem eu me reconheço.

Quando Maria entrou para o Carmelo, eu já não podia confiar-lhe meus tormentos; voltei-me, então, para o lado do céu. Dirigi-me aos quatros anjinhos que lá me haviam precedido, pensando que estas almas inocentes, por não terem nunca conhecido a perturbação e o temor, deviam ter piedade de sua pobre irmãzinha que sofria na terra. Falava-lhes com uma simplicidade de criança, fazendo-lhes notar que, sendo a caçula da família, eu sempre fora a mais amada, alvo dos mais ternos carinhos, tanto da parte de meus pais como de minhas irmãs; que se eles tivessem permanecido na terra, certamente ter-me-iam dado as mesmas provas de afeto. O fato de terem passado para o céu não me parecia motivo de me esquecerem; ao contrário, encontrando-se na posse dos tesouros divinos, eles deviam encontrar a paz para mim e mostrar-me que lá ainda se sabe amar.

A resposta não se fez esperar; logo a paz veio inundar minha alma com suas deliciosas ondas. Portanto, eu era amada não só na terra, mas também no céu! Depois disso, cresceu minha devoção por meus irmãozinhos e irmãzinhas do paraíso. Gostava de entreter-me com eles, falar-lhes das tristezas do exílio e de meu desejo de, em breve, unir-me a eles na pátria eterna.

CAPÍTULO V

A graça do Natal. – Zelo das almas. – Primeira conquista. – Doce intimidade com sua irmã Celina. – Obtém de seu pai a permissão de entrar para o Carmelo aos quinze anos. – Recusa do Superior. – Apela para Monsenhor Hugonin, Bispo de Bayeux.

Tudo o que pedirdes a meu Pai em meu nome, Ele vo-lo dará (Jo 16,23).

Ainda que o céu me cumulasse de graças, eu estava longe de merecê-las. Eu tinha constantemente um ardente desejo de praticar a virtude; mas quantas imperfeições misturavam-se a meus atos! Minha extrema sensibilidade tornava-me verdadeiramente insuportável; todas as ponderações eram inúteis, eu não conseguia corrigir-me desse vil defeito.

Como ousava, então, alimentar esperanças de proximamente entrar para o Carmelo? Para fazer-me crescer num momento era necessário um milagrezinho; e o tão desejado milagre, realizou-o o bom Deus no inolvidável dia 25 de dezembro de 1886. Nesta festa do Natal, nesta noite abençoada, Jesus, o doce Menino de uma hora, mudou a noite de minha alma em torrentes de luz. Fazendo-se fraco e pequeno por meu amor, tornou-me forte e corajosa; revestiu-me de suas armas, e depois avancei de vitória em vitória, começando por assim dizer *uma corrida de gigante*. Fechou-se a fonte de minhas lágrimas e só rara e dificilmente tornou a se abrir.

Dir-vos-ei agora, minha Madre, em que circunstância recebi esta graça inestimável de minha completa conversão:

Regressando aos Buissonnets, após a missa da meia-noite, sabia encontrar na chaminé, como nos dias de minha infância, os meus sapatos cheios de presentes. – Isso prova que, até lá, minhas irmãs me tratavam como uma criancinha. – Até papai gostava de ver minha felicidade, ouvir meus gritos de alegria quando eu tirava cada nova surpresa dos sapatos encantados, e sua satisfação aumentava o meu prazer. Mas chegou a hora em que Jesus queria livrar-me dos defeitos da infância e retirar-me as inocentes alegrias. Ele permitiu que meu pai, contra seu costume de me acarinhar em todas as circunstâncias, desta vez experimentou certo enfado. Subindo para o meu quarto, ouvi-o pronunciar estas palavras que me despedaçaram o coração: "Para uma moça como Teresa é uma surpresa demasiado infantil; espero que este seja o último ano".

Celina, conhecendo minha extrema sensibilidade, disse-me baixinho: "Não desças logo, espera um pouco; chorarias demais vendo as surpresas diante do papai". Mas Teresa não era mais a mesma... Jesus transformara-lhe o coração!

Reprimindo as lágrimas, desci rapidamente para a sala de jantar; e, segurando os batimentos do meu coração, peguei meus sapatos, coloquei-os diante de meu pai, e tirei *alegremente* os objetos, com o ar feliz de uma rainha. Papai ria, e em seu rosto já não aparecia sinal algum de contrariedade, tanto que Celina cria estar sonhando! Felizmente era uma doce realidade: a Terezinha acabava de reencontrar para sempre sua força de alma, outrora perdida na idade de quatro anos e meio.

Portanto, nessa noite luminosa iniciou o terceiro período de minha vida, o mais belo de todos, o mais cheio de graças do céu. Num instante, a obra que eu não havia podido fazer em vários anos, Jesus a realizou, contentando-se com minha boa vontade. Como os Apóstolos, eu podia dizer: "*Senhor, pesquei a noite toda e nada apanhei*" (Lc 5,5). Ainda mais misericordioso comigo do que o foi com seus discípulos, *o próprio Jesus tomou a rede*, lançou-a e a retirou cheia de peixes; e fez de mim *um pescador de almas*... A caridade entrou em meu coração com a necessidade de sempre me esquecer de mim, e desde então fui feliz.

Um domingo, ao fechar meu livro no fim da missa, uma fotografia representando Nosso Senhor na cruz ficou um pouco fora das páginas, permitindo-me ver somente uma de suas mãos divinas transpassada e sangrante. Experimentei, então, um sentimento novo, inefável. Meu coração partiu-se de dor à vista desse sangue precioso que caía por terra sem que ninguém se apressasse a recolhê-lo; e resolvi deter-me continuamente em espírito ao pé da cruz, para receber o divino orvalho da salvação e, a seguir, espalhá-lo sobre as almas.

Daquele dia em diante, o brado de Jesus moribundo: "Tenho sede!" ecoava a cada instante em meu coração, para despertar nele um ardor desconhecido e muito vivo. Queria dar de beber ao meu Amado; eu própria sentia-me devorada pela sede de almas e queria, a qualquer preço, arrancar os pecadores das chamas eternas.

Para estimular meu zelo, o bom Mestre mostrou-me logo que meus desejos eram-lhe agradáveis. Ouvi falar de um grande criminoso – de nome Pranzini – condenado à morte por homicídios horríveis e cuja impenitência fazia temer uma condenação eterna. Eu quis impedir esta última e irremediável desgraça. A fim de conseguir isso, empreguei todos os meios espirituais imagináveis; e, sabendo que por mim mesma nada podia fazer, ofereci em seu resgate os infinitos méritos de Nosso Senhor e os tesouros da santa Igreja.

Será preciso dizê-lo? No fundo do meu coração, eu alimentava a certeza de que seria atendida. Porém, a fim de estimular-me a continuar correndo à conquista das almas, fiz esta ingênua oração: "Meu Deus, estou certa de que perdoareis o infeliz Pranzini; minha confiança em vossa infinita misericórdia é tal que haveria de crer nisso mesmo que não se confessasse, nem desse sinal algum de contrição. Ora, este é meu primeiro pecador; por isso, para minha simples consolação, peço-vos somente *um sinal* de seu arrependimento".

Minha oração foi atendida ao pé da letra! – Meu pai nunca nos deixava ler os jornais; todavia, não julguei estar desobedecendo quando se tratasse de passagens referentes a Pranzini. No dia seguinte ao de sua execução, abro cuidadosamente o jornal *La Croix* e que vejo?... Ah! minhas lágrimas traíram minha emoção e fui obrigada a fugir. Pranzini, subira ao cadafalso sem confissão, sem absolvição; os verdugos já o arrastavam para o golpe fatal, quando, de repente, movido por uma súbita inspiração, ele se volta, agarra um crucifixo que lhe era apresentado pelo sacerdote e *por três vezes beija as sagradas chagas*!...

Eu obtivera, pois, o sinal pedido; e este sinal era muito doce para mim! Não fora, talvez, diante das chagas de Jesus, vendo correr seu sangue divino, que a sede das almas penetrara em meu coração? Eu queria dar-lhes a beber esse sangue imaculado, a fim de purificá-las de suas manchas; e os lábios "do meu primeiro filho" foram colar-se sobre as chagas divinas! Inefável resposta! Ah! depois dessa graça única, meu desejo de salvar as almas cresceu dia a dia; parecia-me ouvir Jesus dizer-me baixinho como à Samaritana: "*Dá-me de beber*!" (Jo 4,7). Era uma verdadeira troca de amor: às almas eu derramava o sangue de Jesus, a Jesus oferecia essas mesmas almas refrigeradas pelo orvalho do Calvário; pensava que assim lhe mataria a sede; porém, quanto mais lhe dava de beber, tanto mais aumentava a sede de minha pobre alminha e eu recebia esta sede ardente como a mais deliciosa recompensa.

Em pouco tempo, o bom Deus levara-me para além do círculo estreito em que vivia. O grande passo, portanto, fora dado; mas ai! havia ainda um longo caminho a percorrer.

Libertado de seus escrúpulos, de sua sensibilidade excessiva, meu espírito se desenvolveu. Eu sempre amara o grande, o belo; nessa época, fui tomada por um imenso desejo de saber. Não me contentando com as lições de minha mestra, dediquei-me sozinha ao estudo de ciências especiais; e dessa forma, adquiri mais conhecimentos em alguns meses somente do que durante todos os meus anos de estudos. Porém, esse zelo não seria *vaidade e aflição de espírito*?

Com minha natureza ardente, encontrava-me no ponto mais perigoso de minha vida. Mas o Senhor fez a meu respeito o que narra Ezequiel em suas profecias:

"Ele viu que chegara o tempo de eu ser amada; Ele fez aliança comigo e eu me tornei sua; Ele estendeu sobre mim o seu manto; lavou-me com perfumes preciosos; vestiu-me de roupas brilhantes, dando-me colares e perfumes de grande valor. Alimentou-me com a mais pura farinha, com mel e com óleo em abundância. Então, tornei-me bela a seus olhos e Ele fez de mim uma poderosa rainha" (Ez 16,8-9.13).

Sim, Jesus fez tudo isso por mim! Eu poderia retomar cada palavra dessa inefável passagem e mostrar que ela se realizou em meu favor; mas as graças narradas acima já são uma prova suficiente; vou falar somente do alimento que o divino Mestre me prodigalizou "em abundância".

Há muito tempo, eu sustentava minha vida espiritual com "a mais pura farinha" contida na *Imitação*. Foi o único livro que me fez bem, pois ainda não havia descoberto os tesouros escondidos no santo Evangelho. Esse livrinho não me deixou nunca. Em família, a gente se divertia muito e, frequentemente, minha tia, abrindo-o ao acaso, fazia-me recitar o capítulo que caíra sob seus olhos.

Aos quatorze anos, ao meu desejo de ciência, o bom Deus achou necessário acrescentar "a mais pura farinha, o mel e o azeite em abundância". Ele me fez provar o mel e o azeite nas conferências do Padre Arminjon sobre *O fim do mundo presente e os mistérios da vida futura*. A leitura dessa obra lançou minha alma numa felicidade que não é da terra; eu já pressentia o que Deus reserva àqueles que o amam; e, vendo tais recompensas eternas tão desproporcionais aos leves sacrifícios desta vida, eu queria amar, amar a Jesus com paixão, dar-lhe mil sinais de ternura, enquanto ainda podia fazê-lo.

Sobretudo depois do Natal, Celina tornara-se a confidente íntima de meus pensamentos. Querendo fazer-nos caminhar juntas, Jesus formou em nossos corações laços mais fortes do que os do sangue. Fez de nós *irmãs de almas*.

Realizaram-se em nós as palavras de nosso Pai São João da Cruz, em seu Cântico espiritual:

> Seguindo teus passos, Jesus bem-amado,
> Fazem as jovens seu belo caminho,
> Ao toque de centelha,
> E ao temperado vinho,
> Emitindo suspiros de bálsamo divino.

Sim, muito suavemente seguíamos os passos de Jesus! As centelhas abrasadas semeadas por Ele em nossas almas, o vinho delicioso e forte que nos dava a beber faziam desaparecer de nossos olhos as coisas passageiras desta terra e de nossos lábios brotavam aspirações repassadas de amor.

Com que doçura recordo nossas conversas de então! Todas as tardes, no belvedere, lançávamos juntas nossos olhos para o azul profundo semeado de estrelas de ouro. Quer me parecer que recebíamos graças muito especiais. Como diz a *Imitação*: *"Por vezes, Deus se comunica entre vivos resplendores; ou então, suavemente envolto em sombras e figuras"*[15]. Assim, Ele se dignava manifestar-se aos nossos corações; mas como esse véu era transparente e leve! A dúvida não era possível; já a fé e a esperança deixavam nossas almas: o amor nos fazia encontrar na terra Aquele que procurávamos. *Tendo-o encontrado totalmente só, Ele nos dera seu beijo, a fim de que ninguém, no futuro, pudesse nos menosprezar* (Ct 8,1).

---

15. *Imitação de Cristo*, livro III, cap. 43,4.

Essas divinas impressões não deviam permanecer sem fruto; a prática da virtude para mim se tornou suave e natural. Inicialmente, meu rosto traía o combate; pouco a pouco, porém, a renúncia pareceu-me fácil, mesmo no primeiro instante. Disse-o Jesus: *"A todo aquele que tiver, ser-lhe-á dado e terá em abundância"* (Lc 19,26). Por uma graça fielmente recebida, concedia-me uma multidão de outras. Ele próprio dava-se a mim na sagrada comunhão com mais frequência do que eu teria ousado esperar. Eu havia tomado como norma de conduta fazer fielmente todas as comunhões permitidas por meu confessor, sem jamais pedir-lhe que lhe aumentasse o número. Hoje, porém, procederia de outra forma, pois tenho certeza de que uma alma deve dizer a seu diretor a atração que ela sente de receber o seu Deus. Afinal, não é para permanecer no cibório de ouro que Ele desce *cada dia* do céu, e sim para encontrar outro céu: o céu de nossa alma, na qual sente suas delícias.

Por isso, vendo o meu desejo, Jesus inspirava meu confessor a me permitir várias comunhões por semana; e, por virem diretamente dele, essas permissões causavam-me alegria. Naquele tempo, eu não ousava dizer nada sobre meus sentimentos interiores; o caminho pelo qual andava era tão reto, tão luminoso, que não sentia necessidade de outro guia senão Jesus. Eu comparava os diretores a espelhos fiéis a refletirem Nosso Senhor nas almas; e pensava que, para mim, o bom Deus não se servia de intermediário, mas agia diretamente.

Quando um jardineiro cerca de cuidados um fruto que ele quer fazer amadurecer antes do tempo, certamente não é para deixá-lo suspenso à árvore, mas para apresentá-lo sobre uma mesa ricamente servida. Com semelhante intenção, Jesus prodigalizava suas graças à sua florzinha. Ele queria fazer brilhar sua misericórdia em mim; Ele que, nos dias de sua vida mortal, exclamava num transporte de alegria: *"Graças te dou, ó Pai, porque escondeste estas coisas aos sábios e aos prudentes e as revelaste aos pequeninos"* (Lc 10,21). Por eu ser pequena e fraca, Ele se inclinava para mim e, suavemente, ensinava-me os segredos de seu amor. Como diz São João da Cruz em seu Cântico da alma:

> Eu não tinha nem guia, nem luz,
> Exceto a que me brilhava no coração.
>> Essa luz que me guiava
>> Melhor que a do meio-dia,
>> E onde me aguardava
>> Quem bem me conhecia.

Esse lugar era o Carmelo; mas antes *de sentar-me à sombra daquele a quem tanto desejava* (Ct 2,3), eu devia ainda passar por muitas provações. Todavia, o chamado divino tornava-se tão urgente que, se me fosse necessário atravessar as chamas, nelas eu me lançaria para responder a Nosso Senhor.

Somente minha Irmã Inês de Jesus animava-me a seguir minha vocação; Maria considerava-me muito jovem, e vós, minha amada Madre, para me aprovar, sem dúvida, também tentáveis retardar meu ardor. Desde o início, só encontrei obstáculos. Por outro lado, não ousava dizer nada à Celina, e este silêncio fazia-me sofrer muito; era-me difícil esconder-lhe alguma coisa! Mas logo, esta irmã querida soube da minha determinação e, longe de procurar demover-me dela, aceitou o sacrifício com uma coragem admirável. Já que ela queria ser religiosa, deveria partir por primeiro; mas como outrora os mártires davam, alegremente, o beijo de adeus a seus irmãos, escolhidos para serem os primeiros a combater na arena: assim ela me deixou partir, tomando ela própria parte nas minhas provações como se se tratasse de sua própria vocação.

Portanto, por parte de Celina, nada devia recear; o que não sabia, porém, era que caminho tomar para anunciar meus projetos ao papai. Como falar-lhe de renunciar à sua rainha, quando acabava de sacrificar a Deus suas duas filhas mais velhas? Além disso, naquele mesmo ano, nós o vimos doente de um ataque de paralisia bastante sério, do qual se restabeleceu rapidamente, é verdade, mas que não deixava de nos causar sérias apreensões para o futuro.

Ah! quantas lutas íntimas tive de enfrentar antes de falar! Todavia, era preciso me decidir: estava para completar quatorze anos e meio, apenas seis meses ainda nos separavam de bela noite de Natal, e estava resolvida a entrar para o Carmelo na mesma hora em que, no ano anterior, recebera a graça da minha conversão.

Para fazer minha grande confidência escolhi a festa de Pentecostes. Durante o dia inteiro, implorei as luzes do Espírito Santo, suplicando aos Apóstolos que intercedessem por mim, que me inspirassem as palavras que iria dizer. Afinal, não eram eles que deviam ajudar a tímida criança que Deus destinava a ser o apóstolo dos apóstolos por meio da oração e do sacrifício?

À tarde, ao voltar das Vésperas, encontrei a ocasião desejada. Meu pai fora sentar-se no jardim e lá, de mãos postas, contemplava as maravilhas da natureza. O sol poente dourava com seus últimos raios a copa das grandes árvores e os passarinhos gorjeavam sua oração da tarde.

Seu belo semblante tinha uma expressão totalmente celeste e eu sentia que a paz inundava-lhe o coração. Sem dizer palavra, fui sentar-me a seu lado, os olhos já umedecidos de lágrimas. Olhou para mim com uma indefinível ternura, apoiou minha cabeça ao seu coração e me disse: "Que tens, minha pequena rainha? Confia-me tudo..." Em seguida, ergueu-se como que para disfarçar sua própria emoção, caminhou lentamente, apertando-me sempre ao seu coração.

Entre lágrimas, falei então do Carmelo, de meus desejos de entrar logo; e ele chorou também! Contudo, nada me disse que pudesse desviar-me da minha vocação; faz-me simplesmente notar que eu era ainda muito jovem para tomar uma determinação tão grave; e como insistisse, defendendo perfeitamente a minha causa, meu incomparável pai, com sua reta e generosa natureza, não tardou a se convencer. Continuamos por muito tempo o nosso passeio; meu coração estava desafogado e papai já não chorava. Falou-me como um santo. Aproximando-se de um muro um pouco elevado, mostrou-me umas pequenas flores brancas, semelhantes a lírios em miniatura; e colhendo uma dessas flores, deu-ma, explicando-me com que desvelo o Senhor a havia feito desabrochar e a havia conservado até este dia.

Julgava estar a ouvir minha própria história, tão surpreendente era a semelhança entre a pequena flor e a pequena Teresa. Recebi essa florzinha como uma relíquia; notei que no ato de colhê-la, meu pai havia arrancado todas as suas raízes sem quebrá-las: parecia destinada a viver mais em outra terra mais fértil. O mesmo ato, papai acabava de fazê-lo para mim, ao me permitir trocar, pela montanha do Carmelo, o doce vale, testemunha de meus primeiros passos na vida.

Colei minha florzinha branca sobre uma imagem de Nossa Senhora das Vitórias: a Virgem santíssima lhe sorriu e o Menino Jesus parecia segurá-la com sua mão. E ela ainda está lá, somente a haste quebrou-se muito perto da raiz. Sem dúvida, o bom Deus quererá dizer-me que logo quebrará os laços que prendem sua florzinha e não deixará que definhe sobre a terra...

Após obter o consentimento de meu pai, eu pensava poder voar sem medo para o Carmelo. Mas ai! depois que ouviu minhas confidências, meu tio declarou que a entrada para uma ordem austera aos quinze anos

Conforme um desenho de Celina.

TERESA aos 15 anos E SEU PAI
"Que tens, minha pequena rainha?... Confia-me tudo..."
Entre lágrimas, falei então do Carmelo...

parecia-lhe contrário à prudência humana; que seria causar dano à religião permitir que uma criança abraçasse tal vida. E acrescentou que haveria de opor-se firmemente e que não mudaria de parecer, a menos que acontecesse um milagre.

Percebi que todos os argumentos eram inúteis, e retirei-me com o coração profundamente amargurado. Meu único consolo era a oração; eu suplicava a Jesus que fizesse o milagre pedido, pois somente a este preço eu podia responder ao seu apelo. Muito tempo depois, parecia que meu tio já não se lembrava de nossa conversa; mas, muito ao contrário, soube mais tarde que eu lhe causava grande preocupação.

Antes de fazer luzir em minha alma um raio de esperança, o Senhor quis enviar-me outro martírio bem doloroso, que durou três dias. Oh! nunca cheguei a compreender tão perfeitamente a dor amarga da Santíssima Virgem e de São José, quando procuravam pelas ruas de Jerusalém o divino Filho Jesus. Encontrava-me num deserto terrível; ou antes, minha alma assemelhava-se a um frágil barco entregue, sem piloto, à mercê das ondas tempestuosas. E embora soubesse que Jesus estava lá, dormindo na minha barquinha, como encontrá-lo em meio a uma noite tão sombria? Se a tempestade tivesse explodido abertamente, talvez algum relâmpago rasgasse minhas nuvens. Na verdade, muito triste é o clarão dos relâmpagos; mesmo assim, à sua luz, percebi num instante o Amado do meu coração.

Mas não... era a noite! a noite profunda, o abandono completo, uma verdadeira morte! Como o divino Mestre, no Jardim da Agonia, sentia-me só, sem encontrar consolo, nem da terra nem do céu. A natureza parecia participar de minha amarga tristeza: durante esses três dias, o sol não mostrou um único de seus raios e a chuva caiu torrencial. Sempre vi nisso uma coincidência: em todas as circunstâncias de minha vida a natureza era a imagem de minha alma. Quando eu chorava, o céu chorava comigo, quando me alegrava, o azul do firmamento não era obscurecido por nuvem alguma.

Quatro dias depois, que era um sábado, fui visitar meu tio. Qual não foi minha surpresa ao encontrá-lo totalmente mudado a meu respeito! Primeiramente, sem que eu lhe manifestasse meu desejo, fez-me entrar em seu gabinete; depois, começando por me dirigir doces censuras pela minha maneira de ser um pouco acanhada com ele, disse-me que o milagre exigido já não era necessário, por tê-lo obtido depois de pedir ao bom Deus que lhe desse uma simples inclinação do coração. Eu não o reconhecia

120

mais. Abraçou-me com a ternura de um pai, acrescentando em tom muito emocionado: "Vai em paz, querida filha, tu és uma florzinha privilegiada que o Senhor quer colher e a isso não hei de me opor".

Com que alegria retomei o caminho dos Buissonnets *sob o belo céu cujas nuvens haviam-se dissipado completamente*! Também em minha alma a noite havia cessado. Enfim, acordando, Jesus me devolvera a alegria e eu já não ouvia o ruído das ondas: em lugar do vento da provação, uma brisa leve inflava minha vela e já cria ter chegado ao porto! Mas ai!, ainda devia desabar mais de uma tempestade, fazendo-me temer, em certas horas, que me havia afastado para sempre da margem ardentemente desejada.

Após ter obtido o consentimento de meu tio, fui informada por vós, minha venerada Madre, que o Reverendo Superior do Carmelo não me permitia entrar antes dos vinte e um anos de idade. Ninguém pensara nessa oposição, a mais grave, a mais invencível de todas. Entretanto, sem perder a coragem, eu mesma fui com meu pai expor-lhe os meus desejos. Recebeu-me com muita frieza e nada podia mudar suas disposições. Enfim, despedimo-nos com um *não* muito resoluto: "Todavia, acrescentou ele, sou apenas o delegado de Sua Excia. Revma.; se ele permitir esta entrada, nada mais terei a dizer". Saindo do presbitério, encontramo-nos *sob uma chuva torrencial*, e densas nuvens toldavam o firmamento de minha alma. Papai não sabia como me consolar. Prometeu levar-me a Bayeux se eu desejasse; aceitei reconhecida.

Muitos acontecimentos se passaram antes que nos fosse possível realizar essa viagem. Exteriormente, minha vida parecia a mesma: eu estudava e, sobretudo, crescia no amor ao bom Deus. Por vezes, tinha impulsos, verdadeiros transportes...

Uma noite, não sabendo como manifestar a Jesus que o amava e como desejava que Ele fosse sempre servido e glorificado, pensei, com dor, que jamais subiria dos abismos do inferno um único ato de amor. Então, exclamei que, de boa vontade, consentiria ver-me lançada naquele lugar de tormentos e de blasfêmias, contanto que Ele fosse amado eternamente. Isso não podia glorificá-lo, pois Ele deseja somente a nossa felicidade; mas quando se ama, sente-se a necessidade de dizer mil loucuras. Se falava assim, não era porque não suspirasse pelo céu; mas então, para mim, o céu nada mais era que *o amor*, e, ao meu ardor, sentia que nada poderia afastar-me do objeto divino que me havia arrebatado...

Por essa época, Nosso Senhor deu-me o consolo de conhecer de perto almas de crianças. Eis em que circunstâncias: durante a doença de uma pobre mãe de família, ocupei-me muito de suas duas filhinhas, a mais velha das quais não tinha ainda seis anos. Para mim, era um verdadeiro prazer ver com que candura elas acreditavam em tudo o que eu lhes dizia. É preciso dizer que o santo batismo lança bem fundo nas almas um germe das virtudes teologais, pois, desde a infância, é suficiente a esperança dos bens futuros para fazer aceitar sacrifícios. Quando eu queria despertar em minhas duas menininhas a harmonia entre si, em vez de prometer-lhes brinquedos e bombons, eu lhes falava das recompensas eternas que o Menino Jesus daria às crianças boazinhas. A mais velha, cuja razão começava a se desenvolver, olhava para mim com uma expressão de viva alegria, fazendo-me mil encantadoras perguntas sobre o Menino Jesus e seu belo céu. A seguir, com entusiasmo, prometia-me sempre ceder à sua irmã, acrescentando que, jamais em sua vida, esqueceria as lições da "grande senhorita" – como ela me chamava.

Considerando estas almas inocentes, comparava-as à cera mole sobre a qual pode-se gravar qualquer impressão; tanto do mal, infelizmente, quanto do bem! E compreendi a palavra de Jesus: *Que melhor seria ser lançado ao mar do que escandalizar um só desses pequeninos* (Mt 18,6). Ah! quantas almas alcançariam alto grau de santidade se, desde o princípio, fossem bem dirigidas!

Bem sei que Deus não necessita de ninguém para realizar sua obra de santificação; porém, assim como permite que um hábil jardineiro cultive plantas raras e delicadas, dando-lhe para isso a ciência necessária, reservando-se sempre o cuidado de fecundá-las, da mesma forma quer ser ajudado em seu divino cultivo das almas. O que aconteceria se um horticultor desajeitado enxertasse mal suas árvores? Se não soubesse reconhecer a natureza de cada uma e quisesse, por exemplo, fazer desabrochar rosas num pessegueiro?

Isso me faz lembrar que outrora, entre meus pássaros, eu tinha um canário que cantava admiravelmente bem; e tinha também um pintarroxo, ao qual dedicava cuidados especiais, por tê-lo adotado desde que saíra do ninho. Este pobre prisioneiro, privado das lições de música de seus pais e tendo de ouvir de manhã à noite só os alegres trinados do canário, um belo dia quis imitá-lo. – Empresa muito árdua para um pintarroxo. – Era encantador ver os esforços do pobrezinho, cuja doce voz teve de fato muitas dificuldades para se ajustar às vibrantes notas de seu mestre. Contudo, para minha grande surpresa, ele conseguiu, e seu canto tornou-se absolutamente igual ao do canário.

Ó minha Madre, bem sabeis quem me ensinou a cantar desde a infância! Sabeis também quais eram as vozes que me encantavam! E agora, espero que um dia, apesar de minha fraqueza, possa repetir eternamente o cântico de amor, cujas notas harmoniosas tantas vezes tenho ouvido nesta terra.

Mas, onde estou? Estas reflexões levaram-me muito longe... Retomo rapidamente o relato de minha vocação.

A 31 de outubro de 1887, saí em direção a Bayeux, sozinha com meu pai, com o coração cheio de esperança, mas também muito comovida ante o pensamento de apresentar-me no Episcopado. Pela primeira vez na minha vida, eu devia fazer uma visita sem a companhia de minhas irmãs; e era uma visita a um Bispo! Eu que nunca tive necessidade de falar senão para responder a perguntas que me eram dirigidas, devia explicar e desenvolver as razões que me faziam solicitar minha entrada para o Carmelo, a fim de dar provas da solidez de minha vocação.

Nesse ponto, quanto me custou vencer minha timidez! Oh! é bem verdade que *o amor nunca encontra impossibilidades, porque ele crê que tudo é possível e permitido*[16]. Com efeito, somente o amor de Jesus podia fazer-me enfrentar estas dificuldades e as que sobreviriam; pois devia conquistar minha felicidade mediante grandes provações. Hoje, sem dúvida, creio ter pago muito pouco, e estaria pronta a suportar mágoas mil vezes mais amargas para adquiri-la, se já não a possuísse.

As cataratas do céu pareciam abertas quando chegamos ao Episcopado. O Sr. Padre Révérony, Vigário-geral, que havia fixado a data da viagem, mostrou-se muito amável, ainda que um pouco admirado. Percebendo as lágrimas em meus olhos, disse-me: "Ah! vejo diamantes, mas não é preciso mostrá-los ao Bispo!"

Atravessamos, então, grandes salões, que me davam a impressão de ser uma formiguinha e me perguntavam o que haveria de dizer! Nesse momento, o Bispo passeava numa galeria com dois sacerdotes; vi o Sr. Vigário-geral trocar com ele algumas palavras e voltar em sua companhia

---

16. *Imitação de Cristo*, livro III, cap. V, 4.

para a sala onde nós aguardávamos. Lá, três enormes poltronas estavam colocadas diante da lareira, onde crepitava um fogo ardente.

Vendo entrar o Sr. Bispo, meu pai pôs-se de joelhos ao meu lado para receber a bênção; depois, Sua Excelência nos fez sentar. O Padre Révérony apresentou-me a poltrona do meio: desculpei-me polidamente; mas ele insistiu, como a me dizer que mostrasse se era capaz de obedecer. Imediatamente fiz o que pedia sem a menor reflexão e fiquei confusa quando o vi tomar uma cadeira, enquanto eu estava enterrada num assento monumental, onde quatro como eu estariam muito bem acomodadas – mais à vontade do que eu, que estava longe disso! – Esperava que meu pai falasse, mas ele pediu-me para explicar o objetivo de nossa visita. Fiz isso com a maior eloquência possível, compreendendo perfeitamente que uma simples palavra do Superior valeria muito mais do que meus arrazoados. Ora, sua oposição não advogava em meu favor.

O Sr. Bispo perguntou-me se havia muito tempo que eu desejava entrar para o Carmelo.

"Oh! sim, Sr. Bispo, muito tempo", respondi.

– Ora, replicou rindo o Padre Révérony, de qualquer forma não chegará a quinze anos!

– É verdade, respondi eu, mas não há muitos anos a suprimir, pois desejo doar-me ao bom Deus desde a idade de três anos.

Crendo ser agradável a meu pai, o Sr. Bispo tentou fazer-me compreender que eu devia permanecer mais algum tempo junto dele. Qual não foi a surpresa e a edificação de Sua Excelência ao ver então que papai tomava a minha defesa. Cheio de bondade acrescentou que deveríamos ir a Roma com a peregrinação diocesana e que eu não hesitasse em falar ao Santo Padre, se antes não obtivesse a permissão solicitada.

Todavia, uma entrevista com o Superior foi exigida como indispensável, antes de tomar alguma decisão. Eu não podia ouvir nada que mais me doesse, pois conhecia sua oposição formal e decidida. Assim, sem levar em conta a recomendação do Rev.do Padre Révérony, fiz mais do que *mostrar meus diamantes* ao Sr. Bispo: *dei-os a ele*. Notei que ele estava comovido. Fez-me carícias como, talvez, jamais uma criança as tenha recebido dele.

"Nem tudo está perdido, minha querida, disse-me ele; mas ficaria muito contente se, com seu bom pai, fizesse a viagem para Roma, pois, dessa forma, consolidaria sua vocação. Em vez de chorar, deveria se alegrar!

Aliás, na próxima semana, devo ir a Lisieux, onde falarei de seu pedido ao Superior e, certamente, receberá minha resposta na Itália".

Sua Excelência levou-nos, depois, para o jardim; meu pai cativou-o muito contando-lhe que nesta mesma manhã eu havia amarrado meus cabelos a fim de parecer mais velha. Isso, aliás, não foi em vão! Hoje, sei que Sua Excelência não fala a ninguém de *sua filhinha*, sem contar a história dos cabelos. Eu preferiria, confesso-o, que essa revelação não acontecesse. O Sr. Vigário-geral acompanhou-nos até a porta, dizendo que jamais se viu coisa semelhante: um pai tão empenhado em dar sua filha a Deus e esta filha oferecer-se pessoalmente.

Portanto, tivemos de retomar o caminho de Lisieux sem nenhuma resposta favorável. Parecia-me que meu futuro estava quebrado para sempre; quanto mais me aproximava do fim, mais embaralhados eu via os meus negócios. Todavia, no fundo da alma, jamais deixei de ter uma grande paz, porque não procurava senão a vontade do Senhor.

CAPÍTULO VI
Viagem a Roma – Audiência de S. S. Leão XIII.
Resposta do Sr. Bispo de Bayeux.
Três meses de espera.

Ergue os olhos ao céu: Eis-me aqui com todos os meus santos, que na terra sustentaram grandes combates e agora gozam o repouso (Imit. l. III. c 47,4).

Três dias após a viagem a Bayeux, eu devia fazer outra viagem, mais longa: para a Cidade eterna. Esta última viagem mostrou-me o nada de tudo o que passa. Entretanto, vi esplêndidos monumentos, contemplei todas as maravilhas da arte e da religião; sobretudo, pisei a mesma terra que os Santos Apóstolos, a terra regada pelo sangue dos Mártires, e minha alma se engrandeceu pelo contato com as coisas santas.

Estou muito feliz de ter ido a Roma; mas compreendo as pessoas por suporem que meu pai empreendeu esta viagem como meio de mudar minhas ideias de vida religiosa. Certamente, ali havia ocasiões de abalar uma vocação mal segura.

Primeiramente, minha irmã e eu nos encontrávamos no meio da alta sociedade que compunha quase que exclusivamente a peregrinação. Ah!, longe de nos seduzir, todos esses títulos de nobreza não nos pareciam mais do que fumaça vã. Compreendi a palavra da Imitação: *"Não te preocupes com a sombra que chamam de grande nome"*[17]. Compreendi que a verdadeira grandeza não está absolutamente no nome, mas na alma.

---
17. *Imitação de Cristo*, l. III, cap. 24,2.

O Profeta nos diz que *o Senhor chamará seus escolhidos por outro nome* (Is 65,15); e em São João lemos: *"O vencedor receberá uma pedrinha branca, sobre a qual está escrito um nome novo, que ninguém conhece, senão aquele que o recebe"* (Ap 2,17). Portanto, é no céu que nós saberemos nossos títulos de nobreza. Então, *cada um receberá de Deus o louvor que lhe é devido* (1Cor 4,5), e aquele que, sobre a terra, tiver escolhido ser o mais pobre, o mais desconhecido por amor a Nosso Senhor, há de ser o primeiro, o mais nobre e o mais rico.

A segunda experiência que fiz refere-se aos sacerdotes. Até aquele momento, não conseguia compreender o principal objetivo da reforma do Carmelo; rezar pelos pecadores, entusiasmava-me, mas rezar pelos sacerdotes, cujas almas me pareciam mais puras do que o cristal, parecia-me estranho! Ah! na Itália, compreendi minha vocação. E não precisava ir muito longe para encontrar tão útil conhecimento.

No espaço de um mês, encontrei muitos santos sacerdotes; e vi que, se sua sublime dignidade os eleva acima dos Anjos, nem por isso deixam de ser homens fracos e frágeis. Portanto, se santos sacerdotes, que, no Evangelho, Jesus chama de *sal da terra*, mostram que necessitam de orações, o que havemos de pensar dos tíbios? E Jesus não disse mais: *"Se o sal perder a sua força, com que será ele salgado?"* (Mt 5,13).

Ó minha madre, que bela é nossa vocação! Cabe a nós, cabe ao Carmelo conservar o sal da terra! Oferecemos nossas preces e sacrifícios pelos apóstolos do Senhor; nós mesmas devemos ser seus apóstolos, enquanto eles, por suas palavras e seus exemplos, evangelizam as almas de nossos irmãos. Como é nobre a nossa missão! Mas devo ficar por aqui, sinto que, sobre esse assunto, minha pena não pararia nunca...

Minha querida Madre, quero agora contar-vos minha viagem com alguns pormenores:

No dia 4 de novembro, às três horas da madrugada, atravessamos a cidade de Lisieux, ainda envolta nas sombras da noite. Quantas impressões passaram por minha alma: via-me caminhando para o desconhecido, embora soubesse que lá no sul esperavam-me grandes coisas!

Chegados a Paris, meu pai fez-nos visitar todas as suas maravilhas; quanto a mim, encontrei uma só: *Nossa Senhora das Vitórias*. O que experimentei no seu santuário, ser-me-ia impossível dizê-lo. As graças que me concedeu pareciam as da minha Primeira Comunhão: eu estava repleta de paz e felicidade... Foi lá que minha Mãe, a Virgem Maria, *disse-me clara-*

mente que tinha sido ela a me sorrir e que me havia curado. Com que fervor supliquei-lhe que me protegesse sempre e que realizasse meu sonho, acolhendo-me à sombra de seu manto virginal! Pedi-lhe ainda que afastasse de mim todas as ocasiões de pecado.

Não ignorava que, durante minha viagem, seriam encontradas muitas coisas capazes de me perturbar; sem conhecimento algum do mal, receava descobri-lo. Ainda não havia descoberto que *para os puros todas as coisas são puras* (Tt 1,15), que a alma simples e reta não vê mal em nada, pois o mal só existe nos corações impuros e não nos objetos insensíveis. Também pedi a São José que velasse por mim; depois de minha infância, minha devoção por ele confundia-se com meu amor pela Santíssima Virgem. Diariamente eu recitava a oração: *"São José, pai e protetor das virgens..."* Portanto, parecia-me estar bem protegida e inteiramente ao amparo dos perigos.

Após nossa consagração ao Sagrado Coração, na Basílica de Montmartre, partimos de Paris no dia 7 de novembro. Como se tratava de dar a cada vagão do trem o nome de um santo, foi decidido dar esta honra a um dos sacerdotes que viajavam no respectivo carro: quer adotando o nome de seu padroeiro ou o de sua Paróquia.

Por isso, na presença de todos os peregrinos, resolvemos chamar nosso vagão de *São Martinho*. Muito sensível por tal delicadeza, meu pai foi logo agradecer ao Mons. Legoux, Vigário-geral de Coutances e Diretor da peregrinação. Daí em diante, muitas pessoas só o chamavam de *Senhor São Martinho*.

O Rev.do Padre Révérony seguia diligentemente todos os meus atos; de longe percebi que estava a me observar. À mesa, quando eu não estava à sua frente, sempre encontrava um meio de se inclinar para me ver e ouvir. Penso que deve ter ficado satisfeito com seu exame; porque, no fim da viagem, parecia estar bem-disposto a meu respeito. Digo *no fim*, porque em Roma, esteve bem longe de me servir de advogado, como logo mais direi. – Todavia, não gostaria de fazer crer que ele quis me enganar ao não agir segundo as boas intenções manifestadas em Bayeux. Ao contrário, estou convicta de que ele sempre manifestou muita benevolência por mim; se ele contrariou meus desejos, foi unicamente para me provar.

Antes de chegar à meta de nossa peregrinação, atravessamos a Suíça com suas altas montanhas, cujos cumes nevados se perdem nas nuvens, suas cascatas, seus vales profundos, cheios de samambaias gigantescas e de urzes rosadas.

Minha querida Madre, como estas belezas da natureza, espalhadas em profusão, fizeram bem à minha alma! Como elas a elevaram para Aquele que se dignou lançar tais obras-primas sobre uma terra de exílio, que não deve durar senão um dia!

Por vezes, éramos transportadas até o cume das montanhas: a nossos pés, precipícios cuja profundidade nossos olhos não podiam perscrutar, antes pareciam querer nos engolir. Mais ao longe, atravessamos uma aldeia charmosa com suas casinhas de madeira e seu gracioso campanário, em cujo topo leves nuvens balançavam-se molemente. Aqui, havia um grande lago de ondas calmas e puras, cuja cor azulada misturava-se aos fogos do sol poente.

Como descrever minhas impressões diante de um espetáculo tão poético e tão grandioso? Eu pressentia as maravilhas do céu... A vida religiosa aparecia-me tal qual é, com suas sujeições, seus pequenos sacrifícios quotidianos realizados na sombra. Compreendia quão fácil torna-se, então, curvar-se sobre si mesmo, esquecer o sublime objetivo de sua vocação; e me dizia: "Mais tarde, na hora da provação, quando, prisioneira no Carmelo, só puder ver um cantinho do céu, lembrar-me-ei do dia de hoje; este quadro dar-me-á coragem. Pensando na grandeza e no poder de Deus, já não recordarei meus pequenos interesses; só a Ele hei de amar e não terei a infelicidade de me agarrar a ninharias, agora que meu coração entrevê o que Ele reserva aos que o amam".

Após contemplar as obras de Deus, pude admirar também aquelas das criaturas. A primeira cidade da Itália que visitamos foi Milão. Sua catedral, em mármore branco, com suas estátuas tão numerosas que podiam formar um povo, tornou-se nosso primeiro objeto de particular estudo.

Deixando para traz as tímidas senhoras a esconderem o rosto com suas mãos, após ter subido os primeiros degraus do edifício, Celina e eu seguimos os peregrinos mais corajosos e atingimos a última torrezinha, tendo então o prazer de ver a nossos pés toda a cidade de Milão, cujos habitantes pareciam formiguinhas. Tendo descido de nosso pedestal, iniciamos, de carro, os nossos passeios, que deviam durar um mês e saciar para sempre meu desejo de rodar sem fadiga.

O Campo Santo nos encantou. Suas estátuas de mármore branco, às quais um cinzel de gênio parece ter dado vida, estão semeadas pelo vasto campo dos mortos, numa espécie de negligência que não deixa de ter sua beleza. Seríamos quase tentados a consolar os personagens alegóricos que nos cercam, tão verdadeira é sua expressão de dor calma e cristã! São verdadeiras obras-primas! Aqui, uma criança a lançar flores sobre o túmulo de seu pai; faz-nos esquecer o peso do mármore: as delicadas pétalas parecem deslizar de seus dedos. Ali, o leve véu das viúvas e as fitas que ornam os cabelos das jovens parecem tremular ao sabor do vento.

Não encontrávamos palavras que expressassem nossa admiração; foi quando um senhor *francês*, já idoso, e que nos seguia por toda a parte, lamentando, sem dúvida, de não poder partilhar de nossos sentimentos, disse em tom mal-humorado: "Nossa! Como esses franceses são verdadeiramente entusiastas!" Creio que melhor seria se o pobre senhor guardasse sua opinião para si. Longe de estar feliz com sua viagem, sempre saíam queixas de sua boca: descontente com as cidades, com os hotéis, com as pessoas, com tudo.

Muitas vezes, meu pai, que sempre está bem não importa onde – tendo um caráter diametralmente oposto ao de seu indelicado vizinho –, tentava alegrá-lo, oferecia seu lugar no carro e ainda mostrava-lhe, com sua habitual grandeza de alma, o lado bom das coisas; mas nada o fazia rir! Que diversidade de personagens tivemos ocasião de ver! Que interessante estudo nos oferece o mundo, quando se está prestes a deixá-lo!

Em Veneza, a cena mudou completamente. Em vez do tumulto das grandes cidades, a quebrar o silêncio, ouvem-se apenas os gritos dos gondoleiros e o murmúrio da onda agitada pelos remos. Esta cidade tem lá seus encantos, mas ela é triste. Triste é também o palácio dos doges, apesar de todo o seu esplendor. Depois de muito tempo, o eco de suas abóbodas sonoras já não repete a voz dos governadores, pronunciando sentenças de vida ou de morte nas salas que nós percorremos. Os infelizes condenados deixaram de sofrer, enterrados vivos nas escuras masmorras.

Visitando essas horrorosas prisões, eu me via voltar ao tempo dos mártires. Com alegria, teria escolhido esse tenebroso asilo se o problema fosse confessar minha fé; mas logo a voz do guia tirou-me do sonho, e passei sobre *a ponte dos suspiros*, assim chamada por causa dos suspiros de alívio dos pobres prisioneiros, vendo-se libertados do horror dos subterrâneos aos quais preferiam a morte.

Após dizer adeus a Veneza, em Pádua veneramos a língua de Santo Antônio; depois, em Bolonha, o corpo de Santa Catarina, cujo rosto ainda conserva impresso o beijo do Menino Jesus.

Com incrível felicidade, vi-me a caminho de Loreto. Como a Santíssima Virgem escolheu bem o lugar para ali colocar sua Casa bendita. Lá, tudo é pobre, simples e primitivo: as mulheres conservaram o gracioso traje italiano, e não adotaram, como as mulheres de outras cidades, a moda de Paris. De fato, Loreto encantou-me.

Que direi da santa Casa? Foi muito profunda a minha emoção ao me ver sob o mesmo teto que a Sagrada Família, contemplando os muros sobre os quais Nosso Senhor fixara seus olhos divinos, pisando a terra que São José regara com seus suores, onde Maria carregara Jesus nos braços, após tê-lo carregado em seu seio virginal. Vi o quartinho da Anunciação. Depositei meu terço na tigelinha do Menino Jesus. Que recordações maravilhosas!

Porém, nossa maior consolação foi receber Jesus em sua casa, tornando-nos, assim, seu templo vivo, no próprio lugar que Ele havia honrado com sua divina presença. Segundo o costume romano, a Sagrada Eucaristia só é conservada em um altar em cada igreja; e somente ali, os sacerdotes a distribuem aos fiéis. Em Loreto, este altar encontra-se na Basílica em que foi incluída a santa Casa, como um diamante precioso num estojo de mármore branco. Esta não era bem nossa intenção. Era no *diamante*, e não no estojo, que nós desejávamos receber o Pão dos Anjos. Meu pai, em sua ordinária doçura, seguiu os peregrinos, enquanto suas filhas, menos submissas, dirigiam-se para a *santa Casa*.

Por um privilégio especial, um sacerdote dispôs-se a celebrar sua missa ali; nós lhe manifestamos o nosso desejo. Imediatamente, o dedicado sacerdote pediu duas hóstias pequenas, que colocou na patena, e imaginais, minha Madre, a felicidade inefável desta comunhão! As palavras são impotentes para traduzi-la. O que será, então, quando comungarmos eternamente na morada do Rei dos céus? Então não veremos acabar nossa alegria e já não haverá a tristeza da partida a anuviá-la, nem será necessário, como fizemos nós, raspar furtivamente as paredes santificadas pela presença divina; pois sua casa será a nossa por todos os séculos.

Ele não quer dar-nos a casa da terra, contenta-se em no-la mostrar, para fazer-nos amar a pobreza e a vida oculta; a morada que nos reserva é seu palácio de glória, onde já não o veremos velado sob a aparência de um menino ou de um pouco de pão, mas tal qual Ele é no fulgor de seu infinito esplendor!

Agora, passo a falar de Roma: de Roma, onde esperava encontrar consolo onde, ai!, encontrei a cruz! Já era noite quando chegamos; e, tendo adormecido no vagão, fui acordada pelo clamor dos empregados da estação, repetido com entusiasmo pelos peregrinos: *Roma! Roma!* Não era um sonho, estava realmente em Roma!

Nosso primeiro dia, talvez o mais delicioso, passamo-lo fora dos muros. Ali, todos os monumentos conservaram seu caráter de antiguidade; enquanto que no centro de Roma, diante dos hotéis e das lojas, creríamos estar em Paris.

O passeio pelos campos romanos imprimiu em mim recordações particularmente suaves. Como poderia traduzir a impressão que me fez estremecer diante do Coliseu? Enfim, tive a ventura de ver esta arena, em que tantos mártires derramaram seu sangue por Jesus! Já estava pronta a beijar a terra santificada por seus gloriosos combates. Mas que decepção! Tendo o solo sido elevado, a verdadeira arena estava sepultada a aproximadamente oito metros de profundidade. Por causa das escavações, o centro não passa de um montão de entulhos, uma barreira intransponível a barrar-lhe a entrada. Aliás, ninguém ousa penetrar no meio dessas ruínas perigosas.

Seria possível ter vindo a Roma sem descer ao Coliseu? – Não, era impossível! Não prestei mais atenção às explicações do guia; um só pensamento me ocupava: descer até a arena!

É dito no santo Evangelho que, permanecendo sempre junto ao Túmulo e inclinando-se repetidas vezes para olhar no seu interior, Madalena acabou por avistar dois anjos. Como ela, continuando a me abaixar, não vi dois anjos, mas o que estava a procurar; e, soltando um grito de alegria, disse à minha irmã: "Vem! segue-me, que encontraremos uma passagem!" Imediatamente nos precipitamos, escalando as ruínas que caíam sob nossos pés; enquanto papai, admirado de nossa audácia, chamava-nos de longe. Mas já não tínhamos ouvidos para nada.

Como no meio do perigo cresce a coragem dos guerreiros, da mesma forma a nossa alegria aumentava em proporção à nossa fadiga e ao perigo que enfrentávamos para atingir a meta de nossos desejos.

Mais previdente do que eu, Celina ouvira o guia. Lembrada de que ele acabava de indicar a existência de uma pequena laje em forma de cruz, como sendo o lugar onde combatiam os mártires, pôs-se logo a procurá-la. Logo a encontrou e, ajoelhadas sobre esta terra abençoada, nossas almas confundiram-se numa mesma oração... Meu coração batia fortemente no momento em que aproximei meus lábios da poeira ensopada pelo sangue dos primeiros cristãos. Pedi, então, a graça de eu também ser mártir por Jesus e, no fundo de minha alma, pressenti que fora atendida.

Tudo isso durou muito pouco tempo. Depois de recolher algumas pedrinhas, fomos em direção aos muros para recomeçar nossa perigosa empresa. Vendo-nos tão felizes, meu pai não teve como nos repreender; percebi até que ele se orgulhava de nossa coragem.

Depois do Coliseu, visitamos as Catacumbas. Lá, Celina e Teresa encontraram o meio de se deitarem juntas no fundo do antigo túmulo de Santa Cecília e recolheram um pouco da terra santificada por suas abençoadas relíquias.

Antes desta viagem, eu não tinha nenhuma particular devoção por esta santa; mas ao visitar sua casa e o lugar de seu martírio, ouvindo-a proclamada "rainha da harmonia", em alusão ao canto virginal que, do fundo do seu coração, ela entoou a seu Esposo celeste, senti por ela mais do que devoção: uma verdadeira ternura de amiga. Ela se tornou minha santa predileta, minha confidente íntima. O que nela me arrebatou de modo particular foi seu abandono e sua confiança ilimitada, que a tornaram capaz de *virginizar* almas que só desejaram as alegrias da vida presente. Santa Cecília é semelhante à esposa dos Cânticos. Nela vejo *um coro de um acampamento* (Ct 7,1). Sua vida não foi senão um canto melodioso no meio das maiores provações; e isso não me admira, pois *o Evangelho sagrado repousava em seu coração*[18] e em seu coração repousava o Esposo das virgens.

Também a visita à igreja de Santa Inez foi muito consoladora para mim. Lá encontrei uma amiga de infância. Sem sucesso, procurei obter uma de suas relíquias a fim de levá-la à minha mãezinha Inez de Jesus. Os homens não me atenderam, mas o bom Deus pôs-se ao meu lado: uma pedrinha de mármore vermelho desprendeu-se de um rico mosaico cuja origem remonta ao tempo da meiga mártir, vindo a cair a meus pés. Não é charmoso? A própria Santa Inez deu-me uma recordação de sua casa!

Passamos seis dias a contemplar as principais maravilhas de Roma; no sétimo, contemplei a maior de todas: Leão XIII. Desse dia, que eu desejava e temia ao mesmo tempo, dependia minha vocação, pois não havia

---

18. Ofício de Santa Cecília.

recebido resposta alguma do Sr. Bispo, e a permissão do Santo Padre era minha única tábua de salvação. Mas para obter esta permissão, era necessário pedi-la! Era necessário *ousar falar ao Papa* diante de muitos Cardeais, Arcebispos e Bispos! Só o fato de pensar nisso fazia-me estremecer.

Foi na manhã de domingo, dia 20 de novembro, que, no Vaticano, entramos na capela do Soberano Pontífice. Às oito horas assistimos à sua missa; e, durante o santo Sacrifício, mostrou-nos, por sua ardente piedade, digna do Vigário de Jesus Cristo, que ele era verdadeiramente o *Santo Padre*.

O Evangelho desse dia continha as seguintes admiráveis palavras: *"Não temas, pequeno rebanho, porque foi do agrado do vosso Pai dar-vos o reino"* (Lc 12,32). E meu coração abandonava-se à confiança mais viva. Não, eu não temia, esperava que o reino do Carmelo pertencer-me-ia em breve. Então, eu não pensei nestas outras palavras de Jesus: *"Eu preparo um reino para vós, como meu Pai o preparou para mim"* (Lc 22,29). – Quer dizer, eu vos reservo cruzes e provações; assim vos tornareis dignos de possuir o meu reino. – *Porventura não foi necessário que o Cristo sofresse tais coisas, e que assim entrasse na sua glória?* (Lc 24,26). *"Se quiserdes sentar-vos ao seu lado, bebei o cálice que Ele próprio bebeu"* (Mt 20,22).

Terminada a missa de ação de graças, que seguiu a de Sua Santidade, iniciou a audiência.

Leão XIII estava sentado numa poltrona elevada, vestido simplesmente de batina branca e de uma murça da mesma cor. Perto dele estavam prelados e outros dignitários eclesiásticos. Seguindo o cerimonial, cada um dos peregrinos ajoelhava-se por sua vez, beijando primeiramente o pé e depois a mão do augusto Pontífice e recebia sua bênção; a seguir dois guardas-nobres tocando-o com o dedo, indicavam-lhe com isso que se levantasse para passar à outra sala e ceder o lugar ao seguinte.

Ninguém dizia palavra; mas eu estava absolutamente resolvida a falar, quando, de repente, o Rev.do Padre Révérony, que se colocara à direita de Sua Santidade, nos fez saber publicamente *que ele proibia terminantemente falar ao Santo Padre*. Voltei-me para Celina, interrogando-a com o olhar; meu coração batia que parecia estourar... – *"Fala!"*, disse-me ela.

Momentos depois, eu estava ajoelhada diante do Papa. Tendo beijado seu calçado, ele me apresentou a mão. Então, levantei para ele meus olhos banhados de lágrimas e lhe supliquei nestes termos:

"Santíssimo Padre, desejo pedir-vos uma grande graça!"

Imediatamente, baixando a cabeça para mim, seu rosto quase tocou o meu; poder-se-ia dizer que seus olhos negros e profundos queriam penetrar-me até o íntimo da alma.

"Santíssimo Padre, repeti eu, em honra de vosso Jubileu, *permiti-me entrar para o Carmelo aos quinze anos!*"

O Revmo. Vigário-geral de Bayeux, estupefato e descontente, replicou imediatamente:

"Santíssimo Padre, é uma criança que deseja abraçar a vida do Carmelo, mas, nesse momento, os superiores examinam o caso.

– *Pois bem, minha filha*, disse-me Sua Santidade, *faça o que os superiores decidirem*".

Juntando, então, as mãos e apoiando-as em seus joelhos, tentei um último esforço:

– "Ó Santíssimo Padre, se disserdes *sim*, todos hão de concordar!"

Ele me fitou fixamente e pronunciou estas palavras, acentuando cada sílaba em tom penetrante:

– "*Vamos... Vamos... entrará se o bom Deus quiser*".

Eu ia falar ainda, quando dois guardas-nobres convidaram-me a erguer-me. Vendo que isso não bastava, eles me tomaram pelos braços e o Padre Révérony ajudou-os a erguer-me, pois eu permaneci ainda de mãos juntas apoiadas sobre os joelhos do Papa. No momento em que eu era assim levantada, o bom Santo Padre pousou docemente sua mão sobre meus lábios, depois, levantando-a para me abençoar, acompanhou-me por longo tempo com os olhos.

Meu pai sofreu muito ao ver-me debulhada em pranto ao sair da audiência, pois, tendo passado antes de mim, ele nada sabia de minha tentativa. Com ele, o Sr. Vigário-geral mostrara-se um pouco mais amável, apresentando-o a Leão XIII como o pai de duas carmelitas. O Soberano Pontífice, em sinal de particular benevolência, pousou a mão sobre sua venerável cabeça, como para marcá-lo com um selo misterioso em nome do próprio Jesus Cristo.

Ah! agora que este pai de *quatro* carmelitas está no céu, já não é a mão do representante de Jesus que pousa sobre sua fronte a profetizar-lhe o martírio, é a mão do Esposo das virgens, do Rei dos céus; e nunca mais esta mão divina retirar-se-á da fronte que ela glorificou.

Reprodução de um quadro de Celina.

Santíssimo Padre, em honra de vosso Jubileu, permiti-me entrar para o Carmelo aos quinze anos.

Minha provação era grande; mas, tendo feito absolutamente tudo o que dependia de mim para responder ao apelo do bom Deus, devo confessar que, apesar das minhas lágrimas, no fundo do coração eu sentia uma grande paz. Esta paz, contudo, morava no íntimo e a amargura enchia minha alma até as bordas... E Jesus se calava... Ele parecia ausente, nada me revelava sua presença.

Também naquele dia *o sol não ousou brilhar*; e o belo céu azul da Itália, carregado de nuvens sombrias, não cessou de chorar comigo. Ah! tudo estava acabado! Minha viagem já não tinha encanto algum aos meus olhos, pois o objetivo não havia sido alcançado. Entretanto, as últimas palavras do Santo Padre deveriam consolar-me como uma verdadeira profecia. Com efeito, apesar de todos os obstáculos, *cumpriu-se o que quis o bom Deus*: não permitiu às criaturas fazerem o que elas queriam, mas unicamente a sua vontade.

Algum tempo depois, ofereci-me ao Menino Jesus para ser *seu brinquedinho*. Havia-lhe dito de não se servir de mim como um brinquedo valioso, que as crianças contentam-se em olhar sem ousar tocá-lo, mas como uma bolinha sem valor algum, que Ele podia jogar por terra, pisar com o pé, perfurar, deixar a um canto, ou então apertar ao seu coração se isso lhe causasse prazer. Numa palavra, *queria divertir o Menino Jesus e entregar-me aos seus caprichos infantis*.

E Ele atendeu minha prece! Em Roma, Jesus furou seu brinquedinho... *certamente Ele queria ver o que havia lá dentro*... e depois, satisfeito com sua descoberta, deixou cair sua bolinha e adormeceu. O que teria feito durante seu doce sono, e o que se tornou a bolinha abandonada? – Jesus sonhou que ainda se divertia; que Ele a pegava para deixá-la logo depois; que ele a arremessava a fim de que rolasse para longe e finalmente a apertava ao seu Coração, sem jamais permitir que ela se afastasse de sua mãozinha.

Compreendeis, minha Madre, a tristeza da bolinha vendo-se por terra! Entretanto, ela não deixava de esperar contra toda esperança.

Poucos dias depois de 20 de novembro, tendo ido visitar o venerado Irmão Simeão – diretor e fundador do Colégio São José – meu pai encontrou o Rev.do Padre Révérony no estabelecimento, e o censurou amavelmente por não ter-me ajudado na minha difícil empresa; depois contou a história ao Caríssimo Irmão Simeão. O bom velhinho ouviu o relato com muito interesse, tomando até alguns apontamentos, e disse com emoção: "Fatos assim não se veem na Itália!".

No dia seguinte ao da memorável audiência, tivemos de partir para Nápoles e Pompeia. Em nossa honra, o Vesúvio fez ouvir numerosos tiros de canhão, expelindo de sua cratera uma espessa coluna de fumaça. Seus vestígios, em Pompeia, são horrorosos! Mostram o poder de Deus *que olha para a terra e a faz tremer, que toca os montes e eles fumegam* (Sl 103,32). Eu teria desejado passear sozinha em meio às ruínas, meditando sobre a fragilidade das coisas humanas; mas não convinha sonhar nessa solidão.

Em Nápoles fizemos um magnífico passeio ao mosteiro de San Martino, situado sobre uma alta colina que dominava toda a cidade. Na volta, porém, os cavalos desembestaram completamente, e eu atribuo à proteção de nossos anjos da guarda termos chegado sãos e salvos ao nosso esplêndido hotel. O termo *esplêndido* não é exagerado; durante toda a nossa viagem, hospedamo-nos em hotéis principescos. Nunca me vira rodeada de tanto luxo. É o caso de repetir: a riqueza não traz a felicidade. Ter-me-ia sentido mil vezes mais feliz numa choupana humilde, com a esperança do Carmelo, do que em aposentos dourados, escadarias de mármore, tapetes de seda, com a amargura no coração.

Ah! senti perfeitamente que a alegria não se encontra nos objetos que nos cercam, mas reside no mais íntimo de nossa alma. Pode-se muito bem possuí-la tanto no fundo de uma escura prisão quanto num palácio real. Assim, serei mais feliz no Carmelo, mesmo em meio a provações interiores e exteriores, do que no mundo onde nada me falta, sobretudo as doçuras do lar paterno.

Embora minha alma estivesse mergulhada na tristeza, externamente eu era a mesma, pois julgava ser segredo o meu pedido ao Santo Padre. Logo, porém, convenci-me do contrário. Um dia, tendo permanecido só no vagão com minha irmã, enquanto os peregrinos desciam para o restaurante, vi o Mons. Legoux aparecer à portinhola. Após olhar muito bem para mim, disse-me sorrindo: "Então, como vai nossa carmelitazinha". Percebi então que todos os peregrinos sabiam de meu segredo; aliás, já percebera isso por certos olhares simpáticos; felizmente, porém, ninguém me falou disso.

Em Assis, tive uma pequena aventura. Após visitar os lugares embalsamados pelas virtudes de São Francisco e de Santa Clara, perdi a fivela do meu cinto no mosteiro. O tempo que levei a procurá-la e ajustá-la ao cinto fez-me perder a hora da partida. Quando me apresentei à porta, todas as carruagens haviam desaparecido, menos uma, que era a do Rev.do

Vigário-geral de Bayeux. Seria preciso correr atrás das carruagens, que eu já não via, expondo-me a perder o trem, ou pedir um lugar na carruagem do Padre Révérony? Decidi-me pela última hipótese, que era a mais sábia.

Esforçando-me por parecer muito pouco constrangida, apesar de meu extremo embaraço, expus-lhe minha situação crítica, e assim o pus também em apuros, porque sua carruagem estava completamente lotada. Mas um desses senhores dispôs-se a descer, cedeu-me seu lugar e foi sentar-se modestamente ao lado do cocheiro. Eu parecia um esquilo preso numa armadilha! Estava longe de sentir-me à vontade, rodeada de todos esses grandes personagens, e logo cara a cara *com o mais temível*! Todavia, mostrou-se muito amável comigo, interrompendo de vez em quando a conversa para me falar do Carmelo, prometendo-me fazer tudo o que dele dependesse para realizar meu desejo de entrar aos quinze anos.

Este encontro pôs bálsamo em minha ferida, embora não me impedisse de sofrer. Havia perdido a confiança na criatura, e já não podia apoiar-me senão em Deus.

Entretanto, minha tristeza não me impediu de tomar um vivo interesse pelos santos lugares que visitamos. Em Florença, tive a felicidade de contemplar Santa Madalena de Pazzi no centro do coro das Carmelitas. Todos os peregrinos queriam fazer tocar seus terços no túmulo da santa; mas só a minha mão era tão pequena que podia passar pelos buracos da grade. Assim, fui encarregada dessa nobre tarefa, que durou muito tempo e que me deixou muito envaidecida.

Não era a primeira vez que eu era alvo de privilégios. Em Roma, na igreja de Santa Cruz de Jerusalém, veneramos vários fragmentos da verdadeira Cruz, dois espinhos e um dos cravos sagrados. A fim de examiná-los mais à vontade, agi de maneira a ficar por última; e quando o religioso encarregado desses preciosos tesouros dispôs-se a repô-los sobre o altar, perguntei-lhe se podia tocá-los. Respondeu-me afirmativamente, parecendo duvidar que o conseguisse; então passei meu dedinho por uma abertura do relicário e, assim, pude tocar o precioso cravo que foi banhado pelo sangue de Jesus. Vê-se logo que eu me comportava como uma criança que crê ser-lhe tudo permitido e considera seus os tesouros de seu pai.

Depois de passar por Pisa e Gênova, retornamos para a França, percorrendo um dos mais esplêndidos trajetos. Por vezes, viajávamos à beira-mar; um dia, após uma tempestade, a estrada de ferro passava tão perto que as ondas pareciam chegar até nós. Mais além, atravessamos planícies cobertas de laranjeiras, de oliveiras e de graciosas palmeiras. À noite, os numerosos portos do mar eram aclarados por luzes brilhantes, enquanto as primeiras estrelas cintilavam no firmamento azul. Esse quadro feérico ia se desvanecendo aos meus olhos sem me deixar saudades, pois meu coração aspirava por outras maravilhas!

Todavia, meu pai me propunha mais uma viagem a Jerusalém; porém, apesar da natural atração que me levava a visitar os lugares santificados pela passagem de Nosso Senhor, sentia-me farta das peregrinações terrenas, desejava tão somente as belezas do céu; e, para dá-las às almas, queria quanto antes tornar-me prisioneira.

Infelizmente, antes de ver se abrirem as portas de minha prisão bendita, eu pressentia, haveria de lutar e sofrer mais; entretanto, minha confiança não diminuía, e esperava entrar a 25 de dezembro, no dia do Natal.

Apenas de volta a Lisieux, nossa primeira visita foi para o Carmelo. Que entrevista! Vós vos lembrais dela, minha Madre! Tendo, de minha parte, esgotado todos os recursos, abandonei-me completamente a vós. Dissestes-me que escrevesse ao Sr. Bispo e lhe recordasse a promessa: obedeci imediatamente. A carta foi colocada no correio, e espero receber sem demora a permissão de voar. Cada dia, ai!, nova decepção! Chegou a bela festa de Natal, e Jesus ainda dormia. Deixou por terra sua bolinha sem ao menos lançar um olhar para ela.

Foi, certamente, uma provação muito dura; mas Aquele, cujo Coração está sempre a velar, ensinou-me que para uma alma, cuja fé é somente comparável a um grãozinho de mostarda, opera milagres, com a finalidade de robustecer essa fé tão pequena; mas, para seus íntimos, para sua Mãe, ele não faz milagres antes de ter provado sua fé. Não deixou Lázaro morrer, embora Marta e Maria lhe tivessem mandado dizer que ele estava doente? Nas bodas de Caná, tendo a Santíssima Virgem pedido a Jesus que socorresse o chefe da casa, não lhe respondeu que sua hora ainda não chegara? Mas depois da provação, que recompensa! A água transforma-se em vinho, Lázaro ressuscita... Assim agiu o Amado com sua Terezinha: após tê-la provado por muito tempo, satisfez todos os seus desejos.

Como brinde para o dia 1º de janeiro de 1888, Jesus presenteou-me com mais uma cruz sua. Dissestes-me, minha venerada Madre, que tinha em mãos a resposta do Sr. Bispo desde o dia 28 de dezembro, *festa dos Santos Inocentes*; que tal resposta autorizava minha entrada imediata; entretanto, resolvestes admitir-me somente após a Quaresma! Não pude reter minhas lágrimas ao refletir sobre tão prolongada demora. Para mim, esta prova revestiu-se de um caráter todo especial: eu via rompidos meus laços com o mundo, e agora, por sua vez, era a Arca santa que se recusava a recolher sua pobre pombinha!

Como passaram esses três meses, para minha alma tão ricos em sofrimentos e mais ainda em graças de toda espécie? Primeiramente, veio-me à mente de não me incomodar, de levar uma vida menos regulada do que de costume; depois o bom Deus fez-me compreender o benefício do tempo que me era oferecido, e resolvi dedicar-me mais do que nunca a uma vida séria e mortificada.

Quando digo mortificada, não entendo as penitências de santos. Longe de assemelhar-me às belas almas que, desde sua infância, praticam toda a espécie de macerações, eu punha todo o meu esforço unicamente em quebrar minha vontade, em reter uma palavra de réplica, em prestar pequenos serviços aos que me rodeavam sem fazê-los valer e mil outras coisas desse gênero. Pela prática desses nadas, eu me preparava para tornar-me a noiva de Jesus e não tenho palavras para dizer quanto esta demora me fez crescer no abandono, na humildade e nas demais virtudes.

CAPÍTULO VII

Entrada de Teresa na Arca bendita. – Primeiras provações. – Os esponsais divinos. – A neve. Uma grande dor.

> *Ninguém deixará por mim o pai, a casa e seus bens sem receber o cêntuplo neste tempo e no século futuro a vida eterna* (Mc 10,3).

Para minha entrada foi escolhida a segunda-feira, dia 9 de abril de 1888. – Era o dia em que no Carmelo celebrava-se a festa de Anunciação, transferida por causa da Quaresma. – Na véspera, estávamos todos reunidos em torno à mesa de família, à qual sentar-me-ia pela última vez. Como são dilacerantes estas despedidas! Quando mais quereríamos ver-nos esquecidos, as palavras mais ternas escapam de todos os lábios, como que para fazer sentir mais o sacrifício da separação.

Pela manhã, após ter lançado um último olhar sobre os Buissonnets, o gracioso ninho de minha infância, parti para o Carmelo. Eu assistia à santa missa, cercada, como na véspera, de meus parentes queridos. No momento da comunhão, quando Jesus descia ao seu coração, ouvi somente soluços. Pessoalmente, não cheguei a chorar; mas enquanto, à frente de todos, eu me dirigia para a porta da clausura, meu coração batia tão fortemente que eu me perguntava se não ia morrer. Ah! que momento! que agonia! É preciso tê-lo provado para compreendê-lo.

Abracei todos os meus e me ajoelhei diante de meu pai para receber sua bênção. Ele próprio se ajoelhou e me abençoou chorando. Foi um espetáculo que deve ter feito sorrir os anjos, tanto quanto esse ancião apresentando ao Senhor sua filhinha, ainda na primavera da vida. Enfim, as portas do Carmelo fecharam-se atrás de mim... e eu caí em vossos braços, minha amada Madre; e recebi, então, os abraços de uma nova família, cuja dedicação e ternura não é imaginada no mundo.

Finalmente, estavam realizados os meus desejos; minha alma gozava de uma paz tão doce e tão profunda que me seria impossível expressá-la. E, após 8 anos e meio, continuo a partilhar esta paz íntima; ela nunca me abandonou, mesmo em meio às maiores provas.

No mosteiro, tudo me pareceu encantador; julgava-me transportada para um deserto; encantava-me, sobretudo, nossa pequena cela. Contudo, repito, minha felicidade era calma, o mais leve zéfiro não fazia ondular as águas tranquilas sobre as quais vogava minha barquinha. Nenhuma nuvem obscurecia meu céu azul. Ah!, sentia-me plenamente recompensada por todas as minhas provações! Com que intenso júbilo eu repetia: "Agora estou aqui para sempre!"

Não era uma felicidade efêmera, que se desfizesse com as ilusões dos primeiros dias. As ilusões! Em sua misericórdia, o bom Deus preservou-me delas. Achei a vida religiosa assim como a havia imaginado, sacrifício algum me espantou; e contudo, sabeis, minha Madre, que meus primeiros passos encontraram mais espinhos do que rosas.

Primeiramente, eu não tinha para minha alma senão o pão quotidiano de uma amarga aridez. Depois, o Senhor permitiu, minha venerada Madre, que, mesmo sem vosso conhecimento, eu fosse tratada por vós com muita severidade. Não podia encontrar-vos, sem receber uma repreensão. Recordo-me que uma vez, tendo deixado no claustro uma teia de aranha, dissestes-me diante de toda a comunidade: "Bem se vê que nossos claustros são varridos por uma criança de quinze anos! É uma lástima! Vá, pois, tirar aquela teia de aranha e, no futuro, trate de ser mais cuidadosa".

Nos raros momentos de direção, em que eu permanecia diante de vós durante uma hora, eu ainda era admoestada quase o tempo todo; e o que mais me doía era não compreender a maneira de me corrigir dos meus defeitos: por exemplo, da minha lentidão, de minha pouca dedicação nos ofícios; defeitos que me mostráveis, minha Madre, em vossa solicitude e vossa bondade por mim.

Um dia, pensei comigo que, sem dúvida, desejáveis ver-me trabalhar nas horas de tempo livre, ordinariamente consagradas à oração, e eu fiz correr minha agulhinha sem levantar os olhos; mas, como eu queria ser fiel e agir somente sob o olhar de Jesus, nunca alguém teve conhecimento disso.

Durante o tempo do meu postulantado, nossa Mestra mandava-me à tarde, às quatro horas e meia, arrancar a erva no jardim: isso me custava muito; tanto mais, minha Madre, que eu tinha quase certeza de encontrar-vos no caminho. Numa dessas circunstâncias, dissestes-me: "Mas enfim, esta criança não faz absolutamente nada! Que noviça é esta que todos os dias deve-se mandá-la passear?" E agíeis assim a meu respeito em todas as coisas.

Ó minha amada Madre, agradeço-vos ter-me dado uma educação tão forte e tão preciosa! Que graça inestimável! O que seria de mim se, como todas as pessoas do mundo acreditavam, eu tivesse sido *o brinquedo* da comunidade? Talvez, em lugar de ver Nosso Senhor em meus superiores, eu teria considerado somente a criatura e meu coração tão bem guardado no mundo ter-se-ia apegado humanamente no claustro. Felizmente, por vossa sabedoria maternal, fui preservada dessa verdadeira calamidade.

Sim, posso dizê-lo, não somente por tudo aquilo que acabo de escrever, mas por outras provações mais sensíveis ainda, o sofrimento estendeu-me os braços desde minha entrada e eu o abracei com amor. No solene exame que precedeu à minha profissão, declarei o que vim fazer no Carmelo: *Vim para salvar as almas e, sobretudo, a fim de rezar pelos sacerdotes.* Quando se quer atingir uma meta é preciso lançar mão dos meios; e já que Jesus me fez compreender que me daria almas pela cruz, quanto mais eu encontrava a cruz, mais aumentava minha atração pelo sofrimento. Durante cinco anos, este foi o meu caminho; mas somente eu o conhecia. Era precisamente a flor desconhecida que eu queria oferecer a Jesus, essa flor, cujo perfume se manifesta exclusivamente nas regiões do céu.

O próprio Rev.do Padre Pichon[19], dois meses após minha entrada, ficou surpreso com a ação de Deus sobre minha alma; ele considerava meu fervor totalmente infantil e muito doce o meu caminho. Minha entrevista com este bom Padre trouxe-me grandes consolações, sem a dificuldade extrema que eu experimentava ao desabafar. Todavia, fiz com ele uma confissão geral, depois da qual ele pronunciou estas palavras: "Na presença de Deus, da Santíssima Virgem, dos Anjos e de todos os Santos, declaro-lhe

---

19. Antigo missionário da Companhia de Jesus no Canadá.

que jamais você cometeu um só pecado mortal; agradeça ao Senhor o que Ele lhe fez gratuitamente, sem mérito algum de sua parte".

Sem mérito algum de minha parte! Ah! não me custava acreditar nisso! Eu sentia quanto era fraca, imperfeita: unicamente o reconhecimento enchia meu coração. O temor de haver manchado a veste branca de meu batismo fazia-me sofrer muito, e esta garantia, saída da boca de um diretor como o desejaria nossa Mãe Santa Teresa, isto é, "que unia a ciência à virtude", pareceu-me vir do próprio Deus. Disse-me ainda o bom Padre: "Minha filha, que Nosso Senhor seja sempre seu Superior e seu Mestre de noviças". E Ele o foi realmente, como também meu *Diretor*. Com isso, não quero dizer que minha alma esteve fechada a meus superiores; longe de esconder-lhes minhas disposições, sempre procurei ser para eles um livro aberto.

Nossa Mestra era uma verdadeira santa, o modelo acabado das primeiras carmelitas; não me separava dela um instante, pois ensinava-me a trabalhar. Sua bondade comigo não pode ser dita em palavras, eu a amava muito, apreciava-a e, todavia, minha alma não se expandia. Eu não sabia como expressar o que se passava em mim, faltavam-me os termos, minhas direções tornavam-se um suplício, um verdadeiro martírio.

Um dia, uma de nossas Madres mais antigas pareceu compreender o que se passava comigo. Disse-me na hora do recreio: "Minha filhinha, parece-me que você não deve ter grande coisa a dizer a seus superiores.

– Por que pensa isso, minha Madre?

– Porque sua alma é extremamente simples; mas quando você for perfeita, tornar-se-á mais simples ainda; quanto mais nos achegarmos de Deus, mais simples nos tornaremos".

A boa Madre tinha razão. No entanto, a extrema dificuldade que eu tinha para me abrir, ainda que viesse de minha simplicidade, era uma verdadeira provação. Hoje, sem deixar de ser simples, exprimo meus pensamentos com grande facilidade.

Disse que Jesus havia sido meu diretor. Mal o Reverendo Padre Pichon se encarregara de minha alma, seus superiores o enviaram para o Canadá. Reduzida a receber apenas uma carta por ano, a florzinha transplantada para a montanha do Carmelo voltou-se logo para o Diretor dos diretores e desabrochou à sombra de sua cruz, tendo por orvalho benfazejo suas lágrimas e seu sangue divino e por sol radioso sua Face adorável.

Até então, eu não havia sondado a profundeza dos tesouros encerrados na sagrada Face; foi minha Mãezinha Inez de Jesus que me fez conhecê--los. Como outrora ela havia precedido suas três irmãs no Carmelo, da mesma forma foi a primeira a penetrar os mistérios de amor escondidos na Face de nosso Esposo; mistérios que ela me revelou e eu compreendi... Compreendi melhor do que nunca em que consiste a verdadeira glória. Aquele cujo *reino não é deste mundo* (Jo 18,36) mostrou-me que a única realeza invejável consiste *em querer ser ignorada e ser contada como nada*[20], em pôr a alegria no desprezo de si mesma. Ah! como o de Jesus, eu queria que *meu rosto ficasse encoberto a todos os olhos, que na terra ninguém me reconhecesse* (Is 53,3): eu tinha sede de sofrer e de ser esquecida.

Como é misericordioso o caminho pelo qual o divino Mestre sempre me conduziu! Nunca me fez desejar alguma coisa sem satisfazer meu desejo depois; eis por que seu amargo cálice pareceu-me delicioso.

No fim de maio de 1888, após a bela festa da Profissão de Maria, nossa *irmã mais velha*, que Teresa, *a Benjamim*, teve o privilégio de coroar de rosas no dia de seus místicos esponsais, a provação veio visitar novamente minha família. Depois do primeiro ataque de paralisia, constatamos que nosso bom pai se cansava com muita facilidade. Durante nossa viagem a Roma, notei com frequência que seu rosto dava sinais de prostração e sofrimento. Porém, o que mais me impressionava eram seus admiráveis progressos no caminho da santidade; ele chegara a ser mestre por sua vivacidade natural e as coisas da terra pareciam apenas tocá-lo.

Permiti-me, minha Madre, que, a respeito disso, vos cite um pequeno exemplo de sua virtude:

Durante a peregrinação, os dias e as noites passadas no vagão pareciam intermináveis aos viajantes e nós os víamos realizar partidas de cartas que, por vezes, tornavam-se tempestuosas. Um dia, os jogadores pediram nosso concurso: nós recusamos, alegando nossa parca ciência nessa matéria; não achávamos, como eles, que o tempo era tão longo, mas até muito curto para contemplar à vontade os magníficos panoramas que se ofereciam aos nossos olhos. O descontentamento apareceu logo; tomando a palavra, nosso querido pai nos defendeu com calma, dando a entender que, estando em peregrinação, seria bom se a oração tivesse um espaço maior.

---

20. *Imitação de Cristo*, l. I, cap. 2,3.

Um dos jogadores, esquecido do respeito devido aos cabelos brancos, exclamou sem refletir: "Felizmente, os fariseus são raros!" Meu pai não respondeu uma palavra, pareceu até santamente jubiloso e, pouco depois, encontrou um meio de dar a mão àquele senhor, acompanhando esta bela ação de uma palavra amável, que podia fazer crer que a invectiva não fora percebida ou, ao menos, que estava esquecida.

Aliás, o costume de perdoar não datava daquele dia. Segundo o testemunho de minha mãe e de todos os que o conheceram, ele jamais pronunciou uma palavra contra a caridade.

Sua fé e sua generosidade eram igualmente a toda a prova. Eis os termos pelos quais ele anunciou minha partida a um de seus amigos: "Teresa, minha pequena rainha, entrou ontem para o Carmelo. Só Deus pode exigir tal sacrifício; mas Ele me ajuda tão poderosamente que, em vez de lágrimas, meu coração se enche de alegria".

A tão fiel servo convinha uma recompensa digna de suas virtudes e esta recompensa ele próprio a pediu a Deus. Ó minha Madre, lembrais-vos daquele dia, no parlatório, quando meu pai nos disse: "Minhas filhas, volto para Alençon, onde, na igreja de Nossa Senhora, recebi tantas graças, tais consolações, que fiz esta oração: 'Meu Deus, é demais! sim, sou demasiado feliz, assim não se pode entrar no céu, quero sofrer alguma coisa por vós! E eu me ofereci...'" O termo *vítima* morreu-lhe nos lábios, ele não ousou pronunciá-lo em nossa presença, mas nós o havíamos compreendido!

Minha Madre, conheceis todas as nossas amarguras! Não tenho necessidade de escrever os pormenores dessas dolorosas recordações...

Chegou, afinal, a época de minha tomada de hábito. Contra toda esperança, tendo meu pai se refeito de um segundo ataque de paralisia, o Sr. Bispo fixou a cerimônia para o dia 10 de janeiro. A espera havia sido longa; assim mesmo, que bela festa! Não faltou nada, nem mesmo *a neve*.

Já vos falei, minha Madre, de minha predileção pela neve? Ainda pequena, sua brancura me encantava. Donde me vinha esse gosto pela neve? Talvez, porque sendo eu uma florzinha de inverno, o primeiro enfeite com o qual meus olhos viram revestir-se a terra foi seu branco manto. Portanto, no dia de minha tomada de hábito, eu queria ver a natureza vestida de branco como eu. Na véspera, porém, a temperatura era tão agradável, que nos fazia pensar na primavera e eu já não contava com a neve. Na manhã do dia 10, não se via mudança! Abandonei então meu desejo de criança, e saí do mosteiro.

Meu pai me aguardava à porta da clausura. Vindo ao meu encontro, os olhos cheios de lágrimas e me apertando ao coração, exclamou: "Ah! eis minha pequena rainha!"[21] Depois, oferecendo-me seu braço, fizemos nossa solene entrada na capela. Para ele foi um triunfo, sua última festa na terra! Todas as suas ofertas estavam feitas[22], sua família pertencia a Deus. Mais tarde, quando Celina lhe confiou seu projeto de também abandonar o mundo pelo Carmelo, este pai incomparável teria respondido num transporte de alegria: "Vem, vamos juntos diante do Santíssimo Sacramento agradecer ao Senhor as graças concedidas à nossa família e a honra que me faz ao escolher suas esposas na minha casa. Sim, o bom Deus me faz uma grande honra ao pedir-me minhas filhas. Se possuísse alguma coisa melhor, apressar-me-ia a oferecer-lha". *Essa coisa melhor*, era ele mesmo! *E o Senhor o recebeu como uma hóstia de holocausto, provou-o como o ouro na fornalha e considerou-o digno de si* (Sb 3,6).

Terminada a cerimônia externa, quando tornei a entrar no mosteiro, o Sr. Bispo entoou o *Te Deum*. Um sacerdote lhe fez notar que este cântico só se cantava nas profissões, mas o início havia sido dado e o hino de ação de graças continuou até o fim. Não era, talvez, necessário que esta festa fosse completa, já que nela reuniam-se todas as outras?

No momento em que punha o pé na clausura, o olhar fugiu-me primeiramente para meu lindo Menino Jesus[23], que me sorria em meio às flores e luzes; depois, voltando-me para o pátio, *vi-o todo coberto de neve*! Que delicadeza de Jesus! Realizando os desejos de sua pequena noiva, deu-lhe a neve! Qual é o mortal, por mais poderoso que seja, que possa fazer cair do céu um único floco para encantar sua amada?

Todos se maravilharam, considerando esta neve um verdadeiro acontecimento, por causa da temperatura contrária; e depois, eu bem sei, muitas

---

21. Para honrar a Jesus, o divino Rei, de quem sua *pequena rainha* tornar-se-ia esposa, o Sr. Martin quis que naquele dia ela usasse um vestido de veludo branco, guarnecido de cisne e de ponto de Alençon. Seus grandes cachos de cabelos louros caíam-lhe sobre os ombros e lírios formavam seu adorno virginal.

22. Após entrar para a Ordem das Clarissas, Leônia teve de regressar para a casa paterna, pois sua delicada saúde não comportava os rigores de uma ordem demasiado austera. Mais tarde foi admitida na Visitação de Caen, onde pronunciou seus votos com o nome de Irmã Francisca Teresa.

23. Até a morte, ela foi encarregada de ornar esta estátua do Menino Jesus.

pessoas, sabedoras do meu desejo, falaram com frequência "do pequeno milagre" de minha tomada de hábito, parecendo-lhes que eu tinha um singular gosto de amar a neve... Tanto melhor! Isso faz ressaltar ainda mais a incompreensível condescendência do Esposo das virgens, daquele que preza os lírios brancos como a neve.

Depois da cerimônia, o Sr. Bispo entrou no mosteiro e me cumulou de toda espécie de gentilezas paternais: recordou-me, diante de todos os sacerdotes que o cercaram, minha visita a Bayeux, minha viagem a Roma, sem esquecer *os cabelos levantados*; depois, tomando minha cabeça em suas mãos, Sua Excelência acariciou-me por algum tempo. Nosso Senhor me fez pensar, então, com uma inefável doçura, as carícias que logo Ele me prodigalizaria diante da assembleia dos Santos, e esta consolação tornou-se em mim como um antegozo da glória celeste.

Disse acima que o dia 10 de janeiro foi o triunfo de meu bom pai; comparo esta festa à entrada de Jesus em Jerusalém, no Domingo de Ramos. Como a do divino Mestre, sua glória de um dia foi seguida de uma paixão dolorosa; e assim como os sofrimentos de Jesus traspassaram o coração de sua divina Mãe, da mesma forma nossos corações sentiram profundamente as feridas e as humilhações daquele que mais amávamos na terra...

Recordo-me que no mês de junho de 1888, quando temíamos que o acometesse uma paralisia cerebral, surpreendi nossa Mestra ao lhe dizer: "Sofro muito, minha Madre, sinto, porém, que posso sofrer mais ainda". Não pensava, então, na provação que nos esperava. Não sabia que, no dia 12 de fevereiro, um mês após minha tomada de hábito, nosso venerado pai beberia um cálice tão amargo!... Ah! eu não disse, então, que poderia sofrer mais! As palavras não podem expressar minhas angústias e as de minhas irmãs; nem tentarei descrevê-las...

Mais tarde, no céu, seremos felizes em nos entreter com esses dias sombrios do exílio. Sim, os três anos de martírio de meu pai pareciam-me os mais amáveis, os mais frutuosos de nossa vida, e não os trocaria pelos mais sublimes êxtases; e, diante desse inestimável tesouro, meu coração exclama em seu reconhecimento: *"Sede bendito, meu Deus, por esses anos de graças que nós passamos nos males"* (Sl 89,15).

Ó minha amada Madre, como foi preciosa e *doce* a nossa cruz tão *amarga*, pois de todos os nossos corações não saíram senão suspiros de amor e de reconhecimento! Já não caminhávamos; corríamos, voávamos nas sendas da perfeição.

Conforme uma fotografia de janeiro de 1888

Viver de amor não é na terra fixar sua tenda no alto do Tabor,
é subir o Calvário com Jesus, é olhar a Cruz como um tesouro!...

Leônia e Celina já não eram do mundo, embora vivessem no mundo. As cartas que nesta época elas nos escreviam estão repletas de uma resignação admirável. E que encontros eu tive com minha Celina no locutório! Ah! longe de nos separar, as grades do Carmelo uniam-nos com mais força: os mesmos pensamentos, os mesmos desejos, o mesmo amor a Jesus e às almas faziam-nos viver. Nunca uma palavra sobre as coisas da terra misturava-se às nossas conversas. Como outrora nos Buissonnets, já não lançávamos os nossos olhares, mas os nossos corações, para além dos espaços e do tempo; e para gozar logo de uma bem-aventurança eterna, escolhíamos na terra o sofrimento e o desprezo.

Meu desejo de sofrimentos estava realizado. Todavia, minha atração por eles não diminuía, de modo que minha alma participou logo das provações do coração. A aridez aumentou; já não encontrava consolo nem do céu, nem da terra; e no entanto, em meio às águas da tribulação, que tão ardentemente havia pedido, eu era a mais feliz das criaturas.

Assim decorreu o tempo de meus esponsais, mas ai!, demasiado longo para meus desejos. No fim do meu ano, dissestes-me, minha Madre, que não sonhasse em fazer a profissão, pois o Sr. Superior opunha-se formalmente; e tive de aguardar mais oito meses! A princípio, custou-me aceitar tal sacrifício; mas logo a luz divina penetrou em minha alma.

Então, meditei os *Fundamentos da Vida espiritual* do Pe. Surin. Um dia, durante a oração, compreendi que meu desejo tão vivo de pronunciar meus votos estava misturado a um grande amor-próprio; já que pertencia a Jesus, como *seu brinquedinho*, para consolá-lo e diverti-lo, eu não devia obrigá-lo a fazer a minha vontade em lugar da sua. Além disso, compreendi que no dia de suas núpcias uma noiva não poderia agradar a seu esposo se não estivesse munida de magníficos ornamentos, e eu ainda não havia trabalhado nesse sentido. Então, disse a Nosso Senhor: "Não vos peço mais fazer a profissão, esperarei quanto quiserdes; porém, não poderei permitir que, por minha culpa, seja adiada minha união convosco; portanto, porei todo o meu esforço em preparar-me um vestido enriquecido de diamantes e pedrarias de toda espécie: quando vos parecer suficientemente rico, estou certa de que nada vos impedirá de tomar-me por esposa".

Pus mãos à obra com renovado ardor. Depois que tomei o hábito, já havia recebido abundantes luzes sobre a perfeição religiosa, principalmente sobre o voto de pobreza. Durante meu postulantado, gostava de ter para meu uso coisas certas e de ter à mão o que me fosse necessário. Jesus suportava isso pacientemente, pois não gosta de mostrar às almas tudo ao mesmo tempo e, ordinariamente, doa sua luz pouco a pouco.

No início de minha vida espiritual, por volta dos treze ou quatorze anos, eu me perguntava o que haveria de ganhar mais tarde e, então, achava impossível compreender melhor a perfeição; bem depressa, porém, reconheci que quanto mais se avança nesse caminho, tanto mais distante nos parece o termo. Agora estou resignada a ver-me sempre imperfeita e até encontro minha alegria nisso.

Volto às lições que Nosso Senhor me deu. Uma noite, após as completas, procurei em vão o nosso candeeiro na estante destinada para isso; sendo tempo do grande silêncio, não podia reclamar. Com razão, refleti que uma irmã, crendo levar sua lamparina, levou a nossa. Mas seria necessário passar uma hora inteira às escuras, por causa desse engano? Justamente naquela noite em que pensava trabalhar bastante. Sem a luz interior da graça, certamente eu me teria lastimado; com ela, em vez de sentir o desgosto, fiquei feliz, pensando que a pobreza consiste em ver-se privada não só das coisas agradáveis, mas também das indispensáveis. E nas trevas exteriores vi minha alma iluminada por uma claridade divina.

Nessa época, fui tomada por um verdadeiro amor pelos objetos mais desagradáveis e os menos cômodos: assim, senti alegria quando levaram a bela moringuinha de nossa cela, para receber em troca uma moringa tosca, toda desbicada. Fazia também grandes esforços para não me desculpar, o que me era muito difícil, sobretudo com nossa Mestra, a quem eu não queria esconder nada.

Minha primeira vitória não foi grande, mas custou-me muito. Um jarrinho, deixado por não sei quem atrás de uma janela, apareceu quebrado. Julgando-me culpada por tê-lo deixado fora do lugar, nossa Mestra disse-me que, na próxima vez, prestasse mais atenção, pois faltara totalmente à ordem; enfim, mostrou-se descontente. Sem dizer nada, beijei o chão e prometi ter mais cuidado para o futuro. Devido à minha pouca virtude, essas pequenas práticas, já o disse, custavam-me muito, e eu devia pensar que no dia do Juízo tudo seria revelado.

Eu me esforçava sobretudo nos pequenos atos de virtude menos percebidos; assim, gostava de dobrar as capas esquecidas pelas irmãs e procurava mil ocasiões de prestar-lhes algum serviço. Também senti atração pela penitência, mas nada me era permitido para satisfazê-la. As únicas mortificações que me eram permitidas consistiam em mortificar meu amor-próprio; o que me fazia mais bem do que as penitências corporais.

Entretanto, a Santíssima Virgem ajudava-me a preparar a veste da minha alma; assim que ficou pronta, os obstáculos desapareceram e minha profissão foi fixada para o dia 8 de setembro de 1890. Tudo o que acabo de dizer em poucas palavras exigiria muitas páginas; estas páginas, porém, jamais serão lidas nesta terra...

CAPÍTULO VIII

As núpcias divinas. — Um retiro de graças. — A última lágrima de uma santa. — Morte de seu pai. — Como Nosso Senhor satisfaz todos os seus desejos. — Uma vítima de Amor.

Caminho da infância espiritual

> *Tu andas no esplendor que brota de seu rosto.*
> *Feliz és tu porque te foi revelado o que agrada a Deus*
> (Br 3).
> ... *"Antes de partir, meu Jesus perguntou-me para que país eu desejava viajar, que rota desejava seguir. Respondi-lhe que eu tinha um único desejo, o de atingir o cume da montanha do AMOR.*
> *E o Senhor me tomou pela mão..."*

Minha Madre, será necessário falar do retiro de minha profissão? Longe de ser consolada, a aridez mais absoluta, quase o abandono, foi só o que encontrei. Como sempre, Jesus dormia na minha barquinha. Ah! muito raramente vejo que as almas o deixam dormir tranquilamente dentro delas. O bom Mestre cansou-se de continuamente fazer gastos e progressos, por isso Ele se apressa a aproveitar o repouso que lhe ofereço. Sem dúvida, Ele não se acordará antes do meu grande retiro da eternidade; mas, em vez de me afligir, isso causa-me um imenso prazer.

Verdadeiramente, estou longe de ser santa; prova disso é a disposição em que me encontro. Deveria não me alegrar de minha aridez, mas atribuí-la à minha falta de fervor e de fidelidade, deveria afligir-me de muitas vezes dormir durante minhas orações e minhas ações de graças. Pois bem, eu não me aflijo! Penso que as criancinhas agradam mais a seus pais quando estão dormindo do que quando estão acordadas; penso que, para operar, os médicos adormecem seus doentes; enfim, penso que *o Senhor conhece a nossa fragilidade e sabe muito bem que somos somente pó* (Sl 102,14).

Meu retiro de profissão foi, pois, como todos os que o seguiram, um retiro de grande aridez. Todavia, quase sem me dar conta, foram-me claramente revelados os meios de agradar a Deus e de praticar a virtude. Mais de uma vez percebi que Jesus não quer fornecer-me provisões. A cada instante nutre-me com um alimento totalmente novo; encontro-o em mim, sem saber como chegou lá. Creio simplesmente que é o próprio Jesus, escondido no fundo desse pobre coraçãozinho, que age em mim de forma misteriosa e me inspira tudo o que Ele quer que eu faça no momento presente.

Algumas horas antes de minha profissão, recebi de Roma, por meio do venerado Irmão Simeão, a bênção do Santo Padre, bênção muito preciosa que, por certo, ajudou-me a atravessar a mais furiosa tempestade de toda a minha vida.

Durante a piedosa vigília, ordinariamente tão suave, que precede a aurora do grande dia, de improviso minha vocação apareceu-me como um sonho, uma quimera; o demônio – certamente era ele – inspirou-me a convicção de que a vida do Carmelo simplesmente não me convinha e que eu enganava os superiores ao continuar por um caminho para o qual não fora chamada. Minhas trevas tornaram-se tão espessas que me convenci de uma só coisa: não tendo vocação religiosa, devia voltar ao mundo.

Ah! como descrever minhas angústias! O que fazer em semelhante perplexidade? Decidi-me pelo melhor caminho: revelar, sem demora, esta tentação à nossa Mestra. Eu a fiz sair do coro e, cheia de confusão, expus-lhe o estado de minha alma. Felizmente, ela enxergou mais claro do que eu, contentou-se a rir de minha confiança e me acalmou completamente. Aliás, o ato de humildade que acabava de fazer afugentou o demônio como por encanto. O que ele queria era impedir-me de confessar minha perturbação e, com isso, prender-me em suas armadilhas. Mas eu também lhe dei minha resposta: para tornar minha humilhação mais completa, resolvi contar-lhe tudo, minha amada Madre, e sua consoladora resposta acabou por dissipar minhas dúvidas.

Desde a manhã do dia 8 de setembro, senti-me inundada por um rio de paz e, nessa paz *que excede todo o sentimento* (Fl 4,7), pronunciei os santos votos. Quantas graças implorei então! Sentia-me verdadeiramente "rainha", e aproveitei meu título para obter todos os favores do Rei em favor de seus súditos ingratos. Não esqueci ninguém: queria que nesse dia todos os pecadores da terra se convertessem, que o purgatório não retivesse mais cativo algum. Trazia também em meu coração esse bilhetinho contendo o que desejava para mim:

"Ó Jesus, meu divino Esposo, fazei que jamais se conspurque a veste do meu batismo! Levai-me deste mundo antes que manche a minha alma com a mais leve culpa voluntária. Que eu procure e encontre somente a Vós! Que as criaturas nada sejam para mim, e eu, nada para elas! Que nada desta terra perturbe minha paz.

Ó Jesus, peço-vos somente a paz!... A paz, e sobretudo o AMOR sem medidas, sem limites! Jesus! que por Vós eu morra mártir; dai-me o martírio do coração ou do corpo. Ah! dai-me os dois!

Fazei-me cumprir meus compromissos em toda a sua perfeição, que ninguém se ocupe comigo, que eu seja calcada aos pés, esquecida como um pequeno grão de areia. Ofereço-me a Vós, meu Amado, a fim de cumprirdes perfeitamente a vossa santa vontade em mim, sem que jamais as criaturas consigam pôr um obstáculo".

No fim desse belo dia, foi sem tristeza que depus, conforme o costume, minha coroa de rosas aos pés da Santíssima Virgem; sentia que o tempo não levaria minha felicidade...

A Natividade de Maria! Que bela festa para tornar-se a esposa de Jesus! Era a *pequena* Santíssima Virgem que apresentava sua *pequena* flor ao *pequeno* Jesus. Naquele dia, tudo era *pequeno*; excetuadas as graças que recebi, excetuadas a minha paz e minha alegria ao contemplar, à noite, as belas estrelas do firmamento, pensando que *logo* eu voaria para o céu para unir-me a meu divino Esposo, no gozo de uma alegria eterna.

No dia 24 realizou-se a cerimônia em que recebi o Véu. Essa festa foi totalmente *velada* de lágrimas. Papai estava muito doente para vir abençoar sua rainha; no último momento, o próprio Bispo Dom Hugonin, que devia presidir a cerimônia, foi impedido; enfim, por causa de mais algumas outras circunstâncias, tudo foi tristeza e amargura... Entretanto, a paz, sempre a paz, encontrava-se no fundo de meu cálice. Nesse dia, Jesus permitiu que não pudesse reter minhas lágrimas... e minhas lágrimas não foram compreendidas... Com efeito, eu havia suportado sem chorar provações muito maiores; mas então, eu era ajudada por uma graça poderosa;

enquanto que, no dia 24, Jesus abandonou-me às minhas próprias forças e eu mostrei quão pequenas elas eram.

Oito dias depois de minha tomada do Véu, minha prima, Joana Guérin, casou-se com o Dr. La Néele. No parlatório que seguiu, ouvindo-a falar das atenções que dispensava a seu marido, senti meu coração estremecer e refleti: "Não se dirá que uma mulher do mundo faz mais por seu esposo, simples mortal, do que eu pelo meu amado Jesus". E, cheia de um novo ardor, esforcei-me mais do que nunca para, em todas as minhas ações, agradar ao Esposo celeste, ao Rei dos reis, que se havia dignado elevar-me até sua aliança divina.

Tendo lido a carta com a qual comunicava o casamento, diverti-me em compor o seguinte convite que li às noviças, para fazê-las notar o que me havia causado tanta impressão: como a glória das uniões da terra é coisa pouca, comparada aos títulos de uma esposa de Jesus:

O Deus todo-poderoso, Criador do céu e da terra, soberano Dominador do mundo, e a Gloriosíssima Virgem Maria, Rainha da corte celeste, têm o prazer de vos anunciar o casamento espiritual de seu augusto Filho, Jesus, Rei dos reis e Senhor dos senhores, com Terezinha Martin, agora Dama e Princesa dos reinos que lhe foram dados em dote por seu divino Esposo: o Menino Jesus e sua Paixão, donde lhe vêm os títulos de nobreza: do Menino Jesus e da Sagrada Face.

Não tendo podido convidar-vos para a festa das Núpcias, celebrada na Montanha do Carmelo, a 8 de setembro de 1890 – em que somente a corte celeste foi admitida –, estais, porém, convidadas a comparecer ao Retorno das Núpcias, que será Amanhã, dia da Eternidade, em que Jesus, Filho de Deus, virá sobre as nuvens do céu, no esplendor de sua majestade, para julgar os vivos e os mortos.

Visto que a hora é ainda incerta, sois convidadas a estar preparadas e vigiar.

E agora, minha Madre, o que me resta dizer-vos? Foi em vossas mãos que me doei a Jesus, conheceis-me desde minha infância, tenho necessidade de vos escrever meus segredos? Ah! peço-vos que me perdoeis se abreviei demais a história de minha vida religiosa.

No ano que seguiu à minha profissão, recebi grandes graças durante o retiro geral. Em geral, os retiros pregados me são muito penosos; mas desta vez foi totalmente diferente. Eu me havia preparado por meio de uma fervorosa novena, pois pressentia que iria sofrer muito! Dizia-se que o Reverendo Padre sabia mais converter os pecadores do que fazer avançar as almas religiosas. Pois bem, serei, então, uma grande pecadora, porque o bom Deus serviu-se desse santo religioso para me consolar.

Na ocasião, eu passava por penas interiores de toda espécie, e me sentia incapaz de dizê-lo; mas minha alma expandiu-se perfeitamente, fui compreendida de maneira maravilhosa e mesmo adivinhada. O Padre lançou-me a plenas velas sobre as ondas da confiança e do amor, que me atraíram muito fortemente, mas sobre as quais não ousava avançar. Disse-me que minhas faltas não ofendiam o bom Deus: "Nesse momento, acrescentou, eu tomo o lugar dele diante de você; pois bem, asseguro-lhe, em nome dele, que Ele está muito contente com sua alma".

Oh! como fiquei feliz ao ouvir estas consoladoras palavras! Jamais ouvira que as faltas podiam não magoar o bom Deus. Essa declaração encheu-me de alegria; fez-me suportar pacientemente o exílio da vida. Na verdade, aliás, era o eco de meus pensamentos íntimos. Sim, há muito tempo eu acreditava que o Senhor é mais terno do que uma mãe, e eu conheço a fundo mais de um coração de mãe! Sei que uma mãe está sempre pronta a perdoar as pequenas indelicadezas involuntárias de seu filhinho. Quantas vezes não tive a doce experiência disso? Nenhuma repreensão ter-me-ia tocado tanto quanto uma única das carícias maternas; tenho uma natureza tal que o medo me faz recuar; com o amor, eu não só avanço, mas voo!

Dois meses após este abençoado retiro, nossa venerada Fundadora, Madre Genoveva de Santa Teresa, deixou nosso pequeno Carmelo para entrar no Carmelo do céu.

Porém, antes de falar-vos de minhas impressões no momento de sua morte, minha Madre, quero dizer-vos de minha felicidade por ter vivido muitos anos com uma santa, não digo inimitável, mas santificada por virtudes ocultas e ordinárias. Mais de uma vez recebi dela grandes consolações.

Um domingo, ao entrar na enfermaria para fazer-lhe minha visitinha, encontrei perto dela duas irmãs idosas. Retirei-me discretamente, quando ela me chamou e me disse com ar inspirado: "Espere, filhinha, tenho somente uma palavra a lhe dizer: sempre me pede um ramalhete espiritual; pois bem, hoje dou-lhe este: *Sirva a Deus com paz e alegria; lembre-se, minha filha, que nosso Deus é o Deus da paz'*".

Após agradecer-lhe singelamente, saí comovida até as lágrimas e convencida de que o bom Deus lhe havia revelado o estado de minha alma. Naquele dia, sentia-me extremamente provada, quase triste, numa noite tal que eu já não sabia se era amada por Deus. Mas, minha Madre querida, podeis muito bem imaginar a alegria e o consolo que tomaram o lugar dessas trevas...

No domingo seguinte, quis saber que revelação a Madre Genoveva havia tido; afirmou-me não ter recebido nenhuma. Então, minha admiração foi ainda maior, por ver em que grau eminente Jesus vivia em sua alma e a fazia agir e falar. Ah! esta santidade parece-me a mais verdadeira, a mais *santa*; é esta que eu desejo, pois não há nela ilusão alguma.

No dia em que esta venerada Madre deixou o exílio pela pátria, recebi uma graça toda particular. Era a primeira vez que eu assistia a uma morte; verdadeiramente esse espetáculo era encantador! Mas durante as duas horas que passei ao pé do leito da santa agonizante, uma espécie de insensibilidade apoderara-se de mim; fiquei penalizada, mas no instante do nascimento de nossa Madre para o céu, minha disposição interior mudou radicalmente. Num fechar de olhos, senti-me repleta de uma alegria e de um fervor indizíveis, como se, naquele instante, a alma bem-aventurada de nossa santa Madre me tivesse dado uma parte da felicidade que ela já gozava; pois estou persuadida que ela foi direto para o céu.

Durante sua vida, um dia eu lhe disse: "Minha Madre, não passareis pelo purgatório". – "Assim espero!", respondeu-me ela docemente. Por certo, o bom Deus não pôde iludir uma esperança acompanhada de tanta humildade; a prova disso são todos os favores que nós temos recebido.

Todas as irmãs se apressaram a solicitar uma relíquia de nossa Madre venerada; e vós sabeis, minha Madre, qual é a que eu conservo como preciosidade. Durante sua agonia, percebi uma lágrima que cintilava em sua pálpebra como um belo diamante. Esta lágrima, a última que ela derramou na terra, não caiu; vi-a brilhar ainda quando os restos mortais de nossa Madre foram expostos no coro. Então, tomando um paninho fino, ousei aproximar-me do esquife, sem ser vista por ninguém, e hoje tenho a felicidade de possuir a última lágrima de uma santa.

Não dou importância aos meus sonhos, que, aliás, raramente são simbólicos e me pergunto até como pode acontecer que, pensando o dia todo no bom Deus, dele eu me ocupe tão pouco durante o sono. Ordinariamente, sonho com bosques, flores, riachos e o mar. Quase sempre vejo lindas criancinhas, pego borboletas e passarinhos que nunca tive ocasião de ver. Se meus sonhos têm uma aparência poética, vedes, minha Madre, que estão longe de serem místicos.

Uma noite, após a morte de Madre Genoveva, tive um sonho mais consolador. Esta santa Madre oferecia a cada uma de nós alguma coisa que lhe havia pertencido. Quando chegou minha vez, pensei que nada haveria de receber, pois suas mãos estavam vazias. Olhando-me com ternura, ela me disse por três vezes: *"A você, deixo o meu coração"*.

Um mês após essa morte tão preciosa diante de Deus, isto é, nos últimos dias de 1891, grassou uma epidemia de influenza na comunidade; eu fui atacada levemente e permaneci de pé com outras duas irmãs. Não é possível imaginar o estado lamentável de nosso Carmelo nesses dias de luto. As mais doentes eram tratadas por aquelas que a custo se arrastavam; por toda a parte reinava a morte; assim que uma de nossas irmãs exalava o último suspiro, infelizmente, era forçoso abandoná-la imediatamente.

O dia dos meus 19 anos foi entristecido pela morte de nossa venerada Madre Vice-Priora; com a enfermeira, eu a assisti durante sua agonia. Essa morte foi logo seguida de outras duas. No momento, eu estava só na sacristia e me pergunto como pude atender a tudo.

Uma manhã, ao toque de despertar, tive o pressentimento de que Irmã Madalena já não estava. O dormitório[24] encontrava-se totalmente às escuras; ninguém saía das celas. Por isso, decidi entrar na cela de Irmã Madalena, que, de fato, vi vestida e deitada sobre seu enxergão na imobilidade da morte. Não tive o menor susto; correndo para a sacristia, trouxe rapidamente uma vela e coloquei-lhe na cabeça uma coroa de rosas. Em meio a tal abandono, sentia a mão do bom Deus e seu Coração que velava sobre nós! Sem esforço, nossas Irmãs passavam a uma vida melhor; uma expressão de alegria celeste espalhava-se sobre seu rosto e elas pareciam repousar num sono suave.

Durante as longas semanas de provações, tive o inefável consolo de receber diariamente a santa comunhão. Ah! que delícia! Por muito tempo, Jesus me acariciou, mais demoradamente do que suas fiéis esposas. Após a influenza, quis vir a mim por alguns meses ainda, sem que a comunidade participasse de minha felicidade. Não havia pedido esta exceção, mas estava muito feliz por unir-me diariamente ao meu Amado.

Eu era feliz também por poder tocar nos vasos sagrados e preparar os corporais destinados a receber a Jesus. Sentia que devia ser bem mais fervorosa, e me lembrava com frequência das palavras dirigidas a um santo diácono: *"Purificai-vos, vós que levais os vasos do Senhor"* (Is 52,11).

---

24. Corredor para o qual davam as portas das celas.

IRMÃ TERESA DO MENINO JESUS
preparando os vasos sagrados quando era sacristã
(Segundo uma fotografia de junho de 1890).

Que vos direi, minha Madre, de minhas ações de graças nesse tempo e sempre? Não há momentos em que seja menos consolada! E isso não é muito natural, já que não desejo receber a visita de Nosso Senhor para minha satisfação, mas unicamente para agradar a Ele?

Imagino minha alma como um terreno vazio, e peço à Santíssima Virgem que remova os entulhos, que são as imperfeições; a seguir, suplico-lhe que ela mesma erga uma vasta tenda digna do céu e a enfeite com seus próprios adornos. Depois convido todos os Anjos e Santos a vir entoar cânticos de amor. Parece-me, então, que Jesus se alegra por se ver tão magnificamente recebido; e eu tomo parte na sua alegria. Tudo isso não impede que as distrações e o sono venham importunar-me; assim, não é raro que eu tome a resolução de continuar minha ação de graças o dia todo, já que a fiz tão mal no coro.

Estais vendo, minha venerada Madre, que estou bem longe de andar pela senda do temor; sempre sei encontrar o meio de ser feliz e de tirar proveito de minhas misérias. O próprio Nosso Senhor estimula-me a perseverar nesse caminho. Uma vez, contra o meu costume, senti-me perturbada ao me dirigir à Mesa sagrada. Há vários dias, o número de hóstias não era suficiente e eu recebia somente uma parcela; naquela manhã, fiz a seguinte reflexão sem grande fundamento: "Se hoje eu receber só a metade de uma hóstia, devo crer que Jesus vem de má vontade ao meu coração!" Aproximo-me... Ó felicidade! Detendo-se, o sacerdote me dá *duas hóstias bem separadas*! Não é uma resposta atenciosa?

Minha Madre, quantos motivos tenho de ser agradecida a Deus! Faço-vos mais uma estranha confidência: O Senhor usou comigo a mesma misericórdia que teve com o rei Salomão. Todos os meus desejos foram satisfeitos; não somente meus desejos de perfeição, mas também aqueles cuja vaidade eu compreendia sem tê-la experimentado. Tendo sempre visto a Madre Inez de Jesus como meu ideal, eu queria assemelhar-me a ela em tudo. Vendo-a pintar encantadoras miniaturas e compor belas poesias, pensei que seria feliz se eu também soubesse pintar[25], pudesse exprimir

---

25. Tereza guardava esse desejo em seu coração desde sua infância. Eis o que nos confiou mais tarde: "Contava eu dez anos de idade, no dia em que meu pai anunciou à Celina que a faria receber aulas de pintura. Eu estava presente e senti inveja de sua felicidade. Papai me disse: 'E você, minha pequena rainha, também gostaria de aprender desenho?' – Eu ia responder um sim muito alegre, quando Maria fez notar que eu não tinha as mesmas disposições que Celina. Rapidamente ela ganhou a causa: e eu, pensando que isso era uma boa ocasião de oferecer um grande sacrifício a Jesus, fiquei em silêncio. Ambicionava aprender o desenho com tanto ardor que, ainda hoje, me pergunto como tive a força de me calar".

163

meus pensamentos em verso e fazer algum bem ao meu redor. Entretanto, não ousei pedir esses dons naturais e meus desejos permaneceram escondidos no fundo do meu coração.

Jesus, escondido neste pobre coraçãozinho, dignou-se mostrar-lhe mais uma vez o nada de tudo que é passageiro. Com grande admiração da comunidade consegui realizar vários trabalhos de pintura, compus poesias e me foi concedido fazer o bem a algumas almas. E como Salomão, *que refletindo sobre todas as obras de suas mãos e os trabalhos em que debalde tinha suado, viu em tudo vaidade e aflição de espírito e que nada havia de estável debaixo do sol* (Ecl 2,11), também eu reconheci, por experiência, que a única felicidade da terra consiste em se esconder e ficar num total desconhecimento das coisas criadas. Compreendi que, sem o amor, todas as obras são um nada, mesmo as mais estupendas. Em vez de me fazer mal, de prejudicar minha alma, os dons que o Senhor me prodigalizou levam-me para Ele, vejo que somente Ele é imutável, só Ele é capaz de satisfazer meus imensos desejos.

Mas já que estou no capítulo de meus desejos, acrescento que há alguns de outro gênero, que o divino Mestre quis satisfazer: desejos infantis, semelhantes àquele *da neve* na minha tomada de hábito. Minha Madre, sabeis bem de meu amor pelas flores. Fazendo-me prisioneira aos quinze anos, renunciei para sempre à felicidade de correr pelos campos esmaltados com os tesouros da primavera. Pois bem, nunca possuí tantas flores como depois de minha entrada para o Carmelo!

No mundo é costume que os noivos ofereçam belos ramalhetes às suas noivas; Jesus não se esqueceu disso... Para seu altar, recebi grande quantidade de malmequeres, de papoulas, de grandes margaridas, de todas as flores que mais me encantam. Uma florzinha de minhas amigas, chamada nigela dos trigais, foi a única que faltou no encontro; esperava muito revê-la, e eis que ultimamente ela veio me sorrir e mostrar-me que, tanto nas pequenas coisas como nas grandes, neste mundo o bom Deus doa o cêntuplo às almas que tudo deixaram por seu amor.

Um único desejo, o mais íntimo de todos e, por diversos motivos, o mais irrealizável, ainda me restava. Esse desejo era a entrada de Celina para o Carmelo de Lisieux. Contudo, já havia feito todo o sacrifício, confiando unicamente a Deus o futuro de minha querida irmã. Aceitava até que ela partisse para o fim do mundo, se fosse necessário, mas queria vê-la, como eu, esposa de Jesus. Ah! como sofri ao saber que no mundo ela estava exposta aos perigos que não chegara a conhecer! Posso dizer que minha afeição fraternal assemelhava-se antes a um amor de mãe, estava repleta de devotamento e de solicitude por sua alma.

Um certo dia, ela teve de acompanhar minha tia e minhas primas a uma reunião mundana. Não sei o motivo, mas senti mais aflição do que nunca e derramei uma torrente de lágrimas, suplicando a Nosso Senhor que *a impedisse de dançar...* O que de fato aconteceu! Não permitiu que sua pequena esposa pudesse dançar naquela noite – embora habitualmente ela não tivesse dificuldade de fazê-lo graciosamente.

Até seu par viu-se incapaz de o fazer, e não pôde fazer mais do que *caminhar muito religiosamente com sua dama*, com grande admiração de toda a assistência. Depois disso, o pobre senhor esquivou-se envergonhado e não apareceu um só instante no sarau. Esta aventura, única em seu gênero, fez-me crescer em confiança e me mostrou claramente que o sinal de Jesus estava posto também na fronte de minha querida irmã.

No dia 29 de julho de 1894, o Senhor chamou a si meu bom pai, tão provado e tão santo! Durante os dois anos que precederam à sua morte, tornando-se geral a paralisia, meu tio aceitou-o em sua casa, enchendo sua dolorosa velhice de todas as atenções. Mas devido ao seu estado de enfermidade e de impotência, durante sua doença, nós só o vimos uma vez no locutório. Ah! que entrevista! Na hora de nos despedirmos, quando lhe dizíamos adeus, ele elevou os olhos e, mostrando-nos o céu com o dedo, permaneceu assim por longo tempo, não tendo para traduzir seu pensamento senão uma palavra, que pronunciou com voz embargada pelas lágrimas: *"No céu!!!"*

Tendo esse belo céu se tornado sua partilha, estavam rompidos os laços que retinha no mundo *seu anjo consolador*. Mas os anjos não permanecem na terra: assim que cumpriram sua missão, retornam imediatamente para Deus, e é por isso que eles têm asas! Por isso, Celina procurou voar para o Carmelo. Infelizmente, as dificuldades pareciam intransponíveis. Um dia, em que seus negócios embaralhavam-se sempre mais, após a santa comunhão eu disse a Nosso Senhor: "Bem sabeis, meu Jesus, quanto desejei que a provação de meu pai lhe servisse de purgatório. Oh! bem gostaria de saber se meus votos são atendidos. Não vos peço que me faleis, peço-vos apenas um sinal: Conheceis a oposição de Irmã*** à entrada de Celina; pois bem, se doravante ela não puser mais obstáculos, isso será vossa resposta e, por este fato, dir-me-eis que meu pai foi diretamente para o céu".

Ó misericórdia infinita! condescendência inefável! O bom Deus, que mantém em sua mão o coração das criaturas e o inclina como quer, mudou as disposições dessa irmã. A primeira pessoa que encontrei imediatamente após a ação de graças foi ela mesma, que, chamando-me, com lágrimas nos olhos, falou-me da entrada de Celina, testemunhando-me tão somente o mais vivo desejo de vê-la entre nós! E logo o Sr. Bispo, cortando as últimas dificuldades, permitiu-vos, minha Madre, sem a menor hesitação, abrir nossas portas à pombinha exilada[26].

Agora, não me resta nenhum outro desejo, senão amar a Jesus até a loucura! Sim, somente o AMOR me atrai. Já não desejo o sofrimento nem a morte, embora ame a ambos! Pedi-os por muito tempo, como mensageiros de alegria... Possuí os sofrimentos e julguei tocar a margem do céu! Julguei, desde a mais tenra juventude, que a florzinha seria colhida na sua primavera; hoje, guia-me somente o abandono, não tenho outra bússola. Já não sei pedir nada com ardor, senão o perfeito cumprimento da vontade de Deus a respeito de minha alma. Posso repetir essas palavras do cântico de nosso Pai São João da Cruz:

No interior da adega
Do meu Amado, bebi; e quando saía,
Por toda aquela várzea
Já nada mais sabia
E o rebanho perdi que antes seguia.

Minha alma se há votado,
Com todos os recursos a meu serviço;
Já não guardo mais o gado,
Nem mais tenho outro ofício,
Que só amar é já meu serviço.

Ou ainda:

Depois que o experimentei,
O *amor* é tão potente em obras
Que de tudo tira proveito.
E do bem e do mal que há em mim
A minha alma transforma em si.

Ó minha Madre, como é doce a senda *do amor*! Sem dúvida, podemos cair, podemos cometer infidelidades; mas o amor, que sabe *tirar proveito*

---

26. Foi no dia 14 de setembro de 1894. *Celina* tornou-se *Irmã Genoveva de Santa Teresa*.

de tudo, bem depressa consome *tudo* o que possa desagradar a Jesus, não deixando no fundo do coração senão uma humilde e profunda paz.

Ah! quantas luzes tirei das obras de São João da Cruz! Na idade de dezessete ou dezoito anos, não tinha outro alimento. Mais tarde, porém, todos os autores espirituais deixaram-me na aridez; e ainda me encontro nesse estado. Se abro um livro, mesmo o mais belo, o mais tocante, meu coração se fecha imediatamente e leio sem poder compreender ou, se compreendo, meu espírito se afasta sem poder meditar.

Nessa impotência, a Sagrada Escritura e a Imitação vêm em meu socorro; nelas encontro um maná escondido, sólido e puro. Mas é sobretudo o Evangelho que me entretém durante minhas orações; lá encontro tudo quanto necessita a pobrezinha de minha alma. Ali descubro sempre novas luzes, sentidos ocultos e misteriosos. Compreendo e sei por experiência que *o Reino de Deus está dentro de nós* (Lc 17,21). Jesus não necessita de livros nem de doutores para instruir as almas; Ele, o Doutor dos doutores, ensina sem o ruído das palavras. Jamais o ouvi falar; mas sinto que Ele está em mim. A cada instante, Ele me guia e me inspira; exatamente no momento em que me são necessários, percebo clarões até então desconhecidos. Na maioria das vezes, não brilham a meus olhos nas horas de oração, mas no meio das ocupações do dia.

Às vezes, porém, vem me consolar uma palavra como esta – que eu encontrei esta tarde, no fim de uma oração passada na aridez: "Eis o Mestre que te dou, Ele te ensinará tudo o que deves fazer. Quero fazer-te ler no Livro da vida onde está contida *a ciência do amor*"[27]. A ciência do amor! Ah! esta palavra ressoa docemente ao ouvido de minha alma. E só desejo esta ciência! Por ela, *tendo dado todas as minhas riquezas*, como a esposa dos cânticos, *creio não ter dado nada* (Ct 8,7).

Ó minha Madre, após tantas graças, será que não posso cantar com o Salmista *como o Senhor é bom, porque a sua misericórdia é eterna?* (Sl 106,1). Parece-me que se todas as criaturas recebessem os mesmos favores, Deus não seria temido por ninguém, mas *amado* ao extremo; movida pelo amor, e jamais pelo temor, nunca alma alguma cometeria a menor falta voluntária.

Mas enfim, compreendo que todas as almas não podem ser semelhantes; é preciso que haja almas de diferentes famílias, para que honrem especialmente cada uma das perfeições divinas. A mim, deu-me sua MISE-

---

27. Nosso Senhor a Santa Margarida Maria.

RICÓRDIA INFINITA, e é através desse espelho inefável que contemplo seus outros atributos. Então, todos me aparecem radiantes de AMOR: *a própria justiça*, mais do que as outras talvez, parece-me revestida *de amor*. Que doce alegria pensar que o Senhor é justo, isto é, que Ele leva em conta as nossas fraquezas, que conhece perfeitamente a fragilidade de nossa natureza! Portanto, o que hei de temer? O bom Deus, infinitamente justo, que se dignou perdoar com tanta misericórdia as faltas do filho pródigo, não deverá ser *justo* também comigo, *que estou sempre com Ele?* (Lc 15,31).

Em 1895, recebi a graça de compreender mais do que nunca quanto Jesus deseja ser amado. Um dia, pensando nas almas que se oferecem como vítimas à justiça de Deus, desejosas de desviar os castigos reservados aos pecadores, atraindo-os para si, considerei esta oferenda grande e generosa, mas eu estava muito longe de me sentir disposta a fazê-lo.

"Ó meu divino Mestre, exclamei do fundo do meu coração, será possível que somente vossa justiça recebe hóstias de holocausto? *Vosso amor misericordioso* não terá também necessidade delas? Em todas as partes ele é desconhecido, rejeitado... os corações aos quais desejais prodigalizá-lo voltam-se para as criaturas, pedindo-lhes a felicidade com a miserável afeição de um instante, ao invés de se lançarem em vossos braços, aceitando a deliciosa fornalha do vosso amor infinito.

"Ó meu Deus, vosso amor menosprezado permanecerá encerrado em vosso Coração? Parece-me que se encontrásseis almas que se oferecem como VÍTIMAS DE HOLOCAUSTO AO VOSSO AMOR, Vós as consumiríeis rapidamente, que vos sentiríeis feliz por simplesmente não conter as chamas de infinita ternura que em Vós estão aprisionadas.

"Se vossa justiça se compraz em se descarregar, ela que se estende somente sobre a terra, quanto mais vosso amor misericordioso deseja abrasar as almas, pois *vossa misericórdia eleva-se até os céus!* (Sl 35,6). Ó Jesus, que eu seja essa feliz vítima, consumi vossa pequena hóstia pelo fogo do divino amor".

Minha Madre, sabeis que chamas, ou melhor, que oceanos de graças vieram inundar minha alma logo depois de minha doação a 9 de junho de 1895. Ah! depois desse dia, o amor me penetra e me envolve; a cada instante, esse amor misericordioso me renova, purifica-me e não deixa em meu coração vestígio algum de pecado. Não, não posso temer o purgatório; sei que nem sequer mereço entrar com as almas santas nesse lugar de expiação; mas sei também que o fogo do amor é mais santificante do que o do purgatório, sei que Jesus não pode querer para nós sofrimentos inúteis e que Ele não me inspiraria os desejos que me abrasam, se não quisesse satisfazê-los.

CAPÍTULO IX

O Elevador divino. – Primeiros convites para as alegrias eternas. – A noite escura. – A mesa dos pecadores. – Como este anjo terrestre entende a caridade fraterna. – Uma grande vitória. – Um soldado desertor.

Caminho da infância espiritual confiança

> *Serei teu guia constante. Transportar-te-ei em triunfo para as alturas do céu* (Is 58).
> "Sou demasiado pequena para galgar a difícil escada da perfeição... O ascensor que deve elevar-me até o céu, são vossos braços, ó Jesus!".

Minha amada Madre, eu pensava ter terminado, e me pedis mais detalhes sobre minha vida religiosa. Não quero replicar, mas não posso deixar de rir ao tomar novamente a pena para narrar-vos coisas que sabeis tão bem quanto eu; de qualquer forma, obedeço. Não quero indagar que utilidade pode ter esse manuscrito; confesso-vos, minha Madre, que se o queimar sob os meus olhos, antes mesmo de lê-lo, não ficaria penalizada.

Era convicção geral na comunidade que me havíeis mimado de todas as formas depois de minha entrada para o Carmelo; mas *o homem só vê o que está patente, Deus olha para o fundo do coração* (1Sm 16,7). Ó minha Madre, agradeço-vos mais uma vez por não me ter poupado; Jesus sabia muito bem que sua florzinha precisava da água vivificante da humilhação, ela era demasiado fraca para lançar raízes sem esse meio, e é a vós que ela deve esse inestimável benefício.

Depois de alguns meses, o divino Mestre mudou completamente sua maneira de fazer brotar sua florzinha: sem dúvida, julgando-a suficientemente regada, agora Ele a deixou crescer sob os raios escaldantes de um sol resplandecente. Não quer para ela senão seu sorriso, que Ele lhe dá ainda através de vós, minha venerada Madre. Longe de secar sua florzinha, esse doce sol a faz crescer maravilhosamente. No fundo de seu cálice, ela conserva as preciosas gotas de orvalho que recebeu outrora; e essas gotas recordar-lhe-ão sempre que ela é pequena e fraca. Todas as criaturas podiam inclinar-se para ela, admirá-la, cumulando-a de seus louvores; isso jamais acrescentaria uma sombra de vã satisfação à verdadeira alegria que ela saboreia em seu coração, vendo-se aos olhos de Deus um pobre ser desprezível, nada mais.

Dizendo que todos os louvores deixaram-me insensível, não entendo falar, minha Madre, do amor e da confiança que me manifestáveis; ao contrário, sou-vos imensamente grata por isso, mas sinto que nada tenho a temer, pois hoje posso gozá-los à vontade, atribuindo ao Senhor aquilo que de bom Ele quis pôr em mim. Se lhe apraz fazer-me parecer melhor do que sou, isso nada tem a ver comigo, Ele é livre de agir como lhe parece.

Meu Deus, como são diferentes os caminhos pelos quais conduzis as almas! Na vida dos Santos, vemos que muitos deles não deixaram vestígio algum após sua morte: nem a menor recordação, ou um escrito sequer. Existem outros, ao contrário, como nossa Madre Santa Teresa, que enriqueceram a Igreja com sua doutrina sublime, não temendo *revelar os segredos do Rei* (Tb 12,7), a fim de que Ele seja mais conhecido, mais amado pelas almas. Entre esses dois caminhos, qual será mais do agrado de Nosso Senhor? A meu ver, ambos são igualmente agradáveis.

Todos os amados de Deus seguiram o movimento do Espírito Santo, que fez o profeta escrever: *"Dizei ao justo que ele será bem-sucedido"* (Is 3,10). Sim, tudo está bem quando se busca somente a vontade divina; é por isso que eu, pobre florzinha, obedeço a Jesus procurando agradar àquela que junto a mim o representa nesta terra.

Minha Madre, não ignorais que meu desejo sempre foi de me tornar santa; mas ai!, sempre constatei que, ao me comparar aos santos, existe entre mim e eles a mesma diferença que vemos na natureza de uma montanha, cujo cume se perde nas nuvens, e o obscuro grão de areia pisado pelos pés dos transeuntes.

Em vez de desanimar, eu disse para mim mesma: "O bom Deus não saberia inspirar desejos irrealizáveis; posso, pois, apesar de minha pequenez, aspirar à santidade. Sendo-me impossível crescer, devo suportar-me assim como sou, com minhas inúmeras imperfeições; mas buscarei o meio de ir para o céu por uma viazinha direta, muito curta, uma veredazinha inteiramente nova. Vivemos num século de invenções: agora já não se sofre muito para subir os degraus de uma escada; entre os ricos, um ascensor os substitui com vantagem. De minha parte, gostaria de encontrar um ascensor que me levasse até Jesus, pois sou demasiado pequena para galgar a difícil escada da perfeição".

Então, pedi aos Livros Sagrados que me indicassem o *ascensor*, objeto de meu desejo; e li as seguintes palavras da própria boca da Sabedoria eterna: "*Todo o que é simples, venha a mim*" (Pr 9,4). Por isso, aproximei-me de Deus, na absoluta certeza de que havia descoberto o que procurava; querendo ainda saber o que Ele faria a este *pequenino*, continuei minhas buscas, e eis o que encontrei: "*Como a mãe acaricia o seu filhinho, assim eu vos consolarei, ao meu seio sereis levados e acariciados sobre meus joelhos*" (Is 66,12-13).

Ah! jamais palavras tão ternas, tão melodiosas, vieram alegrar a minha alma. O ascensor que deve elevar-me até o céu *são vossos braços, ó Jesus!* Para isso não é necessário que eu cresça; ao contrário, é preciso que eu seja pequena e o seja sempre mais. Ó meu Deus, fostes além do que eu esperava e quero agora cantar vossas misericórdias! *Vós me instruístes desde a minha mocidade, e até agora publiquei as vossas maravilhas: continuarei a publicá-las até a mais avançada idade* (Sl 70,17-18).

Qual será para mim essa idade avançada? Parece-me que isso poderia muito bem ser agora, como mais tarde; aos olhos do Senhor, dois mil anos não são mais do que vinte anos... que um dia apenas!

Contudo, minha Madre, não imagineis que vossa filha deseja abandonar-vos, considerando maior graça morrer ao raiar da aurora do que no fim do dia; o que ela considera, o que ela deseja, é unicamente agradar a Jesus. Agora que Ele parece aproximar-se dela para atraí-la para a morada da glória, seu coração se rejubila; ela sabe, já compreendeu, que o bom Deus não precisa de ninguém, muito menos dela, para fazer o bem sobre a terra.

Entretanto, minha venerada Madre, conheço vossa vontade: é vosso desejo que eu cumpra junto a vós uma missão muito suave e fácil[28];

---

28. Ela exercia o cargo de Mestra das noviças, sem ter o título.

missão esta que hei de terminá-la do alto dos céus. Dissestes-me, como Jesus a São Pedro: *"Apascenta as minhas ovelhas"*; e eu fiquei admirada, vi-me demasiado pequena, supliquei-vos que apascentásseis pessoalmente as vossas ovelhinhas e me concedêsseis a graça de guardar-me entre elas. Respondendo um pouco ao meu justo desejo, nomeastes-me antes a primeira companheira delas do que sua mestra, ordenando-me, porém, que as conduzisse a pastagens férteis e sombreadas, indicando-lhes as ervas melhores e mais fortificantes, apresentando-lhes com cuidado as flores fascinantes mas venenosas, que elas jamais deviam tocar a não ser para esmagá-las sob seus pés.

Minha Madre, como pode ter acontecido que minha juventude, minha inexperiência, não vos tenha causado medo? Como não receastes que eu deixasse desgarrar-se as suas ovelhinhas? Agindo assim, talvez tenhais vos recordado que, muitas vezes, o Senhor se compraz em dar a sabedoria aos mais pequenos.

Na terra, são muito raras as almas que não medem o poder divino por suas ideias acanhadas! O mundo vê perfeitamente que, cá embaixo, há exceções por toda a parte; só o bom Deus não tem o direito de fazê-las. Sei que há muito tempo existe entre os homens o costume de medir a experiência pelo número dos anos; afinal, em sua adolescência, o santo rei Davi cantava ao Senhor: *"Eu sou pequeno e desprezível"*. Porém, no mesmo salmo não temeu dizer: *"Tornei-me mais prudente do que os anciãos, porque busquei vossa vontade. Vossa palavra é a lâmpada que aclara os meus passos; estou pronto a cumprir vossos decretos e nada me perturba"* (Sl 118, 141, 100, 105, 106).

Nem mesmo julgastes imprudente, minha Madre, dizer-me um dia que o divino Mestre iluminava minha alma e me dava a experiência dos anos. Sou agora demasiado pequena para ter vaidade, sou também demasiado pequena para saber burilar belas frases, a fim de fazer acreditar que tenho grande humildade; prefiro aceitar simplesmente *que o Todo-poderoso fez em mim grandes coisas* (Lc 1,49); e a maior delas é ter-me mostrado minha pequena, minha incapacidade de praticar o bem.

Minha alma conheceu muitas espécies de provações, tenho sofrido muito no mundo! Na minha infância, eu sofria com tristeza; hoje, saboreio todos os frutos amargos na paz e na alegria. Para não rir ao ler estas páginas, confesso-o, é preciso que minha querida Madre me conheça intimamente; pois haverá uma alma aparentemente menos provada do que a minha? Ah! se o martírio que sofro há um ano aparecesse aos olhos, quanta admiração despertaria! Já que o desejais, vou tentar descrevê-lo; mas não existem termos para explicar essas coisas, e eu estarei sempre aquém da realidade.

Durante a quaresma do ano passado, sentia-me mais forte do que nunca, e essa força, apesar do jejum que eu observava com todo o rigor, manteve-se perfeitamente até a Páscoa; quando na Sexta-feira Santa, às primeiras horas, Jesus deu-me a esperança de que logo iria juntar-me a Ele em seu belo céu. Oh! quanto me é doce esta lembrança!

Na quinta-feira à tarde, não tendo obtido a permissão de permanecer junto ao túmulo a noite toda, à meia noite recolhi-me à minha cela. Mal acabava de pousar minha cabeça no travesseiro, quando senti uma golfada de sangue subir borbulhante até os meus lábios; acreditei que ia morrer e meu coração partiu-se de alegria. Todavia, já que acabara de apagar nossa lamparina, mortifiquei minha curiosidade até o amanhecer e adormeci pacificamente.

Às cinco horas, tendo sido dado o sinal de acordar, pensei logo que eu tinha alguma coisa de feliz a esperar; e, aproximando-me da janela, constatei-o logo ao encontrar nosso lenço cheio de sangue. Ó minha Madre, que esperança! Estava intimamente persuadida de que, nesse dia, aniversário de sua morte, meu Amado me fazia ouvir seu primeiro chamado, como um doce e distante murmúrio que me anunciava sua feliz chegada.

Foi com grande fervor que eu assisti à Prima, e depois ao Capítulo. Eu tinha pressa de estar aos joelhos de minha Madre para confiar-lhe minha felicidade. Não sentia a menor fadiga, o menor sofrimento, e até obtive com facilidade a permissão de terminar minha quaresma como a havia começado; e, nesse dia da Sexta-feira Santa, participei de todas as austeridades do Carmelo, sem alívio algum. Ah! jamais essas austeridades me pareceram tão deliciosas... a esperança de ir para o céu extasiava-me de alegria.

Na tarde desse dia feliz, entrei radiante de alegria em nossa cela, e estava por me adormecer tranquila, quando, como na noite precedente, o bom Jesus me deu o mesmo sinal de minha próxima entrada para a vida eterna. Senti, então, uma fé tão viva, tão clara, que o pensamento do céu era toda a minha felicidade; não conseguia crer que houvesse ímpios sem fé e me persuadi de que, certamente, eles falavam contra sua convicção ao negar a existência de outro mundo.

Nos tão luminosos dias do tempo pascal, Jesus me fez compreender que, realmente, existem almas sem fé e sem esperança que, pelo abuso das graças, perdem tais preciosos tesouros, fonte das únicas alegrias puras e verdadeiras. Permitiu que minha alma fosse invadida pelas mais espessas trevas e que o pensamento do céu, tão doce para mim desde minha tenra infância, se tornasse um objeto de combate e de tormento. A duração desta prova não se havia limitado a alguns dias, a algumas semanas; há meses que a sofro e ainda aguardo a hora de minha libertação. Quereria poder expressar o que sinto, mas é impossível! É preciso ter viajado sob esse sombrio túnel para compreender sua escuridão. Todavia, tentarei explicá-lo por meio de uma comparação.

Suponho que nasci num país cercado de espessos nevoeiros; nunca tive ocasião de contemplar o risonho aspecto da natureza, jamais vi um único raio de sol. É verdade que desde minha infância ouço falar dessas maravilhas, sei que o país em que habito não é minha pátria, que há outro pelo qual devo suspirar incessantemente. Esta não é uma história inventada por um habitante dos nevoeiros, é uma verdade indiscutível, pois o Rei da pátria onde brilha o sol veio passar trinta e três anos no país das trevas... Infelizmente, *as trevas simplesmente não compreenderam que Ele era a luz do mundo* (Jo 1,5).

Mas vossa filha, Senhor, compreendeu vossa divina luz!... e vos pede perdão por seus irmãos incrédulos, aceita comer o pão da dor pelo tempo que quiserdes e, por vosso amor, ela se senta a esta mesa de amargura, onde os pobres pecadores tomam seu alimento, e da qual ela não quer se levantar antes de receber o sinal de vossa mão. Mas, em seu próprio nome e em nome de seus irmãos culpados, não poderia ela dizer: *"Tende piedade de nós, Senhor, porque somos pobres pecadores?"* (Lc 18,13). Despedi-nos justificados! Que todos aqueles que ainda não foram alumiados pela chama da fé possam, enfim, vê-la luzir! Ó meu Deus, se for preciso que a mesa por eles profanada seja purificada por uma alma que vos ama, eis-me pronta a comer sozinha o pão das lágrimas, até que vos agradar introduzir-me em vosso reino luminoso; a única graça que vos peço é a de jamais vos ofender.

Dizia-vos, minha Madre, que desde a minha infância foi-me dada a certeza de um dia ir para longe de meu país tenebroso; eu acreditava não somente por ouvir dizer, mas também sentia no meu coração através de aspirações íntimas e profundas, que outra terra, uma região mais bela, um dia servir-me-ia de morada estável, como o gênio de Cristóvão Colombo fazia-lhe pressentir um novo mundo. Acontece que, de repente, os nevoeiros que me envolvem penetram em minha alma e me cercam de tal modo que já não me é possível encontrar em mim mesma a imagem tão doce de minha pátria... Tudo desapareceu!...

Meu tormento redobra quando desejo repousar meu coração, cansado pelas trevas que o cercam, com a lembrança reconfortadora de uma vida futura e eterna. Parece-me que, tomando emprestada a voz dos ímpios, as trevas me dizem em tom de escárnio: "Tu sonhas a luz, uma pátria embalsamada, tu sonhas a posse eterna do Criador dessas maravilhas, tu esperas um dia sair dos nevoeiros onde definhas; anda!... anda!... alegra-te com a morte que não te dará aquilo que esperas, mas uma noite mais profunda ainda, a noite do nada!..."

Amada Madre, esta imagem de minha provação é tão imperfeita quanto o esboço comparado ao modelo; contudo, não quero escrever mais, tenho medo de blasfemar... receio até ter falado demais. Ah! que Deus me perdoe! Ele sabe perfeitamente que, embora não tenha o gozo da fé, esforço-me por praticar as obras. Tenho feito mais atos de fé no espaço de um ano do que durante toda a minha vida.

A cada nova ocasião de combate, quando meu inimigo quer me provocar, comportei-me como um valente: sabendo que é uma covardia bater-se em duelo, volto as costas a meu adversário sem jamais olhá-lo de frente; depois corro para meu Jesus, digo-lhe que estou pronta a derramar todo o meu sangue para confessar a existência do céu, digo-lhe que sou afortunada por não poder contemplar na terra, com os olhos da alma, esse belo céu que me espera, a fim de que Ele se digne abri-lo por toda a eternidade aos pobres incrédulos.

Igualmente, apesar desta provação me roubar todo o sentimento de gozo, ainda posso exclamar: "*Senhor, encheis-me de alegria por tudo o que fazeis*" (Sl 92,5). Pois haverá maior alegria do que sofrer por vosso amor? Quanto mais intenso é o sofrimento, menos aparece aos olhos das criaturas, mais vos faz sorrir, ó meu Deus! E se por acaso, o que é impossível, Vós mesmo o ignorardes, seria ainda feliz em sofrer, na esperança de que, por minhas lágrimas, eu poderia impedir ou reparar talvez uma só falta cometida contra a fé.

Minha venerada Madre, sem dúvida sereis levada a crer que exagero um pouco ao descrever a noite de minha alma. Se julgardes pelas poesias que compus neste ano, devo parecer-vos inundada de consolações, uma criança para a qual o véu da fé quase se rasgou! E no entanto... já não é um véu, mas um muro que se ergue até o céu e cobre o firmamento estrelado!

Quando canto a felicidade do céu, a eterna posse de Deus, não sinto nisso alegria alguma; porque canto simplesmente *o que quero crer*. Por vezes, não nego, um raiozinho de sol aclara minha noite sombria, então a provação cessa por um instante; mas logo a lembrança desse raio, ao invés de me consolar, torna minhas trevas mais espessas ainda.

Ah! nunca senti tão bem que o Senhor é doce e misericordioso; Ele não me enviou esta pesada cruz senão no momento em que eu podia carregá-la; creio que outrora ela me teria lançado no desânimo. Hoje, produz unicamente uma coisa: tira-me todo o sentimento de satisfação natural na minha aspiração pela pátria celeste.

Minha Madre, parece-me que no presente nada me impede de alçar voo, pois não tenho grandes desejos, a não ser o de amar até morrer de amor... Estou livre, não tenho receio algum, nem sequer aquele que mais temia, isto é, o medo de ter uma doença prolongada e, por conseguinte, ser um peso para a comunidade. Se isso agradar ao bom Deus, de boa vontade, consinto que se prolongue por anos a minha vida de sofrimentos do corpo e da alma. Oh! não, não receio uma longa vida, não recuso o combate: *"Bendito seja o Senhor Deus meu, que adestra as minhas mãos para a batalha e os meus dedos para a guerra; Ele é meu escudo, e é nele que espero"* (Sl 143,1-2). Jamais pedi a Deus para morrer jovem; é verdade, nunca deixei de pensar que assim seria, mas sem nada fazer para o conseguir.

Muitas vezes, o Senhor se contenta com o desejo de trabalharmos para sua glória; e minha Madre sabe que meus desejos foram bem grandes! Sabe também que Jesus me apresentou mais de um cálice amargo em relação às minhas irmãs queridas! Ah! o santo rei Davi tinha razão quando cantava: *"Quão bom e quão suave é viverem os irmãos em união!"* (Sl 132,1). Mas é no meio de sacrifícios que esta união deve realizar-se sobre a terra. Não, não é para viver com minhas irmãs que vim para este Carmelo bendito; ao contrário, pressentia perfeitamente que devia ser objeto de grandes sofrimentos quando não se quer conceder nada à natureza.

Como se pode afirmar que é mais perfeito afastar-se dos seus? Alguém já censurou irmãos por lutarem no mesmo campo de batalha, ou por voarem juntos para colher a palma do martírio? Sem dúvida, julgou-se, com razão, que se encorajavam mutuamente e também que o martírio de cada um se torna o martírio de todos.

O mesmo acontece na vida religiosa, que os teólogos chamam de martírio. Doando-se a Deus, o coração não perde sua ternura natural: ao contrário, ela cresce, tornando-se mais pura e mais divina. É com essa ternura que eu a amo, minha Madre, e que amo minhas irmãs. Sim, sou feliz por combater em família pela glória do Rei dos céus; mas também estou pronta a voar para outro campo de batalha, se o General divino me expressar o desejo: não será necessária uma ordem; um simples olhar, um sinal será suficiente.

Depois que entrei para o Carmelo, sempre pensei que se Jesus não me levar depressa para o céu, a sorte da pombinha de Noé seria a minha: que um dia, abrindo a janela da arca, o Senhor mandar-me-ia voar bem longe para as margens infiéis, levando comigo um ramo de oliveira. Esse pensamento me fez planar muito acima de toda a criação.

Compreendendo que, mesmo no Carmelo, poderia haver separações, tratei logo de habitar no céu; aceitei não somente exilar-me entre um povo desconhecido, mas também, o que me foi bem mais amargo, aceitei o exílio de minhas irmãs. De fato, duas delas foram pedidas pelo Carmelo de Saigon, que nosso mosteiro havia fundado. Durante algum tempo, tratou-se seriamente de enviá-las para lá. Ah! eu não teria dito uma palavra para retê-las, embora o pensamento das provações que as esperavam me cortasse o coração...

Agora, tudo passou, os superiores puseram insuperáveis obstáculos à sua partida; só umedeci meus lábios nesse cálice apenas o tempo de provar-lhe o amargor.

Permiti que vos diga, minha Madre, porque, se a Santíssima Virgem me curar, desejo responder ao apelo de nossas Madres de Hanói. Parece que para viver em Carmelos estrangeiros é necessário ter uma vocação muito especial; muitas almas julgam-se chamadas a isso, quando de fato não o são. Dissestes-me, minha Madre, que eu tinha essa vocação e que unicamente minha saúde era obstáculo para o seu cumprimento.

Ah! se um dia me fosse necessário abandonar meu berço religioso, certamente isso não seria sem sacrifício. Não tenho um coração insensível; e é exatamente porque ele é capaz de sofrer muito que desejo dar a Jesus todas as espécies de sofrimentos que ele poderia suportar. Aqui, sou amada por vós, minha Madre, e por todas as minhas irmãs, e esta afeição me é muito doce: eis por que sonho um mosteiro onde eu seria desconhecida, onde poderia sofrer o exílio do coração. Não, não é com a intenção de prestar serviço ao Carmelo de Hanói que eu abandonaria tudo o que aqui me é caro, pois conheço bem minha incapacidade; meu único objetivo seria o de cumprir a vontade do bom Deus e de sacrificar-me por Ele de acordo com seus desejos. Sinto que não teria decepção alguma, pois quando se espera um sofrimento puro fica-se até surpreso com a menor alegria; e depois, o próprio sofrimento torna-se a maior das alegrias quando o procuramos como um tesouro precioso.

No momento, porém, estou doente e não hei de sarar. Apesar disso, continuo em paz; há muito tempo que não me pertenço, estou totalmente livre para Jesus... Portanto, Ele tem a liberdade de fazer de mim tudo o que lhe agradar. Ele me deu a atração por um exílio completo, perguntou-me se eu consentia em beber esse cálice: imediatamente eu o aceitei, mas Ele, retirando sua mão, mostrou-me que estava satisfeito com minha aceitação apenas.

Meu Deus, de quantas inquietações nos livramos ao fazer o voto de obediência! Como são felizes as simples religiosas! Tendo por única bússola a vontade dos superiores, elas têm sempre a certeza de estar no caminho certo, sem receio de errar, mesmo quando lhes parece certo que os superiores se enganam. Mas quando deixamos de consultar a bússola infalível, imediatamente a alma se perde por caminhos áridos, onde logo lhe falta a água da graça.

Minha Madre, vós sois a bússola que Jesus me deu a fim de me guiar com segurança para a praia eterna. Como me é doce fixar em vós o meu olhar e, a seguir, cumprir a vontade do Senhor! Permitindo que eu sofresse tentações contra a fé, o divino Mestre aumentou muito em meu coração *o espírito de fé*, mostrando-o vivo em vossa alma e me comunicando suas benditas ordens por vosso intermédio. Sei perfeitamente que minha Madre me torna doce e leve o fardo da obediência; mas, segundo meus sentimentos íntimos, parece-me que eu não mudaria de conduta e que minha ternura filial não sofreria diminuição alguma, se vos parecesse oportuno tratar-me com severidade, porque veria a vontade de meu Deus manifestando-se de outra forma para o maior proveito de minha alma.

Entre as graças sem número que recebi durante este ano, creio não ser a menor aquela que me fez compreender, em toda a sua extensão, o preceito da caridade. Eu nunca havia aprofundado esta palavra de Nosso Senhor: *"O segundo mandamento é semelhante ao primeiro: Amarás o teu próximo como a ti mesmo"* (Mt 22,39). Esforcei-me sobretudo por amar a Deus e, amando-o, descobri o segredo dessas outras palavras: *"Nem todo o que me diz: Senhor, Senhor, entrará no Reino dos Céus, mas o que faz a vontade de meu Pai"* (Mt 7,21).

CELA DE Ir. TERESA DO MENINO JESUS

O CLAUSTRO DO CARMELO DE LISIEUX
Um lado do mosteiro
A janela marcada com uma cruz é a da cela que Santa Teresa do Menino Jesus ocupou durante os últimos anos de sua vida. – À esquerda, a sala do Capítulo onde ela fez a Profissão.

Jesus me fez conhecer esta vontade quando, na Última Ceia, deu seu *mandamento novo*, dizendo aos Apóstolos que *se amassem uns aos outros assim como Ele os havia amado* (Jo 13,34)... Pus-me, então, a investigar como Jesus havia amado seus discípulos; percebi que não foi por suas qualidades naturais, constatei que eram ignorantes e cheios de pensamentos terrestres. E no entanto, Ele os chama seus amigos, seus irmãos, deseja vê-los a seu lado no reino de seu Pai e, para abrir-lhes esse reino, quer morrer na cruz, dizendo *que não há maior amor do que dar a própria vida por seus amigos* (Jo 15,13).

Meditando tais palavras divinas, descobri quanto meu amor por minhas irmãs era imperfeito, compreendi que nunca as amara como Jesus as ama. Ah! agora percebo que a verdadeira caridade consiste em suportar todos os defeitos do próximo, em não se admirar de suas fraquezas, em edificar-se com suas menores virtudes; sobretudo, porém, aprendi que a caridade simplesmente não deve ficar fechada no fundo do coração, pois *ninguém acende uma candeia para pô-la debaixo de um alqueire, mas a põe sobre um candeeiro para que os que entram vejam a sua luz* (Lc 11,33). Vejo, minha Madre, que essa candeia representa a caridade, que deve aclarar, alegrar, não somente os que me são mais caros, mas *todos aqueles que estão na casa*.

Quando o Senhor, na antiga lei, ordenava a seu povo que amasse seu próximo como a si mesmo, Ele ainda não havia descido à terra; e sabendo perfeitamente até que ponto alguém ama sua própria pessoa, não podia pedir mais. Mas quando Jesus dá a seus Apóstolos um mandamento novo, que Ele chama de *seu mandamento* (Jo 15,12), já não exige somente amar seu próximo como a si mesmo, mas como Ele próprio o ama, como o amará até a consumação dos séculos.

Ó meu Jesus! Sei que não ordenais nada que seja impossível; conheceis melhor do que eu minha fraqueza e minha imperfeição, sabeis muito bem que jamais chegarei a amar minhas irmãs como Vós as amais, se Vós mesmo, ó meu divino Salvador, não as armardes também *em mim*. É porque quereis conceder-me esta graça que nos destes um mandamento *novo*. Oh! quanto o amo, pois dá-me a certeza de que vossa vontade é *amar em mim* todos aqueles que me mandais amar.

Sim, eu o sinto, quando sou caridosa é somente Jesus que age em mim; quanto mais unida a Ele eu estiver, tanto mais amo todas as minhas irmãs. Se eu quiser aumentar esse amor em meu coração e vir que o demônio procura pôr diante de meus olhos os defeitos desta ou daquela irmã, apresso-me a procurar suas virtudes, seus bons desejos; digo-me que, se a vi cair uma vez, ela pode ter alcançado um grande número de vitórias, que esconde por humildade; e que, até aquilo que me parece uma falta, talvez, por causa da intenção, pode muito bem ser um ato de virtude. Tenho muito pouca dificuldade de me persuadir disso, pois fiz essa experiência em mim mesma.

Um dia, durante o recreio, a porteira veio pedir uma irmã para um trabalho que ela indicou. Eu tinha um grande desejo, quase infantil, de ocupar-me nesse trabalho, e a escolha caiu exatamente sobre mim. Ponho-me logo a executar nosso trabalho, mas muito lentamente, para que minha vizinha terminasse o seu antes de mim, pois sabia que a satisfaria se a deixasse tomar meu lugar. Ao ver-me tão pouco apressada, a irmã que pedira ajuda disse rindo: "Ah! bem vi que você não poria esta pérola na sua coroa, anda muito devagar!" E toda a comunidade julgou que procedia assim por natureza.

Não saberia dizer quanto este pequeno incidente me foi proveitoso e me tornou indulgente. Impede-me ainda de sentir vaidade quando sou julgada favoravelmente, pois me digo: Já que meus pequenos atos de virtude podem ser tomados como imperfeições, assim também as pessoas podem enganar-se chamando de virtude o que é apenas imperfeição; e então, repito com São Paulo: "*Quanto a mim, pouco me importa ser julgado por Vós ou por um juízo humano, pois nem sequer a mim mesmo eu julgo. Quem me julga é o Senhor*" (1Cor 4,3-4).

Sim, é o Senhor, é Jesus quem me julga! E para que seu julgamento me seja favorável, ou melhor, para simplesmente não ser julgada, pois Ele disse "*Não julgueis e não sereis julgados*" (Lc 6,37), quero ter sempre pensamentos caridosos.

Volto ao santo Evangelho no qual o Senhor me explica tão claramente em que consiste seu *mandamento novo*.

Leio em São Mateus: "*Ouvistes que foi dito: Amarás o teu próximo e aborrecerás o teu inimigo. Eu, porém, vos digo: Amai os vossos inimigos e orai pelos que vos perseguem*" (Mt 5,43-44).

No Carmelo, sem dúvida, não temos inimigos, mas enfim, há simpatias; sentimo-nos atraídas por tal irmã, quando, ao contrário, esta outra far-nos-á dar uma grande volta para evitar o encontro. Pois bem, Jesus me diz que é preciso amar esta irmã, que é preciso rezar por ela, mesmo quando sua conduta levar-me-ia a crer que não me ama: *"Se vós amais os que vos amam, que mérito tereis? Porque os pecadores também amam quem os ama"* (Lc 6,32). E não basta amar, é preciso dar provas desse amor. Ficamos naturalmente felizes ao causar prazer a um amigo; mas isso não é caridade, porque também os pecadores agem assim.

Eis o que mais Jesus me ensina: *"Dá a todo aquele que te pede; e ao que leva o que é teu, não lho tornes a pedir"* (Lc 6,30). Dar a todas aquelas que pedem é menos agradável do que oferecer a si mesma pelo movimento do próprio coração; e mais, quando nos pedem com boas maneiras, dar não custa muito; mas se, por infelicidade, usam-se palavras menos delicadas, imediatamente a alma se revolta se não estiver consolidada na caridade perfeita; e então encontra mil razões para recusar o que lhe é pedido dessa forma, e é somente após convencer a solicitante de sua indelicadeza que lhe dá *por favor* o que ela pede, ou que lhe presta um pequeno serviço que toma vinte vezes menos tempo do que empregou para fazer valer os obstáculos e os direitos imaginários.

Se é difícil dar a quem pede, muito mais custoso é *deixar que nos tomem o que nos pertence, sem pedi-lo de volta*. Ó minha Madre, digo que é difícil, mas deveria antes dizer que isso *parece* difícil; porque *o jugo do Senhor é suave e leve o seu peso* (Mt 11,30): quando o aceitamos, sentimos logo sua doçura.

Dizia eu: Jesus não quer que eu reclame o que me pertence; isso deveria parecer-me muito natural, pois realmente nada me pertence como próprio: portanto, eu deveria alegrar-me quando me acontece sentir a pobreza, da qual fiz um voto solene. Outrora, pensava não ter apego a coisa alguma; mas depois que percebi o sentido luminoso das palavras de Jesus, vejo que sou muito imperfeita. Por exemplo, se, pondo-me ao trabalho de pintura, encontrar os pincéis em desordem, se uma régua ou um canivete desapareceu, a paciência está bem perto de me abandonar e devo tomá-la com ambas as mãos para não reclamar azedamente os objetos que me faltam.

Com certeza, posso pedir essas coisas indispensáveis, mas fazendo-o com humildade não falto ao mandamento de Jesus; ao contrário, procedo como os pobres que estendem a mão para receber o necessário; se forem repelidos, não se surpreendem com isso, afinal ninguém lhe deve nada. Ah! quanta paz inunda a alma quando ela se eleva acima dos sentimentos da natureza! Não, não há gozo comparável àquele que desfruta o verdadeiro pobre de espírito! Se pede com desapego uma coisa necessária, e se essa coisa não só lhe for recusada, mas ainda procuram tomar-lhe aquilo que tem, segue o conselho de Nosso Senhor: *"Ao que quer chamar-te a juízo para te tirar a túnica, cede-lhe também a capa"* (Mt 5,40).

Ceder a capa é, creio eu, renunciar aos últimos direitos, considerar-se a serva, a escrava das outras. Uma vez largada a capa, é mais fácil andar, correr, e, por isso, Jesus acrescenta: *"Se alguém te forçar a dar mil passos, vai com ele mais dois mil"* (Mt 5,41). Não, não me basta dar a quem me pede, devo antecipar-me aos desejos, mostrar-me muito obrigada, muito honrada por prestar serviço; e se alguém toma um objeto de meu uso, parecer feliz por me ver *livre* dele.

Contudo, nem sempre posso observar ao pé da letra as palavras do Evangelho; há ocasiões em que me vejo constrangida a recusar alguma coisa a minhas irmãs. Mas quando a caridade lançou profundas raízes na alma, ela se mostra exteriormente: existem maneiras tão delicadas de recusar aquilo que não se pode dar, que a recusa causa tanto prazer quanto o dom. É verdade que nos custa menos recorrer àquelas que se mostram sempre dispostas a atender; todavia, sob o pretexto de que seria forçada a recusar, não devo afastar-me das irmãs que a cada passo pedem favores, pois o divino Mestre disse: *"Não voltes as costas ao que deseja que lhe emprestes"* (Mt 5,42).

Também não devo ser pródiga a fim de aparecer ou na esperança de que em outra ocasião a irmã que atendo retribuir-me-á o serviço, pois Nosso Senhor diz ainda: *"Se emprestardes àqueles de quem esperais receber, que mérito tendes? Os pecadores também emprestam aos pecadores para receberem em troca. Vós, porém, fazei o bem e emprestai sem nada esperar, e vossa recompensa será grande"* (Lc 6,34-35).

Oh! sim, a recompensa é grande, mesmo na terra. Neste caminho, só o primeiro passo nos custa. *Emprestar sem nada esperar*, isso parece duro; preferimos *dar*, porque uma coisa dada já não nos pertence. Quando alguém nos diz com ar de convicção: "Minha irmã, preciso de sua ajuda por algumas horas; mas fique tranquila, já tenho a permissão de nossa Madre e retribuir-lhe-ei o tempo que me dá". Na verdade, porém, sabemos perfeitamente que jamais nos será restituído o tempo emprestado, preferiríamos dizer: "Dou-lhe esse tempo de graça!" Esta resposta agradaria ao amor-próprio, porque dar é um ato mais generoso do que emprestar e, além disso, fazemos a irmã perceber que não contamos com seus serviços.

Ah! como os ensinamentos divinos são contrários aos sentimentos da natureza! Sem o socorro da graça seria impossível não só pô-los em prática, mas também compreendê-los.

Minha querida Madre, sinto que, mais do que nunca, expressei-me muito mal. Não sei que interesse poderíeis encontrar na leitura desses pensamentos confusos. Enfim, não escrevi para fazer uma obra literária; se vos contrariei com esta espécie de discurso sobre a caridade, vereis ao menos que vossa filha deu provas de boa vontade.

Mas ai!, confesso que estou longe de praticar o que compreendo; todavia, só o desejo de fazê-lo me tranquiliza. Se me acontecer de cair em alguma falta contrária à caridade, levanto-me imediatamente; há alguns meses, nem sequer encontro meio de combater, posso dizer com nosso Pai São João da Cruz: "*Minha morada está inteiramente pacificada*" e atribuo esta paz íntima a um certo combate do qual saí vitoriosa. A partir desse triunfo, a milícia celeste vem em meu socorro, não podendo aceitar ver-me ferida depois de ter lutado valorosamente na ocasião que passo a descrever.

Outrora, uma santa religiosa da comunidade tinha a capacidade de desagradar-me em tudo; o demônio meteu-se nisso, porque, certamente, era ele que me fazia ver nela tantos aspectos desagradáveis; inclusive, não querendo ceder à natural antipatia que provava, refleti que a caridade não devia consistir apenas nos sentimentos, mas devia mostrar-se nas obras. Então, esforcei-me por fazer a essa irmã o que faria à pessoa que mais amo. Cada vez que a encontrava, eu orava ao bom Deus por ela, oferecendo-lhe todas as suas virtudes e seu méritos. Sentia perfeitamente que isso alegrava muito o meu Jesus; porque não existe artista que não goste de receber louvores por suas obras, e o divino Artista das almas é feliz quando não nos atemos ao exterior, mas, penetrando até o santuário íntimo que Ele escolheu por morada, admiramos-lhe a beleza.

Não me contentei em rezar muito por aquela que me dava tantas ocasiões de combate, tentei prestar-lhe todos os serviços possíveis; e quando tinha a tentação de responder-lhe indelicadamente, apressava-me a sorrir-lhe amavelmente, procurando desviar a conversa, pois na Imitação é dito que é melhor deixares a cada um seu parecer do que entrares em discussões[29].

Muitas vezes também, quando o demônio me tentava violentamente e me sugeria meios de esquivar-me sem que ela percebesse minha luta interior, eu fugia *como um soldado desertor*... E sobre isso, um dia ela me disse com ar radiante: "Minha Irmã Teresa do Menino Jesus, quereria dizer-me em confiança o que a atrai para mim? Não a encontro sem que me lance o

---

29. *Imitação de Cristo*, livro 3, cap. 44,1.

mais gracioso sorriso". Ah! o que me atrai é Jesus oculto no fundo de sua alma, Jesus que torna doce o que há de mais amargo!

Há pouco, minha Madre, eu vos falava do meu último expediente para evitar uma derrota nos combates da vida, isto é, a *deserção*. Este meio pouco honroso, empreguei-o durante o meu noviciado, e sempre com ótimos resultados. Vou contar-vos um admirável exemplo, que, creio, vos fará sorrir:

Há muitos dias, estáveis sofrendo de uma bronquite que nos causava graves inquietações. Uma manhã, entrei suavemente em vossa enfermaria para entregar-lhe as chaves da grade de comunhão, pois eu era sacristã. No fundo, eu me alegrava por ter a ocasião de ver-vos, mas tratava de não deixar transparecer a alegria. Ora, uma de vossas filhas, animada de um zelo santo, pensou que eu ia acordar-vos e, discretamente, quis tomar-me as chaves. Respondi-lhe, com a maior delicadeza, que tanto quanto ela eu desejava não fazer barulho, e acrescentei que era *meu direito* entregar as chaves. Hoje compreendo que teria sido mais perfeito simplesmente ceder, mas, na época, não compreendia e quis entrar atrás dela, contra a sua vontade.

Mas logo chegou o que receávamos, o ruído que fazíamos fez-vos abrir os olhos e tudo caiu sobre mim! A irmã à qual eu havia resistido apressou-se a pronunciar todo um discurso, que, em resumo, foi este: "Quem fez todo esse ruído foi Irmã Teresa do Menino Jesus". Eu ardia no desejo de me defender; mas felizmente veio-me uma ideia luminosa; refleti que, certamente, se começasse a me justificar perderia a paz de minha alma; e mais, que minha virtude era demasiado fraca para me deixar acusar sem nada responder e, portanto, eu devia escolher a fuga como última tábua de salvação. Dito e feito. Saí... mas meu coração batia tão forte que me foi impossível ir longe e sentei-me na escada para gozar em paz os frutos de minha vitória. Sem dúvida, esta foi uma bravura singular; todavia, creio que é melhor não se expor ao combate quando a derrota é certa.

Mas ai! quando penso no tempo do meu noviciado, constato minha imperfeição! Hoje rio de certas coisas. Ah! como o Senhor foi bom por ter elevado minha alma, por ter-me dado asas! Todas as armadilhas dos caçadores poderiam atemorizar-me, porque *debalde se lança a rede diante dos olhos dos que têm asas* (Pr 1,17).

Mais tarde, pode ser que o tempo presente me pareça ainda cheio de misérias, mas já não me admiro de nada, nem me aflijo ao ver a própria fraqueza; ao contrário, é nela que me glorio e, cada dia, espero descobrir em mim novas imperfeições. Confesso que as luzes sobre o meu nada trazem-me mais proveito do que as luzes sobre a fé.

Lembrando-me de que *a caridade cobre a multidão dos pecados* (Pr 10,12), bebo nesta fonte inesgotável aberta pelo Senhor em seu sagrado Evangelho. Escavo nas profundezas de suas adoráveis palavras e exclamo com Davi: *"Corri pelo caminho dos teus mandamentos, quando dilataste o meu coração"* (Sl 118,32). E só a caridade pode dilatar meu coração... Ó Jesus, depois que esta suave chama o consome, entre delícias corro no caminho de *vosso mandamento novo*, e ali quero correr até o bem-aventurado dia em que, unindo-me ao cortejo virginal, hei de seguir-vos pelos espaços infinitos, cantando o vosso *Cântico novo* que deve ser o do AMOR.

CAPÍTULO X

Novas luzes sobre a caridade. – O pincelzinho: sua maneira de pintar nas almas. – Uma oração atendida. – As migalhas que caem da mesa das crianças. – O bom samaritano. – Dez minutos mais preciosos do que mil anos de alegrias terrenas.

Caminho da infância espiritual paz – simplicidade

> *Tua força está no repouso e na confiança* (Is 30).
> *O menor tornar-se-á o chefe de um povo numeroso* (Is 60).
> "*Senhor, vedes que sou muito pequena para alimentar vossos filhos; se, por meu intermédio, quiserdes dar a cada um o que lhe convém, enchei minha pequena mão e, sem deixar vossos braços, sem mesmo voltar a cabeça, distribuirei vossos tesouros à alma que vier pedir-me seu alimento*".

Minha amada Madre, o bom Deus me deu a graça de penetrar nas misteriosas profundezas da caridade. Se eu puder expressar o que compreendo, ouviríeis uma melodia do céu. Mas ai! eu só sei balbuciar como criança e se as palavras de Jesus não me servirem de apoio, serei tentada a pedir-vos a licença de me calar.

Quando o divino Mestre me diz que *dê a quem me pede e deixe que me tomem o que me pertence, sem pedi-lo de volta*, creio que Ele não fala somente dos bens da terra, mas compreende também os bens do céu. Aliás, nem uns nem outros me pertencem: renunciei aos primeiros pelo voto de pobreza e os segundos igualmente me foram emprestados por Deus, que os pode retirar de mim, sem que tenha o direito de me queixar.

Mas os pensamentos profundos e pessoais, as chamas da inteligência e do coração formam uma riqueza à qual nos apegamos como a um bem próprio, que ninguém tem o direito de tocar. Por exemplo: se comunico a uma de minhas irmãs alguma luz recebida na oração e que, a seguir, ela a comunica como sendo coisa sua, creio que ela se apropria de um bem meu; ou se, durante o recreio, dissermos baixinho à nossa vizinha uma palavra espirituosa e que venha a calhar e ela, sem dar a conhecer a fonte, repete essa palavra em voz alta, isso aparece como um roubo à proprietária, que não reclama, embora tenha vontade de fazê-lo, e aproveitará a primeira ocasião de finamente fazer saber que alguém se apoderou de seus pensamentos.

Minha Madre, não poderia explicar-vos tão bem estes tristes sentimentos da natureza se não os tivesse provado em mim mesma; e gostaria de embalar-me na doce ilusão que eles só aconteceram comigo, se não me tivésseis ordenado de ouvir as tentações das noviças. Aprendi muito ao cumprir a missão que me confiastes; sobretudo, vi-me forçada a praticar o que eu ensinava.

Sim, agora posso dizê-lo, recebi a graça de não estar mais apegada aos bens do espírito e do coração do que aos bens da terra. Se me acontecer de pensar e de dizer uma coisa que agrade às minhas irmãs, acho muito natural que se apropriem daquilo como de um bem próprio, porque o pensamento pertence ao Espírito Santo e não a mim, pois São Paulo garante *que, sem este Espírito de amor, não podemos dar a Deus o nome de Pai* (Rm 8,15). Portanto, Ele é livre para servir-se de mim a fim de dar um bom pensamento a uma alma e eu não posso crer que este pensamento seja propriedade minha.

Aliás, não desprezo os belos pensamentos que unem a Deus, mas, há muito tempo, compreendi que é preciso precaver-se de depositar neles demasiada confiança. As mais sublimes inspirações nada são sem as obras. É verdade que outras almas podem tirar muito proveito delas, se testemunharem ao Senhor um humilde reconhecimento do fato de lhes permitir participar do banquete de um de seus privilegiados: mas se este se deleitar em sua riqueza e fizer a oração do fariseu, torna-se semelhante a uma pessoa que morre de fome diante de uma mesa bem servida, enquanto todos os seus convidados tomam uma abundante alimentação e, talvez, lancem um olhar de inveja sobre o possuidor de tantos tesouros.

Ah! como é bem verdade que unicamente o bom Deus conhece o fundo dos corações, assim muito curtos são os pensamentos das criaturas!

Quando veem uma alma cujas luzes ultrapassam as suas, daí concluem que o divino Mestre as ama menos. E mais, quando perdeu Ele o direito de servir-se de uma de suas criaturas para dispensar a seus filhos o alimento que lhes é necessário? No tempo do Faraó, o Senhor tinha ainda esse direito, pois, na Escritura, disse a esse monarca: *"Com este fim te conservei, para mostrar em ti o meu poder, e para que meu nome seja celebrado em toda a terra"* (Ex 9,16). Séculos e séculos se passaram depois que o Todo-poderoso pronunciou essas palavras, e seu modo de agir não se alterou: entre os povos, sempre escolheu instrumentos para realizar sua obra nas almas.

Se a tela pintada por um artista pudesse pensar e falar, certamente não se queixaria de ser continuamente tocada e retocada pelo pincel; nem sequer invejaria a sorte desse objeto, sabendo que absolutamente não é ao pincel, mas ao artista, que o dirige, que ela deve a beleza de que está revestida. Por outro lado, o pincel não poderia gloriar-se da obra-prima executada através dele, pois ele não ignoraria que os artistas jamais ficam embaraçados, que eles se divertem com as dificuldades e, por puro prazer, às vezes, servem-se dos instrumentos mais fracos, dos mais defeituosos.

Minha venerada Madre, sou um pincelzinho que Jesus escolheu para pintar sua imagem nas almas que me confiastes. Um artista tem vários pincéis, mas precisa de ao menos dois: o primeiro, que é o mais útil, dá as tintas gerais e cobre completamente a tela em muito pouco tempo; o outro, menor, serve para os detalhes. Minha Madre, vós sois quem me representa o precioso pincel que a mão de Jesus segura com amor quando Ele quer fazer um grande trabalho na alma de vossas filhas; e eu, sou o pequenininho que Ele se digna empregar depois para os menores detalhes.

A primeira vez que o divino Mestre escolheu seu pincelzinho foi por volta de 8 de dezembro de 1892; recordo-me sempre dessa época como de um tempo de graças.

Ao entrar para o Carmelo, encontrei no noviciado uma companheira oito anos mais idosa do que eu; e, apesar da diferença dos anos, estabeleceu-se entre nós uma verdadeira intimidade. Para fomentar esta afeição, que parecia mesmo dar frutos de virtude, foram-nos permitidas pequenas conversas espirituais: minha querida companheira encantava-me por sua inocência, seu caráter expansivo e aberto; por outro lado, admirava-me de ver como sua afeição por vós, minha Madre, era diferente da minha; ademais, muitas coisas em sua conduta pareciam-me lamentáveis. Contudo, já então o bom Deus me fazia compreender que existem almas que sua misericórdia não se cansa de esperar, às quais só gradualmente comunica suas luzes; por isso, eu me cuidava para não adiantar sua hora.

Um dia, refletindo sobre essa permissão que nos fora dada de conversarmos juntas, como se diz em nossas santas constituições: "a fim de afervorar-nos sempre mais no amor ao nosso Esposo", notei com pesar que nossas conversas já não atingiam o objetivo desejado; e vi claramente que era preciso falar, ou então acabar com tais conversas, mais parecidas com aquelas de pessoas do mundo. Pedi a Nosso Senhor que pusesse em meus lábios palavras brandas e convincentes, ou melhor, que Ele mesmo falasse por mim. Ele atendeu minha oração, pois *os que volvem para Ele seu olhar serão iluminados* (Sl 33,6) *e das trevas surgiu uma luz para os retos corações* (Sl 111,4). A primeira palavra, aplico-a a mim mesma, e a segunda, à minha companheira, que verdadeiramente tinha um coração reto.

Na hora marcada para nossa entrevista, minha pobre irmãzinha desde logo percebeu que eu já não era a mesma, enrubesceu e sentou-se ao meu lado; então, achegando-a ao meu coração, disse-lhe com ternura tudo o que pensava dela. Mostrei-lhe em que consiste o verdadeiro amor, provei-lhe que amando sua Madre Priora com uma afeição natural era a ela mesma que amava e confiei-lhe os sacrifícios que fora obrigada a fazer sobre isso no começo de minha vida religiosa; logo suas lágrimas misturaram-se às minhas. Com muita humildade admitiu seus erros, reconheceu que eu dizia a verdade e prometeu-me iniciar uma vida nova, pedindo-me o favor de sempre adverti-la de suas faltas. A partir desse momento, nossa afeição tornou-se totalmente espiritual; realizou-se em nós o oráculo do Espírito Santo: "*O irmão que é ajudado pelo irmão é como uma cidade fortificada*" (Pr 18,19).

Minha Madre, sabeis perfeitamente que eu não tinha a intenção de afastar minha companheira de sua madre, queria somente dizer-lhe que o verdadeiro amor nutre-se de sacrifícios e que, quanto mais a alma recusa satisfações naturais, mais sua ternura torna-se forte e desinteressada.

Lembro-me também que, sendo postulante, por vezes, eu tinha tão violentas tentações de satisfazer meu gosto e encontrar algumas gotas de alegria, que eu era obrigada a passar rapidamente diante de vossa cela e agarrar-me ao corrimão da escada para não voltar atrás. Vinha-me à mente grande quantidade de licenças a pedir, mil pretextos para dar razão à minha natureza e contentá-la. Hoje, sou feliz por ter-me privado disso desde o início de minha vida religiosa! Já gozo da recompensa prometida àqueles que combatem corajosamente. Não sinto mais a necessidade de me recusar os consolos do coração, porque meu coração descansa em Deus... Porque amou unicamente a Deus, pouco a pouco ele cresceu, até dar àqueles que lhe são caros uma ternura incomparavelmente mais profunda do que se estivesse concentrado numa afeição egoísta e infrutuosa.

Falei-vos, minha amada Madre, do primeiro trabalho que Jesus e vós vos dignastes executar com o pincelzinho; mas foi somente o prelúdio do magistral quadro que, a seguir, lhe foi confiado.

Assim que penetrei no santuário das almas, no primeiro piscar de olhos, percebi que a tarefa ultrapassava minhas forças; e colocando-me logo nos braços do bom Deus, imitei os nenezinhos que, sob a influência do medo, escondem sua cabeça loira no ombro de seu pai, e eu disse: "Senhor, vedes que sou muito pequena para alimentar vossas filhas; se, por meu intermédio, quiserdes dar a cada uma o que lhe convém, enchei minha mãozinha, e, sem largar os vossos braços, sem mesmo voltar a cabeça, distribuirei vossos tesouros à alma que vier pedir-me seu alimento. Quando ela encontrar o alimento que lhe agrada, saberei que não é a mim, mas a Vós que ela o deve; ao contrário, se ela se queixar e achar amargo o que lhe apresento, minha paz não será perturbada, procurarei persuadi-la de que este alimento vem de Vós, e cuidarei de não procurar outro alimento para ela".

Compreendendo, assim, que nada me era possível fazer por mim mesma, a tarefa pareceu-me simplificada. Ocupei-me interior e unicamente de me unir mais e mais a Deus, sabendo que o restante me seria dado por acréscimo. De fato, jamais minha esperança foi iludida: minha mão esteve cheia tantas vezes quantas foram necessárias para alimentar a alma de minhas irmãs. Confesso-lhe, minha Madre, que se tivesse agido de outra forma, se me tivesse apoiado em minhas próprias forças, sem demora, ter--vos-ia apresentado a renúncia.

A distância, parece fácil fazer o bem às almas, fazê-las amar primeiramente a Deus, modelá-las segundo sua visão e seu pensamento. De perto, ao contrário, sente-se que fazer o bem, sem o socorro divino, é coisa tão impossível como fazer o sol voltar para o nosso hemisfério durante a noite. Sente-se que é absolutamente necessário esquecer os próprios gostos, os conceitos pessoais e não guiar as almas pelo próprio caminho, pelo caminho da própria escolha, mas pelo caminho particular que Jesus lhes indica. E esta não é ainda a maior dificuldade: o que mais me custou foi, sobretudo, observar as faltas, as mais leves imperfeições e mover-lhes uma guerra de morte.

Eu ia dizer: infelizmente para mim –, mas não, seria covardia –, portanto, digo: felizmente para minhas irmãs, depois que me recolhi nos braços de Jesus, sou como o vigia que observa o inimigo da mais alta torre de um castelo fortificado. Nada escapa ao meu olhar; muitas vezes até me admiro de ver tão claro e até creio que se pode desculpar o profeta Jonas por ter fugido da face do Senhor para não ter de anunciar a ruína de Nínive. Preferiria receber mil censuras do que ter de dar uma só; mas sinto que é muito necessário que este encargo me cause sofrimento, porque, quando agimos por natureza, é impossível que a alma faltosa reconheça seus erros; ela simplesmente pensa assim: a irmã encarregada de me dirigir está descontente, e seu descontentamento recai sobre mim, quando é certo que estou imbuída das melhores intenções.

Minha Madre, nesse ponto acontece como em todo o restante: em tudo devo encontrar a abnegação e o sacrifício; assim, creio que uma carta não produzirá fruto algum se eu não a escrever com uma certa repugnância e pelo único motivo de obedecer. Quando falo com uma noviça, cuido de me mortificar, evito dirigir-lhe perguntas que satisfariam minha curiosidade. Se a vejo começar uma coisa interessante e logo passar a outra que me causa enfado, sem terminar a primeira, cuido de não lhe recordar essa interrupção, pois parece-me que não podemos fazer bem algum quando nos procuramos a nós mesmas.

Sei, minha Madre, que vossas ovelhinhas me acham severa!... Se lerem estas linhas, diriam que isso tem o jeito de que não me custa absolutamente nada correr atrás delas, mostrar-lhes seu belo velo maculado ou ainda restituir-lhes alguns flocos de lã que elas largaram nas sarças do caminho. As ovelhinhas podem dizer tudo o que quiserem: no fundo, elas sentem que as amo com um amor muito grande; não, não há perigo que eu imite *o mercenário que, vendo chegar o lobo, abandona o rebanho e foge* (Jo 10,12). Estou pronta a dar minha vida por elas e meu afeto é tão puro que não desejo que o conheçam. Com a graça de Deus, jamais procurei atrair para mim seus corações; compreendi que minha missão era conduzi-las para Deus e para vós, minha Madre, que nesta terra sois o Deus visível que elas devem amar e respeitar.

Eu disse que ao instruir as outras havia aprendido muito. Em primeiro lugar, vi que todas as almas têm mais ou menos os mesmos combates; e, por outro lado, que entre elas existe uma diferença enorme; essa diferença obriga a não as atrair da mesma maneira. Com algumas, sinto que é preciso fazer-me pequena, absolutamente não temer humilhar-me, confessando minhas lutas e derrotas; então elas mesmas confessam facilmente as faltas de que são acusadas e se alegram que eu as compreendo por experiência; com outras, para ter resultado, convém a firmeza, é jamais recuar diante de uma coisa dita: humilhar-se seria fraqueza.

O Senhor me deu a graça de não ter medo algum da guerra; custe o que custar, é preciso que eu cumpra o meu dever. Mais de uma vez ouvi o seguinte: "Se quiser obter alguma coisa de mim, não empregue a força, mas a doçura, caso contrário, nada alcançará". Mas sei que ninguém é bom juiz em causa própria, e que uma criança, que o cirurgião submete a uma dolorosa operação, jamais deixará de lançar seus altos gritos e dizer que o remédio é pior do que a doença; no entanto, se dias depois ela se vir curada, ficará muito feliz por poder brincar e correr. O mesmo sucede com as almas: reconhecem imediatamente que um pouco de amargura é preferível ao açúcar e não receiam confessá-lo.

Por vezes, constatar a mudança que se opera de um dia para outro é um espetáculo verdadeiramente maravilhoso.

Há ocasiões em que me dizem: "Tivestes razão, ontem, ao ser severa; a princípio, revoltei-me, mas depois recordei tudo e vi que fostes muito justa. Ao sair de vossa cela, pensei que tudo estava acabado, e me dizia: Vou já ter com nossa Madre e dizer-lhe que não irei mais ter com minha Irmã Teresa do Menino Jesus, mas percebi que era o demônio a me inspirar isso; além disso, ocorreu-me que, por certo, estaria a rezar por mim; então fiquei tranquila e a luz começou a brilhar; agora peço que me esclareçais perfeitamente, pois foi por isso que eu vim".

E eu, felicíssima por seguir o pendor do meu coração, sirvo logo comida menos amarga... Sim, mas... percebo que não é preciso avançar muito... uma palavra poderia destruir o belo edifício erguido com lágrimas! Se tiver a felicidade de dizer a menor coisa que parece atenuar as verdades da véspera, vejo minha irmãzinha tentar agarrar-se às tábuas de salvação... Recorro então à oração, lanço um olhar interior para a Virgem Maria, e Jesus triunfa sempre! Ah! toda a minha força consiste na oração e no sacrifício, são minhas armas invencíveis; e, por experiência, sei que elas podem tocar os corações muito mais do que as palavras.

Durante a Quaresma, há dois anos, uma noviça veio procurar-me toda radiosa: "Se soubésseis, disse-me ela, o que sonhei esta noite! Eu estava perto de minha irmã, que é tão mundana, e queria desapegá-la de todas as vaidades do mundo; com este objetivo, expliquei-lhe estas palavras de seu cântico: *Viver de amor*:

> Amar-te, Jesus, que perda fecunda!
> São seus para sempre os meus perfumes.

Sentia que meu discurso penetrava até o fundo de sua alma, e me enchia de alegria. Esta manhã, creio que o bom Deus, talvez, quer que eu lhe doe esta alma. Se eu lhe escrever pela Páscoa para contar-lhe meu sonho e dizer-lhe que Jesus a quer por esposa! Que lhe parece?" Respondi-lhe simplesmente que ela podia muito bem pedir licença.

Como a Quaresma ainda não chegara a seu fim, vós vos surpreendestes, minha Madre, com um pedido tão prematuro e, visivelmente inspirada pelo bom Deus, respondestes que as carmelitas devem salvar suas almas antes pela oração do que pelas cartas. Informada dessa decisão, eu disse à minha querida irmãzinha: "É preciso pôr mãos à obra, rezemos muito; que alegria se, no fim da Quaresma, formos atendidas!" Ó misericórdia infinita do Senhor! *No fim da Quaresma*, mais uma alma se consagrava a Jesus! Foi um verdadeiro milagre da graça: milagre obtido pelo fervor de uma humilde noviça!

Como é grande, pois, o poder da oração! Dir-se-ia uma rainha que tem sempre livre-acesso junto ao rei e que obtém tudo o que ela pede. Para ser atendida, não é absolutamente necessário ler num livro uma bela fórmula composta para a ocasião; se assim fosse, pobre de mim!

Excetuado o Ofício divino que, embora indigna, sou muito feliz de poder recitá-lo cada dia, não tenho a coragem de sujeitar-me a procurar nos livros belas orações; isso me dá dor de cabeça, são tantas! Além disso, são todas umas mais belas do que as outras! Portanto, não podendo recitá-las todas e não sabendo qual escolher, faço como as crianças que não sabem ler: simplesmente digo ao bom Deus tudo o que gostaria de lhe dizer, e Ele sempre me compreende.

Para mim, a oração é um impulso do coração, é um simples olhar lançado para o céu, é um grito de reconhecimento e de amor, tanto no meio da provação como no seio da alegria! Enfim, é algo sublime, sobrenatural, que dilata a alma e a une a Deus. Algumas vezes, quando meu espírito

CAPELA DO CARMELO DE LISIEUX

CORO DAS CARMELITAS
A estala marcada com uma cruz foi a de Ir. Teresa do Menino Jesus.
À direita a grade da Comunhão.

encontra-se em tão grande secura que não posso tirar dele um só pensamento bom, recito muito lentamente um *Pai-nosso* ou uma *Ave-Maria*; sozinhas, estas orações me elevam, alimentam divinamente minha alma e lhe bastam.

Mas, em que ponto estava eu com meu assunto? Novamente perdida num labirinto de reflexões... Perdoe-me, minha Madre, ser tão pouco precisa! Essa história, reconheço, é uma meada muito emaranhada. Mas ai!, não sei fazer coisa melhor; vou escrevendo como os pensamentos me vêm, pesco ao acaso no riozinho do meu coração e, a seguir, ofereço-lhe meus peixinhos como eles se deixam prender.

Portanto, estava a falar das noviças que com frequência me dizem: "Mas a irmã tem resposta para tudo, e eu pensava que desta vez iria embaraçá-la... onde vai buscar aquilo que nos ensina?" Há algumas tão inocentes, a ponto de crerem que leio em suas almas, porque me aconteceu de preveni-las ao lhes revelar – sem revelação – o que elas pensavam.

A mais antiga do noviciado havia resolvido esconder-me uma grande aflição que a fazia sofrer muito. Acabava de passar uma noite de angústias sem querer derramar uma única lágrima, temendo que seus olhos vermelhos a traíssem; quando, achegando-se a mim com o rosto mais gracioso, ela me fala como de costume, de uma maneira ainda mais amável, se fosse possível. Então, disse-lhe simplesmente: *Você passa por uma tribulação, tenho certeza disso*. Imediatamente ela me olha com um inexprimível espanto... sua estupefação foi tão grande que se apoderou de mim, comunicando-me não sei que impressão sobrenatural. Sentia ali a presença do bom Deus, pertinho de nós... Sem o perceber – pois não tenho o dom de ler nas almas – eu havia pronunciado uma palavra verdadeiramente inspirada e, a seguir, pude consolar inteiramente essa alma.

Minha amada Madre, agora vou confiar-vos meu melhor proveito espiritual com as noviças. Compreendeis que tudo lhes é permitido, é preciso que possam dizer tudo o que pensam, o bem e o mal, sem restrição. Isso lhes é muito mais fácil comigo, já que não me devem o respeito que se deve a uma Mestra.

Não posso dizer que Jesus me faça andar exteriormente pelo caminho das humilhações; não, Ele se contenta humilhar-me no íntimo de minha alma. Diante das criaturas tudo me sai muito bem, sou o caminho perigoso das honras – se assim podemos expressar-nos em religião – e, nesse particular, compreendo a conduta de Deus e dos superiores. Com efeito, se aos olhos da comunidade eu passasse por uma religiosa incapaz, sem inteligência nem juízo, ser-vos-ia impossível, minha Madre, fazer-se ajudar por mim. Eis por que o divino Mestre lançou um véu sobre todos os meus defeitos interiores e exteriores.

Este véu atraiu-me alguns elogios da parte das noviças, elogios sem adulação, afinal, sei que elas pensam o que dizem; mas verdadeiramente isso não me inspirou vaidade alguma, porque tenho sempre presente a lembrança de minhas misérias. Algumas vezes, porém, vem-me o enorme desejo de ouvir bem outra coisa do que louvores, minha alma se cansa de uma alimentação muito açucarada, e Jesus lhe faz servir então uma boa saladinha bem avinagrada, bem condimentada: nada lhe falta, a não ser o *azeite*, o que lhe dá um sabor a mais.

As noviças apresentam-me essa salada no momento em que menos espero. O bom Deus ergue o véu que lhes esconde minhas imperfeições; e minhas queridas irmãzinhas, vendo a verdade, já não me acham inteiramente a seu gosto. Com uma simplicidade que me encanta, elas me falam dos combates que lhes causo, o que as desagrada em mim; enfim, não se incomodam mais do que se tratassem com outra pessoa, sabendo que me causam grande prazer ao agir assim.

Ah! verdadeiramente é mais do que um prazer, é um banquete delicioso que enche minha alma de alegria. Como é possível que uma coisa que repugna tanto a natureza pode causar tamanho gozo? Se não o tivesse experimentado, não haveria de crer.

Um dia, em que desejava ardentemente ser humilhada, acontece que uma jovem postulante encarregou-se tão bem de me satisfazer, que o pensamento de Semei amaldiçoando Davi me veio à mente, e eu repetia interiormente com o santo rei: *"Deixai que amaldiçoe, porque o Senhor lhe permitiu que amaldiçoasse"* (2Sm 16,10).

Assim o bom Deus toma conta de mim. Ele não pode oferecer-me sempre o pão fortificante da humilhação exterior; mas, de tempos em tempos, permite que me alimente *das migalhas que caem da mesa das crianças* (Mc 7,28). Ah! grande é sua misericórdia!

Minha prezada Madre, já que, em vossa companhia, procuro já neste mundo cantar esta misericórdia infinita, devo ainda levar ao vosso conhecimento um real proveito, tirado, como tantos outros, de minha pequena missão. Outrora, quando via uma irmã agir de uma maneira que me desagradava e parecia contrariar a regra, eu me dizia: Ah! se pudesse adverti-la, mostrar-lhe seus erros, isso me faria bem! Mas exercendo o encargo, mudei de sentimento. Quando me acontece de ver algo de errado, dou um suspiro de alívio: – Que felicidade! não é uma noviça e não tenho obrigação de repreendê-la! Depois, bem depressa procuro escusar a culpada, atribuindo-lhe as boas intenções que ela, sem dúvida, possui.

Venerada Madre, também os cuidados que me prodigalizastes durante minha doença instruíram-me muito sobre a caridade. Nenhum remédio vos parece demasiadamente caro; e, se ele não dá o resultado esperado, não vos cansais de experimentar outra coisa. E quando me dirijo ao recreio, quanta atenção me dispensais para pôr-me ao abrigo das menores correntes de ar! Minha Madre, sinto que devo ser tão compassiva com as enfermidades espirituais de minhas irmãs quanto o sois por minha enfermidade física.

Tenho reparado que as religiosas mais santas são as mais amadas; procura-se sua conversa, são-lhes prestados serviços antes mesmo que os peçam; enfim, estas almas capazes de suportar faltas de atenção e de delicadeza veem-se cercadas da afeição geral. A elas pode-se aplicar esta palavra de nosso Pai São João da Cruz: "Todos os bens me foram dados, quando deixei de procurá-los por amor-próprio".

As almas imperfeitas, ao contrário, são abandonadas; usam-se com elas os limites da polidez religiosa, mas, talvez, temendo dizer-lhes alguma palavra indelicada, evita-se sua companhia. Quando falo de almas imperfeitas, não entendo somente de imperfeições espirituais, pois, as mais santas só serão perfeitas no céu; entendo também a falta de juízo, de educação, a suscetibilidade de certos caracteres: coisas que não concorrem para tornar a vida agradável. Sei muito bem que são enfermidades crônicas, sem esperança de cura; mas sei também que minha Madre não deixará de me cuidar, de procurar me levantar, se ficar doente por muitos anos.

Eis a conclusão a que chego: Devo procurar a companhia das irmãs que não me agradam naturalmente, e cumprir a seu respeito o ofício do bom samaritano. Uma palavra, um sorriso amável bastam, muitas vezes, para alegrar uma alma triste e ferida. Todavia, não é somente na esperança de consolar que quero ser caridosa: sei que buscando este objetivo cairia logo no desânimo, porque uma palavra dita na melhor intenção será, talvez, tomada ao revés. Assim, para não perder nem meu tempo nem meu trabalho procuro agir unicamente para agradar a Nosso Senhor e responder a este conselho do Evangelho:

"Quando deres algum jantar ou ceia, não convides os teus amigos, nem os teus irmãos, nem os parentes, para que não aconteça que também eles te convidem e te paguem com isso. Mas convida os pobres, os aleijados, os coxos e os cegos; e serás bem-aventurado porque eles não têm com que te retribuir, e teu Pai, que vê o que está em segredo, recompensar-te-á" (Lc 14,12-14).

Que banquete poderia eu oferecer a minhas irmãs, a não ser um banquete espiritual, composto de caridade amável e alegre? Não, não conheço outro e quero imitar São Paulo que se alegrava com aqueles que ele encontrava na alegria. É verdade que ele chorava com os aflitos, e as lágrimas devem, algumas vezes, aparecer no banquete que quero servir; mas procurarei sempre que as lágrimas se mudem em sorrisos, pois *o Senhor ama a quem dá com alegria* (2Cor 9,7).

Recordo-me de um ato de caridade que o bom Deus me inspirou quando ainda era noviça. Desse ato, aparentemente insignificante, o Pai celeste, *que vê o que está em segredo*, já me recompensou sem esperar a outra vida.

Foi antes que minha Irmã São Pedro caísse totalmente enferma. À tarde, dez minutos antes das seis, era preciso que alguém deixasse a oração para conduzi-la ao refeitório. Custava-me muito apresentar-me para isso, pois sabia da dificuldade, ou antes, da impossibilidade de contentar a pobre doente. Entretanto, eu não queria deixar passar tão bela ocasião, lembrando-me das palavras divinas: *"O que tiverdes feito ao menor dos meus irmãos, foi a mim que o fizestes"* (Mt 25,40).

Portanto, muito humildemente, ofereci-me para acompanhá-la, e não foi sem dificuldade que consegui fazer aceitar meus serviços. Enfim, pus mãos à obra com tão boa vontade que consegui perfeitamente. Todas as tardes, quando a via agitar sua ampulheta, sabia que aquilo queria dizer: Vamos!

Tomando, então, toda a minha coragem, levantava-me, e depois iniciava toda uma cerimônia. Era preciso remover e carregar o banco *de uma certa maneira*, sobretudo sem se apressar, e a seguir, tinha início o passeio. Tratava-se de seguir essa boa irmã, amparando-a pela cintura; fazia-o com a maior doçura que me era possível, mas se, por infelicidade, acontecia um passo em falso, logo lhe parecia que a segurava mal e ela iria cair. – "Ah! meu Deus! você anda muito depressa, vou me quebrar!" Então eu procurava levá-la mais suavemente: – "Vamos, siga-me, nem sinto sua mão, não me segura, vou cair!... Ah! bem dizia eu que é muito jovem para me levar".

Enfim, chegávamos, sem qualquer incidente, ao refeitório. Lá surgiam outras dificuldades: eu devia colocar minha pobre enferma em seu lugar e agir corretamente para não feri-la; a seguir, arregaçar suas mangas, sempre *de uma certa maneira*, e depois disso podia retirar-me.

Porém, notei logo que ela tinha extrema dificuldade em cortar seu pão; depois disso eu não a deixava sem prestar-lhe esse último serviço. Como nunca me havia manifestado esse desejo, ela ficou muito tocada com minha atenção, e foi por esse meio, simplesmente não premeditado, que conquistei toda a sua confiança, sobretudo – compreendi isso mais tarde – porque depois de todos esses pequenos serviços, eu lhe mostrava – dizia ela – *meu mais belo sorriso*.

Minha Madre, faz muito tempo que pratiquei esse ato de virtude e, por isso, o Senhor deixou-me a lembrança dele como um perfume, uma brisa do céu. Numa noite de inverno, executava como de hábito o humilde serviço, de que falei há pouco: fazia frio e era noite... De repente, ouvi ao longe o harmonioso som de muitos instrumentos de música, e eu me representava um salão ricamente mobiliado, iluminado de brilhantes luzes, revestido de ouro; no salão, jovens elegantemente vestidas recebiam e pro-digalizavam mil delicadezas mundanas. Em seguida, meu olhar voltou-se para a pobre enferma que eu amparava. Em lugar de uma melodia, eu ouvia, de tempos em tempos, seus lastimosos gemidos; em vez de doura-duras, eu via os tijolos de nosso austero claustro mal-iluminado por um fraco clarão.

Esse contraste impressionou suavemente a minha alma. O Senhor a iluminou com os raios da verdade, cujos fulgores ultrapassam de tal forma o brilho tenebroso dos prazeres da terra, que, para gozar mil anos dessas festas mundanas eu não daria os dez minutos empregados para meu ato de caridade.

Ah! se já no sofrimento, em pleno combate, podemos gozar de seme-lhantes delícias ao pensar que Deus nos retirou do mundo, que será lá no céu, quando veremos, no meio de uma glória eterna e de um repouso sem fim, a incomparável graça que nos fez ao nos escolher para habitar em sua casa, verdadeiro pórtico do céu?

Não foi sempre com esses transportes de alegria que pratiquei a cari-dade; mas, no começo de minha vida religiosa, Jesus quis fazer-me sentir quanto é doce vê-lo na alma de suas esposas: assim, quando eu guiava minha Irmã São Pedro, fazia-o com tanto amor, que ter-me-ia sido impossível fazê-lo melhor se tivesse de guiar o próprio Nosso Senhor.

Como vos dizia há pouco, minha querida Madre, a prática da caridade não me foi sempre tão doce. Para provar isso, vou contar-vos, entre outras coisas, alguns dos meus combates.

Há muito tempo, durante a oração, não fiquei muito longe de uma irmã que não cessava de mexer, no seu terço ou não sei que outra coisa; talvez não houvesse outra a ouvi-la senão eu, pois tenho um ouvido extremamente apurado; mas me é impossível expressar o enfado que eu sentia! Eu queria virar a cabeça a fim de olhar para a culpada e fazer-lhe cessar seu barulho; no entanto, do fundo do coração, pressentia que, primeiramente, era melhor sofrer isso com paciência por amor ao bom Deus, e depois, também para evitar uma ocasião de magoar.

Por isso, ficava tranquila, mas às vezes o suor me inundava e me via obrigada a fazer simplesmente uma oração de sofrimento. Enfim, procurei um meio de sofrer em paz e alegria, ao menos no íntimo da alma; então, propus-me amar esse barulhinho desagradável. Em vez de procurar não ouvi-lo – coisa impossível –, punha minha atenção em escutá-lo, como se fosse um concerto encantador; e minha oração, *que não era a da quietude*, passava a oferecer esse concerto a Jesus.

Noutra ocasião, encontrava-me na lavanderia diante de uma irmã que, ao lavar os lenços, a todo instante molhava-me com água suja. Meu primeiro impulso foi recuar e limpar-me o rosto, a fim de mostrar àquela que me aspergia daquela forma que me prestaria um bom serviço se trabalhasse com mais tranquilidade; mas logo refleti que seria grande tolice recusar tesouros que se ofereciam tão generosamente e cuidei de não deixar transparecer meu enfado. Ao contrário, empreguei todos os meus esforços em desejar receber muita água suja, embora, depois de meia hora, tenha tomado verdadeiro gosto por esse novo gênero de aspersão, e me prometi voltar sempre que possível a este afortunado lugar em que se distribuem gratuitamente tantas riquezas.

Estais vendo, minha Madre, que sou uma alma *muito pequena*, que só pode oferecer a Deus coisas *muito pequenas*; e mais, muitas vezes me acontece que deixo escapar esses pequenos sacrifícios que transmitem tanta paz ao coração; mas isso não me desanima, resigno-me ter um pouco menos de paz e trato de ser mais vigilante em outra ocasião.

Ah! como o Senhor me torna feliz! Como é fácil e doce servi-lo nesta terra! Sim, repito, Ele sempre me deu o que desejei, ou melhor, fez-me desejar o que queria me dar. Assim, pouco tempo antes de minha terrível tentação contra a fé, eu refletia comigo: Na verdade, não tenho grandes sofrimentos exteriores, e, para ter aqueles interiores, será preciso que o bom Deus mude meu caminho; e não creio que Ele o faça. Portanto, não posso viver sempre assim no repouso. Que meios, pois, irá Ele encontrar?

A resposta não se fez esperar; mostrou-me que nunca faltam meios Àquele que eu amo; porque, sem mudar meu caminho, deu-me esta grande provação, que imediatamente veio misturar uma salutar amargura a todas as minhas doçuras.

CAPÍTULO XI

Dois irmãos sacerdotes. – O que ela entende por essas palavras do Cântico: "Atrai-me..." Sua confiança em Deus. – Uma visita do céu. – Ela encontra seu repouso no amor. – Sublime infância. – Apelo a todas as "almas pequenas".

Caminho da infância espiritual

> *Da boca das crianças tu fizeste sair uma força vitoriosa para confundir teus inimigos e impor silêncio aos blasfemadores* (Sl 8).
>
> "No coração da Igreja, minha Madre, eu serei o Amor... – Meus irmãos trabalham em meu lugar, e eu, pequena criança, permaneço perto do trono real. Eu lanço as flores dos pequenos sacrifícios, canto o cântico do Amor. Amo por aqueles que combatem".

Não é somente quando quer mandar-me provações que Jesus me faz pressenti-las e desejá-las. Há muito tempo já, eu acalentava um desejo que me parecia irrealizável: o de ter um irmão sacerdote. Muitas vezes, pensava que se meus irmãozinhos não tivessem voado para o céu, teria tido a felicidade de vê-los subir ao altar; e eu lamentava a falta dessa felicidade! E eis que o bom Deus, indo além do meu sonho – pois eu desejava somente um irmão sacerdote que, diariamente, se lembrasse de mim no santo altar – uniu-me pelos laços da alma a *dois* de seus apóstolos. Minha amada Madre, quero contar-vos em detalhe como o divino Mestre cumpriu meus desejos.

Foi nossa Mãe Santa Teresa que, em 1895, enviou-me o primeiro irmão, como ramalhete de festa. Era dia de limpeza e andava muito ocupada com meu trabalho, quando a Madre Inez de Jesus[30], então Priora, chamou-me à parte e me leu uma carta de um jovem seminarista, que, inspirado, dizia, por Santa Teresa, pedia uma irmã que se dedicasse especialmente à sua salvação e à salvação das almas que, a seguir, ser-lhe-iam confiadas; prometia lembrar-se sempre daquela que se tornaria sua irmã quando pudesse oferecer o Santo Sacrifício. E fui escolhida para me tornar a irmã desse futuro missionário.

Minha Madre, não saberia falar-vos de meu júbilo. Meu desejo, realizado assim de uma maneira inesperada, fez nascer em meu coração uma alegria que eu chamaria de infantil; porque me foi necessário voltar aos dias de minha infância para encontrar a lembrança dessas alegrias tão vivas, que a alma é demasiado pequena para contê-las. Nunca, depois de anos, eu gozara esse tipo de felicidade; sentia que, por esse lado, minha alma era inexperiente, como se nela tivessem sido tocadas cordas musicais até então esquecidas.

Entendendo as obrigações que eu me impunha, pus mãos à obra, procurando redobrar o fervor e, de tempos em tempos, escrevi algumas cartas ao meu novo irmão. Sem dúvida, é pela oração e pelo sacrifício que podemos ajudar os missionários, mas, por vezes, quando quer unir duas almas para sua glória, Jesus permite que possam comunicar uma à outra os seus pensamentos, a fim de se exercitarem a amar sempre mais a Deus.

Sei que para isso é necessária uma vontade expressa da autoridade; caso contrário, parece-me que esta correspondência *solicitada* produziria mais mal do que bem, se não ao missionário, ao menos à carmelita, continuamente levada, por seu gênero de vida, a recolher-se dentro de si mesma. Em vez de uni-la ao bom Deus, essa troca de cartas – mesmo remota – ocupar-lhe-ia inutilmente o espírito e imaginaria, talvez, realizar maravilhas, quando, na realidade, simplesmente nada aconteceria senão buscar, sob o disfarce de zelo, uma distração supérflua.

Minha amada Madre, eis-me dividida em mim mesma, não numa distração, mas numa dissertação igualmente supérflua... Nunca me corrigirei desses alongamentos que, ao lê-los, deverão ser-vos muito cansativos! Perdoai-me, e permiti que eu recomece na próxima ocasião.

---

30. Sua irmã Paulina.

Em fins de maio do ano passado foi vossa vez de me dar um segundo irmão; e diante de minha reflexão que, tendo já oferecido meus pobres méritos por um futuro apóstolo, pensava não poder oferecê-los também nas intenções de um outro, destes-me esta resposta: que a obediência duplicaria meus méritos.

Do fundo de minha alma, pensei muito nisso; e, já que o zelo de uma carmelita deve abraçar o mundo, com a graça de Deus, espero até ser útil a mais de dois missionários. Rezo por todos, sem deixar de lado os simples sacerdotes, cujo ministério, por vezes, é também tão difícil quanto o dos apóstolos que pregam aos infiéis. Enfim, quero ser "filha da Igreja" como nossa Mãe Santa Teresa e rezar por todas as intenções do Vigário de Jesus Cristo. É o objetivo geral de minha vida.

Mas, assim como ter-me-ia unido especialmente às obras de meus queridos irmãozinhos, se tivessem vivido, sem por isso deixar os grandes interesses da Igreja, que se estendem por todo o universo, da mesma forma permaneço particularmente unida aos novos irmãos que Jesus me deu. Tudo o que me pertence, pertence a cada um deles, e sinto que Deus é muito bom, muito generoso para fazer partilhas; Ele é tão rico que doa sem medida o que lhe peço, ainda que não me perca em longas enumerações.

E já que tenho somente dois irmãos e minhas irmãzinhas as noviças, se quisesse enumerar as necessidades de cada alma, os dias seriam demasiado curtos e recearia muito esquecer alguma coisa importante. Às almas simples não são necessários meios complicados e, como estou no número delas, o próprio Nosso Senhor inspirou-me um meiozinho muito simples de cumprir minhas obrigações.

Um dia, depois da santa comunhão, ele me fez compreender esta palavra dos Cânticos: *"Atraí-me, nós correremos atrás do cheiro dos vossos perfumes"* (Ct 1,3). Ó Jesus, não é, pois, necessário dizer: Ao me atrair, atraí as almas que eu amo. Esta simples palavra: *"Atraí-me"* é suficiente! Sim, quando uma alma se deixa cativar pelo odor inebriante de vossos perfumes, ela não saberá correr sozinha, todas as almas que ela ama são arrastadas atrás dela; é uma consequência natural de sua atração por vós!

Assim como uma torrente arrasta atrás de si, para as profundezas dos mares, tudo o que encontra em sua passagem, da mesma forma, ó meu Jesus, a alma que se lança no oceano sem limites de vosso amor atrai para si todos os seus tesouros! Senhor, sabeis que, para mim, esses tesouros são as almas que quisestes unir à minha; fostes vós que me confiastes esses tesouros; igualmente, ouso valer-me de vossas próprias palavras, aquelas da última noite que ainda vivestes em nossa terra, viajante e mortal.

Meu amado Jesus, não sei o dia em que há de terminar meu exílio... mais de uma noite, talvez, poderei cantar ainda na terra as vossas misericórdias; mas enfim, também para mim há de chegar a derradeira noite... então, poderei dizer-vos:

"Eu vos glorifiquei na terra, cumpri a obra que me mandastes fazer, manifestei vosso Nome aos que Vós me destes. Eram vossos, e Vós os destes a mim. Agora conhecem que tudo o que me destes vem de Vós: porque eu lhes comuniquei as palavras que Vós me confiastes; eles as receberam e creram que fostes Vós que me enviastes. Peço-vos por aqueles que me destes, porque são vossos. Eu já não estou no mundo, mas eles ainda estão no mundo, enquanto eu retorno para Vós. Conservai-os por causa de vosso Nome.

"Agora vou para vós; e é para que a alegria que vem de Vós seja perfeita neles que eu disse isso, enquanto estou no mundo... Não vos peço que os tireis do mundo, mas que os preserveis do mal. Eles não são do mundo, assim como também eu já não sou do mundo.

"Não vos peço somente por eles, mas também por aqueles que crerão em Vós por meio de sua palavra.

"Meu Deus, espero que onde eu estiver, os que me destes estejam também comigo; e que o mundo conheça que Vós os amastes como me amastes a mim" (Jo 17).

Sim, Senhor, eis o que, diante de Vós, gostaria de repetir antes de voar para vossos braços! Talvez seja temeridade; mas não... há muito tempo, não me permitistes ser audaciosa convosco? Como o pai do filho pródigo falando a seu filho mais velho, Vós me dissestes: *"Tudo o que é meu é teu"* (Lc 15,31). Portanto, ó Jesus, são minhas as vossas palavras, e posso servir-me delas para atrair sobre as almas que me pertencem os favores do Pai celeste.

Bem o sabeis, ó meu Deus, nunca desejei outra coisa senão unicamente vos amar, nem ambiciono outra glória. Vosso amor me veio desde a infância, cresceu comigo e agora é um abismo cuja profundeza não chego a sondar.

Amor atrai amor, o meu lança-se para Vós, e quereria encher o abismo que o atrai; infelizmente, porém, nem chega a ser uma gota de orvalho perdida no Oceano! Para amar-vos como me amais, tenho necessidade de emprestar vosso próprio amor, pois só então encontro repouso. Ó meu

Jesus, parece-me que não podeis encher uma alma de mais amor do que enchestes a minha, e por isso ouso pedir-vos que *ameis aqueles que me destes como tendes amado a mim.*

Se um dia, lá no céu, eu descobrir que os amais mais do que a mim, rejubilar-me-ei por isso, reconhecendo, já neste mundo, que estas almas bem que o merecem; no mundo, porém, não posso conceber maior imensidão de amor do que aquela que vos aprouve me conceder, sem mérito algum de minha parte.

Minha Madre, estou assombrada com o que acabo de escrever, mas não tive essa intenção!

Repetindo esta passagem do santo Evangelho: *"Comuniquei-lhes as palavras que me confiastes"*, não pensei em meus irmãos, mas nas minhas irmãzinhas do noviciado, pois não me julgo capaz de instruir missionários. O que escrevi para eles foi a oração de Jesus: *"Não vos peço que os tireis do mundo... Rogo-vos também por aqueles que crerão em Vós por meio de sua palavra"*. Realmente, como poderia deixar no esquecimento as almas que se tornarão sua conquista pelo sofrimento e pela pregação?

Mas não expliquei totalmente meu pensamento sobre esta passagem dos sagrados Cânticos: *"Atraí-me, nós corremos..."*

Jesus disse: *"Ninguém pode vir a mim, se o Pai que me enviou, não o atrair"* (Jo 6,44). A seguir, ensina-nos que basta bater para que nos abram, procurar para encontrar e estender humildemente a mão para receber. E acrescenta que tudo o que pedirmos ao Pai em seu nome, nos será concedido. Sem dúvida, será por isso que, antes do nascimento de Jesus, o Espírito Santo ditou esta oração profética: *"Atraí-me, nós corremos..."*

Pedir para ser atraído, é querer unir-se de maneira íntima ao objeto que prende o coração. Se o fogo e o ferro fossem dotados de razão e este último dissesse ao outro: "Atraí-me", não manifestaria seu desejo de identificar-se com o fogo até participar de sua substância? Pois bem, é precisamente esta a minha oração. Peço a Jesus que me atraia para as chamas de seu amor, que me ligue tão estreitamente a si que Ele viva e opere em mim. Sinto que quanto mais o fogo do amor abrasar meu coração, mais direi: "Atraí-me", e também as almas, quanto mais se aproximarem da minha, mais apressadas correrão, atraídas pela fragrância dos perfumes do Amado.

Sim, elas correm, nós corremos juntas, porque as almas abrasadas não podem ficar inativas. Sem dúvida, como Santa Madalena, permanecem aos pés de Jesus, ouvindo sua palavra doce e inflamada. Parecendo não dar nada, doam muito mais do que Marta, que se preocupa *com muitas coisas* (Lc 10,41). Todavia, Jesus não censura os trabalhos de Marta, mas unicamente sua preocupação; esses mesmos trabalhos aos quais humildemente sujeitou-se sua divina Mãe, quando lhe competia preparar as refeições da Sagrada Família.

Todos os santos entenderam isso, e mais particularmente, talvez, aqueles que encheram o universo com a luz de doutrina evangélica. Por acaso, não foi na oração que São Paulo, Santo Agostinho, Santo Tomás de Aquino, São João da Cruz, Santa Teresa e muitos outros amigos de Deus buscaram essa ciência admirável que extasia os maiores gênios?

Um sábio disse: "Dai-me um ponto de apoio e, com uma alavanca, eu erguerei o mundo". O que Arquimedes não conseguiu, alcançaram-no plenamente os santos. O Todo-poderoso deu-lhes um ponto de apoio: *Ele mesmo, só Ele*! Por alavanca, a oração que transforma em brasa um fogo de amor; e é assim que eles ergueram o mundo, é assim que os santos ainda militantes o erguem e o erguerão até o fim dos tempos.

Minha querida Madre, resta-me ainda dizer-vos o que entendo por *fragrância dos perfumes do Amado*. Já que Jesus retornou ao céu, só posso segui-lo acompanhando as pegadas que Ele deixou. Ah! como são luminosos estes vestígios! Como são divinamente embalsamados! Basta-me lançar os olhos sobre o santo Evangelho: imediatamente respiro o perfume da vida de Jesus e sei para que lado correr. Não é ao primeiro lugar, mas ao último que me lanço. Deixo o fariseu subir e, cheia de confiança, repito a humilde oração do publicano. Ah! imito sobretudo a conduta de Madalena, sua maravilhosa, ou melhor, sua amorosa audácia que encanta o Coração de Jesus e seduz o meu!

Não é por ter sido preservada do pecado mortal que me elevo a Deus pela confiança e pelo amor. Ah! sinto que, mesmo se levasse na consciência todos os crimes que podem ser cometidos, nem assim perderia minha confiança; com o coração quebrado pelo arrependimento, eu iria lançar-me nos braços do meu Salvador. Sei que ele ama o filho pródigo, ouvi suas palavras a Santa Madalena, à mulher adúltera, à Samaritana. Não, ninguém poderia atemorizar-me, porque sei em que conceito devo ter seu amor e sua misericórdia. Sei que toda essa multidão de ofensas desapareceria num abrir e fechar de olhos, como uma gota de água lançada num braseiro ardente.

Narra-se na Vida dos Padres do deserto que um deles converteu uma pecadora pública, cujas desordens escandalizavam uma região inteira. Tocada pela graça, essa pecadora seguia o santo para o deserto a fim de ali realizar uma rigorosa penitência, quando, na primeira noite da viagem, antes mesmo de chegar ao lugar do seu retiro, seus laços mortais foram quebrados pela impetuosidade de seu arrependimento cheio de amor; e, no mesmo instante, o solitário viu que sua alma era levada pelos Anjos ao seio de Deus.

Eis um exemplo muito impressionante do que eu desejava dizer, mas essas coisas não podem ser expressas... Ah! minha Madre, se as almas fracas e imperfeitas como a minha sentissem o que sinto, nenhuma delas perderia a esperança de atingir o cume da montanha do Amor, pois Jesus não pede grandes ações, mas somente o abandono e o reconhecimento.

"Não tenho necessidade alguma, diz ele, *dos cabritos de teus rebanhos, porque são minhas todas as feras das selvas e os milhares de animais que pastam sobre as colinas: conheço todas as aves do céu.*

"Se tiver fome, não é a ti que o diria: porque a terra e tudo o que ela contém é meu. Porventura comerei carne de touros, ou beberei sangue de cabritos? OFERECE A DEUS SACRIFÍCIOS DE LOUVOR E AÇÕES DE GRAÇAS" (Sl 49,9-14).

Portanto, eis tudo o que Jesus nos pede! Não precisa de nossos trabalhos, mas unicamente do nosso *amor*. Esse mesmo Deus, que declara não ter necessidade de dizer-nos que tem fome, não receia mendigar um pouco de água à Samaritana... Ele tinha sede!!! Mas dizendo: *"Dá-me de beber"* (Jo 4,7), era o amor de sua pobre criatura que o Criador do universo pedia. Tinha sede de amor!

Sim, mais do que nunca Jesus está sedento. Só encontra ingratos e indiferentes entre os discípulos do mundo; e entre *os seus discípulos*, infelizmente, encontra bem poucos corações que se entregam sem reserva alguma à ternura do seu Amor infinito.

Madre querida, somos felizes por compreender os íntimos segredos de nosso Esposo! Ah! se quisésseis escrever o que conheceis sobre isso, teríamos belas páginas para ler. Porém, sei que, como a Santíssima Virgem, preferis conservar *todas essas coisas* no fundo do vosso coração (Lc 2,19)... A mim, entretanto, dizeis-me *que é louvável publicar as obras do Altíssimo* (Tb 12,7). Acho que tendes razão em guardar silêncio; é realmente impossível revelar em palavras terrestres os segredos do céu!

Antigo cemitério interno do Carmelo de Lisieux.

*Ah! desde já eu reconheço; sim, todas as minhas esperanças serão realizadas...
sim, o Senhor fará por mim maravilhas que ultrapassarão
meus imensos desejos!...*

De minha parte, após ter escrito todas estas páginas, creio não ter ainda começado. Há tamanha diversidade de horizontes, tantas nuanças variadas ao infinito, que só a paleta do pintor celeste, após a noite desta vida, poderá fornecer-me as cores divinas capazes de pintar as maravilhas que Ele descobre ao olho de minha alma.

Entretanto, minha venerada Madre, já que me manifestais o desejo de, na medida do possível, conhecer a fundo todos os sentimentos do meu coração, e visto que quereis que eu ponha por escrito o sonho mais consolador de minha vida, terminarei a história de minha alma com este ato de obediência. Se me permitirdes, dirigir-me-ei a Jesus; dessa forma, falarei com mais facilidade. Talvez, minhas expressões vos possam parecer exageradas; asseguro-vos, porém, que não existe exagero algum em meu coração: tudo nele é calma e repouso.

Ó Jesus, quem poderá descrever com que ternura, com que suavidade, conduzis minha pequena alma!...

Nela, a tempestade rugia fortemente depois da bela festa de vosso triunfo, a radiante festa da Páscoa; quando, um dia do mês de maio, fizestes brilhar um raio puríssimo de vossa graça na escuridão de minha noite...

Refletindo sobre os sonhos misteriosos que, por vezes, enviais aos vossos prediletos, eu dizia que esta consolação não era feita para mim; que, para mim, era noite, sempre noite profunda! E, durante a tempestade, adormeci.

No dia seguinte, 10 de maio, aos primeiros clarões da aurora, vi-me, durante meu sono, numa galeria onde passeava a sós com nossa Madre. De repente, sem saber como haviam entrado, percebi três carmelitas revestidas com seus mantos e grandes véus, e compreendi que elas vinham do céu. "Ah! como seria feliz, pensei, se visse o rosto de uma dessas carmelitas!" Como se minha oração tivesse sido ouvida, a maior das santas religiosas adiantou-se para mim e eu caí de joelhos. Ó felicidade! ela levantou o véu, ou melhor, ergueu-o e me cobriu com ele.

Sem hesitação alguma, *reconheci* a Venerável Madre Ana de Jesus, fundadora do Carmelo na França[31]. Seu semblante era belo, de uma beleza

---

31. A Venerável Madre Ana de Jesus, no mundo Anna de Lobera, nasceu na Espanha em 1545. Entrou para a Ordem do Carmelo, no primeiro mosteiro de São José de Ávila, em 1570, e logo tornou-se a conselheira e a coadjutora de Santa Teresa, que a chamava de *"sua filha e sua coroa"*. São João da Cruz, seu diretor espiritual durante quatorze anos, gostava

imaterial; raio algum saía dela e, entretanto, apesar do véu espesso que nos encobria a ambas, eu via esse rosto celeste banhado numa luz inefavelmente suave que parecia ser produzida por ela mesma.

A santa me encheu de carícias e eu, vendo-me tão ternamente amada, ousei pronunciar estas palavras: "Ó minha Madre, eu vos suplico, dizei-me se o bom Deus vai me deixar muito tempo na terra. Virá Ele me buscar em breve?" Ela sorriu com ternura. – *"Sim, em breve... em breve... Eu lhe prometo"*. – "Minha Madre, acrescentei eu, dizei-me ainda se o bom Deus vai pedir-me outra coisa além de minhas pobres pequenas ações e de meus desejos; Ele está satisfeito comigo?"

Nesse momento, o semblante da Venerável Madre resplandeceu de novo fulgor e sua expressão pareceu-me incomparavelmente mais terna. – *"O bom Deus não lhe pede outra coisa,* disse-me ela, *Ele está contente, muito contente!..."* E tomando minha cabeça em suas mãos, fez-me tais carícias, que me seria impossível descrever-lhes a doçura. Meu coração transbordava de alegria, mas lembrei-me de minhas irmãs e quis pedir algumas graças para elas... Infelizmente, acordei!

Não saberia expressar a alegria de minha alma. Vários meses se passaram depois desse inefável sonho e, todavia, a lembrança que me fica nada perdeu de seu frescor e de seus encantos celestes. Ainda vejo o olhar e o sorriso cheios de amor dessa santa carmelita, creio sentir ainda as carícias de que me cumulou.

Ó Jesus, *ordenastes aos ventos e ao mar e seguiu-se grande bonança* (Mt 8,26).

Ao acordar, acreditava, sentia que existe um céu, e que este céu está povoado de almas que me amam e me consideram sua filha. Esta impressão permanece em meu coração, muito mais suave do que a Venerável Madre Ana de Jesus me havia sido então, quase ouso dizer, indiferente; nunca a havia invocado e sua lembrança só me vinha à mente quando ouvia falar dela, aliás, coisa muito rara.

---

de dizer que era *"um serafim encarnado"* e todos tinham tal estima por sua sabedoria e sua santidade, que os sábios a consultavam em suas dúvidas e recebiam suas respostas como se fossem oráculos. Fiel herdeira do espírito de Santa Teresa, ela recebera do Céu a missão de conservar em sua perfeição primitiva a Reforma do Carmelo. Após fundar três mosteiros dessa reforma na Espanha, ela a implantou na França e depois na Bélgica, onde, já célebre por seus mais elevados dons sobrenaturais, particularmente o da contemplação, morreu em odor de santidade no Convento das Carmelitas de Bruxelas, em março de 1621.

A 3 de maio de 1878, Sua Santidade o Papa Leão XIII assinou a introdução da causa de beatificação dessa grande serva de Deus.

E agora sei, compreendo, quão pouco indiferente eu lhe era, e este pensamento aumenta meu amor, não somente por ela, mas por todas as bem-aventuradas habitantes da pátria celeste.

Ó meu Amado! esta graça não foi senão o prelúdio das graças maiores ainda que queríeis me conceder; permiti que as recorde hoje, e perdoai-me se deliro ao querer repetir minhas esperanças e meus desejos, que chegam ao infinito... perdoai-me e curai minha alma dando-lhe o que ela espera!

Ser vossa esposa, ó Jesus! ser carmelita, e, por minha união convosco, ser a mãe das almas, deveria bastar-me. Contudo, sinto em mim outras vocações: sinto em mim a vocação do guerreiro, do sacerdote, do apóstolo, do doutor, do mártir... Gostaria de realizar todas as mais heroicas obras, sinto em mim a coragem de um cruzado, gostaria de morrer no campo de batalha em defesa da Igreja.

A vocação do sacerdote! Com que amor, ó Jesus, haveria de carregar-vos em minhas mãos, quando minha voz vos fizesse descer do céu! Com que amor haveria de dar-vos às almas! Mas ai! desejando muito ser sacerdote, admiro e invejo a humildade de São Francisco de Assis, e sinto em mim a vocação de imitá-lo, recusando a sublime dignidade do sacerdócio. Como, pois, aliar esses contrastes?

Quisera iluminar as almas como os profetas, os doutores. Quisera percorrer a terra, pregar vosso Nome e plantar em solo infiel vossa cruz gloriosa, ó meu Amado! Mas uma só missão não me bastaria: quisera ao mesmo tempo anunciar o Evangelho a todas as partes do mundo, até às ilhas mais distantes. Quisera ser missionária, não somente por alguns anos, mas quisera tê-lo sido desde a criação do mundo, e continuar a sê-lo até a consumação dos séculos.

Ah! sobretudo, quisera ser mártir. O martírio! eis o sonho de minha juventude; este sonho cresceu comigo na minha celazinha do Carmelo. E esta é outra loucura, pois não desejo apenas um gênero de suplício; para satisfazer-me seriam necessários todos...

Como Vós, meu adorado Esposo, quisera ser flagelada, crucificada... Quisera ser esfolada como São Bartolomeu; como São João, quisera ser lançada no azeite fervente; desejo, como Santo Inácio de Antioquia, ser triturada pelos dentes das feras, a fim de tornar-me um pão digno de Deus. Como Santa Inez e Santa Cecília, quisera apresentar meu pescoço à espada do carrasco; e como Joana d'Arc murmurar o nome de Jesus sobre uma fogueira ardente!

Se meu pensamento chega aos tormentos inauditos que serão a partilha dos cristãos no tempo do anticristo, sinto meu coração estremecer, quisera que esses tormentos fossem reservados a mim. Abri, meu Jesus, vosso Livro da Vida, onde são narradas as ações de todos os Santos; tais ações quisera tê-las realizado por Vós!

Que haveis de responder a todas as minhas loucuras? Haverá na terra uma alma mais pequena, mais impotente do que a minha? E contudo, exatamente em vista de minha fraqueza, houvestes por bem realizar meus pequenos desejos infantis; e quereis hoje realizar outros desejos maiores do que o universo...

Como essas aspirações tornavam-se um verdadeiro martírio, um dia abri as epístolas de São Paulo, a fim de procurar algum remédio para meu tormento. Dei com os olhos nos capítulos 12 e 13 da primeira Carta aos Coríntios, onde li que nem todos podem ser, ao mesmo tempo, apóstolos, profetas e doutores, que a Igreja se compõe de diferentes membros, e que o olho não poderia ser, ao mesmo tempo, a mão.

A resposta era clara, mas não satisfazia meus anseios e não me tranquilizava. *"Abismando-me então nas profundezas do meu nada, elevei-me tão alto que alcancei meu objetivo"*[32]. Sem desanimar, continuei minha leitura e o seguinte conselho me aliviou: *"Aspirai, pois, aos dons melhores, e eu vos mostrarei um caminho ainda mais excelente"* (1Cor 12,31).

E o Apóstolo explica como todos os dons, mesmo os mais perfeitos, são um nada sem o *Amor*, e que a Caridade é o mais excelente caminho para chegarmos a Deus com segurança. Enfim, havia encontrado o repouso!

Considerando o corpo místico da santa Igreja, não me havia reconhecido em nenhum dos membros descritos por São Paulo, ou melhor, queria reconhecer-me em todos. A Caridade deu-me a chave de *minha vocação*. Compreendi que, se a Igreja tinha um corpo composto de diferentes membros, não lhe faltaria o mais necessário, o mais nobre de todos os órgãos; compreendi que ela tinha *um coração*, e que esse coração ardia de amor; compreendi que somente o amor movimentaria seus membros, que, se o amor viesse a se extinguir, os apóstolos já não anunciariam o Evangelho, os mártires recusar-se-iam a derramar seu sangue. Compreendi que o amor comportaria todas as vocações, que o amor era tudo, que ele abrangeria todos os tempos e todos os lugares, porque ele é eterno!

---

32. São João da Cruz.

Então, no auge de minha delirante alegria, exclamei: "Ó Jesus, meu amor! Até que enfim descobri minha vocação! *Minha vocação é o amor!* Sim, encontrei meu lugar no seio da Igreja, e este lugar, ó meu Deus, é a Vós que eu o devo: no coração da Igreja minha Mãe, *eu serei o amor!...* Assim, serei tudo; assim, realizar-se-á o meu sonho!"

Por que falar em alegria delirante? Não, esta expressão não é correta; é antes a paz que passei a partilhar, a paz calma e serena do navegador que avista o farol a indicar-lhe o porto. O farol luminoso do amor! Sei como chegar a ti, descobri o segredo de apropriar-me de tuas chamas!

Sou apenas uma criança impotente e fraca; contudo, é minha própria fraqueza que me dá a audácia de oferecer-me como vítima ao vosso amor, ó Jesus! Outrora, somente as hóstias puras e sem mácula eram aceitas pelo Deus forte e poderoso: para satisfazer a justiça divina eram necessárias vítimas perfeitas; mas à lei do temor sucedeu a lei do amor, e o amor escolheu-me por holocausto, a mim, criatura fraca e imperfeita! Esta escolha não é digna do amor? Sim, para que o amor seja plenamente satisfeito, é preciso que se abaixe até o nada e que transforme esse nada em fogo.

Ó meu Deus, sei que *o amor só com amor se paga*[33]. Assim, procurei e encontrei o meio de aliviar meu coração retribuindo-vos amor com amor.

"Granjeai amigos com as riquezas da iniquidade, para que, quando vierdes a precisar, vos recebam nos tabernáculos eternos" (Lc 16,9). Eis, Senhor, o conselho que dais a vossos discípulos, após haver-lhes dito que *os filhos das trevas são mais hábeis em seus negócios do que os filhos da luz* (Lc 16,8).

Filha da luz, compreendi que meus desejos de ser tudo, de abraçar todas as vocações, eram riquezas que facilmente poderiam tornar-me injusta; então, procurei granjear-me amigos. Lembrando-me da oração de Eliseu ao profeta Elias, quando lhe pediu que duplicasse sobre ele o seu espírito, apresentei-me diante dos Anjos e da assembleia dos Santos e lhes disse: "Sou a menor das criaturas, conheço minha miséria, mas sei também quanto os corações nobres e generosos gostam de fazer o bem; suplico-vos, pois, bem-aventurados habitantes da cidade celeste, que me adoteis como filha: só a vós pertencerá a glória que me fizerdes adquirir; dignai-vos ouvir minha oração, obtende-me, suplico-vos, *duplicado o vosso amor!*".

Senhor, não consigo medir o alcance de meu pedido, temo ver-me oprimida sob o peso de meus audaciosos desejos! Minha desculpa é meu

---

33. São João da Cruz.

título de *criança*: as crianças não refletem sobre o alcance de suas palavras. Todavia, se seu pai, se sua mãe sobem ao trono e entram na posse de imensos tesouros, não hesitam em contentar os desejos dos pequenos seres que eles amam mais do que a si mesmos. Para dar-lhes prazer, fazem loucuras e até cometem fraquezas.

Pois bem, sou filha da santa Igreja. A Igreja é rainha, pois é vossa Esposa, ó divino Rei dos reis! Não são as riquezas e a glória – mesmo a glória do céu – que meu coração ambiciona. Por direito, a glória pertence a meus irmãos: os Anjos e os Santos. Em mim, a glória será o reflexo que jorrará da fronte de minha Mãe. O que peço é *o amor*! Sei somente uma coisa, ó Jesus, *amar-vos*! As obras brilhantes me estão interditadas; não posso pregar o Evangelho, derramar meu sangue... que importa? Meus irmãos trabalham em meu lugar, e eu, *criancinha*, permaneço pertinho do trono real, amo por aqueles que combatem.

Mas, como testemunharei meu amor, visto que o amor se prova pelas obras? Pois bem, *a criancinha há de lançar flores*... embalsamará o trono divino com seus perfumes e, com sua voz argentina, cantará o cântico do amor!

Sim, meu Amado, é assim que minha efêmera vida há de consumir-se diante de Vós. Não tenho outro meio de provar-vos meu amor senão lançando flores: isto é, sem deixar escapar nenhum pequeno sacrifício, nenhum olhar, nenhuma palavra, aproveitando as menores ações e realizando-as por amor. Quero sofrer por amor e, até, gozar por amor; assim lançarei rindo. Não encontrarei uma sem desfolhá-la por Vós... e depois cantarei, cantarei sempre, ainda que seja necessário colher minhas rosas entre os espinhos; e meu canto será tanto mais melodioso quanto mais longos e picantes forem esses espinhos.

Mas, meu Jesus, de que vos servirão minhas flores e meus cantos? Ah! sei muito bem que esta chuva embalsamada, estas pétalas frágeis e sem valor algum, estes cantos de amor de um coração tão pequeno hão de encantar-vos mesmo assim. Sim, estes nadas causar-vos-ão prazer: farão sorrir a Igreja triunfante que, querendo brincar com sua pequena filha, recolherá estas rosas desfolhadas e, fazendo-as passar por vossas mãos divinas para revesti-las de um valor infinito, lançá-las-á sobre a Igreja padecente, a fim de apagar-lhe as chamas; sobre a Igreja militante, a fim de dar-lhe a vitória.

Ó meu Jesus, amo-vos, amo a Igreja minha mãe; lembro-me que *o menor movimento de puro amor lhe é mais útil do que todas as demais obras reunidas*[34]. Mas, o puro amor estará realmente em meu coração? Meus imensos desejos não são um sonho, uma loucura? Ah! se assim for, iluminai-me; bem o sabeis que busco a verdade. Se meus desejos forem temerários, fazei-os desaparecer; porque tais desejos são para mim o maior dos martírios. Entretanto, confesso que, se um dia eu não atingir essas regiões mais elevadas pelas quais aspira a minha alma, terei gozado mais doçura no meu martírio, na minha loucura, do que gozaria no seio das alegrias eternas; a menos que, por um milagre, apagásseis a recordação de minhas esperanças terrestres. Jesus! Jesus! se é tão delicioso o desejo do amor, o que será, então, possuí-lo, gozá-lo para sempre?

Como pode uma alma tão imperfeita quanto a minha aspirar à plenitude do amor? Que mistério é este? Por que não reservais, ó meu único Amigo, estas imensas aspirações às grandes almas, às águias que planam nas alturas? Infelizmente, não passo de um pequeno passarinho coberto somente de uma leve penugem; não sou uma águia, tenho apenas seus olhos e seu coração... Sim, apesar de minha extrema pequenez, ouso fixar o Sol divino do amor e ardo em desejos de arremessar-me até ele! Quisera voar, quisera imitar as águias; mas tudo o que posso é erguer minhas asinhas; meu pequeno poder não tem condições de levantar voo.

Que será de mim? Hei de morrer de dor por me ver tão impotente? Oh! não, nem sequer vou me afligir. Com um audacioso abandono, quero permanecer lá, fixando até a morte meu divino Sol. Nada poderá atemorizar-me, nem o vento, nem a chuva; e, se grossas nuvens vierem esconder o Astro do amor, se me parecer não acreditar que existe outra coisa além da noite desta vida, isso será, então, o momento de perfeita alegria, o momento de empurrar minha confiança até os limites extremos, atenta em não mudar de lugar, certa de que, além das tristes nuvens, meu doce Sol ainda brilha!

Ó meu Deus! até ali compreendo o vosso amor por mim; sabeis, porém, com que frequência permito distrair-me de minha única ocupação, afasto-me de Vós, molho minhas asinhas recém-formadas nas miseráveis poças de água que encontro sobre a terra! Então *gemo como a andorinha* (Is 38,14) e meus gemidos vos dizem tudo, e Vós, ó misericórdia infinita, vos recordais *que não viestes chamar os justos mas os pecadores* (Mt 9,13).

---

34. São João da Cruz.

Contudo, se permanecerdes surdo aos lamentosos gorjeios de vossa débil criatura, se permanecerdes velado, pois bem, consinto ficar molhada, aceito tiritar de frio e ainda me alegro por este merecido sofrimento. Ó meu Astro querido! Sim, sou feliz por me sentir pequena e fraca em vossa presença e meu coração permanece em paz... sei que todas as águias de vossa corte celeste se compadecem de mim, que elas me protegem, me defendem e afugentam os abutres, imagem dos demônios, que quereriam devorar-me. Ah! não os temo, simplesmente não sou destinada a ser sua presa, mas da Águia divina.

Ó Verbo, ó meu Salvador! tu és a Águia que amo e que me atrai: és tu que, lançando-te para a terra do exílio, quiseste sofrer e morrer a fim de elevar todas as almas e mergulhá-las até o centro da Santíssima Trinda-de, eterno fogo do amor! És tu que, tendo voltado para a luz inacessível, permaneces escondido em nosso vale de lágrimas sob a aparência de uma branca hóstia, e isso para nutrir-me com tua própria substância. Ó Jesus! permite-me dizer-te que teu amor chega à loucura... Diante dessa loucura, como queres que meu amor não se lance para ti? Como minha confiança poderá ter limites?

Ah! sei que, por ti, também os Santos cometeram loucuras, fizeram grandes coisas, pois eram águias! Eu sou demasiado pequena para fazer grandes coisas, e minha loucura consiste em esperar que teu amor me aceite como vítima; minha loucura é contar com os Anjos e os Santos para voar até ti com tuas próprias asas, ó minha Águia adorada! Igualmente, pelo tempo que quiseres, permanecerei com os olhos fixos em ti, quero ser *fascinada* por teu olhar divino, quero tornar-me presa de teu amor. Um dia, é o que espero, derramar-te-ás sobre mim e, arrebatando-me ao fogo do amor, mergulhar-me-ás enfim nesse abismo abrasador, a fim de tornar-me para sempre a feliz vítima.

Ó Jesus, quem me dera poder falar a todas as *pequenas almas* tua ine-fável condescendência! Sinto que se encontrasses uma mais fraca do que a minha – o que julgo impossível – terias prazer de enchê-la de favores ainda maiores, contanto que se abandonasse com toda a confiança à tua misericórdia infinita!

Mas, por que estes desejos de comunicar teus segredos de amor, ó meu Amado? Não foste tu, somente tu, que os ensinaste a mim, e não podes revelá-los a outros? Sim, eu sei e peço-te que o faças; *suplico-te que volvas teu olhar divino sobre um grande número de pequenas almas, suplico-te que, neste mundo, escolhas para ti uma legião de pequenas vítimas, dignas de teu AMOR!!!...*

Jesus!
Recorda-te das divinas ternuras
Com as quais encheste todos os pequeninos;
Também eu quero receber teus carinhos.
Ah! dá-me teus encantadores beijos;
Para gozar nos céus de tua doce presença
Saberei praticar as virtudes da infância.
Não disseste com frequência:
"O céu é das crianças..."
Recorda-te!
TERESA DO MENINO JESUS

CAPÍTULO XII

O Calvário. – O voo para o Céu.

Quero passar meu céu a fazer o bem sobre a terra.
Depois de minha morte farei cair uma chuva de rosas.

> *"Não quero permanecer inativa no céu, meu desejo é trabalhar mais pela Igreja e pelas almas. Peço-o a Deus e estou certa de que me ouvirá...".*

> *"É de suma importância que a alma se exercite muito no AMOR, a fim de que, consumindo-se rapidamente, pouco se detenha neste mundo, mas prontamente chegue a ver seu Deus face a face".*
> São João da Cruz

Muitas páginas desta história jamais serão lidas na terra... Disse-o Irmã Teresa do Menino Jesus; e nós, forçosamente, o repetimos depois dela. Há sofrimentos que não é permitido revelar neste mundo; ciosamente o Senhor reservou só para si descobrir-lhes o mérito e a glória na clara visão de que rasgará todos os véus...

Ele fez *"transbordar para a alma de sua pequena esposa as ondas de ternura infinita escondidas em seu divino Coração"*: foi o martírio de amor que sua melodiosa voz cantou com tanta suavidade. Mas, *"oferecer-se como vítima ao amor não é oferecer-se às doçuras, às consolações..."* Teresa o provou, porque o divino Mestre a conduziu através das ásperas sendas da dor; e foi somente em seu austero cume que ela morreu Vítima de Caridade.

Vimos quanto foi grande o sacrifício de Teresa quando ela deixou para sempre seu pai, que tão ternamente a amava, e a casa paterna, onde havia sido tão feliz; mas, talvez, se há de pensar que esse sacrifício lhe foi muito suavizado, visto que, no Carmelo, ela encontrou suas duas irmãs mais velhas, as queridas confidentes de sua alma: ao contrário, para a jovem postulante foi a ocasião das mais sensíveis privações.

A solidão e o silêncio eram rigorosamente observados, e ela só via suas irmãs na hora dos recreios. Se ela tivesse sido menos mortificada, com frequência, teria podido sentar-se a seu lado; mas *"ela procurava preferentemente a companhia das religiosas que menos lhe agradavam"*; podia-se também dizer que ninguém sabia se ela dedicava particular afeição a suas irmãs.

Algum tempo depois de sua entrada, deram-lhe a incumbência de ajudar a Irmã Inez de Jesus, sua *"Paulina"* tão amada: e foi uma nova fonte de sacrifícios. Teresa sabia ser proibida qualquer palavra inútil e jamais se permitiu a menor confidência. "Ó minha Mãezinha, dirá ela mais tarde, quanto sofri então!... Não podia abrir-lhe meu coração e pensava que já não me conhecia!..."

Após cinco anos de heroico silêncio, Irmã Inez de Jesus foi eleita Priora. Na tarde do dia da eleição, o coração da *"Terezinha"* deveria pulsar de alegria ao pensar que doravante poderia falar à sua "Mãezinha" com plena liberdade e, como outrora, derramar sua alma naquela da Madre Priora; mas o sacrifício tornara-se o alimento de sua vida; se ela pediu um favor, foi o de ser considerada a última, de ter sempre o último lugar. Inclusive, de todas as religiosas, foi a que mais raramente viu sua Madre Priora.

Ela queria viver a vida do Carmelo em toda a perfeição exigida por sua Santa Reformadora. Apesar de mergulhada numa habitual aridez, sua oração era constante. Um dia, ao entrar em sua cela, uma noviça parou, impressionada pela expressão verdadeiramente celestial de seu rosto. Ela costurava com vivacidade e, no entanto, parecia perdida numa contemplação profunda.

"Em que está a pensar?, perguntou-lhe a jovem irmã. – Medito o Pai-nosso, respondeu ela. É tão doce chamar o bom Deus *nosso* Pai!..." e lágrimas brilharam em seus olhos.

"Não vejo o que poderei ter no céu mais do que agora, dizia ela em outra ocasião; verei o bom Deus, é verdade, mas quanto a estar com Ele, vivo inteiramente unida a Ele na terra".

Uma viva chama de amor a consumia. Eis o que ela mesma narra:

"Dias depois de meu oferecimento ao *Amor misericordioso*, iniciei no Coro o exercício da Via-sacra, quando de repente me senti ferida por uma seta de fogo tão ardente que pensei que ia morrer. Não sei como explicar esse êxtase; não há comparação que possa fazer compreender a intensidade dessa chama. Parecia-me que uma força invisível me arremessava toda no fogo. Oh! que fogo! que doçura!"

Como a Madre Priora lhe perguntasse se este fora o primeiro êxtase de sua vida, ela respondeu simplesmente:

"Minha Madre, tive vários êxtases de amor, particularmente uma vez, durante o meu noviciado, quando permaneci uma semana inteira bem longe desse mundo; havia como que um véu lançado para mim sobre todas as coisas da terra. Mas eu não era queimada por uma chama real e podia suportar essas delícias sem esperar ver meus laços se quebrarem sob seu peso; ao passo que, no dia do qual falei, um minuto, um segundo a mais e minha alma separar-se-ia do corpo... Mas aí!, encontrei-me novamente sobre a terra, e a secura, imediatamente, veio habitar em meu coração!"

Mais um pouco, doce vítima de amor. A mão divina retirou seu dardo de fogo, mas a ferida é mortal...

Nesta íntima união com Deus, Teresa adquiriu sobre seus atos um domínio verdadeiramente notável; todas as virtudes desabrocharam à vontade no delicioso jardim de sua alma.

E não se creia que esta magnífica eflorescência de belezas sobrenaturais cresceu sem esforço algum.

"Absolutamente, não existe na terra fecundidade sem sofrimento: sofrimentos físicos, angústias particulares, provações conhecidas por Deus ou pelos homens. Quando a leitura da vida dos Santos gera em nós pensamentos piedosos, resoluções generosas, não devemos limitar-nos, como acontece com os livros profanos, a pagar um tributo qualquer de admiração ao gênio de seus autores; mas refletir, sobretudo, no preço que, sem dúvida alguma, eles pagaram pelo bem sobrenatural produzido por eles em cada um de nós[35]".

E se hoje "*a santinha*" opera transformações maravilhosas nos corações, se é imenso o bem que ela faz na terra, com toda a verdade, podemos

---

35. Dom Guéranger.

crer que o comprou pelo mesmo preço que Jesus comprou nossas almas: o sofrimento e a cruz.

Um de seus menores sofrimentos não foi a luta corajosa que ela empreendeu contra si mesma, recusando qualquer satisfação às exigências de sua briosa e ardente natureza. Desde criança, habituara-se a nunca se escusar, nem se queixar; no Carmelo, ela quis ser a humilde serva de suas irmãs.

Nesse espírito de humildade, esforçava-se por obedecer a todas indistintamente.

Uma tarde, durante sua doença, a comunidade devia reunir-se no eremitério do Sagrado Coração para cantar um hino. Irmã Teresa do Menino Jesus, já consumida pela febre, a muito custo conseguiu ir também; mas lá chegou exausta e teve de sentar-se imediatamente. Uma religiosa lhe fez sinal de levantar-se para cantar o hino. Sem hesitar, a humilde filha levantou-se e, apesar da febre e da opressão, permaneceu de pé até o fim.

A enfermeira havia-lhe aconselhado fazer diariamente um pequeno passeio de um quarto de hora no jardim. O conselho tornara-se ordem para ela. Uma tarde, vendo-a caminhar com muita dificuldade, uma irmã lhe disse: "Melhor seria se repousásseis; em tais condições, o passeio não vos pode ser proveitoso, só a esgota, eis tudo! – É verdade, respondeu esta filha da obediência, mas sabeis o que me dá forças?... Pois bem, *caminho por um missionário*. Penso que lá, bem distante, um deles talvez esteja esgotado em suas caminhadas apostólicas; e, para diminuir suas fadigas, ofereço as minhas ao bom Deus".

Às suas noviças ela deu sublimes exemplos de desapego:

Um ano, por ocasião da festa da Madre Priora, nossas famílias e os empregados do mosteiro haviam enviado ramalhetes de flores. Teresa os dispunha com gosto, quando uma irmã conversa disse-lhe em tom descontente: "Bem se vê que esses ramalhetes grandes foram dados por vossa família; aqueles dos pobres vão ficar em segundo plano!" Um meigo sorriso foi a única resposta da santa carmelita. Imediatamente, apesar da pouca harmonia que devia resultar da mudança, ela colocou em primeiro lugar os ramalhetes dos pobres.

Muito admirada por tão grande virtude, a Irmã foi acusar-se de sua imperfeição à Reverenda Madre Priora, louvando em voz alta a paciência e a humildade da Irmã Teresa do Menino Jesus.

Assim, quando a *"Pequena Rainha"* deixou a terra do exílio pelo reino de seu Esposo, essa mesma Irmã, cheia de fé em seu poder, aproximou sua fronte dos pés gelados da virginal filha, pedindo-lhe perdão pela falta de outrora. No mesmo instante, ela sentiu-se curada de uma anemia cerebral que, há longos anos, a impedia de realizar qualquer trabalho intelectual, mesmo a leitura e a oração mental.

Longe de fugir das humilhações, procurava-as com diligência; foi assim que se ofereceu para ajudar uma Irmã que se sabia ser difícil de satisfazer; seu generoso oferecimento foi aceito. Um dia em que ela acabava de receber uma série de censuras, uma noviça perguntou-lhe por que mantinha um ar tão feliz. Foi grande sua surpresa ao ouvir esta resposta: "É porque minha Irmã*** acaba de dizer-me coisas desagradáveis. Oh! quanto isso me agradou! Gostaria de encontrá-la agora a fim de poder-lhe sorrir". No mesmo instante, a Irmã bate à porta e, maravilhada, a noviça pôde ver como perdoam os santos.

"De tal modo eu pairava acima de tudo – dirá ela mais tarde –, que saía fortificada das humilhações".

A todas essas virtudes, ela acrescentava uma coragem extraordinária. Desde que, aos quinze anos, entrou para o Carmelo, foi-lhe permitido realizar todas as práticas de nossa austera regra, exceto o jejum. Por vezes, suas companheiras de noviciado notavam sua palidez e procuravam que fosse dispensada do Ofício noturno ou de levantar-se cedo; a venerada Madre Priora[36], simplesmente, não aceitou seus pedidos: "Uma alma dessa têmpera – dizia – não deve ser tratada como uma criança, as dispensas não são feitas para ela. Deixem, Deus a sustenta. Aliás, se está doente, ela própria deverá avisar-me".

Mas Teresa tinha o princípio que *"antes de se queixar, é preciso ir até o fim de suas forças"*. Quantas vezes ela se dirigiu às Matinas com vertigens ou violentas dores de cabeça! "Ainda posso caminhar – dizia ela –, então, devo cumprir meu dever!" E, graças a esta energia, ela simplesmente cumpriu atos heroicos.

---

36. Era a Reverenda Madre Maria de Gonzaga. Ela havia reconhecido em sua noviça "uma alma extraordinária, já santa, e capaz de se tornar, mais tarde, uma Priora de elite". É por isso que lhe deu essa educação religiosa tão viril e que Teresa aproveitou tão bem e da qual mostrou-se filialmente reconhecida, como disse na *História de sua alma*. Foi em suas mãos que Irmã Teresa do Menino Jesus deu seu último suspiro, *"feliz* – dizia ela – de não ter, nesse momento, sua Mãezinha por Superiora, a fim de poder exercer com proveito seu espírito de fé na autoridade". Madre Maria de Gonzaga morreu aos 71 anos de idade, a 17 de dezembro de 1904, assistida pela Reverenda Madre Inez de Jesus, então Priora.

Seu delicado estômago dificilmente se acomodava à alimentação frugal do Carmelo; certos alimentos causavam-lhe repugnância; mas ela sabia disfarçar tão bem, que jamais alguém suspeitou disso. Sua vizinha de mesa disse ter, em vão, procurado descobrir que alimentos mais lhe apeteciam. E também as irmãs da cozinha, vendo que se contentava com pouco, serviam-lhe invariavelmente as sobras.

Somente durante sua última doença foi revelada a sua mortificação, quando lhe ordenaram dizer o que lhe fazia mal.

"Quando Jesus quer que soframos – dizia ela então – é absolutamente necessário passar por isso. Assim, no tempo em que minha Irmã Maria do Sagrado Coração (sua irmã Maria) era provedora, empenhava-se em tratar-me com a ternura de uma mãe e eu parecia muito mimada! Entretanto, quantas mortificações ela me fez fazer, pois me servia segundo seus gostos, absolutamente opostos aos meus!"

Seu espírito de sacrifício era universal. Tudo quanto havia de mais penoso e menos agradável ela se apressava a escolhê-lo como parte que lhe era devida; tudo o que Deus lhe pedia ela lho dava sem pedir retorno.

"Durante meu postulantado – disse ela –, custava-me muito fazer certas mortificações exteriores em uso em nossos mosteiros; mas nunca cedi às minhas repugnâncias: parecia-me que o Crucifixo do pátio me fitava com olhos suplicantes e mendigava-me tais sacrifícios."

Sua vigilância era tal que não deixava de observar nenhuma das recomendações de sua Madre Priora, nenhum dos pequenos regulamentos que tornam meritória a vida religiosa. Tendo notado sua extraordinária fidelidade a este ponto, desde então, uma Irmã idosa considerou-a santa.

Ela gostava de dizer que não fazia grandes penitências: é que seu fervor considerava um nada aquelas que lhe eram permitidas. Assim, aconteceu que ficou doente por ter usado, por muito tempo, uma pequena cruz de ferro, cujas pontas cravaram-se em sua carne. "Isso não me aconteceu por tão pouco – dizia ela a seguir –, se o bom Deus não tivesse querido fazer-me compreender que as macerações dos santos não são feitas para mim, nem para as pequenas almas que caminharão pelo mesmo caminho da infância."

"As almas mais amadas por meu Pai, dizia um dia Nosso Senhor a Santa Teresa, *são as que Ele mais prova; e a grandeza de suas provações é a medida de seu amor."* Teresa era uma dessas almas mais amadas por Deus; e Ele iria encher de seu amor imolando-a nesse cruel martírio.

Conhecemos o convite da Sexta-feira Santa, 3 de abril de 1896, quando, segundo sua expressão, ela ouviu *"como um longínquo murmúrio a anunciar-lhe a chegada do Esposo"*. Longos meses, bem dolorosos, deveriam ainda passar antes dessa abençoada hora da libertação.

Na manhã desta Sexta-feira Santa, ela soube tão bem fazer crer que sua hemoptise não teria consequências, que a Madre Priora permitiu-lhe cumprir todas as penitências prescritas pela regra para aquele dia. À tarde, uma noviça surpreendeu-a a limpar janelas. Ela tinha o rosto pálido e, apesar de sua energia, parecia no fim de suas forças. Vendo-a tão desfalecida, a noviça, que a amava, prorrompeu em lágrimas, suplicando-lhe que permitisse pedir algum alívio para ela. Mas a jovem mestra proibiu-lhe terminantemente, dizendo que muito bem poderia suportar uma leve fadiga neste dia em que Jesus havia sofrido tanto por ela.

Logo uma persistente tosse inquietou a Reverenda Madre, que submeteu a Irmã Teresa do Menino Jesus a um regime fortificante, e a tosse desapareceu por alguns meses.

"De fato – dizia então nossa querida irmãzinha –, a doença é uma condutora muito lenta, *conto unicamente com o amor.*"

Fortemente tentada a responder ao apelo do Carmelo de Hanói, que pedia ajuda com instância, ela iniciou uma novena ao venerável Teofânio Vénard, com o objetivo de obter sua completa cura. Infelizmente, essa novena tornou-se o ponto de partida de um estado ainda mais grave.

Depois de, como Jesus, *ter passado pelo mundo a fazer o bem*; depois de ter sido esquecida, desconhecida como Ele, nossa santinha iria segui-lo subindo um doloroso Calvário.

Habituada a sempre vê-la sofrer e, todavia, continuar sempre corajosa, sua Madre Priora, sem dúvida inspirada por Deus, permitiu-lhe seguir os exercícios da comunidade, alguns dos quais a fatigavam ao extremo.

Ao cair da noite, a heroica filha devia subir sozinha a escada do dormitório; parando a cada degrau para retomar o fôlego, com muito custo alcançava sua cela, onde chegava tão extenuada que, por vezes, era-lhe necessária – confessou mais tarde – uma hora para tirar a roupa. E, depois de tantas fadigas, devia passar o tempo de repouso sobre seu duro enxergão.

Também as noites eram péssimas; e quando alguém lhe perguntava se não necessitava de alguma ajuda nessas horas de sofrimento, respondia: "Oh! não; ao contrário, estou muito bem por me ver numa cela bastante retirada e não ser ouvida por minhas Irmãs. Estou contente por sofrer sozinha, pois se for chorada e cercada de delicadezas, *eu não gozo mais*".

Santa filha!... Que domínio adquiristes sobre vós mesma para poder dizer com sinceridade essas sublimes palavras!... Assim, aquilo que a nós causa tanto desprazer: o esquecimento das criaturas, tornou-se para vós motivo de júbilo!... Ah! como vosso divino Esposo sabia conduzir com perfeição esse amargo júbilo que vos era tão suave!

Com frequência, aplicavam-lhe pontas de fogo nas costas. Um dia em que lhe foram particularmente dolorosas, ela repousava em sua cela durante o recreio. Ouviu então que, na cozinha, uma Irmã falava dela nestes termos: "Minha Irmã Teresa do Menino Jesus vai morrer em breve; e eu, na verdade, pergunto-me o que nossa Madre poderá dizer dela depois de sua morte. Ver-se-á em dificuldade, pois essa Irmãzinha, por sinal, muito amável, certamente, nada tem que seja digno de ser contado".

A enfermeira, que tudo ouvira, disse-lhe:

"Se vos tivésseis apoiado na opinião das criaturas, passaríeis hoje por uma grande desilusão.

– A opinião das criaturas! ah! felizmente o bom Deus sempre me deu a graça de manter-me absolutamente indiferente a elas. Ouça uma pequena história que acaba de mostrar-me o que ela vale:

"Alguns dias após minha tomada de hábito, fui ter com Nossa Madre. Ao perceber-me, uma Irmã de véu branco que lá se encontrava, disse: 'Minha Madre, recebestes uma noviça que vos faz honra! Ela tem um bom aspecto! Espero que siga a regra por muito tempo!' Eu estava muito contente com o elogio, quando chegou outra Irmã do véu branco e, por sua vez, disse: 'Mas, minha pobrezinha Irmã Teresa do Menino Jesus, como tem ar de fatigada! Tem uma saúde que faz temer; se isso continua não seguirá a regra por muito tempo!' Na ocasião, eu tinha somente dezesseis anos; mas essa pequena história deu-me tal experiência que, depois, considerei um nada a opinião tão variável das criaturas.

– Dizem que a senhora nunca sofreu muito?"

Sorriu e, apontando para um copo contendo uma poção de um vermelho brilhante, disse:

"Vedes este pequeno copo – disse ela –, dir-se-ia que está cheio de um licor delicioso; na realidade, nunca tomei coisa mais amarga. Pois bem, é a imagem de minha vida: aos olhos dos outros, ela sempre se revestiu das cores mais risonhas; parecia-lhes que eu bebia um requintado licor; e era só amargura! Eu disse, amargura, e entretanto minha vida não foi amarga, porque eu soube tirar minha alegria e minha doçura de todas as amarguras.

– Estais sofrendo muito, neste momento, não é verdade?

– Sim, mas eu o desejei muito!

"Como nos penaliza vê-la sofrer tanto, e pensar que, talvez, haveis de sofrer mais ainda", diziam-lhe suas noviças.

– Oh! não se aflijam por mim, pois *cheguei a ponto de não poder sofrer, porque todo o sofrimento me é suave*. Aliás, não lhes parece erro pensar no que pode vir de doloroso no futuro, é como meter-se a criar! Nós que corremos no caminho do amor, é preciso que nada nos perturbe. Se não tivesse de sofrer minuto a minuto, não me seria possível observar a paciência; mas vejo unicamente o momento presente, esqueço o passado e me acautelo de encarar o futuro. Se nos desestimulamos, se por vezes desesperamos, é porque pensamos no passado e no futuro. Entretanto, rezem por mim: muitas vezes, quando suplico ao Céu que venha em meu socorro, é então que sou mais desamparada!

– Como fazeis para não desanimar nestes abandonos?

– Volto-me para o bom Deus, para todos os santos, e assim mesmo lhes agradeço; *creio que eles querem ver até onde lançarei minha esperança...* Mas não é em vão que a palavra de Jó entrou no meu coração: 'Ainda que Deus me matasse, nele esperarei!' (Jó 13,15). Confesso que passou muito tempo antes de me estabelecer neste grau de abandono; e agora estou lá, *o Senhor me tomou e ali me colocou!*

Dizia ela ainda: 'Meu coração está repleto da vontade de Jesus; por isso, qualquer coisa que lhe queiram derramar por cima, não chega a penetrar até o fundo; é um nada que desliza facilmente, como o azeite sobre a superfície de uma água límpida. Ah! se minha alma estivesse repleta de antemão, se fosse necessária enchê-la com os sentimentos de alegria ou de tristeza que se sucedem tão depressa, isso seria uma onda de dor muito amarga! Estas alternativas, porém, só tocam minha alma; assim permaneço sempre numa paz profunda, que por nada pode ser perturbada'.

Contudo, sua alma estava envolta em densas trevas: suas tentações contra a fé, sempre vencidas e sempre renovadas, estavam lá para tirar-lhe qualquer sentimento de felicidade ao pensar na proximidade de sua morte.

"Se não tivesse a provação que é impossível compreender, dizia ela, creio que morreria de alegria só com o pensamento de, em breve, deixar esta terra."

Por esta provação, o divino Mestre queria acabar de purificá-la e permitir-lhe não só de andar a passos rápidos, mas de voar em seu *pequeno caminho de confiança e de abandono*. Suas palavras o provam a cada instante:

"Não desejo mais a morte do que a vida; se o Senhor me deixasse escolher, não escolheria nada; quero somente aquilo que Ele quer; *o que Ele faz, isso eu amo*!

Não temo, absolutamente, os últimos combates, nem os sofrimentos da doença, por maiores que sejam. O bom Deus sempre me socorreu: ajudou-me e conduziu-me pela mão desde minha mais tenra infância... conto com Ele. O sofrimento poderá chegar aos limites extremos, mas estou certa de que Ele jamais me abandonará".

Tal confiança devia excitar o furor do demônio, que, nos últimos momentos, põe em ação todos os seus ardis infernais no intuito de semear a desesperança nos corações.

"Ontem à noite – dizia ela à Madre Inez de Jesus –, fui tomada de uma verdadeira angústia e minhas trevas aumentaram. Não sei que voz maldita me dizia: 'Tens certeza de ser amada por Deus? Ele veio dizê-lo a ti? Não é a opinião de algumas criaturas que te justificará diante dele'".

"Há muito tempo já me atormentavam esses pensamentos, quando vieram trazer-me vosso bilhete verdadeiramente providencial. Vós me recordáveis, minha Madre, todos os privilégios de Jesus à minha alma; e, como se minha angústia vos tivesse sido revelada, dizíeis-me que eu era grandemente amada por Deus e na véspera de receber de sua mão a coroa eterna. A calma e a alegria logo renasceram no meu coração. Entretanto, eu ainda me dizia: 'É a afeição de minha Mãezinha por mim que lhe faz escrever essas palavras'. Então, imediatamente, fui inspirada a tomar o santo Evangelho e, abrindo-o ao acaso, meus olhos caíram sobre esta passagem, que eu jamais havia reparado: 'Aquele a quem Deus enviou, fala palavras de Deus; porque Deus não lhe dá o Espírito por medida'" (Jo 3,34).

"Pouco depois adormeci, inteiramente consolada. Fostes vós, minha Madre, que o bom Deus me enviou, e eu devo crer em vós, pois me dizeis as mesmas coisas que Deus."

No decorrer do mês de agosto ela esteve vários dias como que fora de si mesma, suplicando-nos a orar por ela. Jamais a vimos assim. Nesse estado de angústia inexprimível, ouvimo-la repetir:

"Oh! como é preciso rezar pelos agonizantes! Se o soubessem!"

Uma noite, ela suplicou à enfermeira que lançasse água-benta sobre seu leito, dizendo:

"O demônio anda ao meu redor; não o vejo, mas o sinto... ele me atormenta, segura-me com uma mão que parece de ferro para impedir-me de sentir o mais leve alívio; ele aumenta meus males a fim de que eu me desespere... E não posso rezar! Posso apenas olhar para a Santíssima Virgem e dizer: Jesus! Como é necessária a oração das Completas: *Procul recedant somnia, et noctium phantasmata!* Livrai-nos dos fantasmas da noite'".

"Experimento algo de misterioso, não sofro por mim, mas por outra alma... e o demônio não quer."

Vivamente impressionada, a enfermeira acendeu uma vela benta e o espírito das trevas desapareceu para nunca mais voltar. Todavia, nossa irmãzinha continuou até o fim em dolorosas angústias.

Um dia, enquanto ela olhava para o céu, fizeram-lhe esta reflexão:

"Logo habitareis além do céu azul; por isso o contemplais com tanto amor!"

Ela se contentou a sorrir e depois disse à Madre Priora:

"Minha Madre, nossas Irmãs não conhecem meu sofrimento! Olhando para o firmamento azul, só pensava ver a beleza desse céu material; *o outro me está sempre mais fechado*... Primeiro, afligi-me com a reflexão que me fizeram, depois, uma voz interior me respondeu: '*Sim, tu olhavas o céu por amor. Já que tua alma está totalmente entregue ao amor, todos os teus atos, mesmo os mais indiferentes, estão marcados pelo selo divino'*". No mesmo instante, fiquei consolada.

A despeito das trevas que a envolviam totalmente, de tempos em tempos o Carcereiro divino entreabria a porta de sua obscura prisão; então ocorria um êxtase de abandono, de confiança e de amor.

Estando um dia a passear pelo jardim, amparada por uma de suas irmãs, ela parou diante do quadro encantador de uma galinha branca abrigando sob as asas sua graciosa família. Imediatamente seus olhos se encheram de lágrimas e, voltando-se para sua querida condutora, disse-lhe: "Não posso demorar-me mais, entremos depressa..."

E, na cela, chorou longamente sem poder articular uma só palavra. Enfim, olhando para sua irmã, com uma expressão inteiramente celeste, acrescentou:

"Pensei em Nosso Senhor, na amável comparação que Ele tomou para fazer-nos acreditar em sua ternura. Foi assim que agiu por mim em toda a minha vida: *escondeu-me inteiramente sob suas asas*! Não consigo dizer o que se passou em meu coração. Ah! o bom Deus faz bem em esconder-se a meus olhos e, raramente, mostrar-me e como que *'através de grades'* (Ct 2,9) os efeitos de sua misericórdia; sinto que não poderia suportar sua doçura".

Não podíamos resignar-nos a perder esse tesouro de virtudes e, a 5 de junho de 1897, iniciamos uma fervorosa novena a Nossa Senhora das Vitórias, esperando que, mais uma vez, ela reanimaria com um milagre a *florzinha* do seu amor. Mas ela nos deu a mesma resposta que o venerável mártir Teofânio e tivemos de aceitar generosamente a amarga perspectiva de uma separação próxima.

No começo de julho, seu estado tornou-se mais grave e, enfim, tivemos de transferi-la para a enfermaria.

Vendo sua cela vazia e certa de que nunca mais a encontraria ali, a Madre Inez de Jesus lhe disse:

"Quando já não estiverdes entre nós, que tristeza sentirei ao olhar para esta cela!

– Para vos consolar, minha Mãezinha, pensareis que estou felicíssima lá no céu e que adquiri grande parte de minha felicidade nesta pequena cela; porque, acrescentou ela elevando ao céu seu belo olhar profundo, *ali sofri muito* e seria feliz se ali morresse".

Ao entrar na enfermaria, o olhar de Teresa voltou-se primeiramente para a Virgem milagrosa que havíamos colocado ali. Seria impossível traduzir a expressão desse olhar: "O que vê?", perguntou-lhe sua irmã Maria. Estava lá a mesma que, em sua infância, foi testemunha de seu êxtase e lhe serviu também de mãe. – Ela respondeu:

"Nunca me pareceu tão bela!... mas hoje é a estátua; *sabeis muito bem que outrora não era a estátua...*"

Daí em diante, a angélica filha foi consolada da mesma maneira. Uma noite ela exclamou:

"Quanto amo a Virgem Maria! Se tivesse sido sacerdote, como teria falado dela! Alguns a mostram inacessível, melhor seria mostrá-la imitável. *Ela é mais mãe do que rainha!* Ouvi dizer que seu fulgor eclipsa todos os santos; como o sol, ao nascer, faz desaparecer as estrelas. Meu Deus! que estranho modo de falar! Uma mãe que faz desaparecer a glória de seus fi-

Segundo uma foto tomada no jardim do mosteiro.
Vista geral do Carmelo de Lisieux
A enfermaria e a cela da Irmã Teresa do Menino Jesus estão
marcadas com uma †. A primeira ao rés do chão, a segunda no primeiro andar. –
A Serva de Deus, no dia em que chorou ao ver a galinha branca,
encontrava-se no prado, no primeiro plano à esquerda.

Ao fundo desse claustro encontra-se a enfermaria de Irmã Teresa
do Menino Jesus. Percebe-se o leito em que ela morreu e a poltrona
que usou durante sua doença.

lhos! De minha parte, penso totalmente o contrário; creio que aumentará muitíssimo o esplendor dos eleitos... A Virgem Maria! parece-me que sua vida foi muito simples!"

E, continuando seu discurso, apresentou-nos um quadro tão suave, tão delicioso da vida íntima da Sagrada Família, que ficamos admiradas.

Uma provação muito sensível a esperava. Depois do dia 16 de agosto até 30 de setembro, dia venturoso de sua comunhão eterna, por causa dos vômitos que incessantemente se produziam, não lhe foi possível receber a santa Eucaristia. O Pão dos Anjos! Quem mais o amou do que esse serafim da terra? Quantas vezes, mesmo em pleno inverno desse último ano, após suas noites de cruéis sofrimentos, a corajosa filha levantou-se de manhã para dirigir-se à Mesa sagrada! Nunca considerava demasiado caro comprar a felicidade de unir-se a seu Deus.

Antes de ser privada desse alimento celeste, Nosso Senhor visitou-a com frequência em seu leito de dor. A comunhão do dia 16 de julho, festa de Nossa Senhora do Carmo, foi particularmente comovedora. Durante a noite ela compôs a seguinte estrofe, que devia ser cantada antes da comunhão:

> Tu que conheces minha extrema pequenez,
> Não temas abaixar-te até mim!
> Vem ao meu coração, ó Sacramento que amo;
> Vem ao meu coração... que aspira por ti.
> Quero, Senhor, que tua bondade me deixe
> Morrer de amor depois deste favor;
> Jesus, ouve o grito de minha ternura,
> Vem ao meu coração!

Na manhã, à passagem do Santíssimo Sacramento, o piso do nosso claustro desapareceu sob as flores dos campos e as rosas desfolhadas. Um jovem sacerdote que, naquele dia, devia celebrar sua primeira missa em nossa capela, levou o sagrado Viático à nossa meiga doente. E Irmã Maria da Eucaristia, cuja voz melodiosa tinha vibrações celestes, cantou segundo o seu desejo:

> Morrer de amor é um dulcíssimo martírio,
> E é este que eu quereria sofrer.
> Ó Querubins! afinai vossa lira,
> Pois sinto que meu exílio vai findar...
> . . . .
> Divino Jesus, realiza meu sonho:
> Morrer de amor!

Alguns dias depois a pequena vítima de Jesus piorou muito; e a 30 de julho recebeu a Unção dos Enfermos. Jubilosa disse então:

"A porta de minha sombria prisão está entreaberta, estou radiante, sobretudo depois que nosso Padre Superior assegurou-me que, hoje, minha alma se assemelha à de uma criancinha recém-batizada".

Sem dúvida, pensava voar dentro em breve para o meio da branca falange dos Santos Inocentes. Ela não sabia que dois meses de martírio ainda a separavam de sua libertação.

Um dia, disse à Madre Priora:

"Minha Madre, peço-vos que me concedais a permissão de morrer... Deixai que ofereça minha vida nesta intenção..."

E assim que esta permissão lhe foi recusada, respondeu:

"Pois bem, sei que neste momento o bom Deus deseja *um cachinho de uvas*, que ninguém lhe quer oferecer e, por isso, será obrigado *a vir roubá-lo*... Não peço nada, porque isso seria sair do meu caminho de abandono; peço somente à Virgem Maria que recorde a seu Jesus o título de *Ladrão*, que Ele deu a si mesmo no santo Evangelho, a fim de que não se esqueça de vir *roubar-me*".

Um dia, trouxeram-lhe um feixe de espigas de trigo. Ela tomou uma tão cheia de grãos que se inclinou sobre sua haste; considerou-a demoradamente... e depois disse à Madre Priora:

"Minha Madre, esta espiga é imagem de minha alma: *o bom Deus encheu-me de graças para mim e pelo bem dos outros!...* Ah! quero inclinar-me sempre sob a abundância dos dons celestes, reconhecendo que tudo vem do alto".

E não se enganava: sim, sua alma estava carregada de graças... e não era difícil distinguir o Espírito de Deus louvando a si mesmo por meio dessa boca inocente!

Este Espírito de verdade não havia já feito a grande Teresa de Ávila escrever:

"Com humilde e santa presunção, as almas que chegaram à união divina tenham-se em alta estima; sem cessar, tenham diante dos olhos a lembrança dos benefícios recebidos e cuidem de não pensar que fazem um ato de humildade ao não reconhecerem as graças de Deus. Não é evidente que a lembrança fiel dos benefícios aumenta o amor pelo benfeitor? De que maneira, aquele que ignora as riquezas de que é possuidor poderá participar deles e distribuí-los com liberalidade?"

Não foi esta a única vez que *a Terezinha de Lisieux* pronunciou palavras verdadeiramente inspiradas.

No mês de abril de 1895, quando estava muito bem de saúde, ela fez esta confidência a uma religiosa anciã e digna de fé:

"Hei de morrer em breve; não digo que isso será dentro de poucos meses; *mas dentro de dois ou três anos, quando muito; sinto isso por aquilo que se passa em minha alma*".

As noviças testemunhavam-lhe sua surpresa por vê-la adivinhar seus pensamentos mais íntimos:

"Eis meu segredo, disse-lhes ela: jamais vos faço a mínima observação sem invocar a Virgem Santíssima, peço-lhe que me inspire o que devo fazer para vosso maior bem; e, muitas vezes, eu mesma me admiro das coisas que vos ensino. Na hora em que o digo, simplesmente sinto que não me engano e que Jesus fala através de minha boca".

Durante sua doença, uma de suas Irmãs acabava de passar por um momento de penosa angústia, quase de desânimo, com a previsão de uma inevitável e próxima separação. Entrando pouco depois na enfermaria, sem deixar transparecer seu sofrimento, ficou muito surpresa ao ouvir nossa santa doente dizer-lhe em tom sério e triste: "Não se deve chorar como os que não têm esperança!"

Uma de nossas Madres, que viera visitá-la, prestava-lhe um pequeno serviço. "Como ficaria feliz, pensava ela, se este anjo me dissesse: 'Pagar-lhe-ei isso no Céu!' – No mesmo instante, a Irmã Teresa do Menino Jesus voltou-se para ela e lhe disse: *'Minha Madre, no Céu pagar-lhe-ei isso!'*"

Mais surpreendente, porém, é que ela demonstrava ter consciência da missão para a qual o Senhor a enviara à terra. O véu do futuro parecia rasgado diante dela; e, mais de uma vez, ela revelou-nos os segredos em profecias já realizadas:

"*Nunca dei ao bom Deus senão amor*, dizia ela, *e Ele me retribuía com amor*. Depois de minha morte, farei cair uma chuva de rosas".

Uma Irmã falava-lhe da bem-aventurança do céu. Ela a interrompeu, dizendo: "Não é isso que me atrai..."

– Que é então?

– "Oh! é o Amor! Amar, ser amada *e voltar à terra para fazer amar o* Amor".

Uma noite, ela recebeu Madre Inez de Jesus com uma particularíssima expressão de serena alegria:

"Minha Madre, acabam de chegar aos meus ouvidos algumas notas de um concerto longínquo, e pensei que logo mais ouvirei melodias incomparáveis; mas esta esperança só me alegrou por um instante; uma única expectativa fez bater meu coração: *é o amor que hei de receber e aquele que poderei dar!*

"*Sinto que minha missão vai iniciar, minha missão de fazer amar o bom Deus como eu o amo... de dar meu pequeno caminho às almas.* QUERO PASSAR MEU CÉU A FAZER O BEM SOBRE A TERRA. *Isso não é impossível, visto que, mesmo no seio da visão beatífica, os anjos velam sobre nós. Não, não poderei tomar descanso até o fim do mundo! Mas quando o anjo tiver dito:* 'Não há mais tempo' (Ap 10,6), *só então descansarei, poderei gozar, porque o número dos eleitos estará completo.*

– Que pequeno caminho quereis, pois, ensinar às almas?

– Minha Madre, é o caminho da infância espiritual, é o caminho da confiança e do abandono total. Quero indicar-lhes os pequenos meios que me deram excelentes resultados; dizer-lhes que, na terra, há uma única coisa a ser feita: *lançar a Jesus as flores dos pequenos sacrifícios, cativá-lo por meio de carinhos! Foi assim que eu o cativei e é com isso que hei de ser bem recebida!*"

"Se vos induzir ao erro com meu pequeno caminho de amor, dizia a uma noviça, não precisais temer, pois não vos deixarei segui-lo por muito tempo. Aparecerei logo para dizer-vos que tome outro caminho; mas, se eu não voltar, crede na verdade de minhas palavras: *nunca teremos confiança demais no bom Deus, tão poderoso e tão misericordioso! Obteremos dele tanto quanto nele confiarmos!...*"

Na véspera da festa de Nossa Senhora do Carmo, uma noviça lhe disse:

"Se morrêsseis amanhã, depois da comunhão, creio que seria uma morte tão bela que me consolaria de toda a minha mágoa".

E Teresa respondeu com vivacidade:

"Morrer depois da comunhão! Num dia de grande festa! Não, isso não há de acontecer: *as almas pequenas não poderiam imitar isso*. No meu pequeno caminho, só existem coisas muito ordinárias; é preciso que as pequenas almas possam fazer tudo o que eu faço".

E mais, escreveu a um de seus irmãos missionários:

"O que me atrai à Pátria dos céus é o apelo do Senhor, é a esperança de, enfim, amá-lo como tanto desejei, e o pensamento que poderei fazê-lo amar *por uma multidão de almas* que o bendirão eternamente".

E em outra ocasião:

"Espero não ficar inativa no Céu, meu desejo é de ainda trabalhar pela Igreja e pelas almas; peço isso a Deus e estou certa de que me ouvirá. Bem vê que se eu abandonar já o campo de batalha, não é pelo desejo egoísta de descansar. Após muito tempo, o sofrimento tornou-se meu céu na terra; e terei dificuldade de imaginar como ser-me-á possível aclimatar-me num país onde reina a alegria sem mistura alguma de tristeza. Será necessário que Jesus transforme inteiramente minha alma, caso contrário, não conseguirei suportar as delícias eternas".

Sim, para ela o sofrimento tornara-se um céu na terra; ela lhe sorria como nós sorrimos à felicidade.

"Quando eu sofro muito – dizia –, quando me acontecem coisas penosas, desagradáveis, em vez de tomar um ar triste, respondo com um sorriso. No início, nem sempre o conseguia; mas agora, é um hábito que me deixa feliz por tê-lo adquirido".

Uma de nossas Irmãs duvidava de sua paciência. Um dia, ao visitá-la, viu em seu rosto uma expressão de alegria celeste e quis saber-lhe a causa.

"É porque sinto uma dor muito viva, respondeu Teresa; sempre me esforcei por amar o sofrimento e dar-lhe boa acolhida."

"Por que está tão risonha esta manhã?" perguntava-lhe a Madre Inez de Jesus.

– É porque tive dois pequenos desgostos; nada me causa *pequenas alegrias* como os *pequenos desgostos*.

E em outra ocasião:

"Tem tido provações hoje?

– Sim, mas... já que as amo!... Amo tudo o que o bom Deus me dá.

– É horrível o que sofre?

– Não, não é horrível; uma pequena vítima de amor poderia achar horrível o que seu Esposo lhe envia? A todo o instante, Ele me dá o que posso suportar; nada mais; e se no momento seguinte Ele aumenta meu sofrimento, aumenta também minha força.

"Todavia, eu nunca poderia pedir-lhe sofrimentos maiores, *pois sou muito pequena*; e então tornar-se-iam sofrimentos meus, e seria necessário que os suportasse inteiramente só; *e nunca pude fazer coisa alguma sozinha*".

Assim falava no leito de morte esta virgem sábia e prudente, cuja lâmpada, sempre cheia do óleo das virtudes, brilhou até o fim.

Se, no livro dos Provérbios, o Espírito Santo nos diz: *"Conhece-se a doutrina do homem pela paciência"* (Pr 19,11), aqueles que a ouviram podem crer em sua doutrina, desde que a tenham provado por uma paciência invencível.

Em todas as visitas, o médico manifestava-nos sua admiração: "Ah! se soubessem o que ela suporta! Jamais vi sofrer tanto com esta expressão de alegria sobrenatural. É um anjo!" E quando lhe expressávamos nossa aflição diante do pensamento de perdermos tão estimado tesouro, acrescentava: – "Não posso curá-la, é uma alma que não foi criada para a terra".

Vendo sua extrema fraqueza, ele ordenava poções fortificantes. A princípio, Teresa se entristeceu, devido ao seu preço elevado; depois nos disse:

"Agora, já não me aflijo por tomar remédios caros, pois li que Santa Gertrudes se alegrava com isso, ao pensar que tudo seria para o proveito de nossos benfeitores, porque Nosso Senhor disse: *'O que fizerdes ao menor dos meus irmãos, é a mim que o fareis'*" (Mt 25,40).

"Estou convencida da inutilidade dos medicamentos para me curar, acrescentava ela; mas me entendi com o bom Deus para que sejam proveitosos aos pobres missionários, que não têm tempo nem recursos para se tratarem."

Tocado pelas atenções de sua pequena esposa, o Senhor, que nunca se deixa vencer em generosidade, enchia-a também com suas divinas atenções: ora eram ramalhetes de flores enviados por sua família, ora um pequeno pintarroxo que vinha saltitar sobre seu leito, olhando-a com um ar de reconhecimento e fazendo-lhe mil gentilezas.

"Minha Madre, dizia então nossa filha, estou profundamente emocionada pelas delicadezas que me faz o bom Deus; externamente, estou cumulada... e, no entanto, continuo nas mais densas trevas!... Sofro muito... sim, muito! Mas com isso, gozo de uma paz espantosa: realizaram-se todos os meus desejos... estou cheia de confiança."

Algum tempo depois, narrava este fato comovedor:

"Uma noite, durante o grande silêncio, a enfermeira veio colocar a meus pés uma garrafa de água quente e passar-me uma tintura de iodo no peito.

"Eu era consumida pela febre, uma sede ardente me devorava. Submetendo-me a esses remédios, não me contive e queixei-me a Nosso Senhor. Disse-lhe: Meu Jesus, sois testemunha de que sou consumida pela febre e ainda me trazem mais calor e fogo! Ah! se em lugar de tudo isso, eu tivesse meio copo de água, como ficaria mais aliviada!... Meu Jesus! vossa filhinha tem muita sede! Mas está feliz por ter ocasião de lhe faltar o necessário, a fim de imitar-vos e salvar almas".

"Logo a enfermeira me deixou, e já contava tornar a vê-la somente na manhã seguinte; qual não foi minha surpresa quando, poucos minutos depois, veio trazer-me uma bebida refrescante: 'Lembrei-me há pouco que talvez estivesse com sede, disse-me ela; doravante tomarei o hábito de lhe oferecer esse alívio todas as noites'. Fitei-a, estupefata, e quando me vi só, pus-me a chorar. Oh! como nosso Jesus é bom! Como é doce e terno! É tão fácil tocar seu Coração!"

Uma das finezas do Coração de Jesus, que mais causou alegria à sua pequena esposa, aconteceu a 6 de setembro, dia em que, providencialmen-te, recebemos uma relíquia do venerável Teofânio Vénard. Várias vezes já havia expresso o desejo de possuir alguma coisa que tenha pertencido ao bem-aventurado amigo; vendo, porém, que ninguém mais se importava, ela deixou de falar nisso. Assim, foi grande sua emoção quando a Madre Priora entregou-lhe o precioso objeto; ela o cobriu de beijos e não quis mais separar-se dele.

Por que ela amava tanto o angélico missionário? Ela o confiou a suas irmãs queridas numa conversa comovedora:

"Teofânio Vénard é *um pequeno santo*, sua vida nada tem de extraordi-nário. Ele amava muito a Virgem Imaculada e amava muito sua família".

Destacando, então, estas últimas palavras:

"Eu também amo muito minha família! Não compreendo os santos que não amam sua família!... Como lembrança de despedida, transcrevi-lhes algumas passagens das últimas cartas que ele escreveu a seus pais; são precisamente os meus pensamentos, minha alma se parece com a sua".

Transcrevemos aqui esta carta que diríamos ter saído da pena e do coração de nosso anjo:

"Nesta terra, nada encontro que me faça feliz; meu coração é muito grande, nada que neste mundo chamamos de felicidade pode satisfazê-lo. Meu pensamen-to voa para a eternidade, o tempo está a findar! Meu coração está calmo como um lago tranquilo ou um céu sereno; não tenho saudades da vida deste mundo: tenho sede das águas da vida eterna...

"Mais um pouco e minha alma deixará a terra, acabará seu exílio, terminará sem combate. Subo ao céu! Hei de entrar na morada dos eleitos, ver belezas que olho humano jamais vu, ouvir harmonias que ouvido jamais ouviu, gozar alegrias que o coração jamais experimentou... Eis-me chegada à hora por todos nós muito desejada! É bem verdade que o Senhor escolheu *os pequenos* para confundir os grandes deste mundo. Não me apoio em minhas próprias forças, mas na força daquele que, na cruz, venceu as potências do inferno.

"Sou uma flor primaveril que o Mestre do jardim colhe para seu prazer. Todos nós somos flores plantadas nesta terra e que Deus colhe a seu tempo: um pouco mais cedo, um pouco mais tarde... Eu, florzinha efêmera, vou por primeiro! Um dia, tornaremos a nos encontrar no paraíso e gozaremos da verdadeira felicidade".

IRMÃ TERESA DO MENINO JESUS,
usando palavras do angélico mártir
Teofânio Vénard

Lá por fim de setembro, quando lhe contaram algumas coisas do que fora dito no recreio acerca da responsabilidade daqueles que têm almas aos seus cuidados, reanimou-se um instante e pronunciou estas belas palavras:

"Quanto aos pequenos, serão julgados com extrema doçura!" (Sb 6,7). É possível conservar-se pequeno, mesmo nos encargos mais temíveis; não está escrito que, no fim, *"o Senhor levantar-se-á para salvar todos os mansos e humildes da terra?"* (Sl 75,10). *"Não diz para julgar, mas para salvar!"*

Todavia, a onda da dor crescia sempre mais. A fraqueza chegou a tal ponto que, logo, a santa doentinha viu-se reduzida a não poder fazer, sem auxílio, o mais leve movimento. Ouvir falar perto dela, mesmo em voz baixa, causava-lhe um sofrimento horrível. A febre e a opressão não lhe permitiam articular uma única palavra sem sentir uma extrema fadiga. Contudo, apesar desse estado, jamais o sorriso abandonou seus lábios. Uma nuvem passava em sua fronte? Era o medo de dar às nossas irmãs um acréscimo de aflição. Até a antevéspera de sua morte quis passar a noite sozinha. A enfermeira, porém, levantava-se várias vezes, apesar de seus pedidos contrários. Numa de suas visitas, encontrou-a de mãos postas e os olhos elevados ao céu.

"Que estais a fazer? – perguntou-lhe ela; deveis procurar dormir.

– Não posso, minha Irmã, sofro demais! Então, eu rezo...

– E o que dizeis a Jesus?

– Não lhe digo nada, *amo-o!*"

"*Oh! como o bom Deus é bom!*... exclamava ela por vezes. Sim, deve ser, de fato, muito bom para dar-me a força de suportar tudo o que sofro".

Um dia, disse à Madre Priora:

"Minha Madre, gostaria de confiar-vos o estado de minha alma; mas não posso, porque, neste momento, estou muito comovida".

E, à noite, entregou-lhe estas linhas, escritas a lápis, com a mão trêmula:

"Ó meu Deus, como sois bom para com a vitimazinha de vosso amor misericordioso! Mesmo agora que acrescentais o sofrimento exterior às provações de minha alma, não posso dizer: '*Cercaram-me as angústias da morte*' (Sl 17,5). Mas, no meu reconhecimento, exclamo: "*Ainda que ande no meio da sombra da morte, não temerei mal algum, porque estais comigo, Senhor*" (Sl 22,4).

"Algumas irmãs creem que tema a morte, disse-lhe *sua Mãezinha*.

– De fato, isso poderá acontecer; nunca me apoio nos meus pensamentos; sei quanto sou fraca; mas quero gozar o sentimento que o bom Deus me dá agora; sempre haverá tempo de sofrer o contrário.

"O Reverendo Pe. Capelão disse-me: 'Estais resignada a morrer?' Respondi-lhe: 'Ah! meu Pai, penso que só se necessita de resignação para viver... por morrer, sinto a alegria'.

"Não vos aflijais, minha Madre, se sofro muito e se não manifesto nenhum sinal de felicidade no último momento. Nosso Senhor não morreu vítima de amor? E veja como foi sua agonia!..."

Enfim, despontou a aurora do dia eterno! Era quinta-feira, 30 de setembro. Pela madrugada, nossa doce vítima, ao falar de sua última noite de exílio, olhou para a imagem de Maria dizendo:

"Oh! rezei-lhe com muito fervor!... mas é a agonia pura, sem nenhuma mistura de consolação...

"Falta-me o ar da terra, quando terei o ar do Céu?"

Às dez e meia, sentou-se na cama, o que já não lhe era possível fazer há várias semanas, e exclamou:

"Minha Madre, o cálice está cheio até a borda! Não, jamais teria acreditado que fosse possível sofrer tanto... Só posso explicar isso pelo meu extremo desejo de salvar almas..."

E pouco depois:

"Tudo o que escrevi sobre meus desejos de sofrer é pura verdade! *Não me arrependo de ter-me entregue ao amor*".

Repetiu várias vezes estas últimas palavras.

E um pouco mais tarde:

"Minha Madre, preparai-me para bem morrer".

Sua venerada Priora estimulou-a com estas palavras:

"Minha filha, já está preparada para comparecer diante de Deus, porque sempre compreendeu a virtude da humildade".

Então, ela deu esse belo testemunho de si mesma:

"Sim, sinto que minha alma nunca procurou senão a verdade... sim, compreendi a humildade do coração!"

Às quatro e meia, manifestaram-se os sintomas da última agonia. Logo que nossa angélica moribunda viu entrar a comunidade, agradeceu-lhe com o mais gracioso sorriso; depois, totalmente entregue ao amor e ao sofrimento, segurando o crucifixo em suas mãos desfalecidas, iniciou o combate supremo. Um suor abundante cobria-lhe o rosto; ela tremia... Mas, como em meio a uma furiosa tempestade o piloto a dois dedos do porto não perde a coragem, assim esta alma de fé, percebendo estar perto o farol luminoso da praia eterna, deu valentemente os últimos golpes de remo para chegar ao porto.

Quando o sino do mosteiro tangia o Angelus vespertino, ela fixou um inexprimível olhar para a Estrela dos mares, a Virgem Imaculada. Não era, então, o momento de cantar:

> Tu, que na aurora da vida me sorriste,
> Vem sorrir-me de novo, ó Mãe, eis a tarde!

Às sete horas e alguns minutos, voltando-se para sua Madre Priora, nossa pobre martirzinha lhe disse:

"Minha Madre, não é a agonia?... Não vou morrer?...

– Sim, minha filha, é a agonia, mas talvez Jesus quer prolongá-la por algumas horas".

Então, com voz doce e resignada:

"Pois bem... vamos... vamos... oh! não quisera sofrer menos!"

Depois, olhando para seu crucifixo:

"OH!... AMO-O!... MEU DEUS, EU... VOS... AMO!!!"

Foram estas as suas últimas palavras. Assim que acabou de pronunciá--las, para nossa grande surpresa, de repente ela inclinou a cabeça para a direita, na mesma atitude das virgens mártires ao se oferecerem para o golpe da espada; ou antes, como uma vítima de amor, a esperar que o Arqueiro divino lhe atire a flecha abrasada pela qual quer morrer...

Repentinamente, ergue-se, como que chamada por uma voz misteriosa, abre os olhos e os fixa, brilhantes de paz celeste e de indizível felicidade, um pouco acima da imagem de Maria.

Este olhar prolongou-se pelo espaço de um *Credo* e sua alma ditosa, tornada presa da *Águia divina*, voou para o céu.

. . . .

. . . .

Alguns dias antes de deixar este mundo, dissera-nos este anjo: "*A morte de amor que desejo, é a de Jesus na cruz*". Seu desejo foi plenamente atendido: as trevas, a angústia acompanharam sua agonia. Todavia, não poderíamos aplicar-lhe também a sublime profecia de São João da Cruz, referente às almas consumidas na divina caridade?:

"*Elas morrem em êxtases admiráveis e deliciosos assaltos que o amor lhes dá, como o cisne, cujo canto é mais melodioso quando está prestes a morrer.* Foi o que levou Davi a dizer que '*a morte dos justos é preciosa aos olhos de Deus*': pois é então que os rios do amor deixam a alma e vão perder-se no oceano do amor divino".

Logo depois que nossa branca pomba levantou seu voo, a alegria do último instante imprimiu-se em sua fronte e um inefável sorriso animava seu rosto. Pusemos-lhe uma palma na mão; e os lírios e as rosas envolveram os despojos virginais daquela que levou para o céu a veste branca do seu batismo, avermelhada com o sangue de seu martírio de amor. No sábado e no domingo, uma multidão imensa e recolhida afluía sem cessar diante da grade do coro, contemplando na majestade da morte "*a pequena rainha*" sempre graciosa, fazendo tocar nela centenas de terços, medalhas e até joias.

A 4 de outubro, dia da inumação, vimo-la rodeada por uma bela coroa de sacerdotes; esta honra lhe era devida: havia rezado tanto pelas almas sacerdotais! Enfim, após ser solenemente abençoado, este grão de trigo precioso foi lançado à terra pelas mãos maternais da santa Igreja...

E quem poderá dizer agora quantas espigas maduras produziu esse germe?... Uma vez mais, realizou-se magnificamente a palavra do divino Ceifeiro: "Em verdade, vos digo que se o grão de trigo que cai na terra não morrer, fica infecundo; mas, se morrer, PRODUZ MUITO FRUTO..."

(Este quadro representa fielmente a expressão do rosto e a posição da cabeça de Irmã Teresa do Menino Jesus, logo após sua morte).

Do mundo ela passou a fugitiva imagem...
A mim o Céu!

Naquela noite, na sombra, Anjos desceram,
A procurar uma irmã para levá-la ao Céu;
Sobre suas asas azuis, alegres, a raptaram,
E o Menino Deus, Jesus, diante deles correu.

Virgens lá estavam para sua conquista,
E o ardor do triunfo em seus olhos brilhou;
E todas olhavam com um ar de festa,
E a Virgem Imaculada também lhe sorriu!...

E, laços rompidos, apareceu entre elas,
Teresa, bela e jovem, e alma inflamada;
Só ela com a fronte ornada de flores novas,
Mais brilhantes que a aurora aos inícios de maio.

Esta esposa escolhida, alma pura e serena,
Já cheia de dias, procurava em seu Céu,
No Céu impaciente por proclamá-la rainha,
De seu ardente amor o salário eternal...

Bela ROSA DESFOLHADA outrora sobre a terra,
Corremos ao odor de teus perfumes tão suaves.
Tu que compreendeste o Amor, dá-nos tua luz,
Lança também do Alto tuas pétalas sobre nós.

CARTAS

(Excertos)

"Aquele que ensinar a justiça a seu irmão brilhará como um sol por toda a eternidade" (Dn 12,3).

CARTAS
De Irmã Teresa do Menino Jesus
à sua irmã Celina

Carta I

Jesus. J.M.J.T. 8 de maio de 1888.

Minha Celina querida,

Há momentos em que me pergunto se é mesmo verdade que estou no Carmelo, não posso acreditar! O que terei feito ao bom Deus para que Ele me cumulasse de tantas graças?

Há dois meses já que estamos separadas! Mas, por que dizer separadas? Mesmo que o oceano estivesse entre nós, nossas almas permaneceriam unidas. Todavia, eu sei, tu sofres por não me ter e se eu me escutasse, pediria a Jesus que me desse tuas tristezas; mas vê, eu não me escuto, teria medo de ser egoísta, querendo a melhor parte para mim, isto é, o sofrimento.

Tu tens razão, a vida é muitas vezes pesada e amarga; é penoso começar um dia de trabalho, sobretudo quando Jesus se esconde ao nosso amor. O que faz esse doce Amigo? Será que Ele não vê nossa angústia, o peso que nos oprime; onde está Ele? Por que não vem consolar-nos?

Celina, não temo nada, ele está lá, muito perto de nós! Ele nos olha; é Ele que nos pede esse desgosto, essas lágrimas... Ele tem necessidade disso para as almas, para nossa alma; Ele quer dar-nos uma bela recompensa! Ah, asseguro-te que lhe custa por nos dessedentar de amargura, mas Ele sabe que este é o único meio de preparar-nos para conhecê-lo como Ele se conhece, para tornar-nos deuses! Oh, que destino! Como nossa alma é grande! Elevemo-nos acima daquilo que passa, mantenhamo-nos longe da terra; quanto mais alto, mais puro é o ar! Jesus pode esconder-se, mas o descobrimos...

Carta II

20 de outubro de 1888.

MINHA IRMÃ QUERIDA

Que tua impotência não te desanime. Quando de manhã não sentimos coragem alguma, nenhuma força para praticar a virtude, é uma graça, é o momento de pôr *o machado à raiz da árvore* (Mt 3,10), contando unicamente com Jesus. Se caímos, tudo é reparado num ato de amor, e Jesus sorri! Ele nos ajuda sem parecer; e as lágrimas que os maus lhe fazem derramar são enxugadas por nosso pobre e fraco amor. O amor pode fazer tudo; as coisas mais impossíveis parecem-lhe fáceis e doces. Tu sabes perfeitamente que Nosso Senhor não olha tanto para a grandeza das ações, nem mesmo para sua dificuldade, quanto para o amor com o qual nós as realizamos. Que temos a temer?

Tu queres tornar-te uma santa e me perguntas se isso não é ousar demais. Celina, não te digo de aspirar à santidade seráfica das almas mais privilegiadas, mas antes de *ser perfeita, como teu Pai celeste é perfeito* (Mt 5,48). Vês, portanto, que teu sonho, que nossos sonhos e nossos desejos não são quimeras, pois o próprio Jesus nos fez dele *um mandamento*.

Carta III

Janeiro de 1889.

MINHA QUERIDA CELININHA,

Jesus te apresenta a cruz, uma cruz bem pesada! E tu temes não poder carregar esta cruz sem fraquejar; por quê? Nosso Amado, no caminho do Calvário, caiu três vezes, por que não imitaríamos nosso Esposo?

Que privilégio de Jesus! Como Ele nos ama para nos enviar tão grande dor! Ah, a eternidade não será suficientemente longa para bendizê-lo por isso. Ele nos cumula de seus favores, como Ele cumula os maiores santos. Quais são, portanto, seus planos de amor sobre nossas almas? Eis um segredo que somente nos será revelado na nossa pátria, no dia em que *o Senhor há de enxugar todas as nossas lágrimas* (Ap 7,17).

Agora, nada mais temos a esperar sobre a terra, *as brisas matinais passaram*[37], só nos resta o sofrimento! Oh, que sorte digna de inveja! Os Serafins no céu têm inveja de nossa felicidade.

Nesses dias, encontrei esta admirável palavra: *"A resignação é ainda diferente da vontade de Deus, existe a mesma diferença que existe entre a união e a unidade; na união ainda são dois, na unidade há somente um"*[38].

Oh, sim, sejamos um só com Deus, mesmo a partir deste mundo; e para isso sejamos mais do que resignadas, abracemos a cruz com alegria.

Carta IV

28 de fevereiro de 1889.

Minha querida irmãzinha,

Jesus é *um Esposo de sangue* (Ex 4,25), Ele quer para si todo o sangue de nosso coração! Tu tens razão, como custa dar a Jesus o que Ele pede. Que felicidade que isso custe! Que alegria carregar nossa cruz *com fraqueza*!

Celina, longe de me lamentar a Nosso Senhor pela cruz que nos envia, eu não compreendo o amor infinito que o levou a tratar-nos assim. É preciso que nosso pai seja muito amado por Deus para ter de sofrer tanto! Que felicidade sermos humilhadas com ele! A humilhação é o único caminho que faz os santos, eu sei; sei também que nossa provação é uma mina de ouro a ser explorada. Eu, pequeno grão de areia, quero pôr mãos à obra, sem coragem e sem força; e esta impotência facilitar-me-á a empresa, quero trabalhar por amor. É o martírio que começa...Juntas, minha irmã querida, entremos na arena; ofereçamos nossos sofrimentos a Jesus para salvar almas...

---

37. São João da Cruz.

38. Mme Swetchine.

Carta V

12 de março de 1889.

...Celina, tenho necessidade de esquecer a terra; aqui tudo me cansa, só tenho uma alegria, a de sofrer... e esta alegria não sentida está acima de qualquer alegria. A vida passa, a eternidade avança; logo viveremos a própria vida de Deus. Após ter bebido na fonte da amargura, seremos dessedentadas na própria fonte de todas as doçuras.

Sim, *a figura deste mundo passa* (1Cor 7,31), logo veremos novos céus; "com seus esplendores, um sol mais radiante iluminará mares etéreos e horizontes infinitos..." Já não seremos prisioneiros numa terra de exílio, tudo terá passado! Com nosso Esposo celeste, navegaremos em lagos sem margens; *penduramos nossas harpas nos salgueiros que margeiam os rios de Babilônia* (Sl 136,2); mas no dia de nossa libertação, que harmonias não nos farão ouvir! Com que alegria faremos vibrar todas as cordas de nossos instrumentos! Hoje, *ali nos assentamos a chorar, lembrando-nos de Sião, como poderemos cantar os cânticos do Senhor numa terra estranha?* (Sl 136,1.4).

Nosso refrão é o cântico do sofrimento. Jesus nos apresenta um cálice bem amargo; não retiremos dele nossos lábios, soframos em paz! Quem diz *paz* não diz *alegria*, ou, ao menos, alegria sentida; para sofrer em paz, basta querer tudo aquilo que quer Nosso Senhor.

Não pensemos encontrar o amor sem o sofrimento. Nossa natureza está lá, não está ali por nada; mas que tesouros nos faz adquirir! É nosso ganha-pão; ela é tão preciosa que Jesus desceu à terra expressamente para possuí-la. Nós quereríamos sofrer generosamente, grandemente; nós jamais quereríamos cair: que ilusão! E que me importa, a mim, cair a cada instante! Com isso sinto minha fraqueza e ali encontro um grande proveito. Meu Deus, vede o que posso fazer se vós não me carregais nos braços; e se me deixardes só, pois bem, é que vos agrada ver-me *por terra*; por que, então, me perturbar?

Se quiseres suportar em paz a provação de não te agradares a ti mesma, tu darás ao divino Mestre um doce asilo; é verdade que sofrerás, visto que estarás à porta de tua casa, mas não temas: quanto mais pobre fores, mas Jesus te amará. Sei perfeitamente que ele ama mais ver-te lutar de noite contra as pedras do caminho, do que caminhares em pleno dia numa estrada tapetada de flores, porque estas flores poderiam retardar tua caminhada.

Carta VI

14 de julho de 1889.

Minha irmã querida,

Minha alma não te deixa... Oh, sim, como custa viver nesta terra! Mas amanhã, numa hora estaremos no porto! Meu Deus, o que veremos então? O que é afinal esta vida que não terá fim?... O Senhor será a alma de nossa alma. Mistério insondável! *"O olho do homem jamais viu a luz incriada, seu ouvido não ouviu as incomparáveis melodias dos céus, e seu coração não pode pressentir o que lhe foi reservado para o futuro"* (Is 64,4). E tudo isso virá logo!, Sim, logo, se amarmos a Jesus com paixão.

Parece-me que o bom Deus não tem necessidade de anos para fazer sua obra de amor numa alma. Um raio de seu Coração pode, num instante, fazer desabrochar sua flor para a eternidade... Celina, durante os curtos instantes que nos restam, salvemos almas; sinto que nosso Esposo nos pede almas, almas de sacerdotes, sobretudo... É Ele que quer que eu te diga isso.

Há uma só coisa a fazer na terra: amar a Jesus, salvar-lhe almas para que Ele seja amado. Sejamos ciumentas das menores ocasiões para alegrá-lo, nada lhe recusemos. Ele tanto necessita de amor!

Somos seus lírios preferidos, Ele reside no meio de nós, ele ali reside como Rei e nos faz participar das honras de sua realeza: seu Sangue divino irriga nossas corolas; e seus espinhos, ao nos rasgarem, deixam exalar o perfume de nosso amor.

Carta VII

22 de outubro de 1889.

Minha Celina querida,

Envio-te uma bela imagem da Santa Face, acredito que este assunto divino convém muito perfeitamente à verdadeira irmãzinha de minha alma... Oh, espero que ela seja uma outra Verônica! Que ela enxugue todo o sangue e as lágrimas de Jesus, seu único Amado! Que ela lhe doe almas! Que ela abra um caminho através dos soldados, isto é, do mundo, para chegar até Ele!.... Oh, que ela seja feliz quando, um dia, na glória, Ele vir o valor desta bebida misteriosa com que tiver dessedentado seu Noivo celeste; que ela vir seus lábios, outrora ressecados por uma sede ardente, dizer-lhe a única e eterna palavra do Amor! O obrigado que não terá fim...

Até breve, pequena Verônica[39] querida, amanhã, sem dúvida, o Amado pedir-te-á um novo sacrifício, um novo alívio para sua sede; mas *"vamos e morramos com Ele"* (Jo 11,16).

Carta VIII

18 de julho de 1890.

Minha querida irmãzinha,

Envio-te uma passagem de Isaías que te consolará. Vê, pois, há tanto tempo e já a alma do profeta mergulhava como a nossa nas belezas escondidas da Face divina... Faz séculos! Ah, pergunto-me o que é o tempo. O tempo não é senão uma miragem, um sonho; desde já Deus nos vê na glória, goza de nossa bem-aventurança eterna. Como este pensamento faz bem à minha alma! Compreendo, então, por que Ele nos deixa sofrer...

Pois bem, visto que nosso Amado *pisou sozinho o vinho* (Is 63,3) que nos dá a beber, por nossa vez, não recusemos usar as vestes tingidas de sangue, pisemos para Jesus um vinho novo que sacie sua sede, e, *olhando*

---

39. Verônica significa *verdadeira imagem*. É de notar que Irmã Teresa do Menino Jesus chamou assim sua irmã Celina, que, mais tarde, sob sua inspiração, devia reproduzir tão fielmente a *verdadeira imagem* de Nosso Senhor Jesus Cristo, segundo o Santo Sudário de Turim.

É de notar ainda que foi *logo* após a morte de Teresa que esta preciosa relíquia saiu do mistério: chegara a hora em que os segredos escondidos em suas dobras iriam ser revelados ao mundo. Quando se fez a exposição solene de 1898, fazia 30 anos que ninguém vira o Santo Sudário. Foi então que se comunicou, pelo clichê *positivo* da fotografia, a misteriosa figura *negativa* do corpo de Jesus, que, até lá, havia admirado os próprios sábios, e que apareceu a majestosa *Figura do Cristo*; mas os contornos estavam indefinidos, os traços apagados, e era necessário defini-la com mais nitidez e precisão para apresentá-la à piedade dos fiéis.

Sabe-se qual foi o acolhimento comovido que lhe fez o Nosso Santo Padre o Papa Pio X, e as numerosas indulgências que ele ligou a esta santa Efígie, manifestando claramente o desejo de *"que ela tivesse seu lugar em todas as famílias cristãs"*.

Uma indulgência de 300 dias, *toties quoties*, foi concedida, ao mesmo tempo, a uma oração à Santa Face composta por Irmã Teresa do Menino Jesus, e que doravante é inseparável da imagem pintada por sua irmã. – Esta imagem encontra-se à p. ...

ao redor dele (Is 63,5), *Ele não poderá mais dizer que está só*, nós estaremos lá para ajudá-lo.

Seu rosto estava encoberto (Is 53,3), infelizmente, e está assim ainda hoje, pois ninguém compreende suas lágrimas... *"Abre-me, minha irmã, minha esposa*, diz-nos Ele, *porque minha cabeça está coberta de orvalho e meus cabelos úmidos das gotas da noite"* (Ct 5,2). Sim, eis o que Jesus diz à nossa alma quando Ele é abandonado, esquecido... *O esquecimento*, parece-me que é ainda o que lhe causa mais sofrimento.

E nosso querido pai! Ah!, meu coração está dilacerado; mas como queixar-nos, já que o próprio Nosso Senhor foi considerado *um homem ferido por Deus e humilhado?* (Is 53,4). Nesta grande dor, esqueçamo-nos de nós e *rezemos pelos sacerdotes*; que nossa vida lhes seja consagrada. O divino Mestre me faz sentir sempre mais que Ele quer isso de nós duas...

Carta IX

Terça-feira, 23 de setembro de 1890.

Ó Celina, como dizer-te o que se passa em minha alma?... Como está ferida! Mas sinto que a ferida é feita por uma mão amiga, por uma mão *divinamente ciumenta!*...

Tudo estava pronto para minhas núpcias[40], mas não achas que faltava alguma coisa para a festa? É verdade que Jesus já havia posto muitas joias na minha corbeille, mas faltava uma, sem dúvida, de uma beleza incomparável, e Jesus me deu hoje este diamante precioso... Papai não virá amanhã! Celina, confesso-te, minhas lágrimas correram... elas ainda correm, enquanto te escrevo, mal consigo segurar a pena.

Tu sabes até que ponto eu desejava rever nosso Pai querido; pois bem, agora sinto que é a vontade do bom Deus que ele não esteja na minha festa. Permitiu isso simplesmente para provar nosso amor... Jesus me quer órfã, quer que eu esteja sozinha com Ele só, para unir-se mais intimamente a mim; e quer também dar-me na Pátria as alegrias tão *legítimas* que Ele me recusou no exílio.

---

40. Era a véspera da cerimônia de sua Tomada do Véu.

A provação de hoje é uma dor difícil de compreender: uma alegria nos era oferecida, ela era possível, natural, nós estendemos a mão... e não podemos pegar esta consolação tão desejada! Mas não foi uma mão humana que fez isso, foi Jesus! Celina, compreende tua Teresa e, ambas, aceitemos de bom grado o espinho que nos é apresentado; a festa de amanhã será uma festa de lágrimas para nós, mas sinto que Jesus será muito consolado!...

Carta X

14 de outubro de 1890.

Minha irmã querida,

Compreendo tudo o que tu sofres, compreendo tuas dilacerações e participo delas. Ah, se pudesse comunicar-te a paz que Jesus pôs em minha alma no mais forte de minhas lágrimas... Consola-te! Tudo passa! Nossa vida de outrora passou, a morte passará também e então gozaremos a vida, a verdadeira vida, por milhões de séculos, para sempre!

Enquanto aguardamos, façamos de nosso coração um chão de delícias onde nosso doce Salvador vem repousar... Plantemos lírios, e depois cantemos com São João da Cruz:

> A face inclinada sobre meu Amado,
> Lá fiquei e me esqueci;
> Tudo desapareceu para mim e me abandonei
> Perdido em meio a lírios.

Carta XI

26 de abril de 1891.

Minha querida irmãzinha,

Há três anos, nossas almas ainda não haviam sido despedaçadas, a felicidade nos sorria na terra; mas Jesus lançou-nos seu olhar e este olhar mudou-se para nós num oceano de lágrimas, mas também num oceano de graças e de amor. E o bom Deus nos tomou aquele que nós amávamos com tão grande ternura; mas, não é para que possamos dizer de verdade: *"Pai nosso que estais nos céus"*? Como é consoladora esta palavra divina! Que horizontes abre aos nossos olhos!

Minha Celina querida, tu que me fizeste tantas perguntas quando eras pequena, pergunto-me por que tu nunca me fizeste esta: "Por que o bom Deus não me criou um anjo?" Pois bem, vou responder-te agora mesmo: – O Senhor quer ter na terra sua corte como lá no alto! Quer anjos-mártires, anjos-apóstolos; e se Ele não criou um anjo do céu, é que Ele te quer um anjo da terra, a fim de que tu possas sofrer por seu amor.

Celina, minha irmã querida! Logo as sombras serão dissipadas, às duras geadas do inverno sucederão os raios do sol eterno... logo estaremos em nossa terra natal; logo as alegrias de nossa infância, as tardes do domingo, as efusões íntimas nos serão dadas para sempre!

Carta XII

15 de agosto de 1892.

Minha querida irmãzinha,

Para escrever-te hoje, sou obrigada a roubar alguns minutos a Nosso Senhor; mas Ele não me levará a mal, pois é dele que iremos falar juntas.

Celina! as vastas solidões, os horizontes encantadores que se abrem à tua frente, no belo campo em que habitas, devem elevar grandemente tua alma. Pessoalmente, eu não vejo nada disso; então me contento em dizer com São João da Cruz no seu Cântico espiritual:

> No Amado acho as montanhas,
> Os vales solitários, nemorosos.

Ultimamente, pensei no que me era possível fazer para salvar as almas; e esta simples palavra do Evangelho me deu a luz. Outrora, Jesus dizia a seus discípulos mostrando-lhes os maduros campos de trigo:

"Levantai os vossos olhos e vede os campos que já estão branquejando para a ceifa" (Jo 4,35), e um pouco mais longe: *"A messe é verdadeiramente grande, mas os operários são poucos; rogai, pois, ao Senhor da messe que mande operários para a sua messe"* (Mt 9,37-38).

Que mistério! Jesus não é todo-poderoso? As criaturas não pertencem a quem as criou? Por que então Jesus se abaixa e diz: "Pedi ao Senhor da messe que mande operários?..." – Ah, é porque Ele tem por nós um amor tão incompreensível, tão delicado, que nada quer fazer sem nós e associar-nos a Ele. O Criador do universo espera a oração de uma alma pobrezinha para salvar uma multidão de outras, resgatadas como ela a preço de seu sangue.

Nossa vocação não é ir ceifar nos campos do Pai de família; Jesus não nos disse: *Abaixai os olhos, ceifai os campos*; nossa missão é ainda mais sublime. Eis as palavras do divino Mestre: *"Levantai os olhos e vede..."* Vede como no céu há lugares vazios; compete a vós enchê-los... vós sois meus Moisés orando sobre o monte; pedi-me operários e eu os enviarei, aguardo apenas uma oração, um suspiro do vosso coração!

O apostolado da oração não é, por assim dizer, mais elevado do que o da palavra? Cabe a nós formar operários evangélicos que salvarão milhares de almas, das quais nós nos tornaremos as mães; o que temos, pois, a invejar aos sacerdotes do Senhor?

Carta XIII

Minha querida irmã,

Nossa ternura de criança transformou-se em grande união de pensamentos e de sentimentos. Jesus atraiu-nos juntas, por que ainda não lhe pertences? Ele colocou o mundo sob nossos pés. Como Zaqueu, subimos a uma árvore para vê-lo; árvore misteriosa que nos eleva bem acima de todas as coisas; então, podemos dizer: *"Tudo é meu e tudo é para mim, a terra é minha, os Céus são meus, Deus é meu e minha é a Mãe de meu Deus"*[41].

A propósito da Santíssima Virgem, preciso confiar-te uma de minhas simplicidades: às vezes me surpreendo dizendo-lhe: "Sabeis, minha Mãe querida, que *sou mais feliz do que vós*? Tenho-vos por Mãe, e *vós não tendes como eu uma Santíssima Virgem para amar*!... É verdade que sois a Mãe de Jesus, mas vós mo destes; e Ele, sobre a cruz, deu-vos a nós como nossa

---

41. São João da Cruz, *Ditos de luz e amor*, 26.

Mãe; assim, somos mais ricos do que vós! Outrora, na vossa humildade, desejáveis tornar-vos a pequena serva da Mãe de Deus; e eu, pobre criaturinha, não sou vossa serva, mas vossa filha! Vós sois a Mãe de Jesus e minha Mãe!"

Celina, como é admirável a nossa grandeza em Jesus! Quantos mistérios Ele nos revelou ao nos fazer subir sobre a árvore simbólica da qual te falei há pouco! E agora, que ciência vai nos ensinar? Já não nos ensinou tudo? Ouçamos:

"Desçam depressa, é preciso que hoje eu fique em vossa casa" (Lv 19,5).

O quê? Jesus nos manda descer! Para onde, então, é preciso ir? Outrora, os Judeus lhe perguntavam: *"Mestre, onde moras?"* (Jo 1,38) e Ele lhes respondia: *"As raposas têm suas tocas, os pássaros do céu, seus ninhos: mas eu não tenho onde reclinar a cabeça"* (Lc 9,58). Eis até onde devemos descer, a fim de podermos servir de morada a Jesus: *ser tão pobres a ponto de não termos onde reclinar a cabeça.*

Esta luz me foi dada durante meu retiro. Nosso Senhor deseja que o recebamos em nosso coração; sem dúvida, eles estão vazios das criaturas, mas infelizmente o meu não está vazio de mim mesma e é por isso que ele me mandou descer. Oh, quero descer muito baixo, a fim de que em meu coração Jesus possa reclinar sua cabeça divina e que lá Ele se sinta amado e compreendido.

Carta XIV

25 de abril de 1893.

Minha Celininha,

Venho comunicar-te os desejos de Jesus sobre tua alma. Recorda-te que Ele não disse: Eu sou a flor dos jardins, a rosa cultivada, mas *"Eu sou a Flor dos campos e o Lírio dos vales"* (Ct 2,1). Pois bem, tu deves permanecer sempre *uma gota de orvalho* escondida na divina corola do belo Lírio dos vales.

Uma gota de orvalho... Que há de mais simples e de mais puro? Não foram as nuvens que a formaram, ela nasceu sob o céu estrelado. O orvalho só existe de noite; quando o sol dardeja seus quentes raios, as encantadoras pérolas que cintilam na extremidade dos fios de erva mudam logo em vapor leve. Eis a imagem de minha Celininha... Celina é uma gota de orvalho descida do belo céu, sua pátria. Durante a noite desta vida, ele deve esconder-se no cálice vermelho da *Flor dos campos*; nenhum olhar deve descobri-la.

Feliz gotinha de orvalho, conhecida somente por Deus, não te detenhas a considerar o curso barulhento das ervas deste mundo, nem sequer invejes o límpido regato que serpeia pelo prado. Sem dúvida, seu murmúrio é muito doce, mas as criaturas podem escutá-lo e, além disso, o cálice da *Flor dos campos* não poderia contê-lo. Para aproximar-se de Jesus é preciso ser muito pequeno! Oh, há muito poucas almas que aspiram ser pequenas e desconhecidas! "Mas, dizem elas, o rio e o regato não são mais úteis do que a gota de orvalho? Que faz ela? Julgamo-la realmente um nada, serve para refrescar por um instante a frágil corola de uma flor campestre".

Ah, não conheceis a verdadeira *Flor campestre*! Se a conhecêsseis, compreenderíeis melhor a reprimenda de Nosso Senhor a Marta. O Amado não necessita de nossas obras deslumbrantes, nem de nossos belos pensamentos; se Ele quiser concepções sublimes, não tem seus Anjos, cuja ciência ultrapassa infinitamente a sabedoria dos maiores gênios deste mundo? Portanto, não foi o espírito nem os talentos que Ele veio buscar na terra. Ele se fez *a Flor dos campos* unicamente para nos mostrar quanto ama a simplicidade.

O *Lírio dos vales* pede apenas *uma gota de orvalho*, que, durante uma noite apenas, permanecerá escondida aos olhares humanos. Mas quando as sombras começarem a declinar e *a Flor dos campos* for transformada em *Sol de Justiça* (Ml 4,2), a humilde companheira de seu exílio subirá até ele como um vapor de amor; ele pousará sobre ela um de seus raios e, diante de toda a corte celeste, ela brilhará eternamente, como uma pérola preciosa, brilhante espelho do Sol divino.

Carta XV

2 de agosto de 1893.

Minha querida Celina,

O que me escreveste encheu-me de alegria, tu segues por um caminho real. A esposa dos Cânticos, não tendo podido encontrar seu Amado em seu repouso, levantou-se, disse ela, para procurá-lo na cidade, mas em vão... ela só pôde encontrá-lo fora das muralhas (Ct 3,2-4). Jesus não quer que encontremos no repouso sua presença adorável; Ele se esconde, envolve-se em trevas... Não era assim que Ele agia aos olhos das multidões, já que lemos no santo Evangelho que *o povo ficava arrebatado quando Ele falava?* (Lc 19,48).

Jesus encantava as almas fracas com suas divinas palavras, procurava torná-las fortes para o dia da tentação e da provação; mas como foi pequeno o número de seus amigos fiéis *quando ele se calava* (Lc 13,9) diante de seus juízes! Oh, que melodia para meu coração este silêncio do divino Mestre!

Ele quer que nós lhe façamos a caridade como a um pobre; Ele se põe, por assim dizer, à nossa disposição; Ele não quer tomar nada sem que nós lhe demos de bom coração, e o menor óbolo é precioso a seus olhos divinos. Ele nos estende a mão para receber um pouco de amor, para que no dia radioso do Julgamento este doce Salvador possa dirigir-nos estas inefáveis palavras: *"Vinde, benditos de meu Pai, porque tive fome e me destes de comer, tive sede e me destes de beber, não tinha onde dormir e me destes abrigo, estive na prisão, doente e vós me socorrestes"* (Mt 25,34-36).

Minha Celina querida, alegremo-nos com nossa sorte; doemos, doemos ao Amado, sejamos pródigas com Ele, mas jamais esqueçamos que Ele é um Tesouro escondido; poucas almas sabem descobri-lo. Para encontrar uma coisa escondida é preciso esconder-se a si mesmo; que nossa vida seja um mistério. *"Se queres saber e aprender coisa útil, deseja ser desconhecido e tido por nada*[42], diz o autor da Imitação... *Depois de ter deixado tudo, é preciso ainda deixar-se a si mesmo*[43]; *que este se glorie numa coisa, aquele, em outra; tu, porém, não ponhas tua alegria senão no desprezo de ti mesmo"*[44].

Carta XVI

Tu me dizes, minha Celina querida, que minhas cartas te fazem bem; sou feliz por isso, mas asseguro-te que não me iludo. *"Se o Senhor não construir a sua casa, em vão trabalham os construtores"* (Sl 126,1). Todos os

---

42. *Imitação de Cristo*, L. I, cap. 2,3.

43. *Imitação de Cristo*, L. II, cap. 11,4.

44. *Imitação de Cristo*, L. III, cap. 49,7.

mais belos discursos seriam incapazes de fazer brotar um ato de amor, sem a graça que toca o coração.

Eis um belo pêssego rosado e tão doce que nenhum confeiteiro saberia compor semelhante néctar. Dize-me, Celina, é para o pêssego que o bom Deus criou esta bela cor rosa e este aveludado tão agradável? É para ele ainda que empregou tanto açúcar? Não, foi para nós; aquilo que lhe pertence, o que faz a essência do ser, é unicamente seu caroço; ele só possui isso.

Assim, Jesus gosta de prodigalizar seus dons a algumas de suas criaturas, com o objetivo de atrair para si outras almas; mas interiormente, Ele as humilha por misericórdia, força-as suavemente a reconhecer seu nada e sua onipotência. Estes sentimentos formam nelas como que um caroço de graça que Ele se apressa a desenvolver para o dia bem-aventurado em que, revestidas de uma beleza imortal e imperecível, elas serão servidas sem perigo na mesa do céu.

Querida irmãzinha, doce eco de minha alma, tua Teresa não se encontra nas alturas nesse momento; mas vê, quando estou na secura, incapaz de rezar, de praticar a virtude, procuro pequenas ocasiões, um nada, para causar prazer a meu Jesus: por exemplo, um sorriso, uma palavra amável, quando gostaria de me calar e mostrar insatisfação. Se eu não tiver ocasiões, quero ao menos repetir-lhe muitas vezes que o amo; isso não é difícil e mantém o fogo no meu coração. Mas quando este fogo de amor me parecer extinto, lançar-lhe-ei mais palhinhas sobre as cinzas e tenho certeza de que se reanimará.

É verdade que nem sempre sou fiel; mas jamais desanimo, abandono-me nos braços do Senhor; Ele me ensina *a tirar proveito de tudo, do bem e do mal, que encontro em mim*[45], Ele me ensina a jogar no banco do amor, ou melhor, é Ele que joga por mim, sem me dizer como Ele age: isso é negócio dele, não meu; o que me diz respeito é de me entregar inteiramente sem me reservar nada, nem mesmo o prazer de saber como o banco me repõe... Depois de tudo, não sou o filho pródigo, não se trata de Jesus me fazer uma festa, *pois estou sempre com Ele* (Lc 15,31).

Li no santo Evangelho que o divino Pastor abandona todas as ovelhas fiéis no deserto para correr atrás da ovelha perdida. Como estou tocada por esta confiança! Vê, pois, Ele está seguro delas! Como poderiam fugir? Elas estão cativadas pelo amor. Assim o amado Pastor de nossas almas

---

45. São João da Cruz.

tira-nos sua presença sensível para dar seus consolos aos pecadores; ou então, se Ele nos conduz ao Tabor, mas é por um instante... os vales são quase sempre o lugar das pastagens, "é lá que Ele repousa ao meio-dia" (Ct 1,6).

Carta XVII

20 de outubro de 1893.

Minha irmã querida,

Encontro nos Cânticos sagrados esta passagem que te convém perfeitamente: *"Que vês na esposa, senão um coro de música num campo de batalhar?"* (Ct 7,1). Pelo sofrimento, tua vida é de fato um campo de batalha; é necessário um coro de música; pois bem, tu serás a pequena lira de Jesus. Mas é completo um concerto quando ninguém canta? Já que Jesus toca, não será necessário que Celina cante? Quando a ária for triste, ela cantará os cânticos do exílio, quando a ária for alegre, Ele modulará algum refrão em alta voz...

Tudo o que acontecer de feliz ou de lastimável, todos os acontecimentos da terra serão apenas ruídos distantes, incapazes de fazer vibrar a lira de Jesus; só Ele se reserva o direito de tocar levemente suas cordas.

Não posso pensar sem emoção na querida santinha Cecília. Que modelo! No meio do mundo pagão, no seio do perigo, no momento de unir-se a um mortal que só respira o amor profano, parece-me que ela deveria ter tremido e chorado. Mas não, *enquanto os instrumentos de alegria celebravam suas núpcias, Cecília cantava em seu coração*[46]. Que abandono! Ela ouvia, sem dúvida, outras melodias diferentes das da terra, também seu Esposo divino cantava, e os Anjos repetiam em coro este refrão de uma noite bendita: "Glória a Deus no mais alto dos céus e paz na terra às almas de boa vontade" (Lc 2,14).

A glória de Deus! Oh, Cecília a compreendia, ela a chamava com todos os seus votos, ela adivinhava que seu Jesus tinha sede de almas... Eis por que todo o seu desejo era levar-lhe logo a alma do jovem romano que sonhava unicamente a glória humana; esta virgem sábia fará dele um már-

---

46. Ofício de Santa Cecília.

tir e multidões caminharão sobre suas pegadas. Ela nada temia: os Anjos prometeram e cantaram a paz; ela sabe que o Príncipe da paz é obrigado a protegê-la, a guardar sua virgindade e a dar-lhe sua recompensa: *"Oh, como é bela a geração das almas virgens!"* (Sb 4,1).

Minha irmã querida, não sei muito o que estou a te dizer, deixo-me levar ao sabor do meu coração. Tu me escreves que sentes tua fraqueza, é uma graça; é Nosso Senhor que imprime em tua alma estes sentimentos de desconfiança em ti mesma. Não temas; se permaneceres fiel à vontade de causar prazer nas pequenas ocasiões, Ele se verá obrigado a ajudar-te nas grandes.

Sem Ele, os Apóstolos trabalharam muito tempo, a noite toda, sem apanhar peixe algum; o trabalho deles, porém, era-lhe agradável, mas queria provar que somente Ele pode dar-nos alguma coisa. Ele pedia somente um ato de humildade: *"Ó moços, tendes alguma coisa para comer?"* (Jo 21,5), e o bom São Pedro confessa sua impotência: *"Senhor, pescamos a noite toda e nada apanhamos!"* (Lc 5,5). É o bastante! O Coração de Jesus é tocado, Ele está comovido... Talvez, se o apóstolo tivesse apanhado alguns peixinhos, o divino Mestre não teria feito o milagre; mas ele não tinha *nada*, depois, porém, pelo poder e pela bondade divinas, suas redes encheram-se logo de grandes peixes.

Eis perfeitamente o caráter de Nosso Senhor: Ele doa em Deus, mas quer a humildade do coração.

Carta XVIII

7 de julho de 1894.

MINHA QUERIDA IRMÃZINHA,

Não sei se ainda te encontras nas mesmas disposições de espírito que manifestavas na tua última carta; suponho que sim, e respondo a isso com esta passagem do Cântico dos Cânticos, que explica perfeitamente o estado de uma alma mergulhada na aridez, de uma alma que por nada pode se alegrar nem consolar:

"Desci ao jardim das nogueiras para ver os frutos do vale, para ver se a vinha já florira e se as romãs tinham brotado. Eu não soube onde estava; minha alma ficou toda perturbada por causa dos carros de Aminadab" (Ct 6,10-11).

Eis aí a imagem de nossas almas. Muitas vezes nós descemos para os vales férteis, onde nosso coração gosta de se nutrir; e o vasto campo das santas Escrituras, que tantas vezes se abriu diante de nós para derramar em nosso favor seus mais ricos tesouros, este campo nos parece um deserto árido e sem água; nós já nem sabemos onde estamos: em lugar da paz, da luz, a perturbação e as trevas são nossa parte...

Porém, como a esposa, sabemos a causa desta provação: *"Nossa alma está perturbada por causa dos carros de Aminadab"*. Ainda não estamos em nossa pátria e a tentação deve purificar-nos como o ouro pela ação do fogo; por vezes, cremo-nos abandonadas, mas ai, os carros, isto é, os vãos ruídos, que nos cercam e nos afligem, estão dentro de nós ou fora de nós? Não sabemos, mas Jesus o sabe; Ele é testemunha de nossa tristeza, e à noite, de repente sua voz se faz ouvir:

"Volta, volta, minha Sulamita, volta, volta, para que nós te contemplemos!" (Ct 6,12).

Que chamado! O quê! Já nem ousávamos nos olhar, nosso estado causava-nos horror, e Jesus nos chama para nos contemplar à vontade... Ele quer nos ver, Ele vem, e as duas outras Pessoas adoráveis da Santíssima Trindade vêm com Ele tomar posse de nossa alma.

Nosso Senhor o havia prometido outrora, quando dizia com uma ternura inefável: *"Se alguém me ama, guardará minha palavra e meu Pai o amará e nós viremos a ele e nele faremos nossa morada"* (Jo 14,23). Guardar a palavra de Jesus, eis a única condição de nossa felicidade, a prova de nosso amor por Ele; e *esta palavra*, parece-me que é Ele mesmo, pois se chama *o Verbo* ou *Palavra* incriada do Pai.

No mesmo Evangelho de São João, Ele faz esta sublime oração: *"Santificai-os em vossa palavra; vossa palavra é a verdade"* (Jo 17,17). Em outra passagem, Jesus nos ensina que *Ele é o caminho, a verdade e a vida* (Jo 14,6). Sabemos, portanto, qual é a *palavra* que devemos guardar; não podemos dizer como Pilatos: *"O que é a verdade?"* (Jo 18,38). – *A verdade*, nós a possuímos, pois o Amado habita em nossos corações.

Muitas vezes, *este Amado nos é um ramalhete de mirra* (Ct 1,12), nós participamos do cálice de suas dores; mas quanto nos será doce ouvir, um dia, esta palavra suave: *"Fostes vós que permanecestes sempre comigo em todas as minhas tribulações. Assim preparei para vós o meu reino, como meu Pai o preparou para mim!"* (Lc 22,28-29).

Carta XIX

19 de agosto de 1894.

Talvez seja a última vez, minha querida irmãzinha, que me sirvo da pena para falar contigo; o bom Deus ouviu meu desejo mais querido! Vem, nós sofreremos juntas... e depois *Jesus tomará uma de nós*, e as outras ficarão por um pouco de tempo no exílio. Ouve bem o que vou te dizer: *Nunca, nunca, o bom Deus nos separará; se eu morrer antes de ti, não creio que me afastarei de tua alma, jamais estaremos mais unidas*. Sobretudo, não te cause aflição minha profecia, é uma infantilidade! Não estou doente, tenho uma saúde de ferro; mas *o Senhor pode quebrar o ferro como a argila...*

Nosso querido pai nos faz sentir sua presença de uma maneira que me toca profundamente. Depois de uma morte de cinco longos anos, que alegria reencontrá-lo como outrora e ainda mais paterno! Oh, como ele vai te retribuindo os cuidados que tu lhe dispensaste! Foste seu anjo, ele será teu anjo por sua vez! Vê, pois, não faz um mês que ele está no céu, e já, por sua intercessão poderosa, todas as tuas diligências tiveram êxito. Agora, para ele é coisa fácil arrumar nossos negócios, inclusive ele teve menos dificuldade para sua Celina do que para sua pobre rainhazinha!

Depois de muito tempo tu me pedes novidades do noviciado, sobretudo, novidades de minha tarefa; vou satisfazer-te:

Eu sou *um cãozinho de caça*, e tu pensarás que este título me causa solicitudes por causa das funções que ele exige: o dia inteiro, de manhã à noite, corro atrás da caça. Os caçadores – Reverenda Madre Priora e Mestra das noviças – são muito grandes para correr pelos bosques; enquanto que um cãozinho se introduz em toda a parte... e além disso tem um nariz fino! E mais, vigio de perto meus coelhinhos; não quero fazer-lhes mal; mas eu os lambo dizendo-lhes, ora que seu pelo não está bastante liso, outras vezes que seu olhar é muito semelhante ao dos coelhos bravos... enfim, procuro torná-los tais como o Caçador quer: coelhinhos bem simples, ocupados somente com a ervinha que eles devem comer.

Eu rio, mas no fundo penso muito sinceramente que um desses coelhinhos – aquele que tu conheces – vale cem vezes mais do que o cãozinho: ele correu muitos perigos... Confesso-te que, em seu lugar, há muito tempo eu me teria perdido para sempre na vasta floresta do mundo.

Carta XX

Estou muito feliz, minha Celininha, por não experimentares atração sensível vindo ao Carmelo; é uma delicadeza de Jesus que quer receber de ti um presente. Ele sabe que é muito mais doce dar do que receber. Que felicidade sofrer por aquele que nos ama até a loucura, e passar por loucas aos olhos do mundo! Julgam-se os outros por si mesmo, e como o mundo é insensato, naturalmente nos chama por esse nome.

Consolemo-nos, afinal não somos as primeiras! O único crime do qual Herodes acusou Nosso Senhor foi o de ser louco... e francamente, isso é verdade! Sim, foi uma loucura vir procurar os pobres pequenos corações dos mortais para fazer deles seus tronos, Ele, o Rei da glória que está sentado acima dos Querubins! Ele não estava perfeitamente feliz na companhia de seu Pai e do Espírito de amor? Por que vir à terra buscar pecadores para fazê-los seus amigos, seus íntimos?

Jamais poderemos fazer por nosso Esposo as loucuras que Ele realizou por nós; nossos atos são bastante racionais em comparação com os dele. Como o mundo nos deixa tranquilas! Eu repito, é o mundo que é insensato, pois ignora o que Jesus fez e sofreu para salvá-lo da condenação.

Também não somos as ociosas, as pródigas; o divino Mestre encarregou-se de nossa defesa. Ouve: Ele estava à mesa com Lázaro e seus discípulos, Marta servia; quanto à Maria, ela não pensava em tomar alimento, mas em agradar ao seu Amado, *ainda derramou sobre a cabeça do Salvador um perfume de grande preço, e, quebrando o vaso frágil* (Mc 14,3), *toda a casa ficou cheia do perfume desse bálsamo* (Jo 12,3).

Os Apóstolos murmuraram contra Madalena; é o que acontece ainda conosco: os cristãos mais fervorosos acham que somos exageradas, que nós deveríamos servir a Jesus com Marta, em vez de consagrar-lhe os vasos de nossas vidas com os perfumes que contêm. E no entanto, que importa que estes vasos sejam quebrados, se Nosso Senhor é consolado e que, mesmo sem querer, o mundo seja constrangido a sentir os perfumes que eles exalam! Oh, estes perfumes são muito necessários para purificar a atmosfera malsã que ele respira.

Até logo, minha irmã querida. Eis tua barca perto do porto; o vento que a empurra é um vento de amor, e esse vento é mais rápido do que o raio! Adeus! dentro de alguns dias estaremos reunidas no Carmelo, depois lá encima! Jesus não disse durante sua Paixão: *"Vereis depois o Filho do homem sentado à direita do poder de Deus, e vir sobre as nuvens do céu?"* (Mt 26,64).

Nós lá estaremos!!!

Tua Teresa

TERESA E CELINA NOS BUISSONNETS

Então nossas vozes estavam misturadas,
Nossas mãos, uma à outra acorrentadas;
Juntas, cantando as núpcias sagradas,
Já sonhávamos o Carmelo, o Céu!

CARTAS À REVDA. MADRE INÊS DE JESUS

EXCERTOS

Carta I
Alguns meses antes de Teresa entrar para o Carmelo.

1887.

Minha mãezinha querida,

Tu tens razão ao dizer que a gota de fel deve ser misturada em todos os cálices, mas creio que as provações ajudam bastante a se desapegar da terra; elas fazem olhar mais alto do que este mundo. Na terra, nada nos pode satisfazer; não se experimenta um pouco de repouso senão estando pronta a fazer a vontade do bom Deus.

Minha barca sofre muito para atingir o porto. Há muito tempo o percebo, e sempre me encontro afastada dele; mas Jesus guia esta barquinha, e estou certa de que, no dia escolhido por Ele, ela abordará felizmente à margem bendita do Carmelo. Ó Paulina, quando Jesus me der esta graça, quero doar-me inteiramente a Ele, sofrer sempre por Ele, já não viver senão por Ele. Oh não, não temerei seus golpes, porque, mesmo nos sofrimentos mais amargos, sentimos que é sua doce mão que bate.

E quando penso que, por um sofrimento suportado com alegria, nós amaremos sempre mais o bom Deus! Ah, se no momento de minha morte puder ter uma alma para oferecer a Jesus, como serei feliz! Haverá uma alma a menos no inferno, uma a mais para bendizer o bom Deus por toda a eternidade!

Carta II
Durante seu retiro para a Tomada do Hábito.

Janeiro de 1889.

No meu relacionamento com Jesus, nada: aridez! sono! Já que meu Amado quer dormir, eu não o impediria; sou muito feliz de ver que, absolutamente, não me trata como uma estranha, que não se incomoda comigo. Ele criva *sua bolinha* com picadas de alfinete bem dolorosas. Quando é este doce Amigo que pica pessoalmente sua bola, o sofrimento não é senão doçura, sua mão é tão doce! Como é diferente a mão das criaturas!

E, por isso, sou feliz, sim, muito feliz por sofrer! Se Jesus não pica diretamente sua bolinha, é certamente Ele que conduz a mão que a fere! Ó minha Madre, se soubesse até que ponto gostaria de ser indiferente às coisas da terra! O que me importam todas as belezas criadas? Seria muito infeliz se as possuísse! Ah, como meu coração me parece grande, quando o considero em relação aos bens deste mundo, pois todos juntos não poderiam contentá-lo; mas quando o considero em relação a Jesus, como me parece pequeno!

Como é bom para mim Aquele que logo será meu Noivo! Como é divinamente amável ao não permitir que eu me deixe cativar por alguma coisa da terra! Ele sabe perfeitamente que, se me enviar somente uma sombra de felicidade, agarrar-me-ei a ela com toda a energia, toda a força do meu coração; e Ele me recusa esta sombra!... Ele prefere deixar-me nas trevas, em vez de me dar uma falsa luminosidade, que não seja Ele.

Não quero que as criaturas tenham um só átomo do meu amor; quero dar tudo a Jesus, pois me fez compreender que só Ele é a felicidade perfeita. Tudo será para Ele, tudo! E mesmo quando não tiver nada para lhe oferecer, como esta noite, dar-lhe-ei esse nada...

Carta III

1889.

. . . .

Sim, desejo estas feridas do coração, estes golpes de espinho que fazem sofrer tanto!... Prefiro o sacrifício a todos os êxtases. Para mim, é lá que está a felicidade, e eu não a encontro em nenhum outro lugar. *O pequeno caniço* não tem medo de se partir, porque está plantado à beira das águas do amor; e mais, quando ele se dobra, esta onda benfazeja o fortifica e lhe faz desejar que outra tempestade venha curvar novamente sua cabeça. *Na minha fraqueza está toda a minha força*. Não posso me quebrar, pois se me acontecer alguma coisa, vejo somente a doce mão de Jesus.

Nenhum sofrimento é demasiado para conquistar a palma!

Carta IV
Durante seu retiro de Profissão.

Setembro de 1890.

Minha Madre querida,

É preciso que vosso pequeno eremita vos dê o itinerário de sua viagem.

Antes de partir, meu Noivo perguntou-me para qual país gostaria de viajar, que rota desejaria seguir. Respondi-lhe que eu tinha um só desejo, o de alcançar *o cume da Montanha* do Amor.

Imediatamente, inúmeras rotas ofereceram-se a meus olhos; mas havia tantas rotas perfeitas que me vi incapaz de escolher alguma de meu pleno agrado. Disse então ao meu divino Guia: Sabeis onde desejo chegar, sabeis por quem quero subir a montanha, conheceis Aquele que eu amo e o único a quem quero contentar. É unicamente por Ele que inicio esta viagem, levai-me, pois, pelas sendas de sua escolha; contanto que Ele esteja contente, eu estarei plenamente feliz.

E Nosso Senhor tomou-me pela mão e me fez entrar num túnel, onde não é frio nem quente, onde o sol não brilha, onde a chuva e o vento não têm acesso; um túnel onde nada vejo senão uma claridade semivelada, a claridade que se difunde ao redor dos olhos abaixados da Face de Jesus.

Meu Noivo nada me disse, e eu não lhe disse mais nada, a não ser que eu o amo mais do que a mim, e sinto no fundo do meu coração que assim é, pois pertenço mais a Ele do que a mim.

Não vejo se avançávamos para o objetivo de nossa viagem, visto que ela se realiza debaixo da terra; e por isso parece-me, sem saber como, que nos aproximamos do cume da montanha.

Agradeço a meu Jesus que me faz caminhar nas trevas; ali estou numa paz profunda. De boa vontade, consinto permanecer toda a minha vida religiosa nesse túnel escuro no qual Ele me fez entrar; desejo somente que minhas trevas obtenham a luz para os pecadores.

Sou feliz, sim, muito feliz de não ter consolação alguma; teria vergonha que meu amor se parecesse com aquele das noivas da terra, que olham sempre para as mãos de seus noivos para ver se eles lhes trazem algum presente; ou então para seu rosto, para ali surpreender um sorriso de amor que as extasia.

Teresa, a noivinha de Jesus, ama a Jesus por Ele mesmo; ela quer olhar o rosto de seu Amado somente para ali surpreender lágrimas que a maravilhem por seus encantos escondidos. Ela quer enxugar estas lágrimas, quer recolhê-las, como diamantes inestimáveis, para com eles bordar seu vestido de núpcias.

Jesus! Quereria amá-lo muito! Amá-lo como jamais Ele foi amado...

A qualquer preço, quero colher a palma de Inês; *se isso não for pelo sangue, é preciso que o seja pelo* Amor...

Carta V

1890.

O amor pode suprir uma longa vida. Jesus não olha para o tempo, pois ele é eterno. Só olha para o amor. Ó minha Mãezinha, pedi a Ele que me dê muito amor! Não desejo o amor sensível; contanto que seja sentido por Jesus, isso me basta. Oh, amá-lo e fazê-lo amar... Como é doce! Dizei-lhe que, se tiver de ainda ofendê-lo, me leve no dia de minha Profissão, pois gostaria de levar para o Céu a veste branca do meu segundo Batismo sem mancha alguma. Jesus pode conceder-me a graça de não mais ofendê-lo ou, então, de cometer faltas que não o ofendam, que não lhe causem sofrimento, mas servem somente para me humilhar e tornar meu amor mais forte.

Não existe apoio algum a ser procurado fora de Jesus. Só Ele é imutável. Que felicidade saber que Ele não pode mudar!

Carta VI

1891.

Minha querida Mãezinha,

Oh, como sua carta me fez bem! Esta passagem foi luminosa para minha alma: *"Guardemos uma palavra que poderia elevar-nos aos olhos dos outros"*. Sim, é preciso olhar bem para Jesus com um cuidado ciumento; é tão bom trabalhar unicamente para Ele! Então, como o coração se enche de alegria! Como a alma é leve!...

Pedi a Jesus que *seu grão de areia* lhe salve muitas almas em pouco tempo, para logo voar mais prontamente para sua Face adorada.

Carta VII

1892.

Eis o sonho de *um grão de areia*: Unicamente Jesus!... nada além dele! O grão de areia é tão pequeno que, se ele quisesse abrir seu coração a outro e não a Jesus, ele não teria mais lugar para este Amado.

Que alegria estar tão escondidas que ninguém pense em nós, ser desconhecidas, mesmo a pessoas que vivem conosco! Ó minha Mãezinha, como desejo ser desconhecida de todas as criaturas! Jamais desejei a glória humana, o menosprezo teve atração por meu coração; mas, tendo reconhecido que era ainda demasiado glorioso para mim, apaixonei-me pelo esquecimento.

A glória de meu Jesus, eis toda a minha ambição; minha glória, abandono-a a Ele; e se parecer que me esquece, está bem, Ele é livre, pois já não me pertenço, mas a Ele. E se cansará mais depressa a ouvir-me do que eu a ouvi-lo!

Carta VIII

28 de maio de 1897.

Nesse dia, enquanto Irmã Teresa do Menino Jesus sofria de um forte acesso de febre, uma de nossas irmãs veio pedir-lhe sua colaboração imediata para um trabalho de pintura difícil de executar; por um instante, seu rosto traiu o combate interior, percebido por Madre Inês de Jesus, que estava presente. À noite, Teresa escreveu-lhe esta carta.

Minha amada Mãe,

Ainda há pouco, vossa filha derramou doces lágrimas; lágrimas de arrependimento, mas muito mais de gratidão e amor. Hoje, mostrei-vos minha virtude, meus tesouros de paciência! E eu, que prego tão bem aos outros! Estou contente por ter visto minha imperfeição. Não me repreendestes... entretanto eu o merecia; de qualquer modo, porém, vossa doçura falou-me mais alto do que palavras severas; sois para mim a imagem da divina misericórdia.

Sim, mas a Irmã***, ao contrário, é ordinariamente a imagem da severidade do bom Deus. Pois bem, acabo de encontrá-la. Em vez de passar friamente ao meu lado, abraçou-me, dizendo: "Pobre irmãzinha, causastes-me pena! Não quero cansar-vos, deixai o trabalho que vos pedi, eu estava errada".

Eu, que sentia em meu coração a contrição perfeita, fiquei muito surpresa de não receber censura alguma. Sei que no fundo ela deve considerar-me imperfeita. É porque pensa que vou morrer proximamente que ela me falou assim. Mas não importa. De sua boca não ouvi saírem senão palavras doces e ternas; então achei-a muito boa, e eu, uma malvada!

Entrando em nossa cela, perguntei-me o que Jesus pensava de mim. Logo lembrei-me de que, um dia, Ele disse à mulher adúltera: "Alguém te condenou?" (Jo 8,10). E eu, com lágrimas nos olhos, respondi-lhe: "Ninguém, Senhor... nem minha Mãezinha, imagem de vossa ternura, nem minha Irmã***, imagem de vossa justiça; e sei perfeitamente que posso ir em paz, pois Vós também não me condenareis!"

Ó minha Mãezinha amada, confesso-vos que sou muito mais feliz por ter sido imperfeita do que se, sustentada pela graça, tivesse sido um modelo de paciência. Faz-me tão bem ver que Jesus é sempre tão doce, tão terno comigo. Verdadeiramente, existem motivos de morrer de gratidão e de amor.

Minha Mãezinha, compreendeis que, esta noite, o vaso da misericórdia divina transbordou para vossa filha. Ah, desde já reconheço: sim, todas as minhas esperanças serão realizadas... sim, o Senhor fará por mim maravilhas que ultrapassarão infinitamente meus imensos desejos...

CARTAS À IRMÃ MARIA DO SAGRADO CORAÇÃO.

Carta I

21 de fevereiro de 1888.

Minha querida Maria,

Se tu soubesses o presente que papai me deu na semana passada!... Creio que se te desse cem e até mil oportunidades, tu não adivinharias. Pois bem, este bom paizinho comprou-me um cordeirinho de um dia, todo branco e todo encaracolado. Ao oferecê-lo a mim, ele me disse que, antes de minha entrada para o Carmelo, ele queria dar-me o prazer de ter um cordeirinho. Todos estavam felizes. Celina estava radiante. O que mais me comoveu foi a bondade de papai em dá-lo a mim; e além disso, um cordeiro é tão simbólico! Faz-me pensar na Paulina.

Até aqui tudo bem, tudo é maravilhoso; mas é preciso esperar o fim. Já sonhávamos alto, esperávamos ver nosso cordeiro saltar ao redor de nós dentro de dois ou três dias; mas, infelizmente, o lindo bichinho morreu à tarde. Pobrezinho! Apenas nasceu, ele sofreu e, depois, morreu.

Ele era tão meigo, tinha um ar tão inocente que Celina pintou seu retrato; depois, papai abriu uma cova na qual pusemos o cordeirinho que parecia dormir; eu não quis cobri-lo com terra: pusemos neve sobre ele e, então, tudo acabou...

Tu não sabes, minha querida Madrinha, como a morte desse animalzinho me fez refletir. Oh, sim, na terra não devemos apegar-nos a nada, mesmo às coisas mais inocentes, porque elas nos vêm a faltar no momento em que menos pensamos. Só o que é eterno pode contentar-nos.

Carta II
Durante seu retiro para a Tomada de Hábito.

8 de janeiro de 1889.

Minha irmã querida, vosso *cordeirinho* – como gostais de me chamar – gostaria de pedir-vos emprestado um pouco de força e de coragem. Ele não pode dizer nada a Jesus; e, sobretudo, Jesus não lhe diz absolutamente nada. Rezai por mim, para que, assim mesmo, meu retiro agrade ao Coração daquele que é o único a ler no mais profundo da alma.

A vida está cheia de sacrifícios, é verdade; mas por que procurar a felicidade na terra? Não é simplesmente *"uma noite que deve ser passada numa má hospedaria"*, como diz nossa Mãe Santa Teresa?

Confesso-lhe que meu coração tem uma sede ardente de felicidade; mas vejo claramente que nenhuma criatura é capaz de saciá-lo! Ao contrário, quanto mais bebo dessa fonte encantada, mas ardente se torna a sede.

Conheço uma fonte *"onde, após ter bebido, ter-se-á mais sede"* (Ecl 24,29): mas uma sede muito doce, uma sede que pode sempre ser satisfeita: esta fonte é o sofrimento conhecido só por Jesus!

Carta III

14 de agosto de 1889.

Quereis uma palavra do vosso cordeirinho. Que quereis que eu vos diga? Não foi ele instruído por vós? Recordai-vos do tempo em que, tendo-me sobre vossos joelhos, me faláveis do Céu...

Ainda vos ouço dizer-me: "Olha os que querem se enriquecer, vê quanto mal causam a si para ganhar dinheiro; e nós, minha Terezinha, podemos a cada instante, e sem sofrer muito, adquirir tesouros para o Céu; nós podemos amontoar diamantes como que com um ancinho! Para isso, basta fazermos todas as nossas ações por amor ao bom Deus". E eu me ia com o coração cheio de alegria e do desejo de amontoar também grandes tesouros. O tempo fugiu depois destes felizes momentos decorridos em nosso doce ninho. Jesus veio nos visitar, Ele nos considerou dignas de passar pelo crisol do sofrimento.

O bom Deus nos disse que no último dia *"Ele enxugará todas as lágrimas de nossos olhos"* (Ap 21,4); e, sem dúvida, quanto mais lágrimas tiver para enxugar, maior será a consolação...

Rezai muito, amanhã, pela filhinha que criastes e que, sem vós, talvez não estaria no Carmelo.

Carta IV
Durante o Retiro de Profissão.

4 de setembro de 1890.

Vossa filhinha simplesmente não ouve as harmonias celestes: sua viagem de núpcias é bastante árida! Seu Noivo, é verdade, faz-lhe percorrer países férteis e magníficos; mas a noite a impede de admirar qualquer coisa e, sobretudo, de gozar de todas essas maravilhas.

Talvez haveis de pensar que ela se aflija com isso? Mas não, ao contrário, ela é feliz de seguir seu Noivo, só por causa dele e não de seus dons. Ele somente, Ele é tão belo, tão radiante, mesmo quando se cala, mesmo quando se esconde!

Compreendei sua filhinha: Ele se cansa com os consolos da terra, ela só quer seu Amado.

Creio que o trabalho de Jesus, durante este retiro, foi de desapegar-me de tudo que não fosse Ele. Minha única consolação é uma força e uma paz muito grandes; e além disso, espero ser como Jesus quer que eu seja: é o que faz toda a minha felicidade.

Se soubésseis quanto é grande a minha alegria de não ter ninguém para causar prazer a Jesus! É uma alegria refinada, embora não seja absolutamente sentida!

Carta V

7 de setembro de 1890.

Amanhã serei a esposa de Jesus, daquele cujo *"rosto estava encoberto e que ninguém reconheceu!"* (Is 53,3). Que aliança e que futuro! O que fazer para lhe agradecer, para tornar-me menos indigna de tal favor?...

...Como tenho sede do Céu, dessa morada feliz onde amaremos a Jesus sem reserva! Mas é preciso sofrer e chorar para chegar lá; pois bem, quero sofrer tudo o que quiser o meu Amado, quero deixá-lo fazer de sua bolinha tudo o que Ele deseja.

Minha Madrinha querida, vós me dizeis que meu pequeno Jesus está muito bem preparado para o dia de minhas núpcias; perguntais-vos somente por que não pus as velas cor-de-rosa novas? As outras falam-me muito mais à alma: começaram a arder no dia de minha Tomada de Hábito, então, elas eram novas e róseas; foram-me dadas por papai, ele estava presente e tudo era alegria! Mas agora, a cor-de-rosa passou... Na terra, haverá ainda alegrias cor-de-rosa para vossa Terezinha? Oh, para ela não haverá senão alegrias celestes, alegrias onde toda a criação, que não é nada, dá lugar ao incriado que é a realidade...

Carta VI

17 de setembro de 1896.

Minha irmã amada, não me sinto embaraçada para vos responder... Como podeis perguntar-me se vos é possível amar o bom Deus como eu o amo?... Meus desejos de martírio não são nada; não é a eles que devo a confiança ilimitada que sinto em meu coração. Para dizer a verdade, podemos chamá-las de riquezas espirituais que *tornam alguém injusto* (Lc 16,11), quando nelas repousamos com complacência e acreditamos que são alguma coisa grande... Esses desejos são uma consolação que Jesus concede, às vezes, às almas fracas como a minha – e estas almas são numerosas. Mas quando Ele não dá este consolo, é uma graça de *privilégio*; recordai-vos destas palavras de um santo religioso: "Os mártires sofreram com alegria e o Rei dos Mártires sofreu com tristeza!" Sim, Jesus disse: *"Meu Pai, afasta de mim este cálice"* (Lc 22,42). Como podeis pensar agora que meus desejos são a marca de meu amor? Ah, sinto muito bem que de forma alguma é isso que agrada ao bom Deus em minha pequena alma. O que lhe agrada, é ver-me amar minha pequenez e minha pobreza, é a esperança cega que tenho em sua misericórdia... Eis meu único tesouro, Madrinha querida; por que este tesouro não será também o vosso?

Não estais pronta a sofrer tudo o que o bom Deus quiser? Sim, eu bem sei; então, se desejais sentir alegria, ter atração pelo sofrimento, é porque buscais vossa consolação, pois, quando se ama uma coisa, o sofrimento desaparece. Asseguro-vos que se formos juntas para o martírio, vós tereis grande mérito e eu não teria nenhum, a menos que aprouvesse a Jesus mudar minhas disposições.

Ó minha irmã querida, peço-vos que me compreendais! Compreendei que para amar a Jesus, ser sua vítima de amor, quanto mais fraco e miserável se é, tanto mais se está apto às operações desse Amor consumidor e transformador... O simples desejo de ser vítima é suficiente; mas é necessário consentir em permanecer sempre pobre e sem força, e eis o ponto difícil, pois *onde encontrar o verdadeiro pobre de espírito? É preciso procurá-lo bem longe*[47], diz o autor da Imitação... Não diz que é preciso procurá-lo entre as grandes almas, mas bem longe, na baixeza e no nada... Ah, fiquemos, pois, bem longe de tudo o que brilha, amemos nossa pequenez, amemos o não sentir nada; então, seremos pobres de espírito, e Jesus virá nos buscar, por mais longe que estejamos; Ele nos transformará em chamas de amor!... Oh, como gostaria de poder fazer-vos compreender aquilo que sinto! É a confiança, e nada mais do que a confiança que nos deve conduzir ao Amor... O temor não leva à justiça severa assim como é apresentada aos pecadores? Mas não é esta justiça que Jesus terá para aqueles que o amam.

O bom Deus não vos daria este desejo de ser possuída por seu Amor misericordioso se não vos reservasse este favor; ou antes, Ele já vo-lo concedeu, pois estais totalmente entregue a Ele, pois desejais ser consumida por Ele, e o bom Deus nunca inspira desejos que não possa realizar.

Já que vemos o caminho, corramos juntas. Sinto que Jesus quer nos dar as mesmas graças, quer dar-nos gratuitamente seu Céu!

Madrinha querida, quereis ainda ouvir os segredos que Jesus confia à vossa filhinha; ora, a palavra humana é impotente de repetir coisas que o coração humano pode apenas pressentir. Aliás, Jesus confia seus segredos

---

47. *Imitação de Cristo*, L. II, cap. 11,4.

também a vós, pois fostes vós que me ensinastes a receber seus divinos ensinamentos; fostes vós que, em meu nome, prometestes no dia do meu batismo que eu queria servir unicamente a Ele; fostes vós o anjo que me conduziu e guiou pela estrada do exílio; fostes vós que me oferecestes ao Senhor! Assim, amo-a como uma criança sabe amar sua mãe; somente no céu conhecereis toda a gratidão que transborda do meu coração.

Vossa filhinha,
Teresa do Menino Jesus.

CARTAS À IRMÃ FRANCISCA-TERESA[48].

Carta I

13 de agosto de 1893.

Querida irmãzinha *Teresa*,

Enfim, teus desejos se realizaram! Como a pomba saída da arca, tu não podias encontrar sobre a terra do mundo onde pousar o pé, voaste por muito tempo, procurando entrar no abençoado lugar em que teu coração havia de fixar para sempre sua morada. Jesus se fez esperar, mas enfim os gemidos de sua pomba o comoveram, Ele estendeu sua mão divina, Ele a tomou e a colocou no seu coração, no tabernáculo de seu amor.

Ah, sem dúvida, minha alegria é toda espiritual, pois de agora em diante não mais hei de te rever na terra, nem ouvir tua voz expandindo meu coração no teu. Mas eu sei que a terra é um lugar de passagem, somos peregrinos que caminhamos para a nossa pátria; não importa se o caminho que seguimos não é absolutamente o mesmo, já que nosso único destino é o Céu, onde nos reuniremos para nunca mais nos deixar. É lá que gozaremos eternamente as alegrias da família... Quantas coisas teremos a nos dizer depois do exílio desta vida! Na terra, a palavra é impotente, mas no Céu um único olhar bastará para nos compreendermos e, creio, nossa alegria será ainda maior do que se nunca nos tivéssemos separado.

Enquanto isso, precisamos viver de sacrifícios, sem isso a vida religiosa seria meritória? Não, não! Como no-lo diziam numa instrução: "Se os carvalhos das florestas atingem tão grande altura é porque, apertados de

---

48. Quase todas as cartas endereçadas por Irmã Teresa do Menino Jesus à sua irmã Leônia se perderam. Só foi encontrada esta.

todos os lados, eles não consomem sua seiva para estender ramos à direita e à esquerda, mas erguem-se diretamente para o Céu. Assim, na vida religiosa, a alma encontra-se apertada de todos os lados por sua regra, pelo exercício da vida comum e é preciso que tudo isso se torne um meio de elevar-se muito alto para os Céus".

Minha amada irmã, reze por tua Terezinha, para que aproveite o exílio da terra e os abundantes meios que ela tem para merecer o Céu...

Carta II

Janeiro de 1895.

Querida irmãzinha,

Como o ano que acaba de passar foi frutuoso para o Céu!... Nosso pai querido viu o que "o olho do homem não pode ver", ele ouviu a harmonia dos anjos... e seu coração compreende, sua alma goza das recompensas que Deus preparou para aqueles que o amam!... Nossa vez também há de chegar; oh, como é doce pensar que navegamos rumo à praia eterna!

Não pensas, como eu, que a partida de nosso amado pai nos aproximou do Céu? Mais da metade da família goza agora da visão de Deus, e as cinco exiladas não tardarão a voar para sua Pátria. O pensamento da brevidade da vida me dá coragem, ajuda-me a suportar as fadigas do caminho. "Que importa um pouco de trabalho sobre a terra, nós passamos e não temos aqui morada permanente!" (Hb 13,14).

Pensa na tua Teresa durante este mês consagrado ao Menino Jesus, pede-lhe que ela permaneça sempre pequena, totalmente pequena!... Far-lhe-ei o mesmo pedido para ti, pois conheço teus desejos e sei que a humildade é tua virtude preferida.

Qual das *Teresas* será a mais fervorosa? Aquela que for mais humilde, mais unida a Jesus, a mais fiel em fazer todas as suas ações por amor. Não deixemos passar nenhum sacrifício, tudo é tão grande na vida religiosa... Apanhar uma espiga por amor pode converter uma alma! Somente Jesus pode dar tal preço a nossos atos; amemo-lo, pois, com todas as nossas forças...

Carta III

12 de julho de 1896.

Minha querida Leoniazinha,

Teria respondido tua carta no domingo passado, se ela me tivesse sido entregue; mas sabes que sendo a menor, estou exposta a ver as cartas somente muito depois de minhas irmãs, ou mesmo não vê-las... Foi só na sexta-feira que li a tua, assim, perdoa-me se estou atrasada.

Sim, tu tens razão, Jesus se contenta com um olhar, um suspiro de amor. Quanto a mim, acho a perfeição muito fácil de praticar, pois compreendi que não há nada a fazer senão tomar Jesus pelo coração. Vê uma criancinha que acaba de aborrecer sua mãe, seja encolerizando-a ou então desobedecendo-lhe; se ela se esconder num canto com um ar amuado e gritar com medo de ser punida, sua mãe, certamente, não lhe perdoará a falta; mas se lhe estender seus bracinhos, dizendo: "Abraça-me, não farei mais isso", poderá sua mãe deixar de apertá-la ternamente ao coração, esquecendo tudo o que ela fez?... Todavia, ela sabe muito bem que seu queridinho fará tudo de novo na próxima ocasião. Mas isso não tem importância, e, se a tomar novamente pelo coração, jamais será punida.

No tempo da lei do temor, antes da vinda de Nosso Senhor, o profeta Isaías já dizia, falando em nome do Rei dos Céus: "Pode uma mãe esquecer-se de seu filho?... Pois bem, mesmo que uma mãe se esqueça de seu filho, eu jamais vos esquecerei" (Is 49,15). Que promessa encantadora! Ah, nós que vivemos sob a lei do amor, como não aproveitar os amorosos apelos que nos faz nosso Esposo? Como temer Aquele *que se deixa prender por um cabelo que voa sobre o nosso pescoço?* (Ct 4,9). Saibamos, pois, manter prisioneiro a este Deus que se torna mendigo de nosso amor. E dizendo-nos que um cabelo pode operar este prodígio, Ele nos mostra que as menores ações feitas por amor são as que seduzem seu Coração. Ah, se fossem necessárias grandes coisas, como deveríamos ser lastimadas! Mas, como somos felizes, pois Jesus se deixa prender pelas menores coisas!... Não são os pequenos sacrifícios que te faltam, minha querida Leônia, tua vida não é composta deles? Alegro-me por ver-te diante de tal tesouro e, sobretudo, pensando que tu sabes aproveitar-te dele, não somente para ti, mas também pelos pobres pecadores. É tão doce ajudar Jesus a salvar as almas que Ele comprou a preço de seu sangue e esperam apenas o nosso auxílio para não caírem no abismo.

Parece-me que, se nossos sacrifícios cativam Jesus, nossas alegrias o prendem também; para isso, basta não se concentrar numa felicidade egoísta, mas oferecer a nosso Esposo as pequenas alegrias que Ele semeia no caminho da vida, para seduzir nossos corações e elevá-los até Ele.

Pedes-me notícias sobre minha saúde. Pois bem, não tusso mais. Estás contente? Isso não impedirá que o bom Deus me leve quando quiser. Já que empenho todos os meus esforços em ser uma criancinha, não tenho preparativos a fazer. O próprio Jesus terá de pagar todas as despesas da viagem e o preço da entrada no Céu.

Adeus, minha irmã querida, junto a Ele, não esqueças a última, a mais pobre de tuas irmãs.

Carta IV

17 de julho de 1897.

MINHA QUERIDA LEÔNIA,

Sinto-me muito feliz por poder conversar contigo, há alguns dias, pensava não ter mais esse consolo sobre a terra; mas parece que o bom Deus quer prolongar um pouco meu exílio. Não me aflijo por isso, pois não quereria entrar no Céu um minuto antes por minha própria vontade. A única felicidade na terra é esforçar-se por sempre considerar deliciosa a parte que Jesus nos dá; a tua é muito bonita, minha querida irmãzinha. Se quiseres ser uma santa, isso te será fácil, deve-se ter apenas um objetivo: causar prazer a Jesus, unir-te a Ele sempre mais intimamente.

Adeus, minha irmã querida, gostaria que o pensamento de minha entrada no Céu te enchesse de alegria, pois poderia, mais do que nunca, provar-te minha ternura. No coração de nosso celeste Esposo, viveremos a mesma vida e por toda a eternidade permanecerei

Tua irmãzinha,
Teresa do Menino Jesus.

À SUA PRIMA MARIA GUÉRIN.

Carta I

1888.

Antes de receber tuas confidências (*a propósito dos escrúpulos*), eu pressentia tuas angústias; meu coração estava unido ao teu. Visto que tens a humildade de pedir conselhos à tua Terezinha, ela vai dizer-te o que pensa. Tu me causaste muita pena ao deixar tuas comunhões, porque tu as causaste a Jesus. O demônio deve ser muito esperto para enganar assim uma alma! Não sabes, minha querida, que assim tu lhe fazes alcançar o objetivo de seus desejos? O pérfido não ignora que não pode fazer pecar uma alma que quer pertencer totalmente ao bom Deus; também, ele se esforça somente por persuadi-la a pecar. Já é muito; mas, para sua raiva, isso ainda não basta... ele quer outra coisa: ele quer privar Jesus de um tabernáculo amado. Não podendo entrar nesse santuário, ele quer ao menos que fique vazio e sem mestre. Mas ai, tu te tornarás esse pobre coração!... Quando o diabo conseguiu afastar uma alma da comunhão, ele ganhou tudo, e Jesus chora!...

Ó minha Martinha, pense, pois, que o doce Jesus está lá, no tabernáculo, expressamente para ti, para ti somente, que Ele arde no desejo de entrar em teu coração. Não ouças o demônio, ri-te dele e vai sem temor receber o Jesus da paz e do amor.

Mas ouço-te dizer: Teresa pensa isso porque não conhece minhas misérias... Se ela conhece bem, se ela adivinha tudo, ela te garante que podes ir sem temor receber teu único Amigo verdadeiro. Ela também passou pelo martírio do escrúpulo, mas Jesus lhe deu a graça de comungar sempre, mesmo quando pensava ter cometido grandes pecados. Pois bem, eu te asseguro que ela reconheceu que era este o único meio de se livrar do demônio; se ele vê que perde seu tempo, deixa-nos tranquilas.

Não, é impossível que um coração, cujo único repouso é contemplar o Tabernáculo – e é o teu, dizes-me –, ofenda Nosso Senhor a ponto de não poder recebê-lo. *O que ofende a Jesus, o que lhe fere o Coração, é a falta de confiança.*

Pede-lhe muito para que teus mais belos anos não se passem em temores quiméricos. Não temos senão os curtos instantes da vida a gastar para a glória de Deus; o diabo sabe disso muito bem; é por isso que ele procura no-los fazer consumir em trabalhos inúteis. Irmãzinha querida, comungue muitas vezes, com muita frequência, eis o único remédio se quiseres curar-te.

Carta II

1894.

Tu pareces uma aldeãzinha que um rei poderoso pediu em casamento, e que ousou não aceitar sob pretexto de não ser bastante rica, de ser estranha aos costumes da corte. Mas seu real noivo não conhece melhor do que ela sua pobreza e sua ignorância?

Maria, se tu não és nada, esqueces-te que Jesus é tudo? Tu não tens o que perder de teu pequeno nada no seu infinito tudo, e não pensar senão neste tudo, o único amável.

Tu queres ver, dizes-me, o fruto de teus esforços? É exatamente isso que Jesus quer te esconder. Ele tem prazer de somente Ele olhar para estes pequenos frutos de virtude que nós lhe oferecemos e que o consolam.

Tu te enganas, minha querida, se creres que tua Teresa caminha com ardor pelo caminho do sacrifício: ela é fraca, muito fraca; e, todos os dias, ela faz uma nova e salutar experiência. Mas Jesus tem prazer em comunicar-lhe a ciência de *gloriar-se de suas fraquezas* (2Cor 12,5). Esta é uma grande graça, e lhe peço que me seja dada, pois nesse sentimento encontra-se a paz e o repouso do coração. Quando nos vemos tão miseráveis, não queremos mais considerar-nos, olhamos somente o único Amado.

Tu me pedes um meio para chegar à perfeição. Eu só conheço um: o AMOR. Amemos, já que nosso coração é feito unicamente para isso. Por vezes, procuro outra palavra para exprimir o amor; mas na terra do exílio *a palavra que começa e acaba*[49] é muito impotente para expressar as vibrações da alma; é preciso ater-se a esta única e simples: AMAR.

Mas a quem nosso pobre coração prodigalizará o amor? Portanto, quem será tão grande para receber seus tesouros? Um ser humano saberá compreendê-los? E sobretudo, poderá retribuí-los? Maria, só existe um Ser para compreender o amor: é nosso JESUS; somente Ele pode retribuir-nos infinitamente mais do que alguma vez nós lhe dermos...

---

49. Santo Agostinho.

À SUA PRIMA JOANA GUÉRIN
(M.me La Néele.)

Agosto de 1895.

É muito grande, minha querida Joana, o sacrifício que Deus te pediu ao chamar para o Carmelo a tua Mariazinha; mas lembra-te "que Ele prometeu o cêntuplo àquele que, por seu amor, tiver deixado seu pai, ou sua mãe, ou *sua irmã*" (Mc 10,30). Pois bem, visto que tu não hesitaste, por amor a Jesus, em separar-te de uma irmã, querida além de tudo o que se possa dizer, Ele se vê obrigado a manter sua promessa. Sei que ordinariamente estas palavras são aplicadas às almas religiosas; entretanto, sinto no fundo do meu coração que foram pronunciadas também para os generosos parentes, que fazem a Deus o sacrifício de filhos mais queridos do que eles próprios.

AOS DOIS MISSIONÁRIOS SEUS IRMÃOS ESPIRITUAIS.

Excertos.

Carta I

26 de dezembro de 1895.

Nosso Senhor jamais nos pede sacrifícios acima de nossas forças. Às vezes, é verdade, este divino Salvador nos faz sentir toda a amargura do cálice que apresenta à nossa alma. Quando nos pede o sacrifício de tudo aquilo que nos é mais caro no mundo, é impossível, a não ser por uma graça toda especial, deixar de exclamar como Ele no jardim da Agonia: *"Meu Pai, afasta de mim este cálice..."* Mas apressemo-nos a acrescentar também: *"Que se faça a tua vontade e não a minha"* (Mt 26,39). É muito consolador pensar que Jesus, o divino Forte, conheceu todas as nossas fraquezas, que Ele tremeu à vista do amargo cálice, este cálice que outrora Ele havia desejado ardentemente.

Reverendo Padre, vossa parte é verdadeiramente bela, visto que Nosso Senhor vo-la escolheu e que Ele próprio molhou, por primeiro, seus lábios no cálice que vos apresenta. Um santo disse: *"A maior honra que Deus pode fazer a uma alma não é dar-lhe muito, mas pedir-lhe muito"*. Jesus vos trata como privilegiado; Ele que quer comeceis já sua missão e que, pelo sofrimento, salveis almas. Não foi sofrendo, morrendo, que Ele próprio comprou o mundo? Eu sei que aspirais à felicidade de sacrificar vossa vida por Ele; mas o martírio do coração não é menos fecundo do que a efusão do sangue; e, desde agora, esse martírio é o vosso. Por isso, tenho muita razão ao dizer que vossa parte é bela, que ela é digna de um apóstolo de Cristo.

Carta II

1896.

Trabalhemos juntos para a salvação das almas; temos um único dia desta vida para salvá-las e, assim, dar ao Senhor provas de nosso amor. O amanhã deste dia será a eternidade; então Jesus retribuir-vos-á centuplicadas as alegrias tão doces que lhe sacrificais. Ele conhece o alcance de vossa imolação, Ele sabe que o sofrimento daqueles que vos são caros aumenta também o vosso; mas Ele próprio sofreu este martírio para salvar nossas almas. Ele deixou sua Mãe, Ele viu a Virgem Imaculada de pé junto à Cruz, o coração transpassado por uma espada de dor; assim, espero que nosso divino Salvador console vossa boa mãe, e eu lhe peço isso insistentemente.

Ah, se o divino Mestre deixasse entrever àqueles que ides deixar por seu amor a glória que vos reserva, a multidão de almas que formarão vosso cortejo no Céu, já seriam recompensados pelo grande sacrifício que vosso afastamento iria lhes causar.

Carta III

24 de fevereiro de 1896.

Peço-vos que façais todos os dias por mim esta pequena oração, que encerra todos os meus desejos:

"Pai misericordioso, em nome de vosso doce Jesus, da Santíssima Virgem e dos santos, peço-vos abrasar minha irmã de vosso Espírito de amor e conceder-lhe a graça de fazer-vos amar muito".

Se o Senhor me levar logo consigo, suplico-vos continuar cada dia com a mesma oração, pois no Céu desejarei a mesma coisa que na terra: AMAR A JESUS E FAZÊ-LO AMAR.

Carta IV

....

A única coisa que desejo é ver amado o bom Deus; e confesso que se, no céu, não puder mais trabalhar por sua glória, *prefiro o exílio à Pátria*.

Carta V

21 de junho de 1897.

Podeis cantar as divinas misericórdias! Elas brilham em vós em todo o seu esplendor. Amais Santo Agostinho, Santa Madalena, estas almas às quais muitos pecados foram perdoados, porque muito amaram; eu também os amo, amo seu arrependimento e, sobretudo, sua amorosa audácia. Quando vejo Madalenas adiantar-se diante dos numerosos convivas de Simão, regar com suas lágrimas os pés de seu Mestre adorado, que ela toca pela primeira vez, sinto que seu coração compreendeu os abismos de amor e de misericórdia do Coração de Jesus, e que, não somente Ele está disposto a perdoá-la, mas ainda a lhe prodigalizar os benefícios de sua intimidade divina, a elevá-la até os mais altos cumes da contemplação.

Ah, meu irmão, desde que a mim também foi concedido compreender o amor do Coração de Jesus, confesso que Ele tirou todo o medo do meu coração. A lembrança de minhas faltas me humilha, levam-me a nunca me apoiar em minha força, que é somente fraqueza; porém, mais ainda, esta lembrança me fala da misericórdia e do amor. Quando lançamos nossas faltas, com uma confiança totalmente filial, no braseiro devorador do amor, como não serão consumadas para sempre?

Sei que grande número de santos passou sua vida a fazer admiráveis mortificações para expiar seus pecados, mas o que quereis?! *"Há muitas moradas na casa do Pai celeste"* (Jo 14,29)... Jesus o disse, e é por isso que estou no caminho que Ele me traça: esforço-me por não me ocupar de mim mesma em nada; e o que Jesus se digna operar em minha alma, eu lhe entrego sem reserva.

Carta VI

1897.

Sobre esta terra onde tudo muda só uma coisa permanece estável: a conduta do Rei dos Céus em relação a seus amigos. Depois que Ele ergueu o estandarte da Cruz, é à sua sombra que todos devem combater e alcançar a vitória. *"Toda a vida de missionário é fecunda na cruz"*, dizia Teofânio Vénard, e ainda: *"A verdadeira felicidade é sofrer, e, para viver, nos é necessário morrer"*.

Meu irmão, os inícios de vosso apostolado estão marcados pelo selo da cruz: alegrai-vos! É muito mais pelo sofrimento e pela perseguição do que por brilhantes pregações que Jesus quer fortalecer seu reino nas almas.

Dizeis-me: "Sou ainda uma criancinha que não sabe falar". O Padre Mazel, que foi ordenado sacerdote no mesmo dia que vós, também não sabia falar; entretanto, ele já colheu a palma... Oh, como os pensamentos divinos estão acima dos nossos!... Ao saber da morte desse jovem missionário, antes mesmo de ter pisado o solo de sua missão, senti-me levada a invocá-lo; pareceu-me vê-lo no Céu no coro dos mártires. Sem dúvida, aos olhos dos homens, ele não merece o título de mártir; mas, aos olhos do bom Deus, este sacrifício sem glória não é menos fecundo do que os dos confessores da fé.

Se for necessário ser muito puro para comparecer diante do Deus de toda a santidade, sei também que Ele é infinitamente justo; e esta justiça, que apavora tantas almas, é a razão de minha alegria e de minha confiança. Ser justo não é apenas exercer a severidade contra os culpados, mas é também reconhecer as retas intenções e recompensar a virtude. Espero tanto da justiça do bom Deus quanto de sua misericórdia; por ser justo é que Ele é *"compassivo e cheio de doçura, lento para punir e abundante em misericórdia. Porque conhece nossa fragilidade, lembra-se que somos pó. Como um pai tem compaixão de seus filhos, assim o Senhor tem compaixão de nós!..."* (Sl 102,8.13-14). Oh, meu irmão! Ao ouvir estas belas e consoladoras palavras do Rei-Profeta, como duvidar que o bom Deus não possa abrir as portas de seu reino a seus filhos, que o amaram a ponto de sacrificar tudo por Ele; que, não só deixaram sua família e sua pátria, para torná-lo conhecido e amado, mas também desejam dar sua vida por Ele!... Jesus tinha toda a razão ao dizer que não há maior amor do que este! Como então deixar-se-ia vencer em generosidade? Como purificaria Ele nas chamas do Purgatório as almas consumidas pelo fogo do amor divino?...

Eis aí algumas frases para exprimir meu pensamento, ou antes, para não conseguir exprimi-lo. Queria simplesmente dizer-vos que, a meu ver, todos os missionários são mártires pelo desejo e pela vontade; e que, consequentemente, nenhum deles deveria ir para o purgatório.

Eis, meu irmão, o que penso da justiça do bom Deus; meu caminho é todo de confiança e de amor; não compreendo as almas que têm medo de tão terno Amigo. Às vezes, quando leio certos tratados, onde a perfeição é mostrada através de mil dificuldades, meu pobre pequeno espírito cansa-se muito depressa, fecho o sábio livro, que me quebra a cabeça e me seca o coração, e tomo a Sagrada Escritura. Então, tudo me parece luminoso, uma única palavra descobre à minha alma horizontes infinitos, a perfeição parece-me fácil, vejo que basta reconhecer o próprio nada e abandonar-se, como uma criança, nos braços do bom Deus. Deixando para as grandes almas, para os espíritos sublimes os belos livros que eu não posso compreender, e muito menos pôr em prática, alegro-me por ser pequena, pois *"só as crianças e aqueles que a elas se assemelham serão admitidas ao banquete celeste"* (Mt 19,14). Felizmente, no Reino dos Céus há muitas moradas, pois se só houvesse aquelas cuja descrição e caminho me parecem incompreensíveis, certamente eu nunca lá entraria...

Carta VII

13 de julho de 1897.

Vossa alma é muito grande para apegar-se aos consolos terrenos! É no Céu que deveis viver desde já, porque é dito: *"Onde estiver o vosso tesouro, lá estará também o vosso coração"* (Lc 12,34). Vosso único tesouro não é Jesus? Visto que Ele está no Céu, é lá que deve habitar vosso coração. Há muito tempo, o doce Salvador esqueceu vossas infidelidades; somente vossos desejos de perfeição lhe estão presentes para alegrar seu coração.

Suplico-vos, não fiqueis mais a seus pés; segui o primeiro impulso que vos arrasta para seus braços; é lá o vosso lugar, e constato, mais do que em vossas outras cartas, que não vos é permitido ir ao Céu por outro caminho que não seja o de vossa irmãzinha.

Sou completamente de vossa opinião: o Coração de Jesus fica bem mais triste pelas mil pequenas imperfeições de seus amigos do que pelas faltas, mesmo graves, cometidas por seus inimigos. Mas, meu irmão, parece-me que é somente quando os seus transformam suas indelicadezas em hábito e não lhe pedem perdão, que Ele pode dizer: *"Estas chagas que estão no meio de minhas mãos, recebi-as em casa daqueles que me amavam"* (Zc 13,6).

Para aqueles que o amam e que, depois de cada pequena falta, vêm lançar-se em seus braços e lhe pedem perdão, Jesus estremece de alegria. Ele diz a seus anjos o que o pai do filho pródigo dizia a seus servos: *"Ponde-lhe um anel no dedo e alegremo-nos"* (Lc 15,22). Ah, meu irmão, como a bondade e o amor misericordioso do Coração de Jesus são pouco conhecidos! É verdade que, para gozar desses tesouros, é preciso humilhar-se, reconhecer seu nada; eis o que muitas almas não querem fazer...

Carta VIII

1897.

O que me atrai para a Pátria dos Céus é o chamado do Senhor, é a esperança de, enfim, amá-lo como tanto o desejei e o pensamento que poderei fazê-lo amar por uma multidão de almas que o bendirão eternamente.

Nunca pedi ao bom Deus para morrer jovem: isso me parecia covardia; mas Ele, desde minha infância, dignou-se dar-me a persuasão íntima de que meu trajeto terreno seria curto.

Eu sinto, nós devemos ir ao Céu pelo mesmo caminho: o sofrimento unido ao amor. Quando eu estiver no porto, ensinar-vos-ei como deveis navegar pelo mar tempestuoso do mundo: com o abandono e o amor de uma criança que sabe que seu pai a ama, e não saberá abandoná-la sozinha na hora do perigo.

Oh, gostaria de fazer-vos compreender a ternura do Coração de Jesus, o que Ele espera de vós! Vossa última carta fez estremecer docemente meu coração. Compreendi até que ponto vossa alma é irmã da minha, visto que ela é chamada a elevar-se a Deus pelo *elevador do amor*, e não subir pela rude escada do temor. Não me admiro ao ver que a familiaridade com Jesus vos parece difícil: não se pode chegar lá num dia; de uma coisa, porém, estou certa, ajudar-vos-ei muito mais a caminhar nesta estrada deliciosa quando estiver livre de meu invólucro mortal; e imediatamente direis, como Santo Agostinho: *"O amor é o peso que me arrasta"*.

Carta IX

26 de julho de 1897.

Quando lerdes esta pequena palavra, talvez já não estarei na terra. Não sei o futuro; todavia, posso dizer com segurança que *o Esposo está à porta*. Será preciso um milagre para reter-me no exílio, e não creio que Jesus o faça, pois Ele nada faz de inútil.

Ó meu irmão, sou feliz por morrer! Sim, sou feliz, não porque ficarei livre dos sofrimentos terrenos: o sofrimento unido ao amor é, ao contrário, a única coisa que me parece desejável neste vale de lágrimas; sou feliz por morrer porque, muito mais do que na terra, serei útil às almas que me são caras.

Jesus sempre me tratou como criança mimada... É verdade que sua cruz me acompanhou desde o berço; mas Ele me fez amar esta cruz com paixão.

Carta X

14 de agosto de 1897.

No momento de aparecer diante do bom Deus, compreendo mais do que nunca que uma só coisa é necessária: trabalhar unicamente para Ele, e não fazer nada para si nem pelas criaturas. Jesus quer possuir completamente vosso coração; por isso, ser-vos-á necessário sofrer muito... mas também, que alegria inundará vossa alma quando tiverdes chegado ao feliz momento de vossa entrada no Céu!...

Eu não morro, entro na vida... e tudo o que não puder dizer-vos na terra, vo-lo farei compreender do alto dos Céus...

**Retrato de Irmã Teresa do Menino Jesus
segundo um quadro de "Celina".**

O que me atrai para a pátria do céu é o chamado do Senhor, é a esperança de enfim amá-lo como tanto o desejei e o pensamento que poderei fazê-lo amar por uma multidão de almas que o bendirão eternamente.

POESIAS

PRIMEIRA PARTE

Meu canto de hoje
Música: *Dieu de paix et d'amour*.

    Minha vida é um instante, uma hora fugaz,
    Minha vida é um momento que escapa e me foge.
    Tu sabes, meu Deus, para amar-te nesta terra.
        Nada tenho senão hoje!

    Oh! Eu te amo, Jesus! Por ti minha alma anseia...
    Por um dia somente, sê meu doce apoio!
    Vem reinar em meu coração, dá-me teu sorriso
        Por hoje somente!

    Que me importa, Senhor, se o futuro é sombrio!
    pedir-te pelo amanhã, oh não, eu não posso...
    Guarda puro meu coração, cobre-me com tua sombra
        Por hoje somente!

    Se sonho o amanhã, temo minha inconstância,
    Sinto nascer-me no coração a tristeza e o enfado;
    Mas, aceito, meu Deus, a prova, o sofrimento
        Por hoje somente!

Devo ver-te, em breve, na praia eterna,
Ó Piloto divino, cuja mão me conduz!
Sobre ondas agitadas guia em paz meu barquinho
　　　Por hoje somente!

Ah! Deixa, Senhor, que me esconda em tua Face;
Lá não mais ouvirei o vão ruído do mundo.
Dá-me o teu amor, conserva-me tua graça
　　　Por hoje somente!

Junto ao teu Coração divino, esquecendo o que passa,
Já não temo os dardos do inimigo.
Ah! Dá-me, Jesus, em teu Coração um lugar,
　　　Por hoje somente!

Pão vivo, Pão do céu, divina Eucaristia,
Ó sagrado mistério que o amor produziu!
Habita em meu coração, Jesus, Hóstia branca,
　　　Por hoje somente!

Digna-te unir-me a ti, Vinha santa e sagrada,
E meu frágil raminho dar-te-á o seu fruto,
E poderei ofertar-te um cacho dourado
　　　Senhor, desde hoje!

Este cacho de amor cujos grãos são as almas,
Pra formá-lo tenho apenas este dia que foge...
Oh! Dá-me, Jesus, de um Apóstolo as chamas,
　　　Por hoje somente!

Ó Virgem Imaculada! Tu és a doce Estrela
Que ilumina Jesus e a Ele me une,
Deixa-me, ó Mãe, repousar sob o teu véu,
　　　Por hoje somente!

Meu Anjo da Guarda, vem cobrir-me com tuas asas,
Ilumina com teu fogo meu caminho, doce amigo!
Vem dirigir meus passos, ajuda-me, eu te peço,
　　　Por hoje somente!

Quero ver Jesus sem véu e sem nuvem;
Todavia, na terra bem perto estou dele...
Sua Face amável não me terá escondido
      Por hoje somente!

Voarei muito em breve pra cantar seus louvores,
Quando o dia sem ocaso raiar em minha alma;
Quando então cantarei com a lira dos anjos
      O eterno presente!

Junho de 1894.

Viver de amor!
Música: *Il est à moi!*

"Se alguém me ama, guardará minha Palavra e meu Pai o amará... e nós viremos a ele e nele faremos nossa morada... Dou-vos minha paz... permanecei no meu amor" (Jo 14,23.27; 15,9).

Na tarde do amor, falando sem parábolas,
Jesus dizia: *"Se alguém quer me amar*
Observe fielmente a minha palavra,
Meu Pai e eu viremos visitá-lo;
E do seu coração fazendo morada,
Nosso palácio, nossa viva estadia,
Cheio de paz, queremos que permaneça
      Em nosso amor".

Viver de amor, é olhar-te a ti mesmo,
Verbo incriado! Palavra de Deus!
Ah! tu sabes, divino Jesus, que eu te amo!
O Espírito de Amor me abrasa em seu fogo.
É amando-te que eu atraio o Pai
Meu pobre coração o guarda pra sempre;
Ó Trindade! vós sois prisioneira
      Do meu amor.

Viver de amor, é viver de tua vida,
Rei glorioso, delícia dos eleitos!
Tu vives por mim escondido numa hóstia;
Eu quero por ti me esconder, ó Jesus!
Os amantes necessitam de tua solidão,
Coração a coração que dure noite e dia;
Um só olhar teu me traz felicidade,
  Vivo de amor!

Viver de amor, não é sobre a terra
Fixar a tenda no cume do Tabor,
É, com Jesus, subir o Calvário,
É olhar a cruz como um tesouro!
No céu, devo viver de alegria,
Então, a provação terá fugido para sempre,
Mas, na terra, quero no sofrimento
  Viver de amor!

Viver de amor, é dar sem medida,
Sem reclamar o salário na terra.
Ah! sem contar eu dou, mui segura,
Pois quando se ama, não se calcula.
Ao coração divino, que transborda ternura
Eu tudo entreguei! E corro levemente...
Nada mais tenho senão a única riqueza:
  Viver de amor!

Viver de amor, é banir todo temor,
Toda lembrança das faltas passadas.
Dos meus pecados não vejo vestígio,
No fogo divino, todos se apagaram.
Chama sagrada, ó mui doce fornalha
Em teu ardor eu fixo a morada;
Jesus, é lá que eu canto à vontade:
  Vivo de amor!

Viver de amor é guardar em si mesmo
Um grande tesouro num vaso mortal.
Meu Amado, minha fraqueza é extrema!
Ah! Estou longe de ser um anjo do céu.
Mas, se caio a cada hora que passa,
Cada vez me levantas, me abraças,
Vens a mim e me dás tua graça,
     Vivo de amor!

Viver de amor é navegar sem cessar,
Semeando alegria e paz no coração;
Piloto amado! a caridade me impele
Pois te vejo nas almas, minhas irmãs.
A caridade, eis minha única estrela:
À sua luz, navego sem desvio;
Tenho meu lema escrito na vela:
     "Viver de amor!"

Viver de amor, quando Jesus adormece,
É o repouso sobre ondas agitadas.
Oh! não temas, Senhor, pois eu te acordo
E aguardo em paz a praia do céu...
Logo a Fé rasgará o seu véu,
E minha Esperança terá um só dia;
A Caridade infla e empurra minha vela,
     Vivo de amor!

Viver de amor, ó meu mestre divino,
É pedir-te que espalhes teu fogo
Na alma eleita e santa do teu sacerdote;
Que ele seja mais puro que um Serafim do céu!
Protege também tua Igreja imortal,
Isso te peço a cada instante do dia.
Eu, tua filha, me imolo por ela,
     Vivo de amor!

Viver de amor, é enxugar tua Face,
É aos pecadores obter o perdão.
Deus de amor! que eles voltem à graça,
E para sempre bendigam teu Nome!
Dentro em meu peito ressoa a blasfêmia;
Para apagá-la cada dia repito:
Ó Nome sagrado, te adoro e te amo,
  Vivo de amor!

Viver de amor, é imitar a Maria,
Banhando com pranto e perfumes preciosos
Teus pés divinos, que ela beija piedosa,
Enxugando-os com seus longos cabelos;
E depois, se levanta em santa audácia,
Tua Face tão doce também embalsama;
Para mim, o perfume que embalsama tua Face,
  É meu amor!

Viver de amor, que estranha loucura!
Este mundo me diz, ah, para de cantar;
Não percas perfumes, nem tua vida;
Aprende a empregá-los de útil maneira.
– Amar-te, Jesus, que perda fecunda!
Meus perfumes são teus para sempre.
Quero cantar ao sair deste mundo:
  Morro de amor!

Morrer de amor, é um doce martírio,
Eis o que eu quereria sofrer.
Ó Querubins, preparai vossa lira,
Pois sinto que o exílio vai enfim terminar...
Dardo inflamado, me consome sem tréguas,
Fere meu coração nesta triste estadia.
Divino Jesus, realiza meu sonho:
  Morrer de amor!

Morrer de amor, eis a minha esperança!
Quando verei romperem-se os laços,
Só Deus há de ser a grande recompensa,
Pois outros bens eu nem quero possuir.
De seu amor eu estou apaixonada;
Que ele venha, enfim, abraçar-me pra sempre!
Eis aí o meu céu, meu destino:
    Viver de amor!...

25 de fevereiro de 1895.

**A SANTA FACE
DE NOSSO SENHOR JESUS CRISTO**
(Segundo o Santo Sudário de Turim)

ORAÇÃO

Ó Jesus, que em vossa cruel Paixão vos tornastes "o opróbrio dos homens e o homem das dores", venero vossa divina Face, sobre a qual brilhavam a beleza e a doçura da divindade, agora tornada para mim "como o rosto de um leproso!" Mas sob estes traços desfigurados reconheço o vosso amor infinito, e me consumo pelo desejo de vos amar e de vos fazer amar por todos os homens. As lágrimas que correram tão abundantes de vossos olhos parecem-me como que pérolas preciosas que quero recolher, a fim de comprar, com seu valor infinito, as almas dos pobres pecadores.

Ó Jesus, cuja Face é a única beleza que encanta meu coração, aceito não ver na terra a doçura de vosso olhar, não sentir o inexprimível beijo de vossa boca; mas vos suplico que imprimais em mim vossa divina semelhança e me abraceis em vosso amor, para que me consuma rapidamente e logo chegue a ver vossa gloriosa Face no Céu.

Assim seja.

(Oração da serva de Deus,

Teresa do Menino Jesus e da Santa Face.)

Indulgência de 300 dias, cada vez, aplicável às almas do Purgatório.

Pio X, 13 de fevereiro de 1905.

FAVORES CONCEDIDOS POR SUA SANTIDADE PIO X
A 9 DE DEZEMBRO DE 1905
a todos os que meditarem durante alguns instantes sobre a Paixão
diante da Imagem da Santa Face.

1º Todas as indulgências, precedentemente, concedidas pelos Soberanos Pontífices à Coroa das Cinco Chagas.

2º A Bênção Apostólica.

Cântico à Santa Face

Melodia: *Les regrets de Mignon* (F. BOISSIÉRE).

> Jesus, tua inefável imagem
> É o astro que conduz meus passos;
> Tu sabes que tua doce Face
> É para mim o céu na terra!
> Meu amor descobre os encantos
> De teus olhos embelezados de prantos.
> Sorrio por meio de lágrimas,
> Quando tuas dores contemplo.

Oh! para consolar-te eu quero
Ignorada e solitária viver;
Tua beleza que sabes velar
Me descobre todo o mistério
E para ti quereria voar!

Tua Face é minha única pátria,
Ela é meu reino de amor;
Ela é meu prado risonho,
Meu doce sol de cada dia;
Ela é o lírio do vale,
Cujo perfume misterioso
Consola minha alma exilada,
Faz-lhe gozar a paz dos céus.

Ela é meu repouso, minha doçura,
E minha melodiosa lira...
Tua Face, ó meu doce Salvador,
É o divino buquê de mirra
Que quero guardar no coração.

Tua Face é minha única riqueza;
E nada mais eu te peço.
Escondendo-me nela sem cessar
Serei semelhante a ti, meu Jesus!
Imprime em mim a divina figura
De teus traços cheios de doçura,
E logo tornar-me-ei santa,
Para te atrair os corações!

Para que eu possa acumular
Uma bela colheita dourada,
Digna-te teu ardor me infundir!
Logo de tua boca adorada,
Dá-me teu beijo eterno.

12 de agosto de 1895.

Dirupisti, Domine, vincula mea!
Quebraste, Senhor, os meus laços! (Sl 115,7).
à **Ir. Maria da Eucaristia**
para o dia de sua entrada para o Carmelo.
Melodia: *Mignon, connais-tu le pays?* (A. Thomas).

    Ó Jesus, neste dia tu quebras meus laços!
    É na Ordem bendita da Virgem Maria
    Que eu poderia encontrar os bens verdadeiros.
    Senhor, se deixei minha família querida,
    Tu saberás cumulá-la de favores celestes...
    A mim, tu darás o perdão dos pecadores!

    Jesus, no Carmelo eu devo viver,
    Pois a este oásis teu amor me chamou;
    Lá te quero seguir,
    Te amar e logo morrer...
    É lá, sim, é lá!

    Ó Jesus, neste dia realizas meus sonhos:
    Poderei doravante, junto à Eucaristia,
    Imolar-me em silêncio, esperar o céu em paz!
    Expondo-me aos raios da Hóstia divina,
    Neste fogo de amor me consumirei,
    E como Serafim, Senhor, te amarei.

    Jesus, logo vou te seguir
    Para a praia eterna, quando acabarem meus dias;
    Sempre no céu deverei eu viver,
    Amar-te e não mais morrer,
    Sempre, sim, sempre!

                                      15 de agosto 1895.

Jesus, meu Amado, lembra-te!...
Melodia: *Rappelle-toi*.

"Minha filha, entre minhas palavras, busca aquelas que respiram mais amor; escreve-as e, depois, guardando-as preciosamente como relíquias, tem o cuidado de relê-las muitas vezes. Quando um amigo quer despertar no coração de seu amigo a primeira vivacidade de sua afeição, ele lhe diz: Lembra-te daquilo que sentiste quando, um dia, me disseste tal palavra. Ou então: Lembra-te dos teus sentimentos em tal época, em tal dia, em tal lugar? Acredita, então: as minhas mais preciosas relíquias sobre a terra são as palavras do meu amor, as palavras saídas de meu dulcíssimo Coração".

Nosso Senhor a Santa Gertrudes.

Oh! lembra-te da glória do Pai,
Lembra-te dos divinos esplendores
Que deixaste, exilando-te na terra,
Para remir todos os pobres pecadores.
Ó Jesus! abaixando-te para a Virgem Maria,
Ocultaste tua grandeza e tua glória infinita.
      Deste seio maternal
      Que foi teu segundo céu,
      Oh! lembra-te!

Lembra-te do dia em que nasceste,
Deixando o céu, os Anjos cantaram:
"Ao nosso Deus: glória, honra e poder!
E paz aos corações de boa vontade!"
Após mil e novecentos anos, cumpres tua promessa.
Senhor, de teus filhos a paz é a riqueza:
      Para gozar para sempre
      De tua inefável paz
      Eu venho a ti!

Eu venho a ti, esconde-me em tuas fraldas,
Em teu berço, quero ficar para sempre!
Lá poderei, cantando com os anjos,
Recordar-te as festas destes dias:
Ó Jesus, lembra-te dos pastores e dos magos

Que, alegres, ofereceram-te corações e homenagens
    Do cortejo inocente
Que te deu o seu sangue,
    Oh! lembra-te!

Recorda-te que, os braços de Maria
Os preferiste ao teu trono real;
Criancinha, para sustentar tua vida,
Não tinhas mais que o leite virginal!
A este festim de amor que te dá tua Mãe,
Digna-te convidar-me, Jesus, meu irmãozinho,
    De tua irmãzinha
    Que fez palpitar teu Coração,
    Oh! lembra-te!

Lembra-te que tu chamaste teu pai
O humilde José, que, por ordem do Céu,
Sem te acordar no colo de tua Mãe,
Soube te arrancar do furor de um mortal.
Verbo de Deus, lembra-te desse mistério estranho:
Tu guardas silêncio e fazes um anjo falar!
    De teu exílio distante
    Nas margens do Nilo,
    Oh! lembra-te!

Lembra-te que em outras praias,
Os astros de ouro e a lua de prata,
Que eu contemplo no azul sem nuvens,
Se alegraram, encantados por teus olhos de menino.
Com tua mão pequenina, que acariciava Maria,
Sustentavas o mundo e lhe davas a vida.
    E tu pensavas em mim!
    Jesus, meu reizinho,
    Lembra-te!

Lembra-te que na tua solidão,
Trabalhavas com tuas divinas mãos;

Viver escondido foi teu maior esforço,
Rejeitaste o saber dos homens!
Se com uma palavra encantavas o mundo,
Quiseste ocultar tua sabedoria profunda.
  Pareceste ignorante,
  Mas és Senhor onipotente,
  Lembra-te!

Lembra-te que estrangeiro na terra
Foste errante, tu, o Verbo eterno!
Nada tinhas, nem mesmo uma pedra,
Nem abrigo, como as aves do céu.
Ó Jesus! vem a mim, repousar tua cabeça,
Vem!... pra te receber minha alma está pronta.
  Meu amado Salvador
  Repousa em meu coração,
  Ele é teu!

Lembra-te das divinas ternuras
Que aos pequeninos dispensavas;
Eu quero também receber teus carinhos,
Ah! dá-me teus beijos candentes!
Para no céu gozar tua doce presença
Saberei praticar as virtudes da infância:
  Tu muitas vezes disseste:
  "O céu é dos pequenos..."
  Lembra-te!

Lembra-te que à beira da fonte
Um peregrino, cansado do caminho,
Fez transbordar sobre a Samaritana
As ondas do amor, que seu peito encerrava.
Ah! Conheço quem me pede de beber:
É o Dom de Deus, a fonte da glória!
  Tu és a água que brota,
  Jesus! tu nos disseste:
  "Vinde a mim!"

"Vinde a mim, pobres almas carregadas;
"Vossos fardos pesados, logo mais serão leves
"E para sempre em meu Coração imersos
"De vosso seio as fontes brotarão".
Tenho sede, meu Jesus, esta água eu te peço.
Com as torrentes divinas, digna-te inundar minha alma;
  Para fixar minha morada
  No Oceano do amor,
  Eu venho a ti!

Lembra-te que, como filha da luz,
Muitas vezes, abandono o meu Rei;
Oh! tem piedade da minha miséria
Em teu amor, ó Jesus, me perdoa.
Torna-me hábil nas coisas do céu,
Mostra-me os segredos escondidos no Evangelho.
  Ah! que este livro de ouro
  É meu mais caro tesouro,
  Lembra-te!

Lembra-te que a tua Mãe divina
Sobre teu Coração tem poder grandioso!
Lembra-te que um dia, por seu pedido,
Mudaste a onda em vinho precioso!
Transforma também minhas obras indigentes...
À voz de Maria, ó Deus! torna-as ferventes:
  Que eu sou sua filha,
  Meu Jesus, muitas vezes,
  Lembra-te!

Lembra-te que muitas vezes
As colinas tu subias ao sol poente;
Recorda tuas orações divinas,
Teus cantos de amor ao descansar!
Tua prece, ó meu Deus, oferto-a com delícia
Na minha oração, no meu santo Ofício:
  Lá, junto ao teu Coração,
  Eu canto com alegria,
  Lembra-te!

Lembra-te que ao olhar para os campos,
Teu divino Coração as colheitas previa;
Levantando os olhos para a santa Montanha
Dos teus eleitos murmuravas os nomes!
Para que teu campo seja logo ceifado,
Cada dia, meu Deus, eu me imolo e te peço,
      Que minha alegria e pranto
      Sejam para teus ceifeiros,
      Lembra-te!

Lembra-te da festa dos Anjos,
Esta harmonia no Reino dos Céus,
E do júbilo das sublimes falanges
Quando o pecador para ti eleva o olhar!
Ah! quero aumentar esta grande alegria...
Jesus, pelos pecadores quero pedir sem cessar;
      Que vim para o Carmelo
      Para o belo céu povoar,
      Lembra-te!

Lembra-te desta dulcíssima chama
Que querias acender nos corações:
Este fogo do céu, puseste-o em minha alma,
Eu quero também espalhar seu ardor.
Uma fraca centelha, ó mistério de vida,
É capaz de acender um fogo imenso.
      Eu quero, ó meu Deus,
      Para longe teu fogo levar,
      Lembra-te!

Lembra-te da esplêndida festa
Que deste a teu filho arrependido;
Lembra-te também que a alma cândida
Tu mesmo a nutres a cada instante!
Jesus, com amor tu recebes o pródigo...
E as ondas do teu Coração, para mim não têm dique,
      Meu Amado, meu Rei,
      Que meus são teus bens,
      Lembra-te!

Lembra-te que desprezando a glória,
Realizando teus milagres divinos
Exclamavas: *"Como podeis crer*
Vós que buscais as honras humanas?
As obras que faço vos parecem surpreendentes:
Meus amigos farão outras muito mais esplendentes".
       Que foste humilde e doce,
       Jesus, meu terno Esposo,
       Lembra-te.

Lembra-te que numa santa embriaguez,
O Apóstolo virgem achegou-se ao teu Coração!
No seu repouso conheceu tua ternura,
E compreendeu teus segredos, Senhor!
Mas teu discípulo amado não invejo;
Conheço teus segredos, porque sou tua esposa...
       Meu divino Salvador,
       Adormeço em teu Coração.
       Ele é meu!

Lembra-te que na noite da agonia,
Ao teu sangue misturou-se o teu pranto;
Pérolas de amor! seu valor infinito
Fez germinar flores virginais.
Um Anjo, mostrando-se esta colheita escolhida,
Fez renascer a alegria em tua alma bendita.
       Jesus, que tu me viste
       Em meio aos teus lírios,
       Lembra-te!

Teu sangue, teu pranto, esta fonte fecunda,
Virginizando as corolas das flores,
Tornou-as capazes, já neste mundo,
De gerar para ti muitos corações.
Sou virgem, ó Jesus! Entretanto, que mistério!
Unindo-me a ti, das almas sou mãe...
       Das flores virginais
       Que salvam pecadores,
       Lembra-te!

Lembra-te que opresso em sofrimento
Um Condenado, ao olhar para o Céu
Exclamou: *"Logo em todo o meu poder*
Vós me vereis aparecer glorioso!"
Que Ele fosse de Deus o Filho, ninguém queria crer,
Porque estava escondida sua inefável glória.
    Ó Príncipe da Paz!
    Eu te reconheço...
    E creio em ti!

Lembra-te que tua Face divina,
Entre os teus sempre foi desconhecida!
Mas me deixaste tua doce imagem...
E Tu sabes: reconheci-te muito bem!
Sim, reconheço-te, mesmo entre as lágrimas,
Face do Eterno, eu descubro teus encantos.
    Que teu olhar velado
    Meu coração consolou,
    Lembra-te!

Lembra-te desta amorosa queixa
Que, na cruz, escapou de teu Coração.
Ah!, no meu coração, Jesus, está gravada:
Sim... de tua sede partilho o ardor!
Quanto mais for ferido pelas chamas divinas
Mais sedento quer dar-te as almas.
    Que de uma sede de amor
    Me abraso noite e dia,
    Lembra-te!

Lembra-te, Jesus, Verbo da vida,
Que me amaste até morrer por mim.
Também quero amar-te até a loucura;
Também quero viver e morrer por ti:
Tu sabes, meu Deus, tudo o que desejo,
É fazer-se amar e ser mártir um dia.
    De amor quero morrer!
    Senhor, do meu desejo,
    Lembra-te!

Lembra-te que no dia de tua vitória
Tu nos dizias: "Aquele que não viu
O Filho de Deus esplendente de glória,
É feliz... se mesmo assim acreditou!"
Na sombra da fé, te amo e te adoro:
Ó Jesus, para te ver espero em paz a aurora
    Que meu desejo não é
    Ver-te aqui na terra,
    Lembra-te!

Lembra-te que subindo para o Pai,
Não podias deixar-nos órfãos;
Que aprisionando-te nesta terra,
Soubeste velar teus raios divinos;
Mas a sombra de teu véu é luminosa e pura,
Pão vivo da fé, alimento celestial.
    Ó mistério de amor!
    Meu Pai de cada dia:
    Jesus, és Tu!

Jesus, és Tu que apesar das blasfêmias
Dos inimigos do Sacramento do amor,
Queres mostrar-me quanto me amas,
Já que em meu coração fixas morada.
Ó Pão do exilado! Santa e divina Hóstia!
Já não sou eu que vivo; mas vivo de tua vida!
    Teu cibório dourado,
    Entre todos preferido,
    Jesus, sou eu!

Jesus, sou o teu santuário vivo
Que os maus não podem profanar.
Fica em meu coração, não é ele um canteiro
Onde cada flor quer voltar-se para ti?
Mas, se te afastas, ó branco Lírio dos vales!
Sei muito bem, minhas flores serão desfolhadas.
    Sempre, meu Amado,
    Jesus, Lírio embalsamado,
    Floresce em mim!

Lembra-te que eu quero na terra
Consolar-te do esquecimento dos pecadores;
Meu único Amor, ouve minha prece:
Ah! para te amar, dá-me mil corações!
Mas é ainda muito pouco, Jesus, beleza suprema,
Dá-me para te amar teu próprio Coração divino;
    Do meu desejo ardente,
    Senhor, a cada instante,
    Lembra-te!

Lembra-te que tua santa vontade
É meu repouso, meu único bem;
Me abandono e adormeço sem medo
Em teus braços, meu Salvador divino!
Se Tu dormes quando a tempestade cresce,
Quero permanecer sempre em paz profunda;
    Mas durante teu sono,
    Jesus, para o despertar
    Prepara-me!

Lembra-te que suspiro muitas vezes
Pelo dia do grande acontecimento.
Que chegue enfim o Anjo a nos dizer:
"Não há mais tempo, vinde ao julgamento!"
Então rapidamente cruzarei o espaço,
E irei me esconder em tua Face divina.
    Que na eterna morada
    Tu deves ser meu céu,
    Lembra-te!

                            21 de outubro de 1895.

Ao Sagrado Coração
Melodia: *Petit soulier de Noël.*

Junto ao Túmulo, santa Madalena,
Buscando seu Jesus, inclinava-se em prantos.
Os Anjos queriam suavizar sua pena,
Mas nada podia acalmar sua dor.
Vosso doce brilho, luminosos Arcanjos,
Não bastava para a contentar;
Ela queria ver o Senhor dos Anjos,
Tomá-lo em seus braços e levá-lo pra longe.

No Santo Sepulcro, ficando por última,
Maria estava lá, muito antes do alvorecer;
Seu Deus também veio, escondendo sua luz.
Ela não podia vencê-lo em amor...
Mostrando-lhe então sua Face bendita
Uma só palavra lhe brotou no Coração;
Murmurando o nome tão doce de "Maria"
Jesus lhe restitui a paz, a felicidade.
. . . .
Um dia, meu Deus, como Madalena,
Eu quis te ver, aproximar-me de ti;
Meu olhar mergulhou na imensa planície
Onde eu buscava meu Mestre e meu Rei.
E eu exclamava, ao ver a onda pura,
O azul estrelado, a flor e o pássaro:
Se a Deus eu não vir, brilhante natureza,
Não és para mim mais que um vasto sepulcro.

Preciso de um coração ardente de ternura,
Que seja para sempre o meu apoio.
Que ame tudo em mim, até minha fraqueza,
Jamais me deixe, nem de dia, nem de noite.
Eu não pude encontrar criatura alguma
Que sempre me amou sem nunca morrer.
Preciso de um Deus que tome minha natureza,
Que se torne meu irmão e que possa sofrer.

Tu me escutaste, ó Esposo que eu amo...
Para raptar meu coração, fazendo-te mortal,
Derramaste teu sangue, mistério supremo!
E Tu vives ainda por mim sobre o Altar.
Se não posso ver o esplendor de tua Face,
Escutar tua voz repleta de doçura,
Eu posso, ó meu Deus, viver de tua graça,
Posso repousar em teu Sagrado Coração!

Coração de Jesus, tesouro de ternura,
És a minha ventura, minha única esperança!
Tu soubeste encantar minha tenra juventude,
Fique ao meu lado até o entardecer.
Senhor, somente a ti eu doei minha vida,
E meus desejos te são conhecidos.
É em tua bondade, sempre infinita,
Que me quero perder, Coração de Jesus!

Ah! eu bem sei que as nossas justiças
Não têm, a teus olhos, algum valor;
Para dar valor aos meus sacrifícios,
Quero lançá-los no teu Coração.
Sequer os teus Anjos encontraste perfeitos;
No meio de raios Tu deste tua lei;
Eu teu Coração, Jesus, eu me escondo,
Não tenho receio: minha força és Tu!

A fim de poder contemplar tua glória,
É preciso, eu sei, passar pelo fogo.
E eu, escolhi para meu purgatório
Teu ardente amor, Coração de meu Deus!
Minha alma exilada, deixando esta vida,
Quereria fazer um ato de puro amor,
E depois, voando ao céu, sua pátria,
Entrar no teu Coração, para sempre!...

Outubro de 1895.

O cântico eterno

Entoado no exílio.
Melodia: *Mignon regrettant sa patrie* (Luigi Bordese).

Tua esposa, ó meu Deus, em terra estrangeira
Pode cantar do amor o cântico eterno;
Pois no meio do exílio te dignas, na terra,
Abrasá-la de amor como se fosse o céu.

Meu Amado, beleza suprema!
Tu te deste todo a mim;
Mas em troca, Jesus, eu te amo:
Faz de minha vida um só ato de amor!

Esquecendo minha grande miséria,
Tu vens habitar no meu coração.
Meu frágil amor, que grande mistério!
Basta para prender-te, Senhor.

Amor que me inflama,
Penetra a minha alma!
Vem! eu te peço,
Vem consumir-me!

Teu ardor me obriga,
E eu quero sem cessar,
Divina Fornalha,
Em ti me abismar.

Senhor, o sofrimento
Torna-se alegria,
Quando o amor se lança
Para ti, sem voltar.

Pátria celeste,
Doçura infinita,
Minha alma se encanta

Por Vós cada dia...
Pátria celeste,
Alegria infinita,
Sois somente AMOR!

10 de março de 1896.

Tenho sede de amor!
Melodia: *Au sein de l'heureuse patrie*.

Em teu amor, exilando-te na terra,
Divino Jesus, tu te imolas por mim.
Meu Amado, recebe minha vida inteira;
Quero sofrer, quero morrer por ti.

Senhor, tu mesmo nos disseste:
"Nada mais se pode fazer
Senão morrer por quem se ama".
E meu amor supremo
És Tu, Jesus!

Faz-se tarde, o dia declina:
Fica comigo, Peregrino celeste.
Com tua cruz eu subo a colina;
Vem me guiar, Senhor, no caminho!

Tua voz encontra eco em minha alma:
Quero assemelhar-me a ti, Senhor.
O sofrimento, eu te peço...
Tua palavra de fogo
Queime meu coração!

Antes de entrar para a glória eterna,
"O Homem-Deus teve de sofrer".
Por sua cruz alcançou a vitória;
Doce Salvador, não no-lo disseste?

Por mim, na terra estrangeira,
Quantos desprezos não recebeste!...
Quero esconder-me na terra,
Ser em tudo a última
Por ti, Jesus.

Meu Amado, teu exemplo me convida
A humilhar-me, a desprezar a ventura:
Para te raptar, quero ficar pequena;
Esquecendo-me, encantarei teu Coração.

Minha paz está na solidão,
Não te peço nada mais.
Agradar-te é meu único desejo,
E minha beatitude
És Tu, Jesus!

Tu, o grande Deus que o universo adora,
Tu vives em mim prisioneiro noite e dia;
Tua doce voz cada hora me implora,
Tu me repetes: "Tenho sede! Sede de amor!..."

Eu sou também tua prisioneira,
E quero repetir por minha vez
Tua terna e divina oração,
Meu Amado, meu Irmão:
Tenho sede de amor!

Tenho sede de amor! Enche a minha esperança:
Aumenta em mim, Senhor, teu fogo divino!
Tenho sede de amor! Bem maior é meu sofrimento.
Como quereria voar para ti, ó meu Deus!

Teu amor é meu único martírio;
Quanto mais o sinto arder em mim,
Tanto mais minha alma te deseja.
Jesus, faze que eu expire
De amor por ti!

30 de abril de 1896.

O meu céu...
Melodia: *Dieu de paix e d'amour*.

Para suportar o exílio da terra de lágrimas,
Preciso do olhar de meu Salvador divino;
Este olhar cheio de amor revela-me seus encantos
E me faz pressentir a felicidade celeste.
Meu Jesus me sorri, se por Ele suspiro;
Então já não sinto a provação da fé.
O olhar do meu Deus, seu encantador sorriso,
     Eis aí o meu céu!

Meu céu é atrair para a Igreja bendita,
Para a França culpada e cada pecador,
A graça que espalha este belo rio de vida
No qual encontro a fonte, ó Jesus, em teu Coração.
Tudo posso obter quando, neste mistério,
Falo de coração a coração com meu divino Rei.
Esta doce oração, junto do santuário,
     Eis aí o meu céu!

Meu céu, está escondido na Hóstia pequena,
Onde Jesus, meu Esposo, se vela por amor.
Neste fogo divino vou haurir minha vida,
E lá, dia e noite, eu ouço o meu Salvador.
Oh! que momento feliz quando em tua ternura
Tu vens, meu Amado, transformar-me em ti!
Esta união de amor, esta inefável embriaguez,
     Eis aí o meu céu!

Meu céu, é sentir em mim a semelhança
Do Deus que me criou com seu sopro poderoso.
Meu céu é estar sempre em sua presença,
Chamá-lo de meu Pai e ser sua filha;
Em seus braços divinos, não temo a tempestade...
O total abandono, eis minha única lei!
Adormecer em seu Coração, junto à sua Face
     Eis aí o meu céu!

Meu céu, encontrei-o na santa Trindade,
Que mora em meu coração, prisioneira de amor.
Lá, contemplando meu Deus, lhe repito sem medo
Que eu quero servi-lo e amá-lo sem fim.
Meu céu é sorrir a esse Deus que adoro,
Quando Ele quer se esconder pra provar minha fé;
Sorrir, esperando que ainda me olhe,
    Eis aí o meu céu!

7 de junho de 1896.

Minha esperança
Melodia: *O saint autel qu'environnent les Anges*.

Ainda estou nesta praia estrangeira;
Pressentindo, porém, a eterna ventura,
Oh! quereria deixar esta terra
E contemplar as maravilhas do céu!
Quando sonho a vida imortal,
Já não sinto o peso do exílio;
Logo, meu Deus, para a única pátria
Pela primeira vez voarei!

Ah! dá-me, Jesus, brancas asas,
Para que eu volte pra ti meu destino.
Eu quero voar para as praias eternas,
Eu quero te ver, meu divino Tesouro!
Aos braços de Maria eu quero voar,
Neste trono de escol descansar,
E receber desta Mãe que é cara
O doce beijo pela primeira vez.

Meu Amado, de teu sorriso primeiro
Faz que logo eu sinta a doçura;
Permite que por meu ardente delírio,
Em teu coração eu me possa esconder.

Momento feliz!... Ó bem inefável!
Quando ouvirei o som de tua voz...
Quando verei de tua Face adorável
O brilho divino, pela primeira vez!

Tu sabes que meu único martírio
É teu amor, Coração sagrado de Jesus!
Se minha alma suspira por teu céu
É para te amar... te amar sempre mais!
No céu, sempre cheia de ternura
Amar-te-ei sem medida e sem lei.
E minha felicidade então parecerá
Tão nova quanto a primeira vez!

12 de junho de 1896.

Lançar flores
Melodia: *Oui, je le crois, elle est immaculée.*

Jesus, meu único amor, aos pés do teu calvário,
Como gosto de, à tarde, lançar-te as flores!
Desfolhando para ti a rosa primaveril,
Quisera enxugar tuas lágrimas!

Lançar flores!... é oferecer-te as primícias
Dos mais leves suspiros, das dores mais pesadas.
Minhas penas e alegrias, meus pequenos sacrifícios:
Eis aí as minhas flores!

Senhor, de tua beleza minha alma se encantou;
Quero te doar meus perfumes, minhas flores.
Lançando-as para ti ao soprar da leve brisa,
Quereria inflamar os corações!

Lançar flores! Jesus, eis minha arma
Se quero lutar para salvar pecadores.
A vitória é minha: e sempre te desarmo
Com minhas flores!

As pétalas das flores afagam tua Face
E dizem que meu coração é teu para sempre.
Da rosa desfolhada Tu compreendes a linguagem
E sorris ao meu amor...

Lançar flores! repetir teus louvores,
Eis meu único prazer no vale do meu pranto.
No céu, com teus anjinhos irei em breve
Lançar flores!

28 de junho de 1896.

Meus desejos junto ao Tabernáculo
Melodia: *Prévenons les feux de l'aurore*.

Pequena chave, eu te invejo,
Tu podes abrir, cada dia,
A prisão da Eucaristia,
Onde reside o Deus de amor.
Mas eu posso – que doce milagre!
Com um ato de fé somente,
Abrir também o Tabernáculo,
E me abrigar junto do Rei...

Quisera no santuário,
Consumir-me junto a Deus,
Brilhar sempre no mistério
Como a luz do Lugar santo.
Ó ventura, em mim eu tenho chamas,
E ganhar posso cada dia
Muitas almas pra Jesus,
Abrasando-as de seu amor...

Cada manhã eu te invejo,
Ó pedra santa do altar!
Como no estábulo bendito

Em ti o Eterno quer nascer.
Escuta minha humilde prece:
Vem à minha alma, meu doce Salvador!
Muito antes de ser a pedra fria,
É ser desejo do teu Coração.

Ó corporal cercado de Anjos
Também tu és invejado!
Sobre ti, como em simples fraldas,
Vejo Jesus, o meu tesouro.
Muda meu coração, Virgem Maria,
Em corporal tão puro e belo
Pra receber a branca hóstia
Onde se esconde o Cordeirinho.

Santa patena, eu te invejo...
Sobre ti, Jesus quer descansar!
Que sua grandeza infinita,
Se digne até mim se abaixar...
Enchendo a minha esperança,
Do exílio não espera o fim:
Vem a mim!... por sua presença,
Sou seu vivo ostensório.

Quisera também ser o cálice
Onde adoro o Sangue divino!
Mas, no Sacrifício santo eu posso
Recolhê-lo a cada manhã.
Minha alma a Jesus é mais cara
Que os preciosos vasos dourados;
O altar é um novo Calvário,
Onde versa seu Sangue por mim.

Jesus, Vinha santa e sagrada,
Tu bem sabes, ó meu divo Rei,
Sou tua uva dourada,
Que por ti deve morrer.

Na prensa do sofrimento,
Provar-te-ei meu amor.
Não quero outra alegria
Senão me imolar cada dia.

Que sorte feliz! Ser escolhida
Entre os grãos do trigo mais puro
Que por Jesus perdem a vida;
Eis como é grande o meu gozo!
Sou tua esposa querida,
Meu Amado, vem até mim.
Vem, tua Beleza me encanta,
Digna-te transformar-me em ti!

1896.

Jesus só
Composta para uma noviça.
Melodia: *Près d'un berceau*.

Meu ardente coração quer se dar sem cessar,
Ele precisa demonstrar sua ternura.
Ah! quem poderá compreender meu amor?
Que coração quererá me pagar?
Mas esta paga em vão eu reclamo;
Jesus, só Tu podes contentar a minha alma.
Nada poderá encantar-me na terra;
Minha alegria não se encontra ali.

Minha única paz, minha única ventura,
Meu único amor, és Tu, Senhor!

Tu que soubeste criar o coração das mães,
Encontro em ti o mais terno dos pais.
Meu único Amor, Jesus, Verbo eterno,
Para mim, teu Coração é mais que materno!

A todo instante, me segues, me guardas;
Quando te chamo, ah! Tu nunca tardas.
E se, por vezes, pareces esconder-te,
Tu sempre me ajudas a procurar-te...

Só a ti, meu Jesus, eu me apego;
Em teus braços eu me acolho e me escondo.
Quero te amar qual pequena criança;
Quero lutar qual guerreiro valente.
Como criança repleta de mimos,
Quero, Senhor, te encher de carinhos;
E em meu campo de apostolado,
Como guerreiro eu me lanço ao combate!

Teu Coração, que guarda e restitui a inocência,
Não saberá enganar minha confiança;
Em ti, Senhor, ponho minha esperança:
Após o exílio, no céu vou te ver.
Quando em meu coração a tempestade se eleva,
Para ti, Jesus, ergo a minha cabeça.
Em teu olhar misericordioso eu leio:
Filha... os céus eu os fiz para ti!

Bem sei, meus suspiros e lágrimas
Diante de ti resplandecem de encantos;
Os Serafins, no céu, te formam cortejo
E contudo, Tu procuras meu amor...
Queres meu coração... Jesus, eu o dou!
Meus desejos a ti abandono;
Aos que amo, meu Esposo, meu Rei,
Quero amá-los somente por ti.

15 de agosto de 1896.

O Viveiro do Menino Jesus
Melodia: *Au Rossignol* (Gounod).

Para os exilados da terra
O bom Deus criou passarinhos;
Vão sempre gorjeando uma prece,
Pelos vales e pelas encostas.
As crianças alegres e instáveis,
Tendo escolhido os seus preferidos,
Os aprisionam em suas gaiolas
Cujas grades são todas douradas.

. . . .
Ó Jesus, nosso Irmãozinho!
Por nós deixas o teu céu;
Mas Tu sabes: teu viveiro,
Divino Infante, é o Carmelo.

A gaiola não é dourada,
Todavia, nós a amamos;
Pelos bosques, a azul planície,
Nunca mais nós voaremos!
Jesus, os bosques deste mundo,
Não nos podem contentar;
Na solidão profunda,
Só por ti vamos cantar.
Tua mãozinha nos atrai;
Menino, como és encantador!
Jesus Divino, teu sorriso
Cativa até os passarinhos.

Aqui a alma simples e pura
Acha o objeto de seu amor;
Aqui a tímida pombinha
Já não teme o predador.
Sobre as asas da oração
Sobe o ardente coração,

Como a cotovia leve
Que alto se eleva e canta!
Aqui se ouve o canto
Do carricinha e tentilhão.
Ó Jesus, em tua gaiola
Teus pássaros cantam teu nome.

O passarinho sempre canta:
Não o inquieta o seu pão...
Um grão de alpiste o contenta,
Nunca aqui ele semeia.
Como ele, no viveiro
Recebemos tudo de tua mão;
A única coisa necessária
É te amar, divino Infante!
Também cantamos teus louvores
Com os espíritos do céu;
E os Anjos todos, nós sabemos,
Amam os pássaros do Carmelo.

Para enxugar as tuas lágrimas,
Que pecadores verter te fazem,
Os pássaros ecoam teus encantos,
Seus doces cantos te ganham corações.
Um dia, longe da triste terra,
Quando ouvirem teu chamado,
Todos os pássaros do viveiro
Alçarão seu voo ao céu.
Com as charmosas falanges
Dos alegres Querubins,
Eternamente, teus louvores
Cantarão então nos Céus!

25 de dezembro de 1896.

Glosa ao Divino
Segundo São João da Cruz.

> *Apoiado, sem apoio algum,*
> *Sem Luz e nas Trevas,*
> *Vou me consumindo de amor.*
> (São João da Cruz)

Ao mundo – que felicidade extrema!
Eu disse um eterno adeus!...
Elevada acima dele mesmo,
Não tenho outro apoio senão Deus;
E agora eu o proclamo:
O que mais estimo junto a Ele,
É ver meu coração e a alma
Apoiados sem apoio algum!

Embora eu sofra sem Luz,
Nesta existência de um dia,
Possuo ao menos na terra
O Astro celeste do amor.
No caminho que devo seguir
Mais de um perigo existe;
Mas, por amor, vou viver
Nestas trevas do exílio.

O amor, já o experimentei,
Do bem e do mal que ele acha em mim
Sabe se aproveitar – que grande poder!
E transforma minha alma em si.
Este fogo que arde em minha alma
Penetra o coração para sempre;
Assim em sua chama ardente
Vou me consumindo de amor!

1896.

Ao Menino Jesus

Jesus, Tu sabes meu nome,
Me chama teu doce olhar...
Me diz: *"Simples abandono,*
Quero guiar teu barquinho".

Com tua voz de menino,
Oh! que grande maravilha!
Com tua voz de menino,
Acalmas a onda bravia,
E o vento.

Se Tu queres repousar,
Quando ruge a tempestade,
Em meu coração vem pousar,
Tua loura cabecinha.

É um encanto o teu sorriso,
Enquanto estás a dormir!
Sempre com meu doce canto
Vou te embalar ternamente,
Lindo Menino!

Dezembro de 1896.

Minha Paz e minha Alegria
Melodia: *Petit oiseau, dis, où vas-tu?*

Existem almas na terra
Que felicidade buscam em vão;
Pra mim, porém, é o contrário,
A alegria habita o coração.
Não é passageira esta flor,

Desde sempre eu a possuo;
É rosa de primavera,
A me sorrir cada dia.

Por certo, eu sou muito feliz,
Faço sempre a minha vontade;
Poderia não ser jubilosa,
Não mostrar a minha alegria?
Minha alegria é amar o sofrer.
Sorrio vertendo o pranto,
Eu aceito com gratidão
O espinho entre as flores.

Quando sombrio é o céu azul,
E ele parece me abandonar,
Minha alegria é estar na sombra,
Me esconder e me abaixar.
Minha paz é a vontade santa
De Jesus, meu único amor:
Vivo, assim, sem medo algum,
Amando a noite como o dia.

Minha paz é ser pequena;
Assim, se caio no caminho,
Posso erguer-me bem depressa,
Que Jesus me dá a mão.
Então o cubro de carinhos,
Pois pra mim Ele é tudo...
E eu lhe dobro a ternura,
Se se esconde à minha fé.

Minha paz, se verto lágrimas,
É escondê-las às irmãs.
O sofrimento tem encantos,
Se o soubermos cobrir de flores!
Quero sofrer sem o dizer
Pra Jesus ser consolado;
Minha alegria é vê-lo sorrir
Quando o coração é exilado.

Minha paz é lutar sempre
Para gerar os escolhidos;
Repetir-te com ternura
Muitas vezes, meu Jesus,
Por ti, meu irmãozinho,
Sou feliz, neste sofrer!
Minha única alegria
É na terra te alegrar.

Quero viver por muito tempo,
Senhor, se for este o teu querer.
E eu ao céu seguir-te-ia
Para causar-te prazer.
O amor é fogo pátrio,
Sempre, sempre me consome;
Que me importa vida ou morte!
Minha felicidade é te amar!...

21 de janeiro de 1897.

Minhas Armas
A uma noviça para o dia da Profissão.
Melodia: *Partez, hérauts...*

> "A esposa do Rei é terrível como um exército em ordem de batalha; é semelhante a um coro de música no campo de batalha" (Ct 6,3–7,1).
> "Revesti-vos das armas de Deus, para poderdes resistir às ciladas do inimigo" (Ef 6,11).

Revesti-me com as armas do Todo-Poderoso,
Sua mão divina dignou-se me adornar.
Doravante nada mais me alarma,
De seu amor quem me vai separar?
Ao seu lado, lançando-me na arena,
Nem ferro nem fogo jamais temerei.
Os inimigos saberão que sou a rainha,
Que sou a esposa de um Deus.

Meu Jesus, guardarei a armadura
Que eu visto sob teus olhos amados;
Até o fim do exílio, a veste mais bela
     Serão meus votos sagrados.

Ó Pobreza, meu primeiro sacrifício,
Até a morte me seguirás, em toda a parte;
Pois para correr no estádio, eu bem sei,
Deve o atleta tudo e tudo deixar.
Provai, mundanos, o remorso e a pena,
Os frutos amargos de vossa vaidade;
Na arena, porém, eu colho feliz
As palmas da Pobreza.

Jesus disse: *"É com violência*
Que o Reino dos Céus se alcança".
Pois, a Pobreza será minha lança,
O capacete glorioso.

A Castidade me faz irmã dos Anjos,
Desses espíritos puros e vitoriosos.
Um dia, espero voar para suas falanges;
No exílio, porém, vou lutar como eles.
Vou lutar sem repouso e sem trégua,
Pelo Esposo, o Senhor dos senhores.
A Castidade é a espada celeste
Que lhe vai conquistar corações.

A Castidade, é minha arma invencível;
Por ela, inimigos vencidos serão;
Por ela, me torno – felicidade indizível!
A esposa de Jesus.

O Anjo orgulhoso, no meio da luz,
Gritou altaneiro: "Não obedecerei!..."
Eu repito, porém, na noite da terra:
Quero sempre aqui obedecer.

Em mim sinto nascer uma santa audácia,
Desafio o furor de todo o inferno.
A obediência é a forte couraça
E o escudo do meu coração.

Ó Deus vencedor, não quero outra glória
Senão submeter a minha vontade;
Porque obediente cantará as vitórias
Por toda a eternidade!

Se do guerreiro tenho as armas potentes,
Se o imito e luto com valentia,
Como a virgem das graças ardentes
Também quero cantar combatendo.
Tu fazes vibrar as cordas da lira,
A lira, Jesus, é o meu coração!
De tuas misericórdias eu posso então
Cantar a força e a doçura.

Sorrindo eu enfrento a metralha,
E em teus braços, Esposo divino,
Cantando morrerei na batalha,
As armas na mão!

25 de março de 1897.

Um lírio entre espinhos
Composta para uma noviça.
Melodia: *L'envers du ciel*.

Senhor poderoso! desde a mais tenra infância
Posso bem me chamar obra do amor;
Gostaria, ó meu Deus, na minha gratidão,

Quisera, ó sim, poder te pagar.
Jesus, meu Amado, que privilégio é este?
Pobre nadinha, que fiz eu por ti?
Aqui estou colocada no branco cortejo
Das virgens da tua corte, Rei divino e amado!

Ai, nada mais sou que a própria fraqueza;
Tu bem sabes, meu Deus, não tenho virtudes!
Mas Tu sabes também, para mim bem supremo
Que sempre me encanta, és tu meu Jesus.
Quando em meu coração acendeu-se este fogo
Que se chama amor, Tu vieste pedi-lo.
E só ele, ó Jesus, contenta a minha alma,
Pois ao infinito eu devo amar.

Como um cordeirinho fora do abrigo,
Feliz, eu brincava, ignorando o perigo.
Ó Rainha dos céus, ó Pastora querida,
Tua mão invisível soube me proteger!
Divertindo-me, ainda, à beira dos precipícios,
Mostravas-me já o alto Carmelo;
Compreendia, então, as austeras delícias
Que devia amar para voar até o céu.

Senhor, se Tu amas a pureza do Anjo,
Do espírito fogoso que navega no azul,
Não amas também, embora venha do lodo,
O lírio que no amor conservaste tão puro?
Se feliz é, meu Deus, o Anjo da asa vermelha
Que diante de ti aparece em branca pureza,
Minha veste, deste mundo, com a sua se parece,
Pois eu tenho o tesouro: a minha virgindade!

1897.

A rosa desfolhada
Melodia: *Le fil de la Vierge* ou *La Rose mousse*.

Jesus, quando te vejo, sustentado por tua Mãe,
    Deixar seus braços,
E vacilante, ensaiar sobre a nossa triste terra
    Teus primeiros passos,
Diante de ti, quisera desfolhar uma rosa
    Em seu frescor,
Para teu pezinho docemente repousar
    Sobre a flor.

Esta rosa desfolhada é imagem mui fiel,
    Divino Infante!
Do coração que deseja por ti se imolar sem reserva
    A cada instante.
Em teu altar, Senhor, mais de uma tenra rosa
    Gosta de brilhar.
Ela a ti se doa, mas sonho outra coisa:
    Me desfolhar...

A rosa em seu brilho pode embelezar tua festa,
    Amável menino!
Mas a rosa desfolhada a esquecemos e lançamos
    Do vento ao léu...
Desfolhando-se a rosa, sem estima, se doa
    Pra não mais existir.
Como ela, com alegria, eu a ti me abandono,
    Pequeno Jesus!

Caminhamos sem receio sobre as folhas da rosa,
    E estes restos,
Simples ornamentos, sem arte dispostos,
    Assim compreendi...
Jesus, por teu amor, entreguei minha vida,
    Meu futuro;
Aos olhos dos mortais, como rosa murcha para sempre,
    Eu devo morrer!

Por ti devo morrer, Jesus, suprema Beleza,
    Oh, sorte ditosa!
Desfolhando-me quero provar que te amo
    Com todo o meu ser.
Sob teus passos infantis, em segredo eu quero
    Viver cá na terra;
E ainda quisera suavizar no Calvário,
    Teus últimos passos...

Maio de 1897.

O abandono

"O abandono é o delicioso fruto do amor".
Santo Agostinho

    Existe na terra
    Uma árvore bela;
    Sua raiz, ó mistério,
    Se encontra no céu.
    Jamais sua sombra
    Alguém pode ferir;
    Sem temer tempestade
    Lá se pode descansar.
    Ó árvore inefável
    O teu nome é *Amor*,
    Teu fruto delicioso,
    Se chama *Abandono*.

    Este fruto, nesta vida,
    Me traz felicidade;
    Minha alma é alegrada
    Por seu divino odor.
    Este fruto, se o toco,
    Me lembra um tesouro;
    Levando-o à boca,
    Mais doce me parece.

Neste mundo, ele me dá
Um oceano de paz;
E, nesta paz profunda,
Eu repouso sem cessar.

Só o *abandono* me entrega
Em teus braços, ó Jesus!
É quem me faz viver
Com o pão dos teus eleitos;
A ti eu me abandono,
Divino Esposo meu,
Nada mais eu ambiciono,
Senão teu doce olhar.
Quero sempre te sorrir,
Teu Coração para dormir...
E lá quero repetir
Que te amo, meu Senhor.

Como a linda margarida
De cálice dourado,
Eu, florzinha pequenina
Vou abrir-me ao teu sol.
Meu doce sol de vida,
Ó meu amável Rei!
Tua hóstia é tão divina
Pequenina como eu...
De sua celeste chama
Como em raio luminoso
Faz nascer em minha alma
O perfeito *abandono*.

Mesmo que as criaturas
Todas possam me deixar;
Saberei, sem murmurar,
Junto a ti me abandonar.
E se Tu me abandonares,
Ó Tesouro meu, divino!

Já não tendo teus carinhos
Mesmo assim quero sorrir.
Em paz quero esperar,
Meu Jesus, a tua volta,
Sem nunca suspender
Os meus cânticos de amor!

Não! Já nada me inquieta,
Nem ao menos me perturba.
Mais alto que a cotovia
Minha alma voar sabe!
Para além das altas nuvens
O céu é sempre azul;
Lá tocamos as paragens
Onde reina o bom Deus!
Espero em paz a glória
Da celeste habitação,
Pois encontro no cibório
O fruto doce do Amor!

Maio de 1897.

A VIRGEM MÃE

Reprodução de um quadro pintado por "Celina", em 1864,
a pedido de Ir. Teresa do Menino Jesus.
A este Festim de Amor que tua Mãe te dá
Oh! digna-te convidar-me, Jesus, meu Irmãozinho!

SEGUNDA PARTE

Primeira poesia de Irmã Teresa do Menino Jesus.

**O Orvalho divino
ou o Leite virginal de Maria**
Melodia: *Noël d'Adam*.

    Meu doce Jesus, no regaço de tua Mãe
    Me apareces em teu radiante amor;
    Ao meu coração revela o mistério
    Que da celeste morada te exilou.
    Ah, permite que eu me esconda sob o véu
    Que te oculta ao mortal olhar.
    Junto a ti somente, ó estrela matutina,
    Possa minha alma sentir o antegozo do céu!

    Se ao despertar de uma nova aurora,
    Quando se virem do Sol os raios primeiros,
    A tenra flor que começa a se abrir
    Espera do alto um bálsamo precioso:
    É da manhã o orvalho brilhante,
    Misterioso e repleto de frescor,
    Que produz uma seiva abundante
    E tão docemente entreabre a flor.

Tu és, meu Jesus, Flor apenas aberta.
Eu te contemplo em teu primeiro acordar;
Tu és, Jesus, a rosa deslumbrante,
Fresco botão, gracioso e dourado.
Os braços tão puros de tua Mãe querida
Formam-te um berço, um trono real.
Teu doce sol é o seio de Maria,
E teu orvalho, seu leite virginal!

Meu Amado, meu divino Irmãozinho,
Em teu olhar, eu vejo todo o futuro:
Logo, por mim, deixarás tua Mãe;
Pois o amor te impele a sofrer!
Mas sobre a cruz, ó Flor desfolhada,
Reconheço o teu perfume matinal;
Reconheço as pérolas de Maria:
Teu sangue divino é leite virginal!

Este orvalho está no santuário
Também o Anjo quer dele beber;
Oferecendo a Deus sua prece sublime,
Como São João, ele diz: *Ei-lo aqui!*
Sim, eis aqui o Verbo feito Hóstia!
Sacerdote eterno, Cordeiro sacerdotal
O Filho de Deus é também de Maria...
Pão dos Anjos é o leite virginal!

O Serafim se alimenta da glória,
Do puro amor e do gozo perfeito;
Eu, frágil criança, no cibório só vejo
A simples cor e a figura do leite.
Mas é o leite que convém à infância,
Coração divino, é amor sem igual...
Ó terno amor, insondável poder!
A Hóstia branca é leite virginal!

2 de fevereiro de 1893.

A Rainha do céu à sua pequena Maria
A uma postulante chamada Maria.
Melodia: *Petit oiseau, dis, où vas-tu?*

Busco uma filha que se assemelhe
A Jesus, meu único Cordeiro,
Para escondê-los bem juntinhos,
Os dois num só bercinho.

O Anjo da Pátria santa
Terá inveja dessa ventura;
Mas é a ti que o dou, Maria,
O Deus Filho será teu Esposo!

Foi a ti mesmo que escolhi,
Para ser de Jesus a irmã.
Queres lhe fazer companhia?
Em seu coração dormirás!

Vou te embalar sob o véu
Onde se vela o Rei do céu.
Meu Filho será tua estrela,
Que em teus olhos vai brilhar.

Para que sempre eu te abrigue
Sob o meu véu, com Jesus,
Tu deves tornar-te pequena,
Com virtudes de menina.

Quero que brilhe em tua fronte
Toda a doçura e pureza;
Mas a virtude que eu te dou
É sobretudo a *simplicidade*.

O Deus uno em três Pessoas,
Que os anjos todos adoram...
Quer o Eterno que lhe dês
O simples nome *Flor do campo*!

Como branca margarida
A olhar sempre ao céu,
Sê também simples florzinha
Do Menino do Natal.

O mundo não vê os encantos
Do Rei que se exila do céu;
Muitas vezes verás lágrimas
A brilhar em seus olhinhos.

Esquecendo embora as penas
Para alegrar o teu Menino.
Bendize as tuas cadeias,
Que tu cantas com doçura...

O Deus cuja onipotência
Detém a vaga que ribomba,
Tomando traços de criança
Tornou-se frágil e pequeno.

O Verbo, Palavra do Pai,
Que por ti aqui se exila,
Doce Cordeiro, teu Irmãozinho,
Nunca mais te falará!

O silêncio é a primeira prova
De seu amor indizível.
Compreendendo a muda linguagem
Imitá-lo-ás cada dia.

E se por vezes ele adormece,
Junto a ele dormirás;
Seu Coração sempre vigia,
Servir-te-á de doce apoio!

Não te inquietas, pois, Maria,
Com a obra de cada dia;
Teu trabalho desta vida
Deve ser somente *o amor*!

E se alguém vem te dizer
Que tuas obras não se veem,
Gostaria que dissesses:
Eis aqui o meu trabalho.

Jesus tecerá tua coroa,
Se só quiseres seu amor;
Se teu coração se abandonar,
Um dia, te fará ele reinar.

Depois da noite desta vida,
Tu verás seu doce olhar;
No céu, tua alma encantada
Voará sem retardo algum.

Natal de 1894.

Última poesia de Irmã Teresa do Menino Jesus.

Por que te amo, ó Maria!
Melodia: *La plainte du Mousse*.

Quisera cantar, Maria, porque te amo!
Porque teu nome tão doce me faz tremer!
Porque o pensar em tua grandeza suprema
Nenhum temor consegue inspirar à minha alma.
Se te contemplasse em tua sublime glória,
Ultrapassando o esplendor dos bem-aventurados,
Eu não poderia crer que sou tua filha...
Diante de ti, Mãe, meus olhos abaixaria.

Para que um filho ame sua mãe, é preciso
Que ela chore com ele, partilhe suas dores.
Rainha querida, nesta terra estrangeira,
Para atrair-me a ti, quanto não choraste!
Meditando tua vida no santo Evangelho,

Ouso te olhar e aproximar-me de ti.
Crer que sou tua filha não é nada difícil,
Pois te vejo moral e sofrendo como eu.

Quando um Anjo do céu te anuncia que és Mãe
Do Deus de amor que deve reinar para sempre,
Vejo-te preferir – oh! mistério insondável,
O inefável tesouro de tua virgindade!
Eu vejo que tua alma, imaculada Virgem,
Mais cara é ao Senhor que a divina morada.
Compreendo, outrossim, humilde e manso vale,
Que conténs a Jesus, o Oceano do amor.

Eu te amo, ó Maria, dizendo-te a serva
Do Deus que tu encantas por tua humildade.
Esta grande virtude, te torna potente,
Abrindo teu coração à Santa Trindade!
O Espírito de amor te cobre com sua sombra,
O Filho igual ao Pai em ti se encarnou...
Muitos serão também seus irmãos pecadores,
Já que deve chamar-se: Jesus, teu primogênito!

Maria, tu sabes, que apesar de pequena,
Como tu, eu possuo o Onipotente.
Mas não temo, nem vendo a minha fraqueza,
Já que o tesouro da mãe, pertence à filha;
Sim, eu sou tua filha, Mamãe tão querida,
Tuas virtudes, teu amor, não são também meus?
Assim se em meu coração desce a branca Hóstia,
Jesus, teu Cordeiro, crê em ti repousar!

Tu me deixas sentir que não é impossível
Caminhar em teus passos, Rainha dos santos!
O caminho do céu, o fizeste visível
Praticando sempre as mais humildes virtudes;
Ao teu lado, Maria, adoro ser pequena,
Das grandezas da terra, eu só vejo a vaidade...
Com Santa Isabel, que recebe tua visita,
Aprendo a praticar a ardente caridade.

Ajoelhada ouço, dos Céus doce Rainha,
Teu sagrado canto, que sai do coração,
Tu me ensinas a cantar louvores divinos
E me glorificar em Jesus meu Salvador.
Tuas palavras de amor são místicas rosas
Que devem perfumar os séculos futuros:
Em ti, o Onipotente só fez grandes coisas
Quero meditá-las e sempre o bendizer.

Quando o bom São José ignorava o milagre,
Que, em tua humildade, querias esconder,
E tu o deixas chorar junto do Tabernáculo,
Que do Salvador vela a divina beleza.
Oh! como amo teu eloquente silêncio!
Para mim é concerto melodioso e doce
Que fala da grandeza e da onipotência
De uma alma que só do céu espera ajuda.

Mais tarde, em Belém, ó José e Maria,
Pelas pessoas eu vos vejo rejeitados;
Ninguém quer receber em sua hospedaria
Estranhos pobres... o lugar é para os grandes!
Se o lugar é para grandes, resta um estábulo,
Onde a Rainha dos céus dá à luz a um Deus.
Ó Mãe do Salvador, eu vejo que és amável
Por morar assim tão longe em lugar tão pobre!

Quando vejo que o Eterno é envolto em panos,
Quando, do Verbo divino, ouço o débil vagido...
Maria, nesse instante, invejaria eu os Anjos?
Pois seu Senhor é meu Irmão muito querido!
Eu te bendigo, Maria, que em nossa terra
Fizeste que se abrisse esta Flor divinal!
Como te amo, ouvindo pastores e magos,
E tu a guardar tudo em teu bom coração.

Amo-te, mesmo em meio às outras mulheres,
Que para o Templo santo, voltaram seus passos;

351

Amo-te apresentando o Salvador de nossa alma
Ao ditoso ancião que o acolheu em seus braços.
Primeiro, sorrindo quero ouvir o seu canto,
Mas, depressa, seu tom faz verter-se o meu pranto...
Lançando ao futuro seu olhar de profeta
Simeão te apresenta uma espada de dor!

Até o fim de tua vida, Rainha das mártires,
Trarás no coração esta espada de dor.
Já deverás tu deixar o Sol de tua pátria
Para de um rei ciumento o furor evitar.
Jesus dorme em paz sob as dobras do teu véu,
José vem pedir para depressa partir;
De imediato tua obediência se revela
Tu partes sem demora e sem nada pensar.

Na terra do Egito, me parece, Maria,
Que a pobreza faz teu coração bem feliz;
Afinal, não é Jesus a mais bela das Pátrias?
Que importa o exílio?... Tu possuis o teu céu.
Mas, em Jerusalém, uma amarga tristeza,
Qual vasto oceano, inunda o teu coração.
Três dias, se perde Jesus de tua ternura.
Eis aí o exílio em seu pleno rigor!

Enfim, o encontras e em transportes de amor...
Tu dizes ao bom Filho que encanta os Doutores:
Oh! Filho querido, por que agiste assim?
Teu pai e eu te procurávamos chorando!...
E o Deus-Menino lhe diz – Profundo mistério!
Por que me procuram, se às coisas de meu Pai
Preciso dedicar-me? Vós bem o sabeis!

O Evangelho me ensina que, sempre crescendo,
A José e Maria Jesus é submisso;
Com quanta ternura, o coração me revela,
Ele sempre obedece a seus pais tão queridos.

352

Agora compreendo o mistério do Templo,
A resposta e o tom muito amável do Rei;
Mãe, teu doce Filho quer que sejas exemplo
Da alma que o busca em noite escura da fé...

Visto que o Rei do Céu desejou que sua Mãe
Sofresse na noite e na agonia interior,
Então, de fato, é um bem sofrer sobre a terra?
Sim!... sofrer e amar é o mais puro dom!
Tudo o que me deu, Jesus pode retomar,
Diz-lhe que comigo Ele jamais se incomode;
Pode bem se esconder; eu consinto esperar
Até o dia sem fim em que a fé terminar.

Eu sei que em Nazaré, Virgem plena de graças,
Viveste na pobreza e nada mais quiseste;
Nada de arroubos, milagres ou encantos
A adornar-te a vida, ó Rainha dos santos!
Muito grande é na terra o grupo dos pequenos,
Que, sem tremer, podem a ti erguer os olhos.
Pela rota comum, ó incomparável Mãe,
Apraz-te caminhar e guiá-los aos céus!

Neste triste exílio, ó minha Mãe querida,
Vou viver contigo e seguir-te a cada dia;
Ao te contemplar, Mãe, mergulho encantada
E em teu coração, descubro abismos de amor!
Teu maternal olhar afasta os meus temores:
Ele me ensina a chorar e também a gozar.
Em vez de desprezar dias de festas santas
Queres partilhá-las e também bendizê-las.

Ao ver o apuro dos esposos de Caná,
Que agora podem ver a falta do bom vinho,
Ao Salvador o dizes, com solicitude,
Esperando o socorro do poder divino.
Jesus parece recusar o teu pedido:

Mulher, isso que importa a mim como a ti?
Mas, no profundo Ele te chama de sua Mãe,
E o primeiro milagre Ele o faz só por ti!

Quando os pecadores escutam a doutrina
Daquele que ao Céu os queria levar,
Eu te vejo com eles, Mãe, sobre a colina;
Alguém diz a Jesus que tu o querias ver.
Teu Filho, então, diante de toda a multidão,
A imensidão mostra de seu amor por nós.
Diz: "É meu irmão, minha irmã e minha mãe
Só aquele que de meu Pai faz a vontade".

Ó Virgem imaculada, ó mãe a mais terna!
Ao escutar a Jesus tu não te entristeces,
Mas te alegras porque nos faz compreender
Que nossa alma se faz sua família na terra.
Sim, tu te alegras porque nos dá sua vida,
De sua Divindade os infinitos tesouros!
Como não te amar ou bendizer-te, Maria,
Vendo o teu amor e tua generosidade?...

Tu nos amas assim como Jesus nos ama,
E consentes afastar-te dele por nós.
Amar é doar tudo e doar a si mesmo:
Tu quiseste prová-lo ao ser nosso apoio.
O Salvador via tua imensa ternura,
Conhecia os segredos do teu coração!...
Refúgio dos pecadores, a ti nos deixa
Quando deixa a cruz pra aguardar-nos no céu!

Me apareces, Maria, no alto Calvário,
De pé junto à Cruz, qual sacerdote no altar;
Pra acalmar a justiça do Pai, tu ofertas
O doce Emanuel, teu amado Jesus.
Disse bem o profeta, ó Mãe desolada:
Não existe uma dor comparável à tua!

Rainha dos mártires, ficando no exílio,
Tu nos dás todo o sangue do teu coração!

A casa de João é teu único abrigo,
O filho de Zebedeu repôs a Jesus!
É o detalhe final que nos dá o Evangelho:
Pois da Virgem Maria ele não fala mais...
Seu profundo silêncio, minha Mãe querida,
Não me revela também que o Verbo eternal
Quer sempre cantar os segredos de tua vida
E encantar teus filhos, com os santos do céu?

Muito em breve, ouvirei esta doce harmonia,
Muito em breve, no belo céu hei de te ver.
Tu me sorriste na manhã de minha vida
Vem sorrir-me ainda... Eis que o dia declina!
Já não temo o brilho da glória suprema.
Contigo eu sofri... E quero também agora
Cantar em teu regaço, Virgem, pois te amo...
E dizer para sempre que sou tua filha!

Maio de 1897.

A São José
Melodia: *Par les chanats les plus magnifiques.*

José, vossa vida admirável
Foi passada na humildade;
Mas de Jesus e de Maria
Contemplastes a beleza!
O Filho de Deus em sua infância,
Mais de uma vez, com alegria,
Submisso à vossa obediência,
Descansou em vosso peito.

ORATÓRIO onde atualmente está a "Virgem do quarto de Teresa"
(Este oratório comunica-se com a cela de Irmã Teresa do Menino Jesus, cuja porta está entreaberta. Diariamente lá são depositadas numerosas súplicas dirigidas à Serva de Deus.)

Como vós, na solidão,
Nós servimos Maria e Jesus;
Seu prazer é nosso esforço
Nada mais nós desejamos.
Santa Teresa, nossa Mãe
Sempre confiou em Vós;
Ela garante que sua prece
Prontamente atendereis.

Quando acabar a provação,
Esperança nós teremos,
De vos ver, ó nosso Pai,
Junto à nossa Mãe querida!
Então leremos vossa história,
Ignorada dos mortais;
Descobriremos vossa glória
E a cantaremos lá no céu.

1894.

Ao meu Anjo da Guarda
Melodia: *Par les chants les plus magnifiques.*

Glorioso Guardião de minha alma,
Tu que brilhas no belo céu
Como doce e pura chama,
Junto ao trono do Eterno;
Desce a mim, até a terra,
Iluminar-me com teu brilho,
Belo Anjo, és meu irmão,
Meu amigo e consolador!

Conhecendo minha fraqueza
Tu me guias pela mão;
E eu te vejo, com ternura,
Tirar a pedra do caminho...

Tua voz sempre me chama
A olhar somente os céus;
Quanto mais me vês pequena,
Mais radiosa é tua face.

Tu que atravessas o espaço
Mais veloz do que um raio,
Eu te peço, voa a mim,
Junto àqueles que eu amo;
Com tua asa seque o pranto,
Canta que Jesus é bom
E que sofrer tem seu encanto,
E, baixinho, dize meu nome.

Nesta minha breve vida
Salvar quero os pecadores;
Belo Anjo, lá da pátria,
Dá a mim teu santo ardor.
Tenho só meus sacrifícios
E a pobreza, que é austera;
Junto a teus celestes dons,
Oferta-os à Trindade.

A ti, o reino e a glória,
E as riquezas do meu Rei;
A mim, a Hóstia santa
Com o tesouro da Cruz.
Com a Cruz e com a Hóstia,
E o celestial socorro,
Espero em paz, da outra vida,
A alegria que dura sempre!

Fevereiro de 1897.

A meus irmãozinhos do céu, os santos Inocentes
Melodia: *Le fil de la Vierge* ou *La Rose mousse.*

> *"O Senhor reunirá seus cordeirinhos e os tomará no seu seio"* (Is 40,11).
>
> *"Bem-aventurado o homem a quem Deus atribui justiça independentemente das obras, porque diante dos que trabalham a recompensa não é vista como graça, mas como dívida. Porém, ao que não opera, mas crê naquele que justifica o ímpio, sua fé é imputada como justiça em virtude da Redenção da qual Jesus é o Autor"* (Rm 4,4-6).

Felizes Criancinhas! com que ternura
    O Rei dos céus
Abençoou-vos e encheu de carinhos
    Vossas frontes radiosas!
Dos santos Inocentes vós sois a figura,
    E eu antevejo
Os bens que, no céu, vos dá sem medida
    O Rei dos reis.

Vós contemplastes as imensas riquezas
    Do paraíso,
Antes de conhecer as amargas tristezas,
    Amados lírios!
Botões perfumados, colhidos na aurora
    Pelo Senhor...
O doce Sol do amor que vos fez eclodir,
    Foi o seu Coração!

Que inefáveis cuidados, que ternura especial
    E que amor
Vos dedica, na terra, a Igreja que é Mãe,
    Crianças de um dia!
Em seus braços maternos vós fostes primícias
    Cedidas a Deus.
Pela eternidade vós fareis as delícias
    Do belo céu azul.

Ó Filhos, formais o virginal cortejo
      Do doce Cordeiro;
E podeis repetir – regalia admirável! –
      Um cântico novo.
Sem combater alcançastes a glória
      Dos conquistadores;
O Salvador vos dará a vitória,
      Vencedores notáveis!

As pedras preciosas não hão de brilhar
      Em vossos cabelos;
Só o brilho dourado dos cachos sedosos
      Encantam o Céu...
Os tesouros dos santos, suas palmas, coroas
      Vosso é tudo!
Na pátria santa, enfim, vossos ricos tronos
      São seus joelhos.

Pra sempre brincais com os pequenos Anjinhos
      Perto do altar;
E vossos cantos infantis, falanges graciosas,
      Encantam o céu!
O bom Deus vos ensina como Ele faz rosas,
      Pássaros e ventos;
Não há sábio, na terra, que tanto conhece
      Como vós, Pequeninos!

Do firmamento azulado erguendo os véus
      Misteriosos,
Em vossas mãozinhas pegais as estrelas
      De mil luzes.
E correndo deixais um rastro prateado;
      Às vezes de noite,
Quando vejo a brancura do céu estrelado,
      Eu creio vos ver...

Aos braços de Maria, após vossas festas
      Vós acorreis;

Em seu véu estrelado, escondeis as cabeças,
    E adormeceis...
Safadinhos charmosos, vossa audácia infantil
    Agrada ao Senhor;
E ainda mimais sua Face adorável,
    Que favor!

É a vós que o Senhor por modelo me dá,
    Santos Inocentes!
Quero ser na terra vossa imagem fiel,
    Pequeninos.
Ah! dignai-vos obter-me as virtudes da infância,
    O vosso candor.
Vosso perfeito abandono, a amada inocência
    Encantam meu coração.

Ó Senhor, Tu conheces de minha alma exilada
    Os desejos ardentes:
Quisera ceifar, belo Lírio dos vales,
    Lírios brilhantes...
Os botões da primavera eu os busco e os amo
    Para teu prazer;
Derrama sobre eles a água batismal,
    Vem colhê-los!

Sim, eu quero aumentar a branca falange
    Dos Inocentes;
Minha dor e alegria ofereço em troca
    Das almas pequenas.
Entre os Inocentes eu peço um lugar,
    Rei dos eleitos,
Como eles, desejo tua doce Face beijar
    Ó meu Jesus!

Fevereiro de 1897.

A melodia de Santa Cecília

"Ao som dos instrumentos,
Cecília cantava em seu coração"...
OFÍCIO DA IGREJA.

Ó Santa do Senhor, contemplo admirada
O rastro luminoso que deixas para trás;
Ainda creio ouvir tua doce melodia,
Teu canto celestial até mim há de chegar!
De minha alma exilada ouve esta oração,
Dá-me repousar em teu coração virginal:
Este lírio imaculado que brilha sobre a terra
De esplendor maravilhoso e quase sem igual.

Ó castíssima pomba, que atravessando a vida,
Jamais buscaste outro Esposo senão Jesus,
Que escolheu a tua alma e a ela se uniu,
Vendo-a perfumada e de ricas virtudes.
Contudo um mortal, ardoroso em juventude
Sentiu teu perfume, branca flor celestial!
Para colher-te e conquistar tua ternura,
Valeriano quis doar-te o seu coração.
E logo preparou as magníficas núpcias,
Cantos melodiosos soavam em seu palácio;
Teu coração virginal, porém, repetia cantos,
Cujo eco divino elevou-se até os céus...
Que podias cantar, tão longe de tua Pátria,
E vendo ao teu lado este pobre mortal?
Querias, por certo, abandonar esta vida
E te unir para sempre a Jesus lá no céu?
Mas não! Ouço vibrar tua seráfica lira,
Lira de amor, cujo acento é tão suave;
Cantavas ao Senhor este canto sublime:
"Meu coração seja puro, Jesus, terno Esposo!"
Inaudito abandono! Santa melodia!
Tu revelas amor com teu canto celeste:
Amor que não teme, adormece e se esquece
No Coração de seu Deus, como filha pequena...

Na abóboda azul viu-se a branca estrela
Que veio alumiar com seus tímidos raios
A fulgurante noite a nos mostrar sem véu
O virginal amor dos esposos nos céus...

Valeriano então que sonhava o gozo,
De teu amor, Cecília, fez o seu anseio...
Encontrou muito mais em tua nobre aliança:
Lhe mostraste do alto o eterno futuro!
"Meu jovem – disseste – junto a mim sempre vela
O Anjo de Deus, que guarda meu coração;
Ele não me abandona, mesmo se adormeço,
Alegre, me cobre com suas asas azuis.
À noite, brilhar vejo seu rosto adorável,
De um brilho mais doce que os raios da manhã;
Sua face me parece a luzente imagem
Do mais puro reluzir da Face divina".
Valeriano retoma: "Mostra-me teu Anjo,
Para em teu juramento eu poder confiar;
Do contrário, teme já que meu amor muda
Em terrível furor, em ódio contra ti".

Ó pomba escondida nas fendas da pedra,
Tu não temeste os ardis do caçador!
A Face de Jesus mostrava-te sua luz
O sacro Evangelho estava em teu coração...
Disseste-lhe então com doce sorriso:
"Meu celeste Guardião atende o teu desejo;
Em breve o verás; dignar-se-á te dizer
Para voares ao céu, Mártir deves ser.
Mas antes de o ver, é preciso que o Batismo
Derrame em tua alma, uma santa alvura;
É preciso que Deus, Ele mesmo, a habite,
E o Espírito Santo dê vida ao teu coração.

O Verbo, do Pai Filho e Filho de Maria,
Em seu imenso amor se imola no altar;
Tu deves sentar-te no Banquete da vida,

Pra Jesus receber, o Pão vivo do céu.
Então o Serafim chamar-te-á de Irmão
E vendo o trono de seu Deus no teu coração
Far-te-á deixar as paragens desta terra;
E serás a morada deste espírito de fogo".
"Já sinto arder meu coração de nova chama",
Exclamou jubiloso o ardente patrício.
"Eu quero que o Senhor, habite em minha alma!
Cecília, meu amor será digno do teu!"

Revestido da veste, emblema de inocência,
Valeriano pôde ver, belo Anjo do céu;
Contemplou encantado o sublime poder
E viu doce brilho de sua fronte sair.
Brilhante Serafim tinha em mãos frescas rosas
E também belos lírios de alvura esplendente...
Nos jardins lá do céu, estas flores se abriram
Sob os raios de amor do Astro-Rei criador.

"Esposos dos céus, estas rosas de martírio
Coroarão vossas frontes – diz o Anjo do Senhor.
Já não há uma voz, ou uma lira também
Capaz de cantar tão imenso favor.
Eu mergulho em meu Deus, vendo todo o encanto,
Mas não posso imolar-me, nem por Ele sofrer.
Meu sangue não posso lhe dar, nem meu pranto sequer;
Apesar do amor, não saberia morrer.
A pureza do Anjo é a brilhante partilha,
Sua imensa ventura, jamais findará;
Mas sobre o Serafim, vós levais a vantagem:
Vós podeis ser puros, como também sofrer.

. . . .
Da vossa virgindade o símbolo vereis,
Lírios perfumados que o Cordeiro vos dá;
Vós sereis coroados de branca auréola,
Cantareis para sempre um cântico novo...
Vossa casta união, gerará novas almas

Que somente Jesus quererão por esposo;
A brilhar as vereis como as mais puras chamas,
Junto ao trono divino, à morada dos santos."

Cecília, empresta-me tua doce melodia,
Quero a Jesus converter corações!
Como tu, eu quisera doar minha vida,
Meu sangue e lágrimas quisera eu lhe dar...
Obtém-me gozar nesta terra estrangeira
O perfeito abandono, este fruto do amor.
Minha Santa amada, bem longe da terra
Obtém-me que eu voe junto a ti para sempre...

28 de abril de 1894.

Cântico de Santa Inês
Melodia: *Le Lac* (NIEDERMEYER).

Cristo é meu amor, é toda a minha vida,
É o único Noivo que encanta meu olhar;
Por isso, já ouço de sua doce harmonia
    Os sons melodiosos.

Adornou meus cabelos de pedras preciosas,
Já brilha em meu dedo seu anel nupcial;
Dignou-se cobrir de luminosas estrelas
    Meu manto virginal.

Ele pôs em minhas mãos pérolas sem par,
Pôs-me ao pescoço colares valiosos;
Neste dia feliz, brilham em minhas orelhas
    Celestes rubis.

Sim, sou a noiva daquele que os Anjos
Servirão, reverentes, por toda a eternidade.
A lua e o sol narram seus louvores,
    Admiram sua beleza.

Seu poder é o céu, a natureza é divina,
Por Mãe Ele escolheu uma Virgem na terra;
Seu Pai é vero Deus e o que não tem origem
      É espírito puro.

Quando Cristo eu amo ou quando eu o toco,
Meu coração é mais puro e mais casta eu sou.
Da santa virgindade, o beijo de sua boca,
      O tesouro me deu.

E sobre a minha face já pôs seu sinal,
Para que outro amante se afaste de mim.
Sustentou meu coração por graça divina
      Do meu grande Rei.

De seu sangue precioso, estou purpurada.
Já acredito gozar das delícias do Céu,
Pois já posso colher de seus lábios sagrados
      O leite e o mel.

Nada temo, por isso, nem ferro nem fogo.
Não, nada pode turbar minha paz inefável;
E o fogo do amor que minha alma consome
      Jamais se apagará...

                    21 de janeiro de 1896.

Ao Venerável Teofânio Vénard
Melodia: *Les adieux du Martyr*

 Os eleitos todos celebram louvores
A ti, Teofânio, angélico mártir!
Embora eu saiba: nas santas falanges
O Serafim aspira a te servir...
Mas não podendo, em terra estrangeira,

Unir minha voz à voz dos eleitos,
Quero, ao menos, agora exilada,
Tomar a lira e cantar tuas virtudes.

Teu curto exílio foi um doce canto
Com suaves tons de tocar corações.
E a cada instante, tua alma poética
Fez nascer flores para Jesus...
E elevando-te à celeste esfera
Teu canto de adeus é de primavera;
Tu murmuravas: "Eu, pobre efêmero,
Ao belo Céu por primeiro eu irei!"

Ditoso Mártir, na hora da dor,
Sentias a alegria de sofrer!
Sofrer por Deus, para ti era um gozo,
Soubeste viver e morrer a sorrir...
Ao teu algoz te apressaste a dizer,
Quando ele quis abreviar teu tormento:
"Quanto mais este martírio durar,
Mais valerá e contente eu serei!"

Lírio virginal, na aurora da vida,
O Rei do céu atendeu teu desejo.
Em ti vejo a flor desabrochada
Que o Senhor colhe para seu prazer...
E agora que já não estás no exílio
Os santos admiram teu esplendor;
Rosa de amor, a imaculada Virgem
De teu perfume respira o frescor...

Soldado de Cristo, dá-me tuas armas;
Por pecadores quisera eu aqui
Lutar, sofrer, doar sangue e pranto.
Protege-me! Vem suster o meu braço,
Quero por eles, manter esta guerra,
Tomar de assalto o Reino de Deus.

Pois o Senhor trouxe sobre esta terra
Não a paz, mas a espada e o fogo.

Quero amar esta plaga infiel
Que tu amaste com tanto ardor.
A ela voaria com grande prazer,
Se meu Jesus me chamasse um dia...
Mas a seus olhos, não há mais distâncias;
Um ponto apenas o mundo será!
Minhas ações, meu pequeno sofrer
Fazem amar a Deus até além dos mares.

Ah! se uma flor primaveril eu fosse
Que o Senhor quisesse logo colher!
Desce do céu na minha última hora,
Eu te suplico, ó Mártir feliz!
Do teu amor com chamas virginais
Vem me abrasar nesta mortal morada,
E poderei voar com tuas almas,
Que formarão teu eterno cortejo.

2 de fevereiro de 1897.

TERCEIRA PARTE

**A Pastora de Domremy
escutando suas Vozes**

Excertos

RECREAÇÕES PIEDOSAS

Eu, Joana a pastora
Gosto do meu rebanho.
O meu cajado é leve
E amo o meu fuso.

Eu amo a solidão
Deste belo bosque;
Tenho o doce costume
De aqui vir em segredo.

Teço aqui uma coroa
De flores belas do campo;
A Maria a ofereço
Com meus mais doces cantos.

Eu admiro a natureza,
Os pássaros e as flores;
Do riacho que murmura
As águas eu contemplo.

Os vales, as campinas
Alegram meu olhar;
O cume das montanhas
Aproxima-me do Céu.

Às vezes, ouço vozes,
Que vêm me visitar...
Eu creio que são Anjos,
Que devem me falar.

O espaço eu indago,
Contemplo o céu além;
Não vejo nenhum traço
De seres misteriosos.

Atravessando a nuvem,
Que os deve ocultar,
Até a praia celeste
Quem me dera lá voar!

Santa Catarina e Santa Margarida
Melodia: *L'Ange et l'âme*.

    Amável menina, nossa doce companheira,
    Tua voz tão pura penetrou até o céu,
    O Anjo da Guarda que te acompanha
    Apresentou ao Senhor os votos teus.

    Nós descemos de seu celeste império,
    Onde nós reinamos por uma eternidade;
    Por nossa voz, Deus se digna dizer-te
        A sua vontade.

    É preciso partir para salvar a pátria
    Guardar sua fé, conservar-lhe a honra.

O Rei do céu e a Virgem Maria
Saberão sempre tornar teu braço vencedor.

(*Joana chora.*)

Consola-te, Joana, enxuga tuas lágrimas,
Presta atenção e olha os céus:
Lá tu verás que sofrer tem encantos,
Pois cantos harmoniosos tu gozarás.

Este doce refrão fortificará tua alma
Para o combate que logo há de vir;
Joana, precisas de um amor inflamado:
      Deves sofrer!

Para a alma pura, na noite terrena,
A única glória é levar a cruz;
Um dia, no céu, este cetro austero
Será mais belo que o cetro dos reis.

São Miguel
Melodia: *Partez, hérauts.*

Eu sou Miguel, o guardião da França,
Grande general no Reino dos Céus;
Até nos infernos exerço o poder
E disso o demônio tem grande inveja.

Outrora também, brilhante de luz,
Satã quis reinar no Santo Lugar.
Mas em meio a trovões lancei
Estas palavras: "*Que é como Deus?*"

No mesmo instante, a divina vingança,
Cavando o abismo, Lúcifer mergulhou nele
Para o anjo orgulhoso, não há clemência,
      Merece o inferno.

Sim, foi o orgulho que verteu este anjo,
Fez de Lúcifer um réprobo:
Mais tarde, também o homem buscou lama
Mas de socorro não foi privado.
Foi o Eterno, o Verbo igual ao Pai,
Que revestindo a pobre humanidade
Regenerou sua obra por inteiro
Por sua profunda humildade.

O mesmo Deus se digna salvar a França
Mas não por um grande conquistador.
Ele rejeita o orgulho e sempre prefere
O frágil braço de criança.

Joana, foi a ti que o céu escolheu,
Deves partir para responder à sua voz;
Deves deixar teus cordeiros, teus campos,
O fresco vale, as campinas e os bosques.
Arma teu braço! Voa e salva a França!
Vai... nada temas, despreza o perigo;
Vai! saberei coroar teu vigor,
Expulsarás o estrangeiro.

Toma esta espada para usá-la na guerra,
Já que Deus para ti a guardava.
Como estandarte toma a branca bandeira
E vai buscar o rei...

Joana sozinha
Melodia: *La plainte du Mousse*.

Só por vós, ó meu Deus, deixarei o meu Pai,
Meus parentes queridos, meu belo campanário.
Por vós vou partir e na guerra lutarei,

Por vós vou deixar meu vale, meu rebanho.
Em lugar de meus cordeiros, uma armada guiarei...
Eu vos dou minha alegria e meus dezoito anos!
Para agradar-vos, Senhor, manejarei a espada,
Em vez de divertir-me com a bela flor do campo
Minha voz, que se misturava ao som da brisa,
Em breve, deverá ressoar até o meio do combate;
Em vez do som sonhador de um sino hesitante,
Ouvirei o ruído forte de um povo em luta!
Eu desejo a cruz!... E amo o sacrifício:
Ah! dignai-vos chamar-me, estou pronta a sofrer.
Sofrer por vosso amor é uma delícia, ó Mestre!
Jesus, meu Amado, por vós quero morrer!...

São Miguel
Melodia: *Les Rameaux* (DE FAURE).

É tempo, Joana, tu deves partir.
É o Senhor que te arma para a guerra;
Filha de Deus, não temas morrer
Em breve virá a luz eternal!

Santa Margarida
Amada menina, tu hás de reinar.

Santa Catarina
Do Cordeiro seguindo o traço virginal.

As duas Santas juntas

> Como nós tu cantarás
> Do Deus Altíssimo, o poder real.

São Miguel

> Joana, teu nome está escrito nos céus.
> Com os nomes dos salvadores de França;
> Tu brilharás com um fulgor radiante,
> Com a magnificência de uma rainha.

As Santas oferecem à Joana a palma e a coroa

> Com alegria contemplamos
> O esplendor que em tua fronte brilha,
> E do céu te trazemos.

Santa Catarina

> A palma do martírio,

Santa Margarida

> E a coroa da glória.

São Miguel, apresentando a espada

>Combater é preciso, antes de ver vencedor,
>Não é hora da palma, nem da coroa!
>Mereça-as ambas nos campos da honra;
>Não ouves, Joana, o canhão que ressoa?

As Santas juntas

>Nos combates, te seguiremos,
>Sempre te faremos alcançar a vitória
>E, em breve, nós poremos
>Em tua fronte um diadema de glória.

Joana sozinha

>Convosco, Santas amadas,
>Não temerei o perigo;
>Pedirei ao Deus dos exércitos
>E expulsarei o inimigo.
>Amo a França, minha pátria:
>Quero conservar-lhe a fé,
>Por ela darei minha vida
>E lutarei por meu rei.
>Não, não temo morrer,
>É a eternidade que espero.
>Agora que devo partir,
>Consolai, ó Deus, minha mãe...
>Abençoai-me, ó São Miguel!

São Miguel

Já ouço os santos todos do Céu
Cantar alegres ouvindo a lira
Do Papa-Rei, Pontífice imortal
Chamando Joana uma santa Mártir.

Ouço o mundo inteiro proclamar
As virtudes da filha humilde e pia.
E vejo o Senhor confirmar o nome
De Joana a Bem-aventurada.

Nos grandes dias a França sofrerá,
A impiedade manchará seu solo;
Mas de Joana a glória brilhará,
Toda alma pura invocará a Santa.

Muitas vozes subirão até o Céu,
Cantando, em coro, vibrando esperança:
Joana d'Arc ouve nossas preces;
E pela segunda vez, salva a França!

1894.

**Hino de Joana d'Arc
após suas vitórias**
Melodia: *Les regrets de Mignon*.

A vós toda a honra e a glória,
Ó meu Deus, Senhor onipotente!
Vós me destes a grande vitória
A mim, fraca e tímida menina.
E vós, ó minha Mãe divina,
Belo astro sempre esplendoroso,
Para mim tendes sido minha luz,

Protegendo-me nos altos Céus!
Desta vossa radiante brancura,
Ó doce e luminosa estrela,
Quando verei, então, o esplendor?
Quando estarei sob o vosso véu,
Repousando em vosso coração?...

Minha alma no exílio da terra
Aspira a felicidade eterna;
Nada saberá satisfazê-la...
A não ser seu Deus que está no Céu.
Antes, porém, de vê-lo sem sombra
Eu quero combater por Jesus,
Ganhar-lhe almas sem conta,
Quero amá-lo sempre mais.
O exílio passará como um dia,
Logo, à celeste paragem
Eu voarei sem nunca voltar;
Logo, sem a sombra, sem nuvem,
Eu verei Jesus, meu amor!

Oração de Joana d'Arc na prisão
Melodia: *La plainte du Mousse.*

Minhas vozes predisseram: eis-me aqui prisioneira;
Não espero outro socorro, senão de Vós, ó meu Deus!
Por vosso único amor, abandonei meu velho Pai,
Meus campos floridos e meu Céu sempre azul;
Deixei meu vale e minha muito amada Mãe,
E mostrando aos teus guerreiros o estandarte da Cruz
Senhor, em vosso nome, comandei o exército:
Os maiores generais escutaram minha voz.

Uma escura prisão, eis minha recompensa.
Preço dos trabalhos, do meu sangue e do meu pranto!...

Jamais não reverei o lugar de minha infância,
Meus prados ridentes e a multidão de flores...
Eu não mais reverei a montanha distante
Cujo cume nevoso se lança no azul.
Não mais ouvirei do sino hesitante
O som doce e de sonho ecoando no ar....

Em minha sombria prisão, busco em vão a estrela
Que cintila de noite no firmamento tão belo!
Busco a verde folhagem que me servia de véu
Quando eu adormecia, guardando o meu rebanho.
Aqui, quando eu dormito, no meio de tantas lágrimas,
Eu sonho os perfumes e o frescor da manhã;
Eu sonho meu vale e os bosques encantados
Mas o ruído das cadeias me desperta a seguir...

Senhor, por vosso amor aceito o martírio,
Não temo a morte, nem fogo também.
Por vós, ó Jesus, a minha alma suspira;
Meu único anseio, sois vós, ó meu Deus!
Quero tomar a cruz, seguir-vos, Senhor,
Morrer por vosso amor e nada mais querer.
Desejo morrer para começar a viver,
Desejo morrer para me unir a Jesus.

1894.

**As Vozes de Joana
durante o martírio**
Melodia: *Au sein de l'heureuse patrie.*

Todas descemos das regiões eternas
Para sorrir-te e elevar-te aos Céus;
Em nossas mãos, vê a coroa imortal
Que brilhará em tua fronte gloriosa...

Vem conosco, Virgem querida,
Vem ao nosso belo céu azul;
Deixa o exílio pela pátria
Vem gozar da vida
Filha de Deus!

Desta figueira a chama está acesa,
Mais ardente é o amor de Deus;
Logo por ti o eterno orvalho
Vem substituir do fogo o ardor.

Eis, enfim, a libertação,
Vê, o anjo libertador...
Já agita-se a palma,
Para ti Jesus avança,
Filha de grande coração!

Virgem mártir, um pequeno sofrimento
Conduzir-te vai ao repouso eterno.
Não chores, tua morte salva a França;
Aos seus filhos deves abrir o Céu.

Joana expirando.

Eu entro na eterna vida!
Vejo os Anos, os eleitos...
Morro pra salvar a pátria!
Vinde, Virgem Maria;
Jesus... Jesus!...

O julgamento divino
Melodia: *Mignon regrettant sa patrie.*

Eu te respondo do alto, já que tua voz me chama;
E quebro o laço que me acorrenta nestes lugares.

Oh! vem voar até mim, minha pomba toda bela,
Vem... o inverno passou; vem reinar nos céus!
Joana, teu Anjo te chama,
E eu, o juiz de tua alma,
Sempre em ti, assim proclamo,
Vi brilhar do amor a chama.

Oh! vem, tu serás coroada,
Teu pranto eu quero enxugar.
Do exílio a sombra é passada
Meu beijo eu quero te dar!

Com tuas companheiras,
Vem para as montanhas;
E por entre os campos
Seguirás o Cordeiro.

Ó minha amada,
Eu te chamei;
Canta transformada,
Este novo refrão.

De todos os Anjos
As brancas falanges
Cantam louvores
Junto ao Eterno.

Tímida pastora,
Valente guerreira,
Teu nome na terra
Deve ser imortal.
Tímida pastora,
Valente guerreira
Dou-te o Céu!...

O cântico do triunfo

Melodia: *Oui, je le crois, elle est immaculée.*

Os Santos

Sim, é tua a coroa imortal;
Mártir do Senhor, esta palma é tua.
Nós te preparamos este trono admirável,
Perto do Rei.

Oh! Fica no Céu, Joana, pomba pura,
Livre para sempre da rede dos caçadores.
Aqui encontrarás o riacho que murmura,
Os largos espaços de campos em flor.

Alça teu voo, abre as brancas asas,
Poderás voar em cada estrela de ouro...
Poderás visitar as abóbodas eternas
Alça teu voo!

Joana, não há inimigos, nem prisão escura,
O brilhante Serafim chamar-te-á sua irmã.
Esposa de Jesus, teu Amado te assegura
O eterno repouso sobre seu Coração!

Joana.

Ele é meu... que doçura extrema!
O céu é todo meu!

Os Santos.

O céu é todo teu!

Joana.

Os anjos e os santos, Maria,
O próprio Deus, todos são meus!

⁊ ⁊ ⁊ ⁊ ⁊ ⁊ ⁊ ⁊ ⁊ ⁊ ⁊

Os Santos.

Os séculos passaram sobre a terra distante,
Desde o feliz momento em que voaste ao céu.
Mil anos são um dia na celeste planície
Esse dia, porém, deve ser eterno!

Joana.

Dia eterno, sem sombra e sem nuvem,
Ninguém me tomará teu brilho imortal.
Do mundo a figura fugaz passou...
O Céu é meu!

Os Santos.

O Céu é teu!

Oração da França à Venerável Joana d'Arc
Melodia: *Rappell-toi.*

Lembra-te, Joana, de tua pátria!
Teus vales totalmente esmaltados em flor!
Lembra-te do prado tão ridente
Que deixaste para enxugar o meu pranto.
Lembra, Joana, que a França salvaste.
Como anjo do céu curaste meu sofrer.
Escuta na noite
A França que geme
Lembra-te!

Lembra-te das tuas brilhantes vitórias,
Dos dias benditos de Reims e Orleans;
Lembra-te que tu de glória cobriste,
Em nome de Deus, o reino dos Francos.

Agora, longe de ti, eu sofro e suspiro.
Vem ainda salvar-me, doce mártir Joana!
Vem quebrar-me as cadeias
Dos males que sofri,
Lembra-te!

Eu venho a ti carregando os grilhões,
O rosto velado, os olhos no pranto;
Já não sou mais do que as outras rainhas
E meus filhos todos me enchem de dor!
Esqueceram seu Deus! Deixaram a Mãe
Tem piedade, Joana, da minha tristeza!
Vem, "filha ao grande coração".
Anjo libertador,
Eu espero em ti!

1894.

Cântico para obter a canonização da Venerável Joana d'Arc
Melodia: *Pitié, meu Dieu*.

Ó Deus vencedor! A Igreja inteira
Quereria em breve honrar sobre o altar
A virgem guerreira e mártir também
Seu doce nome ressoa no Céu.

    Por teu poder,
    Ó Rei do Céu
    Dá à Joana de França
    A auréola e o altar!

Conquistador para a França culpada,
Não, não é o objeto de seu desejo;
Só a Joana é capaz de salvá-la.
Os heróis todos pesam menos que um Mártir!

Joana, Senhor, é tua esplêndida obra.
Coração de fogo e alma de guerreiro,
Tu os deste à tímida virgem,
Coroando-a de lírios e de louros.

Nos prados humildes Joana ouviu,
Vozes do céu chamando-a ao combate;
Partindo, então, pra salvar sua pátria,
Só seu aspecto abalou os soldados.

Ganhou as almas de briosos guerreiros:
O brilho santo deste anjo dos Céus.
Seu puro olhar, as palavras de fogo
Souberam dobrar as frontes audazes.

Por prodígio único na história,
Viu-se, então, um monarca hesitante
Reconquistar a coroa e a glória
Por meio do frágil braço infantil.

Não são de Joana quaisquer vitórias
Que neste dia queremos honrar;
Vamos chamar de verdadeiras glórias:
O martírio, a pureza e seu amor.

Pelo combate, ela a França salvou,
Faltava ainda às suas grandes virtudes
O selo divino do amargo sofrer,
Paga bendita do Esposo, Jesus.

Sobre a fogueira, entregando sua vida,
Joana ouviu esta voz que a chamava
A deixar este exílio por sua pátria.
E o anjo salvador ao céu voltava!...

Filha, tu és nossa doce esperança;
Do Céu queiras tu ouvir nossa voz;
Desce até nós; vem converter a França,
Vem salvá-la pela segunda vez.

Pelo poder
Do Deus vencedor,
Salva, salva a França,
Anjo libertador!

Expulsando os ingleses pra fora da França,
Filha de Deus, como eram belos os teus passos!
Mas lembra-te que nos dias de tua infância,
Somente guardavas os pequenos cordeiros...

Toma a defesa
Dos impotentes
Conserva a inocência
No coração das crianças.

Doce Mártir, são teus nossos mosteiros
Tu sabes: as Virgens são tuas irmãs;
E, como tu, querem com suas preces
Ver o seu Deus reinar nos corações.

Salvar as almas
É seu desejo,
Ah! dá-lhes teu fogo
De Apóstolo e Mártir!

Longe de nós será o medo banido,
Quando virmos a Igreja coroar
A fronte pura de Joana, a santa;
E nós então poderemos cantar:

Nossa esperança
Repousa em vós.
Santa Joana de França,
Roga, roga por nós!

8 de maio de 1894.

História de uma pastora que se tornou rainha
A uma jovem Irmã conversa de nome Melânia Maria Madalena para o dia
de sua Profissão.

Neste belo dia, ó Madalena,
Vimos cantar junto a vós
O maravilhoso e doce laço
Que ao Esposo vos uniu.
Ouvi a encantadora história
De uma pastora que um grande Rei
Quis um dia cumular de glória
E que à sua voz respondeu:

Refrão:

Cantemos a pastora,
Pobre sobre a terra,
Que o Rei do céu
Desposa hoje no Carmelo.

Uma pequena pastorinha,
Fiando, guardava os cordeiros.
Ela admirava cada florzinha
E ouvia o canto dos pássaros;
Compreendendo a doce linguagem
Dos bosques e do belo céu azul,
Tudo para ela era a imagem
Que lhe revelava o bom Deus.

Ela amava Jesus e Maria
Com um ardor muito grande
Também eles amavam Melânia
E vieram falar-lhe ao coração.
"Queres – dizia-lhe a doce Rainha –
Junto a mim sobre o Monte Carmelo,
Queres tu ser Madalena,
E ganhar somente o céu?

Menina, deixa estes prados,
Não lamentes mais teu rebanho;
Lá sobre a santa montanha
Jesus será teu Cordeiro.
"Oh, vem tua alma encantou-me"
Dizia Jesus, por sua vez;
"Eu te tomo por minha esposa,
Serás minha tu para sempre".

Mui feliz a humilde pastora
Respondeu ao doce apelo,
Seguindo a Virgem, sua Mãe,
Chegou ao cume do Carmelo
. . . .
Sois vós, Madaleninha
Que hoje nós festejamos.
A pastora é agora rainha
Junto ao Rei, Jesus, seu Amor!

Vós sabeis, Irmã mui querida,
Servir a Deus, é reinar.
Em sua vida, o doce Salvador,
Não cessou de no-lo ensinar:
"Se nesta pátria celeste
O primeiro quiserdes ser.
É preciso então nesta vida
Esconder-se e o último ser".

Sois feliz, ó Madalena,
De vosso lugar no Carmelo!
Vos trará alguma pena
Estando próxima do Céu?
Imitais Marta e Maria:
Rezar, servir o Senhor,
Eis o fim de vossa vida;
Ele vos dará felicidade.

Se, às vezes, o sofrimento amargo
Vier visitar vosso coração,
Fazei disso o vosso gozo;
Sofrer por Deus... Que doçura!
Então a ternura divina
Vos fará logo esquecer
Que andais por sobre espinhos,
E crereis antes voar...

Hoje o Anjo vos inveja,
Gozar quisera a ventura
Que vós possuís, ó Maria,
Sendo esposa do Senhor!
Logo nas santas falanges,
Entre os Tronos e as Virtudes
Vós direis alto os louvores
Do Esposo, o Rei Jesus.

  Logo, logo a pastora
  Pobre sobre a terra
  Voando para o Céu,
  Reinará junto ao Eterno!

20 de novembro de 1894.

O Divino Pequeno Mendigo do Natal
Recreação piedosa.
Um anjo aparece trazendo o Menino Jesus nos braços e canta o que segue:
Melodia: SANCTA MARIA – *J'ai vu les serafins en songe* (FAURE).

  Em nome daquele a quem adoro,
  Minhas Irmãs, venho estender-vos a mão,
  E cantar para o Menino divino,
  Pois Ele ainda não sabe falar!

Para Jesus, o exilado do Céu,
Neste mundo, eu só encontrei
Uma profunda indiferença;
Por isso, eu venho ao Carmelo.

Sempre, sempre,
Vossos carinhos
Louvores, ternuras
Sejam do Menino!
Ardei de amor, almas encantadas!
Por vós um Deus se fez mortal!
Mistério tocante!
Quem vos mendiga
É o Verbo eterno!

Minhas Irmãs, aproximai-vos sem medo:
Vinde, cada qual por sua vez;
Oferecendo a Jesus vosso amor;
Sabereis sua santa vontade.
Eu vos direi o desejo
Do Menino envolto em panos,
A vós, puras como os anjos,
Que, contudo, podeis sofrer!

Sempre, sempre
Vossos sofrimentos,
E também alegrias
Sejam do Menino.
Ardei de amor, almas encantadas!
Por vós, um Deus se fez mortal.
Mistério tocante!
Quem vos mendiga
É o Verbo eterno!

Menino Jesus do claustro
(Esta estátua está aqui no mesmo lugar onde Irmã Teresa do Menino Jesus a ornava de flores.)

Tendo depositado o Menino Jesus num presépio, o Anjo apresenta à Madre Priora, e depois a todas as carmelitas, uma cestinha cheia de bilhetes; todas se aproximam e tomam um bilhete ao acaso e, sem abri-lo, entregam-no ao Anjo, que canta a esmola pedida pelo divino Menino.

As estrofes seguintes são cantadas com a música do Natal (de Holmes).

Um trono de ouro.

De Jesus, vosso único tesouro,
Escutai o amável desejo:
Ele pede um *trono de ouro*,
Não encontrado na estrebaria.
Como o pecador é o estábulo
Onde Jesus nada vê
Que possa seu coração alegrar
E onde jamais vai repousar...

     Salva, minha Irmã,
     A alma do pecador!
Por este *trono*, Jesus suspira.
     Mais ainda, porém,
     Para seu *trono de ouro*,
É ao vosso coração que Ele aspira.

Leite.

Aquele que nutre os eleitos
Com sua santa e divina Essência,
Por vós, Menino Jesus se fez
E pede a vossa assistência!
No céu sua ventura é perfeita;
Mas na terra pobre Ele é...
Dai, minha Irmã,
Um pouco de leite
A Jesus vosso irmão pequenino!
Ele vos sorri,
Baixinho repete:
É a simplicidade que eu amo.
Natal! Natal!
Desço do céu;
És tu mesmo, meu *leite de amor*.

Passarinhos.

Minha Irmã, quereis saber
O que deseja o Menino Jesus;
Pois bem, esta noite vos direi
Como o fareis sorrir:
Pegai *lindos passarinhos*,
Fazei-os voar ao estábulo.
São a imagem das crianças
Que o Verbo adorável ama
Com seus cantos suaves
E seu belo trinar,
O seu rosto infantil se alegra.
Orai por eles,
Que um dia no céu
Formarão vossa bela coroa.

Uma estrela.

Às vezes, quando o céu é escuro
E coberto de uma nuvem sombria,
Jesus fica triste à noite,
Por estar na sombra, sem luz
Para alegrar o Menino Jesus,
Como *estrela cintilante*,
Brilhai em todas as virtudes,
Sede uma luz radiante!
Que vossas centelhas,
Guiando-os ao céu,
Dos pecadores rasguem o véu!
O Menino divino,
O Astro da manhã,
Vos escolheu por *estrela*!

Uma lira.

Ouvi, minha irmãzinha,
O que deseja o Menino Jesus:
Ele vos pede o *coração*
Como sua *melodiosa lira*!
Ele tinha no seu belo céu,
A harmonia e o incenso dos Anjos;
Mas quer que, no Carmelo,
Como eles, canteis seus louvores
Amável Irmã
É do vosso coração
Que Jesus quer a melodia...
De noite e de dia,
Em cantos de amor
Vai consumir vossa vida.

Rosas.

Vossa alma é um lírio perfumado
Que encanta Jesus e sua Mãe;
Escutai o vosso Amado
Dizer baixinho com mistério:
Ah, se eu amo a brancura
Dos lírios, símbolo da inocência,
Também amo a viva cor
Das *rosas da penitência*.
Quando teu pranto
Orvalha corações
Que grande alegria tu me causas,
Pois poderei,
Enquanto quiser
Colher *rosas* a mancheias!

Um vale.

Como, por um raio de sol,
A natureza se embeleza,
Pois doura com seu fogo vermelho
Tanto o vale, como o prado:
Assim Jesus, Sol divino,
De nada se aproxima sem dourar.
Resplandece em sua manhã,
Mais que uma brilhante aurora.
No seu despertar,
O divino Sol
Espalha em vossa alma exilada,
Com seus dons,
Seus quentes raios.
E sereis o seu vale radiante!...

Ceifeiros.

Lá longe, em outros horizontes,
Apesar da geada e da neve
Amadurecem já as colheitas
Que o divino Menino protege.
Mas ai, que para ceifá-las
São necessárias almas ardentes
Ceifeiros que queiram sofrer,
Se lancem ao ferro e às chamas.
Natal! Natal!
Eu venho ao Carmelo,
Sabendo que meus desejos são vossos.
Ao doce Salvador
Gerai, minha Irmã,
Grande número de *almas de apóstolos...*

Um cacho de uva.

Quisera um fruto saboroso,
Um *cacho* todo dourado,
Para refrescar do Rei dos céus
Os lábios muito sedentos.
Minha Irmã, quão doce é vossa sorte!
Sois este cacho escolhido;
Com força, Jesus vos espremerá
Em sua mãozinha querida;
Nesta noite
É muito pequeno
Para comer este cacho Ele mesmo;
O mosto açucarado,
Por Ele dourado,
Eis simplesmente o que Ele ama!

Uma pequena hóstia.

Jesus, o belo Menino,
Para dar-vos sua vida
Cada manhã se transforma
Numa hóstia branca e pequena;
Com muito mais amor ainda,
Quer nele vos transformar.
Vosso coração é seu tesouro,
Sua ventura e suprema alegria.
Natal! Natal!
Eu desço do céu
Para dizer à vossa alma encantada:
Que o manso Cordeiro
A vós há de vir;
Sede então sua *pura e branca hóstia*!

A estrofes seguintes são cantadas com a melodia: *Au Rossignol* (GOUNOD).

Um sorriso.

O mundo desconhece os encantos
De Jesus vosso amável Esposo,
E eu vejo pequenas lágrimas
Cintilar em seus olhos tão doces.
Consolai, ó querida irmã,
O Menino que estende seus braços;
Para alegrá-lo eu vos peço
Sempre sorrir nesta terra!
Vede... seu olhar parece dizer:
Quando sorris às Irmãs,
Minha esposa, o teu sorriso
Basta para enxugar o meu pranto!

Um brinquedo.

Quereis ser nesta terra
O *brinquedo* do Menino divino?
Quereis, minha Irmã, lhe agradar?
Ficai em sua mão pequenina.
Se o amável Menino vos acarinha
Se vos aperta ao seu Coração,
Ou se, às vezes, vos deixa de lado,
De tudo, fazei vossa alegria!
Buscai sempre seus doces caprichos
Para encantar seus olhos divinos.
Doravante, todas as vossas delícias
Serão seus desejos infantis.

Um travesseiro.

No presépio onde Jesus repousa,
Muitas vezes, o vejo acordar.
Quereis disso saber o motivo?
Não tem um só travesseiro...

Eu o sei: vossa alma só aspira
Consolá-lo noite e dia;
Pois bem! o *travesseiro* que Ele deseja,
É vosso coração ardendo de amor
Ah, sede sempre humilde e doce,
E o mais amado Tesouro
Poderá vos dizer: Minha esposa,
Em ti docemente adormeço!...

Uma flor.

A terra está coberta de neve,
Por toda a parte: o frio e a geada.
O inverno e seu triste cortejo
Murcharam as flores por cá.
Mas desabrochou para vós
A *flor formosa dos campos.*
Que vem da pátria mais santa
Onde reina a eternal primavera.
Minha irmã, escondei-vos na relva,
Perto da rosa do belo Natal,
E assim sede *a florzinha mimosa*,
Do vosso Esposo, o Rei lá do céu.

Pão.

Cada dia em vossa oração,
Falando ao Autor deste bem,
Repetis: Ó nosso Pai do céu!
Dai-nos o pão quotidiano.
Este Deus que se fez vosso Irmão,
Como vós padece de fome.
Escutai sua prece humilde
Que vos pede *um pouco de pão*!...
Minha Irmã, ficai bem certa:
Jesus só quer vosso amor,
Ele se nutre da alma pura;
Eis seu *pão de cada dia.*

Um espelho.

A criança quer sempre ser posta
À frente de um espelho fiel,
Então sorri com toda a graça,
Ao pequeno que julga ver.
Ah, vinde ao pobre estábulo.
Vossa alma é um cristal brilhante;
Refleti o Verbo adorável,
Os encantos do Deus infante...
Sim, sede esta imagem viva,
O espelho puro do vosso Esposo;
De sua Face o brilho divino
Ele quer em vós contemplar.

Um palácio.

Os grandes e os nobres da terra
Têm palácios suntuosos.
Casebres são, ao contrário,
Os abrigos dos pobrezinhos.
Assim podeis ver no estábulo
O pobrezinho do Natal:
Ele cobre sua glória inefável
Deixando o palácio do céu.
A pobreza, vosso coração a ama,
Nela encontrareis a paz;
É também o vosso coração
Que Jesus *seu palácio* faz!

Uma coroa de lírios.

Os maus coroam de espinhos
A amada cabeça de Jesus.
Admirai as graças divinas
Que a terra já não reconhece!
Oh, que vossa alma virginal

As dores lhe faça esquecer,
E como *coroa real*,
Dai-lhe as Virgens, vossas Irmãs.
Aproximai-vos do seu trono...
Para encantar-lhe os olhos vivos,
Vinde tecer-lhe bela coroa:
Feita dos *lírios mais brilhantes*!

As estrofes seguintes são cantadas com a melodia do *Viandante* (MASSENET).

Bombons.

Minha Irmã, os pequeninos
Gostam muito de bombons;
Enchei logo bem depressa
De Jesus a branca mão.
A este dom o bom Menino
Vos convida com o olhar.

Os docinhos do Carmelo
Que encantam o Rei do Céu,
São os vossos sacrifícios.
Minha Irmã, a austeridade
É vossa imensa pobreza
Que encanta o bom Jesus.

Uma carícia.

A vós, o pequeno Jesus
Pede apenas uma coisa:
Um terníssimo *carinho*.
Dai-lhe todo o vosso amor;
E tereis depois em troca
A caridade que o incita.

Se alguma das Irmãs
Viesse lágrimas verter,

Bem depressa, com ternura,
Pedi ao Menino Deus
Que com sua mão pequena,
Docemente a acarinhe.

Um berço.

Poucos corações na terra
Não querem ter consolos
De Jesus, o Rei da glória.
Mas se começa a dormir,
Eles deixam de o servir,
Já não querem nele crer.

Se soubésseis que prazer
Sente o Menino em dormir,
Sem temer ser acordado;
Como *berço* serviríeis
A Jesus, doce Cordeiro,
Sorrindo enquanto dorme!

Roupinhas.

Vede que o amável Menino,
Com seu dedinho encantador,
Quer mostrar-vos a palha seca.
Ah, compreendei seu amor,
E guarnecei neste dia
O pobre berço de *roupinhas*.

Desculpando vossas Irmãs,
Alcançareis os favores
De Jesus, o Rei dos Anjos;
É a ardente caridade,
A amável simplicidade
Que Ele pede por *roupinhas*.

Fogo.

Minha Irmã, o pequeno Jesus,
Doce lareira dos santos,
Treme de frio no estábulo...
Mas, no belo Céu azul
Anjos, fogos flamejantes,
Servem o Verbo adorável!

Porém, na terra sois vós
A *lareira* do Esposo...
Ele vos pede *centelhas*...
Deveis, então, minha Irmã
Aquecer o Salvador,
Abrasar as almas todas!

Um bolo.

Vós sabeis: toda criança
Prefere um lindo bolo
À glória de um império.
Dai, então, ao Rei do Céu
Grande *bolo delicioso*
E o vereis sempre a sorrir.

Sabeis bem, do Rei dos reis,
Qual é o bolo preferido?
É a pronta obediência!
Vosso Esposo encantareis
Quando a Ele obedeceis
Como Ele, em sua infância.

Mel.

Da manhã aos claros raios,
Faz sua rica colheita
A laboriosa abelhinha,

Voando de flor em flor,
Visitando com alegria
As corolas que desperta.

Então, colhei o amor
E voltai todos os dias
Junto ao presépio sagrado,
Oferecendo ao Salvador
O mel do vosso fervor,
Ó abelhinha dourada!

Um cordeiro.

Para o Cordeiro encantar,
Não guardeis mais o rebanho;
E deixando as coisas todas
Pensai só como agradá-lo,
Desejai sempre servi-lo,
Pelo tempo que repousa.

Minha Irmã, já desde hoje,
Abandonai-vos a Ele,
E juntos vós dormireis...
E Maria indo ao berço
Verá junto ao seu Cordeiro
Um cordeiro semelhante.

Tomando novamente o Menino Jesus nos braços, o Anjo canta o que segue:
Melodia: "Ainsi soit-il" *Chaque matin dans sa prière...* (Rupès).

O divino Menino agradece;
Encantado está com vossos dons.
E também, no seu Livro da vida
Ele os anota com vossos nomes.

Jesus encontrou seu prazer
Aqui neste Carmelo;
E pra pagar os sacrifícios
Tem o seu Céu tão belo!

Se vós fordes sempre fiéis
Em contentar este Tesouro,
Seu amor vos dará asas
Para um voo bem mais alto!

Um dia na santa pátria,
Depois do exílio,
Vós vereis Jesus e Maria:
Assim seja!

Natal de 1895.

Os Anjos no Presépio
Recreação piedosa.
O Anjo do Menino Jesus.
(Papel representado por Ir. Teresa.)
Melodia: *Tombé du nid*.

Ó Verbo de Deus! Glória do Pai!
Eu te contemplo no Céu;
Agora eu vejo na terra
O Altíssimo feito mortal!
Menino, cuja luz inunda
Os Anjos da brilhante morada,
Jesus, Tu vens salvar o mundo,
Quem vai compreender teu amor?

Ó Deus envolto em panos,
Tu encantas os Anjos!
Verbo feito Menino,
Tremendo a ti me inclino.

Quem então compreenderá o mistério:
Um Deus que se fez criancinha?
Ele vem exilar-se na terra,
Ele, o Eterno... o Onipotente!
Divino Jesus, Beleza suprema,
Quero responder ao teu amor:
Para provar como te amo,
Dia e noite por ti velarei.

O brilho de teus panos
Atrai todos os Anjos;
Verbo feito Menino,
Tremendo a ti me inclino.

Desde que o vale de lágrimas
Possui o Rei dos eleitos,
Pra mim, os Céus são sem encantos,
E eu voei para ti, meu Jesus!
Cobrir-te quero com minhas asas,
Seguir-te para sempre na terra;
E todas as mais belas flores,
Hei de semear sob teus passos.

Quero com uma estrela brilhante
Formar-te um berço, ó divo infante;
E com esta neve fascinante
Tecer-te um gracioso cortinado.
Das longínquas montanhas eu quero
Abaixar para ti as alturas;
Eu quero que para ti os campos
Produzam muitas flores celestes.

A flor é um sorriso de Deus.
É o eco longínquo do Céu,
E o som fugitivo da lira,
Que o Eterno sustenta na mão.

Esta nota harmoniosa
Da bondade do Criador
Quer com sua voz misteriosa
Glorificar o Deus Salvador.

    Doce melodia,
    Suave harmonia,
    Silêncio de flores,
Vós cantais as grandezas de um Deus.

Eu sei que tuas caras amigas,
Jesus, são as *vívidas flores*...
Tu que vens dos prados celestes
Para buscar almas, irmãs.
Uma alma é a flor perfumada,
Menino, que Tu queres colher;
Semeou-a tua mão pequenina
E por ela Tu queres morrer!

    Mistério inefável!
    O Verbo adorável
    Derramará o pranto
Colhendo seu feixe de Flores!

O Anjo da santa Face
Melodia: *L'encens divin*.

Divino Jesus, na manhã de tua vida,
Teu rosto formoso é banhado de pranto!
Lágrimas de amor sobre a Face bendita,
Havereis de rolar até a noite das dores...

    Face divina,
    Sim, tua beleza
    Pelo Anjo apaga
    O celeste esplendor!

Eu reconheço, de teu rosto divino,
Os encantos, no véu ensanguentado;
Reconheço, Jesus, na tua imagem
O puro fulgor de tua Face infantil.

Divino Jesus, o sofrer te é caro;
Teu doce olhar penetra o futuro:
Já queres beber o cálice amargo;
Em teu amor, também sonhas morrer!

  Sonho inefável!
  Criança de um dia,
  Ó face adorável,
  Me abrasas de amor!

O Anjo da Ressurreição
Melodia: *Noël! Noël! laeta voce Noël!*

Não chores, Anjo do Deus Salvador,
Venho do Céu teu coração consolar.
  Este frágil Menino
  Um dia potente será;
  Ressuscitará,
  Para sempre reinará.

Ó Deus oculto na aparência de Menino,
  Eu te vejo esplendente,
  E já triunfante!

Levantarei a pedra de teu túmulo
E contemplando teu rosto tão belo
  Eu cantarei
  E me alegrarei,
  Vendo-te com meus olhos,
  Ressuscitar glorioso!

Vejo brilhar com divino fulgor
Teus olhos, Menino, molhados de dor.
    Verbo de Deus
    Tua palavra de fogo
    Deve soar um dia
    Ardente de amor!

O Anjo da Eucaristia
Melodia: *Par les chants les plus magnifiques.*

Contempla, Anjo, meu irmão,
Nosso Rei que sobe até o Céu;
Eu sobre a terra descerei
Para adorá-lo no altar.
Oculto na Eucaristia,
Reconheço o Onipotente,
Nele vejo o Mestre da vida
Muito menor que uma criança.

De hoje em diante no seu Santuário
Minha morada eu quero fixar;
Oferecendo a Deus minha prece,
E o hino de meu ardente amor.
Em minha lira melodiosa
Cantarei o Deus Salvador.
E o Maná mais delicioso,
Que nutre a alma do pecador,

Possa eu por um milagre
Também nutrir-me desse Pão!
Enfim, possa eu no Tabernáculo
Participar do Sangue divino!
Oh! ao menos à alma santa
Quero comunicar meu ardor,
Para que sem medo algum
Se aproxime do Rei dos Céus.

O Anjo do Juízo final
Melodia: *Noël* (d'ADAM).

Em breve, virá o dia da vingança,
Este mundo impuro passará pelo fogo!
Os mortais todos ouvirão a sentença
Que sairá da boca de Deus.
Nós o veremos no brilho da glória,
Não mais oculto em frágil criança,
Mas lá estaremos a cantar-lhe a vitória,
E proclamar que Ele é onipotente!

Brilharão com esplendor inefável,
Olhos de pranto e de sangue velados.
E nós veremos sua Face adorável,
No esplendor e no imenso fulgor!
Sobre as nuvens veremos surgir
Jesus, trazendo o cetro da Cruz;
Então, o ímpio há de reconhecer
O Rei... o Juiz... no clamor de sua voz!

Vós tremereis, habitantes da terra;
Vós tremereis no último dia!
Já não podereis suportar a cólera
Deste Menino, hoje, Deus de Amor.
Para vós, mortais, escolheu o sofrer,
Pedindo-vos só o fraco coração.
No julgamento, vós vereis seu poder,
E tremereis ante o Deus vingador.

SE CONHECESSEIS O DOM DE DEUS!
Afresco composto e pintado por Ir. Teresa do Menino Jesus
ao redor do Tabernáculo do Oratório interno do Carmelo.

Todos os Anjos, exceto o Anjo do Juízo final
Melodia: *O Coeur de notre aimable Mère.*

    Ó digna-te escutar a oração
    De teus Anjos, divino Jesus!
    Tu que vens resgatar nossa terra,
    Toma a defesa também dos eleitos.

    Com tua mão, ah, quebra esta espada,
    Acalma todo o furor deste Anjo...
    Menino, que tua voz se levante
    E o humilde coração vem salvar.

O Menino Jesus
Melodia: *Petiti oiseau, diz, où vas-tu?*

    Consolai-vos, Anjos fiéis,
    Só vós, pela primeira vez,
    Longe das colinas eternas,
    Do Verbo escutareis a voz.

    Eu vos amo, ó puras chamas!
    Anjos da morada celeste.
    Mas, como vós, eu amo as almas,
    Eu as amo com grande amor.

    Tenho-as feito para mim mesmo,
    Fiz seus infinitos desejos.
    A menor alma que me ama
    Para mim se torna paraíso.

O Anjo do Menino Jesus pede-lhe para colher na terra uma grande quantidade de almas inocentes, antes que elas sejam manchadas pelo sopro impuro do pecado.

Resposta do Menino Jesus

Belo Anjo de minha infância!
Ouvirei teus votos ardentes:
Saberei guardar a inocência
Na alma das pequenas crianças.

Apanhá-los-ei desde a aurora
Lindos botões, de frescor cheios;
No céu tu os verás se abrir
Aos raios do meu Coração.

A bela corola de prata,
Mais brilhante do que mil fogos
Há de formar a via láctea
No azul estrelado do céu.

Por coroa quero ter lírios,
Jesus, belo Lírio dos campos,
Para formar meu trono eu quero,
Um ramo de lírios brilhantes.

O Anjo da Santa Face pede o perdão dos pecadores.

Resposta do Menino Jesus

Tu, que contemplas minha Face
Num deslumbramento de amor,
E para guardar minha imagem,
Deixaste a celeste morada.

Eu quero atender tua prece:
Cada alma terá seu perdão.
De muita luz a encherei,
Desde que invoque meu nome!

Ó tu que quiseste na terra
Honrar minha cruz, minha dor;
Belo Anjo, escuta o mistério:
Toda alma que sofre é irmã.

No céu, do sofrimento o brilho
Em tua fronte irá refletir,
E o raio da tua essência
O mártir irá iluminar.

O Anjo da Eucaristia pede o que poderá fazer para consolá-lo da ingratidão dos homens.

Resposta do Menino Jesus

Anjo de minha Eucaristia,
Encantarás meu Coração;
Sim, é tua doce melodia
Que consolará minha dor.

Tenho sede por dar-me às almas,
Mas muitos corações têm medo.
Serafim, dá-lhes tuas chamas,
Atrai-as com teus doces cantos.

Quisera que o sacerdote
A um Anjo se assemelhasse!
Gostaria que renascesse
Antes de subir ao altar.

A fim de operar o milagre,
É mister que, ardentes de amor,
As almas, junto ao Tabernáculo,
Se imolem de noite e de dia.

O Anjo da Ressurreição pergunta o que acontecerá aos pobres exilados da terra, quando o Salvador subir aos céus.

Resposta do Menino Jesus

    Eu subirei para o Pai
    A fim de atrair meus eleitos.
    Depois do exílio da terra,
    Em meu Coração os terei.

    Ao soar a última hora
    Meu rebanho reunirei;
    E na moradia celeste
    A lâmpada eu lhes serei.

O Anjo do Juízo final

    Esquecerás, Jesus, bondade suprema,
    Que o pecador deve, enfim, ser punido?
    Esquecerás Tu, em teu amor extremo,
    Que dos ímpios, infinito é o número?
    No Juízo, castigarei seu crime,
    Meu furor saberá exterminá-lo.
    Meu gládio está pronto, Jesus, doce Vítima,
    Meu gládio está pronto! Vou te vingar!

O Menino Jesus

    Anjo belo, abaixa a espada,
    Este julgar a ti não compete.
    A natureza que a mim conta:
    Da paz eu sou Mensageiro.

Quem há de julgar este mundo
Sou eu... pois meu nome é Jesus!
Meu sangue é fonte fecunda
Que purificará os eleitos todos.

Sabes Tu que as almas fiéis
Cada dia me consolarão
Das blasfêmias do infiéis
Com um simples olhar de amor?

Por isso, na pátria celeste,
Meus santos serão gloriosos;
E comunicando-lhes vida
Outros deuses deles farei.

O Anjo do Juízo final
Melodia: *Dieu de paix e d'amour*.

Diante de ti, doce Menino, o Querubim se inclina.
Ele admira, surpreso, teu inefável amor.
Quereria como tu, subir a sombria colina
    E poder um dia morrer!

Refrão
Cantado por todos os Anjos.

Como é grande a ventura da humilde criatura!
O Serafim quereria em seu deslumbramento,
Abandonar, ó Jesus, a natureza angélica,
    E se tornar criança...

Natal de 1894.

A fuga para o Egito
Recreação piedosa (Excertos).
O Anjo aparece a São José.
Melodia: *La folle de la plage*.

  Para o Egito, bem depressa
  É preciso já fugir!...
  José, parte nesta noite,
  Sem ruído algum fazer.

  Herodes, em sua fúria,
  Quer o Rei novo pegar:
  Deste divino Cordeiro
  Sim, quer a vida tirar.
  Toma a Mãe e o Menino
  E foge logo daqui.

O canto dos Anjos acompanhando a Sagrada Família.
Melodia: *Les gondolières vénitiennes*.

  Inefável mistério!
  Jesus, Rei do céu,
  Exilado na terra
  Foge do mortal!

  A este Deus envolto em panos
  Todo o nosso amor ofertemos;
  Que as nossas brancas falanges
  Venham sua corte formar.

  Cubramo-lo com nossas asas
  E também com as flores mais lindas;
  Com nossos cânticos mais belos
  Embalemos o Rei dos Céus.

Para sua Mãe consolar
Com mistério iremos cantar
Os encantos do Salvador
Sua graça e grande doçura.

Ah, deixemos esta margem,
Bem longe da tempestade,
Vamos fugir esta noite
Longe de todo o ruído.

A Virgem sob o seu véu
Esconde a nossa estrela:
O astro dos eleitos,
O Menino Jesus.

O Rei do Céu
Foge do mortal!...

O Anjo do deserto
Melodia: do *"Credo d'Herculanum"*.

Venho cantar da Sagrada Família
O brilho divino que aqui me atrai;
No deserto, esta estrela que brilha
Me encanta mais que a glória dos céus.
Quem poderá compreender o mistério
Entre os seus, Jesus ser rejeitado?
Ele é errante e viaja na terra,
Ninguém sabe descobrir sua beleza.

Se os grandes desprezam teu poder,
Oh, Rei do Céu e Astro misterioso,
Há muito mais de um coração que te deseja,
És a esperança dos mais infelizes,
Verbo eterno, ó sapiência profunda!

Derramarás teus dons inefáveis
Sobre os pequenos e frágeis do mundo:
E escreverás seus nomes no céu.

Se dás a sabedoria em herança
Ao ignorante, se humilde de coração,
Toda alma é feita à tua imagem,
O pecador vens chamar e salvar.
Virá o dia em que neste campo
Cordeiro pastará ao lado do leão;
E o deserto, que é tua única pátria,
Mais de uma vez o teu nome ouvirá.

Ó Deus escondido! Almas virginais,
Ardentes de zelo ao fogo do amor,
Lançar-se-ão em teus traços reais,
E os desertos um dia serão povoados.
Corações ardentes e almas seráficas,
Que alegrarão os Anjos do Céu.
Mas o humilde som dos divinos cantos
Fará tremer o tenebroso abismo.

Em sua fúria e sua baixa inveja,
Satã quer despovoar os desertos;
Ele não sabe o poder infinito
Do frágil Menino, que o mundo ignora.
Ele não sabe que a Virgem fervente
Encontra repouso no seu coração;
Ele não sabe quanto é poderosa
Esta alma unida ao seu Salvador!

Talvez, um dia, as esposas queridas
Partilharão teu exílio, meu Deus.
Mas os pecadores que as expulsaram
Nunca apagarão o fogo do amor.
O ódio sacrílego do mundo impuro
Não há de esperar as Virgens do Senhor
Até sujar sua veste de neve,
Até manchar sua celeste alvura!...

Ó mundo ingrato, teu reino expira;
Não vês tu que este pequeno Menino
Colhe alegre a palma do martírio,
A rosa de ouro e o lírio brilhante?
Não vês tu que suas virgens fiéis
Trazem na mão a lâmpada do amor?
Também não vês que as portas eternas
A todos santos devem se abrir?

Momento feliz! Que grande ventura
Quando os eleitos, aparecem gloriosos,
Recebendo em troca de seu amor
A eternidade para amar nos Céus!
Depois do exílio, não há sofrimento,
Mas repouso da celeste morada;
Após o exílio, sem fé e esperança,
Somente a paz e o êxtase de amor!

21 de janeiro de 1896.

Jesus em Betânia
Recreação piedosa.
Melodia: *L'Ange et l'aveugle.*

Maria Madalena.

Ó Deus, meu Mestre divino,
Jesus, meu único amor!
A teus pés eu quero ficar,
E morada ali fixar.
Em vão, aqui nesta terra
Procurei felicidade.
Só uma amarga tristeza
Meu coração veio encher...

Jesus.

Ó Maria Madalena!
Sou teu doce Salvador!
Esquecendo toda a pena,
Goza sempre teu amor.
Teus pesares são extremos,
Meu coração te repete:
Em bem sei que tu me amas.
A mim basta teu amor!

Maria Madalena.

É demais, ó meu bom Mestre!
Sinto-me desfalecer...
Se eu não posso renascer
Neste dia, ou morrer!
Compreende meus receios,
Ó Jesus, meu Salvador!
Fiz correr as tuas lágrimas,
Quão imensa é minha dor!

Jesus.

É verdade, em tua alma
O meu pranto derramei;
Mas com um traço só de fogo
Sei mudar os corações.
Tua alma refloresce
Pelo meu olhar divino
E durante a vida eterna
Sempre me abençoará.

Madalena.

Jesus, o teu próprio amor
Vem rasgar meu coração.

Tua bondade suprema
Faz a minha dor crescer.
Teus encantos desconheço
E quando eu me arrependo
Eu só tenho as minhas lágrimas
Para oferecer-te, Senhor!

Jesus.

Estas lágrimas preciosas
Em meus olhos brilhem mais
Do que pérolas ardentes
Que cintilam lá nos Céus.
À estrela encantada
Cintilando no azul,
Quero antes a amante
Que tem puro o coração.

Madalena.

Que mistério deslumbrante,
Meu divino Salvador!
Não há nada sobre a terra
Que te encante o coração?
As montanhas mais distantes,
O branco e doce cordeiro,
As flores de nossos campos
Haverá algo mais belo?

Jesus.

Tu vês a flor aberta
E seu brilho encantador;
Enquanto eu vejo a rosa
De teu ardoroso amor
Esta rosa purpurada
Encantou meu coração;
Ela é minha preferida
Entre outra flor qualquer.

Madalena.

O pássaro de voz pura
Canta tua grandeza;
O riacho que murmura
Dar-te-á o seu frescor;
O lírio lá do vale
Te oferece seu tesouro:
A brancura estrelada
De finas pérolas douradas.

Jesus.

Salomão, em sua glória,
Era menos adornado
Em seu trono de marfim
Do que o lírio perfumado,
As singelas margaridas
Vão além do grande rei,
E todas essas florinhas
Só se abrem para ti.

Madalena.

Do cortejo virginal,
Te oferecendo seu amor,
E o manto cor de neve
Fulgirá em seu fulgor...
Eu, da triste vida,
Ofereço-te o fim,
Mas ai! eu a murchei
Quando ainda era manhã.

Jesus.

Se eu gosto da aurora
As luzes puras, brilhantes:

Eu amo também, Maria,
A bela tarde, radiante.
Minha bondade sem par
Deseja que o pecador
E a alma virginal
Se unam em meu coração!

Madalena.

Não estás entre teus Anjos,
Com seus sublimes ardores?
Pois em suas brancas falanges
Tu derramas teus favores!
Eu, pobre pecadora,
Que não soube merecer
Esta inefável ternura
De tua grande infinidade.

Jesus.

Bem mais alto do que os Anjos
Tu também irás um dia;
Eles dirão teus louvores
Invejando o teu amor!
Mas é preciso que na terra,
Por teus irmãos pecadores,
Que, vivendo solitária,
Tu me atraias corações.

Madalena.

Senhor, de um zelo extremado
Sinto arder meu coração;
E tua voz que eu amo
Venha dobrar-lhe o ardor.
Mas para ser um apóstolo

Muito fraco é o coração;
Então, empresta-me o teu,
Jesus, doce Salvador!

Marta.

Vê minha irmã, bom Mestre, ela se esquece...
Vê que meu trabalho não a inquieta.
Dize-lhe, então, ó Senhor, eu te suplico,
Que me ajude a servir a refeição.

Jesus.

Marta, caridosa hospedeira,
Por que tanto assim te preocupas?
Tua irmã está sempre atenta
Com quem só a quer encantar.

Marta.

Mas, divino Salvador, eis o que me espanta:
Não deveria ela um pouco desviar
Seus olhares de quem cada dia lhe dá,
E sonhar dar-lhe também um presente?

Jesus.

Ó Marta, eu vou te confiar:
Se o teu amor é generoso,
O de tua irmã Maria
Me é igualmente precioso!

Marta.

Tuas palavras, Senhor, para mim são mistérios,
E não posso deixar de pensar
Que vale mais trabalhar que rezar;
Eu sinto que meu amor me dispensa.

Jesus.

O trabalho é bem necessário,
Eu próprio o santifiquei;
Mas por meio da oração
Tu podes transfigurá-lo.

Marta.

Sabia, Senhor, que estando inativa,
Não poderia encantar os teus olhos.
Eis por que me apresso, adorável Conviva,
A preparar para ti saborosos pratos.

Jesus.

Tua alma é generosa e pura,
Teu trabalho o pode provar;
Mas sabes qual é o alimento
Que eu quisera, enfim, encontrar?

Uma única coisa precisas:
Se tua irmã esteve de lado
Em tal ardorosa oração,
Ela escolheu a melhor parte!

Sim, esta parte é bem melhor,
Desde já vou proclamar;
Ó Marta, venha nesta hora
Ter repouso de amor...

Marta.

Enfim compreendo, Jesus, suma bondade!
Teu olhar penetrou meu coração.
São poucos os meus dons: é porém a minha alma
Que te ofereço, muito amado Salvador!

Jesus.

Sim, teu coração eu invejo.
Até ele vou me abaixar:
Os Céus e sua glória infinita,
Por ele quis eu me entregar.

Marta.

Por que, divino Salvador, tens dado de Maria
Tão grande louvor ao leproso Simão?
Parece-me, então, que em toda a sua vida
Tiveste de contar mais de um dia tempestuoso...

Jesus.

Soube compreender a linguagem,
De um coração o amor contrito.
Ama com mais intenso ardor
Quem mais foi perdoado.

Marta.

Ainda mais me admiro que assim seja.
Pois, Senhor, Tu me poupaste o perigo;
Eu te devo meu amor, porque desde a aurora
Quiseste sempre me seguir e proteger.

Jesus.

É verdade que uma alma pura,
A obra-prima do meu amor,
Deverá de sem medida alguma
Sempre me amar e bendizer.

Desde a infância me encantaste
Pela tua grande pureza,
Mas, se tu tens a inocência,
Madalena tem a humildade.

Marta.

Para te agradar, Jesus, quero eu na vida
Desprezar honras e glórias humanas...
Trabalhando por ti, imitarei Maria,
Buscarei somente teus olhares divinos.

Jesus.

Assim tu salvarás as almas
E irás atraí-las a mim;
Bem longe levarás as chamas
Com a luzente tocha da fé.

Marta e Madalena.

Tua voz, doce Jesus, é melodia
Que nos enche de amor e inflama o coração.
Fica conosco para encantar nossa vida,
Fica aqui para sempre, amável Redentor!

Jesus.

Em Betânia eu sou feliz,
Aqui sempre vou descansar;
E, na Pátria, o vosso Deus
Agradecido vos será...

Compreendeis o grande mistério
Que me fez descer até aqui:
A alma interior me é cara.
Muito mais que a glória dos céus.

A glória será vossa, um dia,
E meus bens serão vossos também;
Vós tereis a incomparável honra:
Chamar-me-eis de vosso Esposo!

Nesta terra, fiéis amigas,
Vos encarregais de alimentar-me;
No banquete das santas núpcias,
É meu encargo servir-vos.

29 de julho de 1895.

Oração da filha de um Santo
A seu bom Pai, chamado por Deus a 29 de julho de 1894.

Lembra-te que outrora na terra
Teu único prazer era amar-nos:
De tuas filhas escuta a prece,
Protege-nos e abençoa também.
No céu, reencontras nossa mãe querida,
Há muito tempo já na santa pátria;
   Agora nos céus,
   Os dois reinais...
   Velai por nós!

Lembra-te de tua ardente Maria,
A que foi mais cara ao teu coração;
Lembra-te dela que encheu tua vida
Com seu amor, de encanto e bondade
Por Deus, renunciaste à sua doce presença,
Abençoaste a mão que te dava o sofrer...
   Do teu *diamante*
   Mais cintilante
   Lembra-te!

Lembra-te também da *pérola fina*,
Que frágil cordeiro tu conheceste;
Ei-la que conta com a força divina
E do Carmelo conduz o rebanho.
Das outras tuas filhas tornou-se a Mãe,
Vem, pois, guiar a que te é tão querida.
            Mesmo no Céu
            Do pequeno Carmelo
            Lembra-te.

Lembra-te, sim, desta ardente oração
Feita em favor da terceira das filhas.
Deus a ouviu, pois julga a terra
Um lugar de exílio e banimento.
A Visitação a guarda aos olhos do mundo,
Ela ama o Senhor, sua paz a inunda
            De seus suspiros
            E ardentes desejos,
            Lembra-te.

Lembra-te, enfim, de tua fiel Celina,
Que foi para ti um anjo dos céus.
E quando um olhar da Face divina
Veio provar-te por gloriosa escolha,
Tu reinas no céu... cumpriu sua missão;
Agora a Jesus sua vida ela dá...
            Protege tua filha,
            Que sempre repete:
            Lembra-te.

Lembra-te de tua *pequena rainha*,
Do amor que de seu coração transborda...
Lembra-te que em seus passos vacilantes
Foi sempre tua mão que a guiou.
Papai, lembra-te que na sua infância
Só por Deus guardaste sua inocência!

> Seus belos cabelos
> Encantavam teus olhos,
> Lembra-te!
Lembra-te de que em nosso Belvedere,
Em teus joelhos, tu sempre a sentavas...
E murmuravas, então, uma prece,
Para embalá-la com doce estribilho!
E ela via o Céu brilhar em tua face
Quando teu olhar profundo mergulhava no espaço...
> E da eternidade
> A beleza cantavas
> Lembra-te!

Oh! lembra-te do radiante domingo
Quando a apertavas ao teu coração,
E lhe deste uma *florzinha branca*,
Permitindo-lhe voar para o Carmelo.
Ó pai, lembra-te que em suas grandes provas
O mais sincero amor tu lhe mostraste.
> Em Roma, em Bayeux
> Apontaste-lhe o Céu:
> Lembra-te!

Lembra-te de que a mão do Santo Padre,
No Vaticano, em tua fronte pousou;
Não compreendeste, porém, o mistério
Do selo de Deus que em ti se gravou...
Tuas filhas, agora, dirigem-te a prece;
Bendizem tua cruz e tua amarga dor!
> Em tua fronte gloriosa
> Brilham nos céus
> *Nove lírios* em flor!

Agosto de 1894.

O que amei...

Composta a pedido de sua irmã Celina durante seu noviciado.
Melodia: *Combien j'ai douce souvenance*.

> No Amado acho as montanhas,
> Os vales solitários, nemorosos,
> As ilhas mais estranhas,
> O rios rumorosos,
> E o sussurro dos ares amorosos;
> , , , , , , , , ,
> A noite sossegada,
> Quase ao surgir da aurora;
> A música calada,
> A solidão sonora
> A ceia que recreia e aumenta o amor.
>
> (S. João da Cruz)

Oh, como eu amo a minha lembrança
Dos dias benditos da infância!
Para guardar a minha inocência
Quis o Senhor me rodear sempre
     De amor.

Também, apesar da pequenez,
A Deus dei toda a minha ternura;
E meu coração fez a promessa
De o Rei dos eleitos esposar,
     Jesus.

Na primavera da vida amei
Meu São José e a Virgem Maria;
Minha alma já então se extasiava
Quando meus olhos refletiam
     Os Céus!

Amei os belos campos de trigo,
A planície e a distante colina;
Na alegria eu mal respirava
Ao colher com as minhas irmãs,
As flores.

Eu gostei de colher as plantinhas,
As centauras e demais florezinhas;
Achava o perfume das violetas
E, sobretudo, o da primavera
Muito suave.

Eu amei a margarida branca,
Em meus passeios dominicais;
O doce cantar das avezinhas,
Que voavam no azul luminoso
Dos Céus.

Eu gostava de pôr cada ano
Meu sapatinho na chaminé;
E correndo, logo ao despertar,
Eu cantava a festa do Céu:
Natal!

De mamãe, eu amei o sorriso,
Seu profundo olhar nos dizia:
A eternidade deslumbra, me atrai...
E no Céu que é azul eu irei
Ver a Deus!

Vou encontrar na pátria celeste
Meus anjos, junto à Virgem Maria.
Destas filhas que deixo na vida
A Jesus ofertarei o pranto,
Os corações!

Oh, como amei na hóstia a Jesus,
Que me veio na aurora da vida,
Prometer-se à minha alma encantada.
Que alegria senti ao lhe abrir
        Meu coração!

Eu também amei, no Belvedere,
Inundado de luz muito viva,
Receber as carícias de um pai,
Contemplando seus cabelos brancos
        Como a neve.

Eu sentada sobre seus joelhos
Com a Teresa, ao findar da tarde,
Lembro-me de ser muito embalada,
Ouvindo até de seu doce canto
        O acento.

Oh, lembrança! Quanto me repousas!
Lembras-me também de muitas coisas...
As ceias e o perfume das rosas,
Os Buissonnets cheios de alegria,
        O verão!

À hora em que o ruído se cala,
Eu amava expandir à vontade
A minha alma com a de Teresa;
Com ela não formava senão
        Um só coração!

Então, se mesclavam nossas vozes,
Nossas mãos, uma à outra se davam;
Juntas, cantando as núpcias sagradas,
Já sonhávamos com o Carmelo,
        O céu!

D'Itália e Suíça o Céu azul,
Os frutos dourados me extasiaram.
Eu amei o olhar cheio de vida
Do santo Ancião, Pontífice-Rei,
      Em mim!

Com muito amor, porém, te beijei,
Terra bendita do Coliseu!
Das catacumbas o arco sagrado
Mui docemente tem repetido
      Meu canto.

À alegria seguiu-se o pranto;
Foram ouvidos os meus alarmes!
Do meu Esposo eu tomei as armas,
E sua cruz foi para mim sustento,
      Meu bem...

Então amei, fugindo do mundo,
Esperei que o eco respondesse;
No vale solitário e fecundo
Eu colhia em meio às minhas lágrimas
      As flores.

Por fim amei da distante igreja,
Ouvir o sino muito indeciso.
Para sentir da brisa os suspiros
Nos campos gostava de sentar
      À tarde.

Eu amei o voo das andorinhas,
O canto tristonho das rolinhas;
Com prazer escutava os insetos
Voando com as rápidas asas
      Ruidosos.

Eu amei o orvalho matinal
A ornar a rosa de Bengala;
Amei ver a abelha virginal
Sob os raios do céu preparar
     O mel.

Eu gostava de colher as urzes,
Correndo sobre o musgo macio;
E caçava por entre as folhagens
Borboletas por puro reflexo
     Do azul.

Amei o pirilampo a luzir,
Também as estrelas incontáveis...
Amei na noite escura o clarão
Da lua, como um disco de prata
     Reluzente.

A meu pai na sua velhice
Eu dei o apoio da juventude...
Ventura ele era, filho e riqueza
Ah, ternamente eu o abraçava
     Muitas vezes.

O ruído das ondas amamos,
O furor da procela que vem;
À noite, na solidão profunda,
Do rouxinol, ao fundo do bosque,
     A voz.

Mas, numa manhã, seu belo rosto,
Do crucifixo buscou a imagem...
De seu amor, deixou-me a certeza,
Dando-me então seu último olhar...
     Minha herança!

E do bom Jesus a mão divina
De Celina o tesouro tomou,
E levando-o longe da colina,
Bem perto do Eterno o colocou,
  No Céu.

. . . .
Agora, prisioneira eu me sinto,
Porque fugi dos bosques da terra,
Eu vi que nela efêmero é tudo,
Vi murchar minha felicidade,
  Morrer!

Sob meus passos, a erva secou,
Em minhas mãos, a flor tem murchado!
Jesus, quero correr em teus prados;
Sobre eles não ficarão marcados
  Meus passos.

Como uma corça, em sua ardente sede,
Suspira, então, pela água corrente,
Jesus, corro a ti desfalecida:
Para acalmar o ardor, necessito
  De tuas lágrimas...

É só o teu amor que me arrasta;
Meu rebanho eu deixo no plano,
Não me tomo a dor de guardá-lo;
Quero só agradar meu Cordeiro
  Novo.

Jesus, Tu és o Cordeiro que amo;
Tu me bastas, oh, meu bem supremo!
Em ti tenho tudo: a terra e o Céu:
A flor que colho, ó meu doce Rei,
  És Tu!

Jesus, belo Lírio do vale,
Cativou-me teu doce perfume.
Buquê de mirra, ó suave corola
Em meu coração vou te guardar,
        Te amar!

Sempre me acompanha teu amor.
Em ti tenho os bosques e seus campos,
Tenho os rios e a longínqua montanha,
A chuva e os leves flocos de neve
        Dos Céus.

Em ti, Jesus, tenho as coisas todas,
Os trigais e as flores entreabertas,
Miosótis d'ouro e botões de rosas;
Do branco lírio eu tenho o frescor.
        O odor.

Também tenho a melodiosa lira,
Nem falta a harmoniosa solidão,
Os rios, os rochedos e as cascatas,
O murmúrio doce dos riachos,
        O pássaro.

Tenho o arco-íris e a aurora pura,
Todo o verdor e o vasto horizonte;
Ilhas distantes... messes maduras...
Borboletas mil e primavera,
        Os campos.

Em teu amor, eu encontro ainda
Palmeiras douradas pelo Sol,
A noite como o surgir da aurora,
Pois, em ti encontro como nunca
        A paz!

Tenho cachos de uvas saborosas,
E muitas libélulas graciosas,
A mata com as misteriosas flores;
Tenho todas as louras crianças
          E seus cantos.

Em ti, tenho as fontes e as colinas,
Lianas, pervincas, espinheiros,
Frescos nenúfares, madressilvas,
Rosas silvestres, choupos bem altos,
          Ligeiros.

Tenho a trêmula e maviosa aveia,
A voz grave e possante dos ventos,
O fio da Virgem e a chama ardente,
O zéfiro e as moitas floridas,
          Os ninhos.

Eu tenho a rolinha humilde e pura;
Em ti, sob minha veste grosseira
Encontro alegre e rico enfeite
Colares, anéis, finos diamantes
          Brilhantes.

Tenho o belo lago e o fundo vale
Solitário e com um matagal;
Do Oceano, tenho a onda prateada,
Pérolas, corais, tesouros vários
          Dos mares.

Tenho o barco que foge da praia,
O sulco dourado com sua margem;
Tenho o Sol a debruar a nuvem
Assim que do Céu desaparecem
          Os raios.

Em ti, tenho uma estrela luzente;
Por vezes, teu amor se revela
E vejo como através de um véu,
Quando o dia já vai declinar,
Tua mão!

Ó Tu, que os mundos todos sustentas,
Que as florestas profundas plantaste,
Que as fecundas com um simples olhar,
Com sentimentos de amor Tu me segues
Sempre!

Tenho o teu Coração e tua Face,
Mas tua flecha de amor me feriu...
Tenho o beijo de teus lábios santos,
Eu te amo e nada mais quero ter,
Jesus!

Um dia cantarei com teus Anjos
Do amor sagrado os belos louvores...
Em suas falanges faz-me voar...
Ó meu Jesus, que eu morra um dia
De amor!...

Atraído por sua aparência,
Para o fogo o inseto se lança;
Só teu amor é minha esperança,
Por isso a ele eu quero voar,
Me queimar...

Estou ouvindo que se prepara,
Ó meu Deus, a tua eterna festa!
Tomando logo minha harpa muda,
Em teus joelhos vou me sentar
E te ver!

Junto de ti, eu verei a Maria,
Os Santos todos... minha família...
Após o exílio da vida eu vou
Encontrar minha casa paterna,
No Céu...

28 de abril de 1895.

MANUSCRITOS AUTOBIOGRÁFICOS

MANUSCRITO A

J.M.J.T   Janeiro de 1895.

Jesus †

HISTÓRIA PRIMAVERAL
DE UMA FLORZINHA BRANCA
ESCRITA POR ELA MESMA E DEDICADA
À REVERENDA MADRE INÊS DE JESUS

É a vós, minha querida Mãe, a vós que sois duplamente minha Mãe, que venho confiar a história de minha alma... No dia em que me pedistes que o fizesse, parecia-me que isso dissiparia meu coração, ocupando-o de si mesmo; mas depois Jesus me fez sentir que simplesmente obedecendo eu lhe seria mais agradável; aliás, vou fazer apenas uma coisa: Começar a cantar o que devo repetir eternamente: *"As misericórdias do Senhor!!!"*...

Antes de tomar a pena, ajoelhei-me diante da imagem de Maria (aquela que nos deu tantas provas das maternais preferências da Rainha do Céu por nossa família), e supliquei-lhe que guiasse minha mão, para que eu não traçasse uma linha sequer que não lhe fosse do seu agrado. A seguir, abrindo o Santo Evangelho, meus olhos deram com as seguintes palavras: "Depois, subiu ao monte e chamou os que ele quis. E foram ter com ele" (Mc 3,13). Eis o mistério de minha vocação, de toda a minha vida e, sobretudo, o mistério dos privilégios de Jesus por minha alma... Ele não chama aqueles que são dignos, mas os que lhe apraz, ou, como diz São Paulo: "Terei misericórdia de quem eu quiser ter misericórdia. Terei compaixão de quem eu desejar ter compaixão. Dessa forma, a escolha não depende de quem a quer nem de quem corre, mas da misericórdia de Deus" (Rm 9,15-16). Por muito tempo, eu me perguntei por que o bom Deus tinha preferências, por que todas as almas não recebiam o mesmo grau de graças, e me admirava vendo-o prodigalizar extraordinários favores a santos que o ofenderam, como São Paulo, Santo Agostinho, aos quais, por assim dizer, forçava a receber suas graças; ou então, ao ler a vida dos santos que Nosso Senhor quis acariciar desde o berço até o túmulo, sem deixar, em sua passagem, algum obstáculo que os impedisse de elevar-se para ele e premunindo estas almas de tais favores que elas não podiam manchar o brilho imaculado de sua veste batismal. Eu me perguntava, por exemplo, por que os pobres selvagens morriam em grande número antes mesmo de ouvir pronunciar o nome de Deus... Jesus dignou-se instruir-me sobre esse mistério. Ele pôs diante de meus olhos o livro da natureza e compreendi que todas as flores que Ele criou são belas, que o esplendor da rosa e a brancura do lírio não tiram o perfume da pequena violeta ou a simplicidade encantadora da margarida... Compreendi que se todas as pequenas flores quisessem ser rosas, a natureza perderia seu ornato primaveril e os campos já não estariam coloridos de florinhas...

Assim acontece no mundo das almas, que é o jardim de Jesus. Ele quis criar os grandes santos, que podem ser comparados aos lírios e às rosas; mas Ele criou também os menores e os que devem contentar-se em ser margaridas ou violetas, destinadas a alegrar os olhares do bom Deus quando Ele as abaixa sob seus pés. A perfeição consiste em fazer sua vontade, em ser o que Ele quer que sejamos...

Compreendi ainda que o amor de Nosso Senhor se revela tanto na alma mais simples, que em nada resiste à sua graça, como na mais sublime; com efeito, sendo que o abaixar-se é próprio do amor, se todas as almas se assemelhassem às almas dos Santos Doutores, que iluminaram a Igreja com a clareza de sua doutrina, parece que o bom Deus não desceria muito vindo ao seu coração; mas Ele criou a criança que nada sabe e só faz ouvir fracos vagidos, criou o pobre selvagem, que não tem para se guiar senão a lei natural e Ele se dignou descer até seus corações; e estas são suas flores dos campos, cuja simplicidade o encanta... Descendo dessa forma, o bom Deus mostra sua grandeza infinita. Assim como o sol ilumina, ao mesmo tempo, os cedros e cada florzinha, como se ela fosse a única na terra, da mesma forma Nosso Senhor ocupa-se também de modo particular de cada alma, como se não houvesse outra semelhante; e como na natureza todas as estações são organizadas de maneira a fazer desabrochar, no dia marcado, a mais humilde margarida, assim tudo contribui para o bem de cada alma.

Sem dúvida, minha querida Mãe, admirada deveis perguntar-vos onde quero chegar, pois até aqui eu ainda nada disse que se assemelhe à história de minha vida; mas me pedistes que escrevesse, sem constrangimento, o que me viesse ao *pensamento*; portanto, não é propriamente minha vida que vou escrever; são meus *pensamentos* sobre as graças que o bom Deus se dignou conceder-me. Estou numa época de minha existência em que posso lançar um olhar sobre o passado; minha alma amadureceu no cadinho das provações exteriores e interiores; agora, como a flor fortificada pela tempestade, eu ergo a cabeça e vejo que em mim se realizam as palavras do salmo 22: O Senhor é meu Pastor, nada me faltará. Faz-me repousar em pastagens agradáveis e férteis, conduz-me até as águas tranquilas. Conduz minha alma sem fatigá-la... Ainda que eu desça para o vale da sombra da morte, não temo mal algum, porque tu estás comigo, Senhor!... (Sl 22,1-4). O Senhor foi sempre compassivo e cheio de doçura para mim... Lento para punir e rico em misericórdia! (Sl 102,8). Assim, minha Mãe, é com alegria que venho cantar junto a vós as misericórdias do Senhor... É para *vós somente* que vou escrever a história da florzinha colhida por Jesus. Também vou falar livremente, sem me preocupar nem com o estilo nem com as numerosas digressões que vou fazer. Um coração de mãe compreende sempre sua filha, ainda que só saiba balbuciar, e também estou certa de ser compreendida e adivinhada por vós, que formastes meu coração e o haveis oferecido a Jesus!...

Parece-me que se uma florzinha pudesse falar, ela diria simplesmente o que o bom Deus fez por ela, sem procurar esconder seus benefícios. Sob o pretexto de uma falsa humildade, ela não diria que é sem graça e sem perfume, que o Sol roubou-lhe o brilho e que as tempestades quebraram sua haste, quando reconhece em si justamente o contrário. A flor que vai contar sua história alegra-se de poder publicar as delicadezas inteiramente gratuitas de Jesus; reconhece que nela nada há que seja capaz de atrair os olhares divinos e que somente sua misericórdia fez todo o bem que há nela... Foi Ele que a fez nascer numa terra santa, toda impregnada de *virginal perfume*. Foi Ele que a fez preceder a oito Lírios cintilantes de brancura. Em seu amor, quis preservar sua florzinha do sopro envenenado do mundo; sua corola apenas começava a se abrir, quando o divino Salvador a transplantou para a montanha do Carmelo, onde já os dois Lírios que a tinham cercado e docemente acariciado na primavera de sua vida exalavam seu suave perfume... Sete anos já passaram desde que a florzinha lançou raízes no jardim do Esposo das virgens e agora *três* Lírios balançam junto dela suas corolas embalsamadas; um pouco mais longe, outro lírio desabrocha sob os olhares de Jesus, e as duas hastes benditas que produziram essas flores estão agora reunidas por toda a eternidade na pátria celeste... Lá encontraram os quatro Lírios que a terra não viu desabrochar... Oh, que Jesus não deixe por muito tempo na praia estrangeira as flores que ficaram no exílio; que logo o ramo de Lírio esteja completo no Céu!

Minha Mãe, acabei de resumir em poucas palavras o que o bom Deus fez por mim. Agora vou entrar nos detalhes de minha vida de criança; sei que vosso coração materno encontrará encantos, onde qualquer outra pessoa veria apenas um relato fastidioso...

E além disso, as lembranças que vou evocar são também as vossas, pois foi junto de vós que transcorreu a minha infância. Tenho a felicidade de pertencer a pais sem igual que nos cercaram dos mesmos cuidados e das mesmas ternuras. Oh, que se dignem abençoar a menor de suas filhas e a ajudem a cantar as misericórdias divinas!...

Na história de minha alma até minha entrada para o Carmelo, distingo três períodos bem distintos. O primeiro, apesar de sua curta duração não é o menos fecundo em recordações; estende-se do despertar de minha razão até a partida de nossa querida Mãe para a pátria dos Céus.

O bom Deus concedeu-me a graça de abrir minha inteligência muito cedo e gravar tão profundamente em minha memória as recordações de minha infância, que as coisas que vou contar me parecem ter acontecido ontem. Sem dúvida, em seu amor, Jesus quis fazer-me conhecer a Mãe incomparável que Ele me deu, mas que sua mão divina tinha pressa de coroar no Céu!...

Durante toda a minha vida, aprouve ao bom Deus cercar-me de *amor*. Minhas primeiras recordações são impregnadas de sorrisos e das mais ternas carícias!... Mas se Ele pôs muito *amor* junto a mim, ele o pôs também em meu pequeno coração, criando-o amoroso e sensível. Assim, eu amei muito Papai e Mamãe e testemunhei-lhes minha ternura de mil maneiras, pois eu era muito expansiva. Somente os meios que eu empregava, por vezes, eram estranhos, como o prova esta passagem de uma carta de Mamãe: "O bebê é um traquinas sem par; vem me acariciar, desejando-me a

444

morte: 'Oh, como gostaria que tu morresses, minha pobre Mãezinha!...'
Se repreendida, ela diz: 'É para que possas ir para o Céu, pois dizes que
é preciso morrer para ir para lá'. Quando está em seus excessos de amor,
deseja também a morte de seu pai!"

Eis o que Mamãe dizia de mim, no dia 25 de junho de 1874, quando
eu tinha apenas 18 meses: "Vosso pai instalou um balanço. Celina está
numa alegria sem par, mas é preciso ver a pequena se balançar. É divertido,
ela se segura como gente grande; não há perigo que solte a corda, e quando não vai bem alto, ela grita. Prendemo-la na frente com outra corda e
apesar disso eu não fico tranquila quando a vejo lá no alto.

"Ultimamente aconteceu-me uma aventura interessante com a pequena. Tenho o costume de ir à missa das 5,30h. Nos primeiros dias não ousei
deixá-la, mas vendo que ela nunca acordava, decidi-me deixá-la só. Deito-a
em minha cama e aproximo o berço tão perto que é impossível que ela
caia. Um dia, esqueci-me de aproximar o berço. Chego e a pequena não
estava mais em minha cama. No mesmo instante, ouço um gemido; olho
e a vejo sentada numa cadeira que se achava junto à cabeceira da cama; sua
cabecinha estava deitada num travesseiro e lá ela dormia um mau sono,
pois estava mal-acomodada. Não pude entender como, estando deitada,
caiu assim na cadeira. Agradeço ao bom Deus não lhe ter acontecido nada;
foi verdadeiramente providencial; ela devia ter rolado por terra, mas seu
bom Anjo a guardou e as almas do purgatório, às quais todos os dias faço
uma prece pela pequena, a protegeram; eis como eu explico isso... expli-
cai-o vós como quiserdes!"

No fim da carta, Mamãe acrescentava: "E o bebezinho veio passar sua
mãozinha em meu rosto e me abraçar. A pobrezinha não quer me deixar,
está continuamente comigo; ela gosta muito de ir ao jardim, mas se eu não
estiver lá, ela também não quer ficar e chora até que a tragam a mim..."
Eis uma passagem de outra carta: "Outro dia, a Terezinha perguntava-me
se ela iria para o Céu. Disse-lhe que sim, se fosse bem comportada; ela
me respondeu: 'Sim, mas se eu não for boazinha, iria ao inferno... mas sei
muito bem o que faria: voaria para junto de ti que estarias no Céu, e como
o bom Deus faria para me apanhar?... tu me segurarias bem firme nos teus
braços?' Vi em seus olhos que acreditava positivamente que Deus nada
poderia se ela estivesse nos braços de sua mãe...

"Maria gosta muito de sua irmãzinha e a acha muito boazinha, mas
será bem complicado, porque a pobrezinha tem grande medo de causar-lhe

algum desgosto. Ontem, quis dar-lhe uma rosa, sabendo que isso a torna-ria feliz; mas ela pôs-se a me suplicar que não a apanhasse, pois Maria o tinha proibido. Estava vermelha de emoção, apesar disso eu lhe dei duas, mas ela não ousou mais aparecer em casa. Eu lhe dizia que as rosas eram minhas. 'Não – dizia ela –, são de Maria...' É uma criança que se emocio-na facilmente. Se ela faz uma pequena travessura, é preciso que todos o saibam. Ontem, por ter arrancado sem querer um cantinho de papel da parede, ela ficou num estado de causar dó, pois muito depressa era preciso dizê-lo a seu Pai; ele chegou quatro horas depois e ninguém mais pensava naquilo, mas, rapidamente, ela foi dizer a Maria: 'Conta logo ao Papai que eu rasguei o papel'. E ficou lá como uma criminosa aguardando sua condenação, embora em sua cabecinha pensasse que seria mais facilmente perdoada se ela se acusasse".

Eu amava muito minha querida *Madrinha*. Sem demonstrar isso, eu prestava muita atenção a tudo o que se fazia e se dizia ao meu redor, e parece-me que eu julgava as coisas como agora. Ouvia com muita atenção o que Maria ensinava à Celina, para fazer como ela. Após sua saída da Vi-sitação, para obter o favor de ser admitida em seu quarto durante as lições que ela dava à Celina, eu era muito ajuizada e fazia tudo o que ela queria; por isso, cumulava-me de presentes que, apesar de seu pouco valor, causa-vam-me grande prazer.

Orgulhava-me muito de minhas duas irmãs mais velhas, mas meu *ideal* de criança era Paulina... Quando comecei a falar e Mamãe me perguntava "Em que estás pensando?, a resposta era invariável: "Em Paulina!..." Uma vez, passava meu dedinho sobre as vidraças e dizia "Eu escrevo: Paulina!..." Muitas vezes, ouvi dizer que Paulina, certamente, seria *religiosa*; então, sem saber bem o que significava tudo isso, eu pensava: "Eu também serei reli-giosa". Esta é uma de minhas primeiras recordações e depois nunca mais mudei de resolução!... Fostes vós, minha Mãe querida, que Jesus escolheu para me unir a Ele; não estáveis ainda junto a mim, mas já se formara um laço entre nossas almas... éreis meu *ideal*, eu queria ser semelhante a vós e foi vosso exemplo que, desde a idade de dois anos, me atraiu para o Esposo das virgens... Oh, quantas doces reflexões gostaria de vos confiar! Mas devo prosseguir a história da florzinha, sua história completa e geral, porque se quisesse falar em detalhes sobre minhas relações com "Paulina", seria preciso deixar todo o resto!...

Minha querida Leônia tinha também um grande lugar em meu coração. Ela me amava muito; era ela que, à tarde, cuidava de mim enquanto toda a família ia passear... Parece-me ouvir ainda os gentis refrãos que ela cantava para me fazer dormir... em tudo procurava um meio de me causar prazer e, por isso, eu teria ficado muito triste se lhe causasse algum desgosto.

Lembro-me muito bem de sua Primeira Comunhão, sobretudo do momento em que ela me tomou em seus braços para juntas entrarmos no presbitério; parecia-me muito bonito ser levada por uma irmã mais velha, toda de branco como eu!... À tarde, puseram-me mais cedo para dormir, pois era muito pequena para participar do banquete, mas ainda vejo Papai que, na hora da sobremesa, veio trazer à sua rainhazinha um pedaço do grande bolo...

No dia seguinte, ou poucos dias depois, fomos com Mamãe à casa da companheira de Leônia. Creio que foi nesse dia que essa boa Mãezinha nos levou atrás de um muro para nos dar vinho, após a refeição (que nos fora servida pela pobre senhora Dagorau), pois não queria desgostar a boa Senhora, mas também queria que nada nos faltasse... Ah, como o coração de uma Mãe é delicado! Como traduz sua ternura com mil cuidados previdentes nos quais ninguém pensaria!

Agora, resta-me falar de minha querida Celina, a pequena companheira de minha infância, mas as recordações são tão abundantes que não sei quais escolher. Vou extrair algumas passagens das cartas que Mamãe vos escreveu para a Visitação, mas não copiarei tudo, pois seria longo demais... No dia 10 de julho de 1873 (ano do meu nascimento, eis o que vos dizia: "Quinta-feira, a ama de leite, levou Terezinha a passeio; ela nada fazia senão rir. Era, sobretudo, a pequena Celina que lhe agradava, ela ria às gargalhadas com ela. Dir-se-ia que já tinha vontade de brincar e isso acontecerá logo, pois ela fica sobre suas perninhas duras como uma pequena estaca. Creio que andará muito cedo e terá um bom caráter. Parece muito inteligente e tem um rostinho de predestinada..."

Mas foi, sobretudo, depois de deixar a ama que mostrei minha afeição por minha querida Celinazinha. Entendíamo-nos muito bem, somente que eu era muito mais viva e bem menos ingênua do que ela. Embora três anos e meio mais jovem, parecia-me que éramos da mesma idade.

Eis uma passagem de uma carta de Mamãe que vos mostrará como Celina era doce e eu má: "Minha Celinazinha é totalmente inclinada para a virtude, é o sentimento íntimo de seu ser, ela tem uma alma cândida e horror ao mal. Quanto ao pequeno furão, não sei o que será, é tão pequeno, tão travesso! Ele é de uma inteligência superior à Celina, mas bem menos doce e, sobretudo, de uma teimosia quase invencível; quando ela diz 'não', nada pode fazê-la ceder; poder-se-ia pô-la um dia inteiro no porão, que ela preferiria dormir ali a dizer 'sim'...

No entanto, ela tem um coração de ouro, é muito afetuosa e franca; é curioso vê-la correr até mim para me fazer sua confissão: Mamãe, empurrei a Celina só uma vez, bati nela uma vez, mas não o farei mais. (É assim com tudo o que ela faz.) Na quinta-feira à tarde, fomos passear para o lado da estação. Ela absolutamente quis entrar na sala de espera para buscar Paulina; corria na frente com uma alegria que dava prazer, mas quando viu que era preciso voltar sem entrar no trem para buscar Paulina, chorou durante todo o caminho".

Esta última parte da carta recorda-me a felicidade que eu sentia ao ver-vos voltar da Visitação; vós, minha mãe, me tomáveis nos braços e Maria tomava a Celina; então, eu vos fazia mil carícias e me lançava para trás a fim de admirar vossa grande trança... Depois, me dáveis um tablete de chocolate que havíeis guardado durante três meses. Podíeis imaginar que relíquia era para mim!... Lembro-me também da viagem que fiz a Mans. Era a primeira vez que eu viajava de trem. Que alegria viajar sozinha com Mamãe!... Entretanto, não sei mais o porquê, pus-me a chorar e a pobre Mãezinha não pôde apresentar à minha tia de Mans senão uma triste feiosa, toda vermelha pelas lágrimas que derramara no caminho... Não guardei recordação alguma do parlatório, a não ser do momento em que minha tia me deu um ratinho branco e um cestinho de cartolina brilhante cheio de bombons, sobre os quais *dominavam* dois lindos anéis de açúcar, exatamente da grossura do meu dedo; logo exclamei "Que alegria, há um anel para a Celina". Mas, oh tristeza! Tomo meu cesto pela alça, dou a outra mão à Mamãe e partimos; depois de alguns passos, olho o meu cesto e vejo que quase todos os bombons estavam semeados pela rua, como as pedras do Pequeno Polegar... Olho mais de perto e vejo que um dos preciosos anéis tivera a mesma sorte fatal dos bombons. Eu não tinha mais nada para dar à Celina!... Então, minha dor explode, peço para voltar. Mamãe parece não me dar atenção. Era demais; às minhas *lágrimas* seguiram os meus *gritos*... Não podia compreender que ela não participasse de minha tristeza e isso aumentava muito a minha dor...

Agora, volto para as cartas em que Mamãe vos fala de Celina e de mim. É o melhor meio que posso usar para fazer-vos conhecer bem o meu caráter; eis uma passagem em que meus defeitos brilham com viva luz: "Celina brinca com a pequena com o jogo dos cubos; de tempos em tempos elas discutem. Celina cede para ter uma pérola em sua coroa. Sou obrigada a corrigir o pobre bebê, que se põe em terríveis fúrias quando as coisas não vão de acordo com sua ideia; ela rola por terra como uma desesperada, crendo que está tudo perdido e há momentos que vai além de suas forças e fica sufocada. É uma criança bastante nervosa, mas é também muito engraçadinha e muito inteligente, lembra-se de tudo". Vede, minha Mãe, como estava longe de ser uma menina sem defeitos! Nem sequer poder-se-ia dizer que era ajuizada quando dormia, pois durante a noite era ainda mais irrequieta do que de dia: mandava todas as cobertas pelos ares e depois (dormindo) eu me batia contra a madeira de meu bercinho. A dor me acordava e, então, dizia: "Mamãe, estou machucada!..." A pobre Mãezinha era obrigada a levantar-se e via que, de fato, eu tinha galos na cabeça e que estava *machucada*; ela me cobria bem e ia deitar-se; mas, após alguns momentos, eu recomeçava a me *machucar*, de tal modo que foram obrigados a amarrar-me ao meu berço. Todas as noite, a Celininha vinha prender os numerosos cordões destinados a impedir a pequena travessa de se machucar e despertar sua Mamãe; já que esse meio deu resultado, desde então fui *ajuizada ao dormir*... Há um outro defeito que eu tinha (estando acordada) e do qual Mamãe não fala em suas cartas: era um grande amor-próprio. Vou dar-vos somente dois exemplos, a fim de não tornar minha narração muito longa. Um dia, Mamãe me disse: "Minha Teresinha, se beijares o chão, dar-te-ei um soldo". Um soldo, era uma riqueza para mim; para ganhá-lo não era necessário abaixar minha *grandeza*, pois minha *pequena* estatura não punha grande distância entre mim e o chão. Entretanto, minha altivez revoltou-se com o pensamento de "beijar o chão" e, mantendo-me bem ereta, disse para a Mamãe: "Oh não, minha Mãezinha, prefiro não ter soldo!..."

Numa outra vez, devíamos ir a Grogny, à casa de Senhora Monnier. Mamãe disse à Maria que me pusesse meu lindo vestido azul-celeste, enfeitado com rendas, mas que não me deixasse com os braços nus, para que o Sol não os queimasse. Deixei-me vestir com a indiferença que deveriam ter as crianças de minha idade, mas, interiormente, pensava que teria ficado bem mais simpática com os meus bracinhos nus.

Com uma natureza como a minha, se tivesse sido educada por Pais sem virtudes, ou mesmo se, como Celina, tivesse sido mimada por Luísa, ter-me-ia tornado muito má e talvez me perdido... Mas Jesus velava por sua noivinha, quis que tudo revertesse para seu bem, também seus defeitos, que, reprimidos a tempo, serviram-lhe para crescer na perfeição... Como eu tinha *amor-próprio* e também *amor do bem*, logo que comecei a pensar seriamente (o que fiz desde bem pequena), bastava que me dissessem que uma coisa não estava *bem*, para que eu não tivesse mais vontade de que o repetissem duas vezes... Com prazer, vejo nas cartas de Mamãe que, crescendo, eu lhe dava mais consolação. Não tendo senão bons exemplos ao meu redor, queria segui-los naturalmente. Eis o que ela escreveu em 1876: "Até Teresa quer, por vezes, pôr-se a marcar suas práticas... É uma criança encantadora, é fina como a sombra, muito viva, mas seu coração é sensível. Celina e ela amam-se muito, bastam-se a si mesmas para se entreter. Todos os dias, depois do almoço, Celina vai buscar seu galinho; pega, ao mesmo tempo, a galinha de Teresa. Pessoalmente, eu não consigo, mas ela é tão viva que, no primeiro salto, a agarra; depois as duas chegam juntas com suas aves e vão sentar-se no canto da lareira e assim se divertem por muito tempo. (*Foi a Rosinha que me deu a galinha e o galo, e dei o galo à Celina.*) No outro dia, Celina tinha dormido comigo; Teresa dormira no andar superior, na cama de Celina. Ela havia pedido à Luísa que a descesse e a vestisse embaixo. Luísa sobe para buscá-la e encontra a cama vazia. Teresa ouvira Celina e descera com ela. Luísa lhe disse: "Não queres mais vir para baixo para te vestir?" "Oh não, minha pobre Luísa, somos como os dois franguinhos, que não podem se separar!" E dizendo isso, as duas se abraçavam com força... À noite, Luísa, Celina e Leônia foram ao círculo católico e deixaram a pobre Teresa, que compreendia bem que era muito pequena para ir, e dizia: "Se ao menos quisessem deitar-me na cama de Celina!..." Mas não; não quiseram... ela não disse nada e ficou sozinha com sua pequena lamparina; um quarto de hora mais tarde, dormia um sono profundo..."

Noutro dia, Mamãe escrevia ainda: "Celina e Teresa são inseparáveis. Não há duas crianças que se amem mais; quando Maria vem buscar Celina para a aula, a pobre Teresa fica toda em lágrimas. Mas ai, que será dela? Sua pequena companheira se vai!... Maria fica com pena e a leva também. A pobre pequena senta-se numa cadeira por duas ou três horas; dão-lhe pérolas para enfiar, ou um retalho para costurar; ela não ousa mexer-se e, muitas vezes, dá grandes suspiros. Quando sua agulha se desenfia, ela tenta enfiá-la novamente. É interessante ver que não consegue e não quer importunar Maria; logo veem-se duas grossas lágrimas a lhe correr pelas faces... Imediatamente Maria a consola, enfia a agulha e o pobre anjinho sorri através de suas lágrimas...”

De fato, lembro-me que eu não podia ficar sem Celina, preferia sair da mesa antes de terminar a sobremesa a não segui-la, assim que se levantasse. Virava-me na minha grande cadeira, pedindo que me descessem e, depois, íamos brincar juntas; algumas vezes, brincávamos com a pequena prefeita, o que muito me agradava, por causa do parque e de todos os belos brinquedos que ela nos mostrava; mas era, sobretudo, para alegrar Celina que eu ia para lá, preferindo ficar em nosso jardinzinho a *raspar os muros*, pois tirávamos todas as palhinhas brilhantes que ali se encontravam e, depois, nós íamos vendê-las a Papai, que as comprava de nós com muita seriedade.

Ao domingo, sendo muito pequena para ir aos ofícios, Mamãe ficava para cuidar de mim; eu era bem comportada e, durante a missa, só andava na ponta dos pés; mas assim que via a porta se abrir, era uma explosão de alegria sem igual; precipitava-me ao encontro de minha linda irmãzinha, que, então, estava “enfeitada como uma capela”... e lhe dizia: “Oh minha Celinazinha, dá-me logo o pão bento!” Às vezes, por ter chegado tarde, ela não o tinha... Como fazer, então? Era impossível eu ficar sem ele, afinal era “minha missa”... A solução foi encontrada logo: “Tu não tens pão bento; pois bem, benze-o!” Dito e feito: Celina toma uma cadeira, abre o armário, pega o pão, corta um pedaço e, muito *seriamente*, recita uma *Ave-Maria*. A seguir apresenta-o a mim, e, após ter feito o sinal da cruz com ele, como-o com *grande devoção*, achando-o de fato com *gosto de pão bento*... Muitas vezes, juntas fazíamos *conferências espirituais*. Eis um exemplo que tomo das cartas de Mamãe: “As nossas duas queridas pequenas, Celina e Teresa, são anjos benditos, dois anjinhos! Teresa faz a alegria, a felicidade e a glória de Maria; é incrível como se orgulha dela. É verdade que ela tem saídas bem incomuns para sua idade e ultrapassa Celina, que tem o dobro da idade. Dias atrás, Celina dizia: “Como pode acontecer que o bom Deus caiba numa hóstia tão pequena?” A pequena respondeu: “Não é de admirar tanto, pois o bom Deus é todo-poderoso”. “E o que quer dizer todo-poderoso?” “Ora, é fazer tudo o que Ele quer!...”

Um dia, Leônia, pensando que era grande demais para brincar com bonecas, vem ao encontro de nós duas com uma cesta cheia de vestidos e lindos retalhos para fazer outros e, por cima, estava deitada a sua boneca. “Tomai, minhas irmãzinhas – disse-nos ela –, escolhei, eu vos dou tudo isso”. Celina estendeu a mão e pegou um pequeno pacote de cordões que lhe agradou. Após um momento de reflexão, estendi a mão por minha vez, dizendo: "Eu escolho tudo!" e tomei a cesta sem mais cerimônias; as testemunhas da cena acharam a coisa muito justa. A própria Celina não pensou em se queixar (aliás, não lhe faltavam brinquedos; seu Padrinho cumulava-a de presentes e Luísa achava meios de arranjar-lhe tudo o que desejava).

Este pequeno episódio de minha infância é o resumo de toda a minha vida; mais tarde, quando me apareceu a perfeição, compreendi que para se tornar *santa* era preciso sofrer muito, procurar sempre o mais perfeito e esquecer-se de si mesma; compreendi que havia muitos degraus na perfeição e que cada alma era livre de responder às solicitações de Nosso Senhor, de fazer pouco ou muito por ele, numa palavra, de *escolher* entre os sacrifícios que Ele pede. Então, como nos dias de minha pequena infância, exclamei: "Meu Deus, 'eu escolho tudo'. Não quero ser uma santa pela metade, não tenho medo de sofrer por Vós; temo somente uma coisa, que é conservar minha vontade; tomai-a, pois 'escolho tudo' o que quiserdes!..."

É preciso que me detenha, pois ainda não devo falar-vos de minha juventude, mas da pequena travessazinha de quatro anos. Lembro-me de um sonho que devo ter tido por volta dessa idade e que se gravou profundamente em minha imaginação. Uma noite, sonhei que saía para passear sozinha no jardim. Chegando ao pé da escada que era preciso subir para lá chegar, parei tomada de espanto. Diante de mim, próximo do caramanchão, estava um barril de cal, e sobre o barril dois *horríveis diabinhos* dançavam com uma agilidade surpreendente, apesar dos ferros de passar roupa que eles tinham nos pés; de repente, lançaram sobre mim seus olhares chamejantes e, ao mesmo tempo, parecendo mais atemorizados do que eu, saltaram, precipitadamente, do barril e foram esconder-se na lavanderia, que se achava defronte. Vendo-os tão pouco corajosos, quis saber o que iam fazer e me aproximei da janela. Os pobres diabinhos estavam lá, correndo sobre as mesas, sem saber o que fazer para fugir do meu olhar. Às vezes, aproximavam-se da janela, olhando, com um ar inquieto, se eu ainda estava lá. Vendo-me sempre, recomeçavam a correr como desesperados. Sem dúvida, este sonho nada tem de extraordinário; entretanto, creio que o bom Deus permitiu que me lembrasse dele a fim de provar-me que uma alma em estado de graça nada tem a temer dos demônios, que são covardes, capazes de fugir diante do olhar de uma criança...

Eis mais uma passagem que encontro nas cartas de Mamãe. Esta pobre Mãezinha já pressentia o fim de seu exílio: "As duas pequenas não me preocupam, ambas estão muito bem, são naturezas escolhidas, certamente serão boas. Maria e tu podereis perfeitamente educá-las. Celina jamais comete voluntariamente a menor falta. A pequena também será boa. Jamais mentiria por todo o ouro do mundo, ela tem um espírito que nunca vi em nenhuma de vós.

"Outro dia, ela estava na mercearia com Celina e Luíza. Falava de suas práticas e discutia em voz alta com Celina. A dona da loja disse a Luíza: 'O que ela quer dizer? Quando brinca no jardim só se ouve falar de práticas?' A Senhora Gaucherin põe a cabeça à janela para ver se compreende o que vem a ser esse debate de práticas..." Esta pobre pequena faz nossa felicidade; ela será boa, já se vê pelo germe; só fala do bom Deus e, por nada no mundo, deixaria de fazer suas orações. Quereria que a visses recitar pequenas fábulas. Jamais vi coisa tão encantadora; encontra sozinha a expressão e o tom que é preciso dar, mas é, sobretudo, quando diz: 'Criancinha dos cabelos loiros, onde pensas que está o bom Deus?' E quando chega a: 'Ele está lá no Céu azul', ela olha para o alto com uma expressão angélica; é tão belo, que não deixamos de fazê-la repetir; há alguma coisa tão celeste em seu olhar que nos encanta!..."

Oh, minha Mãe! Como era feliz nessa idade! Já começava a gozar a vida, a virtude tinha encantos para mim e parece-me que estava nas mesmas disposições em que me encontro agora, tendo já um grande domínio sobre minhas ações. Ah, como passaram rapidamente os anos ensolarados de minha infância e que doce impressão deixaram em minha alma! Recordo com alegria os dias em que Papai nos levava ao *pavilhão*, os menores detalhes gravaram-se em meu coração... Recordo-me, sobretudo, dos passeios no domingo, em que Mamãe sempre nos acompanhava... Ainda sinto as impressões profundas e *poéticas* que nasciam em minha alma à vista dos campos de trigo, esmaltados de centáureas e flores campestres. Então, eu já amava o *além*... O espaço e os abetos gigantescos, cujos ramos tocavam a terra, deixavam em meu coração uma impressão semelhante àquela que sinto ainda hoje à vista da natureza... Muitas vezes, durante esses longos passeios encontrávamos pobres e era sempre a pequena Teresa a encarregada de dar-lhes a esmola, o que a deixava muito feliz; muitas vezes também, achando que o caminho era demasiado longo para a sua rainhazinha, Papai a levava para casa mais cedo do que as outras (com grande desprazer seu). Então, para consolá-la, Celina enchia de margaridas sua linda cestinha e lha dava ao voltar. Mas ai! a pobre vovó achava que eram demais para sua netinha, e assim pegava uma boa parte para sua Santíssima Virgem... Isso não agradava à Teresinha, mas ela cuidava de nada dizer, tendo adquirido o bom hábito de jamais se queixar, mesmo quando lhe tomavam o que era seu; ou quando a acusavam injustamente, preferia calar-se e não se desculpar; isso não era mérito de sua parte, mas virtude natural... Pena que essa boa disposição se tenha desvanecido!...

Oh, verdadeiramente tudo me sorria sobre a terra: encontrava flores a cada passo e também meu caráter feliz contribuía para tornar minha vida agradável. Mas um novo período ia começar para minha alma, eu devia passar pelo cadinho da provação e sofrer desde minha infância, a fim de mais cedo poder ser oferecida a Jesus. Assim como as flores da primavera começam a germinar sob a neve e desabrocham aos primeiros raios do Sol, da mesma forma a florzinha cujas recordações escrevi teve de passar pelo inverno da provação...

Todos os detalhes da doença de nossa querida Mãe ainda estão presentes em meu coração; lembro-me, sobretudo, das últimas semanas que passou sobre a terra. Celina e eu éramos como pobres pequenas exiladas. Todas as manhãs, a Senhora Leriche vinha nos buscar e nós passávamos o dia em sua casa. Um dia, não tivemos tempo de fazer nossa oração antes de partir e durante o trajeto Celina me disse baixinho: "É preciso dizer-lhe que não fizemos nossa oração?..." "Oh! sim – respondi-lhe; então, muito timidamente ela o disse à Senhora Leriche, que nos respondeu: "Pois bem, minhas filhinhas, ireis fazê-la", e depois, deixando-nos ambas numa grande sala, ela saiu...Então Celina me olhou e dissemos: "Ah, não é como Mamãe... ela sempre nos ajudava a fazer nossa oração!..." E brincando com as crianças, o pensamento de nossa querida Mãe nos acompanhava; uma vez, tendo recebido um belo damasco, Celina inclinou-se para mim e disse em voz baixa: "Não vamos comê-lo, vou dá-lo à Mamãe". Infelizmente, esta pobre Mãezinha já estava doente demais para comer os frutos da terra, não devia mais se *saciar* senão no Céu da *glória* de Deus e *beber* com Jesus o *vinho misterioso* do qual fala em sua Última Ceia, dizendo que o partilharia conosco no reino de seu Pai.

A tocante cerimônia da Extrema-Unção imprimiu-se também em minha alma; lembro ainda o lugar onde eu estava ao lado de Celina; nós cinco estávamos por ordem de idade e nosso pobre Paizinho estava lá também a soluçar...

No dia da morte de Mamãe, ou no dia seguinte, ele me tomou em seus braços, dizendo-me: "Vem abraçar pela última vez tua pobre Mãezinha". E eu, sem nada dizer, aproximei meus lábios da fronte de minha Mãe querida... Não me lembro de ter chorado muito e não falava a ninguém dos sentimentos profundos que experimentava... Olhava e escutava em silêncio... ninguém tinha tempo de ocupar-se comigo; assim, via muitas coisas que queriam me esconder; uma vez, encontrei-me diante da tampa do caixão... detive-me a considerá-lo durante muito tempo; eu nunca tinha visto um caixão, mas compreendia... eu era tão pequena que, apesar da baixa estatura de Mamãe, eu era obrigada a *levantar* a cabeça para ver o alto do caixão, que me parecia bem *grande*... bem *triste*... Quinze anos mais tarde, eu me encontrava diante de outro caixão, o de Madre Genoveva, que tinha a mesma estatura de Mamãe e julguei estar ainda nos dias de minha infância!... Todas as minhas lembranças vieram em peso. Era a mesma Teresinha que olhava, mas ela havia *crescido* e o caixão parecia-lhe *pequeno*, não tinha mais necessidade de *levantar* a cabeça para vê-lo; *levantava-a* somente para contemplar o *Céu*, que lhe parecia muito *alegre*, pois todas as suas provações haviam terminado e o inverno de sua alma, passado para sempre...

No dia em que a Igreja benzeu os restos mortais de nossa Mãezinha do Céu, o bom Deus quis dar-me outra sobre a terra e quis que eu a escolhesse livremente. Nós cinco estávamos todas juntas, olhando-nos com tristeza; Luísa também estava presente e disse, olhando para Celina e para mim: "Pobres pequenas, não tendes mais Mãe!..." Então Celina lançou-se nos braços de Maria dizendo: "Pois bem!, tu serás a Mamãe". Eu estava habituada a fazer como Celina, entretanto, voltando-me vós, minha Mãe, e como se já o futuro tivesse rasgado seu véu, lancei-me em vossos braços, exclamando: "Pois bem, para mim, será Paulina a Mamãe!"..............................

Como disse mais acima, foi a partir dessa época de minha vida que tive de entrar no segundo período de minha existência, o mais doloroso dos três, sobretudo depois da entrada para o Carmelo daquela que eu havia escolhido por minha segunda "Mamãe". Esse período se estende da idade de quatro anos e meio até os quatorze anos, época em que encontrei meu caráter de *criança*, ao entrar no sério da vida.

Devo dizer-vos, minha Mãe, que, a partir da morte de Mamãe, meu caráter alegre mudou completamente; eu, tão viva, tão expansiva, tornei-me tímida e doce, excessivamente sensível. Bastava um olhar para desfazer-me em lágrimas, era preciso que ninguém se ocupasse de mim para ficar contente, não podia suportar a companhia de pessoas estranhas e só encontrava minha alegria na intimidade da família... Contudo, continuava a ser cumulada da mais delicada *ternura*. O coração tão *terno* de Papai uniu ao amor que já possuía um amor verdadeiramente maternal!... Vós, minha Mãe, e Maria fostes para mim as mães mais ternas, mais desinteressadas?... Ah, se o bom Deus não tivesse prodigalizado seus *raios* benfazejos à sua florzinha, jamais ela teria podido aclimatar-se na terra, ela seria ainda demasiadamente frágil para suportar as chuvas e as tempestades, faltava-lhe o calor, um doce orvalho e brisas primaveris; jamais lhe faltaram todos esses benefícios, Jesus a fez encontrá-los, mesmo sob a neve da provação!

. . . .

Não senti tristeza alguma ao deixar Alençon. As crianças gostam de mudança e foi com prazer que vim para Lisieux. Lembro-me da viagem, da chegada, à tarde, à casa de minha tia. Ainda vejo Joana e Maria esperando-nos à porta... Sentia-me muito feliz por ter priminhas tão gentis, amava-as muito, como também minha tia e, sobretudo, meu tio. Porém, ele me causava medo e não me sentia tão à vontade em sua casa como nos Buissonnets; foi lá que minha vida tornou-se verdadeiramente feliz... Logo de manhã, vínheis a mim, perguntando-me se havia entregue meu coração ao bom Deus; em seguida me vestíeis falando-me dele e depois, ao vosso lado, eu fazia minha oração. Depois vinha a aula de leitura. A primeira palavra que consegui ler sozinha foi "Céus". Minha querida Madrinha encarregou-se das aulas de caligrafia e vós, minha Mãe, de todas as outras; eu não tinha grande facilidade de aprender, mas possuía boa memória. O catecismo e, sobretudo, a história sagrada tinham minha preferência e os estudava com alegria, mas a gramática fez minhas lágrimas correrem muitas vezes... Lembrai-vos do masculino e do feminino!

Assim que terminava a minha aula, subia para o Belvedere, levando minha medalha e minha nota ao papai. Como ficava contente quando podia dizer-lhe: "Tenho 5 com louvor; foi Paulina a primeira a dizê-lo!..." Pois quando vos perguntava se eu tinha 5 com louvor e me dizíeis que sim, a meus olhos isso era um degrau a menos; vós me dáveis também bônus de pontos, e quando eu havia alcançado um certo número, ganhava uma recompensa e um dia de folga. Lembro-me que esses dias me pareciam bem mais longos do que os outros, e isso vos causava prazer, pois mostrava que eu não gostava de ficar sem fazer nada. Todas as tardes, ia fazer um passeiozinho com Papai; juntos fazíamos nossa visita ao Santíssimo Sacramento, visitando cada dia uma nova igreja; foi assim que entrei pela primeira vez na capela do Carmelo. Papai mostrou-me a grade do coro, dizendo-me que por trás estavam religiosas. Estava longe de pensar que nove anos mais tarde estaria entre elas!...

Após o passeio (durante o qual Papai me comprava sempre um presentinho de um ou dois soldos), voltava para casa; então fazia meus deveres e, o resto do tempo, ficava no jardim a saltitar ao redor de Papai, pois não *sabia* brincar com boneca. Grande prazer para mim era preparar chá com grãozinhos e cascas de árvores que achava no chão; levava-os, então, ao Papai em sua bela xicarazinha e o pobre Paizinho deixava seu trabalho e, sorrindo, fingia beber. Antes de me devolver a xícara, perguntava-me (como que em segredo) se era preciso lançar fora o conteúdo; algumas vezes dizia que sim, mas, com mais frequência, levava meu precioso chá, querendo servi-lo muitas vezes... Gostava de cultivar minhas florinhas no jardim que Papai me havia dado; divertia-me erigindo pequenos altares na cavidade que havia no meio do muro; quando acabava, corria para o Papai e, arrastando-o, dizia-lhe para fechar bem os olhos e só abri-los no momento em que eu lhe dissesse. Ele fazia tudo o que eu queria e se deixava conduzir diante de meu jardinzinho, e então eu gritava: "Papai, abre os olhos!" Ele os abria e, para me causar prazer, se extasiava, admirando o que eu julgava ser uma obra-prima!... Eu não acabaria se quisesse contar mil pequenas passagens desse gênero, que me vêm à memória em profusão... Ah, como poderia relatar todas as ternuras que Papai prodigalizava à sua rainhazinha? Há coisas que o coração sente, mas a palavra e mesmo o pensamento não conseguem traduzir...

Para mim eram belos os dias em que meu rei querido me levava para a pesca com ele. Eu gostava muito dos campos, das flores e dos pássaros! Às vezes, eu tentava pescar com meu pequeno anzol, mas preferia ir sentar-me *sozinha* sobre a erva florida e então meus pensamentos eram bem profundos e, sem saber o que estava a meditar, minha alma mergulhava numa real oração... ouvia os ruídos distantes... o murmúrio do vento e até a música indecisa dos soldados, cujo som chegava até mim, melancolizava docemente meu coração... A terra parecia-me um lugar de exílio e eu sonhava com o Céu... A tarde passava depressa e logo era necessário voltar para os Buissonnets; antes de partir, porém, tomava o lanche que levara em meu cestinho; a *bela* fatia de pão com geleia que me tínheis preparado mudara de aspecto: em vez de sua cor viva, eu não via senão uma leve mancha rosa, toda envelhecida e seca... então, a terra parecia-me ainda mais triste e compreendia que somente no Céu a alegria seria sem nuvens... A propósito de nuvens, lembro-me que um dia o belo Céu azul do campo se cobriu e imediatamente a tempestade se pôs a rugir, os relâmpagos rasgavam as sombrias nuvens e vi um raio cair a alguma distância; longe de ficar com medo, estava encantada; parecia-me que o bom Deus estava bem perto de mim!... Papai não estava tão contente como sua rainhazinha; não que a tempestade lhe causasse medo, mas a relva e as grandes margaridas (que eram maiores do que eu) cintilavam como pedras preciosas e nos era necessário atravessar vários prados antes de encontrar uma estrada e meu querido paizinho, temendo que os diamantes molhassem sua filhinha, carregou-a às costas, apesar do peso de sua bagagem de anzóis.

Durante os passeios que fazia com Papai, ele gostava de fazer-me levar a esmola para os pobres que encontrávamos; um dia, vimos um que se arrastava penosamente sobre muletas; aproximei-me para dar-lhe um soldo, mas não se considerando tão pobre para receber esmolas, olhou-me, sorrindo tristemente, e recusou tomar o que eu lhe oferecia. Não consigo expressar o que se passou em meu coração. Eu queria consolá-lo, aliviá-lo; mas, em vez disso, pensei tê-lo magoado; sem dúvida, o pobre doente adivinhou meu pensamento, pois vi que se voltou e me sorriu. Papai acabara de me comprar um doce e tive vontade de dá-lo a ele, mas não ousei. Entretanto, queria dar-lhe alguma coisa que não pudesse recusar, porque sentia por ele uma grande simpatia. Então, lembrei-me de ter ouvido dizer que no dia da Primeira Comunhão se obtinha tudo o que se pedisse; esse pensamento me consolou e, embora ainda não tivesse seis anos, disse a mim mesma: "Rezarei por meu pobre no dia de minha Primeira Comunhão". Cumpri minha promessa cinco anos mais tarde e espero que o bom Deus ouça a oração que Ele me inspirara dirigir-lhe por um de seus membros sofredores...

Eu amava muito o bom Deus e lhe dei muitas vezes o meu coração, servindo-me de uma pequena fórmula que Mamãe me havia ensinado; contudo, um dia, ou melhor, uma noite do belo mês de maio, cometi uma falta que vale a pena ser contada; deu-me uma boa ocasião de humilhar-me e creio ter tido a contrição perfeita. Sendo muito pequena para ir ao Mês de Maria, ficava com Vitória e fazia com ela minhas devoções diante do meu pequeno Mês de Maria, que arranjava a meu modo; tudo era tão pequeno – candelabros e vasos de flores – que duas velinhas e fósforos o iluminavam perfeitamente; às vezes, Vitória me fazia a surpresa de me dar dois pequenos pedaços de pavio, mas era raro. Uma noite, estava tudo pronto para colocar-nos em oração, eu lhe disse: "Vitória, quer começar o 'Lembrai-vos' que eu vou acender". Ela fingiu começar, mas não disse nada e me olhou rindo; eu, que via meus *preciosos fósforos* se consumirem rapidamente, supliquei-lhe que começasse a oração, e ela continuava calada; então, levantando-me, pus-me a dizer-lhe bem alto que ela era muito má, e saindo de minha habitual doçura, bati o pé com toda a força... A pobre Vitória não tinha mais vontade de rir; olhou-me admirada e me mostrou o pavio que ela havia trazido... depois de ter derramado lágrimas de raiva, derramei lágrimas de sincero arrependimento, com o firme propósito de jamais recomeçar!...

Outra vez, aconteceu-me outra aventura com Vitória, mas desta não tive nenhum arrependimento, pois guardei perfeitamente a minha calma. Eu queria um tinteiro que se achava sobre a lareira da cozinha; sendo demasiado pequena para apanhá-lo, *delicadamente* pedi a Vitória que o desse a mim, mas ela se recusou, dizendo-me que subisse numa cadeira. Tomei uma cadeira sem dizer nada, mas pensando que ela não era gentil; querendo dar-lhe a entender isso, procurei em minha cabecinha o que mais me ofendia. Muitas vezes, quando estava aborrecida comigo, chamava-me de "pirralhinho", o que muito me humilhava. Então, *antes de saltar* de minha *cadeira*, voltei-me com dignidade e lhe disse: "Vitória, você é um pirralho!" Depois fugi, deixando-a meditar a profunda palavra que eu acabava de lhe dirigir... O resultado não se fez esperar; logo a ouvi gritar: "Senhorita Mari... Teresa acaba de dizer que sou um pirralho!" Maria veio e me fez pedir perdão, mas eu o fiz sem contrição, achando antes que Vitória merecia o título de *pirralho*, pois não quis estender seu *grande braço* para me prestar um *pequeno serviço*... Entretanto ela me amava muito e eu também lhe queria muito bem.. Um dia, tirou-me de um *grande perigo*, no qual caíra por minha culpa. Vitória passava roupa, tendo a seu lado um balde com água. Eu a olhava e (como era meu costume) balançava-me numa cadeira; de repente, a cadeira me escapou e eu caí, não no chão, mas no *fundo do balde*!!!... Meus pés tocavam minha cabeça e eu enchia o *balde* como um pintinho enche seu ovo!... A pobre Vitória me olhava com extrema surpresa, pois jamais vira coisa semelhante. Bem que eu tinha vontade de sair rapidamente de meu balde, mas era impossível; minha prisão era tão apertada que não podia fazer movimento algum. Com um pouco de dificuldade ela me salvou do meu *grande perigo*, mas não meu vestido e todo o resto que ela foi obrigada a trocar, porque estava toda molhada.

Outra vez, caí na lareira que, felizmente, não estava acesa. Vitória só teve o trabalho de me levantar e sacudir a cinza que me cobria toda. Todas estas aventuras aconteciam-me na quarta-feira, quando estáveis no ensaio de canto com Maria. Foi também numa quarta-feira que o Padre Ducellier veio fazer-nos uma visita. Tendo Vitória lhe dito que não havia ninguém em casa senão a pequena Teresa, ele entrou na *cozinha* para me ver e olhou minhas lições; fiquei orgulhosa por receber *meu confessor*, pois pouco tempo antes eu me confessara pela primeira vez. Que doce lembrança para mim!...

Ó minha Mãe querida! Com que zelo me haveis preparado, dizendo-me que não era a um homem, mas ao bom Deus que ia dizer meus pecados. Na verdade, eu estava muito convencida e, assim, fiz minha confissão com grande espírito de fé e também vos perguntei se não devia dizer ao Padre Ducellier que o amava de todo o meu coração, pois, em sua pessoa, era ao bom Deus que ia falar...

Bem instruída sobre tudo o que devia dizer e fazer, entrei no confessionário e me pus de joelhos; mas, ao abrir a portinhola, o Padre Ducellier não viu ninguém; eu era tão pequena que minha cabeça estava abaixo do suporte onde se apoiam as mãos; disse-me, então, que ficasse de pé; obedeci imediatamente, levantei-me e me voltei justamente à frente dele para vê-lo bem. Fiz minha confissão como *gente grande* e recebi sua bênção com *grande devoção*, porque me dissestes que, neste momento, as lágrimas do Menino Jesus iam purificar minha alma. Lembro-me de que a primeira exortação que me foi dirigida convidou-me, sobretudo, a ter devoção pela Santíssima Virgem, e prometi redobrar minha ternura para com ela. Saindo do confessionário, estava tão contente e tão leve, porque jamais tinha sentido tanta alegria em minha alma. Depois, voltei a me confessar em todas as grandes festas e, para mim, era uma verdadeira *festa* cada vez que me confessava.

As *festas*!... Ah, quantas recordações me traz esta palavra!... As *festas*, eu as amava tanto! Minha querida Mãe, sabíeis explicar-me tão bem todos os mistérios escondidos sob cada uma delas que, para mim, eram verdadeiramente dias do Céu. Gostava, sobretudo, das procissões do Santíssimo Sacramento; que alegria semear flores sob os passos do bom Deus!... Mas antes de as deixar cair, lançava-as o mais alto possível e só ficava contente se visse minhas rosas desfolhadas *tocarem* o sagrado Ostensório...

As festas! Ah, se as grandes eram raras, cada semana trazia uma muito cara ao meu coração: "O Domingo!" Que dia o do Domingo!... Era a festa do bom Deus, a festa do *repouso*. Primeiro, ficava *nanando* mais tempo do que nos outros dias; depois, Mamãe Paulina mimava sua filhinha, levando-lhe o chocolate na *cama* e, em seguida, a vestia como uma rainhazinha... A Madrinha vinha pentear a *afilhada*, que nem sempre era gentil quando lhe puxava os cabelos. Mas depois sentia-se muito feliz por ir dar a mão ao seu *Rei* que, neste dia, a abraçava ainda mais ternamente do que de ordinário. Depois, toda a família dirigia-se para a missa. Durante todo o caminho e mesmo na igreja, a "Rainhazinha do Papai" lhe dava a mão, seu lugar era ao lado dele e, quando devíamos descer para o sermão, era preciso ainda encontrar duas cadeiras uma ao lado da outra. Mas não era muito difícil; todos achavam muito simpático ver tão *belo* ancião com sua *filhinha* tão pequena, que as pessoas se levantavam para ceder seus lugares. Meu Tio, que se achava no banco dos fabriqueiros, alegrava-se ao nos ver chegar; dizia que eu era seu pequeno raio de Sol... Quanto a mim, absolutamente, não me preocupava ao ser olhada; escutava com atenção os sermões, dos quais, porém, não compreendia muita coisa. O primeiro que compreendi e que me *tocou profundamente* foi um sermão sobre a Paixão, pregado pelo Padre Ducellier e, desde então, compreendi todos os outros sermões. Quando o pregador falava de Santa Teresa, Papai se inclinava e me dizia baixinho: "Escuta bem, minha rainhazinha, estão falando de tua Santa Padroeira". De fato, eu escutava bem, mas olhava mais vezes para Papai do que para o pregador; sua bela fisionomia dizia-me tantas coisas!... Por vezes, seus olhos enchiam-se de *lágrimas*, que ele, em vão, se esforçava por reter; parecia que já não se prendia à terra, tanto sua alma gostava de mergulhar nas verdades eternas... Contudo, sua caminhada estava bem longe de terminar, longos anos ainda deviam passar antes que o belo Céu se abrisse a seus olhos maravilhados e que o Senhor enxugasse as *lágrimas* de seu bom e fiel servidor!...

Mas volto ao meu dia do Domingo. Este alegre dia, que passava tão rapidamente, tinha sua nota de *melancolia*. Lembro-me de que minha felicidade era sem mescla até as Completas; durante o Ofício, pensava que o dia do *repouso* ia acabar... que, no dia seguinte, seria preciso recomeçar a vida, trabalhar, aprender as lições e meu coração sentia o *exílio* da terra... eu suspirava pelo repouso eterno do Céu, o *Domingo* sem ocaso da *Pátria!*... Até os passeios que fazíamos antes de voltar aos Buissonnets deixaram em minha alma um sentimento de tristeza. Então, a família não estava completa, pois, para agradar a meu Tio, na tarde de cada Domingo Papai lhe deixava Maria ou *Paulina*; só me sentia bem contente quando eu ficava também. Eu preferia assim a ser convidada sozinha, porque me davam menos atenção. Meu maior prazer era escutar tudo o que meu Tio dizia, mas não gostaria que me interrogasse e tinha medo quando me punha sobre *apenas um* de seus joelhos, cantando o Barba-Azul com uma voz pavorosa... Era com prazer que via Papai chegar para nos buscar.

Ao voltar, olhava as *estrelas* que cintilavam docemente, e esta visão me encantava... Havia, sobretudo, um grupo de *pérolas de ouro* que eu observava com alegria, achando que tinha a forma de um *T* (eis mais ou menos sua forma ⁂). Eu o mostrava a Papai, dizendo-lhe que meu nome estava escrito no Céu, e depois, não querendo ver nada mais da vil terra, pedia-lhe que me conduzisse. Então, sem olhar onde eu punha os pés, erguia bem alto minha pequena cabeça, não deixando de contemplar o azul estrelado!...

Que poderia dizer das reuniões de inverno, sobretudo as do Domingo? Ah, como me era doce, após a partida de damas, sentar-me com Celina nos joelhos de Papai... Com sua bela voz, ele cantava melodias que enchiam a alma de pensamentos profundos... ou então, embalando-nos docemente, recitava poesias impregnadas de verdades eternas... Em seguida, subíamos para fazer a oração em comum e a Rainhazinha ficava totalmente só aos pés do seu Rei, não tendo senão de olhar para ele para saber como rezam os Santos... Por fim, íamos todas, por ordem de idade, dizer boa noite a Papai e receber um beijo; naturalmente, a rainha vinha por último; para abraçá-la, o rei a tomava pelos cotovelos e ela exclamava bem alto: "Boa noite, Papai, boa noite, dorme bem"; todas as noites era a mesma repetição... Em seguida, minha mãezinha me tomava em seus braços e me levava para a cama de Celina. Então, eu dizia: "Paulina, fui boazinha hoje?... Os anjinhos vão voar ao meu redor?" A resposta era sempre *sim*; caso contrário, teria passado a noite inteira a chorar... Depois de me abraçar, como também minha querida Madrinha, *Paulina* descia e a pobre Teresinha ficava totalmente só na escuridão. Ela bem podia representar *os anjinhos a voar ao seu redor*, que logo o temor a assaltava, as trevas causavam-lhe medo, pois, de sua cama, não via as estrelas que docemente cintilavam...

Considera uma verdadeira graça ter sido habituada por vós, minha Mãe querida, a vencer meus temores; às vezes, me mandáveis só, de noite, buscar um objeto num quarto distante; se não tivesse sido tão bem educada, ter-me-ia tornado muito medrosa, ao passo que agora é bem difícil que sinta medo... Por vezes, pergunto-me como pudestes me educar com tanto

462

amor e delicadeza sem me mimar, porque é verdade que não deixáveis passar uma só de minhas imperfeições. Nunca que repreendíeis sem motivo, mas também nunca voltáveis atrás depois de ter tomado uma decisão; eu sabia perfeitamente que não podia, nem queria, dar um passo se o tivésseis proibido. Até Papai era obrigado a conformar-se com vossa vontade; sem o consentimento de *Paulina* não ia passear, e quando Papai me dizia que fosse eu respondia: "Paulina não quer"; então ele ia interceder por mim. Algumas vezes, para deixá-lo contente, *Paulina* dizia que sim, mas, vendo pelo seu ar que não era de bom coração, a Teresinha punha-se a chorar sem aceitar consolos até que Paulina dissesse *sim* e a *abraçasse de bom coração*!

Quando a Teresinha ficava doente, o que lhe acontecia todos os invernos, não é possível dizer com que ternura maternal ela era cuidada. Paulina deitava-a em sua cama (favor incomparável) e depois lhe dava tudo o que desejasse. Um dia, Paulina tirou de sob o travesseiro uma *linda faquinha* e, dando-a à sua filhinha, deixou-a tomada de tal admiração que não se pode descrever: "Ah, Paulina, exclamou ela, tu me amas tanto que, por mim, te privas de tua linda faquinha que tem uma estrela de madrepérola?... Mas já que me amas tanto, farias também o sacrifício do teu relógio para impedir-me de morrer?... "Dar-te-ia meu relógio não só para impedir de morrer, mas, para ver-te logo curada, faria imediatamente o sacrifício". Ouvindo estas palavras de *Paulina*, minha admiração e gratidão eram tão grandes que não consigo expressá-las... No verão, às vezes, eu tinha problemas de estômago. Paulina me tratava com a maior ternura; para me distrair, o que era o melhor de todos os remédios, fazia-me *passear* ao redor do jardim no *carrinho de mão*, e depois, fazendo-me descer, punha em meu lugar um lindo pezinho de margaridas, que levava a *passear* com muita *precaução* até meu jardim, onde ele tomava lugar com grande pompa...

Era Paulina que acolhia todas as minhas confidências íntimas, que esclarecia todas as minhas dúvidas... Uma vez, fiquei admirada que o bom Deus não dá, no Céu, a mesma glória a todos os eleitos, e temia que nem todos fossem felizes; então, Paulina me disse que fosse buscar o grande copo de Papai, o colocasse ao lado de meu dedalzinho e que os enchesse de água. A seguir, perguntou-me qual estava mais cheio. Respondi-lhe que tanto um como o outro estavam igualmente cheios e que era impossível pôr mais água do que podiam conter. Minha Mãe querida me fez então compreender que, no Céu, o bom Deus daria a seus eleitos tanta glória quanta pudessem receber e que assim o último nada teria a invejar ao primeiro. Era assim que, pondo ao meu alcance os mais sublimes segredos, sabíeis, minha Mãe, dar à minha alma o alimento que lhe era necessário...

Com que alegria, todos os anos via chegar a distribuição dos prêmios! Então, como sempre, a *justiça* era observada e eu só recebia as recompensas merecidas. *Totalmente só*, de pé no meio da *nobre assembleia*, ouvia minha sentença lida pelo "Rei de França e de Navarra"; o coração me batia muito forte ao receber os prêmios e a coroa... para mim era como a imagem do juízo!... Logo após a distribuição, a Rainhazinha deixava seu vestido branco e apressavam-se a fantasiá-la para que tomasse parte na *grande representação!*...

Ah, como eram alegres estas festas de família... Vendo meu Rei querido tão radiante, como eu estava longe de prever as provações que deviam visitá-lo!...

Um dia, porém, o bom Deus mostrou-me numa *visão* verdadeiramente extraordinária a imagem *viva* da provação que Ele se dignou preparar-nos antecipadamente.

Papai estava de viagem há vários dias, e ainda faltavam dois dias para sua volta. Podiam ser duas ou três horas da tarde, o sol brilhava vivamente e toda a natureza parecia em festa. Eu estava sozinha à janela de uma mansarda que dava para o grande jardim. Olhava para a minha frente, o espírito ocupado com pensamentos ridentes, quando vi, diante da lavanderia, que estava bem defronte, um homem vestido absolutamente como Papai, tendo a mesma estatura e o mesmo andar, apenas estava *muito mais curvado*... Sua *cabeça* estava coberta com uma espécie de avental, de cor indefinida, de sorte que não pude ver seu rosto. Trazia um chapéu semelhante ao de Papai. Eu o vi encaminhar-se a passo regular, ladeando meu jardinzinho... De repente, um sentimento de temor sobrenatural invadiu minha alma, mas no mesmo instante refleti que, sem dúvida, Papai estava de volta e que se escondia a fim de me surpreender; então, chamei bem alto com voz trêmula de emoção: "Papai, Papai!..." Mas o misterioso personagem parecia não me ouvir, continuava sua caminhada regular, sem sequer voltar-se para trás. Seguindo-o com os olhos, eu o vi dirigir-se para o bosque que dividia a grande alameda em duas partes. Esperava vê-lo reaparecer do outro lado das grandes árvores, mas a visão profética se desfizera!... Tudo isso durou apenas um instante, mas gravou-se tão profundamente em meu coração que hoje, depois de 15 anos... a lembrança me está tão presente como se a visão ainda estivesse diante de meus olhos...

Maria estava convosco, minha Mãe, num quarto que se comunicava com aquele em que me encontrava: ouvindo-me chamar Papai, ela experimentou uma impressão de medo, sentindo, disse-me ela depois, que algo de extraordinário devia estar acontecendo. Sem me deixar ver sua emoção, ela correu para mim, perguntando-me o que me levava a chamar Papai, que estava em Alençon. Contei-lhe o que acabara de ver. Para me tranquilizar, Maria disse-me que era, sem dúvida, Vitória que, para me amedrontar, escondera a cabeça com seu avental. Mas interrogada, Vitória garantia não ter deixado sua cozinha; ademais, eu tinha certeza de ter visto um homem e que este homem tinha o aspecto de Papai. Então, fomos, as três, para trás do grupo de árvores, mas não havendo encontrado nenhum sinal indicando a passagem de alguém, dissestes-me que não pensasse mais nisso...

Não pensar mais naquilo não estava em meu poder. Muitas vezes a minha imaginação me representava a misteriosa cena que havia visto... Muitas vezes procurei levantar o véu que me encobria seu sentido, pois guardei no fundo do coração a íntima convicção de que esta visão tinha um sentido que, um dia, me seria revelado... Esse dia se fez esperar por muito tempo; mas depois de catorze anos, o próprio bom Deus rasgou o misterioso véu.

Estando de licença com Irmã Maria do Sagrado Coração, falávamos como sempre das coisas da outra vida e de nossas recordações da infância, quando lhe lembrei a visão que havia tido aos 6 ou 7 anos de idade. De repente, rememorando os detalhes dessa estranha cena, compreendemos, ao mesmo tempo, o que ela significava... Era certamente *Papai* que eu havia visto, aproximando-se curvado pela idade... Era ele mesmo, trazendo sobre seu rosto venerável, sobre sua cabeça embranquecida, o sinal de sua *gloriosa* provação... Como a adorável Face de Jesus, que foi velada durante sua Paixão, assim a face de seu fiel servidor devia estar velada nos dias de suas dores, a fim de poder brilhar na pátria celeste junto a seu Senhor, o Verbo eterno!... Foi do seio desta glória inefável, quando reinava no Céu, que nosso Pai querido nos obteve a graça de compreender a visão que sua rainhazinha tivera numa idade em que a ilusão não deve ser temida. Foi do seio da glória que obtivemos este doce consolo de compreender que 10 anos antes de nossa grande provação o bom Deus já no-la mostrava, como um Pai faz entrever a seus filhos o futuro glorioso que ele lhes prepara e se compraz a considerar antecipadamente as riquezas sem preço que devem ser sua herança...

Ah, por que foi a mim que o bom Deus concedeu esta luz? Por que mostrou a uma criança tão pequena uma coisa que ela não podia compreender, uma coisa que, se ela a tivesse compreendido, tê-la-ia feito morrer de dor, por quê?... Eis um desses mistérios que, sem dúvida, compreenderemos no Céu e que constituirá nossa eterna admiração!...

Como o bom Deus é bom!... como adapta as provações às forças que nos dá! Como acabo de dizer, jamais teria podido suportar sequer o pensamento das amargas penas que o futuro me reservava... Não podia nem mesmo pensar, sem estremecer, que Papai *podia morrer*... Uma vez, ele subira ao alto de uma escada e como eu estivesse exatamente embaixo, ele me gritou: "Afasta-te, pequerrucha. Se eu cair, vou te esmagar". Ouvindo isso, senti uma revolta interior, em vez de me afastar, encostei-me na escada pensando: "Ao menos, se Papai cair, não vou ter a dor de vê-lo morrer, pois morrerei com ele!" Não consigo dizer quanto amava Papai, pois tudo nele me causava admiração; quando me explicava seus pensamentos (como se eu fosse adulta), ingenuamente, eu lhe dizia que, certamente, se dissesse tudo aquilo aos grandes homens do governo, eles o levariam para fazê-lo *Rei* e, então, a França seria tão feliz como jamais o fora... No fundo, porém, alegrava-me (e me censurava, julgando ser um pensamento egoísta) por ser a única a *conhecer bem* Papai, pois se ele tivesse se tornado *Rei* de *França* e de *Navarra*, sabia que seria infeliz, porque é a sorte de todos os monarcas e, sobretudo, não seria mais o meu Rei, só meu!...

Eu tinha 6 ou 7 anos quando Papai nos levou a Trouville. Jamais esquecerei a impressão que o mar me causou. Não podia deixar de olhá-lo sem parar; sua majestade, o rugido de suas ondas, tudo falava à minha alma da Grandeza e do Poder do bom Deus. Lembro-me que durante o passeio que fazíamos pela praia, um Senhor e uma Senhora viram-me correndo ao redor de Papai e, aproximando-se, perguntaram se eu era dele. Disseram que eu era uma menina muito graciosa. Papai respondeu-lhes que sim, mas percebi que ele lhes fez um sinal para não me fazerem elogios... Era a primeira vez que ouvia dizer que eu era graciosa. Isso me causou muito prazer, pois não pensava que o fosse. Tomáveis tanto cuidado, minha querida Mãe, em não deixar junto de mim nada que pudesse manchar minha inocência, sobretudo, em não me deixar ouvir alguma palavra capaz de fazer entrar a vaidade no meu coração. Como só dava atenção às vossas palavras e às de Maria (e vós nunca me tínheis dirigido um único elogio), não dei grande importância às palavras e aos olhares admirados da Senhora. À tarde, na hora em que o sol parece banhar-se na imensidão das ondas, deixando atrás de si um *sulco luminoso*, eu ia com Paulina sentar-me sozinha sobre um rochedo... Então, lembrava-me da comovente história *"Do sulco dourado!"*... Contemplava longamente este sulco luminoso, imagem da graça, iluminando o caminho que o barquinho de graciosas velas brancas deve percorrer... Junto de Paulina, tomei a resolução de nunca afastar minha alma do olhar de Jesus, a fim de que Ele navegue em paz para a Pátria dos Céus!...

Minha vida transcorria tranquila e feliz; a afeição de que era cercada nos Buissonnets, por assim dizer, fazia-me crescer, mas, sem dúvida, eu era suficientemente grande para começar a lutar, para começar a conhecer o mundo e as misérias de que está cheio...

Eu tinha oito anos e meio quando Leônia saiu do colégio e eu a substituí na Abadia. Muitas vezes ouvira dizer que o tempo passado no colégio é o melhor e o mais doce da vida. Não foi assim para mim; os cinco anos que ali passei foram os mais tristes de minha vida; se não tivesse tido comigo minha Celina querida, não teria podido ficar lá um só mês sem ficar doente... A pobre florzinha estava habituada a aprofundar suas frágeis raízes numa *terra escolhida*, feita expressamente para ela e, por isso, era-lhe bem duro ver-se em meio a flores de toda a espécie, às vezes com raízes muito pouco delicadas e ser obrigada a buscar numa *terra comum* a seiva necessária à sua subsistência!...

Vós me havíeis instruído tão bem, minha querida Mãe, que, chegando ao colégio, eu era a mais adiantada das crianças de minha idade. Fui colocada numa classe cujas alunas eram todas maiores do que eu. Uma delas, com a idade de treze a catorze anos, era pouco inteligente, mas sabia impor-se às alunas e mesmo às mestras. Vendo-me tão jovem, quase sempre a primeira da minha classe e estimada de todas as religiosas, sem dúvida, sentiu ciúmes – coisa bem compreensível numa aluna – e me fez pagar de mil maneiras os meus pequenos sucessos...

Com minha natureza tímida e delicada, não sabia defender-me e me contentava a chorar sem nada dizer, não me queixando dos meus sofrimentos nem a vós, mas não tinha a virtude suficiente para elevar-me acima dessas misérias da vida e meu pobre coraçãozinho sofria muito... Felizmente, cada tarde, voltava ao lar paterno, e então meu coração se dilatava, eu pulava sobre os joelhos do meu Rei, dizendo-lhe as notas que me haviam sido dadas e seu beijo me fazia esquecer todos os sofrimentos... Com que alegria anunciei o resultado de minha *1ª composição* (uma composição de História Sagrada). Faltou-me *apenas um ponto* para ter a nota máxima, pois não soubera o nome do pai de Moisés. Era, portanto, a primeira e trazia uma bela medalha de prata. Para recompensar-me, Papai me deu uma *bela moedinha* de quatro soldos, que coloquei numa caixa destinada a receber quase todas as quintas-feiras uma nova moeda, sempre do mesmo *valor*... (Era dessa caixa que eu ia tirar quando, em algumas grandes festas, queria dar de minha bolsa uma esmola para a coleta da Propagação de Fé ou outras obras semelhantes.) *Paulina*, encantada com o sucesso de sua alunazinha, deu-lhe de presente um lindo arco de brincar para estimulá-la a continuar sendo bem estudiosa. A pobre pequena tinha uma real necessidade dessas alegrias de família. Sem elas, a vida do colégio ter-lhe-ia sido muito dura.

Todas as quintas-feiras à tarde era feriado, mas não era como o *feriado* de *Paulina*, não ficava no belvedere com Papai... Era preciso brincar, não com minha *Celina*, o que muito me agradava quando estava *totalmente sozinha com ela*, mas com minhas priminhas e as meninas Maudelonde; para mim, era um verdadeiro sofrimento, não sabendo brincar como as outras crianças; eu não era uma companheira agradável, mas dava o melhor de mim para imitar as outras, sem consegui-lo, e me entristecia muito, sobretudo quando era preciso passar a tarde toda a *dançar quadrilhas*. A única coisa que me agradava era ir ao *Jardim da Estrela*; então, eu era a primeira em tudo, colhendo flores em profusão e, sabendo achar as mais belas, excitava a inveja de minhas companheirinhas...

Causava-me prazer também quando, casualmente, ficava só com Maria. Não tendo mais Celina Maudelonde para arrastá-la aos *jogos ordinários*, dava-me a liberdade de escolher e eu escolhia um jogo totalmente novo. Maria e Teresa tornavam-se dois *eremitas*, tendo somente uma pobre cabana, um pequeno trigal e alguns legumes para cultivar. Sua vida transcorria numa contemplação contínua, isto é, um dos *eremitas* substituía o outro na oração, quando fosse necessário ocupar-se da vida ativa. Tudo se fazia de comum acordo, em silêncio e de maneira tão religiosa que parecia perfeito. Quando minha Tia vinha nos buscar para o passeio, nossa brincadeira continuava mesmo na rua. Os dois eremitas recitavam juntos o terço, servindo-se dos dedos, a fim de não mostrar sua devoção ao indiscreto público. Entretanto, um dia, o eremita mais jovem se esqueceu: tendo recebido um bolo para seu lanche, fez um grande sinal da cruz antes de comê-lo, o que fez rir todos os profanos no século...

Maria e eu éramos sempre da mesma opinião; tínhamos de tal modo os mesmos gostos que, uma vez, nossa união de vontades passou dos limites. Uma tarde, voltando da Abadia, eu disse à Maria: "Conduze-me, eu vou fechar os olhos". "Eu vou fechá-los também", respondeu-me ela. Dito e feito. Sem *discutir*, cada uma fez *sua vontade*... Estávamos na calçada, não era preciso temer os carros; após o agradável passeio de alguns minutos, tendo saboreado as delícias de andar sem ver, as duas estouvadinhas caíram *juntas* sobre caixotes colocados à porta de um armazém, ou melhor, elas os fizeram cair. Encolerizado, o comerciante saiu para levantar sua mercadoria, as duas cegas voluntárias levantaram-se sozinhas e saíram a passos largos, os olhos *bem* abertos, ouvindo as justas repreensões de Joana que estava tão zangada quanto o comerciante!... Assim, para nos punir, ela resolveu separar-nos, e desde esse dia, Maria e Celina iam juntas, enquanto eu acompanhava Joana. Isso pôs fim à nossa demasiadamente grande *união de vontades* e não foi um mal para as mais velhas que, ao contrário, nunca tinham a mesma opinião e discutiam durante todo o caminho. Assim, a paz foi completa.

Ainda não disse nada de minhas relações íntimas com Celina. Ah, se fosse necessário contar tudo, não terminaria nunca...

Em Lisieux, os papéis se inverteram: Celina tornara-se uma maliciosa estouvadinha e Teresa não era senão uma menina muito meiga, mas excessivamente *chorona*... Isso não impedia que Celina e Teresa se amassem sempre mais; por vezes, aconteciam pequenas discussões, mas isso não era grave e, no fundo, tinham sempre a mesma opinião. Posso dizer que *jamais* minha querida irmãzinha me fez *sofrer*, mas que foi para mim como que um raio de sol, alegrando-me e consolando-me sempre... Quem poderá dizer com que intrepidez ela me defendia na Abadia, quando eu era acusada?... Tinha tanto cuidado com minha saúde que, por vezes, isso me aborrecia. O que não me aborrecia era *vê-la brincar*; ela enfileirava todo o grupo de nossas bonequinhas e dava-lhes aula como uma hábil professora. Apenas tinha o cuidado de que suas filhas fossem sempre comportadas, ao passo que as minhas, com frequência, estavam à porta por causa do seu mau comportamento... Ela me contava todas as coisas novas que havia aprendido em sua classe, o que me divertia muito e eu a olhava como um poço de ciência. Eu tinha recebido o título de "filhinha de Celina", assim, quando ela se zangava comigo, a maior prova de descontentamento era dizer-me: "Não és mais minha filhinha, acabou; vou me lembrar sempre disso!..." Então, só me restava chorar como uma Madalena, suplicando-lhe que me considerasse ainda sua filhinha. Imediatamente me abraçava e prometia não se *lembrar* mais de *nada*!... Para consolar-me, tomava uma de suas bonecas e lhe dizia: "Minha querida, abraça a tua tia". Uma vez, a boneca foi tão apressada em me abraçar com ternura que pôs seus dois bracinhos no meu *nariz*... Celina, que não havia feito isso de propósito, espantada olhava-me com a boneca pendurada no nariz; a *tia* não demorou a afastar os abraços demasiadamente ternos de sua *sobrinha* e se pôs a rir gostosamente de tão singular aventura.

O mais divertido era ver-nos comprar nossos presentes, juntas no bazar; nós nos escondíamos, cuidadosamente, uma da outra. Tendo 10 soldos para gastar, era preciso encontrar ao menos 5 ou 6 objetos diferentes, e se tratava de ver quem compraria as *coisas mais bonitas*. Encantadas com nossas compras, aguardávamos impacientemente o primeiro dia do ano para nos oferecer nossos magníficos presentes. Aquela que acordava por primeiro, apressava-se a desejar feliz Ano-novo à outra; a seguir, dávamo-nos as *surpresas* e cada uma se extasiava diante dos *tesouros* adquiridos por 10 soldos!...

Esses presentinhos causavam-nos quase tanto prazer quanto os *belos presentes* de meu *Tio*; aliás, isso era apenas o começo das alegrias. Nesse dia, vestíamo-nos depressa e cada uma ficava à espreita para pular ao pescoço de Papai; assim que ele saía de seu quarto, eram gritos de alegria por toda a casa e o pobre Paizinho parecia feliz por nos ver tão contentes... As surpresas que Maria e Paulina davam às suas filhinhas não eram de grande valor, mas lhes causavam também uma *grande alegria*... Ah, é que nesta idade nós não éramos *insensíveis*, nossa alma desabrochava em todo o seu frescor como uma flor feliz por receber o orvalho da manhã... O mesmo ar fazia balançar nossas corolas e o que fazia a alegria ou sofrimento a uma, causava-o também à outra. Sim, nossas alegrias eram comuns. Percebi isso muito bem no dia da Primeira Comunhão de minha querida Celina. Tendo apenas sete anos, eu ainda não ia à Abadia, mas conservei em meu coração a dulcíssima lembrança da preparação que vós, minha queria Mãe, fizestes à Celina; todas as tardes, a tomáveis sobre os vossos joelhos e lhe faláveis da grande ação que ela ia fazer; eu escutava, ansiosa por me preparar também, e muitas vezes me dizíeis que me retirasse, pois era muito pequena. Então, meu coração ficava apertado e pensava que quatro anos não eram demais a fim de se preparar para receber o bom Deus...

Uma tarde, eu vos ouvi dizer que, a partir da Primeira Comunhão, era preciso começar uma nova vida. Imediatamente, resolvi não esperar por esse dia, mas começá-la ao mesmo tempo que Celina... Eu nunca havia sentido quanto a amava como durante seu retiro de três dias; pela primeira vez em minha vida, eu estava longe dela e não dormia em sua cama... No primeiro dia, esquecendo-me de que ela não iria voltar, guardei um raminho de cerejas que Papai me havia comprado para comê-lo com ela. Vendo que ela não chegava, fiquei bastante triste. Papai me consolou dizendo que, no dia seguinte, levar-me-ia à Abadia para ver minha Celina e que lhe daria outro raminho de cerejas!... O dia da Primeira Comunhão de Celina deixou-me uma impressão semelhante ao dia da minha Primeira Comunhão. Acordando de manhã, sozinha na grande cama, senti-me *inundada* de *alegria*. "É hoje!... o grande dia chegou!" Eu não me cansava de repetir essas palavras. Parecia-me que era eu que ia fazer a Primeira Comunhão. Creio que recebi grandes graças nesse dia e considero esse dia como um dos mais *belos* de minha vida...

Voltei um pouco para trás a fim de recordar essa deliciosa e doce recordação. Agora, devo falar da dolorosa provação que veio partir o coração da Teresinha, quando Jesus lhe arrebatou sua querida *Mamãe*, sua *Paulina* tão ternamente amada!...

Um dia, eu dissera à Paulina que gostaria de ser eremita e ir com ela para um deserto distante. Respondeu-me que meu desejo era o seu e que *esperaria* eu ficar suficientemente grande para partir. Sem dúvida, isso não fora dito seriamente, mas a Teresinha o havia tomado a sério. Por isso, qual não foi sua dor ao ouvir, um dia, sua querida Paulina falar com Maria de sua próxima entrada para o Carmelo... Eu não sabia o que era o Carmelo, mas compreendia que Paulina ia me deixar para entrar para um convento, compreendia que não me *esperaria* e que eu iria perder minha segunda *Mãe*!... Ah, como poderia expressar a angústia do meu coração?... Num instante, compreendi o que era a vida. Até então, eu não a havia visto tão triste, mas agora apareceu-me em toda a sua realidade; vi que não era senão um sofrimento e uma contínua separação. Derramei lágrimas muito amargas, pois ainda não compreendia a *alegria* do sacrifício; eu era *fraca*, tão *fraca* que considero uma grande graça ter podido suportar uma provação que parecia muito acima de minhas forças!... Se tivesse sabido aos poucos da partida de minha Paulina querida, talvez não tivesse sofrido tanto; mas tê-lo sabido de surpresa, foi como se uma espada se tivesse cravado no meu coração...

Recordar-me-ei sempre, minha Mãe querida, da ternura com que me consolastes... Depois, me explicastes a vida do Carmelo, que me pareceu muito bela! Repassando em meu espírito tudo o que me dissestes, percebi que o Carmelo era o *deserto* onde o bom Deus queria que eu também fosse me esconder... Senti-o com tal força, que não houve a menor dúvida em meu coração: não era um sonho de criança que se deixa arrastar, mas a *certeza* de um apelo divino; eu queria ir para o Carmelo não por causa de *Paulina*, mas por Jesus somente... Pensei *muitas* coisas que as palavras não podem expressar, mas que deixaram uma grande paz em minha alma.

No dia seguinte, confiei meu segredo à Paulina, que, considerando meus desejos como a vontade do Céu, disse-me que logo iria com ela falar com a Madre Priora do Carmelo, pois era preciso dizer-lhe o que o bom Deus me fazia sentir... Um Domingo foi escolhido para esta solene visita. Meu embaraço foi grande quando soube que Maria Guérin devia ficar comigo, sendo eu ainda muito pequena para ver as carmelitas; contudo era preciso encontrar o meio de ficar só. Eis o que me veio ao pensamento: disse à Maria que tendo o privilégio de ver a Madre Piora, devíamos ser muito gentis e educadas e que, para tanto, devíamos confiar-lhe nossos *segredos*; portanto, cada uma, por sua vez, devia sair um momento e deixar a outra totalmente sozinha. Maria acreditou em mim ao pé da letra, e apesar de sua repugnância em confiar *segredos que ela não tinha*, ficamos sós, uma após a outra, junto à nossa Madre. Tendo ouvido minhas *grandes confidências*, Madre Maria de Gonzaga acreditou na minha vocação, mas disse-me que não se recebiam postulantes de *9 anos* e que era preciso aguardar meus 16 anos... Resignei-me, apesar de meu vivo desejo de entrar o mais breve possível e de fazer minha Primeira Comunhão no dia da Tomada de Hábito de Paulina... Foi nesse mesmo dia que recebi elogios pela segunda vez. Tendo chegado para me ver, Irmã Teresa de Santo Agostinho não deixava de dizer que eu era engraçadinha... mas eu não pensava em ir para o Carmelo para receber louvores, por isso depois do locutório não cessei de repetir ao bom Deus que era por *Ele somente* que eu queria ser carmelita.

Procurei aproveitar bem a minha Paulina querida durante as poucas semanas em que ainda ficou no mundo; todas as tardes, Celina e eu lhe comprávamos doces e bombons, pensando que, em breve, não os comeria mais. Estávamos sempre a seu lado, não lhe dando um minuto de repouso. Enfim, chegou o dia *2 de outubro*, dia de lágrimas e de bênçãos em que Jesus colheu a primeira de suas flores, que devia ser a *Mãe* das que viriam juntar-se a ela poucos anos após.

Ainda vejo o lugar em que recebi o último beijo de *Paulina*; depois minha Tia levou-nos todas para a missa, enquanto Papai subia a Montanha

472

do Carmelo para oferecer seu *primeiro sacrifício*... Toda a família estava em lágrimas, de modo que, ao nos verem entrar na igreja, as pessoas nos olhavam admiradas; mas, para mim, isso era indiferente e não me impedia de chorar; creio que se tudo desmoronasse ao meu redor, não lhe teria dado atenção alguma. Olhava o belo Céu azul e me admirava de que o Sol pudesse luzir com tanto brilho, quando minha alma estava inundada de tristeza!... Talvez, minha Mãe querida, pensais que exagero quanto à dor que senti... Dou-me perfeitamente conta de que não deveria ter sido tão grande, pois tinha a esperança de encontrar-vos no Carmelo; mas minha alma estava *LONGE* de estar *amadurecida*; eu devia passar por muitos crisóis antes de chegar à meta tão desejada...

O dia 2 de outubro era o dia fixado para o retorno à Abadia. Portanto, tive de ir para lá, apesar de minha tristeza... À tarde, minha Tia veio nos buscar para irmos ao Carmelo e vi minha *Paulina querida* atrás das grades... Ah, como sofri nesse *parlatório* do Carmelo! Já que escrevo a história de minha alma, devo dizer tudo à minha Mãe querida, e confesso que os sofrimentos que precederam à sua entrada não foram nada em comparação aos que se seguiram... Todas as quintas-feiras íamos, em *família*, ao Carmelo e eu, acostumada a entreter-me intimamente com *Paulina*, a muito custo obtinha dois ou três minutos no fim da visita. É claro que os passava a chorar e saía com o coração partido... Não compreendia que era por delicadeza em relação à minha Tia que dirigíeis, de preferência, a palavra a Joana e a Maria, ao invés de falar com vossas filhinhas... Não compreendia e, no fundo do meu coração, dizia: "Paulina está perdida para mim!!!" É surpreendente ver como meu espírito se desenvolveu no meio do sofrimento; desenvolveu-se a tal ponto que não tardei em cair doente.

A doença que me atingiu, certamente, vinha do demônio; furioso com vossa entrada para o Carmelo, ele quis vingar-se em mim pelo prejuízo que nossa família devia causar-lhe no futuro, mas ele não sabia que a doce Rainha do Céu vigiava sobre sua frágil florzinha, que ela lhe *sorria* do alto do seu trono e se apressava em fazer cessar a tempestade no momento em que sua flor devia quebrar-se para sempre...

Lá pelo fim do ano, fui tomada por uma dor de cabeça contínua que quase não me fazia sofrer. Podia continuar meus estudos e ninguém se preocupava comigo. Isso durou até a Páscoa de 1883. Tendo Papai ido a Paris com Maria e Leônia, Titia levou a mim e Celina para sua casa. Uma tarde, tomando-me consigo, meu Tio falou-me de Mamãe, de lembran-

473

ças passadas, com uma bondade que me tocou profundamente e me fez chorar; então, ele disse que eu tinha um coração sensível, que necessitava de muitas distrações e resolveu, com minha Tia, proporcionar-nos divertimentos durante as férias da Páscoa. À noite, devíamos ir ao Círculo Católico, mas achando que eu estava muito cansada, minha Tia fez-me deitar; ao me despir, fui tomada de um estanho tremor; crendo que eu estava com frio, minha Tia envolveu-me em cobertores e garrafas quentes, mas nada pôde diminuir minha agitação, que durou quase a noite toda. Ao voltar do Círculo Católico com minhas primas e Celina, meu Tio ficou surpreendido por me encontrar naquele estado, que ele julgou muito grave; mas não quis dizê-lo para não assustar minha Tia. No dia seguinte, chamou o Dr. Notta que, como meu Tio, julgou que eu tinha uma doença muito grave, que jamais atingira uma criança tão jovem. Todos estavam consternados; minha Tia foi obrigada a me conservar em sua casa e cuidou de mim com uma solicitude verdadeiramente *maternal*. Quando Papai voltou de Paris com minhas irmãs mais velhas, Amada os recebeu com um ar tão triste que Maria pensou que eu tivesse morrido. Mas essa doença não era para eu morrer; era, antes, como a de Lázaro, para que Deus fosse glorificado... E de fato Ele o foi, pela admirável resignação de meu pobre *Paizinho*, que pensou que "sua filhinha iria ficar louca ou então que iria morrer". E também pela resignação de *Maria*! Ah, como ela sofreu por minha causa... como lhe sou grata pelos cuidados que me prodigalizou tão desinteressadamente... seu coração ditava-lhe o que me era necessário e, de fato, um *coração* de *Mãe* é bem mais sábio do que o de um médico; sabe adivinhar o que convém à doença de sua filha...

Esta pobre Maria foi obrigada a instalar-se na casa de meu Tio, pois, então, era impossível transportar-me para os Buissonnets. Enquanto isso, aproximava-se a Tomada de Hábito de Paulina. Evitava-se falar disso em minha presença, sabendo o desgosto que eu sentiria por não poder ir, mas eu falava disso muitas vezes, dizendo que estaria boa para ir ver minha querida Paulina. De fato, o bom Deus não quis recusar-me este consolo, ou melhor, quis consolar sua querida Noiva, que tanto sofrera com a doença de sua filhinha... Observei que Jesus não quer provar suas filhas no dia de suas núpcias. Esta festa deve ser sem nuvens, um antegozo das alegrias do Paraíso. Já não mostrou isso cinco vezes?... Portanto, pude *abraçar* minha Mãe querida, *sentar*-me sobre seus *joelhos* e cumulá-la de carícias... Pude contemplá-la, tão encantadora, em sua veste branca de noiva... Ah, foi um belo dia, no meio de minha sombria provação! Mas este dia passou depressa... Logo tive de subir na carruagem que me levou para bem longe de Paulina... para bem longe de meu querido Carmelo... Chegando aos Buissonnets, fizeram-me deitar, contra a minha vontade, pois garantia estar perfeitamente curada e já não necessitar de cuidados. Mas ai! Eu estava apenas no começo de minha provação!... No dia seguinte tive uma recaída e a doença tornou-se tão grave que, segundo os cálculos humanos, não deveria mais sarar... Não sei como descrever uma doença tão estranha. Agora, estou persuadida de que era obra do demônio, mas por muito tempo, depois de minha cura, acreditei ter ficado doente de propósito e isso foi um *verdadeiro martírio* para minha alma...

Disse-o a Maria que, com sua costumeira *bondade*, tranquilizou-me da melhor maneira possível; disse-o ainda em confissão e lá também meu confessor procurou tranquilizar-me, que não era possível fingir estar doente até o ponto em que eu estivera. O bom Deus, que, sem dúvida, queria purificar-me e, sobretudo, *humilhar*-me, deixou este *martírio íntimo* até minha entrada para o Carmelo, onde o *Pai* de nossas almas tirou, como que com sua mão, todas as minhas dúvidas e, desde então, estou perfeitamente tranquila.

Não surpreende que eu tivesse temido mostrar-me doente sem o ter sido de fato, pois dizia e fazia coisas que não pensava; quase sempre parecia estar em delírio, dizendo palavras que não tinham sentido e, todavia, estou certa de não ter sido *privada um só instante do uso da razão*... Muitas vezes, eu parecia estar desmaiada, sem fazer o mais leve movimento, e então, deixaria que fizessem de mim tudo o que quisessem, mesmo me matarem; e no entanto, ouvia tudo o que se dizia ao meu redor e ainda me lembro de tudo.

Uma vez, aconteceu-me de ficar, por muito tempo, sem poder abrir os olhos e de abri-los por um momento enquanto estava sozinha...

Acho que o demônio recebera um poder *exterior* sobre mim, mas não podia aproximar-se de minha alma, nem de meu espírito, a não ser para inspirar-me *temores* muito grandes de certas coisas; por exemplo, remédios muito simples que, em vão, procuravam fazer-me aceitar. Mas se o bom Deus permitia que o demônio se aproximasse de mim, enviava-me também anjos visíveis.... Maria estava sempre junto ao meu leito, cuidando de mim e consolando-me com a ternura de uma Mãe. Nunca manifestou o menor aborrecimento e, no entanto, dei-lhe muito trabalho, não consentindo que ela se afastasse de mim. Contudo, era preciso que ela tomasse a refeição com Papai, mas eu não cessava de chamá-la durante todo o tempo em que estivesse ausente. Vitória, que cuidava de mim, às vezes era obrigada a buscar minha querida "Mamãe", como eu a chamava... Quando Maria queria sair, devia ser para ir à missa ou para visitar *Paulina*; então, eu nada dizia...

Meu Tio e minha Tia também eram muito bons comigo; minha querida Tia vinha ver-me *todos os dias*, trazendo-me mil guloseimas. Outras pessoas amigas da família também vieram visitar-me, mas eu suplicava a Maria que lhes dissesse que eu não queria receber visitas; desagradava-me "ver pessoas sentadas ao redor do meu leito como cebolas enfileiradas, olhando-me como um animal curioso". A única visita que me agradava era a de meu Tio e de minha Tia.

Depois dessa doença, não saberia dizer quanto aumentaram meus afetos por eles. Compreendi, mais do que nunca, que, para nós, não eram parentes comuns. Ah, esse pobre Paizinho tinha muita razão quando nos repetia, muitas vezes, as palavras que acabo de escrever. Mais tarde, ele experimentou que não estava enganado e agora deve proteger e abençoar aqueles que lhe dispensaram cuidados tão devotados. Mas eu, que ainda estou exilada, não sabendo como manifestar uma gratidão, tenho apenas um meio de aliviar meu coração: rezar pelos parentes que amo, que foram e ainda são tão bons para mim!

Leônia também era muito boa para mim, procurando distrair-me da melhor maneira possível. Quanto a mim, algumas vezes, eu a magoava, pois ela via muito bem que Maria não podia ser substituída junto a mim...

E minha querida Celina... o que não fez por sua Teresa?... Aos Domingos, ao invés de ir passear, fechava-se horas inteiras com sua pobre menininha que parecia uma idiota; realmente, era preciso amor para não fugirem de mim... Ah, minhas queridas irmãzinhas... como vos fiz sofrer!... Ninguém mais do que eu vos causou tanto desgosto e ninguém recebeu tanto *amor* como vós me dedicastes... Felizmente, terei o Céu para me vingar, meu Esposo é muito rico e eu, para vos pagar, de seus tesouros de amor tomarei o cêntuplo de tudo o que sofrestes por minha causa...

Enquanto estava doente, meu maior consolo era receber uma carta de *Paulina*... Eu a lia e relia até sabê-la de cor... Uma vez, minha querida Mãe, mandastes-me uma ampulheta e uma de minhas bonecas vestida de Carmelita. Falar de minha alegria é coisa impossível... Meu Tio não ficou contente; dizia que em vez de me fazer pensar no Carmelo seria preciso afastá-lo de meu espírito. Mas, ao contrário, sentia que era a esperança de um dia ser carmelita que me fazia viver... Meu prazer era trabalhar por Paulina. Fazia-lhe pequenos trabalhos de cartolina e minha maior ocupação era fazer coroas de margaridas e miosótis para a Santíssima Virgem. Estávamos no belo mês de maio; a natureza inteira enfeitava-se de flores e respirava alegria; só a "florzinha" definhava e parecia murcha para sempre... Todavia, ela possuía um Sol junto dela; esse Sol era a *Imagem miraculosa* da Santíssima Virgem, que falara duas vezes à Mamãe. E muitas vezes a florzinha voltava sua corola para esse Astro bendito... Um dia, vi Papai entrar no quarto de Maria, onde eu estava deitada; e, com uma expressão de grande tristeza, deu-lhe várias moedas de ouro, dizendo-lhe que escrevesse a Paris e mandasse celebrar missas a Nossa Senhora das Vitórias, para que ela curasse sua pobre filhinha. Ah, como me tocou ao ver a Fé e o Amor do meu querido Rei! Gostaria de poder dizer-lhe que eu estava curada, mas já lhe havia causado muitas falsas alegrias; meus desejos não eram de que se realizasse um *milagre*, pois era preciso um deles para me curar... Era preciso um *milagre*, e foi Nossa Senhora das Vitórias quem o fez. Um Domingo (durante a novena de missas), Maria saiu para o jardim, deixando-me com Leônia, que lia junto à janela. Passados alguns minutos, pus-me a chamar baixinho: "Mamãe... Mamãe...! Acostumada a ouvir-me chamar sempre assim, Leônia não me deu atenção. Isso durou algum tempo, e então chamei mais forte e, por fim, Maria voltou. Via-a entrar perfeitamente, mas não podia dizer que a reconhecia e continuei a chamar sempre mais forte: "Mamãe..." *Sofria muito* com essa luta força-da e inexplicável e, talvez, Maria sofresse mais do que eu. Depois de vãos esforços para me mostrar que ela estava ao meu lado, pôs-se de joelhos aos pés de minha cama com Leônia e Celina. A seguir, voltando-se para a Santíssima Virgem, rezou com o fervor de uma *Mãe* que pede a vida de sua filha. *Maria* obteve o que desejava...

Não encontrando auxílio algum sobre a terra, também a pobre Teresinha voltara-se para sua Mãe do Céu; de todo o coração suplicava-lhe que, enfim, tivesse piedade dela... De repente, a Santíssima Virgem pareceu-me *bela*, tão *bela* como jamais tinha visto algo tão belo. Seu rosto respirava uma bondade e uma ternura inefáveis; porém, o que me penetrou até o fundo da alma foi o "encantador sorriso da Santíssima Virgem". Então, todos os meus males se desvaneceram, duas grossas lágrimas brotaram-me nas pálpebras e, silenciosamente, correram sobre minhas faces; mas eram lágrimas de pura alegria... Ah, pensei: a Santíssima Virgem me sorriu, como sou feliz... mas nunca irei contá-lo a ninguém, pois, então, minha *felicidade desaparecerá*. Sem esforço algum baixei os olhos e vi Maria que me olhava com amor; parecia emocionada e até duvidar do favor que a Santíssima Virgem me concedera... Ah, era certamente a ela, às suas tocantes orações, que eu devia a graça do *sorriso* da Rainha dos Céus. Vendo meu olhar fixo na Santíssima Virgem, ela ter-se-ia dito: "Teresa está curada!" Sim, a florzinha renascera para a vida, o *Raio* luminoso que a aquecera não devia cessar seus benefícios; ele não agiu de uma só vez, mas doce e suavemente reergueu sua florzinha e a fortaleceu, de modo que cinco anos após ela desabrochou na fértil Montanha do Carmelo.

Como disse, Maria adivinhara que a Santíssima Virgem me havia concedido alguma graça oculta. Por isso, quando fiquei a sós com ela, perguntando-me o que tinha visto, não pude resistir às suas perguntas tão ternas e tão prementes. Admirada por ver descoberto o meu segredo sem que o tivesse revelado, contei tudo à minha querida Maria... Mas ai, como havia pressentido, minha felicidade ia desaparecer e mudar-se em amargura; durante quatro anos, a lembrança da inefável graça que havia recebido foi para mim um verdadeiro *sofrimento de alma*; não reencontraria minha felicidade senão aos pés de Nossa Senhora das Vitórias; mas então, ela me foi dada em *toda a sua plenitude*... Mais tarde, falarei dessa segunda graça da Santíssima Virgem. Agora, devo dizer-vos, minha querida Mãe, como minha alegria mudou-se em tristeza. Após ouvir o relato estranho e sincero de "uma graça", Maria pediu-me a permissão de contá-la ao Carmelo; não podia dizer que não... Em minha primeira visita a este querido Carmelo, enchi-me de alegria ao ver *Paulina* com o hábito da Santíssima Virgem; foi um momento muito doce para nós duas... Havia tantas coisas a dizer que não pude dizer absolutamente nada; meu coração estava demasiadamente cheio... A boa Madre Maria de Gonzaga também estava lá, dando-me mil provas de afeto; vi também outras Irmãs e, diante delas, perguntaram-me sobre a graça que havia recebido, se a Santíssima Virgem trazia o Menino Jesus, ou se havia muita luminosidade etc. Todas estas perguntas me perturbaram e fizeram-me sofrer; não podia dizer senão uma coisa: "A Santíssima Virgem pareceu-me muito bela... e a vi sorrir para mim". Foi *somente seu rosto* que me impressionou; por isso, vendo que as Carmelitas imaginavam coisa bem diferente (tendo meus sofrimentos de alma começado já a respeito da minha doença), parecia-me *ter mentido*... Sem dúvida, se tivesse guardado o meu segredo, teria conservado também minha felicidade. Mas a Santíssima Virgem permitiu esse tormento para o bem de minha alma. Sem ele, talvez, tivesse tido algum pensamento de vaidade, ao passo que, sendo a *humilhação* minha partilha, não podia olhar para mim mesma sem um sentimento de *profundo horror*... Ah, só no Céu poderei dizer quanto sofri!

Falando da visita às Carmelitas, lembro-me da primeira, feita pouco tempo depois da entrada de *Paulina*. Esqueci-me de falar disso acima, mas trata-se de um detalhe que não devo omitir. Na manhã do dia em que eu devia ir ao locutório, refletindo sozinha em minha *cama* (pois era lá que eu fazia minhas orações mais profundas e, contrariamente, à esposa dos Cânticos aí sempre encontrava meu Amado), perguntava-me que nome haveria de ter no Carmelo. Eu sabia que lá havia uma Irmã Teresa de Jesus; entretanto, meu belo nome de Teresa não me podia ser tirado. De repente, pensei no *Menino* Jesus, que eu tanto amava, e disse a mim mesma: "Oh, como seria feliz se me chamasse Teresa do Menino Jesus!" No locutório, não falei nada do sonho que tivera bem acordada, mas a boa Madre Maria de Gonzaga, perguntando às Irmãs que nome deveria me dar, veio-lhe à mente chamar-me com o nome que eu tinha *sonhado*... Minha alegria foi grande e este feliz encontro de pensamentos pareceu-me uma delicadeza do meu Amado Menino Jesus.

Esqueci também alguns pequenos detalhes de minha infância, antes de vossa entrada para o Carmelo; não vos falei de meu amor pelos santinhos e pela leitura... E todavia, minha querida Mãe, devo aos belos santinhos que me mostráveis como recompensa uma das mais doces alegrias e das mais fortes impressões que me estimularam à prática da virtude... Olhando-os eu esquecia as horas, por exemplo: A *florzinha* do Divino Prisioneiro dizia-me tantas coisas que ali eu ficava mergulhada. Vendo que o nome de *Paulina* estava escrito embaixo da florzinha, queria que ali estivesse também o de Teresa e me ofereci a Jesus para ser sua *florzinha*... Se não sabia brincar, gostava muito da leitura e nisso teria passado minha vida; felizmente, para me guiar eu tinha *anjos* da terra a escolher para mim livros que me divertiam alimentando meu coração e meu espírito. Além disso, eu devia ocupar só um determinado tempo com a leitura, o que me causava grandes sacrifícios, interrompendo-a, muitas vezes, no meio da passagem mais interessante... Este gosto pela leitura durou até minha entrada para o Carmelo. Ser-me-ia impossível dizer o número de livros que me passaram pelas mãos, mas o bom Deus nunca permitiu que lesse um só capaz de me fazer mal. É verdade que ao ler certos relatos cavalheirescos nem sempre sentia, no primeiro instante, a *realidade da vida*; mas logo o bom Deus fazia-me sentir que a verdadeira glória é aquela que durará eternamente e que para lá chegar não é necessário realizar obras estrondosas, mas esconder-se e praticar a virtude de maneira que a mão esquerda ignore o que faz a direita... Foi assim que lendo os relatos das ações patrióticas das heroínas francesas, em particular as da *Venerável* Joana d'Arc, tive um grande desejo de imitá-las; parecia-me sentir em mim o mesmo ardor, a mesma inspiração celeste, de que elas estavam animadas. Recebi, então, uma graça que sempre considerei uma das maiores de minha vida, pois naquela idade não recebia *luzes* como agora, que me sinto inundada delas. Pensava que havia nascido para a *glória* e, procurando o meio para chegar a ela, o bom Deus inspirou-me os sentimentos que acabo de escrever. Fez-me compreender também que minha *glória* não apareceria aos olhos mortais, que ela consistiria em me tornar uma grande *Santa*!!!... Este desejo poderia parecer temeridade se considerarmos quanto eu era fraca e imperfeita e quanto ainda o sou após sete anos passados em religião; entretanto, sinto sempre a mesma confiança audaciosa de me tornar uma grande Santa, pois não conto com meus méritos, não tendo *nenhum*, mas espero naquele que é a Virtude, a própria Santidade. É somente Ele que, contentando-se com meus fracos esforços, haverá de elevar-me até si e, cobrindo-me com seus méritos infinitos, fará de mim uma *Santa*. Então, não pensava que seria preciso sofrer muito para chegar à santidade. Mas o bom Deus não tardou em me mostrar isso, enviando-me as provações que narrei acima...

Agora devo retomar meu relato no ponto em que o deixei. Três meses depois de minha cura, Papai levou-nos em viagem para Alençon. Era a primeira vez que eu voltava para lá e minha alegria foi bem grande ao rever os lugares nos quais passei minha infância, sobretudo poder rezar junto ao túmulo de Mamãe e pedir-lhe que sempre me protegesse...

O bom Deus concedeu-me a graça de conhecer o *mundo* na medida exata para desprezá-lo e afastar-me dele. Poderia dizer que durante minha permanência em Alençon fiz minha *primeira entrada* no *mundo*. Tudo era alegria, felicidade ao meu redor; era festejada, acariciada, admirada; numa palavra, durante quinze dias, minha vida foi semeada somente de flores... Confesso que esta vida tinha encantos para mim. A Sabedoria tem muita razão ao dizer: "Que o fascínio das bagatelas do mundo seduz até mesmo o espírito afastado do mal". Aos dez anos o coração se deixa fascinar facilmente; por isso considero uma grande graça não ter permanecido em Alençon; os amigos que tínhamos lá eram muito mundanos; sabiam muito bem aliar as alegrias da terra com o serviço do bom Deus. Não pensavam suficientemente na *morte* e, contudo, a *morte* veio visitar grande número de pessoas jovens, ricas e felizes que conheci!!! Gosto de voltar, em pensamento, aos encantadores lugares em que eles viveram, para perguntar-me onde estão, de que lhes valeram os castelos e os parques onde os vi gozar das comodidades da vida?... E vejo que tudo é vaidade e aflição de espírito sob o Sol... que *o único bem* consiste em amar a Deus de todo o coração e, aqui na terra, ser *pobre* de espírito.

Talvez, Jesus quis mostrar-me o mundo antes da *primeira visita* que me faria, a fim de que eu escolhesse mais livremente o caminho que devia prometer-lhe seguir. A época de minha Primeira Comunhão ficou gravada no meu coração, como uma lembrança sem nuvens; parece-me que não podia estar mais bem-disposta do que estava e, além disso, meus sofrimentos da alma deixaram-me durante quase um ano. Jesus queria fazer-me gozar uma alegria tão perfeita quanto é possível neste vale de lágrimas...

Vós vos lembrais, minha querida Mãe, do encantador livrinho que me fizestes três meses antes da minha Primeira Comunhão?... Foi ele que me ajudou a preparar meu coração de uma maneira contínua e rápida, pois se há muito tempo já o preparava, era preciso, porém, dar-lhe um novo impulso, enchê-lo de *novas flores*, a fim de que Jesus pudesse repousar ali com prazer... Cada dia eu fazia um grande número de práticas que constituíam tantas flores; fazia também um grande número de aspirações que vós tínheis escrito em meu livrinho para cada dia e estes atos de amor formavam os *botões* das flores...

Cada semana, me escrevíeis uma linda cartinha, que me enchia a alma de pensamentos profundos e me ajudava a praticar a virtude; era um consolo para vossa filhinha, que fazia um *grande sacrifício* ao aceitar não ser *preparada* todas as tardes sobre vossos joelhos, como o fora sua querida Celina... Era Maria que substituía Paulina para mim; sentava-me sobre seus joelhos e lá escutava *avidamente* o que ela me dizia. Parece-me que todo o seu coração, tão *grande* e *generoso*, passava para mim. Como os ilustres guerreiros ensinam a seus filhos o ofício das armas, assim ela me falava dos combates da vida, da palma concedida aos vitoriosos... Maria falava-me também das riquezas imortais que é fácil acumular cada dia, da infelicidade de passar sem querer ter o trabalho de estender a mão para to-má-las; depois indicava-me o meio de ser *santa* pela fidelidade às mínimas coisas; deu-me o folheto "A renúncia", que eu meditava com prazer...

Ah, como minha querida madrinha era eloquente! Gostaria de não ser a única a ouvir seus profundos ensinamentos; sentia-me tão *tocada* que, na minha ingenuidade, pensava que os maiores pecadores ficariam comovidos como eu e que, abandonando suas riquezas perecíveis, haveriam de querer ganhar somente as do Céu... Até esta época, ninguém ainda me havia ensinado o meio de fazer oração, embora eu tivesse muita vontade. Mas, considerando-me muito piedosa, Maria só me deixava fazer minhas preces. Um dia, uma das minhas mestras da Abadia perguntou-me o que eu fazia nos dias feriados, quando estava sozinha. Respondi-lhe que ia a um espaço vazio que havia atrás de minha cama e que me era fácil fechá-lo com o cortinado, e que lá "eu pensava". Mas em que você pensa? – disse-me ela. Penso no bom Deus, na vida... na *ETERNIDADE*, enfim, eu *penso!*... A boa religiosa riu muito de mim e, mais tarde, ela gostava de recordar-me o tempo em que eu *pensava*, perguntando-me se eu ainda *pensava*... Compreendo agora que, sem saber, fazia oração e que o bom Deus já me instruía em segredo.

Os três meses de preparação passaram rapidamente. Logo tive de entrar em retiro e, para isso, ficar internada, dormindo na Abadia. Não consigo expressar a doce lembrança que me deixou este retiro; na verdade, se sofri muito no colégio, fui largamente recompensada pela inefável felicidade desses dias passados à espera de Jesus... Não creio que se possa gozar esta alegria fora das comunidades religiosas, pois, sendo pequeno o número das crianças, é fácil ocupar-se de cada uma em particular e, na verdade, nesta ocasião, nossas mestras dispensavam-nos cuidados maternais. Ocupavam-se de mim ainda mais do que das outras. Todas as noites, a primeira mestra vinha com sua lanterninha abraçar-me em minha cama, mostrando-me uma grande afeição. Tocada por sua bondade, uma noite disse-lhe que ia confiar-lhe um *segredo* e, tirando misteriosamente meu *precioso livrinho*, que estava sob o travesseiro, mostrei-o a ela com olhos brilhantes de alegria... De manhã, achava muito simpático ver todas as alunas levantarem-se logo ao despertar e fazer como elas. Mas não estava acostumada a arrumar-me sozinha. *Maria* não estava lá para me *pentear* e, por isso, era obrigada a ir timidamente apresentar meu pente à mestra do vestiário. Ela ria ao ver uma menina de onze anos que não sabia pentear-se;

entretanto ela me penteava, mas não tão *docemente* como Maria. Mas não ousei *gritar*, o que acontecia todos os dias sob a *doce* mão da madrinha... Durante meu retiro, verifiquei que era uma criança amada e cuidada como poucas sobre a terra, sobretudo entre as crianças que foram privadas de sua mãe... Todos os dias, Maria e Leônia vinham visitar-me com Papai, que me cumulava de guloseimas. Por isso, não sofri a privação de estar longe da família e nada veio obscurecer o belo Céu do meu retiro.

Ouvia com muita atenção as instruções que nos dava o Rev.do Padre Domin e delas escrevia o resumo; quanto aos meus *pensamentos*, não quis escrever nenhum, dizendo que os recordaria muito bem, o que foi verdade... Para mim era uma grande felicidade ir com as religiosas a todos os ofícios; eu chamava a atenção no meio das minhas companheiras pelo grande crucifixo que Leônia me havia dado e que eu colocava à cintura à maneira dos missionários. Este crucifixo causava inveja às religiosas, pois pensavam que, com isso, eu queria imitar minha *irmã Carmelita*... Ah, era de fato para ela que se dirigiam meus pensamentos, sabendo que *minha Paulina* estava de retiro como eu, não para que Jesus se desse a ela, mas para ela mesma dar-se a Jesus; assim, esta solidão, passada à espera, era-me duplamente cara...

Lembro-me que uma manhã fizeram-me ir para a enfermaria porque eu tossia muito (após minha doença, minhas mestras tinham grande cuidado comigo; por qualquer leve dor de cabeça ou se me vissem mais pálida do que de costume, mandavam-me tomar ar ou repousar na enfermaria). Vi entrar minha *querida Celina*, que obtivera permissão para me ver, apesar do retiro, para me oferecer uma estampa que me causou muito prazer. Era "a florzinha do divino Prisioneiro". Oh, quão doce me foi receber esta lembrança da mão de *Celina!*... Quantos pensamentos de amor não tive por causa dela!...

Na véspera do grande dia, recebi a absolvição pela segunda vez. Minha Confissão geral deixou-me uma grande paz na alma e o bom Deus não permitiu que a mais leve nuvem viesse perturbá-la. À tarde, pedi perdão a *toda a família*, que viera me visitar; mas não pude falar senão por minhas lágrimas; estava demasiadamente emocionada... Paulina não estava lá, entretanto eu sentia que ela estava perto de mim pelo coração; através de Maria enviara-me uma *bela estampa*. Não me cansava de admirá-la e de fazê-la admirar por todos!... Eu havia escrito ao bom Padre Pichon para recomendar-me às suas orações, dizendo-lhe também que logo eu seria Carmelita e que, então, ele seria meu diretor. (Com efeito, foi o que aconteceu quatro anos mais tarde, pois foi no Carmelo que lhe abri minha alma...) Maria entregou-me uma *carta dele*. Verdadeiramente, sentia-me muito feliz!... Todas as alegrias me chegavam ao mesmo tempo. O que mais me causou alegria em sua carta foi esta frase: "Amanhã subirei ao Santo Altar por vós e por vossa Paulina!" No dia 8 de maio, Paulina e Teresa tornaram-se ainda mais unidas, pois Jesus parecia fundi-las ao inundá-las de suas graças...

Enfim, chegou o "mais belo dos dias"! Que inefáveis recordações deixaram em minha alma os *menores detalhes* desse dia do Céu!... O alegre raiar da aurora, os *respeitosos* e ternos beijos das mestras e das companheiras mais velhas... O grande salão, cheio de *flocos de neve* com os quais cada menina era revestida por sua vez... sobretudo a entrada na capela e o canto *matutino* do belo hino: "Ó santo Altar, que de Anjos sois rodeado!"

Mas não quero entrar nos detalhes; há coisas que perdem seu perfume quando são expostas ao ar; há *pensamentos* da *alma* que não podem ser traduzidos em linguagem da terra sem perder seu sentido íntimo e celeste; são como a "pedra branca que será doada ao vencedor e sobre a qual está escrito um nome que ninguém *conhece* senão *aquele* que a recebe". Ah, como foi doce o primeiro beijo de Jesus à minha alma!...

Foi um beijo de *amor*. *Sentia-me amada* e eu também dizia: "Eu vos amo, entrego-me a vós para sempre". Não houve pedidos, nem lutas, nem sacrifícios; há muito tempo, Jesus e a pobre Teresinha tinham-se *olhado* e se tinham compreendido... Naquele dia, já não era um *olhar*, mas uma *fusão*, já não eram *dois*; Teresa havia desaparecido como a gota de água que se perde no meio do oceano. Jesus ficava só. Ele era o Mestre, o Rei. Teresa não lhe havia pedido que lhe tirasse sua *liberdade*, pois essa *liberdade* causava-lhe medo? Ela se sentia tão fraca, tão frágil que queria unir-se à Força divina para sempre!... Sua alegria era demasiado grande, demasiado profunda para que a pudesse conter. Logo, lágrimas deliciosas a inundaram, com grande espanto de duas companheiras, que, mais tarde, diziam umas às outras: "Por que será que ela chora? Não teria alguma coisa a perturbá-la?... Não, é por não ter sua Mãe junto a si, ou sua irmã Carmelita, que ela tanto ama". Elas não compreendiam que, quando toda a alegria do Céu desce a um coração, esse coração *exilado* não pode suportá-la sem derramar lágrimas... Oh, não, a ausência de Mamãe não podia causar-me tristeza no dia de minha Primeira Comunhão: o Céu não estava em minha alma, e, há muito tempo, Mamãe não tem lá o seu lugar? Assim, recebendo a visita de

Jesus, eu recebia também a de minha Mãe querida, que me abençoava e se alegrava com minha felicidade... Não chorava pela ausência de Paulina. Sem dúvida, teria ficado contente vê-la ao meu lado, mas há muito que meu sacrifício fora aceito; nesse dia, só a alegria enchia meu coração. Unia-me a ela que se doava irrevogavelmente àquele que tão amorosamente se dava a mim!...

À tarde, fui eu a pronunciar o ato de consagração à Santíssima Virgem; era muito justo que eu *falasse* em nome de minhas companheiras à Mãe do Céu, eu que havia sido privada ainda tão pequena de minha Mãe da terra. Pus todo o meu coração ao lhe falar, a me consagrar a ela, como uma filha que se lança nos braços de sua Mãe, pedindo-lhe que velasse sobre ela. Parece-me que a Santíssima Virgem deve ter olhado para sua florzinha e ter-lhe *sorrido*. Não foi ela que a curou com um *visível sorriso*?... Não foi ela que depositou, no cálice da florzinha, o seu Jesus, a Flor dos campos, o Lírio dos vales?...

Ao entardecer desse belo dia, reencontrei minha família da terra. Já de manhã, após a missa, havia abraçado Papai e todos os meus entes queridos, mas agora era a verdadeira reunião. Tomando a mão de sua rainhazinha, Papai dirigiu-se para o Carmelo... Então, vi minha *Paulina*, que se tornara a esposa de Jesus; vi-a com seu véu branco como o meu e sua coroa de rosas... Ah, minha alegria foi sem amargura. Esperava juntar-me a ela em breve e esperar com ela *o Céu*!

Não fui insensível à festa de família, que ocorreu na noite de minha Primeira Comunhão: o belo relógio que o meu Rei me deu deixou-me muito contente, mas era uma alegria tranquila e nada veio perturbar minha paz íntima. Maria tomou-me consigo na noite que seguiu a este belo dia, pois os dias mais radiosos são seguidos de trevas; só o dia da primeira, da única, da eterna Comunhão do céu será sem ocaso!...

O dia seguinte à minha Primeira Comunhão foi ainda um belo dia, mas foi impregnado de melancolia. O lindo vestido que Maria comprou para mim, todos os presentes que havia recebido, não me enchiam o coração; só Jesus podia contentá-lo. Aspirava pelo momento em que pudesse recebê-lo pela segunda vez. Cerca de um mês após minha Primeira Comunhão, fui confessar-me para a festa da Ascensão e ousei pedir a permissão de fazer a santa Comunhão. Contra toda a esperança, o Rev.do Padre o permitiu e tive a felicidade de ajoelhar-me à sagrada Mesa entre Papai e Maria; que doce recordação guardei dessa segunda visita de Jesus! Minhas lágrimas correram novamente com uma inefável doçura e, sem cessar, repetia comigo mesmo estas palavras de São Paulo: "Já não sou eu que vivo, é Jesus que vive em mim!..." Depois dessa comunhão, meu desejo de receber o bom Deus tornou-se sempre maior; obtive a licença de fazê-lo em todas as festas principais. Na véspera desses felizes dias, à noite, Maria punha-me sobre seus joelhos e me preparava como ela o havia feito pela minha Primeira Comunhão; lembro-me de que, certa vez, falou-me do sofrimento, dizendo-me que provavelmente eu não andaria por este caminho, mas que o bom Deus carregar-me-ia sempre como uma criança...

No dia seguinte, após a Comunhão, as palavras de Maria voltaram-me ao pensamento; senti nascer em meu coração um *grande desejo* de *sofrimento* e, ao mesmo tempo, a íntima certeza de que Jesus me reservava um grande número de cruzes; senti-me inundada de tão *grandes* consolações que as considero como uma das *maiores* graças de minha vida. O sofrimento tornou-se meu atrativo; tinha encantos que me arrebatavam sem bem os conhecer. Até então eu havia sofrido sem *amar* o sofrimento, depois desse dia senti por ele um verdadeiro amor. Senti também o desejo de não amar senão o bom Deus, de somente nele encontrar alegria. Muitas vezes, durante minhas comunhões, repetia essas palavras da Imitação: "Ó Jesus, doçura inefável! Mudai para mim em amargura todas as consolações da terra!" Esta oração saía de meus lábios sem esforço, sem constrangimento; parecia-me que a repetia, não por minha vontade, mas como uma criança, que repete as palavras inspiradas por uma pessoa amiga... Mais tarde, minha Mãe querida, dir-vos-ei como aprouve a Jesus realizar meu desejo, como só Ele foi sempre minha *doçura* inefável; se já vos falasse disso, seria obrigada a antecipar o tempo de minha adolescência e ainda me falta narrar-vos muitos detalhes sobre minha vida de criança.

Pouco tempo depois da minha Primeira Comunhão, entrei novamente em retiro para minha Confirmação. Preparei-me com muito cuidado para receber a visita do Espírito Santo; não compreendia que não se desse grande atenção à recepção desse sacramento de *Amor*. Normalmente, fazia-se apenas um dia de retiro para a Confirmação, mas pelo fato de o Senhor Bispo não poder vir no dia marcado, tive o consolo de ter dois dias de solidão. Para nos distrair, nossa mestra conduziu-nos ao Monte Cassino e lá colhi, a mancheias, *grandes margaridas* para a festa do Corpo de Deus. Ah, como minha alma estava alegre. Como os apóstolos, esperava com alegria a visita do Espírito Santo... Sentia-me feliz com o pensamento de, em

486

breve, ser uma perfeita cristã e, sobretudo, com o de ter eternamente na fronte a cruz misteriosa que o Bispo traça ao impor o sacramento... Enfim, chegou o feliz momento; não senti um vento impetuoso no momento da descida do Espírito Santo, mas antes, esta *brisa leve*, da qual o profeta Elias ouviu o murmúrio no monte Horeb... E nesse dia recebi a força de *sofrer*, pois logo após devia começar o martírio de minha alma... Minha querida Leoniazinha serviu-me de Madrinha; estava tão emocionada que não pôde impedir que as lágrimas corressem por todo o tempo da cerimônia. Ela recebeu a Santa Comunhão comigo, pois tive a felicidade de unir-me a Jesus nesse belo dia.

Após estas deliciosas e inesquecíveis festas, minha vida voltou ao *ordinário*, isto é, tive de retomar a vida do colégio, que me era tão penosa. No momento da minha Primeira Comunhão, eu gostava da convivência com as meninas de minha idade, todas cheias de boa vontade, tendo tomado, como eu, a resolução de praticar seriamente a virtude; mas era preciso repor-me em contato com alunas bem diferentes, dissipadas, não querendo observar o regulamento, e isso me tornava muito infeliz. Eu tinha um temperamento alegre, mas não sabia entregar-me aos jogos de minha idade; muitas vezes, durante os recreios, apoiava-me a uma árvore e de lá contemplava o jogo, entregando-me a sérias reflexões! Inventei uma brincadeira que me agradava: era enterrar os pobres passarinhos que encontrávamos mortos sob as árvores. Muitas alunas quiseram ajudar-me, de sorte do nosso cemitério tornou-se muito bonito, plantado com árvores e flores proporcionais ao tamanho de nossas avezinhas. Gostava também de contar histórias que eu inventava à medida que me vinham à mente. Minhas companheiras achegavam-se a mim apressadas e, por vezes, algumas maiores misturavam-se ao grupo das ouvintes. A mesma história durava vários dias, pois gostava de torná-la sempre mais interessante à medida que eu via as impressões que ela produzia e que se manifestavam nos rostos de minhas companheiras; mas logo a mestra proibiu-me de continuar meu ofício de *orador*, querendo nos ver brincar e *correr* e não *discorrer*...

Eu retinha facilmente o sentido das coisas que aprendia, mas tinha dificuldade de aprender palavra por palavra; por isso, para o catecismo, no ano que precedeu minha Primeira Comunhão, quase todos os dias pedi permissão para estudá-lo durante os recreios; meus esforços foram coroados de sucesso e fui sempre a primeira. Se por acaso, por uma só *palavra esquecida* perdia o meu lugar, minha dor manifestava-se nas lágrimas amargas que o

Padre Domin não sabia como acalmar... Ele estava muito contente comigo (não quando eu chorava) e me chamava de sua *doutorazinha*, por causa do meu nome Teresa. Uma vez, a aluna que me seguia não soube fazer à sua companheira a pergunta do Catecismo. O Senhor Padre, tendo passado em vão todas as alunas, dirigiu-se a mim e disse que ia ver se eu merecia o meu primeiro lugar. Na minha *profunda humildade*, era só isso que eu esperava; levantei-me e, com segurança, disse o que me era perguntado sem cometer falta alguma, para grande admiração de todos... Depois de minha Primeira Comunhão, meu zelo pelo Catecismo continuou até minha saída do colégio. Tinha bom êxito em meus estudos. Era quase sempre a primeira; meus maiores sucessos eram em História e Estilo. Todas as mestras consideravam-me uma aluna muito inteligente. Não acontecia o mesmo na casa do meu Tio, onde eu passava por uma ignorantezinha, boa e doce, tendo um julgamento reto, mas incapaz e desajeitada...

Não me admiro desta opinião que meu Tio e minha Tia tinham e, sem dúvida, ainda têm de mim. Sendo muito tímida, eu quase não falava, e se escrevia, minha *caligrafia de gato* e minha ortografia, naturalmente, não eram feitas para *seduzir*... É verdade que, segundo o gosto de minhas mestras, em pequenos trabalhos de costura, bordados e outros, eu me saía bem, mas a maneira *inábil* e desajeitada com a qual segurava meu trabalho justificava a opinião pouco favorável que tinham de mim. Vejo isso como uma graça. Querendo meu coração puro só para si, o bom Deus já ouvia minha prece, "mudando em amargura as consolações da terra". Isso me era tanto mais necessário quanto não teria ficado insensível aos louvores. Muitas vezes, elogiavam diante de mim a inteligência das outras, mas a minha, nunca. Concluí, então, que eu não a tinha e resignei-me em me ver privada dela...

Meu coração sensível e terno, facilmente ter-se-ia entregue se tivesse encontrado um coração capaz de compreendê-lo... Procurei ligar-me às meninas de minha idade, sobretudo a duas delas. Eu as amava e elas, por sua vez, amavam-me tanto quanto eram *capazes*; mas ai, como é estreito e inconstante o coração das criaturas!!!... Logo vi que meu amor era incompreendido; tendo sido obrigada a voltar para junto de sua família, uma de minhas amigas voltou alguns meses depois; durante sua ausência, eu havia *pensado nela*, guardando preciosamente um anelzinho que me havia dado. Ao rever minha companheira, minha alegria foi grande; mas infelizmente obtive apenas um olhar indiferente... Meu coração não era compreendido; percebi isso e não *mendiguei* uma afeição que me era recusada. Mas o bom

Deus deu-me um coração tão fiel que, uma vez que amou puramente, ama sempre. Por isso, continuo a rezar por minha companheira e ainda a amo... Vendo que Celina *amava* uma de nossas mestras, eu quis imitá-la, mas, não *sabendo* ganhar as boas graças das criaturas, não consegui. Ó feliz ignorância, que me evitou grandes males!... Como agradeço a Jesus, que me fez encontrar "só amarguras na amizades da terra"! Com um coração como o meu, teria me deixado prender e cortar as asas; então, como teria podido "voar e repousar"? Como um coração entregue ao afeto das criaturas pode unir-se intimamente a Deus?... Sinto que isso não é possível. Sem ter bebido no cálice envenenado do amor demasiado ardente das criaturas, *sinto* que não posso me enganar. Seduzidas por esta *falsa luz*, vi muitas almas voarem como pobres borboletas, queimarem suas asas e depois voltarem para a verdadeira e doce luz do *amor*, que lhes deu novas asas, mais brilhantes e mais leves, para poderem voar para Jesus, este Fogo divino, "que queima sem consumir". Ah, sinto-o: Jesus sabia que eu era fraca demais para me expor à tentação. Talvez, ter-me-ia deixado queimar inteiramente pela *enganadora luz* se a tivesse visto brilhar a meus olhos... Não foi assim; só encontrei amargura onde almas mais fortes encontram alegria e dela se afastam por fidelidade. Portanto, não tenho mérito algum por não ter-me entregue ao amor das criaturas, pois disso fui preservada somente pela grande misericórdia do bom Deus!... Reconheço que, sem Ele, poderia ter caído tão baixo quanto Santa Madalena, e a profunda palavra de Nosso Senhor a Simão ressoa com grande doçura em minha alma... Eu o sei: "Aquele a quem menos se perdoa, menos ama", mas sei também que Jesus *perdoou-me mais* do que a *Santa Madalena*, porque me perdoou *antecipadamente*, impedindo-me de cair. Ah, como quereria poder explicar o que sinto!... Eis um exemplo que traduzirá, um pouco, o meu pensamento. Suponho que o filho de um hábil doutor encontre em seu caminho uma pedra que o faz cair e que, nesta queda, quebra um membro. Imediatamente o pai corre a ele, levanta-o com amor, cuida de suas feridas, empregando para isso todos os recursos de sua arte e, logo, completamente curado, o filho lhe testemunha sua gratidão. Sem dúvida, este filho tem muita razão de amar seu pai! Mas vou fazer mais uma suposição. Sabendo o pai que no caminho de seu filho se encontrava uma pedra, apressa-se a adiantar-se a ele e a retira, sem ser visto por ninguém. Certamente, este filho, objeto de sua previdente ternura, não *SABENDO* da desgraça de que seu pai o livrou, não lhe testemunhará sua gratidão e o *amará menos* do que se tivesse sido curado por ele... Mas se vier a saber do perigo do qual escapou, não o *amará antecipadamente*? Pois bem, eu sou este filho, objeto do *amor previdente* de um Pai que não enviou seu Verbo para resgatar os *justos*, mas os *pecadores*. Ele quer que eu o *ame* porque Ele me *perdoou*, não muito, mas *TUDO*. Não esperou que o *amasse muito* como Santa Madalena, mas quis que *eu SOUBESSE* como me amou com um Amor de *inefável previdência*, a fim de que agora eu o ame até a *loucura*!... Ouvi dizer que nunca se encontrou uma alma pura que o ame mais do que uma alma arrependida... Ah, quisera fazer mentir esta palavra!...

Dou-me conta de que estou bem longe do meu assunto, por isso apresso-me a voltar para ele. O ano que seguiu à minha Primeira Comunhão passou quase inteiramente sem provações interiores para minha alma. Foi durante meu retiro da Segunda Comunhão que fui assaltada pela terrível doença dos escrúpulos... É preciso ter passado por esse martírio para compreendê-lo; dizer o que sofri durante *um ano e meio* ser-me-ia impossível... Todos os meus pensamentos e as mais simples ações tornavam-se para mim motivo de perturbação; só tinha sossego dizendo-os a Maria, o que muito me custava, pois julgava-me obrigada a dizer-lhe os pensamentos extravagantes que tinha a seu respeito. Assim que depunha meu fardo, gozava de um instante de paz, mas esta paz passava como um relâmpago e logo recomeçava o meu martírio. Que paciência Maria não precisou ter para me ouvir sem jamais mostrar aborrecimento!... Assim que eu voltava da Abadia, ela se punha a enrolar meus cabelos para o dia seguinte (pois, para alegrar o Papai, todos os dias a sua Rainhazinha devia ter os cabelos cacheados, para grande admiração de suas companheiras e sobretudo das mestras, que nunca viam meninas tão bem cuidadas por seus pais), e, durante a sessão, eu não parava de chorar, contando todos os meus escrúpulos. No fim do ano, tendo terminado seus estudos, Celina voltou para casa, e a pobre Tereza, obrigada a retornar sozinha, não tardou em cair doente. O único encanto que a retinha no colégio era viver com sua inseparável Celina; sem ela, jamais "sua filhinha" poderia continuar ali... Portanto, saí da Abadia com a idade de treze anos, e continuei minha educação na casa da "Senhora Papinau". Era uma boa pessoa, *muito instruída*, mas tinha ares de uma solteirona. Vivia com sua mãe, e era engraçado ver a vidinha que levavam *a três* (pois a gata fazia parte da *família*, e eu devia suportar que ela ronronasse sobre meus cadernos e mesmo admirar seu belo porte). Eu tinha o privilégio de viver na intimidade da família; estando os Buissonnets longe demais para as pernas um tanto velhas de minha professora, ela pedira que eu fosse receber as lições em sua casa.

Quando chegava, ordinariamente só encontrava a velha Senhora Cochain, que me olhava "com seus grandes olhos claros" e, depois, chamava com uma voz calma e sentenciosa: "Senhora Papinau... a Se... nhorita Te... resa está aqui..." A filha respondia-lhe prontamente, com uma voz *infantil*: "Já vou, mamãe". E logo a aula começava. Essas aulas tinham ainda a vantagem (além da instrução que ali recebia) de me fazer conhecer o mundo... Quem o poderia crer!... Nesta sala, mobiliada à moda antiga, cheia de livros e cadernos, muitas vezes assistia a visitas de toda espécie: sacerdotes, senhoras, moças etc. Na medida do possível, a Senhora Cochain mantinha a conversa, a fim de deixar a filha dar-me a aula; nesses dias, porém, não aprendia grande coisa; com o nariz no livro, ouvia tudo o que se dizia, mesmo aquilo que, para mim, melhor teria sido não ouvir, pois a vaidade facilmente desliza para o coração!... Uma Senhora dizia que eu tinha belos cabelos; outra, ao sair, perguntava, pensando não ser ouvida, quem era aquela menina tão bonita; e estas palavras, ainda mais lisonjeiras por não serem ditas diante de mim, deixavam em minha alma uma impressão de prazer que me mostrava claramente quanto eu estava cheia de amor-próprio. Oh, como tenho compaixão das almas que se perdem!... É tão fácil desgarrar-se nos floridos caminhos do mundo... sem dúvida, para uma alma um pouco elevada, a doçura que ele oferece está misturada à amargura e o vazio *imenso* dos desejos não poderia ser preenchido por louvores de um instante... mas se meu coração não tivesse sido *elevado para Deus desde o despertar*, se o mundo me tivesse sorrido desde minha entrada na vida, o que ter-me-ia eu tornado?... Ó minha Mãe querida, com que gratidão canto as misericórdias do Senhor!... Segundo estas palavras da Sabedoria, não foi Ele que me "retirou do mundo antes de meu espírito se corromper pela malícia e que suas aparências enganadoras seduzissem minha alma"?... Também a Santíssima Virgem velava por sua florzinha, e não querendo que se manchasse pelo contato com as coisas da terra, retirou-a para sua *Montanha* antes que ela desabrochasse... Esperando este momento feliz, a Terezinha crescia em amor à sua Mãe do Céu. Para provar-lhe este amor, ela fez *uma ação* que lhe *custou muito* e que vou narrar em poucas palavras, apesar de sua extensão...

Quase logo após minha entrada na Abadia, fui recebida na Associação dos Santos Anjos. Gostava muito das práticas que me impunha, tendo uma atração toda particular de rezar aos Bem-aventurados Espíritos do Céu e particularmente àquele que o bom Deus me deu para ser o companheiro do meu exílio. Algum tempo depois de minha Primeira Comunhão, a fita de aspirante à filha de Maria substituiu aquela dos Santos Anjos, mas deixei a Abadia antes de ser recebida na Associação da Santíssima Virgem. Tendo saído antes de concluir meus estudos, não tinha a permissão de entrar como ex-aluna. Confesso que este privilégio não me despertava inveja, mas, pensando que todas as minhas irmãs eram "filhas de Maria", temia ser menos filha de minha Mãe do Céu do que elas. E, muito humildemente (apesar de me ter custado muito), fui pedir a permissão de ser recebida na Associação da Santíssima Virgem na Abadia. A primeira Mestra não quis recusar-me isso, mas impôs como condição que, duas vezes por semana, eu passasse a tarde na Abadia, a fim de mostrar se eu era digna de ser admitida. Longe de me causar prazer, essa permissão custou-me muitíssimo. Não tinha, como as outras ex-alunas, uma *Mestra amiga* com a qual pudesse passar várias horas; Por isso, contentava-me em ir saudar a Diretora, depois eu trabalhava em silêncio até o fim da aula de trabalho. Ninguém prestava atenção em mim, por isso subia à tribuna da capela e ficava diante do Santíssimo Sacramento até que Papai viesse me buscar. Era meu único consolo. Não era Jesus meu único amigo?... Não sabia falar senão com Ele. As conversas com as criaturas, mesmo as conversas piedosas, cansavam-me a alma... Sentia que era preferível falar com Deus do que falar de Deus, pois mistura-se muito amor-próprio nas conversas espirituais!... Ah, era somente pela Santíssima Virgem que eu ia à Abadia... Às vezes, sentia-me *sozinha*, muito sozinha. Como nos dias de minha vida de estudante, quando, triste e doente, passeava no grande pátio, repetia estas palavras que sempre fizeram renascer a paz e a força em meu coração: "A vida é teu navio, não a tua morada!..." Quando era pequena, estas palavras davam-me coragem; ainda agora, apesar dos anos que fazem desaparecer muitas impressões de piedade infantil, a imagem do navio encanta minha alma e a ajuda a suportar o exílio... Também a Sabedoria não diz que "a vida é como um navio que corta as ondas agitadas e não deixa traço algum de sua passagem rápida atrás de si?... Quando penso nestas coisas, minha alma mergulha no infinito; parece-me já tocar a margem eterna... Parece-me receber os abraços de Jesus... Creio ver minha Mãe do Céu vindo ao meu encontro com Papai... Mamãe... os quatro anjinhos... Creio gozar, enfim, para sempre a verdadeira, a eterna vida de família...

Antes de ver a família reunida no *lar Paterno dos Céus*, eu devia passar ainda por muitas separações; no ano em que fui recebida como filha da Santíssima Virgem, ela me roubou minha querida Maria, o único apoio de minha alma... Era Maria que me guiava, me consolava, me ajudava a praticar a virtude; era meu único oráculo. Sem dúvida, Paulina ficara bem antes no meu coração; mas Paulina estava longe, muito longe de mim!... Eu sofrera um martírio para habituar-me a viver sem ela, por ver paredes intransponíveis entre nós duas; mas, enfim, acabara por aceitar a triste realidade: Paulina estava perdida para mim, quase da mesma maneira como se estivesse morta. Ela me amava sempre, rezava por mim, mas aos meus olhos, minha *Paulina* querida tornara-se uma Santa, que já não devia compreender as coisas da terra, e as misérias de sua pobre Teresa, se ela as tivesse conhecido, deveriam surpreendê-la e impedi-la de amá-la tanto... Além disso, mesmo que eu quisesse confiar-lhe meus pensamentos, como nos Buissonnets, não teria podido, pois as visitas no locutório eram só para Maria. Celina e eu não tínhamos permissão de entrar, a não ser no fim, o tempo exato para sentirmos o coração se apertar... Assim, na realidade, eu não tinha senão Maria; ela me era, por assim dizer, indispensável. Falava somente a ela de meus escrúpulos e era tão obediente que jamais meu confessor soube de minha triste doença. Eu lhe dizia somente o número de pecados que Maria me permitira confessar; nem um a mais. Assim, teria podido passar pela alma menos escrupulosa do mundo, embora o fosse até o último grau... Portanto, Maria sabia tudo o que se passava em minha alma; ela sabia também meus desejos de entrar para o Carmelo e eu a amava tanto que não podia viver sem ela. Todos os anos, minha Tia nos convidava a irmos, uma após outra, para sua casa em Trouville; eu gostava muito de ir, mas com Maria! Quando eu não a tinha, aborrecia-me muito. Uma vez, porém, senti prazer em Trouville. Foi no ano em que Papai viajou para Constantinopla. Para distrair-nos um pouco (pois sentíamos muita tristeza em saber que Papai estava tão longe), Maria mandou-nos, Celina e eu, passar 15 dias à beira do mar. Diverti-me muito, porque tinha minha Celina. Minha Tia proporcionava-nos todos os prazeres possíveis: passeios em jumentos, pesca de enguias etc. Eu era ainda muito criança, apesar de meus 12 anos e meio; lembro-me de minha alegria ao colocar lindas fitas azul-celeste que minha Tia me dera para meus cabelos; lembro-me também de me ter confessado, em Trouville mesmo, deste prazer infantil que me parecia ser um pecado... Uma tarde, fiz uma experiência que me surpreendeu bastante. Maria (Guérin), que estava quase sempre doente, *choramingava* muitas vezes; então minha Tia a acarinhava, dizia-lhe os nomes mais ternos e minha pobre priminha, lamuriando-se, continuava sempre a dizer que tinha dor de cabeça. Eu, que quase todos os dias também tinha dor de cabeça e não me queixava, uma tarde quis imitar Maria. Pus-me a choramingar numa poltrona no canto da sala. Logo Joana e minha Tia acorreram para mim, perguntando-me o que tinha. Respondi como Maria: "Tenho dor de cabeça". Acho que não tinha muito jeito para me queixar; nunca pude convencê-las de que a dor de cabeça me fizesse chorar; em vez de me afagar, falaram-me como a gente adulta e Joana me repreendeu pela falta de confiança em minha Tia, pois pensava que eu tivesse uma inquietação de consciência... Enfim, aprendi às próprias custas e resolvi não mais imitar os outros; compreendi a fábula do "Burro e do cãozinho". Eu era o *burro* que, vendo as carícias feitas ao *cachorrinho*, foi colocar sua pesada pata sobre a mesa para receber sua parte de beijos; mas ai... se não recebi pauladas como o pobre animal, na verdade, recebi a moeda de minha peça e esta moeda curou-me por toda a vida do desejo de atrair a atenção; só o esforço que fiz para isso custou-me muito caro!...

No ano seguinte, ocorreu a partida de minha queria Madrinha; minha Tia ainda me convidou, mas desta vez, sozinha. Senti-me tão desambientada que no fim de dois ou três dias fiquei doente e foi preciso levar-me de volta a Lisieux; minha doença, que temiam ser grave, era apenas saudades dos Buissonnets; assim que pus os pés em casa, a saúde voltou... E era a esta criança que o bom Deus ia tirar o único apoio que a prendia à vida.

Assim que soube da determinação de Maria, resolvi não procurar mais prazer algum sobre a terra... Depois que saí do colégio, instalei-me no antigo quarto de pintura de *Paulina* e o arranjei a meu gosto. Era um verdadeiro bazar, um conjunto de piedade e de curiosidades, um jardim e um viveiro... No fundo, destacava-se uma *grande cruz* de madeira preta sem o Cristo e alguns desenhos que me agradavam; na outra parede, uma cesta enfeitada de musselina e de fitas cor-de-rosa com folhagens finas e flores; enfim, na última parede, dominava sozinho o retrato de *Paulina* aos 10 anos. Sob esse retrato eu tinha uma mesa sobre a qual estava colocada uma *grande gaiola*, com um *grande* número de passarinhos, cujo gorjeio melodioso cansava a cabeça das visitas, mas não a de sua pequena dona que muito os amava muito... Ali havia ainda um "pequeno móvel branco" cheio de meus livros de estudo, cadernos etc., e sobre este móvel uma imagem da Santíssima Virgem, sempre com vasos de flores naturais, candelabros; ao redor havia uma quantidade de pequenas imagens de Santos e Santas, cestinhas de conchas, caixas de cartolina etc.! Por fim, meu jardim estava *suspenso* diante da janela, onde cultivava vasos de flores (as mais raras que podia encontrar); eu tinha ainda uma jardineira no interior do "meu museu" e nela colocava minha planta predileta... Diante da janela estava colocada a minha mesa coberta com uma toalha verde, sobre a qual havia colocado, no meio, uma *ampulheta*, uma pequena imagem de São José, um porta-relógio, cestas de flores, um tinteiro etc. Algumas cadeiras *oscilantes* e a encantadora caminha da *boneca de Paulina* completavam toda a minha mobília. Verdadeiramente, esta pobre mansarda era um mundo para mim, e como o Senhor de Maistre, poderia compor um livro intitulado: "Passeio ao redor do meu quarto". Era neste quarto que eu gostava de ficar sozinha horas e horas a estudar e meditar diante da bela vista que se estendia diante de meus olhos. Ao saber da partida de Maria, meu quarto perdeu para mim todo o encanto; não queria deixar um só instante a irmã querida que logo iria levantar voo... Quantos atos de paciência não a fiz praticar! *Cada vez* que passava diante da porta de seu quarto, batia até que ela me abrisse e eu a abraçava de todo o coração; queria fazer provisão de beijos pelo tempo que deveria ficar privada deles.

Um mês antes de sua entrada para o Carmelo, Papai nos levou a Alençon, mas, longe de se assemelhar à primeira, esta viagem foi toda tristeza e amargura para mim. Não poderia dizer as lágrimas que derramei sobre o túmulo de Mamãe, porque me esquecera de levar um ramalhete de centáureas colhidas para ela. Verdadeiramente, eu ficava triste por *tudo*! Era o contrário de agora, pois o bom Deus concedeu-me a graça de não me deixar abater por nenhuma coisa passageira. Quando me lembro do tempo passado, minha alma transborda de gratidão ao ver os favores que recebi do Céu. Ocorreu tal mudança em mim que sou irreconhecível... É verdade que eu desejava a graça "de ter um poder absoluto sobre minhas ações, de ser sua senhora e não sua escrava". Estas palavras da Imitação tocaram-me profundamente, mas eu devia, por assim dizer, comprar para meus desejos esta graça inestimável; eu ainda não passava de uma criança que parecia não ter outra vontade senão a dos outros, o que fazia as pessoas de Alençon dizerem que eu tinha um caráter fraco... Foi durante esta viagem que Leônia fez sua tentativa com as Clarissas. Sofri com sua *extraordinária* entrada, pois a amava muito e não pude abraçá-la antes de sua partida.

Jamais esquecerei a bondade e o embaraço desse pobre Paizinho ao vir anunciar-nos que Leônia já estava com o hábito de Clarissa... Como nós, ele achava isso muito esquisito, mas não queria dizer nada, vendo quanto

Maria estava descontente. Levou-nos ao convento, e lá senti um *aperto do coração* como jamais sentira à vista de um mosteiro. Produziu em mim o efeito contrário ao Carmelo, onde tudo me dilatava a alma... Ver as religiosas também não me encantou muito, e não fui tentada a ficar entre elas; mas a pobre Leônia estava muito simpática em seu novo traje; disse-nos que olhássemos bem seus olhos, pois não iríamos mais vê-los (as Clarissas só se apresentam de olhos baixos). Mas o bom Deus contentou-se com dois meses de sacrifício e Leônia voltou a mostrar-nos seus olhos azuis, muitas vezes banhados de lágrimas... Deixando Alençon, pensava que ela ficaria com as Clarissas; por isso foi com o coração dilacerado que me afastei da *triste* rua *Demi-Lune*. Não éramos mais do que três e logo nossa querida Maria também nos devia deixar... O dia 15 de outubro foi o dia da separação! Da alegre e numerosa família dos Buissonnets, não restavam senão as duas últimas filhas... As pombas haviam fugido do ninho paterno e aquelas que ficaram desejariam seguir atrás delas, mas suas asas eram ainda muito fracas para poderem levantar voo...

O bom Deus que queria chamar a si a menor e a mais fraca de todas, apressou-se a desenvolver-lhe as asas. Ele, que se compraz em mostrar sua bondade e seu poder servindo-se dos instrumentos menos dignos, quis chamar-me antes de Celina que, sem dúvida, merecia muito mais esse favor; mas Jesus sabia quanto eu era fraca e por isso escondeu-me por primeiro na fenda do rochedo.

Quando Maria entrou para o Carmelo, eu era ainda bastante escrupulosa. Não podendo mais confiar-me a ela, voltei-me em direção ao Céu. Dirigi-me aos quatro anjinhos que me haviam precedido nas alturas, pois pensava que essas almas inocentes, que jamais conheceram perturbações e temores, deviam ter piedade de sua pobre irmãzinha que sofria sobre a terra. Falei-lhes com uma simplicidade de criança, fazendo-lhes notar que, sendo a última da família, tinha sido sempre a mais amada, a mais cumulada de ternuras das minhas irmãs, e que, se estivessem na terra, sem dúvida, também eles me teriam dado provas de afeição... Sua partida para o Céu não me parecia uma razão para me esquecer; ao contrário, tendo o poder de haurir dos tesouros divinos, deveriam tomar para mim a *paz* e, assim, mostrar que no Céu também se sabe amar!... A resposta não se fez esperar, logo a paz veio inundar minha alma com suas ondas deliciosas e compreendi que eu era amada na terra e também no Céu... Desde esse momento, cresceu minha devoção por meus irmãozinhos e gosto de me entreter muitas vezes com eles, falar-lhes das tristezas do exílio... do meu desejo de, em breve, ir juntar-me a eles na Pátria!...

Se o Céu me cumulava de graças, não era porque as merecesse, era ainda muito imperfeita; é verdade que eu tinha um grande desejo de praticar a virtude, mas servia-me de meios estranhos. Eis um exemplo: Sendo a última, não estava acostumada a me servir. Celina arrumava o quarto onde dormíamos juntas e eu não fazia nenhum trabalho de casa. Depois da entrada de Maria, às vezes, para dar prazer ao bom Deus, acontecia-me de tentar arrumar a cama ou, na ausência de Celina, recolher à tarde seus vasos de flores. Como disse, era *unicamente pelo bom Deus* que fazia estas coisas e assim não deveria esperar o *obrigado* das criaturas. Infelizmente, era totalmente o contrário: se Celina tivesse a infelicidade de não se mostrar feliz e surpreendida com meus pequenos serviços, eu não ficava contente e demonstrava isso com minhas lágrimas... Eu era verdadeiramente insuportável devido à minha extrema sensibilidade; assim, se me acontecesse de, involuntariamente, causar um pequeno desgosto a uma pessoa que eu amava, ao invés de reagir e não *chorar*, o que aumentava minha falta ao invés de diminuí-la, *chorava* como uma Madalena, e quando começava a me consolar pela coisa em si mesma, *chorava por ter chorado*... Todos os raciocínios eram inúteis; não conseguia corrigir-me desse terrível defeito.

Não sei como alimentava o doce pensamento de entrar para o Carmelo, estando ainda *nas fraldas* da *infância!...* Foi preciso que o bom Deus realizasse um pequeno milagre para me fazer *crescer* num instante; e este milagre, Ele o fez no inesquecível dia de Natal. Nesta *noite* luminosa, que ilumina as delícias da Trindade Santa, Jesus, a doce *Criancinha* de uma hora, mudou a noite de minha alma em torrentes de luz... Nesta *noite* em que se fez *fraco* e sofredor por meu amor, ele me tornou *forte* e corajosa, revestiu-me com suas armas e, depois desta noite bendita, não fui vencida em nenhum combate. Ao contrário, caminhava de vitória em vitória e comecei, por assim dizer, "uma corrida de gigante"!... A fonte de minhas lágrimas secou e só rara e dificilmente se abriu, o que justificou esta palavra que me fora dita: "Choras tanto em tua infância que, mais tarde, não terás mais lágrimas para derramar!"...

Foi no dia 25 de dezembro de 1886 que recebi a graça de sair da infância, numa palavra, a graça de minha completa conversão. Voltávamos da missa da meia-noite, na qual tive a felicidade de receber o Deus *forte* e *poderoso*. Chegando aos Buissonnets, minha alegria era ir apanhar meus sapatos na lareira. Esse antigo costume causara-nos tanta alegria durante nossa infância, que Celina quis continuar a tratar-me como um bebê, pois eu era a menor da família... Papai gostava de ver minha felicidade, de ouvir meus gritos de alegria ao tirar cada surpresa dos *sapatos encantados*, e o contentamento do meu querido Rei aumentava muito minha felicidade. Jesus, porém, querendo mostrar-me que devia desfazer-me dos defeitos da infância, retirou-me também as inocentes alegrias infantis; permitiu que Papai, cansado da missa da meia-noite, se aborrecesse ao ver meus sapatos na lareira e dissesse estas palavras que me cravaram o coração: "Enfim, felizmente, este será o último ano!..." Eu subi, então, a escada para ir tirar meu chapéu. Conhecendo minha sensibilidade e vendo lágrimas brilharem em meus olhos, Celina também teve vontade de chorar, pois me queria muito bem e compreendia minha dor: "Ó Teresa – disse-me ela –, não desças, irias sofrer muito se olhasses agora teus sapatos". Mas Teresa não era a mesma, Jesus mudara seu coração! Retendo as lágrimas desci rapidamente a escada e, comprimindo as batidas do meu coração, tomei meus sapatos e, colocando-os diante de Papai, tirei *alegremente* todos os objetos, com o ar feliz de uma Rainha. Papai ria, ele também estava alegre e Celina parecia *sonhar*!... Felizmente, era uma doce realidade, a Teresinha havia encontrado a força de alma que ela havia perdido aos quatro anos e meio, e deveria conservá-la para sempre!...

Nesta *noite* de *luz* começou o terceiro período de minha vida, o mais belo de todos, o mais cheio de graças do Céu!... Num instante, a obra que não pudera realizar em dez anos, Jesus a fez, contentando-se com minha *boa vontade* que nunca me faltou. Como seus apóstolos, podia dizer-lhe: "Senhor, pesquei a noite toda sem nada apanhar". Ainda mais misericordioso comigo do que com seus discípulos, o *próprio* Jesus tomou a rede, lançou-a e a retirou cheia de peixes... Fez de mim uma pescadora de *almas*, senti o grande desejo de trabalhar pela conversão dos pecadores, desejo que jamais havia sentido tão vivamente... Numa palavra, senti a *caridade* entrar em meu coração, a necessidade de me esquecer para causar prazer e, desde então, fui feliz!... Um Domingo, contemplando uma imagem de Nosso Senhor na Cruz, fiquei impressionada com o sangue que corria de uma de suas mãos divinas; senti uma grande dor, pensando que este sangue caía por terra sem que alguém se apressasse a recolhê-lo; e resolvi manter-me em espírito ao pé da Cruz para receber o divino orvalho que dela corre, compreendendo que deveria, depois, derramá-lo sobre as almas... O grito de Jesus sobre a Cruz ressoava também, continuamente, em meu coração:

"Tenho sede!" Estas palavras ascendiam em mim um ardor desconhecido e muito vivo... Queria dar de beber ao meu Amado e eu mesma sentia-me devorar pela *sede* de *almas*... Ainda não eram as almas dos sacerdotes que me atraíam, mas as dos *grandes pecadores*; *ardia* no desejo de arrancá-las das chamas eternas...

A fim de despertar meu zelo, o bom Deus mostrou-me que meus desejos lhe eram agradáveis. Ouvi falar de um grande criminoso que acabava de ser condenado à morte por crimes horríveis; tudo levava a crer que ele morreria na impenitência. Eu quis a todo preço impedir que ele caísse no inferno; para consegui-lo, empreguei todos os meios imagináveis; sentindo que por mim mesma nada podia, ofereci ao bom Deus todos os méritos infinitos de Nosso Senhor, os tesouros da Santa Igreja; enfim, pedi a Celina que mandasse dizer uma missa em minhas intenções, não ousando pedi-la eu, por temer ser obrigada a confessar que era para Pranzini, o grande criminoso. Também não queria dizê-lo a Celina, mas ela me fez tão ternas e prementes perguntas que lhe confiei meu segredo. Longe de zombar de mim, pediu-me para me ajudar a converter *meu pecador*. Aceitei com gratidão, pois desejaria que todas as criaturas se unissem a mim para implorar o perdão ao culpado. No fundo do meu coração, eu sentia a certeza de que nossos desejos seriam satisfeitos, mas a fim de aumentar minha coragem para continuar a rezar pelos pecadores, disse ao bom Deus que estava certa de que Ele perdoaria o pobre e infeliz Pranzini; que eu cria, mesmo que ele *não se confessasse* e não desse *nenhuma prova de arrependimento*, tamanha era minha confiança na misericórdia infinita de Jesus. Contudo, pedia-lhe somente "um sinal" de arrependimento para meu simples consolo... Minha oração foi ouvida ao pé da letra! Apesar da proibição que Papi nos fizera de ler qualquer jornal, não julgava desobedecer lendo as passagens que falavam de Pranzini. No dia seguinte ao da execução, tomei na mão o jornal *La Croix*. Abro-o ansiosa e que vejo?... Ah, minhas lágrimas traíram minha emoção e fui obrigada a esconder-me... Pranzini não se confessara, subira ao cadafalso e estava prestes a passar sua cabeça no lúgubre buraco, quando, de repente, tomado por súbita inspiração, ele volta, toma o *Crucifixo* que o sacerdote lhe apresentava e, por *três vezes*, *beija* as *chagas sagradas*!... Em seguida, sua alma foi receber a sentença *misericordiosa* daquele que declara que, no Céu, haverá mais alegria por um só pecador que se arrepende do que por noventa e nove justos que não necessitam de penitência!...

Havia obtido "o sinal" pedido, e este sinal era a fiel reprodução das graças que Jesus me concedera para me levar a rezar pelos pecadores. Não fora diante das *chagas* de *Jesus*, vendo correr seu *sangue* divino, que a sede das almas entrou em meu coração? Queria dar-lhes a beber este sangue imaculado que devia purificá-las de suas manchas, e os lábios do "meu primeiro filho" foram pousar sobre as chagas sagradas!!!... Que resposta inefavelmente doce!... Ah, depois desta graça única, meu desejo de salvar as almas cresceu a cada dia; parecia-me ouvir Jesus a me dizer como à Samaritana: "Dá-me de beber!" Era uma verdadeira troca de amor; às almas eu dava o *sangue* de Jesus, a Jesus eu oferecia estas mesmas almas refrigeradas por seu *orvalho divino*; assim, parecia-me saciar-lhe a sede e, quanto mais lhe dava de beber, mais a sede de minha pobre almazinha aumentava. E esta sede ardente que Ele me dava era como a mais deliciosa bebida de seu amor...

Em pouco tempo, o bom Deus fez-me sair do círculo estreito em que me encontrava sem saber como sair dele. Olhando para o caminho que me fez percorrer, minha gratidão é grande, mas é preciso que eu reconheça: se o passo maior estava dado, restavam-me ainda muitas coisas a deixar. Liberto dos escrúpulos, de sua excessiva sensibilidade, meu espírito desenvolveu-se. Sempre amei o grande, o belo, mas, nessa época, fui tomada de um desejo extremo de *saber*. Não me contentando com as aulas e os deveres que minha professora me dava, aplicava-me sozinha a estudos especiais de *História* e de *Ciência*. Os outros estudos deixavam-me indiferente, mas estas duas matérias atraíam toda a minha atenção; assim em poucos meses adquiri mais conhecimento do que durante os anos de estudo. Ah, isso era só vaidade e aflição de espírito... O capítulo da Imitação que fala das *ciências* voltava-me muitas vezes ao pensamento, mas encontrava o meio de continuar, dizendo-me que, estando em idade de estudar, não havia mal em fazê-lo. Não creio ter ofendido a Deus (embora reconheça ter passado assim um tempo inútil), pois não empregava nisso senão um certo número de horas, que eu não queria ultrapassar, a fim de mortificar meu desejo demasiado vivo de saber... Estava na idade mais perigosa para as jovens, mas o bom Deus fez por mim o que Ezequiel narra em suas profecias: "Passando a meu lado, Jesus viu que chegara para mim o tempo de ser *amada*. Fez aliança comigo e tornei-me sua... Estendeu sobre mim o seu manto, lavou-me com perfumes preciosos, revestiu-me de vestes bordadas e me deu colares e joias de inestimável valor... Nutriu-me com a mais pura farinha, com mel e óleo em *abundâncias*... então, tornei-me bela a seus olhos e Ele fez de mim uma poderosa rainha!..."

Sim, Jesus fez tudo isso por mim. Poderia retomar cada palavra que acabo de escrever e provar que ela se realizou em meu favor, mas as graças que relatei acima são prova suficiente; falarei somente do alimento que me concedeu "em abundância". Há muito tempo, nutria-me da "pura farinha" contida na Imitação; era o único livro que me fazia bem, pois ainda não havia encontrado os tesouros escondidos no Evangelho. Sabia de cor quase todos os capítulos de minha querida Imitação; esse livrinho não me abandonava nunca; no verão, eu o levava no meu bolso, no inverno, no meu agasalho, inclusive, tornou-se tradicional. Em casa de minha Tia, divertiam-se muito com isso e, abrindo-o ao acaso, mandavam-me recitar o capítulo que tinham sob os olhos. Aos 14 anos, com meu desejo de ciência, o bom Deus achou que era necessário unir "à pura farinha, o mel e o azeite em abundância". Fez-me encontrar este mel e este azeite nas conferências do Revmo. Padre Arminjon, sobre o fim do mundo presente e os mistérios da vida futura. Este livro havia sido emprestado a Papai por minhas queridas carmelitas; por isso, contrariando meu costume (pois não lia os livros de Papai), pedi para lê-lo.

Essa leitura foi também uma das maiores graças de minha vida. Eu a fiz junto à janela do meu quarto de estudo e a impressão que me causou é demasiadamente íntima e doce para que eu possa expressá-la...

Todas as grandes verdades da religião, os mistérios da eternidade, lançavam minha alma numa felicidade que não era da terra... Já pressentia o que Deus reserva àqueles que o amam (não com o olho do homem, mas com o do coração) e vendo que as recompensas eternas não tinham proporção alguma com os leves sacrifícios da vida, eu queria *amar*, *amar* a Jesus com *paixão*, dar-lhe mil provas de amor, enquanto ainda o podia... Copiei muitas passagens sobre o perfeito amor e sobre a recepção que o bom Deus deve fazer a seus eleitos no momento de *Ele próprio* se tornar sua grande e eterna recompensa. Repetia sem cessar as palavras de amor que haviam abrasado meu coração... Celina se tornara a confidente íntima de meus pensamentos; depois do Natal, podíamos nos compreender; a diferença de idade já não existia, pois eu me tornara grande em estatura e, sobretudo, em graça... Antes dessa época, eu me queixava com frequência por não saber os segredos de Celina. Ela me dizia que eu era muito pequena, que me seria necessário crescer "até a altura de um tamborete" para que ela pudesse ter confiança em mim... Eu gostava de subir sobre esse precioso tamborete quando estava ao lado dela e lhe dizia que me falasse intimamente. Mas minha astúcia era inútil, uma distância ainda nos separava!...

Jesus, que queria fazer-nos caminhar juntas, formou em nossos corações laços mais fortes do que os de sangue. Fez-nos tornar *irmãs de almas*; realizaram-se em nós as palavras do Cântico de São João da Cruz (falando ao Esposo, a esposa exclama): "Seguindo tuas pegadas, as jovens percorrem ligeiramente o caminho; o toque da centelha, o temperado vinho, fazem-lhe produzir aspirações divinamente embalsamadas". Sim, era muito ligeiramente que nós seguíamos as pegadas de Jesus, as centelhas de amor que Ele semeava a mancheias em nossas almas; o vinho delicioso e forte que Ele nos dava a beber fazia desaparecer de nossos olhos as coisas passageiras, e de nossos lábios brotavam aspirações de amor inspiradas por Ele. Como eram doces as conversas que mantínhamos, todas as tardes, no belvedere! Com o olhar mergulhado ao longe, contemplávamos a branca lua a se elevar docemente por trás das grandes árvores... os reflexos prateados que ela espalhava sobre a natureza adormecida... as brilhantes estrelas cintilavam no azul profundo... o leve sopro da brisa da noite, fazendo flutuar as nuvens vaporosas, tudo elevava nossas almas para o Céu, o belo Céu do qual contemplávamos apenas o "límpido reverso"!...

Não sei se me engano, mas parece-me que a expansão de nossas almas assemelhava-se à de Santa Mônica com seu filho, quando, no porto de Óstia, perdiam-se em êxtase à vista das maravilhas do Criador!... Parece-me que nós recebíamos graças de uma ordem tão elevada quanto aquelas concedidas aos grandes santos. Como diz a Imitação, o bom Deus comunica-se, às vezes, no meio de um vivo esplendor ou muito "docemente velado, sob sombras e figuras". Era dessa maneira que se dignava manifestar-se às nossas almas, mas como era *transparente* e *leve* o véu que escondia Jesus aos nossos olhos!... A dúvida não era possível: a fé e a esperança já não eram necessárias, o *amor* fazia-nos achar sobre a terra Aquele que procurávamos. Tendo-o encontrado sozinho, dera-nos seu beijo, para que no futuro ninguém pudesse nos desprezar".

Graças tão grandes não deviam ficar sem frutos; e estes foram abundantes. A prática da virtude tornou-se para nós doce e natural. No começo, meu rosto traía muitas vezes o combate, mas, aos poucos, esta impressão desapareceu e a renúncia tornou-se fácil para mim, mesmo no primeiro instante. Jesus disse: "Àquele que possui, dar-se-á ainda mais e ele estará na abundância". Por uma graça recebida com fidelidade, concedia-me uma multidão de outras... Ele próprio dava-se a mim na Santa Comunhão com mais frequência do que teria ousado esperar. Eu havia tomado por regra de conduta comungar todas as vezes que meu confessor permitisse, sem deixar falhar uma só vez, e deixá-lo regular o número delas, sem jamais pedi-las. Naquela época, não tinha a *audácia* que possuo agora; do contrário, teria agido de outro modo, pois estou certa de que uma alma deve dizer a seu confessor a atração que sente em receber seu Deus. Não é para ficar no cibório de ouro que Ele desce *todos os dias* do Céu; é para encontrar outro Céu, que lhe é infinitamente mais caro que o primeiro: o Céu de nossa alma, feita à sua imagem, o templo vivo da adorável Trindade...

Jesus, que via meu desejo e a retidão de meu coração, permitiu que meu confessor me autorizasse fazer a Santa Comunhão quatro vezes por semana e, passado esse belo mês, acrescentou uma quinta, cada vez que ocorresse uma festa. Lágrimas muito doces corriam de meus olhos ao sair do confessionário; parecia-me que era o próprio Jesus que queria dar-se a mim, pois demorava muito pouco tempo em confissão e nunca dizia uma palavra sobre meus sentimentos interiores. O caminho pelo qual andava era tão reto e luminoso que não necessitava de outro guia a não ser Jesus... Comparava os diretores a espelhos fiéis que refletiam Jesus nas almas e dizia que para mim o bom Deus não se servia de intermediário, mas agia diretamente.

Se um jardineiro cerca de cuidados um fruto que ele quer fazer amadurecer antes da estação, nunca é para deixá-lo suspenso na árvore, mas para apresentá-lo numa mesa brilhantemente servida. Era com uma intenção semelhante que Jesus concedia suas graças à sua florzinha... Ele que, nos dias de sua vida mortal, exclamava num transporte de alegria: "Meu Pai, eu vos dou graças porque escondestes estas coisas aos sábios e prudentes e as revelastes aos pequeninos", queria fazer resplandecer em mim sua misericórdia; por ser pequena e fraca, ele se abaixava a mim, instruía-me, em segredo, sobre as *coisas* do seu *amor*. Ah, se os sábios que passaram a vida a estudar viessem me interrogar, sem dúvida, ficariam admirados por ver uma menina de catorze anos compreender os segredos da perfeição, segredos que toda a ciência deles não lhes pode revelar, pois para possuí-los é preciso ser pobre de espírito!...

Como diz São João da Cruz em seu Cântico: "Eu não tinha guia nem luz além daquela que brilha em meu coração. Esta luz me guiava com mais segurança do que a do meio-dia, onde me esperava Aquele que me conhecia perfeitamente". Este lugar era o Carmelo. Antes de "repousar à sombra daquele que eu desejava", devia passar por muitas provações, mas o apelo divino era tão forte que se me tivesse sido preciso *atravessar* as *chamas*, eu o teria feito para ser fiel a Jesus... Para encorajar-me na minha vocação, não encontrei senão uma única alma, foi a de minha *Mãe querida*... Meu coração encontrou no seu um eco fiel e sem ela, sem dúvida, eu não teria chegado à margem bendita que já há cinco anos a tinha recebido em seu solo impregnado de celeste orvalho... Sim, há cinco anos eu estava afastada de vós, minha *Mãe querida*; pensava ter-vos perdido, mas, no momento da provação, foi vossa mão que me indicou o caminho que devia seguir... Tinha necessidade deste apoio, pois minhas visitas ao Carmelo tornavam-se cada vez mais penosas; não podia falar de meu desejo de entrar sem me sentir repelida. Achando que eu era muito jovem, Maria fazia o possível para impedir minha entrada; vós mesma, minha Mãe, a fim de me provar, às vezes, tentáveis moderar meu ardor. Enfim, se verdadeiramente não tivesse vocação, ter-me-ia detido desde o início, pois encontrei obstáculos tão logo comecei a responder ao apelo de Jesus. Não quis contar à Celina meu desejo de entrar tão jovem para o Carmelo e isso me fez sofrer ainda mais, pois me era difícil esconder-lhe alguma coisa... Esse sofrimento não durou muito tempo. Logo minha querida irmãzinha percebeu minha resolução e, longe de procurar dissuadir-me, aceitou com uma coragem admirável o sacrifício que o bom Deus lhe pedia. Para compreender quanto foi grande, seria preciso saber a que ponto éramos unidas... era, por assim dizer, a mesma alma que nos fazia viver; há alguns meses, gozávamos juntas a vida mais doce que as jovens podem sonhar; ao nosso redor, tudo correspondia aos nossos gostos, era-nos concedida a maior liberdade; enfim, dizia que nossa vida era o *ideal* da *felicidade* sobre a terra... Mal tivemos tempo de saborear este *ideal* de *felicidade* e foi preciso livremente desviarmo-nos dele. Minha Celina querida não se revoltou um só instante. Contudo, não era ela que Jesus chamava primeiro; e até poderia ter-se queixado... tendo a mesma vocação que eu, cabia a ela partir!... Mas, como no tempo dos mártires, os que ficavam na prisão davam alegremente o ósculo de paz a seus irmãos que partiam primeiro para combater na arena e se consolavam com o pensamento de que, talvez, combates ainda maiores lhes eram reservados, assim *Celina* deixou sua Teresa se afastar e ficou só para o glorioso e sangrento combate ao qual Jesus a destinava como *privilegiada* de seu *amor*!...

Celina tornou-se, pois, a confidente de minhas lutas e sofrimentos, e participou deles como se se tratasse de sua própria vocação; quanto a ela, eu não precisava temer oposição, mas não sabia que meio empregar para anunciá-lo ao Papai... Como falar-lhe de ficar sem sua Rainha, ele que acabava de sacrificar suas três filhas mais velhas?... Ah, quantas lutas íntimas sofri antes de me sentir com coragem de falar!... Contudo, era preciso me decidir; ia completar catorze anos e meio; apenas seis meses ainda nos separavam da bela *noite* de *Natal*, na qual resolvera entrar, na mesma hora em que no ano precedente havia recebido "minha graça". Para fazer minha grande confidência escolhi o dia de *Pentecostes*. Durante o dia todo supliquei aos Santos Apóstolos que intercedessem por mim, que me inspirassem as palavras que deveria dizer... De fato, não eram eles que deviam ajudar a tímida criança que Deus destinava a se tornar apóstola dos apóstolos pela oração e o sacrifício?... Foi somente à tarde, voltando das Vésperas, que encontrei a ocasião de falar ao meu querido paizinho; ele fora sentar-se à beira da cisterna e lá, de mãos juntas, contemplava as maravilhas da natureza. O Sol, cujos raios tinham perdido seu ardor, dourava o cume das grandes árvores, onde os passarinhos cantavam alegremente sua oração da tarde. A bela figura de Papai tinha uma expressão celeste, sentia que a paz inundava seu coração; sem dizer uma única palavra, fui sentar-me a seu lado, os olhos já molhados de lágrimas. Ele me olhou com ternura e, tomando minha cabeça, apoiou-a sobre seu coração, dizendo-me: "Que tens, minha Rainhazinha?... Conta-me tudo..." Depois, levantando-se, como que para dissimular sua própria emoção, caminhou lentamente, tendo sempre minha cabeça contra seu coração. Entre lágrimas, confiei-lhe meu desejo de entrar para o Carmelo, e então suas lágrimas uniram-se às minhas, mas não disse uma palavra para me desviar de minha vocação, contentando-se simplesmente em me fazer notar que eu era ainda muito jovem para tomar uma decisão tão séria. Mas defendi tanto em minha causa, que, com sua natureza simples e reta, Papai logo se convenceu de que meu desejo era o do próprio Deus e, em sua fé profunda, exclamou que o bom Deus lhe concedia uma grande honra pedindo-lhe, assim, suas filhas; continuamos nosso passeio ainda por muito tempo. Aliviado pela bondade com a qual meu incomparável Pai havia acolhido suas confidências, meu coração expandiu-se docemente no seu. Papai parecia gozar dessa alegria tranquila que resulta do sacrifício consumado, falou-me como um santo e eu gostaria de lembrar-me de suas palavras para escrevê-las aqui, mas conservei somente uma lembrança por demais perfumada para que possa ser traduzida. O que recordo perfeitamente é a ação *simbólica* que meu querido Rei realizou, sem o saber. Aproximando-se de um muro pouco elevado, mostrou-me *florzinhas brancas*, semelhantes a lírios em miniatura, e tomando uma dessas flores, deu-a a mim, explicando-me com que cuidado o bom Deus a fizera nascer e a conservara até esse dia. Ouvindo-o falar, parecia-me escutar minha história, tal era a semelhança entre o que Jesus havia feito pela *florzinha* e pela *Terezinha*... Recebi esta florzinha como uma relíquia e vi que, ao colhê-la, Papai arrancara todas as suas raízes sem as romper; parecia destinada a viver ainda numa outra terra mais fértil do que o musgo tenro onde se tinham passado suas primeiras manhãs... Era exatamente essa mesma ação que, há poucos instantes, Papai acabava de fazer para mim, permitindo-me galgar a montanha do Carmelo e deixar o doce vale, testemunha de meus primeiros passos na vida.

Coloquei minha florzinha branca na minha Imitação, no capítulo intitulado: "Deve-se amar a Jesus sobre todas as coisas". Ainda está lá, mas a haste se quebrou, bem perto da raiz, e, com isso, o bom Deus parece me dizer que logo quebrará os laços de sua florzinha e não a deixará murchar sobre a terra!

Após ter obtido o consentimento de Papai, pensei poder voar, sem medo, para o Carmelo, mas provações muito dolorosas ainda deviam experimentar minha vocação. Foi tremendo que confiei a meu Tio a resolução que havia tomado. Ele me mostrou todas as possíveis provas de ternura, mas não me deu a permissão de partir; ao contrário, proibiu-me de falar-lhe de minha vocação antes dos 17 anos de idade. Seria contra a prudência humana, dizia ele, fazer entrar para o Carmelo uma criança de 15 anos; aos olhos do mundo, esta vida de Carmelita era uma vida de filósofo e seria causar grande dano à religião permitir que uma criança sem experiência a abraçasse... Todos falariam disso etc., etc. Disse até que para decidi-lo a me deixar partir seria necessário um *milagre*. Percebi muito bem que todos os raciocínios seriam inúteis; por isso, retirei-me com o coração mergulhado na mais profunda amargura; meu único consolo era a oração; supliquei a Jesus que fizesse o *milagre* pedido, pois somente a esse preço eu poderia responder ao seu apelo.

Passou-se um tempo bastante longo até ousar falar novamente com meu tio; custava-me muito ir à sua casa. De sua parte, parecia não pensar mais na minha vocação. Mas soube, mais tarde, que minha grande tristeza influenciou-o bastante em meu favor. Antes de fazer brilhar sobre minha alma um raio de esperança, o bom Deus quis enviar-me um martírio bem doloroso, que durou *três dias*. Oh, jamais compreendi tão bem a dor da Santíssima Virgem e de São José procurando o divino Menino Jesus como durante esta provação... Eu estava num triste deserto, ou antes, minha alma parecia uma frágil embarcação sem piloto, entregue à mercê de tempestuosas ondas... Eu sei: Jesus estava dormindo em minha barquinha, mas a noite era tão escura que me era impossível vê-lo; nada me iluminava, nem mesmo um relâmpago vinha cortar minhas nuvens sombrias... Sem dúvida, a claridade dos relâmpagos é bem triste, mas, ao menos, se a tempestade tivesse se desencadeado abertamente, poderia ter percebido Jesus por um instante... Era *noite*, a noite profunda da alma... Como Jesus no jardim da agonia, sentia-me *só*, não encontrando consolo, nem na terra nem nos Céus. O bom Deus parecia ter-me abandonado!!!... A natureza parecia tomar parte em minha amarga tristeza; durante esses três dias, o sol não fez brilhar um só de seus raios e a chuva caía torrencial. (Notei que, em todas as circunstâncias graves de minha vida, a natureza era a imagem de minha alma. Nos dias de lágrimas, o Céu chorava comigo; nos dias de alegria, o Sol enviava em profusão seus alegres raios e o azul não era obscurecido por nuvem alguma...)

Enfim, no quarto dia, que era um *sábado*, dia consagrado à doce Rainha dos Céus, fui ver meu Tio. Qual não foi minha surpresa vendo-o olhar para mim e me fazer entrar em seu gabinete, sem que lhe tivesse manifestado o desejo!... Começou a fazer-me doces censuras, porque eu parecia ter medo dele e, depois, disse-me que não era necessário pedir um *milagre*, que ele somente havia pedido que o bom Deus lhe desse "uma simples inclinação do coração" e que fora ouvido... Ah, não fui tentada a implorar um milagre, pois, para mim, o *milagre estava feito*; meu Tio já não era o mesmo. Sem fazer alusão alguma à "prudência humana", disse-me *que eu era uma florzinha que o bom Deus queria colher* e que não se oporia mais!...

Tal resposta definitiva era, verdadeiramente, digna dele. Pela terceira vez, esse cristão de outros tempos permitia que uma das filhas adotivas de seu coração fosse sepultar-se longe do mundo. Também minha Tia foi de admirável ternura e prudência. Não me lembro de que, durante minha provação, ela me tenha dito uma palavra que pudesse aumentá-la; via que ela tinha grande piedade de sua pobre Teresinha. Por isso, quando obtive o consentimento do meu Tio, ela me deu o seu, mas não sem me mostrar, de mil maneiras, que minha partida causar-lhe-ia tristeza... Mas ai! Nossos queridos parentes estavam longe de pensar que lhes era preciso renovar mais duas vezes o mesmo sacrifício... Mas, sempre estendendo a mão para pedir, o bom Deus não a apresentou *vazia*, seus mais caros amigos puderam haurir nela, abundantemente, a força e a coragem que lhes eram tão necessárias... Mas meu coração leva-me bem longe de meu assunto. Retomo-o quase a contragosto. Depois da resposta de meu Tio, compreendeis, minha Mãe, com que alegria retomei o caminho dos Buissonnets, sob "o belo Céu, cujas nuvens estavam completamente dissipadas"!... Também em minha alma a noite cessara. Despertando, Jesus me tinha restituído a alegria e o ruído das vagas se acalmara; em lugar do vento da provação, uma brisa leve inflava minha vela e eu pensava chegar logo à *margem* bendita que sentia muito perto de mim. Com efeito, estava bem perto de minha barquinha; porém, *mais de uma tempestade* devia ainda levantar-se e, ocultando-lhe seu farol luminoso, fazer-lhe temer que se afastaria para sempre da praia tão ardentemente desejada...

Poucos dias após ter obtido o consentimento de meu Tio, fui vos visitar, minha querida Mãe, e dizer-vos de minha alegria por ver passadas todas as minhas provações. Mas qual não foi minha surpresa e minha tristeza ao vos ouvir dizer que o Senhor Superior não consentia minha entrada antes da idade de vinte e um anos...

Ninguém pensara nessa oposição, a mais invencível de todas. Contudo, sem perder a coragem, eu mesma fui com Papai e Celina à casa de nosso Padre, a fim de tentar tocá-lo, mostrando-lhe que, de fato, eu tinha vocação para o Carmelo. Recebeu-nos muito friamente. Embora meu *incomparável* Paizinho unisse suas instâncias às minhas, nada pôde mudar sua disposição. Disse-me que não havia perigo em esperar, que podia levar uma vida de Carmelita em casa, que se não tomasse a disciplina, nem tudo estaria perdido etc., etc. Enfim, acabou por acrescentar que ele não era senão o *delegado* do *Senhor Bispo* e que se ele quisesse permitir minha entrada para o Carmelo, nada mais teria a dizer... Saí totalmente em *lágrimas* do presbitério; felizmente estava escondida por meu guarda-chuva, pois a chuva caía torrencialmente. Papai não sabia como me consolar... Prometeu levar-me a Bayeux, assim que lhe manifestei o desejo, pois estava decidida a atingir *meus objetivos*. Disse até que iria ao *Santo Padre*, se o Senhor Bispo não quisesse me permitir entrar para o Carmelo aos 15 anos... Ocorreram vários acontecimentos antes de minha viagem a Bayeux. Exteriormente, minha vida parecia a mesma: estudava, recebia aulas de desenho com Celina e minha hábil professora via em mim muita disposição para sua arte. Sobretudo, crescia no amor do bom Deus, sentia em meu coração impulsos até então desconhecidos, por vezes tinha verdadeiros transportes de amor. Uma tarde, não sabendo como dizer a Jesus que o amava e quanto desejava que Ele fosse amado e glorificado por toda a parte, pensei, com dor, que jamais Ele poderia receber do inferno um único ato de amor. Então, disse ao bom Deus que, para causar-lhe prazer, consentiria ver-me ali mergulhada, a fim de que Ele fosse *amado* eternamente nesse lugar de blasfêmia... Sabia que isso não podia glorificá-lo, pois Ele só deseja a nossa felicidade; mas quando o amamos, sentimos a necessidade de dizer mil loucuras. Se eu falava dessa maneira, não era porque o Céu não despertava minha vontade, mas porque, então, para mim o Céu não era outra coisa senão o Amor e, como São Paulo, sentia que nada poderia separar-me do objeto divino que me fascinava!...

Antes de deixar o mundo, o bom Deus deu-me o consolo de contemplar de perto *almas de crianças*; sendo a mais nova da família, nunca tinha tido essa felicidade. Eis as tristes circunstâncias que me proporcionaram isso: Uma pobre Senhora, parente de nossa empregada, morreu na flor da idade, deixando três crianças pequenas. Durante sua doença, levamos para nossa casa as duas meninas, a mais velha das quais não tinha ainda seis anos. Ocupava-me delas o dia todo e, para mim, era um grande prazer ver com que candura elas acreditavam tudo o que eu lhes dizia. É preciso que o Santo Batismo deposite nas almas um gérmen muito profundo das virtudes teologais, pois desde a infância elas já se manifestam e a esperança dos bens futuros é suficiente para fazê-las aceitar sacrifícios. Quando queria ver minhas duas pequenas em boa paz uma com a outra, em vez de prometer brinquedos e bombons àquela que cedesse à irmã, falava-lhes das recompensas eternas que o Menino Jesus daria no Céu às crianças boas. A mais velha, cuja razão começava a se desenvolver, olhava-me com os olhos brilhantes de alegria, fazendo-me mil encantadoras perguntas sobre o Menino Jesus e seu belo Céu e, com entusiasmo, prometia-me sempre ceder à sua irmã, dizendo-me que jamais, em sua vida, haveria de esquecer o que lhe dissera "a grande senhorita", pois era assim que me chamava... Vendo de perto essas almas inocentes, compreendi a grande infelicidade de não serem bem formadas desde o seu despertar, quando se assemelham à cera mole sobre a qual pode-se imprimir a marca das virtudes, mas também a do mal... Compreendi o que disse Jesus no Evangelho: "Que é preferível ser lançado ao mar do que escandalizar um só desses pequeninos". Ah, quantas almas chegariam à santidade se fossem bem orientadas!...

Sei que o bom Deus não tem necessidade de ninguém para realizar sua obra; mas assim como Ele permite que um hábil jardineiro cultive plantas raras e delicadas e que para isso lhe dá a ciência necessária, reservando para si o cuidado de fecundá-las, da mesma forma Jesus quer ser ajudado em sua divina cultura das almas.

O que aconteceria se um jardineiro inábil não enxertasse bem seus arbustos? Se não soubesse reconhecer a natureza de cada um e quisesse fazer desabrochar rosas num pessegueiro?... Faria morrer a árvore que, no entanto, era boa e capaz de produzir frutos.

É dessa forma que é preciso reconhecer desde a infância o que Deus pede às almas e apoiar a ação de sua graça, sem jamais antecipá-la ou retardá-la.

Como os passarinhos aprendem a *cantar* ouvindo seus pais, assim as crianças aprendem a ciência das virtudes, o *canto* sublime do Amor divino, junto às almas encarregadas de formá-las para a vida.

Lembro-me de que, entre meus passarinhos, eu tinha um canário que cantava maravilhosamente; tinha também um pequeno pintarroxo ao qual dedicava cuidados "maternais" por tê-lo adotado antes que pudesse gozar de sua liberdade. Esse pobre pequeno prisioneiro não teve pais para ensinar-lhe a cantar; mas ouvindo, de manhã à tarde, os alegres trinados de seu companheiro canário, quis imitá-lo... Era uma empresa difícil para um pintarroxo; por isso, sua doce voz teve dificuldade em adaptar-se à voz vibrante de seu professor de música. Era encantador ver os esforços do pobrezinho, mas, enfim, foram coroados de sucesso, pois seu canto, embora conservando maior doçura, foi absolutamente o mesmo do canário.

Ó minha Mãe querida! Fostes vós que me ensinastes a cantar... Foi vossa voz que me encantou desde a infância e, agora, tenho o consolo de ouvir dizer que me assemelho a vós!!! Sei como ainda estou muito longe, mas espero, apesar de minha fraqueza, repetir eternamente o mesmo canto que vós!...

Antes de minha entrada para o Carmelo, fiz ainda muitas experiências sobre a vida e as misérias do mundo, mas estes detalhes levar-me-iam muito longe. Retomo o relato de minha vocação. O dia 31 de outubro foi marcado para minha viagem a Bayeux. Parti sozinha com Papai, com o coração cheio de esperança, mas também muito comovida pelo pensamento de apresentar-me no Bispado. Pela primeira vez na vida, devia fazer uma visita sem estar acompanhada de minhas irmãs, e esta visita era a um *Bispo*! Eu que jamais tivera necessidade de falar senão para responder às perguntas que me dirigiam, devia eu mesma explicar a finalidade de minha visita, desenvolver as razões que me faziam solicitar a entrada para o Carmelo, numa palavra, devia mostrar a solidez de minha vocação. Ah, como me custou fazer esta viagem! Foi preciso que o bom Deus me concedesse uma graça toda especial para poder vencer minha grande timidez... É bem verdade que "o Amor nunca encontra impossibilidades, pois crê que tudo é possível e permitido". Realmente, só o amor de Jesus podia fazer-me vencer estas dificuldades e as que seguiriam, pois aprouve-lhe fazer-me comprar minha vocação por meio de grandes provações...

Hoje, que gozo a solidão do Carmelo (*repousando à sombra daquele que tão ardentemente desejei*), acho ter comprado minha felicidade por bem pouca coisa e estaria pronta a suportar sofrimentos bem maiores para adquiri-la, se ainda não a possuísse!

Chovia torrencialmente quando chegamos a Bayeux. Papai, que não queria ver sua rainhazinha entrar no Bispado com seu *belo vestido* todo molhado, fê-la tomar uma condução e a levou à Catedral. Lá começaram minhas misérias. O Senhor Bispo e todo o seu clero assistiam a um grande sepultamento. A igreja estava repleta de Senhoras em trajes de luto e eu era olhada por todos com meu vestido claro e meu chapéu branco. Desejaria sair da igreja, mas não podia nem pensar nisso por causa da chuva. Para humilhar-me ainda mais, o bom Deus permitiu que, com sua simplicidade patriarcal, Papai me fizesse avançar até a ábside da Catedral; não querendo entristecê-lo, aceitei de boa vontade, proporcionando esta distração aos bons habitantes de Bayeux, que jamais quisera ter conhecido... Enfim, pude respirar à vontade numa capela que se achava atrás do altar-mor e ali fiquei por muito tempo, rezando fervorosamente e esperando que a chuva cessasse e nos permitisse sair. Ao voltar, Papai fez-me admirar a beleza do edifício, que, estando deserto, parecia-me muito maior; mas um único pensamento me ocupava e não conseguia encontrar prazer em nada. Fomos, diretamente, ter com Monsenhor Révérony, que estava informado de nossa chegada, tendo ele próprio marcado o dia da viagem; mas estava ausente; tivemos então de andar pelas ruas, que me pareciam *muito tristes*; enfim, voltamos para perto do episcopado e Papai me fez entrar num belo hotel, onde não fiz as honras ao hábil cozinheiro. Meu pobre Paizinho era de uma ternura quase incrível comigo; dizia-me que não me preocupasse, que, por certo, o Senhor Bispo atenderia o meu pedido. Após ter repousado, voltamos ao Monsenhor Révérony; um senhor chegou ao mesmo tempo, mas o Vigário-geral pediu-lhe polidamente que esperasse e nos fez entrar por primeiro em seu gabinete (o pobre senhor teve tempo de se aborrecer, pois a visita foi longa). Monsenhor Révérony mostrou-se muito amável, mas creio que o motivo de nossa viagem causou-lhe espanto. Após me ter olhado sorrindo e dirigido algumas perguntas, ele nos disse: "Vou apresentar-vos ao Bispo; queiram ter a bondade de me seguir". Vendo lágrimas brilharem em meus olhos, acrescentou: Ah, vejo diamantes... É bom não mostrá-los à Sua Excelência!..." Fez-nos atravessar muitas salas bem amplas, ornadas de retratos de bispos.; vendo-me nesses grandes salões, imaginava-me como uma formiguinha e perguntava-me o que ousaria dizer ao Senhor Bispo. Este caminhava, entre dois sacerdotes, numa galeria; vi Monsenhor Révérony dizer-lhe algumas palavras e voltar com ele. Nós esperávamos em seu gabinete, onde três enormes poltronas estavam colocadas diante da lareira, em que crepitava um fogo ardente. Vendo entrar Sua Excelência, Papai pôs-se de joelhos, ao meu lado, para receber sua bênção. Em seguida, o Senhor Bispo ofereceu a Papai uma das poltronas, colocou-se diante dele e Monsenhor Révérony quis fazer-me tomar a do meio. Recusei educadamente, mas ele insistiu, dizendo-me que mostrasse se era capaz de obedecer. Logo sentei-me sem refletir e fiquei confusa ao vê-lo tomar uma cadeira, enquanto eu estava enterrada numa poltrona onde quatro como eu estariam à vontade (mais à vontade do que eu, que nem de longe o estava!...) Pensei que Papai fosse falar, mas disse-me que explicasse ao Senhor Bispo o objetivo de nossa visita; fiz isso com a maior *eloquência* possível. Sua Excelência, acostumado com a *eloquência*, não pareceu tocado com minhas razões; em lugar delas, uma palavra do Senhor Superior ter-me-ia sido mais útil. Infelizmente não a tinha, e sua oposição, de modo algum, intercedia em meu favor...

O Senhor Bispo perguntou-me se havia muito tempo que eu desejava entrar para o Carmelo. "Oh sim, Senhor Bispo. Faz muito tempo". "Vejamos, retomou rindo o Monsenhor Révérony, não podeis dizer que faz quinze anos que tendes esse desejo". "É verdade, respondi rindo também; mas não há muitos anos a descontar, pois desejo fazer-me religiosa desde o despertar de minha razão, e desejei o Carmelo assim que o conheci bem, pois nesta Ordem achei que todas as aspirações de minha alma seriam satisfeitas". Não sei, minha Mãe, se foram exatamente estas as minhas palavras. Creio que eram expressas de maneira ainda pior, mas, enfim, é o sentido.

Crendo ser agradável ao Papai, o Senhor Bispo procurou fazer-me ficar mais alguns anos junto dele e, por isso, não ficou pouco *surpreendido* e *edificado* vendo-o tomar meu partido e interceder para que obtivesse a permissão de partir aos 15 anos. Entretanto, foi tudo inútil. Disse que antes de decidir era indispensável uma entrevista com o *Superior do Carmelo*.

512

Não podia ouvir nada de mais penoso, pois conhecia a oposição formal de nosso Padre. Assim, sem levar em conta a recomendação de Monsenhor Révérony, fiz mais do que *mostrar diamantes* ao Senhor Bispo: *dei*-os a ele!... Bem vi que estava emocionado; tomando-me pelo pescoço, apoiou minha cabeça a seu ombro, fazendo-me carícias, como, parece, jamais alguém recebera dele. Disse-me que nem tudo estava perdido, que ele ficaria contente se eu fizesse a viagem a Roma para confirmar minha vocação e que, em vez de chorar, devia me alegrar; acrescentou que na semana seguinte, devendo ir a Lisieux, falaria a meu respeito com o Senhor Pároco de São Tiago e que, certamente, eu receberia sua resposta na Itália. Compreendi que era inútil fazer novas insistências. Aliás, tendo esgotado todos os recursos de minha *eloquência*, nada mais tinha a dizer.

O Senhor Bispo conduziu-nos até o jardim. Papai *divertiu-o muito*, dizendo-lhe que, para parecer mais velha, eu levantara os cabelos. (Isso não ficou esquecido, pois Sua Excelência não fala de "sua filhinha" sem contar a história dos cabelos...). Monsenhor Révérony quis acompanhar-nos até a saída do jardim do episcopado; disse a Papai que nunca tinha visto coisa igual: "Um pai tão apressado em dar sua filha ao bom Deus quanto esta filha em oferecer-se a si mesma!"

Papai pediu-lhe várias explicações sobre a peregrinação; entre outras, como era preciso vestir-se para apresentar-se diante do Santo Padre. Ainda o vejo voltar-se diante de Monsenhor Révérony, dizendo-lhe: "Estou bem assim?..." Disse também ao Senhor Bispo que se ele não me permitisse entrar para o Carmelo, eu pediria esta graça ao Soberano Pontífice. Meu querido Rei era muito simples em suas palavras e maneiras, mas era tão *bonito*... Tinha uma distinção toda natural, que deve ter agradado muito ao Senhor Bispo, habituado a se ver cercado de pessoas que conhecem todas as regras da etiqueta dos salões, mas não as do *Rei de França* e de *Navarra* em *pessoa*, com sua *Rainhazinha*...

Quando cheguei à rua, minhas lágrimas recomeçaram a correr, não tanto por causa de minha tristeza quanto por ver que meu Paizinho querido fizera uma viagem inútil... Ele, que imaginava uma festa enviar ao Carmelo um comunicado anunciando a feliz resposta do Senhor Bispo, era obrigado a voltar sem ter nenhuma... Ah, como sofri!... Parecia-me que meu futuro estava desfeito para sempre; quanto mais me aproximava do termo, mais meus negócios se emaranhavam. Minha alma estava mergulhada na amargura, mas também na paz, pois eu buscava somente a vontade do bom Deus.

Logo que cheguei a Lisieux, fui buscar consolo no Carmelo e achei-o junto a vós, minha Mãe querida. Oh, não! Jamais esquecerei tudo o que sofrestes por minha causa. Se não temesse profaná-las servindo-me delas, poderia repetir as palavras que Jesus dirigia aos seus Apóstolos, na tarde de sua Paixão: "Fostes vós que sempre estivestes comigo em todas as minhas provações"... Minhas *amadas* irmãs também me ofereceram muitas *consolações doces*...

Três dias depois da viagem a Bayeux, deveria fazer outra muito mais longa, à cidade eterna... Ah, que viagem!... Só ela me instruiu mais do que anos de estudos, mostrou a vaidade de tudo o que passa e que *tudo é aflição de espírito debaixo do Sol*... Entretanto, vi muitas coisas belas, contemplei todas as maravilhas da arte e da religião; sobretudo, pisei a mesma terra que os Santos Apóstolos, a terra regada pelo sangue dos Mártires, e minha alma alargou-se em contato com coisas santas...

Sou feliz por ter estado em Roma, mas compreendo as pessoas do mundo por pensarem que Papai me fez fazer esta grande viagem a fim de mudar minhas ideias de vida religiosa. De fato, havia ali motivos para abalar uma vocação pouco firme. Não tendo jamais vivido no meio do grande mundo, Celina e eu nos encontramos entre a nobreza que compunha quase exclusivamente a peregrinação. Ah, longe de nos fascinar, todos esses títulos e esses "de" pareceram-nos simples fumaça... A distância, às vezes isso me tinha lançado um pouco de poeira nos olhos, mas de perto vi que "nem tudo que brilha é ouro" e compreendi esta palavra da Imitação: "Não procureis essa sombra que chamam de grande nome, não desejeis numerosas relações ou a amizade particular de ninguém".

Compreendi que a verdadeira grandeza está na *alma* e não no *nome*, pois como diz Isaías: "O Senhor dará outro nome a seus eleitos" e São João diz também "que o vencedor receberá uma pedra branca sobre a qual está escrito um nome novo que ninguém conhece, a não ser aquele que a recebe". Portanto, é no Céu que saberemos quais são nossos títulos de nobreza. *Então, cada um receberá de Deus o louvor que merece* e aquele que sobre a terra tiver desejado ser o mais pobre, o mais esquecido por amor a Jesus, este será o primeiro, o mais *nobre* e o mais rico!...

A segunda experiência que fiz refere-se aos sacerdotes. Não tendo nunca vivido em sua intimidade, não podia compreender o objetivo principal da reforma do Carmelo. Encantava-me rezar pelos pecadores, mas rezar pelas almas dos sacerdotes, que eu considerava mais puros do que o cristal, parecia-me estranho!...

Ah, compreendi *minha vocação* na *Itália* e não era ir buscar longe demais um conhecimento tão útil...

Durante um mês, convivi com muitos *santos sacerdotes*, e vi que, se sua sublime dignidade os eleva acima dos Anjos, não deixam de ser homens fracos e frágeis... Se *santos sacerdotes* que, em seu Evangelho, Jesus chama de "sal da terra", mostram em sua conduta que têm extrema necessidade de orações, o que dizer dos que são tíbios? Jesus não disse ainda: "Se o sal perder sua força, com que se há de salgar?"

Ó minha Mãe! Como é bela a vocação que tem por objetivo *conservar* o *sal* destinado às almas! Esta é a vocação do Carmelo, pois o único objetivo de nossas orações e sacrifícios é sermos *apóstolas dos apóstolos*, rezando por eles enquanto evangelizam as almas com suas palavras e, sobretudo, com seus exemplos... É preciso que eu me detenha; se continuar a falar desse assunto, não acabaria mais!...

Minha Mãe querida, vou narrar minha viagem com alguns detalhes; perdoai-me se forem demais, pois não reflito antes de escrever e, por causa do meu pouco tempo livre, escrevo em tantos momentos diferentes e assim, talvez, meu relato vos pareça enfadonho... O que me consola é pensar que no Céu falar-vos-ei de graças que recebi e que, então, poderei fazê-lo em termos agradáveis e encantadores... Nada mais virá interromper nossas íntimas expansões e, com um único olhar, tereis compreendido tudo... Infelizmente, já que ainda preciso empregar a linguagem da triste terra, vou tentar fazê-lo com a simplicidade de uma criancinha que conhece o amor de sua Mãe!...

A peregrinação partiu de Paris no dia 7 de novembro, mas, alguns dias antes, Papai levou-nos para esta cidade para que a visitássemos.

Numa manhã, às três horas, eu atravessava a cidade de Lisieux ainda adormecida. Muitas impressões passaram em minha alma nesse momento. Sentia que caminhava para o desconhecido e que me esperavam grandes coisas... Papai estava alegre; quando o trem se pôs em movimento, ele cantou esse velho refrão: "Roda, roda, minha diligência! Eis-nos no grande caminho". Chegados a Paris durante a manhã, começamos logo a visitá-la. Este pobre Paizinho cansou-se muito para nos contentar. Assim, rapidamente, tínhamos visto todas as maravilhas da capital. Quanto a mim, encontrei *uma só* que me encantou, e essa maravilha foi "Nossa Senhora das Vitórias". Ah, não conseguiria dizer o que senti a seus pés... As graças que recebi emocionaram-me tão profundamente que somente minhas lágrimas traduziram minha felicidade, como no dia de minha Primeira Comunhão... A Santíssima Virgem fez-me sentir que fora *verdadeiramente ela que me havia sorrido e me curara*. Compreendi que ela velava sobre mim, que eu era *sua* filha, de modo que não podia senão dar-lhe o nome de "Mamãe", que me parecia ainda mais terno do que o de Mãe... Com que fervor não lhe supliquei que me protegesse sempre e realizasse logo o meu sonho, escondendo-me à *sombra de seu manto virginal!*... Ah, eis aí um dos meus primeiros desejos de criança... Crescendo, compreendi que era no Carmelo que me seria possível encontrar verdadeiramente o manto da Santíssima Virgem e era para essa montanha fértil que tendiam todos os meus desejos.

Supliquei ainda a Nossa Senhora das Vitórias que afastasse de mim tudo o que pudesse manchar minha pureza; não ignorava que, numa viagem como esta para a Itália haveria de encontrar muitas coisas capazes de me perturbar, sobretudo, porque, não conhecendo o mal, temia descobri-lo, pois não experimentara ainda que *tudo é puro para os puros* e que a alma simples e reta não vê mal em nada, pois, de fato, o mal não existe senão nos corações impuros e não nos objetos insensíveis... Pedi também a São José que velasse por mim. Desde minha infância tinha por ele uma devoção que se confundia com meu amor pela Santíssima Virgem. Todos os dias recitava a oração: "Ó São José, pai e protetor das virgens". Por isso, foi sem temor que empreendi minha longa viagem. Estava tão bem protegida que me parecia impossível ter medo.

Depois de consagrar-nos ao Sagrado Coração na Basílica de Montmartre, partimos de Paris na manhã do dia 7, segunda-feira. Logo tomamos conhecimento com as pessoas da peregrinação. Eu, tão tímida que normalmente mal ousava falar, via-me completamente desembaraçada desse desagradável defeito. Para minha grande surpresa, falava livremente com todas as grandes senhoras, os sacerdotes e até com o Senhor Bispo de Coutances. Parecia-me ter sempre vivido neste ambiente. Creio que todos nos queriam bem e Papai parecia orgulhoso de suas duas filhas. Mas, se ele se orgulhava de nós, nós estávamos, igualmente, orgulhosas dele, pois em toda a peregrinação não havia um senhor mais belo nem mais distinto do que meu querido Rei. Ele gostava de ver-se cercado por Celina e por mim. Muitas vezes, quando não estávamos na carruagem e nos afastávamos dele, chamava-me, para que lhe desse o braço como em Lisieux...

O Rev.do Monsenhor Révérony examinava cuidadosamente todos os meus atos. Muitas vezes, vi que nos observava de longe. À mesa, quando eu não estava à sua frente, sempre achava um meio de inclinar-se para me ver e ouvir o que eu dizia. Sem dúvida, queria conhecer-me para saber se, verdadeiramente, era capaz de ser Carmelita. Penso que ficou satisfeito com seu exame, pois no *fim* da *viagem* parecia muito bem-disposto comigo. Em Roma, porém, esteve longe de me ser favorável, como direi mais adiante. Antes de chegar a esta "cidade eterna", destino de nossa peregrinação, foi-nos dado contemplar muitas maravilhas. Primeiramente a Suíça, com suas montanhas, cujos cumes se perdem entre as nuvens, suas graciosas cascatas jorrando de mil maneiras diferentes, seus vales profundos cheios de folhagens gigantescas e de urzes cor-de-rosa. Ah, minha Mãe querida! Como estas belezas da natureza, espalhadas em *profusão*, fizeram bem à minha alma! Como a elevaram para Aquele que se dignou lançar tais obras-primas sobre uma terra de exílio, que durará apenas um dia... Não tinha olhos bastantes para olhar. De pé, à portinhola, quase perdia a respiração; gostaria de estar dos dois lados do vagão, pois, virando-me, via paisagens de um aspecto encantador e totalmente diferentes das que se estendiam à minha frente.

Às vezes, encontrávamo-nos no cume da montanha e, a nossos pés, precipícios, cuja profundeza nosso olhar não podia sondar, e que pareciam prestes a nos engolir... ou, então, um encantador vilarejo com seus graciosos chalés e seu campanário, acima do qual balançavam, docemente, algumas nuvens cintilantes de brancura... Mais ao longe havia um grande lago, dourado pelos últimos raios do Sol; as ondas calmas e puras, tomando a cor azulada do Céu que se misturava aos fogos do ocaso, apresentavam a nossos olhares maravilhados o espetáculo mais poético e mais encantador que se pode ver... Ao fundo do vasto horizonte, percebiam-se as montanhas, cujos contornos indecisos teriam escapado a nossos olhos, se seus cumes nevados, que o sol tornava resplandecentes, não viessem acrescentar um encanto a mais ao belo lago que nos arrebatava...

Olhando para todas essas belezas, nasciam em minha alma pensamentos muito profundos. Parecia-me já compreender a grandeza de Deus e as maravilhas do Céu... A vida religiosa aparecia-me *tal qual é*, com suas *submiss*ões, seus pequenos sacrifícios praticados na sombra. Compreendia quanto é fácil dobrar-se sobre si mesma, esquecer o sublime objetivo de própria vocação e dizia a mim mesma: Mais tarde, na hora da provação, quando, prisioneira no Carmelo, não puder contemplar mais do que um cantinho do Céu estrelado, lembrar-me-ei do que vejo hoje; este pensamento dar-me-á coragem, facilmente esquecerei meus pobres e pequenos interesses, vendo a grandeza e o poder do Deus, a quem, unicamente, quero amar. Não terei a infelicidade de apegar-me a *palhas*, agora que "meu coração pressentiu o que Jesus reserva aos que o amam!...

Após ter admirado o poder do bom Deus, pude admirar também aquele que deu a suas criaturas. A primeira cidade da Itália que visitamos foi Milão. Sua Catedral, toda de mármore branco, com suas estátuas, tão numerosas a ponto de formar um povo quase incalculável, foi visitada por nós em seus menores detalhes. Celina e eu éramos intrépidas, sempre as primeiras, seguindo imediatamente atrás do Senhor Bispo, a fim de ver tudo o que se referia às relíquias dos Santos e compreender bem as explicações. Assim, enquanto ele oferecia o Santo Sacrifício sobre o túmulo de São Carlos, nós estávamos com Papai atrás do altar, com a cabeça apoiada sobre a urna que guarda o corpo do Santo, revestido em suas vestes pontificais. Era assim por toda a parte... (Exceto quando se tratava de subir onde a dignidade de um Bispo não o permita, porque, então, sabíamos muito bem separar-nos de Sua Excelência...) Deixando as Senhoras tímidas esconder o rosto com as mãos após ter subido as primeiras torrezinhas que coroam a Catedral, nós seguíamos os peregrinos mais ousados e chegávamos até o cume da última torre de mármore, de onde tínhamos o prazer de ver a nossos pés a cidade de Milão, cujos numerosos habitantes pareciam um *pequeno formigueiro*... Descendo do nosso pedestal, iniciamos os nossos passeios em carruagem, que deviam durar um mês e satisfazer para sempre o meu desejo de rodar sem cansar! O Campo Santo extasiou-nos mais ainda do que a Catedral. Todas as estátuas de mármore branco, que um cinzel do gênio parece ter animado, estão espalhadas no vasto campo dos mortos numa espécie de displicência, o que para mim aumenta seu encanto... Ficar-se-ia tentado consolar os personagens ideais de que se está cercado. Sua expressão é tão verdadeira, sua dor tão calma e resignada que não se pode impedir de reconhecer os pensamentos de imortalidade que devem encher o coração dos artistas que executavam estas obras-primas. Aqui, é uma criança lançando flores sobre o túmulo de seus pais; o mármore parece ter perdido seu peso e as delicadas pétalas parecem deslizar entre os dedos da criança; o vento já parece dispersá-las, parece também fazer esvoaçar o leve véu das viúvas e as fitas que ornam os cabelos das jovens moças. Papai estava encantado como nós; na Suíça sentira-se cansado, mas aqui, tendo reaparecido sua alegria, gozava o belo espetáculo que contemplávamos. Sua alma de artista revelava-se nas expressões de fé e admiração que transpareciam em seu belo rosto. Um idoso Senhor (francês) que, sem dúvida, não tinha a alma tão poética, olhava-nos com o canto do olho e dizia de mau humor, com um ar de quem lamenta não poder participar de nossa admiração: "Ah, como os franceses são entusiastas!" Creio que este pobre Senhor teria feito melhor se tivesse ficado em casa, pois não me pareceu contente com sua viagem; com frequência, achava-se perto de nós e sempre saíam queixas de sua boca. Estava descontente com as carruagens, hotéis, pessoas, cidades, enfim, com tudo... Em sua habitual grandeza de alma, Papai procurava consolá-lo, oferecia-lhe seu lugar etc. Enfim, achava-se sempre bem em toda a parte, tendo um caráter completamente oposto ao de seu indelicado vizinho... Ah, como vimos personagens diferentes! Como é interessante o estudo do mundo quando se está prestes a deixá-lo!...

Em Veneza, o cenário mudou completamente. Ao invés do ruído das grandes cidades, no meio do silêncio, não se ouve mais do que os gritos dos gondoleiros e o murmúrio da onda agitada pelos remos. Veneza não é sem encantos, mas acho triste esta cidade. O palácio dos Doges é esplêndido; entretanto, ele também é triste com seus vastos aposentos, onde se ostentam o ouro, a madeira, os mármores mais preciosos e as pinturas dos maiores mestres. Há muito tempo, suas abóbodas sonoras deixaram de ouvir a voz dos governadores que pronunciavam sentenças de vida e de morte nas salas que atravessamos... Cessaram de sofrer os infelizes prisioneiros, encerrados pelos Doges nos cárceres e calabouços subterrâneos... Visitando estas horríveis prisões, pensava no tempo dos mártires e quisera ficar ali, a fim de imitá-los!... Mas era preciso sair imediatamente e passar sobre a ponte "dos suspiros", assim chamada por causa dos suspiros de alívio que davam os condenados ao se verem livres do horror dos subterrâneos, aos quais preferiam a morte...

Depois de Veneza, fomos a Pádua, onde veneramos a língua de Santo Antônio. Em seguida, a Bolonha, onde vimos Santa Catarina, que conserva o sinal do beijo do Menino Jesus. Há muitos detalhes interessantes que poderia contar sobre cada cidade e sobre as mil pequenas circunstâncias particulares de nossa viagem, mas não acabaria mais; por isso, escreverei apenas os detalhes principais.

Foi com alegria que deixei Bolonha. Esta cidade tinha-se tornado insuportável para mim por causa dos estudantes de que está cheia e que formavam uma ala quando tivemos a infelicidade de sair a pé, sobretudo por causa da pequena aventura que me aconteceu com um deles. Estava contente por tomar o caminho de Loreto. Não me surpreende que a Santíssima Virgem tenha escolhido este lugar para transportar sua bendita casa. A paz, a alegria, a pobreza reinam ali soberanos; tudo é simples e primitivo, as mulheres conservam seu gracioso traje italiano e, como outras cidades, não adotaram a *moda de Paris*. Enfim, Loreto me fascinou! Que direi da santa casa?... Ah, minha emoção foi profunda ao me encontrar sob o mesmo teto que a Sagrada Família, contemplando os muros sobre os quais Jesus tinha fixado seus olhos divinos, pisando a terra que São José regara de suor, onde Maria carregara Jesus nos braços, após tê-lo levado em seu seio virginal... Vi o pequeno quarto onde o Anjo descera junto à Santíssima Virgem... Coloquei meu terço na tigelinha do Menino Jesus... Que lembranças encantadoras!...

Mas o nosso grande consolo foi receber o *próprio Jesus* em sua casa e ser seu templo vivo no mesmo lugar que Ele honrou com sua presença. Segundo um costume da Itália, o santo cibório conserva-se, em cada igreja, num único altar e somente ali se pode receber a santa Comunhão. Este altar estava na própria Basílica onde se acha a casa santa, encerrada como um diamante precioso num estojo de mármore branco. Isso não nos agradou! Era no próprio *diamante* e não no *estojo* que queríamos fazer a Comunhão... Em sua habitual doçura, Papai fez como todos os demais, mas Celina e eu fomos procurar um sacerdote que nos acompanhava por toda parte e que, justamente, se preparava para celebrar sua missa na santa casa, por um privilégio especial. Ele pediu duas *hóstias pequenas* e as colocou na patena com sua hóstia grande. Compreendeis, minha querida Mãe, qual não foi nossa alegria ao recebermos, as duas, a santa Comunhão nesta casa bendita!... Era uma felicidade celeste, que as palavras não podem traduzir. O que será, então, quando recebermos a Comunhão na morada eterna do Rei dos Céus?... Então, não veremos mais acabar nossa alegria, já não haverá a tristeza da partida e, para levar uma lembrança, não nos será mais necessário *raspar furtivamente* os muros santificados pela presença divina, pois sua *casa* será a nossa por toda a eternidade... Ele não quer nos dar a da terra, contenta-se em no-la mostrar para fazer-nos amar a pobreza e a vida escondida; aquela que Ele nos reserva é seu Palácio de glória onde já não o veremos escondido sob a aparência de uma criança ou de uma branca hóstia, mas tal como Ele é, no brilho de seu esplendor infinito!!!...

Agora, resta-me falar de Roma; de Roma, meta de nossa viagem, onde pensava encontrar consolo, mas onde achei a cruz!... Era noite quando chegamos. Tendo adormecido, fomos despertados pelos empregados da estação, que gritavam: "Roma, Roma". Não era um sonho, eu estava em Roma!

O primeiro dia foi passado fora dos muros e foi, talvez, o mais delicioso, pois todos os monumentos conservaram seu cunho de antiguidade, enquanto que, no centro de Roma, poderíamos julgar-nos em Paris, ao ver a magnificência dos hotéis e das lojas. Este passeio pelas campinas romanas deixou-me uma doce lembrança. Nada falarei dos lugares que visitamos; há muitos livros que os descrevem extensamente; falarei somente das *principais* impressões que senti. Uma das mais doces foi a que me fez exultar à vista do *Coliseu*. Enfim, via esta arena em que tantos mártires derramaram seu sangue por Jesus; já me preparava para beijar a terra que eles haviam santificado, mas... que decepção! O centro não é mais do que um amontoado de escombros, que os peregrinos devem contentar-se em olhar, pois uma barreira impede a entrada. Aliás, ninguém se sente tentado a penetrar no meio dessas ruínas... Seria possível ir a Roma sem descer ao Coliseu?... Isso me parecia impossível. Já não ouvia as explicações do guia; um único pensamento me ocupava: descer à arena... Vendo passar um operário com uma escada, estive a ponto de pedi-la. Felizmente, não pus minha ideia em execução, pois me teria tomado por uma louca... Diz-se no Evangelho que Madalena, ficando sempre junto ao túmulo e inclinando-se *várias vezes* para olhar no interior, acabou por ver dois Anjos. Como ela, embora reconhecendo a impossibilidade de ver realizados os meus desejos, continuava a inclinar-me para as ruínas, aonde queria descer. Por fim, não vi Anjos, mas *aquilo que procurava*. Soltei um grito de alegria e disse à Celina: "Vem depressa, vamos poder passar!"... Atravessamos rapidamente a barreira que os escombros atingiam naquele lugar e eis-nos escalando as ruínas que desmoronavam sob nossos passos.

Papai nos olhava muito admirado de nossa audácia. Logo pediu-nos para voltar, mas as duas fugitivas não ouviram nada. Como os guerreiros sentem aumentar sua coragem no meio do perigo, assim nossa alegria aumentava na proporção da dificuldade que tínhamos em atingir o objeto de nossos desejos. Celina, mais previdente do que eu, ouvira o guia e, lembrando-se de que ele acabara de indicar um certo pequeno pavimento em forma de cruz, como sendo o lugar onde combatiam os mártires, pôs-se a procurá-lo. Tendo-o achado, imediatamente nos ajoelhamos sobre esta terra sagrada e nossas almas confundiram-se numa mesma oração... Meu coração batia muito forte quando meus lábios se aproximaram da poeira empurpurada pelo sangue dos primeiros cristãos e pedi a graça de também ser mártir por Jesus e, no fundo do meu coração, senti que minha oração era ouvida!... Tudo isso aconteceu em muito pouco tempo. Depois de termos apanhado algumas pedras, voltamos até os muros em ruína, para recomeçar nossa perigosa empresa. Vendo-nos tão felizes, Papai não pôde nos repreender e vi bem que ele se orgulhava de nossa coragem... O bom Deus protegeu-nos visivelmente, pois os peregrinos não perceberam nossa ausência; estando mais longe do que nós, ocupados, sem dúvida, em olhar as magníficas arcadas, nas quais o guia fazia notar "as pequenas cornijas e os cupidos colocados por cima"; assim, nem ele, nem os "senhores Padres" conheceram a alegria que enchia nossos corações.

Também as catacumbas deixaram-me uma doce impressão. São tais como as havia imaginado ao ler sua descrição na vida dos mártires. A atmosfera que ali se respira pareceu-me tão suavemente perfumada que, depois de ali passar uma parte da tarde, tinha a impressão de estar lá somente há alguns instantes... Era preciso levar alguma lembrança das catacumbas; por isso, tendo deixado a procissão se afastar um pouco, *Celina* e *Teresa* penetraram juntas até o fundo do antigo túmulo de Santa Cecília e recolheram um pouco da terra santificada por sua presença. Antes de minha viagem a Roma, não tinha por esta santa nenhuma devoção particular, mas visitando sua casa transformada em igreja, o lugar de seu martírio, sabendo que ela fora proclamada rainha da harmonia, não por causa de sua bela voz, nem devido ao seu talento pela música, mas em lembrança do *canto virginal* que fez ouvir a seu Esposo celeste escondido no fundo de seu coração, senti por ela mais do que devoção: uma verdadeira *ternura* de *amiga*... Ela se tornou minha santa predileta, minha confidente íntima... Nela tudo me encanta, sobretudo seu *abandono*, sua *confiança* ilimitada, que a tornaram capaz de virginizar almas que jamais desejaram outras alegrias senão as da vida presente...

Santa Cecília é semelhante à esposa dos Cânticos. Nela vejo "um coro em campo de batalha"... Sua vida não foi outra coisa senão um canto melodioso, mesmo no meio das maiores provações. E isso não me admira, pois "o Evangelho sagrado repousava sobre seu coração" e *em seu coração repousava* o Esposo das Virgens!...

A visita à igreja de Santa Inês também me foi muito doce. Era uma *amiga* de *infância* que eu ia visitar em sua casa. Falei-lhe longamente daquela que tão dignamente traz seu nome e fiz todos os esforços para obter uma relíquia da angélica padroeira de minha querida Mãe, a fim de lha ofertar; mas não nos foi possível conseguir outra coisa senão uma pedrinha vermelha que se destacou de um rico mosaico, cuja origem remonta aos tempos de Santa Inês e que ela deve ter visto muitas vezes. Não é encantador que a própria amável Santa nos tenha dado o que procurávamos e que nos era proibido tomar?... Sempre considerei isso como uma delicadeza e uma prova de amor com que a doce Santa Inês olha e protege minha Mãe querida!...

Seis dias se passaram a visitar as principais maravilhas de Roma e, *no sétimo*, vi a maior de todas: "Leão XIII"... Este dia, eu o desejava e, ao mesmo tempo, o temia; era dele que dependia minha vocação, pois a resposta que devia receber do Senhor Bispo não tinha chegado, e soube por uma carta vossa, *minha Mãe*, que ele não estava muito disposto em relação a mim. Assim minha única tábua de salvação era a permissão do Santo Padre... Para obtê-la, porém, era preciso pedi-la; era preciso, diante de todos, *"ousar falar ao Papa"*... Este pensamento fazia-me tremer. O que sofri antes da audiência, só o sabe o bom Deus e minha *querida Celina*. Jamais esquecerei a parte que ela tomou em todas as minhas provações. Parecia que minha vocação era a sua. (Nosso amor mútuo era notado pelos padres da peregrinação. Uma tarde, estando numa reunião tão numerosa que faltaram cadeiras, Celina tomou-me sobre seus joelhos e nos olhávamos tão gentilmente que um padre exclamou: "Como elas se amam! Ah, nunca estas duas irmãs poderão se separar!" Sim, nós nos amávamos, mas nossa afeição era tão *pura* e tão forte que o pensamento da separação não nos perturbava, pois sentíamos que nada, nem mesmo o oceano, poderia afastar-nos uma da outra... Celina via com calma meu barquinho abordar à praia do Carmelo e se resignava a ficar, pelo tempo que o bom Deus quisesse, sobre o mar tempestuoso do mundo, certa de, por sua vez, atingir a margem, objeto de nossos desejos...)

No domingo, dia 20 de novembro, depois de nos termos vestido segundo o cerimonial do Vaticano (isto é, de preto, com uma mantilha de renda na cabeça) e nos termos enfeitado com uma grande medalha de Leão XIII, suspensa por uma fita azul e branco, fizemos nossa entrada no Vaticano, na capela do Soberano Pontífice. Às 8 horas, nossa emoção foi profunda vendo-o entrar para celebrar a santa missa... Após ter abençoado os numerosos peregrinos reunidos ao redor dele, subiu os degraus do Santo Altar e nos mostrou, por sua piedade digna do Vigário de Jesus, que realmente era "o Santo Padre". Meu coração batia muito forte e minhas orações eram muito ardentes enquanto Jesus descia entre as mãos de seu Pontífice. Entretanto, estava cheia de confiança; o Evangelho desse dia terminava com estas encantadoras palavras: "Não temais, pequeno rebanho, pois aprouve a meu Pai dar-vos um reino". Não, eu não temia, esperava que o reino do Carmelo, em breve, me pertencesse; não pensava, então, nessas outras palavras de Jesus: "Eu vos preparo meu reino como meu Pai o preparou para mim". Quer dizer, eu vos reservo cruzes e provações; é assim que sereis dignos de possuir o reino pelo qual suspirais; porque foi necessário que Cristo sofresse e assim entrasse na glória; se desejais ter um lugar ao seu lado, bebei do cálice que Ele mesmo bebeu!... Este cálice me foi apresentado pelo Santo Padre e minhas lágrimas misturaram-se à amarga bebida que me era oferecida. Depois a missa de ação de graças, que seguiu à de Sua Santidade, começou a audiência. Leão XIII estava sentado numa grande poltrona, vestido simplesmente com uma sotaina branca, uma murça da mesma cor e, na cabeça, apenas um pequeno solidéu. Ao redor dele achavam-se Cardeais, Arcebispos e Bispos; mas os vi de maneira geral, pois estava ocupada com o Santo Padre; passamos diante dele em procissão, cada peregrino ajoelhava-se por sua vez, beijava o pé e a mão de Leão XIII, recebia sua bênção e dois guardas-nobres o tocavam por cerimônia, indicando-lhe, com isso, que se levantasse (ao peregrino, porque me explico tão mal que poder-se-ia pensar que era ao Papa). Antes de penetrar no aposento pontifício, estava bem resolvida a *falar*, mas senti minha coragem desfalecer ao ver à direita do Santo Padre o "Monsenhor Révérony!"... Quase no mesmo instante, disseram-nos de sua parte que nos *proibia falar* a Leão XIII, para que a audiência não se prolongasse demais... Voltei-me para minha querida Celina, a fim de saber sua opinião. "Fala", disse-me ela. Um instante depois, eu estava aos pés do Santo Padre. Tendo beijado sua pantufa, apresentou-me a mão, mas ao invés de beijá-la, juntei as minhas e, levantando para seu rosto meus olhos banhados de lágrimas, exclamei: "Santíssimo Padre, tenho uma grande graça a vos pedir!"...

Então, o Soberano Pontífice inclinou a cabeça para mim, de maneira que meu rosto quase tocava o seu, e vi seus *olhos negros* e *profundos* se fixarem em mim, parecendo penetrar-me até o fundo da alma. "Santíssimo Padre, disse-lhe, em honra de vosso jubileu, permiti-me entrar para o Carmelo aos 15 anos!"...

Sem dúvida, a emoção tinha feito tremer minha voz. Por isso, voltando-se para Monsenhor Révérony, que me olhava com espanto e descontentamento, o Santo Padre disse: "Não compreendo muito bem". Se o bom Deus tivesse permitido, teria sido fácil para Monsenhor Révérony obter-me o que desejava, mas era a cruz e não a consolação que me queria dar. "Santíssimo Padre, responde o Vigário-geral, é uma criança que seja entrar para o Carmelo aos 15 anos, mas os superiores examinam o problema nesse momento", "Pois bem, minha filha, retomou o Santo Padre, olhando-me com bondade, fazei o que os Superiores vos disserem." Então, apoiando as mãos sobre seus joelhos, tentei um último esforço e disse com voz suplicante: Oh Santíssimo Padre, se disserdes sim, todo o mundo aceitará!"... Ele me olhou fixamente e pronunciou estas palavras, acentuando cada sílaba: "Vamos... Vamos... *Se o bom Deus quiser, entrareis!*"... (Sua acentuação tinha algo tão penetrante e convicto que ainda me parece ouvi-lo.) Encorajando-me a bondade do Santo Padre, quis ainda falar, mas os dois guardas-nobres *tocaram-me polidamente* para fazer-me levantar; vendo que isso não bastava, tomaram-me pelos braços e Monsenhor Révérony ajudou-os a levantar-me, pois ainda estava de mãos juntas apoiadas sobre os joelhos de Leão XIII e foi à força que me arrancaram de seus pés... No momento em que era assim *retirada*, o Santo Padre colocou sua mão em meus lábios e, em seguida, levantou-a para me abençoar. Então, meus olhos encheram-se de lágrimas e Monsenhor Révérony pôde contemplar pelo menos tantos *diamantes* quantos vira em Bayeux... Os dois guardas-nobres, por assim dizer, carregaram-me até a porta, e lá um terceiro me deu uma medalha de Leão XIII. Celina, que me seguia, fora testemunha da cena que acabara de acontecer; quase tão emocionada como eu, ela teve, entretanto, a coragem de pedir ao Santo Padre uma bênção para o Carmelo. Monsenhor Révérony, com voz descontente, respondeu: "O Carmelo já está abençoado". O bom Santo Padre retomou com doçura: "Oh, sim! Já está abençoado". Papai estivera antes de nós aos pés de Leão XIII (com os homens). Monsenhor Révérony fora amabilíssimo com ele, apresentando-o como o *Pai* de *duas Carmelitas*. Em sinal de particular benevolência, o Soberano Pontífice pousou sua mão sobre a cabeça venerável de meu Rei querido, parecendo assim marcá-lo com um *selo* misterioso em nome daquele de quem é o verdadeiro representante... Ah, agora que este *Pai* de *quatro Carmelitas* está no Céu, não é mais a mão do Pontífice que repousa em sua fronte, profetizando-lhe o martírio... É a *mão* do Esposo das Virgens, do Rei da Glória, que faz resplandecer a cabeça de seu servo fiel, e esta mão adorada nunca mais deixará de repousar sobre a fronte que ela glorificou...

Meu querido Papai sentiu grande tristeza por me encontrar em lágrimas ao sair da audiência. Fez tudo o que pôde para me consolar, mas em vão... No fundo do coração, sentia uma grande paz, pois tinha feito absolutamente tudo o que estava a meu alcance para poder responder ao que o bom Deus pedia de mim. Mas esta *paz* estava no fundo e a amargura *enchia* minha alma, porque Jesus se calava. Parecia ausente, nada revelava sua presença... E também neste dia o Sol não brilhou e o belo Céu da Itália, carregado de nuvens sombrias, não cessou de chorar comigo... Ah, estava acabado, minha viagem não tinha mais encanto algum a meus olhos, pois o objetivo não fora alcançado. Todavia, as últimas palavras do Santo Padre deveriam consolar-me. Afinal, não eram elas uma verdadeira profecia? *Apesar de* todos os obstáculos, o que o *bom Deus quis*, realizou-se. Ele não permitiu às criaturas fazerem o que quisessem, mas a *vontade dele*... Há algum tempo já, eu me ofereci ao Menino Jesus para ser seu *brinquedinho*. Tinha-lhe dito que não se servisse de mim como de um brinquedo caro, que as crianças se contentam em olhar, sem ousar tocá-los, mas como uma bolinha sem valor algum, que Ele podia jogar por terra, chutar com o pé, *furar*, deixar num canto ou apertá-la sobre seu coração se isso lhe causasse prazer; numa palavra, queria *divertir* o *Menino* Jesus, dar-lhe prazer, entregar-me a seus *caprichos infantis*... Ele ouvira minha oração...

Em Roma, Jesus *furou* seu brinquedinho; queria ver o que havia dentro. E depois de ter visto, contente com sua descoberta, deixou cair sua bolinha e adormeceu... O que fez durante seu doce sono e o que se tornou a bolinha abandonada?... Jesus sonhou ainda que *se divertia* com seu brinquedinho, largando-o e pegando-o sempre de novo. E depois de o ter feito rolar para bem longe, apertou-o sobre seu coração, não permitindo que nunca se afastasse de sua mãozinha....

Compreendeis, minha querida Mãe, como a bolinha estava triste por se ver *por terra*... Contudo, não cessava de esperar contra toda a esperança. Alguns dias depois da audiência com o Santo Padre, tendo o Papai ido visitar o bom Frei Simeão, lá se encontrou com Monsenhor Révérony, que foi muito amável. Papai repreendeu-o, alegremente, por não me ter ajudado na minha *difícil empresa*; depois contou ao Frei Simeão a história de sua *Rainha*. O venerável ancião ouviu o relato com muito interesse; até tomou notas sobre ela e disse com emoção: "Não se vê isso na Itália!" Creio que esta entrevista causou uma boa impressão a Monsenhor Révérony. Desde então, não cessou de me provar que estava, *enfim*, convencido de minha vocação.

No dia seguinte à memorável data, tivemos de partir de manhã para Nápoles e Pompeia. Em nossa honra, o Vesúvio faz ruído o dia inteiro, deixando escapar uma espessa coluna de fumaça com seus *tiros de canhão*. Os vestígios que deixou sobre as ruínas de Pompeia são espantosos e mostram o poder de Deus, "que olha para a terra e a faz tremer, que toca as montanhas e as reduz a fumaça..."

Teria gostado de passear, sozinha, em meio às ruínas, a sonhar sobre a fragilidade das coisas humanas, mas o número de viajantes tirava, em grande parte, o encanto melancólico da cidade destruída... Em Nápoles foi totalmente o contrário, o *grande número* de carruagens puxadas por dois cavalos tornou magnífico nosso passeio ao mosteiro São Martinho, situado sobre uma alta colina dominando toda a cidade. Infelizmente, os cavalos que nos conduziam desembestavam a cada instante e, mais de uma vez, pensei na minha última hora. O cocheiro podia repetir constantemente a palavra mágica dos condutores italianos: "Appipau, appipau...", e os pobres cavalos queriam revirar a carruagem. Enfim, graças à proteção de nossos anjos da guarda, chegamos ao nosso magnífico hotel. Durante todo o percurso de nossa viagem fomos hospedados em hotéis principescos; nunca estive cercada de tanto luxo. É mesmo o caso de dizer que a riqueza não traz felicidade, pois ter-me-ia sentido mais feliz sob o teto de uma choupana com a esperança do Carmelo do que entre lambris dourados, escadas de mármore branco, tapetes de seda, com a amargura no coração... Ah, eu sentia muito bem: a alegria não se acha nos objetos que nos cercam, mas no mais íntimo de nossa alma. Pode-se possuí-la tanto numa prisão como num palácio. A prova é que sou mais feliz no Carmelo, mesmo em meio a provações interiores e exteriores, do que no mundo, cercada de comodidades da vida e, *sobretudo*, das doçuras do lar paterno!...

Tinha a alma mergulhada na tristeza. Contudo, exteriormente, era a mesma, porque julgava ser segredo o pedido que fizera ao Santo Padre. Logo pude convencer-me do contrário. Tendo ficado sozinha com Celina no vagão (os outros peregrinos haviam descido ao restaurante durante os minutos de parada), vi Monsenhor Legoux, Vigário-geral de Coutances, abrir a portinhola e, olhando-me a sorrir, disse-me: "Então, como vai a nossa carmelitazinha?..." Compreendi, então, que todos os peregrinos conheciam o meu segredo; felizmente, ninguém me falou sobre isso, mas vi, pela maneira simpática com que me olhavam, que meu pedido não produziu um efeito mau, ao contrário. Na pequena cidade de Assis, tive ocasião de entrar na carruagem de Monsenhor Révérony, favor que não foi concedido a *nenhuma Senhora* durante toda a viagem. Eis como obtive este privilégio. Depois de ter visitado os lugares embalsamados pelas virtudes de São Francisco e de Santa Clara, terminamos no mosteiro de Santa Inês, irmã de Santa Clara. Contemplei à vontade a cabeça da Santa, e sendo uma das últimas a me retirar, percebi ter perdido meu cinto. *Procurei*-o em meio à multidão. Um sacerdote teve pena de mim e me ajudou. Mas depois de tê-lo encontrado, vi-o afastar-se de mim e fiquei sozinha a procurar, pois tinha achado o cinto, mas era impossível colocá-lo... Faltava a fivela! Enfim, vi-a brilhar num canto; tomá-la e ajustá-la ao cinto não demorou, mas o trabalho precedente fora muito longo. Por isso, minha admiração foi grande ao me ver só junto à igreja. Todas as numerosas carruagens haviam desaparecido, exceto a do Monsenhor Révérony. Que partido tomar? Era preciso correr atrás das carruagens, que eu não via mais, expor-me a perder o trem e deixar meu querido Papai na inquietação, ou então pedir um lugar na carruagem de Monsenhor Révérony... Decidi pela última opção. Com meu ar mais gracioso e menos *embaraçado* possível, apesar de meu extremo *embaraço*, expus-lhe minha situação crítica, deixando-o também *embaraçado*, porque sua carruagem estava cheia dos *Senhores* mais distintos da peregrinação. Impossível encontrar um lugar a mais. Mas um senhor muito distinto apressou-se a descer, fez-me subir ao seu lugar e colocou-se modestamente junto ao cocheiro. Eu parecia um esquilo preso na armadilha e estava longe de me sentir à vontade, cercada de todos esses grandes personagens e, sobretudo, do mais *temível*, em frente do que estava colocada... Mas ele foi muito amável comigo, interrompendo de vez em quando sua conversa com os senhores para me falar do *Carmelo*. Antes de chegar à estação, todas as *grandes personagens* tiraram suas *grandes* carteiras, a fim de dar dinheiro ao cocheiro (já pago); fiz como eles e tomei minha *pequena carteira*, mas Monsenhor Révérony não consentiu que eu retirasse minhas lindas *moedinhas*. Preferiu dar uma *grande* por nós dois.

Outra vez, encontrei-me ao lado dele na condução coletiva. Foi ainda mais amável e prometeu-me *fazer tudo o que pudesse a fim de eu entrar para o Carmelo*... Embora pondo um pouco de bálsamo em minhas chagas, essas pequenas ocasiões não impediram que a volta fosse bem menos agradável do que a ida, pois não tinha mais a esperança do "Santo Padre"; não encontrava nenhum socorro sobre a terra, que me parecia um deserto árido e sem água. Toda a minha esperança estava *só* no bom Deus... Acabava de fazer a experiência de que é melhor recorrer a Ele do que aos santos...

A tristeza de minha alma não me impediu de interessar-me bastante pelos santos lugares que visitávamos. Em Florença fiquei feliz por contemplar Santa Madalena de Pazzi no meio do coro das Carmelitas, que nos abriram a grande grade; não sabíamos desse privilégio e, porque muitas pessoas queriam tocar seus terços no túmulo da Santa, só eu pude passar a mão pela grade que nos separava dele. Assim, todos me traziam os terços e eu estava muito orgulhosa com meu ofício... Achava sempre o meio de *tocar* em *tudo*. Assim, na igreja de Santa Cruz de Jerusalém (em Roma), pudemos venerar muitos pedaços da verdadeira Cruz, dois espinhos e um dos cravos sagrados encerrado num magnífico relicário de ouro trabalhado, mas *sem vidro*. Venerando a preciosa relíquia, encontrei também um meio de passar meu *dedinho* num dos vãos do relicário e pude *tocar* o cravo que foi banhado pelo sangue de Jesus... Era, verdadeiramente, muito audaciosa!... Felizmente, o bom Deus, que vê o fundo dos corações, sabe que minha intenção era pura e que, por nada no mundo, quereria desagradar-lhe. Agia em relação a Ele como uma *criança* que crê ser-lhe tudo permitido e olha para os tesouros de seu Pai como sendo seus. Não posso compreender por que, na Itália, as mulheres são tão facilmente excomungadas!... A cada instante nos diziam: "Não entreis aqui... Não entreis ali, ficareis excomungadas!" Ah, as pobres mulheres, como são desprezadas!... Todavia, elas amam o bom Deus em número bem maior do que os homens e, durante a Paixão de Nosso Senhor, as mulheres tiveram mais coragem do que os apóstolos, pois enfrentaram os insultos dos soldados e ousaram enxugar a Face adorável de Jesus... Por isso, sem dúvida, Ele permite que o desprezo seja sua partilha sobre a terra, porque Ele o escolheu para si mesmo... No Céu saberá mostrar que seus pensamentos não são os dos homens e que, então, as últimas serão as *primeiras*... Durante a viagem, mais de uma vez não tive a paciência de esperar o Céu para ser a primeira... No dia em que visitamos um mosteiro de Padres Carmelitas, não me contentando em seguir os peregrinos nas galerias *exteriores*, adiantei-me para os claustros *interiores*... De repente, vi um bom velho Carmelita que, de longe, fazia-me sinal para me retirar; mas, ao invés de me afastar, aproximei-me dele e, mostrando os quadros do claustro, fiz-lhe sinal de que eram bonitos. Sem dúvida, por meus cabelos caídos sobre as costas e meu ar jovem reconheceu que era uma criança. Sorriu-me com bondade e afastou-se, vendo que não tinha uma inimiga diante de si; se tivesse podido falar-lhe em italiano, ter-lhe-ia dito ser uma futura Carmelita, mas, devido aos construtores da torre de Babel, isso me foi impossível.

Depois de ter visitado ainda Pisa e Gênova, voltamos para a França. Durante o percurso, o panorama era magnífico. Ora seguíamos à beira-mar e a estrada de ferro ficava tão perto que tive a impressão de que as ondas iriam chegar até nós (este espetáculo foi causado por uma tempestade; era de tarde, o que tornava a cena ainda mais empolgante); ora, eram campinas cobertas de laranjeiras com frutos maduros, de verdes oliveiras com suas delicadas folhagens, de palmeiras graciosas... Ao cair da tarde, vimos numerosos pequenos portos do mar sendo iluminados por uma multidão de luzes, enquanto no Céu cintilavam as primeiras *estrelas*... Ah, que poesia invadia minha alma à vista de todas estas coisas que contemplava pela primeira e pela última vez em minha vida!... Era sem tristeza que as via desvanecer; meu coração aspirava a outras maravilhas. Ele tinha contemplado bastante as *belezas* da *terra*; as do Céu eram o objeto de seus desejos e, para dá-las às almas, eu queria tornar-me *prisioneira*!... Antes de ver abrirem-se diante de mim as portas da prisão bendita pela qual eu suspirava, era-me preciso ainda lutar e sofrer; pressentia-o ao voltar para a França. Entretanto, minha confiança era tão grande que não cessava de esperar que me seria permitido entrar no dia 25 de dezembro... Assim que chegamos a Lisieux, nossa primeira visita foi ao Carmelo. Que entrevista aquela!... Tínhamos tantas coisas a nos dizer, depois de um mês de separação; mês que me pareceu mais longo e durante o qual aprendi mais do que durante vários anos...

Oh, minha Mãe querida! Como me foi doce vos rever, abrir-vos minha pobre alminha ferida. A vós que sabeis compreender-me tão bem, a quem uma palavra, um olhar bastava para adivinhar tudo! Abandonei-me completamente; fizera tudo o que dependia de mim, tudo, até falar com o Santo Padre. Por isso, não sabia o que mais devia fazer. Dissestes-me que escrevesse ao Senhor Bispo e lhe relembrasse sua promessa. Eu o fiz, sem demora, da melhor forma possível, mas em termos que meu Tio achou simples demais. Ele refez minha carta, mas no momento em que ia despachá-la, recebi a vossa, dizendo-me que não escrevesse, que esperasse alguns dias; obedeci imediatamente, porque estava certa de que seria o melhor meio de não se enganar. Enfim, 10 dias antes do Natal, minha carta partiu. Bem convencida que a resposta não se faria esperar, todas as manhãs, após a missa, ia ao correio com Papai, pensando encontrar ali a permissão para voar, mas cada manhã trazia uma nova decepção que, contudo, não abalava minha fé... Pedi a Jesus que rompesse meus laços. Ele os partiu, mas de uma maneira completamente diferente da que eu esperava... A bela festa do Natal chegou e Jesus não despertava... Deixou sua bolinha por terra, sem mesmo lançar um olhar para ela...

Indo à missa da meia-noite, meu coração estava partido. Esperava tanto assisti-la atrás das grades do Carmelo!... Esta provação foi bem grande para a minha fé; mas *Aquele cujo coração vigia enquanto dorme*, fez-me compreender que aos que têm a fé do tamanho de um *grão* de *mostarda*, Ele faz *milagres* e transporta as montanhas, a fim de firmar esta fé tão pequena; mas para seus íntimos, para sua Mãe, não faz milagres *antes de ter provado sua fé*. Não deixou Lázaro morrer, ainda que Marta e Maria tenham mandado dizer-lhe que estava doente?... Nas núpcias de Caná, tendo a Santíssima Virgem pedido a Jesus que socorresse o dono da casa, não lhe respondeu que sua hora ainda não tinha chegado?... Mas, depois da prova, que recompensa! A água muda-se em vinho... Lázaro ressuscita!... Assim fez Jesus com sua Teresinha: depois de tê-la provado *por muito tempo*, realizou todos os desejos de seu coração...

Na tarde da radiosa festa, que passei entre lágrimas, fui ver as Carmelitas. Minha surpresa foi muito grande quando vi, ao abrirem a grade do locutório, um encantador Menino Jesus, tendo em sua mão uma bola na qual estava escrito meu nome. Em nome de Jesus, muito pequeno para falar, as Carmelitas cantaram-me um canto composto por minha querida Mãe; cada palavra derramava em minha alma um consolo muito doce. Jamais esquecerei esta delicadeza do coração maternal que sempre me cumulou das mais finas ternuras... Após agradecer, derramando doces lágrimas, contei a surpresa que minha Celina querida me havia feito ao voltar da missa da meia-noite. Em meu quarto, dentro de uma encantadora vasilha, encontrei um naviozinho que trazia o Menino Jesus dormindo com uma bolinha perto dele. Na branca vela, Celina escrevera estas palavras: "Durmo, mas meu coração vigia", e sobre a barca, esta única palavra: "Abandono!" Ah, se Jesus ainda não falava à sua noivinha, se seus olhos divinos permaneciam sempre fechados, ao menos revelava-se a ela por meio de almas que compreendiam todas as delicadezas do amor de seu coração...

No primeiro dia do ano de 1888, Jesus deu-me ainda de presente sua cruz, mas desta vez, estava sozinha para carregá-la, pois foi tanto mais dolorosa quanto incompreendida... Uma carta de Madre Maria de Gonzaga anunciava-me que a resposta do Senhor Bispo havia chegado dia 28, festa dos Santos *Inocentes*, mas que ela nada me fizera saber, tendo decidido que minha entrada só seria *depois da Quaresma*. Não pude reter minhas lágrimas ao pensar em tão longa demora. Esta provação teve para mim um caráter todo particular; via meus *laços rompidos* do lado do mundo, e agora era a arca santa que recusava a entrada à pobre pombinha... Concordo que devo ter parecido alguém sem razão ao não aceitar alegremente esses três meses de exílio; mas penso que, sem o parecer, esta prova foi *muito grande* e me fez *crescer* bastante no abandono e nas outras virtudes.

Como se passaram estes *três meses* tão ricos em graças para minha alma?... Primeiramente, veio-me à mente não me preocupar em levar uma vida tão regulada como fazia costumeiramente, mas logo compreendi o valor do tempo que me era oferecido e resolvei entregar-me mais do que nunca a uma vida *séria* e *mortificada*. Quando disse mortificada, não é para fazer crer que fazia penitências. Ah, *jamais fiz alguma*! Longe de assemelhar-me às belas almas que desde sua infância praticam toda espécie de mortificações, não sentia por elas atrativo algum; sem dúvida, isso vinha de minha covardia, porque, como Celina, teria podido encontrar mil pequenas invenções para me fazer sofrer; em vez disso, sempre me deixava afagar e tratar bem como um passarinho, que não tem necessidade de fazer penitência... Minhas mortificações consistiam em quebrar minha vontade, sempre pronta a se impor, a guardar uma palavra de réplica, a prestar pequenos favores sem deixar que transparecessem, a não apoiar as costas quando estava sentada etc., etc. Foi pela prática dessas *ninharias* que me preparei para ser a noiva de Jesus, e não posso dizer quanto esta espera me deixou doces recordações... Três meses passam bem depressa. Enfim, chegou o momento ardentemente esperado.

A segunda-feira, 9 de abril, dia em que o Carmelo celebrava a festa da Anunciação, transferida devido à Quaresma, foi escolhida para minha entrada. Na véspera, toda a família estava reunida ao redor da mesa, onde devia sentar-me pela última vez. Ah, quão pungentes são essas reuniões íntimas!... Quando desejaríamos ver-nos esquecidas, os carinhos, as palavras mais ternas são prodigalizadas e fazem sentir o sacrifício da separação... Papai não dizia quase nada, mas seu olhar fixava-se em mim com amor... Minha Tia chorava de vez em quando e meu Tio fazia-me mil elogios afetuosos. Também Joana e Maria eram cheias de delicadezas por mim, sobretudo Maria, que, tomando-me à parte, pediu-me perdão pelos sofrimentos que pensava ter-me causado. Enfim, minha querida Leoniazinha, que voltara da Visitação há alguns meses, cumulava-me mais ainda de beijos e carícias. Falta só Celina, de quem não falei, mas adivinhais, minha Mãe querida, como se passou a última noite que dormimos juntas... Na manhã do grande dia, após ter lançado um último olhar sobre os Buissonnets, este gracioso ninho de minha infância que não mais haveria de rever, dei o braço a meu Rei querido para galgar a montanha do Carmelo... Como na véspera, toda a família encontrava-se reunida para assistir à santa missa e comungar. Logo que Jesus desceu ao meu coração de meus parentes queridos, ao meu redor só ouvi soluços. Só eu não derramava lágrimas, mas sentia meu coração bater com *tal violência* que me pareceu impossível dar um passo, quando nos fizeram sinal para que fôssemos à porta conventual. Caminhei, perguntando-me, porém, se não iria morrer pela força dos batimentos de meu coração... Ah, que momento aquele! É preciso ter passado por ele para saber o que é...

Minha emoção não se manifestava no exterior; após ter abraçado todos os membros de minha família querida, pus-me de joelhos diante de meu incomparável Pai, pedindo-lhe a bênção. Para dá-la, *ele próprio se pôs de joelhos* e me abençoou chorando... O espetáculo em que um ancião apresentava ao Senhor sua filha ainda na primavera da vida devia fazer os Anjos sorrirem!... Alguns instantes depois, as portas da arca santa se fechavam atrás de mim e lá recebia os abraços das *queridas irmãs* que me serviram de *Mães* e que, doravante, ia tomar por modelo de minhas ações... Enfim, meus desejos estavam satisfeitos, minha alma experimentava uma PAZ tão doce e profunda que me seria impossível exprimi-la. E, depois de 7 anos e meio, esta paz íntima continua a ser minha partilha; não me abandonou em meio às maiores provações.

Como todas as postulantes, logo após minha entrada, fui conduzida ao coro. Estava escuro por causa do Santíssimo Sacramento exposto e o que por primeiro chamou minha atenção foram os olhos de nossa santa Madre Genoveva que se fixaram em mim. Fiquei um momento de joelhos a seus pés agradecendo ao bom Deus a graça que me concedeu de conhecer uma santa. Depois, segui Madre Maria de Gonzaga pelos diversos lugares da comunidade. Tudo me parecia encantador! Julgava-me transportada para um deserto. Sobretudo nossa celazinha deixava-me extasiada. Mas a alegria que sentia era *calma*, nem a mais leve brisa fazia ondular as águas tranquilas sobre as quais navegava minha barquinha, nenhuma nuvem toldava meu Céu azul!... Ah, estava plenamente recompensada por todas as provações... Com que alegria profunda repetia estas palavras: "É para sempre, estou aqui para sempre!...

Esta felicidade não era efêmera, certamente, não devia desaparecer com "as ilusões dos primeiros dias". Quanto às ilusões, o bom Deus concedeu-me a graça de *não ter NENHUMA* ao entrar para o Carmelo. Achei a vida religiosa *tal* qual a imaginara, nenhum sacrifício me surpreendeu; no entanto, minha querida Mãe, sabeis que meus primeiros passos encontraram mais espinhos do que rosas!... Sim, o sofrimento estendeu-me os braços e lancei-me a eles com amor... No exame que precedeu à minha Profissão, declarei, aos pés de Jesus-Hóstia, o que vinha fazer no Carmelo: "Vim para salvar as almas e, sobretudo, a fim de rezar pelos sacerdotes". Quando se quer atingir um objetivo, é preciso tomar os meios para isso; Jesus fez-me compreender que era pela cruz que Ele queria dar-me almas e minha atração pelo sofrimento cresceu à medida que aumentava o sofrimento. Durante 5 anos este foi o meu caminho; mas exteriormente nada manifestava meu sofrimento, tanto mais doloroso quanto eu era a única a conhecê-lo. Ah, que surpresa teremos no fim do mundo ao lermos a história das almas!... Quantas pessoas irão se admirar ao ver o caminho pelo qual a minha foi conduzida!...

Isso é tão verdade que, dois meses depois de minha entrada, quando o Padre Pichon veio para a profissão de Irmã Maria do Sagrado Coração, ficou surpreso ao ver o que o bom Deus fazia em minha alma e me disse que, na véspera, observando-me a rezar no coro, julgava meu fervor todo infantil e meu caminho muito doce. Minha entrevista com o bom Padre foi para mim um consolo muito grande, mas velado de lágrimas, por causa da dificuldade que experimentava em abrir minha alma. Todavia, fiz uma confissão geral, como jamais a havia feito. No fim, o Padre disse-me estas palavras, as mais consoladoras que vieram ressoar ao ouvido de minha alma: "Em presença do bom Deus, da Santíssima Virgem e de todos os Santos, declaro que jamais haveis cometido um único pecado mortal". Depois acrescentou: "Agradecei ao bom Deus o que Ele faz por vós, porque se Ele vos abandonasse, em vez de um anjinho, haveríeis de vos tornar um demoniozinho. Ah, não tinha dificuldades de acreditar nisso, sentia quanto era fraca e imperfeita, mas a gratidão enchia minha alma. Tinha um medo tão grande de ter manchado a veste do meu Batismo, que tal afirmação, saída da boca de um diretor como os desejava nossa Santa Madre Teresa, isto é, que unia a *ciência* à *virtude*, parecia-me saída da própria boca de Jesus... O bom Padre disse-me ainda estas palavras que estão docemente gravadas em meu coração: "Minha filha, que Nosso Senhor seja sempre vosso Superior e vosso Mestre de noviças". E, de fato, Ele o foi, como também "Meu Diretor". Com isso, não quero dizer que minha alma tenha estado fechada a meus Superioras. Ah, longe disso! Sempre procurei ser-lhes um livro *aberto*; mas nossa Madre, muitas vezes doente, tinha pouco tempo para se ocupar comigo. Sei que ela me amava muito e dizia de mim todo o bem possível; entretanto, o bom Deus permitia que, *sem o saber*, ela fosse *MUITO SEVERA*. Não podia encontrá-la sem beijar o chão; o mesmo acontecia nas raras direções que tinha com ela... Que graça inapreciável!... Como o bom Deus agia *visivelmente* naquela que ocupava seu lugar!... O que me teria tornado se, como pensavam as pessoas do mundo, tivesse sido "o brinquedinho" da comunidade?... Pode ser que em vez de ver Nosso Senhor nas minhas Superioras, teria considerado somente as pessoas, e meu coração, tão *bem guardado* no mundo, ter-se-ia apegado humanamente no claustro... Felizmente, fui preservada dessa desgraça. Sem dúvida, eu *amava muito* nossa Madre, mas com uma afeição *pura* que me elevava para o Esposo de minha alma...

Nossa Mestra era uma *verdadeira santa*, o tipo acabado das primeiras Carmelitas. Eu ficava o dia inteiro com ela, porque me ensinava a trabalhar. Sua bondade comigo era sem limitas e, todavia, minha alma não se dilatava... Somente com esforço me era possível fazer a direção, pois não estando acostumada a falar de minha alma, não sabia como expressar o que se passava nela. Um dia, uma boa Irmã velhinha compreendeu o que eu experimentava e, rindo, disse-me no recreio: "Minha filhinha, parece-me que não deveis ter grande coisa a dizer às vossas Superioras". "Por que dizeis isso, minha Irmã?..." "Parece que vossa alma é extremamente simples, mas quando fordes perfeita, sereis ainda mais simples. Quanto mais nos aproximamos do bom Deus, mais nos simplificamos". A boa Irmã tinha razão; todavia, a dificuldade que eu tinha em abrir a minha alma, embora viesse de minha simplicidade, era uma verdadeira provação. Reconheço-o agora, pois, sem deixar de ser simples, expresso meus pensamentos com uma facilidade muito grande.

Disse que Jesus foi "meu Diretor". Entrando para o Carmelo, travei conhecimento com aquele que devia ser o meu. Mas assim que fui admitida no número de suas filhas, ele partiu para o exílio... Assim, não o conheci senão para logo ser privada dele... Reduzida a receber dele uma carta por ano sobre 12 que lhe escrevia, minha alma voltou-se bem depressa para o Diretor dos diretores e foi Ele que me instruiu nessa ciência escondida aos sábios e prudentes e que Ele se digna revelar aos *pequeninos*.

A florzinha transplantada sobre a Montanha do Carmelo devia desabrochar à sombra da Cruz; as lágrimas, o sangue de Jesus tornaram-se seu orvalho e seu Sol foi sua Face adorável, velada de prantos... Até então, eu não havia sondado a profundeza dos tesouros escondidos na santa Face. Foi por meio de vós, minha Mãe querida, que aprendi a conhecê-los. Assim como outrora nos precedestes a todas no Carmelo, do mesmo modo penetrastes por primeira nos mistérios de amor, escondidos na Face de nosso Esposo; então me chamastes e eu compreendi... Compreendi o que era a *verdadeira glória*. Aquele, cujo reino não é deste mundo, mostrou-me que a verdadeira sabedoria consiste em "querer ser ignorada e tida por nada", em "pôr sua alegria no desprezo de si mesmo"... Ah, queria que, como o de Jesus, "meu rosto fosse verdadeiramente escondido e que, sobre a terra, ninguém me reconhecesse". Tinha sede de sofrer e ser esquecida...

Como é misericordioso o caminho pelo qual o bom Deus sempre me conduziu; *nunca* me fez desejar alguma coisa que não me desse; inclusive, seu cálice amargo pareceu-me delicioso...

Depois das radiantes festas do mês de maio, festas da profissão e da tomada do véu de nossa querida Maria, a mais *velha* da família, a quem a mais nova teve a felicidade de coroar no dia de suas núpcias, era bem preciso que a prova viesse nos visitar... No mês de maio do ano precedente, Papai fora atingido por um ataque de paralisia nas pernas. Nossa inquietação foi, então, muito grande, mas o forte temperamento de meu Rei querido reagiu logo, e nossos temores desapareceram. Contudo, mais de uma vez, durante a viagem a Roma, notamos que ele se cansava facilmente e já não era tão alegre como de costume... Mas o que eu mais notava eram os progressos que Papai fazia na perfeição. A exemplo de São Francisco de Sales, ele chegou a se tornar senhor de sua natural vivacidade, a ponto de parecer ter a natureza mais doce do mundo... Parecia que as coisas da terra mal o tocavam, dominava facilmente as contrariedades desta vida; enfim, o bom Deus *inundava*-o de *consolos*. Durante suas visitas diárias ao Santíssimo Sacramento, muitas vezes seus olhos enchiam-se de lágrimas e seu rosto refletia uma beatitude celeste... Quando Leônia saiu da Visitação, não se afligiu, não apresentou nenhuma lamentação ao bom Deus por não ter ouvido as orações que fizera para obter a vocação de sua filha querida. Foi até mesmo com certa alegria que partiu para buscá-la.

Eis com que fé Papai aceitou a separação de sua Rainhazinha; anunciou-a nestes termos a seus amigos de Alençon: "Queridos amigos, Teresa, minha Rainhazinha, entrou ontem para o Carmelo!... Só Deus pode exigir tal sacrifício... Não tenhais pena de mim, pois meu coração exulta de alegria".

Era tempo que tão fiel servo recebesse o preço de seus trabalhos. Era justo que seu salário se assemelhasse ao que Deus deu ao Rei do Céu, seu Filho único... Papai acabava de oferecer a Deus um *Altar*; foi ele a vítima escolhida para ali ser imolada com o Cordeiro sem mancha. Conheceis, minha Mãe querida, nossas amarguras do *mês* de *junho* e, sobretudo, do dia 24, do ano de 1888. Estas lembranças estão muito bem guardadas no fundo de nossos corações para que seja necessário escrevê-las... Oh, minha Mãe! Como sofremos!... E era apenas o *começo* de nossa provação... Entretanto, chegara a época de minha tomada de hábito; fui recebida pelo Capítulo, mas como pensar em fazer uma cerimônia? Já se pensava em dar-me o hábito sem me fazer sair, quando se decidiu esperar. Contra toda esperança, nosso querido Pai se restabeleceu de seu segundo ataque, e o *Senhor Bispo* fixou a cerimônia para 10 de janeiro. A espera fora longa, mas também, que bela festa! Não faltou nada, nada, nem mesmo a neve... Não sei se já vos falei de meu amor pela neve?... Quando pequenina, sua brancura me encantava; um dos meus maiores prazeres era passear sobre os flocos de neve. De onde me vinha este gosto pela neve?... Talvez, por ser uma *florzinha* de *inverno*, o primeiro ornato através do qual meus olhos de criança viram a natureza adornada tenha sido seu branco manto... Enfim, sempre havia desejado que no dia de minha tomada de hábito a natureza estivesse, como eu, vestida de branco. Na véspera deste belo dia, olhava tristemente o Céu cinzento, donde escapava de tempo em tempo uma chuva fina e a temperatura era tão doce que já não esperava a neve. Na manhã seguinte, o Céu não havia mudado; mas a festa foi encantadora e a mais bela, a mais formosa flor era meu Rei querido. Jamais ele fora mais belo, mais *digno*... Causou admiração em todos. Foi seu dia de *triunfo*, sua última festa aqui na terra. Tinha dado *todas* as suas filhas ao bom Deus, porque Celina lhe havia confiado sua vocação. Ele havia *chorado* de *alegria* e fora com ele agradecer Àquele que "lhe dava a honra de tomar todas as suas filhas"...

No fim da cerimônia, o Senhor Bispo entoou o *Te Deum*. Um sacerdote tentou fazê-lo notar que este cântico só se cantava nas profissões. Mas o início fora dado e o hino de *ação* de *graças* continuou até o fim. Não devia a festa ser completa, já que nela agrupavam-se todas as outras?... Depois de abraçar pela última vez o meu Rei querido, voltei para a clausura. A primeira coisa que percebi no claustro foi "meu Menino Jesus cor-de-rosa que me sorria em meio a flores e luzes. E logo a seguir meu olhar voltou-se para os *flocos* de *neve*... O pátio estava branco como eu. Que delicadeza a de Jesus! Satisfazendo os desejos de sua noivinha, dava-lhe a neve... A neve! Que ser mortal, por mais poderoso que fosse, poderia fazê-la cair do Céu para agradar sua amada?... Talvez as pessoas do mundo tenham feito esta pergunta. O certo é que a neve de minha tomada de hábito pareceu-lhes um pequeno milagre e toda a cidade se admirou. Acharam que eu tinha um gosto esquisito por gostar da neve... Tanto melhor! Isso fez sobressair ainda mais a *incompreensível condescendência* do Esposo das Virgens... daquele que ama os *lírios brancos* como a *NEVE*!... Depois da cerimônia, o Senhor Bispo entrou. Foi de uma bondade muito paterna comigo. Creio que ele se orgulhava por ver que eu tinha conseguido e dizia a todos que eu era "sua filhinha". Todas as vezes que voltava, depois dessa bela festa, Sua Excelência mostrava-se sempre muito bondoso comigo. Lembro-me, sobretudo, de sua visita por ocasião do centenário de nosso Pai São João da Cruz. Tomou-me a cabeça nas mãos, fez-me mil carícias de toda a sorte. Nunca tinha sido tão honrada! Ao mesmo tempo, o bom Deus fez-me pensar nas carícias que me haverá de prodigalizar diante dos Anjos e dos Santos e das quais me dava uma pálida imagem a partir deste mundo. Por isso, o consolo que senti foi muito grande...

Como acabo de dizer, o dia *10* de janeiro foi o triunfo de meu Rei. Comparo-o à entrada de Jesus em Jerusalém no dia dos Ramos. Como a do divino Mestre, sua glória de *um dia* foi seguida por uma dolorosa paixão. E esta paixão não foi só para ele. Como as dores de Jesus transpassaram com uma espada o coração de sua divina Mãe, da mesma forma, nossos corações sentiram os sofrimentos daquele que, na terra, nós amávamos com a maior ternura... Lembro-me de que no mês de junho de 1888, no momento de nossas primeiras provações, eu dizia: "Sofro muito, mas sinto que posso suportar provações ainda maiores". Então, não pensava nas que me estavam reservadas... Não pensava que no dia *12* de fevereiro, um mês depois de minha tomada de hábito, nosso querido Pai beberia o *mais amargo* e o *mais humilhante* de todos os cálices...

Ah, naquele dia não disse que podia sofrer mais!!!... As palavras não podem traduzir nossas angústias; por isso, não vou tentar descrevê-las. Um dia, no Céu, gostaremos de conversar sobre nossas *gloriosas* provações. Já não estamos contentes por tê-las sofrido?... Sim, os três anos do martírio de Papai pareciam-me os mais amáveis, os mais frutuosos de toda a nossa vida. Não os trocaria por todos os êxtases e revelações dos Santos. Meu coração transborda de gratidão ao pensar neste *tesouro* inestimável, que deve causar uma santa inveja aos Anjos da corte celeste...

Meu desejo de sofrimentos estava saciado. Entretanto, minha atração por eles não diminuiu. Por isso, minha alma partilhou logo os sofrimentos do meu coração. A secura era meu pão cotidiano e privada de todo consolo era, porém, a mais feliz das criaturas, pois todos os meus desejos estavam satisfeitos...

Oh, minha Mãe querida! Quão doce foi nossa grande provação, pois que de todos os nossos corações só saíam suspiros de amor e gratidão!... Já não caminhávamos nas sendas da perfeição: as cinco voávamos... As duas pobres exiladas de Caen, embora estivessem no mundo, já não eram do mundo... Ah, que maravilhas a provação fez na alma de minha querida Celina!... Todas as cartas que escrevia na época estão impregnadas de resignação e amor... E quem poderá descrever as conversas que tínhamos juntas no locutório?... Ah, longe de nos separar, as grades do Carmelo uniam mais fortemente nossas almas. Tínhamos os mesmos pensamentos, os mesmos desejos, o mesmo *amor* a *Jesus* e às *almas*... Quando Celina e Teresa conversavam, jamais uma palavra das coisas da terra misturava-se às suas conversas, que já estavam todas no Céu. Como outrora no Belvedere, sonhavam com coisas da *eternidade* e, para logo gozar dessa felicidade sem fim, escolhiam aqui "o sofrimento e o desprezo" como única partilha.

Assim, decorreu o tempo do meu noivado... Foi longo para a pobre Teresinha! No fim do meu ano, nossa Madre disse-me que nem pensasse em pedir a Profissão, pois o Senhor Superior, certamente, recusaria meu pedido. Tive de esperar ainda 8 meses... No primeiro momento, foi-me muito difícil aceitar este grande sacrifício, mas logo se fez luz em minha alma. Meditava, então, os "Fundamentos da vida espiritual", do Padre Surin. Um dia, durante a oração, compreendi que meu vivo desejo de fazer a Profissão estava misturado a um grande amor-próprio. Já que me *dera* a Jesus para causar-lhe prazer e consolá-lo, não devia obrigá-lo a fazer *minha vontade* em vez da sua. Compreendi ainda que uma noiva devia estar adornada para o dia das núpcias, e eu nada fizera nesse sentido... Então, disse a Jesus: "Oh, meu Deus! Não vos peço para pronunciar meus santos votos. Esperarei quanto quiserdes. Só não quero que, por minha culpa, seja deferida minha união convosco. Por isso, porei todos os meus cuidados em fazer-me um belo vestido, enriquecido de pedrarias. Quando achardes que está ricamente enfeitado, estou certa de que todas as criaturas não vos impedirão de descer até mim, a fim de me unir para sempre a vós, ó meu Amado!...

Depois de minha tomada de hábito, eu já havia recebido abundantes luzes sobre a perfeição religiosa, principalmente sobre o voto da Pobreza. Durante meu Postulantado, gostava de ter belas coisas para meu uso e ter à mão tudo o que fosse necessário. "Meu Diretor" tolerava isso pacientemente, porque Ele não gosta de mostrar às almas tudo ao mesmo tempo. Ordinariamente, dá sua luz aos poucos. (No começo de minha vida espiritual, pelos 13 ou 14 anos, perguntava-me o que teria de adquirir mais tarde, porque julgava que me seria impossível compreender melhor a perfeição. Bem depressa reconheci que quanto mais progredimos nesse caminho, mais nos cremos afastados da meta. Assim, agora, resigno-me a me ver sempre imperfeita e, nisso, encontro minha alegria...) Volto às lições que "meu Diretor" me deu. Uma noite, depois das completas, procurava, em vão, nossa lamparina nas prateleiras reservadas para isso. Era o Grande Silêncio, impossível reclamá-la... Compreendi que uma irmã, crendo tomar sua lamparina, pegara a nossa, da qual tinha uma necessidade muito grande. Em vez de ficar aborrecida com esta privação, senti-me muito feliz ao perceber que a pobreza consiste em se ver privado não somente das coisas agradáveis, mas também das coisas indispensáveis. Assim, nas *trevas exteriores* fui iluminada interiormente. Por essa época, fui tomada por um verdadeiro amor pelos objetos mais feios e menos cômodos. Assim, foi com alegria que vi me tirarem a linda *bilhazinha* de nossa cela e substituí-la por uma *grande* e *toda desbicada*... Fazia, também, muitos esforços para não me desculpar, o que me parece muito difícil, sobretudo, com nossa Mestra, a quem não queria esconder nada. Eis minha primeira vitória; não é grande, mas custou-me muito. Um pequeno vaso, colocado atrás de uma janela, foi encontrado quebrado. Nossa Mestra, julgando que fora eu que o deixara fora do lugar, mostrou-o a mim, dizendo-me que, na próxima vez, prestasse mais atenção. Sem dizer nada, beijei o chão e, em seguida, prometi ser mais ordeira no futuro. Por causa de minha pouca virtude, estas pequenas práticas custavam-me muito e tinha necessidade de pensar que no juízo final tudo seria revelado, pois notava que, quando fazemos nosso dever, sem jamais nos desculpar, ninguém o sabe; ao contrário, as imperfeições aparecem imediatamente...

Aplicava-me, sobretudo, a praticar as pequenas virtudes, não tendo facilidade de praticar as grandes. Por isso, gostava de dobrar as capas esquecidas pelas irmãs e de prestar-lhes todos os pequenos serviços que podia. Foi-me dado, também, amor pela mortificação, e foi tanto maior na medida em que nada me era permitido para satisfazê-lo... A única mortificaçãozinha que fazia no mundo e que consistia em não me encostar quando estava sentada foi-me proibida por causa de minha propensão a ficar corcunda. Ai! Sem dúvida, meu ardor não teria durado muito se me tivessem permitido muitas penitências... As que me eram concedidas, sem que as pedisse, consistiam em mortificar meu amor-próprio, o que me fazia muito mais bem do que as penitências corporais...

O refeitório, que foi meu ofício logo depois de minha tomada de hábito, forneceu-me mais de uma ocasião de pôr meu amor-próprio em seu lugar, isto é, sob os pés... É verdade que tinha o grande consolo de estar no mesmo ofício que vós, minha querida Mãe, e de poder contemplar, de perto, vossas virtudes. Mas esta aproximação era um motivo de sofrimento. Não me sentia livre, *como outrora*, para vos dizer tudo; havia a Regra a ser observada, não podia abrir-vos minha alma; afinal, estava no *Carmelo* e não nos *Buissonnets*, no *lar paterno*!...

Entretanto, a Santíssima Virgem ajudava-me a preparar a veste de minha alma. Assim que foi terminada, os obstáculos desapareceram por si mesmos. O Senhor Bispo enviou-me a permissão que havia solicitado, a comunidade dignou-se receber-me e minha Profissão foi marcada para o dia *8 de setembro*...

O que acabo de escrever em poucas palavras exigiria muitas páginas de detalhes; estas páginas, porém, nunca serão lidas na terra. Logo, minha Mãe querida, falar-vos-ei de todas estas coisas em *nossa casa paterna*, no belo Céu, para o qual elevam-se os suspiros de nossos corações!...

Meu vestido de núpcias estava pronto, enriquecido com *antigas* joias que me foram dadas por meu Noivo. Isso, porém, não era suficiente à sua liberalidade. Queria dar-me um *novo* diamante de inúmeros reflexos. A provação de Papai, com todas as suas dolorosas circunstâncias, eram as *antigas* joias; e a *nova* foi uma provação, muito pequena na aparência, mas que me fez muito sofrer. Havia já algum tempo que, achando-se um pouco melhor, faziam nosso Paizinho sair de carruagem. Pensavam até em fazê-lo viajar de trem para nos visitar. Naturalmente, *Celina* logo pensou em escolher o dia de minha tomada de véu. "A fim de não cansá-lo, dizia ela, não o deixarei assistir a toda a cerimônia. Somente no fim irei buscá-lo e, lentamente, conduzi-lo-ei até a grade, para que Teresa receba sua bênção".

Ah, nisso reconheço muito bem o coração de minha querida Celina... É mesmo verdade que "o Amor nunca fala de impossibilidade, porque tudo crê possível e permitido"... A *prudência humana*, ao contrário, treme a cada passo e, por assim dizer, não ousa colocar o pé. Por isso, o bom Deus, que queria provar-me, serviu-se *dela* como de um instrumento dócil e no dia de minhas núpcias estava realmente órfã, não tendo mais Pai sobre a terra, mas podendo olhar para o Céu com confiança e dizer com toda a verdade: "Pai nosso que estais no Céu".

Antes de vos falar desta provação, minha querida Mãe, deveria falar-vos do retiro que precedeu minha Profissão. Longe de trazer-me consolo, a mais absoluta aridez e o abandono foram minha partilha. Como sempre, Jesus dormia na minha barquinha. Ah, vejo muito bem que é raro as almas deixarem-no dormir tranquilamente nelas. Jesus está tão cansado de sempre assumir a despesa e a iniciativa, que se apressa a aproveitar o repouso que lhe ofereço. Sem dúvida, não acordará antes de meu grande retiro da eternidade, mas em vez de me entristecer, isso me causa uma imensa alegria...

Verdadeiramente, estou longe de ser uma santa. Só isso já é uma prova. Em vez de me alegrar com minha secura, deveria atribuí-la a meu pouco fervor e fidelidade; deveria desolar-me por dormir (há 7 anos já) durante minhas orações e *ações* de *graças*. Pois bem, não me desolo... Penso que as *criancinhas* tanto agradam seus pais enquanto dormem, como quando estão acordadas; penso que, para fazer operações, os médicos adormecem os doentes. Enfim, penso que "o Senhor vê nossa fragilidade e se lembra de que somos pó".

Meu retiro de Profissão, portanto, como todos os que se seguiram, foi um retiro de grande aridez. Contudo, sem que o percebesse, o bom Deus mostrava-me claramente o meio de lhe agradar e de praticar as mais sublimes virtudes. Muitas vezes observei que Jesus não quer dar-me *provisões*; nutre-me, a cada instante, com um alimento sempre novo, que encontro em mim sem saber como está ali... Creio simplesmente que é o próprio Jesus escondido no fundo de meu pobre coraçãozinho que me dá a graça de agir em mim e me faz pensar tudo o que Ele quer que eu faça no momento presente.

Alguns dias antes de minha Profissão, tive a felicidade de receber a bênção do Soberano Pontífice; solicitei-a para Papai e por mim por meio do bom Frei Simeão. E para mim foi um grande consolo poder retribuir a meu Paizinho querido a graça que me proporcionava levando-me a Roma.

Enfim, chegou o belo dia de minhas núpcias. Foi sem nuvens, mas, na véspera, levantou-se em minha alma uma tempestade como jamais havia visto... Nunca uma única dúvida sobre minha vocação me viera ao pensamento; era necessário que conhecesse esta provação. À noite, fazendo a Via-Sacra depois das Matinas, minha vocação pareceu-me ser um sonho, uma quimera... Achava muito bela a vida do Carmelo, mas o demônio inspirava-me a certeza de que ela não era feita para mim, que enganaria os Superiores seguindo por um caminho para o qual não era chamada... Minhas trevas eram tão grandes que não via, nem compreendia senão uma coisa: Eu não tinha vocação!... Ah, como descrever a angústia de minha alma?... Parecia-me (coisa absurda, a mostrar que esta tentação era do demônio) que se eu falasse de meus temores à minha Mestra, ela me impediria de pronunciar meus santos votos. Contudo, preferia fazer a vontade do bom Deus e voltar para o mundo, a ficar no Carmelo, fazendo a minha vontade. Chamei, então, minha Mestra e, *cheia* de *confusão*, manifestei-lhe o estado de minha alma... Felizmente, ela viu mais claro do que eu e tranquilizou-me completamente. Aliás, o ato de humildade que havia feito acabava de pôr em fuga o demônio que, talvez, pensasse que eu não ousaria confessar minha tentação. Assim que acabei de falar, minhas dúvidas se dissiparam. Todavia, para tornar mais completo meu ato de humildade, quis, ainda, confiar minha estranha tentação à nossa Madre, que se contentou em rir de mim.

Na manhã do dia 8 de setembro, senti-me *inundada* por um rio de *paz*, e foi nesta paz, que "ultrapassa todo sentimento", que pronunciei meus santos votos... Minha união com Jesus não aconteceu em meio a trovões e relâmpagos, isto é, a graças extraordinárias, mas no meio de uma *leve brisa*, semelhante àquela sentida por nosso Santo Pai Elias sobre a montanha... Quantas graças não pedi nesse dia!... Sentia-me, verdadeiramente, a *RAINHA* e, por isso, aproveitei o meu título para libertar os cativos, obter os favores do *Rei* para seus súditos ingratos; enfim, queria libertar todas as almas do Purgatório e converter os pecadores... Rezei muito por minha *Mãe*, minhas queridas irmãs... por toda a família, mas sobretudo por meu Paizinho, tão provado e tão santo... Ofereci-me a Jesus para que realizasse sua vontade em mim, sem que jamais as criaturas pusessem ali algum obstáculo...

Este belo dia passou tal como os mais tristes, já que os mais radiosos têm seu amanhã. Mas foi sem tristeza que depus minha coroa aos pés da Santíssima Virgem; sentia que o tempo não roubaria minha felicidade...

543

Que bela festa a da natividade de *Maria* para tornar-se esposa de Jesus! Era a *pequena* Santíssima Virgem de um dia que apresentava sua *pequena* flor ao *pequeno* Jesus... Naquele dia, tudo era pequeno, exceto as graças e a paz que recebi, exceto a alegria *pacífica* que experimentei, à noite, olhando as estrelas cintilarem no firmamento e pensando que, *logo*, o belo Céu se abriria aos meus olhos extasiados e poderia unir-me ao meu Esposo, no meio de uma alegria eterna...

No dia 24, realizou-se minha tomada do *véu*. Foi um dia totalmente *velado* de lágrimas... Papai não estava presente para abençoar sua Rainha... O Padre estava no Canadá... O Senhor Bispo, que deveria almoçar em casa de meu Tio, estava doente e também não veio; enfim, tudo foi tristeza e amargura... Entretanto, a *paz*, sempre a *paz*, achava-se no fundo do cálice... Naquele dia, Jesus permitiu que não pudesse reter minhas lágrimas, e minhas lágrimas não foram compreendidas... Com efeito, tinha suportado, sem chorar, provas bem maiores; mas então era ajudada por uma graça poderosa. Pelo contrário, no dia 24, Jesus deixou-me entregue às minhas próprias forças e mostrei quanto era pequena.

Oito dias depois de minha tomada de véu, realizou-se o casamento de Joana. Ser-me-ia impossível dizer-vos, minha Mãe querida, como seu exemplo instruiu-me sobre as delicadezas que uma esposa deve ter para com seu esposo. Escutava, avidamente, tudo o que podia aprender a esse respeito, pois não queria fazer menos por meu amado Jesus do que Joana por Francisco, uma criatura muito perfeita, sem dúvida, mas, enfim, uma *criatura*!...

Diverti-me até a compor um convite, para compará-lo ao dela. Eis como o concebi:

Carta-convite para as Núpcias de Irmã Teresa do Menino Jesus da Santa Face

Deus todo-poderoso, Criador do Céu e da terra, Soberano Dominador do Mundo e a Gloriosíssima Virgem Maria, Rainha da Corte celeste, têm a honra de participar-vos o Matrimônio de seu Augusto Filho, Jesus, Rei dos Reis e Senhor dos senhores, com a Senhorita Teresa Martin, agora Dama e Princesa dos reinos trazidos em dote por seu divino Esposo, a saber: a Infância de Jesus e sua Paixão, sendo seus títulos de nobreza do Menino Jesus e da Santa Face.

O Senhor Luís Martin, Proprietário e Titular das Senhorias do Sofrimento e da Humilhação, e a Senhora Martin, Princesa e Dama de Honra da Corte celeste têm a honra de participar-vos o Matrimônio de sua filha Teresa com Jesus, o Verbo de Deus, segunda Pessoa da Adorável Trindade que, pela ação do Espírito Santo se fez Homem e Filho de Maria, a Rainha dos Céus.

Não podendo convidar-vos para assistir à bênção Nupcial que lhes foi dada na montanha do Carmelo, no dia 8 de setembro de 1890 (por ter sido a corte celeste a única admitida), estais, todavia, convidados a comparecer à Tornaboda, que se realizará Amanhã, Dia da Eternidade, em que Jesus, Filho de Deus, virá sobre as Nuvens do Céu no esplendor de sua Majestade, para julgar os Vivos e os Mortos.

Estando ainda incerta a hora, estais convidados a estar preparados e vigiar.

E agora, minha Mãe querida, que me resta dizer-vos? Ah, pensava ter acabado, mas ainda nada vos disse de minha felicidade por ter conhecido nossa santa Madre Genoveva... Que graça inapreciável é esta! Ora, o bom Deus, que já me concedera tantas, quis ainda que eu vivesse com uma *Santa*, não inimitável, mas uma santa que se santificou por virtudes escondidas e ordinárias... Mais de uma vez recebi dela grandes consolos, sobretudo num Domingo. Indo, como de costume, fazer-lhe uma visitinha, encontrei duas Irmãs junto de Madre Genoveva; olhei-a sorrindo e estava prestes a sair, pois não podem ficar três junto a uma doente; mas ela, olhando-me com um ar inspirado, disse-me: "Esperai, minha filhinha. Vou dizer-vos apenas uma palavrinha. Todas as vezes que vindes, pedis que vos dê um ramalhete espiritual; pois bem, hoje dou-vos este: Servi a Deus na paz e na alegria. Lembrai-vos, minha filha, de que *nosso Deus* é o *Deus da paz*". Depois de ter-lhe simplesmente agradecido, saí emocionada até as lágrimas e convencida de que o bom Deus lhe tinha revelado o estado de minha alma. Naquele dia eu estava extremamente provada, quase triste, numa noite tal que não sabia mais se era amada pelo bom Deus; mas, podeis adivinhar, minha querida Mãe, a alegria e o consolo que senti!...

No Domingo seguinte, quis saber que revelação Madre Genoveva tinha tido. Assegurou-me não ter tido *nenhuma*; então, minha admiração tornou-se ainda maior, vendo em que grau eminente Jesus vivia nela, fazendo-a agir e falar. Ah, esta *santidade* parece-me a mais *verdadeira*, a mais *santa*, e é a ela que desejo, pois nela não se encontra ilusão alguma...

No dia de minha Profissão, fiquei também muito consolada ao saber pela própria Madre Genoveva que, antes de pronunciar seus votos, ela

545

passara pela mesma provação que eu. Lembrais-vos, minha Mãe querida, das consolações que encontramos junto a ela no momento de nossas grandes aflições? Enfim, a recordação que Madre Genoveva deixou em meu coração é uma lembrança embalsamada... No dia de sua partida para o Céu fiquei particularmente emocionada: era a primeira vez que assistia a uma morte. Na verdade, este espetáculo era maravilhoso... Achava-me justamente ao pé da cama da santa agonizante e via perfeitamente seus mais leves movimentos. Durante as duas horas que passei assim, parecia-me que minha alma deveria sentir-se cheia de fervor; ao contrário, uma espécie de insensibilidade apossou-se de mim. Mas no exato momento do nascimento de nossa Santa Madre Genoveva para o Céu, minha disposição interior mudou; num abrir e fechar de olhos senti-me repleta de uma alegria e um fervor indizíveis. Era como se Madre Genoveva me tivesse dado uma parte da felicidade de que ela gozava, pois estou persuadida de que ela foi direta para o Céu... Durante sua vida, um dia eu lhe disse: "Oh, minha Madre! Não ireis para o purgatório!..." Assim espero", respondeu-me com doçura... Ah, certamente o bom Deus não pôde enganar uma esperança tão cheia de humildade. Todos os favores que recebemos são prova disso... Cada Irmã apressou-se a conseguir uma relíquia; sabeis, minha Mãe querida, a que tenho a felicidade de possuir... Durante a agonia de Madre Genoveva, notei uma lágrima cintilando em sua pálpebra, como um diamante. Esta lágrima, a última de todas as que ela derramou, não caiu; eu a vi *brilhar* ainda no coro, sem que ninguém pensasse em recolhê--la. Então, tomando um paninho fino, ousei aproximar-me, de noite, sem ser vista e tomar como *relíquia* a última lágrima de uma Santa... Desde então trago-a sempre na bolsinha onde estão guardados os meus votos.

Não dou importância aos meus sonhos; aliás, raramente, são simbólicos e até me pergunto por que razão, pensando o dia todo no bom Deus, não me ocupo mais com ele durante o sono... Normalmente, sonho com os bosques, as flores, os riachos e o mar e, quase sempre, vejo lindas criancinhas, pego borboletas e passarinhos como jamais vi. Como vedes, minha Mãe, se meus sonhos têm uma aparência poética, estão longe de serem místicos...

Uma noite, após a morte de Madre Genoveva, tive um mais consolador: sonhei que ela fazia seu testamento, dando a cada Irmã algo que lhe pertencesse; quando chegou minha vez, pensei nada receber, porque nada mais lhe restava; porém, levantando-se, disse-me por três vezes em tom penetrante: "Para vós, deixou meu coração".

Um mês depois da partida de nossa Santa Madre, a influenza apareceu na comunidade. Apenas eu e outras duas Irmãs estávamos de pé; jamais poderei dizer tudo o que vi, o que me pareceu a vida e tudo o que passa...

O dia de meus dezenove anos foi festejado com uma morte, logo seguida de duas outras. Nessa época, estava sozinha na Sacristia; estando gravemente doente a primeira do ofício, era eu que devia preparar os enterros, abrir as grades do coro para a missa etc. O bom Deus deu-me muitas graças de força nesse momento. Pergunto-me, agora, como pude fazer, sem medo, tudo o que fiz. A morte reinava em toda a parte; as mais doentes eram cuidadas por aquelas que mal se arrastavam. Logo que uma irmã dava o último suspiro, era-se obrigada a deixá-la sozinha. Uma manhã, ao me levantar, tive o pressentimento de que Irmã Madalena morrera. O corredor do dormitório estava na escuridão. Ninguém saía das celas. Enfim, decidi-me entrar na cela de minha Irmã Madalena, cuja porta estava aberta. De fato, eu a vi, vestida e deitada sobre seu enxergão. Não senti o menor medo. Vendo que ela não tinha vela, fui buscá-la, como também uma coroa de rosas.

Na tarde da morte da Madre Subpriora, estava sozinha com a enfermeira. É impossível imaginar o triste estado da comunidade nesta ocasião. Somente as que estavam de pé podem fazer uma ideia. Mas, no meio deste abandono, sentia que o bom Deus vigiava sobre nós. As agonizantes passavam, sem esforço, para uma vida melhor; logo após sua morte, uma expressão de paz e alegria transparecia em seus rostos. Poderíamos dizer que era um suave sono e, na verdade, era assim, porque depois que a figura deste mundo tiver passado, elas despertarão para gozar eternamente as delícias reservadas aos eleitos...

Durante todo o tempo em que a comunidade foi assim provada, pude ter o inefável consolo de fazer *todos* os *dias* a Santa Comunhão... Ah, como era doce!... Jesus mimou-me por muito tempo; por mais tempo do que suas fiéis esposas, porque permitiu que *o dessem a mim* sem que as outras tivessem a felicidade de recebê-lo. Estava também muito feliz por tocar nos vasos sagrados, por preparar os *paninhos* destinados a receber Jesus; sentia que devia ser muito fervorosa e me lembrava muitas vezes dessa palavra dirigida a um santo diácono: "Sede santo, vós que tocais os vasos do Senhor".

Não posso dizer que, durante minhas ações de graças, tenha recebido consolos muitas vezes. Talvez seja este o momento em que menos os tenha... Considero isso muito natural, porque me ofereci a Jesus não como uma pessoa que deseja receber sua visita para o próprio consolo, mas, ao contrário, para causar prazer àquele que se doa a mim. Imagino minha alma como um terreno *livre* e peço à Santíssima Virgem para tirar os entulhos que o possam impedir de ser *livre*. Em seguida, suplico-lhe que ela própria erga uma tenda, digna do Céu e a orne com seus próprios adornos. Depois convido todos os Santos e Anjos a virem fazer um magnífico concerto. Quando Jesus desce ao meu coração, parece-me que ele está contente em se ver tão bem recebido e também eu fico contente... Tudo isso não impede que as distrações e o sono venham me visitar, mas, ao sair da ação de graças, vendo que a fiz tão mal, tomo a resolução de ficar todo o resto do dia em ação de graças... Vedes, minha Mãe querida, como estou longe de ser levada pela estrada do temor; sei sempre encontrar o meio de ser feliz e de aproveitar minhas misérias... Sem dúvida, isso não desagrada a Jesus, pois parece encorajar-me neste caminho. Um dia, ao contrário do meu costume, estava um pouco perturbada ao ir para a Comunhão; parecia-me que o bom Deus não estava contente comigo e eu me dizia: "Ah! Se hoje recebesse só a *metade* de *uma hóstia*, isso me deixaria muito triste, pois iria pensar que Jesus vem a contragosto ao meu coração". Aproximo-me... oh! Que felicidade! Pela primeira vez em minha vida, vejo o sacerdote tomar *duas hóstias*, bem separadas e dá-las a mim!... Compreendeis minha alegria e as doces lágrimas que derramei, ao ver tão grande misericórdia...

No ano que se seguiu à minha Profissão, isto é, dois meses antes da morte de Madre Genoveva, recebi grandes graças durante o retiro. Normalmente, os retiros pregados me são ainda mais dolorosos do que aqueles que faço sozinha. Naquele ano, porém, foi diferente. Com muito fervor, havia feito uma novena preparatória, apesar do sentimento íntimo que tinha, porque parecia-me que o pregador não poderia me compreender, já que era destinado a fazer bem aos grandes pecadores, mas não às almas religiosas. Querendo mostrar-me que era Ele o único Diretor de minha alma, o bom Deus serviu-se justamente deste Padre, que não foi apreciado senão por mim... Passava, então, por toda sorte de grandes provações interiores (às vezes, a ponto até de me perguntar se havia um Céu). Sentia-me decidida a nada dizer a respeito de minhas disposições íntimas, não sabendo como expressá-las, mas assim que entrei no confessionário, senti minha alma se dilatar. Depois de ter dito umas poucas palavras, fui compreendida de uma maneira maravilhosa e até *adivinhada*... Minha alma era como um livro no qual o Padre lia melhor do que eu mesma... Lançou-me a plenas velas nas ondas da *confiança* e do *amor*, que me atraíam tão fortemente, mas sobre as quais não ousava navegar... Disse-me que *minhas faltas não desagradavam* ao bom Deus, que *estando no seu lugar*, dizia-me *em seu nome* que Ele estava muito contente comigo...

Oh, como me senti feliz ao ouvir estas consoladoras palavras!... Jamais ouvira dizer que as faltas podiam *não desagradar ao bom Deus*. Esta certeza encheu-me de alegria e me fez suportar pacientemente o exílio da vida... Bem no fundo do coração sentia que era verdade, pois o bom Deus é mais terno do que uma Mãe. Ora, minha querida Mãe, não estais sempre pronta a me perdoar as pequenas indelicadezas que vos faço involuntariamente?... Quantas vezes já não fiz esta doce experiência!... Nenhuma repreensão ter-me-ia impressionado mais do que uma só de vossas carícias. Sou de tal natureza que o temor me faz retroceder; com o *amor* não só caminho, mas voo...

Ó minha Mãe, foi sobretudo depois do dia bendito de vossa eleição que voei nos caminhos do amor... Naquele dia, Paulina tornou-se meu Jesus vivo...

Há muito tempo já tenho a felicidade de contemplar as *maravilhas* que Jesus opera por meio de minha querida Mãe... Vejo que *só o sofrimento* pode gerar almas e mais do que nunca estas sublimes palavras de Jesus revelam-me sua profundeza: "Em verdade, em verdade vos digo: se o grão de trigo caído na terra não morrer, permanece só; mas se morrer, produzirá muito fruto". Que abundante colheita fizestes!... Semeastes entre lágrimas, mas logo vereis o fruto de vossos trabalhos, voltareis cheia de alegria, trazendo feixes em vossas mãos... Ó minha Mãe, entre estes ramalhetes floridos, a *florzinha branca* mantém-se escondida; mas no Céu ela terá uma voz para cantar vossa *doçura* e as *virtudes* que ela vos vê praticar cada dia na sombra e no silêncio da vida de exílio...

Sim, há dois anos, compreendi muitos mistérios até então ocultos para mim. O bom Deus mostrou-me a mesma misericórdia que mostrou ao rei Salomão. Ele não quis que eu tivesse um só desejo que não fosse realizado; não somente meus desejos de perfeição, mas também aqueles cuja vaidade eu *compreendia*, sem tê-la experimentado.

Tendo sempre vos olhado como meu *ideal*, minha Mãe querida, desejava assemelhar-me a vós em tudo; vendo-vos fazer belas pinturas e encantadoras poesias, dizia a mim mesma: Ah, como seria feliz de poder pintar, de saber exprimir meus pensamentos em versos e também de fazer bem às almas..." Não queria *pedir* esses dons naturais e meus desejos permaneciam escondidos no fundo do meu *coração*. Também Jesus, escondido nesse pobre coraçãozinho quis mostrar-lhe que *tudo é vaidade e aflição de espírito debaixo do Sol*... Com grande admiração das Irmãs, mandaram-me *pintar* e o bom Deus permitiu que soubesse aproveitar as lições que minha Mãe querida me deu... Quis também que, a seu exemplo, conseguisse fazer poesias, compor peças que foram consideradas lindas... Assim como Salomão, *que se voltou para as obras que tinha feito com suas mãos e com as quais despendera um esforço inútil, viu que tudo é vaidade e aflição de espírito*; do mesmo modo, reconheci por *EXPERIÊNCIA* que a felicidade consiste unicamente em se esconder, em ficar na ignorância das coisas criadas. Compreendi que sem o *amor* todas as obras são um nada, mesmo as mais brilhantes, como ressuscitar os mortos ou converter os povos...

Em vez de me prejudicarem e induzirem à vaidade, os dons que o bom Deus me concedeu (sem que os tivesse pedido) levam-me para *Ele*, vejo que somente Ele é *imutável*, que somente Ele pode satisfazer meus imensos desejos...

Há ainda outros desejos, de outra espécie, que Jesus se dignou cumular-me; desejos infantis, semelhantes aos da neve da minha tomada de hábito.

Sabeis, minha Mãe querida, quanto gosto das flores; fazendo-me prisioneira aos 15 anos, renunciei para sempre ao prazer de correr pelos campos esmaltados com os tesouros da primavera. Pois bem, jamais possuí mais flores do que depois de minha entrada para o Carmelo... É costume que os noivos ofereçam muitas vezes buquês às suas noivas. Jesus não se esqueceu disso; enviou-me, em profusão, ramalhetes de centáureas, grandes margaridas, papoulas etc., todas as flores que mais me encantam. Havia mesmo uma florzinha chamada nigela dos trigos, que não encontrara mais desde a nossa mudança para Lisieux. Desejava muito rever esta flor de *minha infância*, colhida por mim nos campos de Alençon. Foi no Carmelo que ela veio me sorrir e mostrar-me que, tanto nas pequenas coisas como nas grandes, o bom Deus dá o cêntuplo, já nesta vida, às almas que tudo deixaram por seu amor.

Contudo, o mais íntimo de meus desejos, o maior de todos, que pensava nunca ver realizado, era a entrada de minha querida Celina para o mesmo Carmelo que nós... Este *sonho* parecia-me inverossímil: viver sob o mesmo teto, partilhar as alegrias e as dores da companheira de minha infância; inclusive, fizera completamente meu sacrifício, confiara a Jesus o futuro de minha irmã querida, resolvida a vê-la partir para o fim do mundo, se preciso fosse. A única coisa que não podia aceitar era que ela não fosse a esposa de Jesus, pois amando-a tanto quanto a mim mesma, era-me impossível vê-la dar seu coração a um mortal. Eu já sofrera bastante por vê-la exposta, no mundo, a perigos que me eram desconhecidos. Posso dizer que, depois de minha entrada para o Carmelo, minha afeição por Celina era um amor de mãe, ao mesmo tempo que de irmã... Um dia em que ela devia ir a um sarau, isso me deixou tão triste que supliquei ao bom Deus que a *impedisse* de *dançar* e até (contra meu costume) derramei uma torrente de lágrimas. Jesus se dignou ouvir-me; não permitiu que sua pequena noiva pudesse dançar naquela noite (embora não se sentisse embaraçada de fazê-lo graciosamente se fosse necessário). Tendo sido convidada sem que pudesse recusar, seu cavaleiro viu-se na impossibilidade total de fazê-la *dançar*; para sua grande confusão, foi obrigado a *caminhar* simplesmente para reconduzi-la ao seu lugar; depois esquivou-se e não tornou a aparecer no sarau. Esta aventura, única no gênero, fez-me crescer na confiança e no amor por aquele que, colocando seu *sinal* na minha fronte, imprimira-o, ao mesmo tempo, na de minha Celina querida...

No dia 29 de julho do ano passado, tendo rompido os laços de seu incomparável servidor e chamando-o para a eterna recompensa, o bom Deus rompeu, ao mesmo tempo, aqueles que retinham no mundo sua noiva querida. Ela cumprira sua primeira missão; encarregada de nos *representar a todas* junto ao nosso Pai tão ternamente amado, cumprira sua missão como um anjo... e os anjos não ficam na terra; quando realizaram a vontade do bom Deus, imediatamente retornam para Ele; por isso, eles têm asas... Nosso anjo também estendeu suas brancas asas; estava pronto a voar para *bem longe*, a fim de encontrar Jesus. Mas Jesus o fez voar para *bem perto*... Contentou-se com a aceitação do grande sacrifício, que foi muito *doloroso* para a Teresinha... Durante *dois anos* sua Celina ocultara-lhe um segredo... Ah, como ela também sofrera!... Enfim, do alto do Céu, meu Rei querido que, na terra, não gostava de demoras, apressou-se a resolver os negócios tão complicados de Celina e, no dia 14 de setembro, ela se juntava a nós!...

Certo dia, em que as dificuldades pareciam insuperáveis, durante a minha ação de graças, eu disse a Jesus: "Sabeis, meu Deus, quanto desejo saber se Papai foi *direto* para o *Céu*; não vos peço que me faleis, mas dai-me um sinal. Se minha Ir. A. de J. consentir na entrada de Celina ou não puser obstáculos, será a resposta de que Papai foi *diretamente para vós*". Como sabeis, minha Mãe querida, esta Irmã achava que três já éramos demais e, por conseguinte, não queria admitir uma outra. Mas o bom Deus, que tem em sua mão o coração das criaturas e o inclina para onde quer, mudou as disposições da Irmã; a primeira pessoa que encontrei depois da ação de graças foi ela, que me chamou com ar amável, disse-me que fosse ter convosco e me falou de *Celina* com lágrimas nos olhos.

Ah, quantos motivos não tenho para agradecer a Jesus, que soube realizar todos os meus desejos!...

Agora, já não tenho desejo algum, a não ser o de amar a Jesus até a loucura... Meus desejos infantis se dissiparam. Sem dúvida, gosto de enfeitar com flores o altar do Menino Jesus, mas desde que Ele me deu a *Flor* que eu desejava, minha *Celina querida*, não desejo outra; é ela que lhe ofereço como o mais encantador buquê...

Também não desejo o sofrimento ou a morte e, contudo, amo os dois. Mas é só o *amor* que me atrai... Desejei-os por muito tempo; possuí o sofrimento e acreditei chegar à praia do Céu; pensei que a florzinha seria colhida em sua primavera... Agora, é só o abandono que me guia; não tenho outra bússola!... Nada mais posso pedir com ardor, senão o perfeito cumprimento da vontade do bom Deus a respeito de minha alma, sem que as criaturas lhe ponham obstáculos. Posso dizer estas palavras do Cântico espiritual de nosso Pai São João da Cruz: "Na adega interior do meu Amado eu bebi e, quando saí por toda aquela várzea, nada mais sabia e perdi o rebanho que antes seguia... Minha alma entregou-se com todos os seus recursos a seu serviço; já não guardo mais gado e não tenho outro ofício, porque agora todo o meu exercício é *AMAR!*"... Ou ainda: "Depois que fiz a experiência, o amor é tão poderoso em obras que sabe tirar proveito de tudo, do bem e do mal que encontra em mim, e transformar minha alma em si". Oh, minha Mãe querida, como é doce o caminho do *amor*! Sem dúvida, pode-se cair, pode-se cometer infidelidades, mas, sabendo *tirar proveito de tudo*, o amor consome bem depressa *tudo* o que pode desagradar a Jesus, deixando no fundo do coração somente uma humilde e profunda paz...

Ah, quantas luzes tirei das obras de nosso Pai São João da Cruz!... Com a idade de 17 e 18 anos, não tinha outro alimento espiritual; mais tarde, porém, todos os livros deixaram-me na aridez e estou ainda nesse estado. Se abrir um livro composto por um autor espiritual (mesmo o mais belo, o mais tocante), sinto logo meu coração se fechar e leio, por assim dizer, sem compreender, ou se compreendo, meu espírito se detém sem poder meditar... Nesta impotência, a Sagrada Escritura e a Imitação vêm em meu socorro; nelas encontro um alimento sólido e totalmente *puro*. Mas é sobretudo o *Evangelho* que me entretém durante minhas orações, nele encontro tudo o que é necessário à minha pobre alminha. Ali descubro sempre novas luzes, sentidos ocultos e misteriosos...

Compreendo e sei por experiência "que o Reino de Deus está dentro de nós". Jesus simplesmente não necessita de livros nem de doutores para instruir as almas. Ele, o Doutor dos doutores, ensina sem o ruído de palavras... Nunca o ouvi falar, mas sinto que Ele está em mim; a cada instante, Ele me guia e me inspira o que devo dizer ou fazer. Precisamente no momento em que tenho necessidade, descubro luzes que até então nunca vi. Na maior parte das vezes, não é durante a oração que elas são mais abundantes, mas antes é em meio minhas ocupações diárias...

Oh, minha Mãe querida! Depois de tantas graças, não posso cantar com o salmista: "Como o Senhor é bom, eterna é sua misericórdia"? Parece-me que se todas as criaturas tivessem as mesmas graças que eu, o bom Deus não seria temido por ninguém, mas amado até a loucura, e que, por *amor* e não tremendo, nenhuma alma consentiria ofendê-lo... Todavia, compreendo que todas as almas não podem ser semelhantes; é preciso que haja diferentes famílias, a fim de honrar especialmente cada uma das perfeições do bom Deus. A mim Ele deu sua *Misericórdia infinita* e é *através dela* que contemplo e adoro as outras perfeições divinas!... Então, todas me parecem brilhantes de *amor*; até mesmo a Justiça (e talvez mais ainda do que qualquer outra) parece-me revestida de *amor*... Como é doce a alegria de pensar que o bom Deus é *justo*, isto é, que leva em conta nossas fraquezas e conhece perfeitamente a fragilidade de nossa natureza. De que, então, teria medo? Ah, o Deus infinitamente justo, que se dignou perdoar com tanta bondade todas as faltas do filho pródigo, não deverá ser Justo também comigo, que "estou sempre com Ele"?...

No dia 9 de junho deste ano, festa da Santíssima Trindade, recebi a graça de compreender mais do que nunca quanto Jesus deseja ser amado.

Pensei nas almas que se oferecem como vítimas à Justiça de Deus, a fim de desviar e atrair sobre si os castigos reservados aos culpados. Este oferecimento parecia-me grande e generoso, mas sentia-me longe de ser levada a fazê-lo. "Oh, meu Deus, exclamei no fundo do meu coração, haverá somente vossa Justiça para receber almas que se imolam como vítimas? Vosso Amor misericordioso também não precisa delas?... Ele é desprezado e rejeitado em toda a parte; os corações aos quais desejar oferecê-lo voltam-se para as criaturas, mendigando-lhes a felicidade com sua miserável afeição, em vez de lançar-se em vossos braços e aceitar vosso *Amor* infinito... Oh, meu Deus, vosso Amor desprezado permanecerá em vosso Coração? Parece-me que se encontrardes almas que se oferecem como vítimas de holocausto ao vosso Amor, haveríeis de consumi-las rapidamente; parece-me que seríeis feliz por não reterdes as ondas de infinitas ternuras que estão em Vós... Se vossa Justiça se compraz em saciar-se, ela que *se estende somente sobre a terra*, quanto mais vosso Amor misericordioso deseja *abrasar* as almas, pois vossa Misericórdia *eleva-se até os Céus*... Oh, meu Jesus, seja *eu* esta feliz vítima, consumi vosso holocausto com o fogo do vosso divino Amor!...

Minha Mãe querida, vós que me permitistes oferecer-me assim ao bom Deus, conheceis os rios, ou antes, os oceanos de graças que vieram inundar minha alma... Ah, desde esse feliz dia, parece-me que o Amor me penetra e me envolve; parece-me que a cada instante esse Amor misericordioso me renova, purifica minha alma e não deixa ali traço algum de pecado; por isso não posso temer o Purgatório... Sei que, por mim mesma, nem mereceria entrar neste lugar de expiação, pois somente as almas santas podem ter acesso a ele; mas sei que o Fogo de Amor é mais santificante do que o do Purgatório; sei que Jesus não pode desejar para nós sofrimentos inúteis e que Ele não me inspiraria os desejos que sinto, se Ele não quisesse satisfazê-los...

Oh, como é doce o caminho do Amor!... Como desejo aplicar-me a fazer sempre, no maior abandono, a vontade do bom Deus!...

Eis, minha Mãe querida, tudo o que posso dizer-vos da vida de vossa Teresinha. Sabeis melhor por vós mesma quem ela é e o que Jesus fez por ela; por isso, havereis de perdoar-me por ter abreviado muito a história de minha vida religiosa...

Como terminará esta "história de uma florzinha branca"? Talvez a florzinha será colhida no seu frescor, ou então, transplantada para outras paragens... não sei. Porém, do que estou certa é que a Misericórdia do bom Deus a acompanhará sempre e que jamais ela deixará de abençoar a Mãe querida que a deu a Jesus. Alegrar-se-á, eternamente, por ser uma das flores de sua coroa... Com esta Mãe querida cantará, eternamente, o cântico sempre novo do Amor...

EXPLICAÇÃO DO BRASÃO

O Brasão JHS é aquele que Jesus se dignou trazer como dote à sua pobre pequena esposa. A Órfãzinha *da Beresina* tornou-se *Teresa do MENINO JESUS* da *SANTA FACE*. São seus títulos de nobreza, sua riqueza e sua esperança. A Vinha que separa em dois o Brasão é ainda a figura daquele que se dignou dizer-nos: "Eu sou a Videira e vós, os ramos; quero que deis muitos frutos". Os dois ramos que cercam a Santa Face e o Menino Jesus são a imagem de Teresa que não tem senão um desejo aqui na terra: o de oferecer-se como um cachinho de uva para refrescar o Menino Jesus, distraí-lo, deixar-se espremer por Ele, segundo seus caprichos e, assim, poder saciar a *sede* ardente que sentiu durante sua Paixão. A harpa representa ainda Teresa, que deseja cantar, incessantemente, a Jesus a melodia do amor.

O Brasão FMT é o de Maria Francisca Teresa, a florzinha da Santíssima Virgem. Por isso, esta florzinha é representada recebendo os benfazejos raios da Doce Estrela da Manhã. A terra verdejante representa a família bendita no seio da qual a florzinha cresceu; mais ao longe vê-se uma montanha, que representa o Carmelo. É este lugar abençoado que Teresa escolheu para representar em seus brasões o *dardo inflamado* do amor que deve merecer-lhe a palma do martírio, esperando poder, verdadeiramente, dar seu sangue por *aquele que ela ama*. Porque, para corresponder a todo o amor de Jesus, ela quereria fazer por Ele o que Ele fez por ela... Mas Teresa não se esquece que não passa de um fraco *caniço*; por isso colocou-o em seu Brasão. O triângulo luminoso representa a Adorável Trindade, que não cessa de derramar seus dons inestimáveis na alma da pobre Teresinha e também, em sua gratidão, não esquecerá jamais esta divisa: "Amor com amor se paga".

Cantarei eternamente as Misericórdias do Senhor!...

Armas de Jesus e de Teresa

Dias de graças concedidas pelo Senhor à sua pequena esposa:
Nascimento, 2 de janeiro de 1873; – Batismo, 4 de janeiro de 1873; – Sorriso da Santíssima Virgem, maio de 1883; – Primeira Comunhão,

8 de maio de 1884; – Confirmação, 14 de junho de 1884; – Conversão, 25 de dezembro de 1886; – Audiência de Leão XIII, 20 de novembro de 1887; – Entrada para o Carmelo, 9 de abril de 1888; – Tomada de hábito, 10 de janeiro de 1889; – Nossa grande riqueza, 12 de fevereiro de 1889; – Exame canônico, Bênção de Leão XIII, setembro de 1890; – Profissão, 8 de setembro de 1890; – Tomada do véu, 24 de setembro de 1890; – Oferecimento de si mesma ao Amor, 9 de junho de 1895.

MANUSCRITO B

(1896)

J.M.J.T.

Jesus †

Oh, minha Irmã querida! Vós me pedis que vos dê uma lembrança de meu retiro, retiro que, talvez, será o último... Já que nossa Madre o permite, para mim é uma alegria vir entreter-me convosco, que sois duas vezes minha Irmã, convosco que me emprestastes a voz, prometendo, em meu nome, que eu queria servir a Jesus, quando não me era possível falar... Querida Madrinha, é a criança que oferecestes ao Senhor que vos fala esta noite, é ela que vos ama como uma filha sabe amar sua Mãe... Somente no Céu, conhecereis toda a gratidão que transborda do meu coração... Oh, minha Irmã querida! Quereis ouvir os segredos que Jesus confia à vossa filhinha. Eu sei que Ele vos confia esses segredos porque fostes vós que me ensinastes a recolher os ensinamentos divinos. Entretanto, tentarei balbuciar algumas palavras, embora sinta que é impossível à palavra humana traduzir coisas que o coração humano mal pode pressentir...

Não penseis que nado em consolações. Oh, não! Minha consolação é não ter nenhuma sobre a terra. Sem se mostrar, sem fazer ouvir sua voz, Jesus me instrui em segredo. Não foi por meio de livros, porque não compreendo o que leio; mas, às vezes, uma palavra como esta que colhi no fim da oração (após ter ficado em silêncio e na secura), vem me consolar: "Eis o Mestre que te dou. Ele há de ensinar-te tudo o que deves fazer. Quero fazer-te ler no livro da vida, onde está contida a ciência do Amor. A ciência do Amor... Ah, sim, esta palavra ressoa docemente ao ouvido de minha alma. Não desejo senão esta ciência. *Tendo doado todas as minhas riquezas* por ela, como a esposa dos sagrados Cânticos, creio *não ter dado nada...* Compreendo muito bem que só o amor pode tornar-nos agradáveis ao bom Deus e este amor é o único bem que ambiciono. Jesus se compraz em me mostrar o único caminho que conduz a esta Fornalha divina. Este caminho é o abandono da criancinha, que adormece, sem medo, nos braços de seu Pai... "Se alguém for pequenino, venha a mim", disse o Espírito Santo pela boca de Salomão e este mesmo Espírito de Amor disse ainda que "a Misericórdia é concedida aos pequenos". Em seu nome, o profeta Isaías revelou-nos que no último dia "o Senhor conduzirá seu rebanho às pastagens, reunirá os cordeirinhos e os estreitará ao seu seio"; e como se todas estas promessas não bastassem, o mesmo profeta, cujo olhar inspirado penetrava nas profundezas eternas, exclama em nome do Senhor: "Como uma mãe acaricia seu filhinho, assim vos consolarei, carregar-vos-ei em meu seio e vos acariciarei sobre meus joelhos". Oh, Madrinha querida! Após semelhante linguagem, só nos resta calar e chorar de gratidão e amor... Ah, se todas as almas fracas e imperfeitas sentissem o que sente a menor de todas as almas, a alma de vossa Teresinha, nenhuma desesperaria de chegar ao cume da montanha do amor, porque Jesus não pede grandes ações, mas somente o abandono e a gratidão, pois disse no Sl 49: *"Não preciso dos cabritos de vosso rebanho; todas as feras das florestas me pertencem, como os milhares de animais que pastam nas colinas. Conheço todas as aves das montanhas... Se tiver fome, não é a vós que eu o direi, porque minha é a terra e tudo o que ela contém. Acaso deverei comer a carne dos touros e beber o sangue dos cabritos?"...*

"Imolai a Deus sacrifícios de louvor e de ações de graças." Eis, portanto, tudo o que Jesus exige de nós. Ele não tem necessidade de nossas obras, mas somente de nosso *amor*, porque esse mesmo Deus que declara não precisar dizer-nos se tem fome, não teme *mendigar* um pouco de água à Samaritana. Ele tinha sede... Mas dizendo: "Dá-me de beber", era o amor de sua pobre criatura que o Criador do universo reclamava. Ele tinha sede de amor... Ah, sinto mais do que nunca: Jesus está *sedento*. Entre os discípulos do mundo, encontra somente ingratos e indiferentes e entre os *discípulos dele* – ai! – encontra poucos corações que se entregam sem reserva, que compreendem toda a ternura de seu Amor infinito.

Irmã querida, como somos felizes por compreender os íntimos segredos de nosso Esposo! Ah, se quisésseis escrever tudo o que sabeis sobre isso, teríamos belas páginas para ler... Mas eu sei, preferis guardar no fundo de vosso coração "os segredos do Rei". A mim dizeis "que é louvável publicar as obras do Altíssimo". Penso que tendes razão em guardar silêncio; escrevo estas linhas unicamente para causar-vos prazer, pois sinto minha impotência para expressar com palavras terrenas os segredos do Céu. Além disso, após ter escrito páginas e páginas, julgaria não ter ainda começado... Há tantos horizontes diferentes, tantos matizes variados ao infinito, que só a paleta do Pintor celeste, passada a noite desta vida, poderá fornecer-me as cores apropriadas para pintar as maravilhas que ele revela ao olho de minha alma.

Minha Irmã querida, pedistes-me que vos escrevesse meu sonho e "minha pequena doutrina", como a chamais vós... Eu o fiz nas páginas seguintes, mas tão mal que me parece impossível que as compreendais. Talvez, achareis exageradas as minhas expressões... Ah, perdoai-me! Isso vem do meu estilo pouco agradável. Garanto-vos que não há exagero algum em minha *alminha*, que nela tudo é calma e repouso...

(Escrevendo, é a Jesus que falo; assim me é mais fácil expressar meus pensamentos... O que, aliás, não impede que sejam muito mal expressos!)

J.M.J.T.　　　　8 de setembro de 1896.
(À minha querida Irmã Maria do Sagrado Coração)

Oh, Jesus, meu Amado! Quem poderá dizer com que ternura, com que doçura, conduzis minha *pequena alma*! Como vos aprouve fazer luzir o raio de vossa graça em meio à mais sombria tempestade!... Jesus, a tempestade bramia muito forte em minha alma desde a bela festa de vosso triunfo, a radiosa festa de Páscoa, quando, num sábado do mês de maio, pensando nos sonhos misteriosos que, às vezes, são concedidos a certas almas, dizia a mim mesma que isto deveria ser um consolo muito doce. Todavia, eu não o pedi. À noite, considerando as nuvens que cobriam seu Céu, minha pequena alma ainda dizia-se que os belos sonhos não eram para ela. E adormeci em meio à tempestade... O dia seguinte era 10 de maio, o segundo *DOMINGO* do mês de *Maria*, talvez, aniversário do dia em que a Santíssima Virgem dignou-se *sorrir* à sua florzinha...

Aos primeiros clarões da aurora, achava-me (em sonho) numa espécie de galeria, onde havia várias outras pessoas, mas afastadas. Só nossa Madre estava comigo, quando, de repente, sem ter visto como elas tinham entrado, percebo três Carmelitas, revestidas de seus mantos e grandes véus. Parecia-me que se dirigiam à nossa Madre, mas o que compreendi claramente é que vinham do Céu. Do fundo do meu coração, exclamei: "Ah, como ficaria feliz em ver o rosto de uma dessas Carmelitas! Então, como se minha prece tivesse sido ouvida por ela, a mais alta das santas aproximou-se de mim; imediatamente caí de joelhos. Oh, que felicidade! A Carmelita *levantou seu véu, ou melhor, ergueu-o e me cobriu com ele*... Sem hesitação alguma, reconheci a *venerável Madre Ana de Jesus*, a fundadora do Carmelo na França. Seu rosto era belo, de uma beleza imaterial. Nenhum raio desprendia-se dele e, todavia, apesar do véu que nos envolvia a ambas, via seu rosto celeste iluminado por uma luz inefavelmente doce, luz que ele não recebia, mas a produzia por si mesmo...

Não saberia dizer a alegria de minha alma; estas coisas se sentem e não se podem expressar. Vários meses se passaram depois desse doce sonho. No entanto, a lembrança que deixou em minha alma não perdeu nada de seu frescor, de seus encantos celestes. Ainda vejo o olhar e o sorriso *CHEIOS DE AMOR* da Venerável Madre. Creio ainda sentir as carícias de que me cumulou...

Vendo-me tão ternamente amada, ousei pronunciar estas palavras: "Oh, minha Madre! Dizei-me, eu vos suplico, se o bom Deus vai me deixar por muito tempo sobre a terra... Virá buscar-me em breve?..." Sorrindo com ternura, a Santa murmurou: "Sim, logo... logo... Prometo-vos". "Minha Madre, acrescentei, dizei-me também se o bom Deus não me pede alguma coisa mais do que minhas pobres e pequenas ações e meus desejos. Está contente comigo? A fisionomia da Santa tomou uma expressão *incomparavelmente mais terna* do que a primeira vez que me falou. Seu olhar e seus carinhos eram a mais doce das respostas. Entretanto, ela me disse: "O bom Deus não vos pede nenhuma outra coisa. Está contente, muito contente!..." Depois de me ter novamente acariciado com mais amor do que a mais terna das mães por seu filhinho, vi-a afastar-se... Meu coração estava na alegria, mas lembrei-me de minhas irmãs e quis pedir algumas graças para elas, mas... ai... acordei!...

Oh, Jesus! A tempestade não rugia mais; o Céu estava calmo e sereno... Eu *cria, sentia* que existe *um Céu* e que este *Céu* é povoado de almas que me amam, que me têm por sua filha... Esta impressão permanece em meu coração, tanto mais que, até então, a Venerável Madre *Ana de Jesus* era-me *absolutamente indiferente*, nunca a havia invocado e seu pensamento só me vinha à mente ao ouvir falar dela, o que era raro. Por isso, quando compreendi a que ponto *ela me amava*, e quanto eu lhe era *indiferente*, meu coração fundiu-se de amor e de gratidão, não somente pela Santa que me havia visitado, mas também por todos os bem-aventurados habitantes do Céu...

Oh, meu Amado! Esta graça era apenas o prelúdio de graças ainda maiores com as quais querias me conceder. Meu único Amor, deixa que hoje as relembre para ti... Hoje, o sexto aniversário de *nossa união*... Ah, perdoa-me, Jesus, se devaneio querendo repetir meus desejos. minhas esperanças, que chegam ao infinito. Perdoa-me e cura minha alma dando-lhe o que ela espera!!!

Ser tua esposa, oh Jesus, ser Carmelita, ser, por minha união contigo, a mãe das almas, deveria ser suficiente para mim... Não é assim... Sem dúvida, estes três privilégios são bem minha vocação: *Carmelita, Esposa e Mãe*; entretanto, sinto em mim outras vocações. Sinto em mim a vocação de Guerreiro, de Sacerdote, de Apóstolo, de Doutor, de Mártir; enfim, sinto a necessidade, o desejo de realizar por *ti, Jesus*, todas as obras mais heroicas... Sinto em minha alma a coragem de um Cruzado, de um Zuavo pontifício. Quereria morrer num campo de batalha para defender a Igreja...

Sinto em mim a vocação de *Sacerdote*. Com que amor, ó Jesus, eu te traria em minhas mãos, quando, por minha voz, descesses do Céu... Com que amor eu te daria às almas... Mas, ai! Embora desejando ser *Sacerdote*, admiro e invejo a humildade de São Francisco de Assis e sinto a *vocação* de imitá-lo, recusando a sublime dignidade do *Sacerdócio*.

Oh Jesus, meu amor, minha vida!... Como conciliar estes contrastes? Como realizar os desejos de minha pobre alminha?...

Ah, apesar de minha pequenez, quisera esclarecer as almas como os *Profetas*, os *Doutores*; tenho a vocação de *ser Apóstolo*... Quereria percorrer a terra, pregar teu nome e plantar em solo infiel tua Cruz gloriosa; mas, ó meu Amado, uma só missão não me bastaria. Quereria, ao mesmo tempo, anunciar o Evangelho nas cinco partes do mundo e até nas ilhas mais distantes... Quereria ser missionária, não somente durante alguns anos, mas gostaria de tê-lo sido desde a criação do mundo e sê-lo até a consumação dos séculos... Mas quereria, sobretudo, ó meu amado Salvador, por ti quereria derramar meu sangue até a última gota...

O Martírio, eis o sonho de minha juventude, este sonho cresceu comigo nos claustros do Carmelo... Mas também lá sinto que meu sonho é uma loucura, porque não saberia limitar-me a desejar *um* gênero de martírio... Para me satisfazer seriam precisos *todos*... Como tu, meu Esposo adorado, quereria ser flagelada e crucificada... quereria morrer esfolada como São Bartolomeu... Como São João, quereria ser mergulhada no óleo fervente, quereria sofrer todos os suplícios infligidos aos mártires... Com Santa Inez e Santa Cecília, quereria apresentar meu pescoço à espada e, como Joana D'Arc, minha irmã querida, quisera murmurar teu nome sobre a fogueira, ó *JESUS*... Pensando nos tormentos que serão a partilha dos cristãos no tempo do Anticristo, sinto exultar meu coração e quisera que tais tormentos me fossem reservados... Jesus, Jesus, se quisesse escrever todos os meus desejos, ser-me-ia necessário tomar emprestado *teu livro de vida*, onde estão relatadas as ações de todos os Santos e, essas ações, quisera tê-las realizado por ti ...

Oh, meu Jesus! O que vais responder a todas as minhas loucuras?... Haverá alma mais *pequena*, mais impotente do que a minha?... Todavia, precisamente por causa de minha fraqueza, aprouve-te, Senhor, satisfazer meus *pequenos desejos infantis*, e hoje queres realizar outros *desejos, maiores* do que o universo...

Na oração, quando meus desejos me faziam sofrer um verdadeiro martírio, abri as epístolas de São Paulo, a fim de procurar alguma resposta. Os capítulos 12 e 13 da Primeira Carta aos Coríntios caíram-me sob os olhos... No primeiro, li que *todos* não podem ser apóstolos, profetas, doutores etc., que a Igreja se compõe de diferentes membros e que o olho não pode ser, *ao mesmo tempo*, a mão... A resposta era clara, mas não satisfazia meus desejos, não me dava a paz... Como Madalena que, inclinando-se sempre para o túmulo vazio, acabou encontrando aquele que procurava, da mesma forma, inclinando-me até as profundezas de meu nada, elevei-me tão alto que pude atingir meu objetivo... Sem desanimar, continuei minha leitura e esta frase me consolou: "Procurai com ardor os *dons mais perfeitos*, mas vou mostrar-vos ainda um caminho mais excelente". E o Apóstolo explica como os *dons mais PERFEITOS* não são nada sem o *AMOR*... Que a *Caridade é o CAMINHO EXCELENTE* que conduz seguramente a Deus.

Enfim, encontrei o repouso... Considerando o corpo místico da Igreja, não me reconheci em nenhum dos membros descritos por São Paulo, ou melhor, queria reconhecer-me em *todos*... A *Caridade* deu-me a chave de minha *vocação*. Compreendi que se a Igreja tinha um corpo, composto de diferentes membros, não lhe faltava o mais necessário, o mais nobre de todos. Compreendi que a Igreja *tinha um Coração, e que este Coração era* ARDENTE DE *AMOR*. Compreendi que só o Amor fazia agir os membros da Igreja, que se o Amor viesse a se extinguir, os Apóstolos não anunciariam mais o Evangelho, os Mártires recusariam derramar seu sangue... Compreendi que o *AMOR* ENCERRA TODAS AS VOCAÇÕES, QUE O AMOR ERA TUDO, QUE ELE ABRAÇARIA TODOS OS TEMPOS E TODOS OS LUGARES... NUMA PALAVRA, QUE ELE É ETERNO!..

Então, no auge de minha alegria delirante, exclamei: Oh, Jesus, meu Amor... Enfim, encontrei, minha *vocação*, MINHA VOCAÇÃO, É O AMOR!...

Sim, encontrei meu lugar na Igreja e este lugar, ó meu Deus, fostes Vós que mo destes... No Coração da Igreja, minha Mãe, serei o *Amor*... assim, serei tudo, assim meu sonho será realizado!!!...

Por que falar de alegria delirante? Não, esta expressão não é correta. É antes a paz calma e serena do navegante, que, percebendo o farol, deve conduzi-lo ao porto... Oh, Farol luminoso do amor, sei como chegar a ti, encontrei o segredo de apropriar-me de tua chama!...

Sou apenas uma criança, impotente e fraca. Contudo, é minha própria fraqueza que me dá a audácia de oferecer-me como *Vítima ao teu Amor*, ó Jesus! Outrora, somente as hóstias puras e sem manchas eram aceitas pelo Deus Forte e Poderoso. Para satisfazer a *Justiça* divina, eram necessárias vítimas perfeitas; mas à lei do temor sucedeu a lei do *Amor*, e o *Amor* escolheu-me para holocausto, a mim, criatura fraca e imperfeita... Esta escolha não é digna do Amor?... Sim, para que o Amor seja plenamente satisfeito, é preciso que se abaixe, que se abaixe até o nada e que transforme este nada em *fogo*...

Oh, Jesus, eu sei: amor só se paga com amor. Por isso, procurei e encontrei o meio de aliviar meu coração, dando-te Amor por Amor... – "Usai as riquezas da iniquidade para conseguirdes amigos que vos recebam nos tabernáculos eternos". Eis, Senhor, o conselho que dás a teus discípulos após ter-lhes dito que "os filhos das trevas são mais hábeis em seus negócios do que os filhos da luz". Filha da luz, compreendi que meus *desejos de ser tudo*, de abraçar todas as vocações, eram riquezas que bem poderiam tornar-me injusta; então, servi-me delas para *adquirir amigos*... Lembrando-me da súplica de Eliseu a seu Pai Elias, quando ousou pedir-lhe SEU DUPLO ESPÍRITO, apresentei-me diante dos Anjos e dos Santos e lhes disse:

"Sou a menor das criaturas, conheço minha miséria e minha fraqueza, mas sei também quanto os corações nobres e generosos gostam de fazer o bem. Suplico-vos que me adoteis como filha. Somente vossa será a glória que me fizerdes adquirir, mas dignai-vos ouvir minha prece; ela é temerária, eu sei; entretanto ouso pedir que me obtenhais o *VOSSO DUPLO AMOR*".

Jesus, não posso aprofundar meu pedido; temeria ver-me esmagada sob o peso de meus desejos audaciosos... Minha desculpa é que sou *uma criança*, e as crianças não refletem sobre o alcance de suas palavras. No entanto, seus pais, quando estão sobre o trono e possuem imensos tesouros, não hesitam em contentar os desejos dos *pequenos seres* que amam como a si mesmos; para causar-lhes prazer, fazem loucuras, vão até a *fraqueza*... Pois bem! Quanto a mim, sou a *Filha* da *Igreja*, e a Igreja é Rainha, pois é tua esposa, ó divino Rei dos Reis... Não são as riquezas e a Glória (mesmo a Glória do Céu) que o coração da criancinha reclama... Ela compreende que, por direito, a glória pertence a seus Irmãos, os Anjos e os Santos... Sua glória será o reflexo daquela que jorrará da fronte de sua Mãe. O que ela pede é o Amor... Ela não sabe senão uma coisa: amar-te, ó Jesus... As obras grandiosas lhe estão interditadas; não pode pregar o Evangelho, derramar seu sangue... mas que importa, seus irmãos trabalham em seu lugar, e ela, criancinha, fica bem juntinho ao *trono* do Rei e da Rainha; ela ama por seus irmãos que combatem... Mas como testemunhará seu *Amor*, uma vez que o amor se prova pelas obras? Pois bem! A criancinha *lançará flores*, embalsamará com *perfumes* o trono real, cantará com sua voz argentina o cântico do *Amor*.

Sim, meu Amado, eis como se consumará minha vida... Não tenho outro meio de provar meu amor senão lançando flores, isto é, não deixando escapar nenhum pequeno sacrifício, nenhum olhar, nenhuma palavra, aproveitando todas as menores coisas e fazendo-as por amor... Quero sofrer por amor e até gozar por amor e, assim, lançarei flores diante de teu trono; não encontrarei uma só flor sem *desfolhá-la* para ti... E depois, lançando minhas flores, cantarei (poder-se-á chorar ao fazer ação tão alegre?), cantarei, mesmo quando for preciso colher minhas flores em meio a espinhos e meu canto será tanto mais melodioso quanto mais longos e picantes forem os espinhos.

Jesus, para que te servirão minhas flores e meus cantos?... Ah, sei muito bem, esta chuva perfumada, estas pétalas frágeis e sem valor algum, estes cantos de amor do menor dos corações haverão de te encantar. Sim, estes nadas te alegrarão, farão a Igreja Triunfante sorrir. Ela recolherá minhas flores, desfolhadas por amor, e as farão passar para tuas divinas Mãos, ó Jesus; esta Igreja do Céu, querendo *brincar* com sua filhinha, também ela lançará estas flores que, por teu toque divino, adquiriram um valor infinito. Ela as lançará sobre a Igreja Militante a fim de alcançar-lhe a vitória!

Oh, meu Jesus, eu te amo, amo a Igreja, minha Mãe! Sei que "o menor movimento de *puro amor* lhe é mais útil do que todas as outras obras reunidas"... Mas o *puro amor* está mesmo no meu coração?... Meus imensos desejos não são um sonho, uma loucura???? Ah, se assim for, Jesus, esclarece-me. Sabes que procuro a *verdade*... Se meus desejos são temerários, faze que desapareçam, pois estes desejos são para mim o maior dos martírios... Entretanto, ó Jesus, sinto que após ter aspirado às regiões mais elevadas do Amor, se não mais conseguisse atingi-las um dia, terei experimentado mais doçura *em meu martírio, na minha loucura*, do que gozarei no seio das alegrias da *Pátria*, a menos que, por um milagre, fizesses desaparecer a recordação de minhas esperanças terrenas. Então, deixa-me gozar durante meu exílio as delícias do amor... Deixa-me saborear as doces amarguras do meu martírio.

Jesus, Jesus, se é tão delicioso o desejo de te *amar*, que será, então, possuir e gozar o Amor?

Como pode uma alma tão imperfeita quanto a minha querer possuir a plenitude do *Amor*?... Oh, Jesus, meu *primeiro, meu único Amigo*. Tu, o único que amo, dize-me que mistério é este?... Por que não reservas estas imensas aspirações às grandes almas, às águias que planam nas alturas?... De minha parte, considero-me um *fraco passarinho*, coberto apenas de uma leve penugem. Não sou uma águia; dela tenho simplesmente os OLHOS e o CORAÇÃO, porque, apesar de minha extrema pequenez, ouso fixar o Sol divino, o Sol do Amor e meu coração sente nele todas as aspirações da Águia... O passarinho quereria *voar* para este brilhante Sol que encanta seus olhos. Ele quereria imitar as Águias, seus irmãos, que ele vê elevar-se até o Fogo divino da Trindade Santa... Mas ai! Tudo o que ele pode fazer é *elevar* suas *pequenas* asas; porém, *voar* não está ao seu *pequeno* alcance! O que irá se tornar? Morrer de tristeza por se ver tão impotente?... Oh não! O passarinho nem sequer vai se afligir. Com um audacioso abandono, quer continuar a fixar seu divino Sol; nada seria capaz de assustá-lo, nem o vento, nem a chuva; e se sombrias nuvens vierem esconder o *Astro de Amor*, o passarinho não mudaria de lugar; ele sabe que, além das nuvens, seu Sol brilha sempre, que seu brilho não se eclipsará um instante. É verdade que, às vezes, o coração do passarinho se vê assaltado pela tempestade. Parece-lhe crer que não existe outra coisa além das nuvens que o envolvem. Então, é o momento da alegria perfeita para o fraco e *pobre pequeno ser*. Que felicidade para ele permanecer lá assim mesmo, fixar a invisível luz que se oculta à sua fé. Jesus, até o presente, compreendo teu amor pelo passarinho, pois ele não se afasta de ti... mas eu sei e Tu o sabes também, muitas vezes, a imperfeita criaturinha, permanecendo em seu lugar (isto é, sob os raios do Sol) deixa-se distrair um pouco de sua única ocupação. Ele pega um grãozinho à direita e à esquerda, corre atrás de um vermezinho... Depois, encontrando uma pocinha de água, molha suas penas apenas formadas. Vê uma flor que lhe agrada, e então seu pequeno espírito ocupa-se com esta flor... Enfim, não podendo planar como as águias, o pobre passarinho ocupa-se também com as bagatelas da terra. Entretanto, depois de todos estes desvios, em vez de ir esconder-se ao longe para chorar sua miséria e morrer de arrependimento, o passarinho volta-se para seu amado Sol, apresenta a seus raios benfazejos suas pequenas assas *molhadas*, geme como uma andorinha e, no seu doce canto, confia, narra em detalhe suas infidelidades, pensando em seu temerário abandono adquirir assim maior influência, atrair mais plenamente o amor *daquele* que não veio chamar os justos mas os pecadores... Se o *Astro adorado* permanecer surdo aos queixosos gorjeios de sua criaturinha, se continuar *velado*... pois bem!, a criaturinha permanece *molhada*, aceita estar transida de frio e se alegra ainda com este sofrimento que, aliás, mereceu... Oh, Jesus, quão feliz é teu *passarinho* por ser *fraco* e *pequeno*. Que seria dele se fosse grande?... Jamais teria a audácia de aparecer em tua presença, de dormir diante de ti... Sim, eis mais uma fraqueza do passarinho. Quando quer fixar o Sol divino e as nuvens lhe impedem de ver um único raio, apesar disso seus olhinhos se fecham, sua cabecinha se esconde sob sua asinha e o pobrezinho adormece, pensando fixar sempre seu Astro querido. Ao despertar, não se desola; seu coraçãozinho permanece em paz. Recomeça seu ofício de *amor*, invoca os Anjos e os Santos que se elevam como Águias para o Fogo devorador, objeto de seu desejo. Compadecendo-se de seu irmãozinho, as Águias o protegem, o defendem e põem em fuga os abutres que querem devorá-lo. O passarinho não teme os abutres, imagem dos demônios. Ele não está destinado a se tornar sua *presa*, mas a da Águia que contempla no centro do Sol de Amor. Oh, Verbo divino! És Tu a Águia adorada que eu amo e que me *atrai*! És Tu que, descendo para a terra do exílio, quiseste sofrer e morrer, a fim de *atrair* as almas até o seio da eterna fornalha da bem-aventurada Trindade. És Tu que voltando para a Luz inacessível que, doravante, será tua morada. És Tu que ainda permaneces no vale de lágrimas, escondido sob a aparência de uma branca hóstia... Águia eterna, queres nutrir-me com tua substância divina, a mim, pobre criaturinha, que voltaria ao nada se teu divino olhar não me desse a vida a cada instante... Oh, Jesus, no excesso de minha gratidão, deixa-me dizer-te que *teu Amor chega à loucura*... Diante desta loucura, como queres que meu coração não se lance para ti? Como teria limites minha confiança?... Ah, eu sei, por ti os Santos fizeram *loucuras*, fizeram grandes coisas, pois eram águias...

Jesus, sou pequena demais para fazer grandes coisas... e minha *loucura* consiste em esperar que teu Amor me aceite como vítima... Minha *loucura* consiste em suplicar às águias, meus irmãos, que me obtenham o favor de voar até o Sol do Amor, com *as próprias asas da Águia divina*...

Por quanto tempo quiseres, oh meu Amado, teu passarinho ficará sem forças e sem asas, permanecerá sempre com os olhos fixos em ti, quer ser *fascinado* por teu olhar divino, quer tornar-se a presa de teu Amor... Tenho a esperança, Águia adorada, que um dia virás buscar teu passarinho e, subindo com ele ao Fogo do Amor, Tu o mergulharás por toda a eternidade no ardente Abismo deste Amor, ao qual se ofereceu como vítima...

Oh, Jesus! Se eu pudesse dizer a todas as almas pequenas quão inefável é tua condescendência!... Sinto que, se por uma impossibilidade, encontrasses uma alma mais fraca, mais pequena do que a minha, ficarias feliz por cumulá-la de favores ainda maiores, contanto que ela se abandonasse com toda a confiança à tua misericórdia infinita. Mas, por que desejar comunicar teus segredos de amor, oh Jesus? Não foste Tu que os ensinaste a mim? Não podes revelá-los aos outros?... Sim, eu sei e conjuro-te que o faças. Suplico-te que abaixes teu olhar divino sobre um grande número de *pequenas* almas... Suplico-te escolher uma legião de *pequenas* vítimas dignas de teu *AMOR*!...

A totalmente pequena Irmã Teresa do Menino Jesus e da Santa Face.
rel. carm. ind.

MANUSCRITO C

J.M.J.T.   junho de 1897.

Minha Madre querida, manifestastes-me o desejo de que terminasse convosco de *Cantar as Misericórdias do Senhor*. Comecei este doce canto com vossa filha querida, Inês de Jesus, que foi a mãe encarregada pelo bom Deus de me guiar nos dias de minha infância. Portanto, era com ela que eu devia cantar as graças concedidas à florzinha da Santíssima Virgem, quando estava na primavera de sua vida. Mas é convosco que devo cantar a felicidade desta florzinha, agora que os tímidos raios da aurora deram lugar aos candentes ardores do meio-dia. Sim, é convosco, querida Madre, é para responder ao vosso desejo que vou tentar exprimir os sentimentos de minha alma, minha gratidão ao bom Deus e a vós que, para mim, o representais visivelmente. Não foi em vossas mãos maternas que me entreguei inteiramente a Ele? Oh, minha Madre! Lembrais-vos desse dia?... Sim, sinto que vosso coração não poderia esquecê-lo... Quanto a mim, devo esperar pelo belo Céu, não encontrando aqui na terra palavras capazes de traduzir o que se passou em meu coração nesse dia bendito.

Madre querida, houve outro dia em que minha alma uniu-se ainda mais à vossa, se isso é possível. Foi o dia em que Jesus vos impôs novamente o fardo do Priorado. Naquele dia, minha Madre querida, semeastes nas lágrimas, mas, no Céu, sereis inundada de alegria, vendo-se carregada de ramalhetes preciosos. Oh, minha Madre, perdoai-me a simplicidade infantil. Sinto que me permitis falar-vos sem procurar o que é permitido a uma jovem religiosa dizer à sua Priora. Talvez, nem sempre me manterei nos limites prescritos aos inferiores; mas, minha Madre, ouso dizer que é por vossa culpa: trato convosco como uma filha, porque não me tratais como Priora, mas como Mãe...

Ah, sinto-o muito bem, Madre querida, é o bom Deus que sempre me fala através de vós. Muitas Irmãs pensam que me mimastes, que desde minha entrada na arca santa não recebi de vós senão carícias e elogios; no entanto, não foi assim. Vereis, minha Madre, no caderno que contém minhas recordações de infância, o que penso sobre a educação *forte* e maternal que recebi de vós. Agradeço-vos do mais profundo do meu coração por não me terdes poupado. Jesus bem sabia que sua florzinha necessitava da água vivificante da humilhação. Ela era fraca demais para lançar raízes sem este recurso, e foi através de vós, minha Madre, que este benefício lhe foi dispensado.

Há um ano e meio, Jesus quis mudar a maneira de fazer sua florzinha crescer. Sem dúvida, a achava bastante *irrigada*, porque agora é o *Sol* que a faz crescer. Jesus não quer para ela senão seu sorriso, que lhe dá ainda através de vós, minha Madre amada. Longe de fazer murchar a florzinha, este doce Sol a faz desenvolver-se maravilhosamente. No fundo de seu cálice, conserva as preciosas gotas de orvalho que recebeu e estas gotas recordam-lhe sempre que ela é pequena e fraca... Todas as criaturas podem inclinar-se para ela, admirá-la, cumulá-la de seus louvores... Não sei o motivo, mas nada disso poderia acrescentar uma única gota de falsa alegria à verdadeira alegria que ela saboreia em seu coração, vendo-se assim como é aos olhos do bom Deus: um pobre nadinha e nada mais... Disse não compreender o motivo, mas não seria por ter sido preservada a água dos louvores durante todo o tempo em que seu pequeno cálice não estava suficientemente cheio do orvalho da humilhação? Agora, não há mais perigo. Ao contrário, a florzinha acha tão delicioso o orvalho de que está cheia, que tomaria toda a precaução para não trocá-lo pela água tão insípida dos elogios.

Não quero falar, minha Madre querida, do amor e da confiança que me testemunhais; não penseis que o coração de vossa filha seja insensível a isso. Sinto somente que, agora, nada tenho a temer. Ao contrário, posso gozar, narrando ao bom Deus o que Ele quis pôr de bom em mim. Se lhe agrada fazer-me parecer melhor do que sou, isso não é comigo. Ele é livre de agir como quer... Oh, minha Madre! Como são diferentes os caminhos pelos quais o Senhor conduz as almas! Na vida dos Santos, vemos que há muitos que nada quiseram deixar de si para depois da morte, nem a menor lembrança, o menor escrito. Há outros, ao contrário, como nossa Santa Mãe Teresa, que enriqueceram a Igreja com suas sublimes revelações, não temendo revelar os segredos do Rei, a fim de que Ele seja mais conhecido, mais amado pelas almas. Qual destes dois gêneros de santos agrada mais ao bom Deus? Parece-me, minha Madre, que lhe são igualmente agradáveis, pois todos seguiram o movimento do Espírito Santo e o Senhor disse: *Dizei ao Justo que TUDO está bem*. Sim, tudo está bem, quando só se procura a vontade de Jesus. É por isso que eu, pobre florzinha, obedeço a Jesus, procurando agradar à minha Madre querida.

Sabeis, minha Madre, que sempre desejei ser uma santa. Mas, ai! Quando me comparei aos santos, sempre constatei que entre eles e eu existe a mesma diferença que existe entre uma montanha, cujo cume se perde nos Céus, e o obscuro grão de areia, calcado pelos pés dos passantes. Em vez de desanimar, disse a mim mesma: O bom Deus não saberia inspirar-me desejos irrealizáveis; posso, então, apesar de minha pequenez, aspirar à santidade; é-me impossível crescer; devo suportar-me como sou, com todas as minhas imperfeições; mas quero procurar o meio de ir para o Céu por um caminhozinho bem reto, bem curto, um caminhozinho totalmente novo. Estamos num século de invenções. Agora, não temos mais o trabalho de subir os degraus de uma escada: na casa dos ricos, um elevador a substitui com vantagem. Quanto a mim, também desejei encontrar um elevador para subir até Jesus, porque sou demasiado pequena para subir a rude escada da perfeição. Então, procurei nos Livros santos a indicação do elevador, objeto de meu desejo, e li estas palavras saídas da boca da Sabedoria eterna: "Se alguém for pequenino, venha a mim". Então, eu vim, adivinhando que havia descoberto o que procurava e querendo saber, oh, meu Deus, o que faríeis com o pequenino que respondia ao vosso apelo, continuei minhas buscas e eis o que encontrei: "Como uma mãe acaricia seu filho, assim vos consolarei, aconchegar-vos-ei ao meu seio e vos balançarei sobre meus joelhos!" Ah, nunca palavras mais ternas, mais melodiosas, vieram alegrar minha alma! O elevador que deve fazer-me subir até o Céu são vossos braços, Jesus! Por isso, não preciso crescer; ao contrário, devo permanecer *pequena* e tornar-me cada vez mais pequena. Oh, meu Deus! Fostes além de minha esperança e quero cantar as vossas misericórdias. "Vós me instruístes desde a minha juventude e até o presente anunciei vossas maravilhas, continuarei a publicá-las até a idade mais avançada

(Sl 70)". Qual será para mim esta idade mais avançada? Parece-me que poderia ser agora, pois, aos olhos do Senhor, 2.000 anos não são mais do que 20... do que um dia... Ah, querida Madre, não penseis que vossa filha deseje vos deixar... Não penseis que considere maior graça morrer na aurora do dia do que no seu ocaso. O que lhe agrada, o que unicamente deseja é *dar prazer* a Jesus... Agora que Ele parece aproximar-se dela para atraí-la à morada de sua glória, vossa filha se alegra. Há muito tempo, ela compreendeu que o bom Deus não tem necessidade de ninguém (menos ainda dela do que dos outros) para fazer o bem na terra.

Minha Madre, perdoai-me se vos entristeço... Ah, gostaria tanto de vos alegrar... Mas pensais, por acaso, que se vossas orações não são ouvidas sobre a terra, se Jesus separar *por alguns dias* a filha de sua Mãe, estas orações não serão ouvidas no Céu?...

Vosso desejo é – eu o sei – que desempenhe junto a vós uma missão muito doce e muito fácil. Não poderia terminar esta missão do alto dos Céus?... Como Jesus disse a São Pedro, certo dia, dissestes à vossa filha: "Apascenta meus cordeiros". E eu, admirada, vos disse "ser demasiado pequena"... Supliquei-vos que *vós mesma apascentásseis os vossos cordeirinhos* e que, por favor, me guardasse, me deixasse *pastar com eles*. E vós, minha Madre amada, respondendo um pouco o meu justo desejo, guardastes os cordeirinhos com as ovelhas, recomendando-me, porém, ir muitas vezes apascentá-los à *sombra*, indicar-lhes as melhores e mais nutritivas pastagens, mostrar-lhes as flores atraentes, nas quais jamais deveriam tocar a não ser para esmagá-las sob seus pés... Não tivestes medo, minha Madre querida, que eu desgarrasse vossos cordeirinhos; minha inexperiência e minha juventude não vos atemorizaram. Talvez vos lembrastes de que, muitas vezes, o Senhor se compraz em conceder a sabedoria aos pequenos e que, um dia, transportado de alegria, Ele bendisse a seu *Pai* por ter escondido seus segredos aos prudentes e por tê-los revelado aos *pequeninos*. Minha Madre, sabeis como são raras as almas que não medem o poder divino segundo seus curtos pensamentos. Na terra, admite-se que, em toda a parte, haja exceções; só o bom Deus não tem o direito de fazê-las! Eu sei que há muito tempo, entre os homens, pratica-se a maneira de medir a experiência pelos anos, porque, em sua adolescência, o Santo rei Davi cantava ao Senhor: "Sou jovem e desprezado". No entanto, no mesmo Salmo 118, ele não teme dizer: "Tornei-me mais prudente do que os anciãos, porque procurei vossa vontade... Vossa palavra é a luz que ilumina meus passos... Estou pronto a cumprir vossos mandamentos e nada me perturba..."

Madre amada, não tivestes medo de me dizer um dia que o bom Deus iluminava minha alma e me dava até a experiência dos *anos*... Oh, minha Madre! Agora sou *pequena demais* para ter vaidade; também sou *pequena demais* para elaborar belas frases, a fim de vos fazer crer que tenho muita humildade. Prefiro simplesmente aceitar que o Todo-poderoso fez grandes coisas na alma da filha de sua divina Mãe, e a maior delas é a de lhe ter mostrado sua *pequenez*, sua impotência. Mãe querida, sabeis que o bom Deus dignou-se fazer minha alma passar por muitas espécies de provações. Sofri muito desde que estou na terra; mas se na minha infância sofri com tristeza, não é mais assim que sofro agora: é na alegria e na paz. Sou verdadeiramente feliz por sofrer. Oh, minha Madre, é preciso que conheçais todos os segredos de minha alma para não sorrir ao ler estas linhas, porque, a julgar pelas aparências, haveria uma alma menos provada do que a minha? Ah, se a provação que padeço há um ano aparecesse aos olhares... que espanto!...

Madre amada, conheceis esta provação. Todavia, vou falar-vos ainda a esse respeito, porque considero-a uma grande graça que recebi sob vosso Priorado bendito.

No ano passado, o bom Deus concedeu-me o consolo de observar o jejum da Quaresma em todo o seu rigor. Jamais me senti tão forte e esta força se manteve até a Páscoa. Entretanto, na Sexta-feira Santa, Jesus quis dar-me a esperança de logo ir vê-lo no Céu... Oh, como me é doce esta recordação!... Depois de ter ficado junto ao Santo Sepulcro até meia-noite, voltei para nossa cela. Mas, mal tive tempo de deitar minha cabeça no travesseiro, senti como que uma onda que subia, subia fervendo até meus lábios. Não sabia o que era, mas pensei que, talvez, iria morrer e minha alma inundou-se de alegria... Entretanto, como nossa lamparina estava apagada, disse a mim mesma que seria preciso esperar até de manhã para certificar-me de minha felicidade, porque me parecia que tinha vomitado sangue. A manhã não se fez esperar muito. Ao despertar, logo pensei que tinha alguma coisa alegre a saber e, aproximando-me à janela, pude constatar que não me havia enganado... Ah, minha alma encheu-se de um grande consolo. Estava intimamente convencida de que Jesus, no dia do aniversário de sua morte, queria fazer-me ouvir um primeiro apelo. *Era como um doce e longínquo murmúrio que me anunciava a chegada do Esposo...*

Foi com um fervor muito grande que assisti à Prima e ao Capítulo dos Perdões. Tinha pressa de ver chegar minha vez, a fim de vos pedir perdão, de confiar-vos, minha Madre amada, minha esperança e minha felicidade.

Mas acrescentei que absolutamente não sofria (o que era verdade) e vos supliquei, minha Madre, que não me impusésseis nada de particular. Com efeito, tive o consolo de passar o dia da Sexta-feira Santa como desejava. Nunca as austeridades do Carmelo me tinham parecido tão deliciosas; a esperança de ir para o Céu inundava-me de alegria. Tendo chegado a noite desse bem-aventurado dia, foi preciso ir repousar; mas como na noite precedente, o bom Jesus deu-me o mesmo sinal que minha entrada na vida eterna não estava longe... Gozava, então, de uma *fé* tão viva, tão clara, que o pensamento do Céu fazia toda a minha felicidade. Não podia crer que houvesse ímpios sem fé. Achava que, ao negar a existência do Céu, do belo Céu, onde o próprio Deus queria ser sua eterna recompensa, falavam contra seu pensamento. Nos dias tão alegres do tempo pascal, Jesus me fez sentir que, verdadeiramente, há almas que não têm fé, que, pelo abuso das graças, perdem este precioso tesouro, fonte das únicas alegrias puras e verdadeiras. Permitiu que minha alma fosse invadida pelas mais espessas trevas e que o pensamento do Céu, tão doce para mim, não fosse mais do que um motivo de combate e de tormento... Esta provação não devia durar alguns dias, algumas semanas; devia prolongar-se até a hora marcada pelo bom Deus e... esta hora ainda não chegou... Gostaria de poder exprimir o que sinto, mas ai... creio que é impossível. É preciso ter viajado por este sombrio túnel para compreender a escuridão. Contudo, vou tentar explicá-la por uma comparação.

Suponho ter nascido num país envolto em espesso nevoeiro e nunca ter contemplado o risonho aspecto da natureza, inundada, transfigurada pelo brilhante Sol. É verdade que, desde a minha infância, ouço falar destas maravilhas. Sei que o país em que estou não é minha pátria, que existe outro pelo qual devo aspirar continuamente. Não se trata de uma história inventada por um habitante do triste país em que habito; é uma realidade certa, porque o Rei da Pátria do brilhante Sol veio viver trinta e três anos no país das trevas. Mas ai, as trevas simplesmente não compreenderam que este divino Rei era a luz do mundo... Mas, Senhor, vossa filha compreendeu vossa divina luz; ela vos pede perdão por seus irmãos, aceita comer, pelo tempo que quiserdes, o pão da dor e não quer levantar-se desta mesa de amargura em que comem os pobres pecadores antes do dia que marcastes... Mas também, não pode ela dizer em seu nome, em nome de seus irmãos: *Tende piedade de nós, Senhor, porque somos pobres pecadores!...* Oh Senhor, deixai-nos partir justificados... Que todos aqueles que não são iluminados pela luminosa chama da Fé vejam-na, enfim, brilhar... Oh Jesus, se for preciso que a mesa manchada por eles seja purificada por uma alma que vos ama, aceito comer sozinha o pão da provação até que queirais introduzir-me em vosso luminoso reino. A única graça que vos peço é a de nunca vos ofender!...

Minha Madre amada, o que vos escrevo não tem sequência; minha pequena história, que parecia um conto de fadas, de repente, mudou-se em oração... Não sei que interesse podereis encontrar ao ler todos estes pensamentos confusos e mal-expressos. Enfim, minha Madre, não escrevo para fazer uma obra literária, mas por obediência. Se vos aborreço, ao menos vereis que vossa filha deu provas de boa vontade. Portanto, sem desanimar, vou continuar minha pequena comparação no ponto em que a deixei. Dizia que a certeza de, um dia, ir para longe do triste e tenebroso país me foi dada desde minha infância. Não somente acreditava no que ouvia falarem as pessoas mais instruídas do que eu, mas também, no fundo do meu coração, sentia aspirações por uma região mais bela. Assim como o gênio de Cristóvão Colombo lhe fez pressentir a existência de um mundo novo, quando ninguém pensava nisso, da mesma forma eu sentia que haveria outra terra para, um dia, servir-me de morada permanente. Mas de repente os nevoeiros que me cercam se tornam mais espessos, penetram em minha alma e a envolvem de tal sorte que já não me é possível encontrar nela a imagem tão doce de minha Pátria. Tudo desapareceu! Quando quero repousar meu coração fatigado das trevas que o cercam com a lembrança do país luminoso pelo qual aspiro, meu tormento redobra. Parece-me que as trevas, servindo-se da voz dos pecadores, dizem, zombando de mim: "Tu sonhas com a luz, com uma pátria embalsamada pelos mais suaves perfumes, sonhas com a posse eterna do Criador de todas estas maravilhas, pensas sair um dia dos nevoeiros que te cercam! Adiante! Adiante! Alegra-te com a morte, que te há de dar, não o que tu esperas, mas uma noite mais profunda ainda, a noite do nada".

Madre amada, a imagem que quis vos dar das trevas que obscurecem minha alma é tão imperfeita quanto o esboço comparado ao modelo; entretanto, não quero escrever mais; temeria blasfemar... Tenho medo até de ter dito demais...

Ah, que Jesus me perdoe se o magoei. Mas, Ele bem sabe que não tendo o *poder da Fé*, procuro ao menos realizar as obras. Creio que fiz mais atos de fé de um ano para cá do que durante toda a minha vida. A cada nova ocasião de combate, quando meu inimigo vem me provocar, comporto-me com bravura. Sabendo que é uma covardia bater-se em duelo, volto as costas a meu adversário, sem me dignar olhá-lo na face; mas corro para Jesus, digo-lhe que estou pronta a derramar até a última gota de meu sangue para confessar que existe um Céu. Digo-lhe que sou feliz por não gozar este belo Céu sobre a terra, a fim de que Ele o abra por toda a eternidade aos pobres incrédulos. Assim, apesar desta provação que me tira *todo o gozo*, posso, contudo, exclamar: "Senhor, vós me cumulais de alegria por tudo o que fazeis" (Sl 91). Pois, existe *alegria* maior do que sofrer por vosso amor?... Quanto mais íntimo for o sofrimento, quanto menos aparecer aos olhos das criaturas, tanto mais ele há de vos agradar, oh meu Deus! Mas, se por uma impossibilidade Vós mesmo devêsseis ignorar meu sofrimento, ainda assim haveria de me sentir feliz por possuí-lo se, por ele, pudesse impedir ou reparar uma única falta cometida contra *a Fé*...

Minha Madre amada, talvez vos pareça que exagero em minha provação. De fato, se julgardes pelos sentimentos que expresso nas pequenas poesias que compus este ano, devo parecer-vos uma alma cheia de consolos e para a qual o véu da fé quase se rasgou, e entretanto... para mim não é mais um véu, é um muro que se ergue até os Céus e cobre o firmamento estrelado... Quando canto a felicidade do Céu, a eterna posse de Deus, não experimento alegria alguma, porque canto, simplesmente, aquilo que QUERO CRER. É verdade que, às vezes, um pequeniníssimo raio de Sol vem iluminar minhas trevas. Então, por *um instante*, a provação cessa, mas, a seguir, a lembrança desse raio, em vez de me causar alegria, torna minhas trevas ainda mais espessas.

Oh, minha Madre! Nunca senti tão bem quanto o Senhor é doce e misericordioso! Não me enviou esta provação senão no momento em que tive a força de suportá-la; se viesse antes, creio que me teria mergulhado no desânimo... Agora, tira-me tudo o que teria podido encontrar de satisfação natural no desejo que tinha do Céu... Madre amada, parece-me que agora nada me impede de voar, pois já não tenho grandes desejos, exceto o de amar até morrer de amor... (9 de junho).

Minha Madre querida, estou muito admirada de ver o que vos escrevi ontem. Que rabiscos!... Minha mão tremia de tal maneira que me foi impossível continuar, e agora, até lamento ter tentado escrever. Espero que hoje o faça de modo mais legível, porque não estou mais numa caminha, mas numa pequena e linda poltrona totalmente branca.

Oh, minha Madre! Percebo muito bem que tudo o que vos disse não tem nexo, mas sinto também a necessidade de antes de vos falar do passado vos diga meus sentimentos presentes. Mais tarde, talvez, terei perdido a lembrança deles. Primeiramente, quero dizer-vos quanto me tocaram todas as vossas delicadezas maternais. Ah, crede, minha Madre amada, o coração de vossa filha está cheio de gratidão; jamais esquecerá tudo o que vos deve...

Minha Madre, o que me toca de modo especial é a novena que fizestes a Nossa Senhora das Vitórias, são as missas que mandastes celebrar para obter minha cura. Sinto que todos estes tesouros espirituais fazem um grande bem à minha alma. No começo da novena, minha Madre, dizia-vos que era preciso que a Santíssima Virgem me curasse, ou, então, que me levasse para o Céu, pois achava muito triste para vós e para a comunidade ter o peso de uma jovem religiosa doente; agora, quero até ficar doente a vida toda, se isso causar prazer ao bom Deus e consinto até que minha vida seja muito longa. A única graça que desejo é que ela seja desfeita pelo amor.

Oh, não! Não temo uma vida longa, não recuso o combate, porque *o Senhor é a rocha sobre a qual me elevo, que prepara minhas mãos para o combate e meus dedos para a guerra*. É meu escudo, nele confio (Sl 143). Por isso, jamais pedi ao bom Deus para morrer jovem; é verdade que sempre esperei que sua vontade fosse esta. Muitas vezes, o Senhor se contenta com o desejo de trabalhar por sua glória, e sabeis, minha Madre, que meus desejos são bem grandes. Sabeis também que Jesus me apresentou mais de um cálice amargo, que Ele afastou de meus lábios antes que o bebesse, mas não antes de me ter feito saborear a amargura. Madre amada, o Santo rei Davi tinha razão quando cantava: *Como é bom, como é suave os irmãos habitarem juntos, numa perfeita união*. É verdade, eu o experimentei muitas vezes; mas é no meio dos sacrifícios que esta união deve acontecer na terra. Absolutamente, não vim ao Carmelo para viver com minhas irmãs, mas unicamente para responder ao apelo de Jesus. Ah, eu bem pressentia que viver com suas irmãs, quando não se quer conceder nada à natureza, deveria ser motivo de contínuo sofrimento.

Como se pode dizer que é mais perfeito afastar-se dos seus?... Alguma vez os irmãos foram repreendidos por combaterem no mesmo campo de batalha?... Foram censurados por voarem juntos para colher a palma do martírio?... Sem dúvida, com razão, julgaram que se animariam mutuamente, mas também que o martírio de cada um tornava-se o martírio de todos. Assim é na vida religiosa, que os teólogos chamam de martírio. Doando-se a Deus, o coração não perde sua natural ternura; ao contrário, esta ternura cresce, tornando-se mais pura e mais divina.

Madre amada, é com esta ternura que vos amo, que amo minhas irmãs; sinto-me feliz por combater *em família* pela glória do Rei dos Céus, mas estou pronta também a voar para um outro campo de batalha, se o divino General me manifestar o desejo. Não seria necessária uma ordem, mas um olhar, um simples aceno.

Depois de minha entrada para a arca bendita, sempre pensei que, se Jesus não me levasse logo para o Céu, a sorte da pombinha de Noé seria a minha e que um dia o Senhor abriria a janela da arca e me mandaria voar para bem longe, muito longe, até as regiões infiéis, levando comigo o raminho de oliveira. Minha Madre, este pensamento faz minha alma crescer, fez-me pairar mais alto do que toda a criação. Compreendi que mesmo no Carmelo poderia haver separações e que somente no Céu a união seria completa e eterna. Então, quis que minha alma habitasse nos Céus e que olhasse as coisas da terra só de longe. Aceitei não somente exilar-me no meio de um povo desconhecido, mas, o que me era *bem mais amargo*, aceitei o exílio para minhas irmãs. Jamais me esquecerei do dia 2 de agosto de 1896, justamente o dia da partida dos missionários e no qual se pensou seriamente na partida de Madre Inez de Jesus. Ah, não quereria fazer um movimento para impedi-la de partir; sentia, porém, uma grande tristeza em meu coração. Achava que sua alma, tão sensível, tão delicada, não era feita para viver em meio a almas que não saberiam compreendê-la. Mil outros pensamentos surgiram em profusão no meu espírito e Jesus se calava, não dava ordens à tempestade... E eu lhe dizia: Meu Deus, aceito tudo por vosso amor. Se quiserdes, de bom grado quero sofre até morrer de desgosto. Jesus contentou-se com a aceitação, mas alguns meses mais tarde, falou-se da partida de Irmã Genoveva e de Irmã Maria da Trindade. Então ocorreu outro gênero de sofrimento, muito íntimo, muito profundo. Imaginava todas as provações, as decepções que teriam de sofrer; enfim, meu Céu estava carregado de nuvens... Só o fundo do meu coração permanecia na calma e na paz.

Minha Madre amada, vossa prudência soube descobrir a vontade do bom Deus e, em seu nome, não permitistes que vossas noviças pensassem em deixar agora o berço de sua infância religiosa. Mas, compreendeis suas aspirações, pois vós mesma, minha Madre, pedistes em vossa juventude para ir a Saigon. É assim que, muitas vezes, os desejos das mães encontram eco na alma de suas filhas. Oh minha Madre querida, sabeis que vosso desejo apostólico encontra em minha alma um eco muito fiel. Permiti-me confiar-vos por que desejei e ainda desejo, se a Santíssima Virgem me curar, trocar por uma terra estrangeira o delicioso oásis em que vivo feliz sob vosso olhar materno.

Minha Madre, (vós me dissestes que) para viver em Carmelos estrangeiros é preciso uma vocação toda especial. Muitas almas acreditam-se chamadas, sem de fato o serem. Dissestes, também, que eu tinha esta vocação e que meu único obstáculo era minha saúde. Sei muito bem que esse obstáculo desapareceria se o bom Deus me chamasse para longe. Por isso, vivo sem inquietação alguma. Se um dia for preciso que eu deixe meu querido Carmelo, ah, isso não seria sem sofrimento. Jesus não me deu um coração insensível e, precisamente porque Ele é capaz de sofrer, desejo que dê a Jesus tudo o que Ele pode dar. Aqui, querida Madre, vivo sem nenhuma dificuldade quanto aos cuidados desta miserável terra. Não tenho a cumprir senão a doce e fácil missão que me confiastes. Aqui, sou cumulada de vossas atenções maternais, não sinto a pobreza, já que nunca me faltou nada. Mas, sobretudo, aqui sou amada por vós e por todas as Irmãs e esta afeição me é muito doce. Eis por que sonho com um mosteiro em que seria desconhecida, no qual teria de sofrer a pobreza, a falta de afeto, enfim, o exílio do coração.

Ah, não é com a intenção de prestar serviços ao Carmelo que quisesse me receber que deixaria tudo o que me é caro. Sem dúvida, faria tudo o que dependesse de mim, mas conheço minha incapacidade e sei que, dando o melhor de mim, não chegaria a fazer o bem, por não ter, como vos dizia há pouco, nenhum conhecimento das coisas da terra. Meu único objetivo seria cumprir a vontade do bom Deus, sacrificar-me por Ele da maneira que lhe agradasse.

Sinto que não teria decepção alguma, pois quando se espera um sofrimento puro e sem mistura alguma, a menor alegria torna-se uma surpresa inesperada. Além disso, minha Madre, sabeis que o próprio sofrimento torna-se a maior das alegrias quando é procurado como o mais precioso tesouro.

Oh, não! Não é com a intenção de gozar do fruto de meus trabalhos que gostaria de partir. Se este fosse meu objetivo, não sentiria esta doce paz que me inunda e até sofreria por não poder realizar minha vocação pelas missões longínquas. Há muito tempo já que não me pertenço; sou totalmente de Jesus. Portanto, Ele é livre de fazer de mim o que quiser. Deu-me a atração por um exílio completo, fez-me *compreender* todos os *sofrimentos* que ali encontraria, ao me perguntar se queria beber este cálice até o fim. Logo quis tomar a taça que Jesus me apresentava, mas Ele, retraindo sua mão, fez-me compreender que a aceitação o contentava.

Oh, minha Madre! De quantas inquietações nos livramos ao fazer o voto de obediência! Como são felizes as simples religiosas! Sendo a vontade dos Superiores sua única bússola, estão sempre certas de estarem no caminho correto, não precisam temer enganar-se mesmo se lhes parece certo que os Superiores se enganam. Mas quando deixamos de olhar a bússola infalível, quando nos desviamos do caminho que ela manda seguir, sob o pretexto de fazer a vontade de Deus que não ilumina bem os que, apesar disso, ocupam seu lugar, logo a alma se desvia para caminhos áridos, onde logo lhe falta a água da graça.

Madre amada, sois a bússola que Jesus me deu para conduzir-me seguramente à margem eterna. Como me é doce fixar sobre vós meu olhar e, em seguida, cumprir a vontade do Senhor! Depois que permitiu que eu sofresse tentações contra a *fé*, Ele aumentou muito em meu coração o *espírito de fé* que me faz ver em vós não somente uma Madre que me ama e que amo, mas, sobretudo, que me faz ver Jesus vivo em vossa alma, comunicando-me, por vós, sua vontade. Bem sei, minha Madre, que me tratais como uma alma fraca, como uma criança mimada; por isso, não me custa carregar o fardo da obediência; mas, segundo o que sinto no fundo do meu coração, parece-me que não mudaria de conduta e que meu amor por vós não sofreria diminuição alguma, se vos aprouver tratar-me severamente, porque veria ainda que é a vontade de Jesus que agísseis assim para o maior bem de minha alma.

Neste ano, minha querida Madre, o bom Deus me fez compreender o que é a caridade. Antes, é verdade, eu a compreendia mas de maneira imperfeita, não tinha aprofundado esta palavra de Jesus: "O segundo mandamento é semelhante ao primeiro: Amarás o teu próximo como a ti mesmo". Aplicava-me, sobretudo, a *amar a Deus*, e foi amando-o que compreendi que meu amor não devia traduzir-se somente por palavras, pois "não são os que dizem 'Senhor, Senhor!' que entrarão no Reino dos Céus, mas os que fazem a vontade de Deus". Jesus me fez conhecer esta vontade várias vezes; deveria dizer quase a cada página de seu Evangelho. Mas na Última Ceia, quando sabe que o coração de seus discípulos se abrasa num amor mais ardente por Ele, que acaba de doar-se a eles, no inefável mistério de sua Eucaristia, este doce Salvador quer dar-lhes *um mandamento novo*. Diz-lhes com uma ternura inexprimível: *Dou-vos um mandamento novo: que vos ameis uns aos outros* e ASSIM COMO EU VOS AMEI, VÓS VOS AMEIS UNS AOS OUTROS. *O sinal pelo qual todos reconhecerão que sois meus discípulos é que vos amais uns aos ouros.*

Como e por que Jesus amou seus discípulos? Ah, não eram suas qualidades naturais que podiam atraí-lo; entre eles e Jesus havia uma distância infinita. Ele era a Ciência, a Sabedoria eterna; eles, pobres pecadores, ignorantes e cheios de pensamentos terrenos. Entretanto, Jesus os chama *seus amigos, seus irmãos*. Quer vê-los reinar com Ele no reino de seu Pai e para abrir-lhes este reino quer morrer numa cruz, porque disse: *Não há maior amor do que dar sua vida por aqueles que se ama.*

Madre amada, meditando estas palavras de Jesus, compreendi quanto meu amor por minhas Irmãs era imperfeito; vi que não as amava como o bom Deus as ama. Ah, compreendo agora que a caridade perfeita consiste em suportar os defeitos dos outros, sem se admirar de suas fraquezas e edificar-se com os menores atos de virtudes que os vemos praticar. Mas compreendi, sobretudo, que a caridade não deve ficar encerrada no fundo do coração. Jesus disse: "Ninguém acende uma luz para colocá-la debaixo do alqueire, mas sim, sobre o candelabro, a fim de que ilumine a TODOS *os que estão na casa*. Parece-me que esta candeia representa a caridade, que deve iluminar, alegrar, não somente os que me são mais caros, mas TODOS os que estão na casa, sem excetuar ninguém.

Quando o Senhor ordenou a seu povo que amasse o próximo como a si mesmo, ainda não tinha vindo sobre a terra; por isso, sabendo até que ponto ama-se a própria pessoa, não podia pedir a suas criaturas um amor maior pelo próximo. Mas, quando Jesus deu a seus Apóstolos um mandamento novo, *o seu mandamento*, como diz mais adiante, não fala mais em amar o próximo como a si mesmo, mas amá-lo como *Ele, Jesus, o amou*, como o amará até a consumação dos séculos...

Ah, Senhor! Sei que não me ordenais nada de impossível. Conheceis melhor do que eu minha fraqueza, minha imperfeição. Sabeis que jamais poderia amar minhas Irmãs como vós as amais, se vós mesmo, ó meu Jesus, não as amásseis também em mim. É porque queríeis conceder-me esta graça, que destes um mandamento novo. Oh, como eu o amo, pois me dá a certeza de que vossa vontade é *amar em mim* todos os que me mandais amar!...

Sim, sinto que, quando sou caridosa, é só Jesus que age em mim; quanto mais estiver unida a Ele, mais amo todas as minhas Irmãs. Quando quero aumentar em mim este amor; sobretudo, quando o demônio tenta pôr diante dos olhos de minha alma os defeitos desta ou daquela Irmã, que me é menos simpática, apresso-me a procurar suas virtudes, seus bons desejos; penso que se a vi cair uma vez, ela bem pode ter alcançado um grande número de vitórias, que ela esconde por humildade, e mesmo o que me parece uma falta, por causa da intenção, pode bem ser um ato de virtude. Não tenho dificuldade de persuadir-me disso, pois, um dia, fiz uma pequena experiência, provando-me que nunca se deve julgar. Foi durante um recreio. A porteira tocou duas badaladas. Era preciso abrir o portão dos operários para fazer entrar os ramos destinados ao presépio. O recreio não estava alegre, pois não estáveis presente, minha Madre querida. Por isso, pensei que se me mandassem servir de terceira, ficaria bem contente. A Madre subpriora disse-me, justamente, que fosse servir, ou então a Irmã que se achava ao meu lado; imediatamente comecei a tirar nosso avental, mas devagar, para que minha companheira tirasse o seu antes de mim, porque pensava dar-lhe prazer deixando-a ser terceira. A Irmã que substituía a depositária olhava-nos rindo. Vendo que me levantara por último, disse-me: "Ah, bem imaginava que não seríeis vós a ganhar uma pérola para vossa coroa. Andáveis muito devagar..."

Certamente, toda a comunidade acreditou que agira por natureza e não saberia dizer como uma coisa tão pequena me fez bem à alma e me tornou indulgente com as fraquezas das outras.

Isso me impede, também, de ter vaidade quando sou julgada favoravelmente, porque digo o seguinte: Já que tomam meus pequenos atos de virtude por imperfeições, podem, muito bem enganar-se, tomando por virtude o que não é senão imperfeição. Então, digo com São Paulo: *Pouco me importa ser julgada por qualquer tribunal humano. Não me julgo a mim mesma; quem me julga é o Senhor*. Assim, para tornar favorável este julgamento, ou melhor, para simplesmente não ser julgada, quero sempre ter pensamentos caridosos, porque Jesus disse: *Não julgueis e não sereis julgados*.

Minha Madre, lendo o que acabo de escrever, poderíeis crer que a prática da caridade não me é difícil. É verdade. Faz alguns meses que não tenho mais que combater para praticar esta bela virtude. Com isso, não quero dizer que nunca me aconteça de cometer faltas. Ah, sou imperfeita demais para isso, mas não tenho muita dificuldade de levantar-me quando caí, porque num certo combate alcancei a vitória e também a milícia celeste vem em meu socorro, não podendo suportar ver-me vencida depois de ter sido vitoriosa na gloriosa guerra que vou tentar descrever.

Na comunidade há uma Irmã que tem o talento de me desagradar em todas as coisas. Suas maneiras, suas palavras, seu caráter pareciam-me *muito desagradáveis*. No entanto, é uma santa religiosa que deve ser *muito agradável* ao bom Deus. Assim, não querendo ceder à antipatia natural que sentia, pensei comigo que a caridade não devia consistir em sentimentos, mas em obras. Então, esforcei-me por fazer a esta Irmã o que teria feito pela pessoa que mais amo. Cada vez que a encontrava, rezava ao bom Deus por ela, oferecendo-lhe todas as suas virtudes e méritos. Sentia muito bem que isso agradava a Jesus, porque não existe artista que não goste de receber elogios por suas obras, e Jesus, o Artista das almas, alegra-se quando não nos detemos no exterior, mas, penetrando até o santuário íntimo que Ele escolheu por sua morada, admiramos sua beleza. Não me contentava em rezar muito pela Irmã que me causava tantos combates, mas procurava prestar-lhe todos os serviços possíveis, e quando tinha a tentação de responder-lhe de maneira desagradável, contentava-me em dar-lhe o mais amável sorriso e tentava desviar a conversa, porque na Imitação é dito: *É melhor deixar cada um com seus sentimentos do que se pôr a contestar.*

Muitas vezes também, quando eu não estava no recreio (quero dizer durante as horas de trabalho), tendo algumas relações de ofício com esta Irmã, quando meus combates eram demasiado violentos, fugia como um desertor. Como ela ignorasse absolutamente o que eu sentia por ela, nunca suspeitou dos motivos de minha conduta e continua persuadida de que seu caráter me é agradável. Um dia, no recreio, disse-me mais ou menos estas palavras com um ar muito contente: "Poderíeis dizer-me, minha Irmã Teresa do Menino Jesus, o que tanto vos atrai em mim? Cada vez que me olhais, vejo-vos sorrir..." Ah, o que me atraía era Jesus escondido no fundo de sua alma... Jesus, que torna doce o que há de mais amargo... Respondi-lhe que sorria porque estava contente em vê-la (bem entendido, não acrescentei que era do ponto de vista espiritual).

Minha Madre amada, eu vos disse que meu último recurso, para não ser vencida nos combates, é a deserção. Já empregava este meio durante meu noviciado, e sempre me alcançou perfeito resultado. Minha Madre, quero citar-vos um exemplo que, creio, far-vos-á sorrir. Durante uma de vossas bronquites, certa manhã, fui muito suavemente entregar-vos as chaves da grade da comunhão, porque era sacristã. No fundo, não estava aborrecida por ter esta ocasião de vos ver, estava até muito contente, mas me esforçava muito para não deixar que isso transparecesse. Uma Irmã, animada de santo zelo e que, no entanto, me amava muito, vendo-me entrar em vossa cela, minha Madre, pensou que eu fosse despertar-vos e quis tomar-me as chaves. Mas eu era muito má para entregá-las a ela e ceder *meus direitos*. Disse-lhe o mais educadamente possível que, tanto quanto ela, não desejava despertar-vos e que cabia *a mim* entregar as chaves... Compreendo agora que teria sido bem mais perfeito ceder a esta Irmã, jovem, é verdade, mas, enfim, mais antiga do que eu. Na ocasião, não o compreendia, por isso, querendo absolutamente entrar atrás dela, embora tenha empurrado a porta para impedir-me de passar, imediatamente chegou a infelicidade que temíamos: o ruído que fazíamos vos fez abrir os olhos... Então, minha Madre, tudo recaiu sobre mim. A pobre Irmã a quem eu resistira pôs-se a proclamar todo um discurso, cujo resumo era este: Foi Irmã Teresa do Menino Jesus que fez barulho... Meu Deus, como ela é desagradável... etc. Eu, que sentia justamente o contrário, tive a vontade de me defender. Felizmente, ocorreu-me uma ideia luminosa. Disse-me que se começasse a me justificar, certamente, não iria guardar a paz de minha alma; sentia também que não tinha virtude suficiente para me deixar acusar sem nada dizer. Minha última tábua de salvação era, portanto, a fuga. Dito e feito. Saí, sem tambor e sem trombetas, deixando a Irmã continuar seu discurso que parecia as imprecações de Camilo contra Roma. Meu coração batia tão forte que me foi impossível ir mais longe e sentei-me na escada para gozar em paz os frutos de minha vitória. Não foi nenhuma bravura, não é, Madre querida. Todavia, creio que é melhor não se expor ao combate, quando a derrota é certa. Mas ai, quando me lembro do tempo do meu noviciado, vejo como era imperfeita... Eu me afligia por tão poucas coisas, que agora me rio disso. Ah, como o Senhor é bom por ter feito minha alma crescer, por ter-lhe dado asas... Todas as armadilhas dos caçadores não poderiam me amedrontar, porque "é em vão que se lança a rede diante de quem tem asas" (Prov.). Mais tarde, sem dúvida, o tempo atual vai parecer-me cheio de imperfeições, mas agora, não me admiro mais de nada, não me aflijo ao ver que sou a própria *fraqueza*. Pelo contrário, é nela que me glorio e, cada dia, espero descobrir em mim novas imperfeições. Lembrando-me de que *a Caridade cobre a multidão dos pecados*, tiro desta mina fecunda que Jesus abriu diante de mim. No Evangelho, o Senhor explica em que consiste *seu mandamento novo*. Em São Mateus, diz: "Ouvistes o que foi dito: Amareis vosso amigo e odiareis vosso inimigo. Eu, porém, vos digo: Amai vossos inimigos, orai pelos que vos perseguem". Sem dúvida, no Carmelo não se encontram inimigos, mas, enfim, há simpatias, sentimo-nos atraídas por tal Irmã, ao passo que outra nos faria dar uma longa volta para evitar encontrá-la. Assim, sem sequer o saber, ela se torna motivo de perseguição. Pois bem! Jesus me diz que é preciso amar esta Irmã, que é preciso rezar por ela, mesmo quando sua conduta me leva a crer que não me ama. "Se amardes somente os que vos amam, que recompensa mereceis? Porque os pecadores também amam os que os amam" (Lc 6). E não basta amar; é preciso prová-lo. Somos naturalmente felizes por presentear um amigo; gostamos, sobretudo, de fazer surpresas; mas isso não é caridade, porque os pecadores fazem assim também. Eis o que mais Jesus me ensina: "Dai a quem vos pede; e se tomarem o que vos pertence, não o peçais de volta". Dar a todos aqueles que *pedem* é menos doce do que oferecer por si mesmo pelo movimento de seu coração. Ainda quando se pede polidamente não custa dar; mas se por infelicidade não se usam palavras bastante delicadas, logo a alma se revolta se não estiver firme na caridade. Ela encontra mil razões para recusar o que lhe é pedido, e só depois de ter convencido aquela que pede de sua indelicadeza é que lhe dá, enfim, *por favor*, o que ela reclama, ou lhe presta um leve serviço, que exigiria vinte vezes menos tempo que foi preciso para fazer prevalecer direitos imaginários. Se é difícil dar a quem pede, é bem mais difícil *deixar que tomem o que nos pertence sem pedi-lo de volta*. Oh, minha Madre, digo que é difícil; deveria antes dizer que *parece* difícil, porque *o jugo do Senhor é suave e leve*, quando o aceitamos. Logo sentimos sua doçura e exclamamos com o Salmista: "Corri no caminho de vossos mandamentos desde que dilatastes meu coração". Só a caridade pode dilatar meu coração. Oh, Jesus, desde que esta doce chama o consome, corro com alegria no caminho de *vosso mandamento NOVO*... Quero correr até o feliz dia em que, unindo-me ao cortejo virginal, puder seguir-vos nos espaços infinitos cantando vosso cântico NOVO que deve ser o do Amor.

Dizia que Jesus não quer que reclame o que me pertence; isso deveria parecer-me fácil e natural, pois *nada é meu*. Pelo voto de pobreza, renunciei aos bens da terra; portanto, não tenho o direito de me queixar se me tiram uma coisa que não me pertence; ao contrário, devo alegrar-me quando me acontece de sentir a pobreza. Outrora, parecia-me que não me apegava a nada, mas desde que compreendi as palavras de Jesus, vejo que, na prática, sou bastante imperfeita. Por exemplo, no ofício da pintura, bem sei que nada é meu. Mas se, pondo-me ao trabalho, encontro pinceis e tintas em desordem, se uma régua ou um canivete desapareceu, a paciência está prestes a me abandonar e devo tomar minha coragem com as duas mãos para não reclamar, com amargura, os objetos que me faltam. Às vezes, é preciso pedir as coisas indispensáveis, mas fazendo-o com humildade não se falta ao mandamento de Jesus; ao contrário, age-se como os pobres, que estendem a mão a fim de receber o que lhes é necessário. Se são repelidos, não se admiram, ninguém lhes deve nada. Ah, que paz inunda a alma quando ela se eleva acima dos sentimentos da natureza... Não, não existe alegria comparável àquela de que goza o verdadeiro pobre de espírito. Se pede com desprendimento uma coisa necessária e esta coisa não somente lhe é recusada, mas ainda tentam tirar-lhe a que tem, ele segue o conselho de Jesus: *Abandonai até vossa capa àquele que quiser ficar com vossa túnica...*

Abandonar sua capa é, parece-me, renunciar a seus últimos direitos, é considerar-se como a serva, a escrava das outras. Quando se deixou a capa, é mais fácil caminhar, correr e Jesus ainda acrescenta: *E se alguém exigir que caminheis mil passos, dai outros dois mil com ele*. Assim, não basta dar *a todo aquele que me pede*; é preciso ir ao encontro dos desejos, mostrar-me reconhecida e muito honrada por prestar um serviço, e se me tomam alguma coisa de meu uso não devo mostrar-me aborrecida mas parecer contente por *ver-me livre* dela. Minha Madre querida, estou bem longe de praticar o que compreendo; contudo, só o desejo que tenho me dá a paz.

Ainda mais do que nos outros dias, sinto que me expliquei extremamente mal. Fiz uma *espécie* de *discurso* sobre a caridade que, ao lê-lo, deve ter-vos cansado. Perdoai-me, minha Madre amada, e imaginai que, neste momento, as enfermeiras praticam comigo o que acabo de escrever. Não temem dar dois mil passos, quando vinte bastariam. Portanto, pude contemplar a caridade em ação! Sem dúvida, minha alma acha-se como que embalsamada; quanto ao meu espírito, confesso que está um pouco paralisado diante de tal devotamento e minha caneta perdeu sua leveza. Para que me seja possível exprimir meus pensamentos é preciso que eu seja como o *pássaro solitário* e, raramente, esta é a minha sorte. Quando vou pegar a caneta, eis uma boa Irmã que passa perto de mim com o ancinho aos ombros. Ela pensa distrair-me com um pouco de conversa: feno, patos, galinhas, visita do doutor, tudo vem à baila; para dizer a verdade, isso não dura muito tempo, mas há *mais de uma boa Irmã caridosa*, e de repente, outra ceifeira depõe flores sobre meus joelhos, crendo, talvez, inspirar-me ideias poéticas. Eu, que não as procuro neste momento, preferiria que as flores ficassem balançando em seus caules. Enfim, cansada de abrir e fechar este famoso caderno, abro um livro (que não quer ficar aberto) e digo resolutamente que copio pensamentos dos salmos e do Evangelho para a festa de nossa Madre. É bem verdade, pois não economizo as citações... Madre querida, creio que vos divertiria ao narrar-vos todas as minhas aventuras nos bosquezinhos do Carmelo. Não sei se pude escrever duas linhas sem ser interrompida; isso não deveria fazer-me rir, nem me divertir; entretanto, por amor ao bom Deus e às minhas Irmãs (tão caridosas comigo) procuro mostrar-me e, sobretudo, *estar* contente... Vede, eis uma ceifeira que se afasta depois de me ter dito em tom compassivo: "Minha pobre irmãzinha, isso de escrever o dia todo deve cansar-vos". Respondi-lhe: "Ficai tranquila. Pareço escrever muito, mas na verdade não escrevo quase nada". "Tanto melhor!", replicou-me com um ar mais sossegado. "Mas está bem, estou contente por cuidar do feno, porque isso vos distrai um pouco". Com efeito, é uma distração tão grande para mim (sem contar as visitas das enfermeiras), que não minto ao dizer que não escrevo quase nada.

Felizmente, não desanimo muito facilmente. Para mostrar-vos isso, minha Madre, vou acabar de vos explicar o que Jesus me fez compreender sobre a caridade. Não vos falei senão do exterior; agora, gostaria de confiar-vos como compreendo a caridade puramente espiritual. Tenho certeza de que não tardarei em misturar uma com a outra. Mas, minha Madre, já que é a vós que falo, certamente não vos será difícil atinar com meu pensamento e desemaranhar as ideias de vossa filha.

No Carmelo, nem sempre é possível praticar, ao pé da letra, as palavras do Evangelho. Às vezes, por causa dos ofícios, se é obrigada a recusar um serviço. Mas, quando a caridade lançou raízes profundas na alma, ela se manifesta no exterior. Há uma maneira tão graciosa de recusar o que não se pode conceder, que a recusa causa tanto prazer quanto o dom. É verdade que incomoda menos pedir um serviço a uma Irmã sempre disposta a dar. Entretanto, Jesus disse: "Não eviteis aquele que vos pedir emprestado". Assim, sob o pretexto de que seríamos obrigadas a recusar, não devemos afastar-nos das Irmãs que sempre têm o costume de pedir serviços. Não se deve, também, ser obsequiosa, a fim de *parecer* ou na esperança de que outra vez a Irmã que pede vos preste serviço por sua vez, porque Nosso Senhor disse ainda: "*Se emprestais àqueles de quem esperais receber alguma coisa, que recompensa mereceis? Ora, os pecadores também emprestam aos pecadores, a fim de receber outro tanto. Quanto a vós, porém, fazei o bem, emprestai sem nada esperar, e vossa recompensa será grande"*. Oh, sim! A recompensa é grande, mesmo na terra... neste caminho só o primeiro passo custa. *Emprestar* sem *nada esperar*, parece duro à natureza; seria preferível *dar*, porque uma coisa dada não nos pertence mais. Quando, com ar bastante convicto, nos vêm dizer: "Minha Irmã, preciso de vossa ajuda por algumas horas, ficai tranquila, tenho a permissão de nossa Madre e vos retribuirei o tempo que me derdes, pois sei quanto estais sobrecarregada". Na verdade, quando se sabe muito bem que o tempo emprestado nunca será restituído, preferiríamos dizer: "Eu vo-lo dou". Isso contentaria o amor-próprio, porque dar é um ato mais generoso do que emprestar e, além disso, daríamos a entender à Irmã que não contamos com seus serviços... Ah, como os ensinamentos de Jesus são contrários aos sentimentos da natureza! Sem o socorro de sua graça, seria impossível não somente pô-los em prática, mas também compreendê-los.

Minha Madre, Jesus concedeu à vossa filha a graça de fazer-lhe penetrar as misteriosas profundezas da caridade. Se ela pudesse expressar o que compreende, ouviríeis uma melodia do Céu. Mas, ai! Só sei fazer-vos ouvir uns balbucios infantis... Se as próprias palavras de Jesus não me servissem de apoio, seria tentada a vos pedir, por favor, para abandonar a caneta... Mas não, é preciso que continue por obediência o que por obediência comecei.

Madre amada, ontem escrevia que não sendo meus os bens da terra, não deveria achar difícil não reclamá-los se, por vezes, me eram tirados. Os bens do Céu também não me pertencem; são-me *emprestados* pelo bom Deus, que pode tomá-los sem que eu tenha o direito de me queixar. Todavia, os bens que vêm diretamente do bom Deus, os impulsos da inteligência e do coração, os pensamentos profundos, tudo isso forma uma riqueza à qual nos apegamos como a um bem próprio no qual ninguém tem o direito de tocar... Por exemplo, se durante uma licença comunicamos a uma Irmã alguma luz recebida durante a oração e se, pouco depois, falando com outra, essa Irmã lhe diz a coisa que lhe confiamos como se fosse pensamento seu, parece que se apropria daquilo que não é seu. Ou então, se, no recreio, dizemos baixinho à companheira uma palavra cheia de espírito e oportuna e se ela a repete em voz alta, sem dar a conhecer a fonte da qual procedeu, isso também parece roubo à proprietária, que não reclama, mas bem que teria vontade de fazê-lo e aproveitará a primeira ocasião para mostrar, finalmente, que se apossara de seus pensamentos.

Minha Madre, não conseguiria explicar-vos muito bem estes tristes sentimentos da natureza, se não os tivesse sentido em meu coração, e gostaria de embalar-me na doce ilusão que visitaram apenas o meu, se não me tivésseis ordenado ouvir as tentações de vossas queridas noviças. Aprendi muito cumprindo a missão que me confiastes; sobretudo, vi-me forçada a praticar o que ensinava às outras; assim, agora, posso dizê-lo, Jesus me deu a graça de não estar mais apegada aos bens do espírito e do coração do que aos da terra. Se me acontece pensar e dizer uma coisa que agrada às minhas Irmãs, acho muito natural que se apossem disso como de um bem próprio. Este pensamento pertence ao Espírito Santo e não a mim, pois São Paulo diz que, sem este Espírito de Amor, não podemos dar o nome de "Pai" ao nosso Pai que está nos Céus. Portanto, Ele é muito livre de servir-se de mim para dar um bom pensamento a uma alma. Se eu acreditar que este pensamento me pertence, seria como "o burro carregando relíquias", que pensa serem dirigidas a ele as homenagens prestadas aos Santos.

Não desprezo os pensamentos profundos que alimentam a alma e a unem a Deus, mas, há muito tempo, compreendi que não devemos nos apoiar sobre eles e fazer a perfeição consistir em receber muitas luzes. Os mais belos pensamentos nada são sem as obras. É verdade que os outros podem tirar muito proveito se se humilham e testemunham ao bom Deus sua gratidão por lhes permitir partilhar o festim de uma alma que lhe apraz enriquecer com suas graças. Mas se esta alma se compraz em seus *belos pensamentos* e faz a oração do fariseu, ela se torna semelhante a uma pessoa que morre de fome diante de uma mesa bem servida, enquanto os convidados encontram ali abundante alimento e, às vezes, lançam um olhar de inveja sobre o personagem que possui tantos bens. Ah, só mesmo o bom Deus conhece o fundo dos corações... como as criaturas têm pensamentos curtos!... Quando veem uma alma mais esclarecida do que as outras, imediatamente concluem que Jesus as ama menos do que esta alma e elas não podem ser chamadas à mesma perfeição. Desde quando o Senhor não tem *mais o direito* de servir-se de uma de suas criaturas para dispensar às almas que Ele ama o alimento que lhes é necessário? No tempo do Faraó, o Senhor ainda tinha *este direito*, pois na Escritura diz desse monarca: "Elevei-vos, expressamente, para fazer brilhar em vós o meu poder, a fim de que se anuncie meu nome por toda a terra". Desde que o Altíssimo pronunciou estas palavras, os séculos sucederam os séculos e, desde então, sua conduta não mudou, serviu-se sempre de suas criaturas como de instrumentos para fazer sua obra nas almas.

Se a tela pintada por um artista pudesse pensar e falar, certamente não se queixaria de ser continuamente tocada e retocada por um *pincel*, e tampouco invejaria a sorte desse instrumento, porque saberia que não é ao pincel, mas ao artista que o dirige que ela deve a beleza de que está revestida. O pincel, por sua vez, não poderia gloriar-se da obra-prima feita por ele; sabe que os artistas não se embaraçam, nem fazem caso das dificuldades e, às vezes, comprazem-se em escolher instrumentos fracos e defeituosos...

Minha Madre amada, sou um pincelzinho que Jesus escolheu para pintar sua imagem nas almas que vós me confiastes. Um artista não se serve apenas de um pincel; necessita, ao menos, de dois; o primeiro é o mais útil; é com ele que dá os tons gerais, que cobre completamente a tela em muito pouco tempo. O outro, menor, serve-lhe para os detalhes.

A primeira vez que Jesus se serviu de seu pincelzinho foi por volta de 8 de dezembro de 1892. Sempre haverei de lembrar-me dessa época como de um tempo de graças. Minha Madre querida, vou confiar-vos essas doces recordações.

Aos 15 anos, quando tive a felicidade de entrar para o Carmelo, encontrei uma companheira de noviciado que me precedera de alguns meses. Era 8 anos mais velha do que eu, mas seu caráter infantil fazia esquecer a diferença de idade e, assim, minha Madre, logo tivestes a alegria de ver vossas duas postulantezinhas entenderem-se maravilhosamente e se tornarem inseparáveis. Para fomentar esta afeição nascente, que vos parecia destinada a dar frutos, permitistes que, de tempos em tempos, tivéssemos pequenas conversas espirituais. Minha querida companheirinha encantava-me com sua inocência, seu caráter expansivo; mas, por outro lado, admirava-me ao ver quanto a afeição que ela tinha por vós era diferente da minha. Havia também muitas coisas em sua conduta com as Irmãs que desejaria que ela mudasse... Desde essa época, o bom Deus me fez compreender que há almas que sua Misericórdia não se cansa de esperar, às quais Ele só comunica sua luz gradualmente. Por isso, evitei adiantar sua hora e, pacientemente, esperei que aprouvesse a Jesus fazê-la chegar.

Um dia, pensando na licença que nos destes de nos entretermos juntas, como é dito em nossas santas constituições, *para nos inflamarmos mais no amor a nosso Esposo*, com tristeza, pensei que nossas conversas não atingiam o objetivo desejado. Então, o bom Deus me fez sentir que chegara o momento e que não devia ter medo de falar, ou devia deixar as conversas que se assemelhavam às das amigas do mundo. Esse dia era um sábado. No dia seguinte, durante minha ação de graças, supliquei ao bom Deus que me pusesse na boca palavras doces e convincentes, ou, antes, que Ele próprio falasse por mim. Jesus ouviu minha oração; permitiu que o resultado satisfizesse plenamente minha esperança, porque: *Os que voltam seus olhares para Ele serão iluminados* (Sl 33) e *a luz levantou-se nas trevas para os que têm o coração reto*. A primeira palavra refere-se a mim e a segunda, à minha companheira que, verdadeiramente, tinha o coração reto...

Tendo chegado a hora que tínhamos combinado para estarmos juntas, a pobre irmãzinha, lançando os olhos sobre mim, viu imediatamente que eu não era mais a mesma; sentou-se ao meu lado enrubescendo e eu, apoiando sua cabeça contra o meu coração, com uma voz chorosa, disse-lhe *tudo o que pensava dela*, mas com expressões tão ternas, testemunhando-lhe tão grande afeição que, logo, suas lágrimas uniram-se às minhas. Com muita humildade, reconheceu que tudo o que eu dizia era verdade, prometeu-me começar uma vida nova e me pediu, como uma graça, que sempre a advertisse de suas faltas. Enfim, no momento de nos separarmos, nossa afeição tornara-se totalmente espiritual, nada mais havia de humano. Realizava-se em nós a passagem da Escritura: "O irmão que é ajudado por seu irmão é como uma cidade fortificada".

O que Jesus fez com seu pincelzinho logo teria se apagado se não tivesse agido por vós, minha Madre, para acabar sua obra na alma que Ele queria toda para si. A provação pareceu muito amarga para minha pobre companheira, mas vossa firmeza triunfou e foi então que, tentando consolá-la, pude explicar àquela que me destes por Irmã entre todas em que consiste o verdadeiro amor. Mostrei-lhe que ela amava *a si mesma* e não a vós, disse-lhe como eu vos amava e os sacrifícios que fora obrigada a fazer no começo de minha vida religiosa para não me apegar a vós de maneira totalmente material, como o cão se apega a seu dono. O amor alimenta-se de sacrifícios e quanto mais a alma recusa satisfações naturais, mais sua ternura se torna forte e desinteressada.

Lembro-me que, sendo postulante, às vezes, tinha tentações tão violentas de ir ter convosco para me satisfazer, para encontrar algumas gotas de alegria, que era obrigada a passar rapidamente na frente do depósito e agarrar-me ao corrimão da escada. Vinha-me ao espírito uma multidão de permissões a pedir; enfim, minha Madre amada, encontrava mil razões para contentar minha natureza... Como sou feliz por me ter privado desde o início de minha vida religiosa! Já gozo da recompensa prometida aos que combatem corajosamente. Já não sinto que seja necessário recusar-me a todos os consolos do coração, pois minha alma se estabeleceu naquele a quem unicamente queria amar. Vejo com alegria que, amando-o, o coração se engrandece e pode dar incomparavelmente mais ternura aos que lhe são caros do que concentrando-se num amor egoísta e infrutuoso.

Minha Madre querida, contei-vos o primeiro trabalho que Jesus e vós vos dignastes realizar por mim; não era senão o prelúdio dos que deviam ser-me confiados. Quando me foi dado penetrar no santuário das almas, vi de imediato que a tarefa estava acima de minhas forças; então, como uma criancinha, coloquei-me nos braços do bom Deus e escondendo meu rosto em seus cabelos, disse-lhe: Senhor, sou demasiado pequena para alimentar vossas filhas. Se quiserdes dar-lhes por mim o que convém a cada uma, enchei minha mãozinha e, sem deixar vossos braços, sem virar a cabeça, darei vossos tesouros à alma que vier pedir-me seu alimento. Se ela o achar a seu gosto, saberei que não é a mim, mas a Vós que o deve; ao contrário, se ela se queixar e achar amargo o que lhe apresento, minha paz não será perturbada; procurarei persuadi-la de que este alimento vem de Vós e hei de acautelar-me muito para não lhe procurar outro.

Minha Madre, desde que compreendi que me era impossível algo por mim mesma, a tarefa que me impusestes nunca mais me pareceu difícil. Senti que a única coisa necessária era unir-me sempre mais a Jesus e que *o resto me seria dado por acréscimo*. Com efeito, jamais minha esperança me decepcionou, o bom Deus dignou-se encher minha mãozinha tantas vezes quantas forem necessárias para nutrir a alma de minhas Irmãs. Confesso-vos, Madre amada, que se, por pouco que fosse, tivesse me apoiado em minhas próprias forças, logo vos teria entregado as armas... *De longe*, parece muito cor-de-rosa fazer bem às almas, fazê-las amar mais a Deus, enfim, modelá-las segundo suas vistas e seus pensamentos pessoais. *De perto*, é tudo o contrário, a cor rósea desapareceu... Sentimos que fazer o bem sem o auxílio do bom Deus é coisa tão impossível quanto fazer o Sol brilhar durante a noite... Sentimos que é absolutamente necessário esquecer seus gostos, suas concepções pessoais e guiar as almas pelo caminho que Jesus lhes traçou, sem procurar fazê-las caminhar por seu próprio caminho. Mas, ainda não é o mais difícil; o que sobretudo me custa é observar as faltas, as mais leves imperfeições e mover-lhes uma guerra de morte. Acrescentaria: Infelizmente para mim! (Mas, não! Seria covardia.) Digo, então: Felizmente para minhas Irmãs, desde que me coloquei nos braços de Jesus, sou como a sentinela que espreita o inimigo da mais alta torre de um castelo forte. Nada escapa aos meus olhares; muitas vezes fico admirada de ver tão claro e acho o profeta Jonas muito digno de ser desculpado por ter fugido em vez de ir anunciar a ruína de Nínive. Preferiria mil vezes receber repreensões a fazê-las às outras, mas sinto que é muito necessário que isso seja um sofrimento para mim, porque, quando se age segundo a natureza, é impossível que a alma a quem se quer descobrir as faltas compreenda seus erros. Não vê senão uma coisa: a Irmã encarregada de me dirigir está zangada e tudo recai sobre mim, que, no entanto, estou cheia das melhores intenções.

Sei que vossos cordeirinhos me acham severa. Se lessem estas linhas, diriam que, de modo algum, parece-me custoso correr atrás deles, falar-lhes em tom severo quando lhes mostro seu lindo tosão manchado, ou então lhes levo algum leve floco de lã que deixaram rasgar nos espinhos da estrada. Os cordeirinhos podem dizer tudo o que quiserem; no fundo, sentem que os amo com um amor verdadeiro, que jamais imitarei *o mercenário que, vendo o lobo chegar, abandona o rebanho e foge*. Estou pronta a dar minha vida por eles, mas minha afeição é tão pura que não desejo que a conheçam. Com a graça de Jesus, nunca tentei atrair a mim seus corações. Compreendi que minha missão era conduzi-los a Deus e fazer-lhes compreender que, aqui na terra, minha Madre, vós éreis o Jesus visível que eles deviam amar e respeitar.

Madre querida, disse-vos que, instruindo as outras, aprendi muito. Primeiramente, vi que todas as almas têm mais ou menos os mesmos combates, mas que, por outro lado, são tão diferentes que não tive dificuldade de compreender o que dizia o Padre Pichon: "Há mais diferença entre as almas do que entre os rostos". Por isso, é impossível agir com todas da mesma maneira. Com algumas almas, sinto que devo fazer-me pequena, não recear humilhar-me ao confessar meus combates, minhas derrotas. Vendo que tenho as mesmas fraquezas que elas, minhas Irmãzinhas confessam-me, por sua vez, as faltas de que se censuram e se alegram de que as compreendo *por experiência*. Com outras, ao contrário, vi que para lhes fazer o bem é preciso ter muita firmeza e jamais voltar atrás de uma coisa dita. Rebaixar-se, então, não seria humildade, mas fraqueza. O bom Deus concedeu-me a graça de não temer a guerra; é preciso que cumpra o meu dever a qualquer preço. Mais de uma vez ouvi o seguinte: "Se quiserdes conseguir alguma coisa de mim, é preciso que me leveis pela doçura; pela força, nada conseguireis". De minha parte, sei que ninguém é bom juiz em causa própria e que uma criança que um médico submete a uma dolorosa operação não deixará de dar altos gritos e de dizer que o remédio é pior do que o mal; entretanto, se, alguns dias mais tarde, se vir curada, fica toda contente por poder brincar e correr. O mesmo acontece com as almas; logo reconhecem que, às vezes, um pouco de amargor é preferível ao açúcar e não temem confessá-lo. Algumas vezes, não posso impedir-me de sorrir interiormente, vendo a mudança que se opera de um dia para outro. É extraordinário... Vêm me dizer: "Tivestes razão, ontem, de ser severa; no começo, isso me revoltou; mas depois, refleti sobre tudo e vi que éreis muito justa... Ouvi. Ao vos deixar, pensei que estava tudo acabado e me dizia: Vou procurar nossa Madre e dizer-lhe que não irei mais ter com minha Irmã Teresa do Menino Jesus. Mas senti que era o demônio que me inspirava isso e, depois, pareceu-me que rezáveis por mim. Então, fiquei tranquila e a luz começou a brilhar. Mas agora é preciso que me esclareçais inteiramente e é por isso que vim". A conversa começa muito rapidamente; e eu fico muito feliz de poder seguir a inclinação do meu coração, não servindo nenhum alimento amargo. Sim, mas... percebo logo que não devo ir depressa demais; uma palavra poderia destruir o belo edifício construído nas lágrimas. Se tiver a infelicidade de dizer uma palavra que pareça atenuar o que disse na véspera, vejo minha Irmãzinha agarrar-se aos galhos. Então, faço interiormente uma pequena oração e a verdade triunfa sempre. Ah, é a oração, é o sacrifício que fazem toda a minha força. São as armas invencíveis que Jesus me deu que, mais do que as palavras, podem tocar as almas. Fiz esta experiência muitas vezes. Há uma entre todas que me causou doce e profunda impressão.

Foi durante a Quaresma. Ocupava-me, então, apenas da única noviça que havia aqui e de quem era o Anjo. Uma manhã veio procurar-me toda radiante: "Ah, se soubésseis o que sonhei esta noite! – disse-me ela. "Estava junto de minha irmã e queria desprendê-la de todas as vaidades de que tanto gosta. Para isso, explicava-lhe a estrofe de "Viver o Amor: Amar-te, Jesus... Que perda fecunda! Todos os meus perfumes são teus para sempre. Sentia que minhas palavras penetravam em sua alma e eu estava extasiada de alegria. Esta manhã, ao acordar, pensei que o bom Deus, talvez, quisesse que eu lhe desse esta alma. Se lhe escrevesse depois da Quaresma para lhe contar meu sonho e dizer-lhe que Jesus a quer toda para si?"

Eu, sem pensar muito, disse-lhe que podia tentar, mas que, antes, era preciso pedir permissão à Nossa Madre. Como a Quaresma ainda estava longe de chegar ao fim, ficastes bastante surpresa, Madre querida, com um pedido que vos pareceu demasiado prematuro; e, certamente, inspirada pelo bom Deus, respondestes que não era por meio de cartas, mas pela *oração*, que as Carmelitas deviam salvar as almas.

Conhecendo vossa decisão, compreendi imediatamente que era a de Jesus e disse à Irmã Maria da Trindade: "É preciso que nos ponhamos à obra; rezemos muito! Que alegria se no fim da Quaresma formos ouvidas!..." Oh misericórdia infinita do Senhor, que se compraz em ouvir a oração de seus filhos... *No fim da Quaresma*, uma alma a mais consagrava-se a Jesus. Era um verdadeiro milagre da graça, milagre obtido pelo fervor de uma humilde noviça!

Como é grande, portanto, o poder da *oração*! Diríamos que é uma rainha, que, a cada instante, tem livre-acesso junto ao Rei e pode obter tudo o que pede. Para ser ouvida, simplesmente não é necessário ler num livro uma bela fórmula, composta para a ocasião; se assim fosse... ai, eu seria de lastimar!... Fora do *Ofício Divino*, que sou *muito indigna* de recitar, não tenho coragem de me sujeitar a procurar nos livros *belas* orações; isso me causa dor de cabeça; existem tantas!... E ademais, uma é mais *bela* do que a outra... Não saberia recitá-las todas e, não sabendo qual escolher, faço como as crianças que não sabem ler, digo simplesmente ao bom Deus o que quero dizer-lhe, sem fazer belas frases, e Ele sempre me compreende... Para mim, a *oração* é um impulso do coração, é um simples olhar lançado para o Céu, é um grito de gratidão e de amor, tanto no seio da provação como no meio da alegria; enfim, é algo grande, sobrenatural, que me dilata a alma e a une a Jesus.

Não quereria, porém, minha Madre amada, que penseis que recito sem devoção as orações feitas em comum, no coro ou no eremitério. Pelo contrário, gosto muito das orações em comum, porque Jesus prometeu *estar no meio dos que se reúnem em seu nome*. Sinto, então, que o fervor de minhas Irmãs supre o meu; mas, sozinha (tenho vergonha de confessá-lo) a recitação do terço custa-me mais do que usar um instrumento de penitência... Sinto que o rezo tão mal! Esforço-me em vão para meditar os mistérios do rosário; não consigo fixar meu espírito... Durante muito tempo fiquei desolada com esta falta de devoção que me espantava, porque *amo tanto* a *Santíssima Virgem* que me deveria ser fácil recitar em sua honra as orações que lhe são agradáveis. Agora, desolo-me menos, penso que, sendo *minha MÃE*, a Rainha dos Céus deve ver minha boa vontade e se contenta com isso.

Por vezes, quando meu espírito está em tão grande secura que me é impossível conceber um pensamento para unir-me ao bom Deus, recito *muito lentamente* um "Pai-nosso" e depois a saudação angélica. Então, estas orações me extasiam, alimentam minha alma bem mais do que se as tivesse recitado precipitadamente uma centena de vezes...

A Santíssima Virgem mostra-me que não está aborrecida comigo, jamais deixa de me proteger assim que a invoco. Se me sobrevém uma inquietação, uma dificuldade, volto-me bem depressa para ela, e como a mais terna das Mães, sempre se encarrega de meus interesses. Quantas vezes, falando às noviças, aconteceu-me invocá-la e sentir os benefícios de sua maternal proteção!...

Frequentemente, as noviças me dizem: "Mas, tendes respostas para tudo! Pensava que desta vez iria embaraçar-vos... onde é que ides buscar o que dizeis?" Há algumas até bastante ingênuas, chegando a crer que leio em sua alma, por ter acontecido de me antecipar a elas, dizendo-lhes o que pensavam. Uma noite, uma de minhas companheiras resolvera esconder-me um aborrecimento que a fazia sofrer muito. Encontrei-a logo de manhã; ela me fala com um rosto sorridente e eu, sem responder ao que ela me dizia, disse-lhe com um tom convicto: Estais triste. Creio que se tivesse feito a lua cair a seus pés não me teria olhado com maior espanto. Sua estupefação era tão grande que se apoderou de mim e, por um instante, fui tomada por um temor sobrenatural. Estava certa de não ter o dom de ler nas almas, o que me deixava ainda mais admirada por ter acertado assim tão bem. Sentia que o bom Deus estava perto, que, sem o perceber, como uma criança, eu havia dito palavras que não vinham de mim, mas dele.

Minha Madre amada, compreendeis que às noviças tudo é permitido; é preciso que possam dizer o que pensam sem restrição alguma, tanto o bem como o mal. Isso lhes é bem mais fácil comigo, pois a mim não devem o respeito devido a uma mestra. Não posso dizer que, *exteriormente*, Jesus me faz andar pelo caminho das humilhações; contenta-se em me humilhar no *fundo* de minha alma; aos olhos das criaturas tudo me corre bem, ando pelo caminho das honrarias, tanto quanto isso é possível na vida religiosa. Compreendo que não é para mim, mas para os outros que devo andar por este caminho que parece tão perigoso. Com efeito, se, aos olhos da comunidade, eu passasse por uma religiosa cheia de defeitos, incapaz, sem inteligência nem bom-senso, ser-vos-ia impossível, minha Madre, que vos fizésseis ajudar por mim. Eis por que o bom Deus lançou um véu sobre todos os meus defeitos interiores e exteriores. Às vezes, este véu atrai para mim alguns elogios por parte das noviças. Sinto que elas não o fazem por lisonja, mas que são a expressão de seus ingênuos sentimentos; na verdade, isso não conseguiria inspirar-me vaidade, pois tenho continuamente presente no pensamento a lembrança do que sou. Todavia, algumas vezes, vem-me o grande desejo de ouvir outra coisa, que não são louvores. Sabeis, minha Madre amada, que prefiro o vinagre ao açúcar, e Jesus permite, então, que lhe seja servida uma boa saladinha, bem avinagrada, bem temperada, onde nada falta, excetuado o óleo, que lhe dá um sabor a mais... Essa boa saladinha me é servida pelas noviças no momento em que menos espero. O bom Deus levanta o véu que esconde minhas imperfeições, então, vendo-me como sou, minhas queridas irmãzinhas não me acham mais inteiramente a seu gosto. Com uma simplicidade que me encanta, dizem-me todos os combates que lhes causo e o que lhes desagrada em mim; enfim, não fazem mais cerimônia do que se se tratasse de uma outra Irmã, sabendo que, agindo assim, causam-me uma grande alegria. Ah, Verdadeiramente, é mais do que prazer, é um festim delicioso que enche minha alma de alegria. Não posso explicar como uma coisa que tanto desagrada à natureza pode causar uma felicidade tão grande. Se não o tivesse experimentado, não poderia acreditar... Um dia em que desejava ser humilhada de modo particular, aconteceu que uma noviça encarregou-se tão bem de me satisfazer que, imediatamente, pensei em Semei amaldiçoando Davi, e me dizia: Sim, é o Senhor que lhe ordena dizer-me todas estas coisas. E minha alma saboreava deliciosamente o alimento amargo que lhe era servido com tanta abundância.

É assim que o bom Deus se digna cuidar de mim. Não pode dar-me sempre o pão fortificante da humilhação exterior, mas, de tempos em tempos, permite que *me alimente com as migalhas que caem da mesa dos FILHOS*. Ah, como é grande sua misericórdia! Não poderei cantá-la senão no Céu...

Madre amada, já que convosco tento começar a cantar sobre a terra esta misericórdia infinita, devo ainda falar-vos de um grande benefício que tirei da missão que me confiastes. Outrora, quando via uma Irmã fazendo alguma coisa que me desagradava e me parecia irregular, eu me dizia: Ah, se pudesse dizer-lhe o que penso, mostrar-lhe que está errada, como isso me faria bem! Depois que exerci um pouco este ofício, asseguro-vos, minha Madre, que mudei inteiramente de sentimento. Quando me acontece de ver uma Irmã fazer uma ação que me parece imperfeita, solto um suspiro de alívio e me digo: Que felicidade! Não é uma noviça; não sou obrigada a repreendê-la. E procuro, bem depressa, desculpar a Irmã, reconhecendo-lhe as boas intenções que, sem dúvida, ela tem. Ah, minha Madre, desde que estou doente, os cuidados que me prodigalizais muito me instruíram sobre a caridade. Nenhum remédio vos parece caro demais, e se não surte efeito, procurais outro sem vos cansar. Quando ia ao recreio, quanta atenção me tínheis para que eu ficasse bem acomodada ao abrigo das correntes de ar! Enfim, se quisesse dizer tudo, não acabaria mais.

Pensando em todas estas coisas, pensei que eu deveria ser também compassiva com as enfermeiras espirituais de minhas Irmãs, quanto o sois, Madre querida, tratando-me com tanto amor.

Notei (e é muito natural) que as Irmãs mais santas são as mais amadas. Procura-se sua conversa, são-lhes prestados serviços sem que elas os peçam; enfim, estas almas, capazes de suportar faltas de atenção e delicadezas, veem-se cercadas pela afeição de todas. Pode-se aplicar-lhes esta palavra de nosso Pai São João da Cruz: *Todos os bens me foram dados, quando deixei de procurá-los por amor-próprio.*

As almas imperfeitas, ao contrário, não são absolutamente procuradas. Sem dúvida, em relação a elas, mantemo-nos nos limites da educação religiosa, mas, talvez temendo dizer-lhes alguma palavra pouco amável, evitamos sua companhia. Dizendo almas imperfeitas não quero falar apenas das imperfeições espirituais, pois as mais santas só serão perfeitas no Céu. Quero falar da falta de bom-senso, de educação, da susceptibilidade de certos caracteres; todas estas coisas que não tornam a vida muito agradável. Bem sei que estas enfermidades morais são crônicas; não há esperança de cura, mas sei, também, que minha Madre não deixaria de tratar de mim, de procurar aliviar-me, se ficasse doente por toda a vida. Eis a conclusão que tiro: Nos recreios, nas licenças, devo procurar a companhia das Irmãs que me são menos agradáveis, exercer o ofício do bom samaritano junto a essas almas feridas. Uma palavra, um sorriso amável, muitas vezes bastam para expandir uma alma triste; mas não é absolutamente para atingir este objetivo que desejo praticar a caridade, porque sei que, depressa, ficaria desanimada: uma palavra dita com a melhor das intenções, talvez, seria interpretada totalmente ao contrário. Assim, para não perder meu tempo, quero ser amável com todos (particularmente com as Irmãs menos amáveis) para alegrar a Jesus e seguir o conselho que Ele dá no Evangelho, mais ou menos, nesses termos: *"Quando derdes um banquete, não convideis vossos parentes e vossos amigos, para que não aconteça que, por sua vez, vos convidem e que assim tenhais recebido vossa recompensa; mas, convidai os pobres, os coxos, os paralíticos e sereis bem-aventurados, porque estes não vos podem retribuir; e vosso Pai, que vê o que está oculto, vos recompensará".*

Que banquete poderia uma Carmelita oferecer às suas Irmãs, senão um festim espiritual composto de uma caridade amável e alegre? Quanto a mim, não conheço outro, e quero imitar São Paulo que se alegrava com aqueles que encontrava alegres; é verdade que ele chorava também com os aflitos e, por vezes, as lágrimas devem aparecer no festim que quero servir, mas sempre procurarei que, no fim, *estas lágrimas se transformem em alegria*, pois o Senhor *ama os que dão com alegria.*

Lembro-me de um ato de caridade que o bom Deus inspirou-me realizar, sendo ainda noviça. Era pouca coisa, mas *nosso Pai que vê no segredo*, que olha mais para a intenção do que para a grandeza da ação, *já me recompensou*, sem esperar a outra vida. Era no tempo em que a Irmã São Pedro ainda ia ao coro e ao refeitório. Durante a oração da tarde, ela ficava à minha frente: 10 minutos antes das 6 horas, era preciso que uma Irmã se levantasse para conduzi-la ao refeitório, porque as enfermeiras tinham, então, muitas doentes e não podiam ir buscá-la. Custava-me muito oferecer-me para este pequeno serviço, pois sabia que não era fácil contentar essa pobre Irmã São Pedro, que sofria tanto que não gostava de mudar de condutora. Todavia, não queria perder tão bela ocasião de exercer a caridade, lembrando-me de que Jesus havia dito: *O que fizerdes ao menor dos meus, é a mim que o fazeis.* Ofereci-me, pois, muito humildemente, para conduzi-la. Não foi sem dificuldade que consegui fazer aceitar meus serviços! Enfim, pus mãos à obra e tinha tanta boa vontade que me saí perfeitamente bem.

Cada tarde, quando via minha Irmã São Pedro sacudir sua ampulheta, sabia o que queria dizer: Vamos! É incrível quanto me custava sair, sobretudo no começo; mas o fazia imediatamente, e então começava toda uma cerimônia. Era preciso afastar e carregar o banco de uma certa maneira, sobretudo não se apressar. Em seguida, iniciava o passeio. Tratava-se de seguir a pobre enferma, sustentando-a pela cintura; fazia isso com a maior suavidade que me era possível; mas se, por infelicidade, ela dava um passo em falso, logo lhe parecia que a segurava mal e que iria cair. "Ah, meu Deus! Andais muito depressa; vou me machucar"! Se tentava ir mais devagar: "Mas segui-me! Não sinto mais vossa mão. Vós me largastes, vou cair! Ah, bem disse que éreis muito jovem para me conduzir". Enfim, sem acidentes, chegávamos ao refeitório; lá sobrevinham outras dificuldades. Tratava-se de fazer Irmã São Pedro se sentar e agir corretamente para não feri-la. Em seguida era preciso arregaçar-lhe as mangas (ainda de certa maneira) e depois estava livre para me retirar. Com suas pobres mãos deformadas, ela colocava, como podia, o pão em sua tigela. Logo percebi isso e, todas as tardes, só a deixava depois de ter-lhe prestado esse pequeno serviço. Como não o tinha pedido, ficou muito sensibilizada com minha atenção e foi por este meio, que não procurara expressamente, que lhe conquistei suas boas graças e, sobretudo (soube-o mais tarde), porque, depois de ter cortado o seu pão, antes de me retirar, dava-lhe meu mais belo sorriso.

Minha Madre amada, talvez, estais admirada de que vos escreva este pequeno ato de caridade, passado há tanto tempo. Ah, se o fiz, é porque sinto que, por causa dele, devo cantar as misericórdias do Senhor, que se dignou deixar-me esta lembrança como um perfume que me leva a praticar a caridade. Às vezes, lembro-me de certos detalhes que, para minha alma, são como uma brisa primaveril. Eis um que se apresenta à minha memória. Uma noite de inverno cumpria, como de costume, meu pequeno ofício. Fazia frio, estava escuro... De repente, ouvi, ao longe, o som harmonioso de um instrumento musical. Imaginei, então, um salão muito iluminado, brilhando de enfeites dourados, jovens elegantemente vestidas, fazendo-se mútuos cumprimentos e amabilidades mundanas. Depois, meu olhar voltou-se para a doente que eu sustentava. Em vez de uma melodia, ouvia, de tempos em tempos, seus gemidos queixosos; em vez de enfeites dourados, via os tijolos de nosso austero claustro, apenas iluminado por uma fraca claridade. Não consigo exprimir o que se passou em minha alma; o que sei é que o Senhor a iluminou com os raios da *verdade* que ultrapassaram de tal modo o brilho tenebroso das festas da terra, que não podia crer na minha felicidade. Ah, para gozar mil anos das festas mundanas não teria dado os dez minutos empregados em cumprir meu humilde ofício de caridade... Se no sofrimento, em meio ao combate, já se pode gozar um instante de uma felicidade que ultrapassa todas as delícias da terra, pensando que o bom Deus nos retirou do mundo, o que será no Céu, quando virmos, no seio de uma alegria e um repouso eternos, a incomparável graça que o Senhor nos concedeu, escolhendo-nos para habitar em sua casa, verdadeiro pórtico dos Céus?...

Não foi sempre com estes transportes de alegria que pratiquei a caridade, mas, no começo de minha vida religiosa, Jesus quis fazer-me sentir quanto é doce vê-lo nas almas de suas esposas. Por isso, quando conduzia minha Irmã São Pedro, fazia-o com tanto amor que me seria impossível fazer melhor se tivesse de conduzir o próprio Jesus. Há pouco vos dizia, minha Madre querida, que a prática da caridade não me foi sempre tão doce; para prová-lo, vou contar-vos alguns pequenos combates que, certamente, vos farão sorrir. Durante a oração da tarde, por muito tempo, fiquei na frente de uma Irmã que tinha uma mania estranha e, penso... muitas luzes, pois, raramente, servia-se de um livro. Eis como eu o percebia: Logo que esta Irmã chegava, punha-se a fazer um estranho ruído, semelhante ao que se faz esfregando duas conchas uma contra a outra. Apenas eu percebia isso, pois tenho o ouvido extremamente aguçado (às vezes, um pouco demais). Dizer-vos, minha Madre, quanto esse barulhinho me cansava, é coisa impossível. Tinha muita vontade de voltar a cabeça e olhar para a culpada que, certamente, não percebia seu tique. Era o único meio de mostrá-lo a ela. Mas, no fundo do coração, sentia que era preferível sofrer isso por amor ao bom Deus e para não magoar a Irmã. Ficava, pois, tranquila e tentava unir-me a Nosso Senhor e esquecer o barulhinho... Tudo era inútil. Sentia o suor que me inundava e era obrigada a fazer, simplesmente, uma oração de sofrimento. Mas, embora sofrendo, procurava o meio de não fazê-lo com aborrecimento, mas com alegria e paz, pelo menos no íntimo da alma. Então, esforçava-me por amar o barulhinho tão desagradável; em vez de procurar não o ouvir (coisa impossível), punha minha atenção em ouvi-lo bem, como se fosse um encantador concerto, e toda a minha oração (que não era a de *quietude*) consistia em oferecer este concerto a Jesus.

Outra vez, na lavanderia, estava diante de uma Irmã que me lançava água suja todas as vezes que levantava os lenços em sua bancada. Meu primeiro movimento foi de me afastar, enxugando o rosto, a fim de mostrar à Irmã que me aspergia que me faria um favor mantendo-se tranquila. Mas, logo pensei que era bem tola em recusar tesouros que tão generosamente me eram dados e tive todo o cuidado de não deixar transparecer meu combate. Fiz todos os esforços para desejar receber muita água suja, de sorte que no fim tinha, verdadeiramente, tomado gosto por esse novo tipo de aspersão e prometi, na próxima vez, voltar a este feliz lugar em que se recebiam tantos tesouros.

Madre amada, vedes que sou uma *alma muito pequena*, que não pode oferecer ao bom Deus senão *coisas muito pequenas*, e ainda, muitas vezes, acontece-me de deixar escapar esses pequenos sacrifícios que trazem tanta paz à alma. Isso não me desanima; suporto ter um pouco menos de paz e, na outra vez, procuro ser mais vigilante.

Ah, o Senhor é tão bom para mim que me é impossível temê-lo. Sempre me deu o que desejei, ou antes, fez-me desejar o que queria me dar. Assim, pouco tempo antes de começar minha provação contra a fé pensava: Verdadeiramente, não tenho grandes provações exteriores e, para ter as interiores, seria preciso que o bom Deus mudasse meu caminho. Não creio que o faça e, por isso, não posso viver sempre assim no repouso... Portanto, que meio encontrará Jesus para me provar? A resposta não se fez esperar e mostrou-me que Aquele que amo não tem falta de meios. Sem mudar meu caminho, enviou-me a provação que devia misturar uma salutar amargura a todas as minhas alegrias. Não é somente quando Ele quer me provar que Jesus me faz pressentir e desejar. Há muito tempo, eu tinha um desejo que me parecia irrealizável: o de ter *um irmão sacerdote*. Pensava muitas vezes que, se meus irmãozinhos não tivessem voado para o Céu, teria tido a felicidade de vê-los subir ao altar. Mas já que o bom Deus os escolhera para fazer deles anjinhos, não podia mais esperar ver meu sonho se realizar. E eis que não somente Jesus me deu a graça que desejava, mas uniu-me pelos laços da alma a *dois* de seus apóstolos, que se tornaram meus irmãos... Minha Madre amada, quero contar-vos em detalhes como Jesus satisfez meu desejo e até o ultrapassou, pois eu desejava somente um irmão sacerdote que, cada dia, pensasse em mim no santo altar.

Foi nossa Santa Madre Teresa que me enviou, como ramalhete de festa em 1895, meu primeiro irmãozinho. Estava na lavanderia, ocupada com meu trabalho, quando Madre Inês de Jesus, tomando-me à parte, leu-me uma carta que acabara de receber. Era um jovem seminarista, inspirado, dizia ele, por Santa Teresa, que vinha pedir uma Irmã que se dedicasse especialmente à salvação de sua alma e o ajudasse com suas orações e sacrifícios, a fim de que pudesse salvar muitas almas quando fosse missionário. Prometia fazer sempre um memento por aquela que se tornasse sua irmã, quando pudesse oferecer o Santo Sacrifício. Madre Inês de Jesus disse-me desejar que fosse eu a irmã desse futuro missionário.

Minha Madre, dizer-vos de minha felicidade seria coisa impossível. Meu desejo, satisfeito de maneira inesperada, faz nascer em meu coração uma alegria que chamarei infantil, pois é preciso voltar aos dias de minha infância para encontrar a lembrança dessas alegrias tão vivas que a alma é pequena demais para contê-las. Há vários anos não experimentava satisfação desse gênero. Sentia que, neste aspecto, minha alma era nova, era como se nela tocassem pela primeira vez cordas musicais até então esquecidas.

Compreendia as obrigações que me impunha; por isso, pus mãos à obra, procurando redobrar de fervor. Primeiramente, devo confessar que não tive consolações para estimular meu zelo. Depois de ter escrito uma encantadora carta, cordial e cheia de nobres sentimentos, para agradecer à Madre Inês de Jesus, meu irmãozinho não deu mais sinal de vida a não ser no mês de julho seguinte, exceto um cartão no mês de novembro, para dizer que ele entrava para o serviço militar. Foi a vós, minha Madre amada, que o bom Deus reservara terminar a obra começada. Sem dúvida, é pela oração e o sacrifício que se pode ajudar os missionários, mas, por vezes, quando apraz a Jesus unir duas almas para a sua glória, Ele permite que, de tempos em tempos, eles possam comunicar seus pensamentos e, mutuamente, se exercitem a amar mais a Deus. Para isso, porém, é necessária uma *vontade expressa* da autoridade, pois parece-me que, de outro modo, essa correspondência faria mais mal do que bem, se não ao missionário, ao menos à Carmelita, continuamente levada por seu gênero de vida a voltar-se sobre si mesma. Então, em vez de uni-la ao bom Deus, esta correspondência (mesmo espaçada) que ela havia solicitado ocupar-lhe-ia o espírito. Imaginando fazer mundos e fundos, nada mais faria do que arranjar-se uma distração inútil sob a aparência de zelo. Quanto a mim, nisso como em tudo, sinto que para que minhas cartas façam bem é preciso que sejam escritas por obediência e que, ao escrevê-las, eu prove antes repugnância do que prazer. Assim, quando falo com uma noviça, procuro fazê-lo mortificando-me; evito dirigir-lhe perguntas que satisfaçam minha curiosidade. Se ela começa a contar uma coisa interessante e depois passa para outra que me aborrece, sem terminar a primeira, procuro não lhe lembrar o assunto que deixou de lado, porque me parece que não podemos fazer o bem quando nos procuramos a nós mesmas.

Minha Madre amada, percebo que jamais hei de me corrigir. Eis que, com todas as minhas dissertações, parti novamente para bem longe do meu assunto. Perdoai-me, vos peço, e permiti que recomece na próxima ocasião, pois não consigo fazer de outro modo!... Agis como o bom Deus, que não se cansa de me ouvir quando, muito simplesmente, digo-lhe minhas penas e minhas alegrias, como se Ele não as conhecesse... Vós também, minha Madre, há muito tempo conheceis o que penso e todos os acontecimentos memoráveis de minha vida; não saberia, pois, dizer-vos nada de novo. Não posso deixar de rir ao pensar que vos escrevo escrupulosamente tantas coisas que sabeis tão bem quanto eu. Enfim, Madre querida, obedeço-vos e se, agora, não tiverdes interesse em ler estas páginas, talvez haverão de distrair-vos na vossa velhice e, depois, servirão para acender vosso fogo. Assim, não terei perdido o meu tempo... Mas, divirto-me, falando como uma criança; não penseis, minha Madre, que procuro saber que utilidade pode ter meu pobre trabalho; já que o faço por obediência, isso me basta e não sentiria dor alguma se o queimásseis sob meus olhos antes de tê-lo lido.

É tempo que retome a história de meus irmãos que, agora, ocupam um lugar tão grande na minha vida. No ano passado, no fim do mês de maio, recordo-me que um dia, antes de ir para o refeitório, mandastes chamar-me. Meu coração batia forte, quando entrei em vossa sala, minha Madre querida. Perguntava-me o que poderíeis ter a me dizer, pois era a primeira vez que me mandáveis chamar assim. Depois de ter dito que me sentasse, eis a proposta que me fizestes: "Quereis encarregar-vos dos interesses espirituais de um missionário que deve ser ordenado sacerdote e partir proximamente?" E a seguir, minha Madre, lestes-me a carta deste jovem Padre, a fim de que soubesse, ao certo, o que ele pedia. Meu primeiro sentimento foi de alegria que, logo, deu lugar ao temor. Expliquei-vos, minha Madre amada, que tendo já oferecido meus pobres méritos a um futuro apóstolo, pensava não poder fazê-lo também nas intenções de outro e que, além disso, havia muitas Irmãs melhores do que eu que poderiam corresponder a seu desejo. Todas as minhas objeções foram inúteis e me respondestes que se podia ter vários irmãos. Então, perguntei-vos se a obediência não poderia duplicar meus méritos. Respondestes-me que sim, falando-me de várias coisas que me faziam ver que devia aceitar, sem escrúpulo, um novo irmão. No fundo, minha Madre, pensava como vós e até, já que "o zelo de uma Carmelita deve abraçar o mundo", espero, com a graça do bom Deus, ser útil a mais de *dois* missionários e não poderia esquecer de rezar por todos, sem deixar de lado os simples sacerdotes, cuja missão, às vezes, é tão difícil de cumprir quanto a dos apóstolos que pregam aos infiéis. Enfim, quero ser filha da Igreja, como nossa Madre Santa Teresa, e rezar pelas intenções de nosso Santo Padre o Papa, sabendo que suas intenções abraçam o universo. Eis ali o objetivo geral de minha vida, mas isso não me teria impedido de rezar e de unir-me especialmente às obras de meus anjinhos queridos, se tivessem sido sacerdotes. Pois bem, eis como me uni espiritualmente aos apóstolos que Jesus me deu por irmãos: tudo o que me pertence, pertence a cada um deles. Sinto muito bem que o *bom* Deus é demasiado *bom* para fazer divisões, é tão rico que dá, sem medida, tudo o que lhe peço... Mas não penseis, minha Madre, que me perco em longas enumerações.

Desde que tenho dois irmãos e minhas Irmãzinhas noviças, se quisesse pedir a cada alma, detalhadamente, aquilo de que tem necessidade, os dias seriam muito curtos e teria medo de esquecer alguma coisa importante. Às almas simples não são necessários meios complicados. Como eu sou do número delas, certa manhã, durante minha ação de graças, Jesus deu-me um meio *simples* de cumprir minha missão. Fez-me compreender esta palavra dos Cânticos: "Atraí-me e correremos ao odor de vossos perfumes". Oh, Jesus! Não é mesmo necessário dizer: "Atraindo-me, atraí as almas que eu amo!" Esta simples palavra "Atraí-me" é suficiente. Senhor, compreendo: Quando uma alma se deixou atrair pelo *odor cativante de vossos perfumes*, ela não saberá correr sozinha, todas as almas que ela ama são arrastadas atrás dela; isso se faz sem constrangimento, sem esforço, é uma consequência natural de sua atração para vós. Da mesma forma que uma torrente, lançando-se impetuosamente no oceano, arrasta consigo tudo o que encontra à sua passagem, assim também, oh meu Jesus, a alma que mergulha no oceano sem fim do vosso amor arrasta consigo todos os tesouros que possui... Senhor, Vós o sabeis, não tenho outros tesouros além das almas que vos aprouve unir à minha. Fostes Vós que confiastes estes tesouros a mim. Por isso, ouso servir-me das palavras que dirigistes ao Pai Celeste na última tarde que vos viu ainda sobre nossa terra como viajor e mortal. Jesus, meu Amado, não sei quando vai terminar meu exílio... Mais de uma noite deve ainda ver-me cantar no exílio as vossas misericórdias. Mas enfim, também para mim virá *a última tarde*; então, quisera poder dizer-vos, oh meu Deus: "*Eu vos glorifiquei sobre a terra; cumpri a obra que me destes a fazer; manifestei vosso nome aos que me destes: eram vossos e Vós os destes a mim. Agora, conhecem que tudo o que me destes vem de Vós, pois comuniquei-lhes as palavras que vós me comunicastes. Eles as receberam e creram que fostes Vós que me enviastes. Rogo pelos que me destes, porque eles são vossos. Já não estou no mundo; quanto a eles, aí estão, e eu volto para Vós. Pai Santo, por causa de vosso nome, conservai os que me destes. Agora, vou para Vós e é a fim de que a alegria que vem de Vós seja perfeita neles que digo isso enquanto estou no mundo. Não vos peço que os tireis do mundo, mas que os preserveis do mal. Eles não são do mundo, como também eu não sou do mundo. Não rogo somente por eles, mas também pelos que, por sua palavra, crerão em Vós.*

Meu Pai, espero que onde eu estiver, estejam comigo os que me destes, e que o mundo conheça que Vós os amastes como amastes também a mim".

Sim, Senhor, eis o que quisera repetir junto a Vós, antes de voar para vossos braços. Seria, talvez, temeridade? Não! Há muito tempo permitistes que fosse audaciosa convosco. Como o pai do filho pródigo, falando ao filho mais velho, dissestes-me: "Tudo o que é meu é teu". Portanto, oh Jesus, vossas palavras são minhas e posso servir-me delas para atrair sobre as almas que estão unidas a mim os favores do Pai Celeste. Mas, Senhor, quando digo que onde eu estiver, desejo que os que me destes estejam também, não pretendo que eles não possam chegar a uma glória bem mais elevada do que aquelas que vos aprouver dar-me. Quero simplesmente que, um dia, nós estejamos reunidos no vosso belo Céu. Sabeis, oh meu Deus, que nunca desejei senão vos *amar*; não ambiciono outra glória. Vosso amor acompanhou-me desde minha infância, cresceu comigo e, agora, é um abismo cuja profundidade não posso sondar. O amor atrai o amor. Por isso, meu Jesus, o meu lança-se para Vós. Quisera cumular o abismo que o atrai, mas... ai, seria menos do que uma gota de orvalho perdida no oceano!... Para amar-vos como me amais, deveria tomar vosso próprio amor. Só então encontro repouso. Oh meu Jesus, talvez seja uma ilusão, mas parece-me que não podeis cumular uma alma com mais amor do que cumulastes à minha. É por isso que ouso pedir-vos *que ameis os que me destes como amastes a mim*. Se um dia, no Céu, eu descobrir que os amais mais do que a mim, ficarei feliz com isso, reconhecendo, desde já, que essas almas merecem vosso amor muito mais do que a minha. Mas, aqui na terra, não posso conceber uma intensidade de amor maior do que a que vos aprouve prodigalizar-me, gratuitamente, sem mérito algum de minha parte.

Minha Madre querida, enfim, volto a vós. Estou admirada com o que acabo de escrever, porque não tinha esta intenção. Já que está escrito, deve ficar assim, mas, antes de voltar para a história de meus irmãos, quero dizer-vos, minha Madre, que não aplico a eles mais do que às minhas irmãzinhas as primeiras palavras tiradas do Evangelho: *Comuniquei-lhes as palavras que me comunicastes* etc., porque não me julgo capaz de instruir missionários. Felizmente, ainda não sou tão orgulhosa para isso! Tampouco teria sido capaz de dar alguns conselhos às minhas irmãs, se vós, minha Madre, que me representais o bom Deus, não me tivésseis dado o beneplácito para isso.

Ao contrário, foi em vossos queridos filhos espirituais, que são meus irmãos, que pensei ao escrever estas palavras de Jesus e aquelas que seguem: "Não vos peço que os tireis do mundo... Rogo pelos que, por sua palavra, crerão em Vós". Com efeito, como não haveria de rezar pelas almas que eles salvarão em suas longínquas missões, mediante o sofrimento e a pregação?

Minha Madre, creio que seja necessário ainda que vos dê algumas explicações sobre a passagem do Cântico dos Cânticos: "Atraí-me e correremos", pois o que quis dizer parece-me pouco compreensível. Jesus disse: "Ninguém pode vir a mim se meu Pai, que me enviou, não o atrair". Em seguida, por meio de sublimes parábolas e, muitas vezes, sem mesmo usar desse meio tão familiar ao povo, ensina-nos que basta bater para que nos abram, buscar para encontrar e estender, humildemente, a mão para receber o que se pede... Disse ainda que tudo o que pedirmos a *seu Pai*, em seu nome, Ele o concede. É por isso, sem dúvida, que o Espírito Santo, antes do nascimento de Jesus, inspirou esta oração profética: "*Atraí-me e corremos*".

O que significa, pois, pedir para ser *Atraído*, senão unir-se de uma maneira íntima ao objeto que cativa o coração? Se o fogo e o ferro tivessem inteligência e se este último dissesse ao outro: Atraí-me, não provaria ele que deseja identificar-se ao fogo de maneira a ser penetrado e investido de sua brilhante substância e parecer ser uma só coisa com ele. Madre amada, eis minha prece: Peço a Jesus que me atraia para as chamas de seu amor, que me una muito estreitamente a si, que viva e aja em mim. Sinto que quanto mais o fogo do amor abrasar meu coração, quanto mais disser: *Atraí-me*, mais as almas que se aproximarem de mim (pobre pedacinho de ferro inútil, se me afastar do braseiro divino) *correrão, rapidamente, para o odor dos perfumes do Amado*, porque uma alma abrasada de amor não pode permanecer inativa; sem dúvida, como Madalena, mantém-se aos pés de Jesus e ouve sua palavra doce e inflamada. Parecendo nada dar, ela dá bem mais do que Marta, que se preocupa com muitas coisas e quereria que sua irmã a imitasse. Não são os trabalhos de Marta que Jesus censura. A estes trabalhos, sua divina Mãe sujeitou-se, humildemente, durante toda a sua vida, já que devia preparar as refeições da Sagrada Família. É somente *a inquietação* de sua ardente hospedeira que Ele queria corrigir. Todos os santos o compreenderam e mais particularmente, talvez, os que encheram o universo com a luz da doutrina evangélica. Acaso não foi na oração que São Paulo, Santo Agostinho, São João da Cruz, Santo Tomás de Aquino,

São Francisco, São Domingos e tantos outros ilustres Amigos de Deus hauriram esta ciência divina que extasia os maiores gênios? Um sábio disse: "Dai-me uma alavanca, um ponto de apoio, e eu levantarei o mundo". O que Arquimedes não pôde obter, porque seu pedido não se dirigia a Deus e não era feito senão do ponto de vista material, os Santos o obtiveram em toda a sua plenitude. O Onipotente deu-lhes o ponto de apoio: *ELE PRÓPRIO E SOMENTE ELE*; *por alavanca: a oração*, que abrasa com o fogo do amor, e foi assim que eles levantaram o mundo; é assim que os Santos militantes ainda o levantam e que, até o fim do mundo, também hão de levantá-lo os Santos vindouros.

Minha Madre querida, agora, gostaria de dizer-vos o que entendo por *odor dos perfumes* do Amado. Já que Jesus subiu ao Céu, não posso segui-lo senão pelas pegadas que deixou. E como são luminosas e embalsamadas estas pegadas! Basta lançar um olhar sobre o santo Evangelho, que logo respiro os perfumes da vida de Jesus e sei para que lado correr... Não é para o primeiro lugar, mas para o último que me lanço. Em vez de caminhar com o fariseu, repito, cheia de confiança, a humilde oração do publicano; mas, sobretudo, imito a conduta de Madalena, sua admirável, ou antes, sua amorosa audácia, que encanta o Coração de Jesus e seduz o meu. Sim! Sinto que, mesmo quando tiver sobre a consciência todos os pecados que se podem cometer, iria, com o coração partido pelo arrependimento, lançar-me nos braços de Jesus, porque sei quanto Ele ama o filho pródigo que volta para Ele. Não é porque o bom Deus, em sua *preveniente misericórdia*, preservou minha alma do pecado mortal que me elevo a Ele pela confiança e pelo amor.

APÊNDICE

"Graças te dou, ó Pai, Senhor do céu e da terra, porque escondeste estas coisas aos sábios e aos prudentes e as revelaste aos pequeninos" (Lc 10,21).

APÊNDICE

RETRATO FÍSICO
DE
Santa Teresa do Menino Jesus

No retrato que R<small>IBEIRA</small> nos deixou da *grande* Teresa de Jesus encontramos os traços sob os quais é fielmente pintada a *pequena* Teresa do Menino Jesus (salvo leves modificações indicadas em itálico).

"Ela era grande de porte e muito bem feita. Ela tinha os olhos *azulados*, os cabelos *loiros*, *os traços finos e regulares*, as mãos muito bonitas. Seu rosto era de um corte muito bonito, bem proporcionado, tez de lírio: inflamava-se quando falava de Deus e lhe dava uma beleza encantadora. Sua figura era inefavelmente límpida, e tudo nela respirava uma paz celeste. Enfim, tudo parecia perfeito nela. Seu modo de andar era cheio de dignidade e, *ao mesmo tempo, de simplicidade* e de graça; ela era tão amável, tão agradável, bastava vê-la e ouvi-la para dedicar-lhe respeito e amá-la".

Conselhos e Lembranças

Nas entrevistas de Teresa com suas noviças encontramos os mais preciosos ensinamentos.

Eu desanimava ao ver minhas imperfeições, narra uma delas. Irmã Teresa do Menino Jesus me disse:

"Você me faz pensar no menininho que começa a ficar de pé, mas ainda não sabe andar. Querendo absolutamente chegar ao alto de uma escada para reencontrar sua mãe, ele levanta seu pezinho a fim de galgar o primeiro degrau. Esforço inútil! Ele cai sempre, sem poder subir. Pois bem, seja esse menininho; para a prática de todas as virtudes, levantai sempre seu pezinho para galgar a escada da santidade, e não se considere capaz de galgar até mesmo o primeiro degrau! Não. Mas o bom Deus só lhe pede boa vontade. No alto dessa escada, Ele a observa com amor. Logo, vencido por seus esforços inúteis, Ele próprio descerá e, tomando-a nos seus braços, levá-la-á para sempre para seu reino, onde não o deixará mais. Mas, se deixar de levantar seu pezinho, Ele há de deixá-la muito tempo por terra".

"O único meio de fazer rápidos progressos no caminho do amor, dizia ela ainda, é o de permanecer sempre muito pequena; é assim que eu faço; inclusive, agora posso cantar com nosso Pai São João da Cruz:

E abaixando-me tão baixo, tão baixo,
Elevo-me tão alto, tão alto,
Que posso atingir meu objetivo!..."

Numa tentação que me parecia insuperável eu lhe disse: "Desta vez, não posso submeter-me, é impossível". Ela me respondeu:

"Por que quer submeter-se? Simplesmente *passe por baixo*. É bom que as grandes almas voem por baixo das nuvens quando a tempestade é grande; nós só devemos suportar pacientemente os aguaceiros. Pior se estivermos um pouco molhados. Enxugar-nos-emos logo ao sol do amor.

"A respeito disso, recordo-me de um pequeno caso de minha infância: uma vez, um cavalo impedia-nos de entrar no jardim; falavam ao meu redor, procurando fazê-lo recuar; mas deixei que discutissem e, calmamente, passei entre suas pernas... Eis o que ganhamos se olharmos para a nossa pequenez!"

Outrora, Nosso Senhor respondeu à mãe dos filhos de Zebedeu: "*Quanto a estardes sentados à minha direita ou à esquerda, é para aqueles a quem meu Pai o destinou*" (Mt 20,23). Imagino que estes lugares de destaque, recusados a grandes santos, a mártires, serão a partilha das criancinhas.

"Davi não previu isso quando disse que *o pequeno Benjamim presidirá as assembleias* (dos santos)?" (Sl 67,29).

"Não tendes razão ao procurar repetir a este e àquele, de fazer que todos se dobrem à vossa maneira de pensar. Já que queremos ser *criancinhas*, as criancinhas não sabem o que é melhor, elas acham tudo bom; imitemo-las. Aliás, não existe mérito em fazer o que é razoável".

"Meus protetores no céu e meus privilegiados são os que o roubaram, como os Santos Inocentes e o bom ladrão. Os grandes santos o ganharam por suas obras; eu quero imitar os ladrões, eu quero tê-lo por astúcia, uma astúcia de amor que me abrirá sua porta, a mim e aos pobres pecadores.

O Espírito Santo me estimula, pois diz nos provérbios: "Ó pequenino, vem, aprende de mim a habilidade" (Pr 1,4).

"O que faríeis se pudésseis recomeçar vossa vida religiosa?
– Creio que faria o que fiz.
– Portanto, não aprovaríeis o sentimento do eremita que dizia: "Mesmo se tivesse vivido longos anos na penitência, quando me restar um quarto de hora, um sopro de vida, temeria condenar-me"?
– Não, não posso participar desse temor, sou demasiado pequena para me condenar, *as criancinhas não são condenadas*.
– Procurais sempre assemelhar-vos às criancinhas, mas dizei-nos, então, o que é necessário fazer para possuir o espírito de infância. O que é ficar pequeno?
– Ficar pequeno é reconhecer o próprio nada, esperar tudo do bom Deus, não se afligir demais com as próprias faltas; enfim, é não receber nada de graça, nem se preocupar com nada. Mesmo entre os pobres, enquanto a criança é pequena, dá-se a ela o que lhe for necessário; quando cresce, porém, seu pai não a alimenta mais e lhe diz: "Trabalha, agora tu podes cuidar de ti mesma". Pois bem, é para não ouvir isso que eu nunca quis crescer, sentindo-me incapaz de ganhar *minha vida, a vida eterna!*"

A fim de imitar nossa angélica Mestra, eu não queria crescer, e até, ela me chamava *"a criancinha"*. Durante um retiro, dirigiu-me estes deliciosos bilhetes:

"Não tema dizer a Jesus que o ama, mesmo sem senti-lo, é o meio de forçá-lo a socorrê-la, a levá-la a caminhar, como uma criancinha muito fraca.

"É uma provação muito grande ver tudo escuro, mas isso não depende completamente de você, faça o que puder para desapegar seu coração dos cuidados terrenos e, sobretudo, das criaturas; depois, pode estar certa de que Jesus fará o reto. Ele não permitirá que caia no abismo. Console-se, filhinha, no céu já não verá *tudo escuro*, mas *tudo claro*. Sim, tudo será revestido da brancura divina de nosso Esposo, o Lírio dos vales. Juntas, nós o seguiremos por onde ele for... Ah! aproveitemos o curto instante da vida! Agrademos a Jesus, salvemos-lhe almas por nossos sacrifícios. Sobretudo, sejamos pequenas, tão pequenas que todos poderão pisar-nos aos pés, mesmo sem dar mostras de que sentimos e de que sofremos com isso".

"Não me admiro com as derrotas da criancinha; ela esquece que, sendo também missionária e guerreira, deve privar-se de consolos demasiadamente infantis. Mas como é triste passar seu tempo a se queixar, em vez de adormecer sobre o Coração de Jesus!

"Se a noite atemoriza a criancinha, se sofre por não ver Aquele que a carrega, *que ela feche os olhos*: é o único sacrifício que Jesus lhe pede. Assim, mantendo-se tranquila, a noite não a atemorizará, pois já não a verá; e logo a calma, quando não a alegria, renascerá em seu coração".

Para ajudar-me a aceitar uma humilhação, fez-me esta confidência:
"Se não tivesse sido aceita no Carmelo, teria entrado para um Asilo, para ali viver desconhecida e desprezada, em meio a pobres 'arrependidas'. Minha felicidade teria sido passar por isso aos olhos de todos; e ter-me-ia feito apóstola de minhas companheiras, dizendo-lhes o que penso da misericórdia do bom Deus...

– Mas como teria chegado a esconder sua inocência ao confessor?

– Ter-lhe-ia dito que havia feito no mundo uma confissão geral e que me fora proibido recomeçá-la".

"Oh! quando penso em tudo o que devo adquirir!
– Diga antes *perder*! É Jesus que se encarrega de encher sua alma, na medida em que a desembaraçar de suas imperfeições. Vejo claramente que você erra de estrada; nunca há de chegar ao termo de sua viagem. Você quer subir uma montanha, e o bom Deus a faz descer: Ele a espera embaixo, no fértil vale a humildade".

"Parece-me que a humildade é a verdade. Não sei se sou humilde, mas sei que vejo a verdade em todas as coisas".

"Verdadeiramente, sois uma santa!
– Não, não sou uma santa; nunca fiz ações de santos: sou apenas uma pequena almazinha que o bom Deus encheu de graças... No céu, você verá que digo a verdade.
– Mas sempre fostes fiel às graças divinas, não é verdade?
– Sim, *desde a idade de três anos*, nada recusei ao bom Deus. Contudo, não posso gloriar-me disso. Veja como nesta tarde o pôr do sol doura a copa das árvores; assim minha alma parece-lhe toda brilhante e dourada, porque ela está exposta aos raios do amor. Se o sol divino já não me enviasse seus raios, logo me tornaria obscura e tenebrosa.
– Também nós quereríamos tornar-nos totalmente douradas, como fazer?
– É preciso praticar as pequenas virtudes. Às vezes é difícil, mas o bom Deus nunca recusa a primeira graça, que dá a coragem de vencer-se; se a alma lhe corresponde, vê-se imediatamente na luz. Sempre impressionou-me o louvor dirigido a Judite: '*Procedeste com coragem varonil e teu coração encheu-se de força*' (Jd 15,11). Primeiramente, é preciso agir com coragem; depois o coração se fortifica e caminha-se de vitória em vitória".

Irmã Teresa do Menino Jesus nunca levantava os olhos no refeitório, como quer o regulamento. Como eu tinha muita dificuldade de abster-me disso, ela compôs esta oração que, para mim, foi a revelação de sua humildade, pois ali ela pede para si uma graça da qual só eu tinha necessidade.

"Jesus, vossas duas pequenas esposas tomam a resolução de manter os olhos baixos no refeitório, a fim de honrar e de imitar o exemplo que lhes destes na casa de Herodes. Quando este ímpio príncipe zombava de Vós, ó Beleza infinita, nenhuma queixa saiu de vossos lábios e nem vos dignastes fixar nele vossos olhos adoráveis. Oh, sem dúvida, divino Jesus, Herodes não merecia ser olhado por Vós; mas nós, que somos vossas esposas, queremos atrair para nós vossos olhares divinos. Pedimo-vos que nos recompenseis com este olhar de amor, cada vez que nós nos privarmos de levantar os olhos; e até pedimo-vos que não nos recuseis este doce olhar quando tivermos caído, já que disso nós nos humilharemos sinceramente diante de Vós".

Confiei-lhe que não consegui nada; e com isso desanimava.

"Até a idade de quatorze anos, disse-me ela, pratiquei a virtude sem lhe sentir a doçura; desejava o sofrimento, mas não pensava em fazê-lo minha alegria; é uma graça que me foi concedida mais tarde. Minha alma assemelhava-se a uma bela árvore, cujas flores caíam logo que desabrochavam.

"Faça ao bom Deus o sacrifício de nunca colher frutos. Se Ele quiser que, por toda a sua vida, sinta repugnância de sofrer, de ser humilde; se Ele permitir que todas as flores de seus desejos e de sua boa vontade caiam por terra sem nada produzir, não se perturbe. Num piscar de olhos, no momento de sua morte, Ele saberá muito bem fazer amadurecer belos frutos na árvore de sua alma.

"Lemos no Eclesiástico: *Há homem sem vigor, que necessita de amparo, mas Deus pôs sua vista benignamente sobre ele, levantou-o de sua humilhação e exaltou sua cabeça; dele maravilham-se muitos e glorificam a Deus.*

"*Confia em Deus e conserva-te firme no teu posto. Porque a Deus é fácil enriquecer de repente o pobre. A bênção de Deus apressa-se a recompensar o justo, e em pouco tempo o faz crescer e frutificar*" (Eclo 11, 12-13.22-24);

– Mas se eu cair, achar-me-ão sempre imperfeita, enquanto que a vós, reconhecer-vos-ão a virtude?

– Talvez seja porque eu nunca o desejei... Mas se a consideram sempre imperfeita, eis o que é necessário, está ali seu proveito. Crer a si mesma imperfeita e considerar as outras perfeitas, eis a felicidade. Que as criaturas a considerem sem virtude, isso não lhe tira nada, nem a torna mais pobre; são elas que perdem em alegria interior! Porque nada existe de mais doce do que pensar bem do nosso próximo.

"De minha parte, experimento uma grande alegria não somente quando me consideram imperfeita, mas, sobretudo, quando sinto que o sou: ao contrário, os louvores só me causam desprazer".

"O bom Deus tem por vós um amor particular, pois vos confia outras almas.

– Isso não me dá nada, e, realmente, não sou senão aquilo que sou diante de Deus... Não é porque Ele quer que eu seja sua intérprete para você que Ele me ama mais: antes, faz-me sua pequena serva. É para você e não para mim que Ele me deu os encantos e as virtudes que aparecem a seus olhos.

"Muitas vezes, comparo-me a uma pequena tigela que o bom Deus encheu de todas as espécies de boas coisas. Todos *os gatinhos* vêm tomar sua parte; às vezes disputam quem vai levar vantagem. Mas o Menino Jesus está lá a vigiar! *'Quero que bebais na minha pequena tigela*, diz Ele, *mas tomem cuidado para não derrubá-la e quebrá-la!'*

"Para dizer a verdade, não existe grande perigo, pois estou colocada ao rés do chão. Para as Prioras não é a mesma coisa: estando colocadas sobre estrados, elas correm muito mais perigo. A honra é sempre perigosa.

"Ah! que veneno de louvores é servido diariamente àqueles que tomam os primeiros lugares! Que incenso funesto! E como é necessário que uma alma seja desapegada de si mesma para não provar o mal!"

"Para vós, é um consolo fazer o bem, buscar a glória de Deus. Como desejaria ver-me tão privilegiada!

– O que faz que o bom Deus se sirva de mim, e não de outra, para buscar sua glória? Contanto que seu reino se estabeleça nas almas, pouco importa o instrumento. Aliás, Ele não necessita de ninguém.

"Há algum tempo, eu olhava a mecha de uma pequena lamparina quase extinta. Uma de nossas irmãs aproximou-lhe sua vela; e, por esta vela, todas as velas da comunidade foram acesas. Então refleti assim: Quem poderá gloriar-se de suas obras? Assim, pela fraca luz desta lâmpada, será possível incendiar o universo. Muitas vezes, nós cremos receber as graças e as luzes divinas por meio de velas brilhantes; mas de onde estas velas têm sua chama? Talvez da oração de uma alma humilde e totalmente escondida, sem brilho aparente, sem virtude reconhecida, abaixada a seus próprios olhos, próxima de se apagar.

"Oh, quantos mistérios veremos mais tarde! Quantas vezes pensei que, talvez, devo todas as graças que recebi às instâncias de uma pequena alma que só conhecerei no céu!

"É vontade do bom Deus que neste mundo as almas comuniquem entre si os dons celestes através da oração, a fim de que, de volta à sua pátria, elas possam amar-se com um amor de gratidão, com uma afeição ainda muito maior do que a da família mais ideal da terra.

"Lá, não encontraremos olhares indiferentes, porque todos os santos se devem alguma coisa.

"Não mais veremos olhares invejosos; aliás, a felicidade de cada eleito será a de todos. Com os mártires, assemelhar-nos-emos aos mártires; com os doutores, seremos como os doutores; com as virgens, como as virgens; e assim como os membros de uma mesma família orgulham-se uns dos outros, da mesma forma nós o seremos de nossos irmãos, sem o menor ciúme.

"Quem sabe se a alegria que experimentaremos ao ver a glória dos grandes santos, sabendo que, por algum secreto desígnio da Providência, talvez tenhamos contribuído para ela, não será tão intensa e talvez mais doce do que a felicidade da qual eles próprios estão na posse?

"Por outro lado, pensam que os grandes santos, ao ver o que devem a todas as pequenas almas, não as amarão com um amor incomparável? Lá existirão, tenho certeza disso, simpatias deliciosas e surpreendentes. O privilégio de um apóstolo, de um grande doutor, será talvez um pequeno pastor; e o amigo íntimo de um patriarca, uma simples criancinha. Oh, como gostaria de estar nesse reino de amor!"

"Crede-me, escrever livros de piedade, compor as mais sublimes poesias, tudo isso não vale o menor ato de renúncia. Todavia, quando sentimos nossa impotência de fazer o bem, nosso único recurso é oferecer as obras dos outros. Eis o benefício da comunhão dos Santos. Lembrem-se desta bela estrofe do Cântico espiritual de nosso Pai São João da Cruz:

> Oh! volve-te, minha pomba,
> Que o cervo vulnerado
> Aparece no alto da colina,
> Atraído por teu voo, e ali sente frescor.

"Vede que o Esposo, *o Cervo vulnerado* não é atraído *pela altura*, mas unicamente pelo *voo*, e um simples bater de asas basta para produzir esta brisa de amor".

"Uma única coisa que não é submissa à inveja, é o último lugar; portanto, só este último lugar não é absolutamente vaidade e aflição de espírito. Todavia, *o caminho do homem não está no seu poder* (Jr 10,23); e, por vezes, surpreendemo-nos a desejar aquilo que brilha. Então, colocamo-nos humildemente entre os imperfeitos, consideramo-nos pequenas almas que o bom Deus deve sustentar a cada instante. A partir do momento em que nos vê convencidos do nosso nada, do momento em que lhe dizemos: '*Meu pé está vacilante, tua bondade, Senhor, me sustentou*' (Sl 93,18), Ele nos estende a mão; mas se procurarmos fazer alguma coisa grande, mesmo sob o pretexto de zelo, Ele nos abandona. Basta, pois, humilhar-se, suportar com doçura as imperfeições: eis a verdadeira santidade para nós".

Um dia, queixei-me de estar mais cansada do que minhas irmãs, pois, em mais de um trabalho comum, eu realizara um outro, que todas ignoravam. Ela me respondeu:

"Gostaria sempre de ver-vos como um valente soldado, que não se queixa de suas dificuldades, que considera muito graves as feridas de seus irmãos e as próprias, apenas como arranhões. Por que sentis tanto esta fadiga? É porque ninguém a conhece...

"A bem-aventurada Margarida Maria, tendo tido dois unheiros, dizia que verdadeiramente só sofrera com o primeiro, porque não lhe foi possível esconder o segundo, que se tornou objeto da compaixão das irmãs.

"Este sentimento nos é natural: mas, é fazer como o vulgar desejo que sabemos quando temos dor".

"Quando cometemos uma falta nunca é preciso crer que é por uma causa física, como a doença ou o tempo; mas atribuir esse fracasso à nossa imperfeição, sem jamais desanimar. *Não são as ocasiões que tornam o homem fraco, mas revelam o que ele é*"[50].

---

50. *Imitação de Cristo*, livro 1, cap. 16,4.

"O bom Deus não permitiu que nossa Madre me mandasse escrever minhas poesias à medida que as compunha, e eu não lhe quis pedir, com medo de cometer uma falta contra a pobreza. Por isso, aguardava a hora do tempo livre e não era sem uma extrema dificuldade que me recordava, às oito horas da noite, o que havia composto pela manhã.

"Esses pequenos nadas são um martírio, é verdade; mas é muito necessário abster-se de diminuí-lo, permitindo-se, ou fazendo-se permitir, mil coisas que nos tornariam a vida religiosa agradável e cômoda".

Um dia em que estava a chorar, Irmã Teresa do Menino Jesus disse que me habituasse a não deixar transparecer tanto meus pequenos sofrimentos, acrescentando que nada tornava a vida de comunidade mais triste do que a desigualdade do humor.

"Tendes muita razão, respondi-lhe, já havia pensado nisso e doravante nunca mais chorarei senão ao bom Deus; confiarei meus sofrimentos unicamente a Ele, que me compreenderá e consolará sempre". Ela replicou vivamente:

"Chorar diante do bom Deus! Abstenha-se de agir assim. Você deve parecer muito menos triste diante dele do que diante das criaturas. Como. Esse bom Mestre só pode alegrar seu Coração em nossos mosteiros; Ele vem até nós para se repousar, para esquecer as contínuas lamúrias de seus amigos do mundo; porque, na maioria dos casos, na terra, em vez de reconhecer o preço da Cruz, chora-se e se geme; e você faria como o comum dos mortais?... Francamente, isso não é amor desinteressado. *Cabe-nos consolar a Jesus e não cabe a Ele consolar-nos.*

"Eu sei, *Ele tem um coração tão bom* que, se você chorar, ele enxugará suas lágrimas; mas depois Ele se afastará todo triste, porque não pôde descansar junto a você. Jesus ama os corações alegres, Ele ama uma alma sempre sorridente. Portanto, quando saberá esconder-lhe seus sofrimentos, ou dizer-lhe a cantar que é feliz por sofrer por Ele?

"O rosto é o reflexo da alma, acrescentou ela, e você deve ter sem cessar um rosto calmo e sereno, como uma criancinha sempre contente. Quando estiver só, aja ainda assim, porque você está continuamente como espetáculo aos Anjos".

Eu queria que ela me felicitasse por ter praticado, na minha opinião, um ato de virtude heroica; mas ela me disse:

"O que é este pequeno ato de virtude em comparação com aquilo que Jesus tem o direito de esperar de sua fidelidade? Deveria antes humilhar-se por deixar escapar tantas ocasiões de provar-lhe seu amor".

Pouco satisfeita com esta resposta, eu aguardava uma ocasião difícil para ver como Irmã Teresa do Menino Jesus se comportaria. A ocasião apresentou-se logo. Quando nossa Reverenda Madre nos pediu um trabalho cansativo e sujeito a mil contradições, maliciosamente permiti-me aumentar-lhe o peso; mas em nenhum instante pude encontrar falha nela; vi-a sempre graciosa, amável, não contando com a fadiga. Tratar-se-ia de incomodar-se, de servir as outras? Ela se apresentava com vivacidade. Por fim, não aguentando mais, lancei-me em seus braços e lhe confiei os sentimentos que haviam agitado minha alma.

E lhe disse: "Como fazeis para praticar assim a virtude, para estar constantemente alegre, calma e semelhante a vós mesma?

– Não fiz sempre assim, respondeu-me ela, *mas depois que nunca mais busco a mim mesma, levo a mais feliz vida que se possa ver*".

"No recreio mais do que em outros lugares, dizia nossa angélica Mestra, vocês encontrarão a ocasião de exercer sua virtude. Se dela quiserem tirar grande proveito, não vão com o pensamento de se recrear, mas com o de recrear as outras; pratiquem um completo desapego de si mesmas. Por exemplo, se narrar a uma de suas irmãs uma história que lhe parece interessante, e esta a interrompe para contar-lhe outras coisas, escute-a com interesse, mesmo que simplesmente não lhe interesse e não procure retomar sua conversa anterior. Agindo assim, você sairá do recreio com uma grande paz interior e revestida de uma nova força para praticar a virtude; porque não buscou satisfazer a si mesma, mas causar prazer às outras. Se soubéssemos o que ganhamos ao renunciar em todas as coisas!...

– Sabeis muito bem; fizestes sempre assim?

– Sim, esqueci-me, negligenciei de não me buscar em nada".

"É preciso ser mortificada quando toca a campainha, quando batem à nossa porta e não fazer sequer um ponto antes de responder. Pratiquei isso, e vos garanto que é uma fonte de paz".

Depois desse parecer, quando a ocasião se apresentou, perturbei-me logo. Um dia, durante sua doença, ela deu testemunho e me disse:

"No momento da morte, sereis muito feliz por encontrar isso! Acabais de fazer uma ação mais gloriosa do que se, por caminhos hábeis, tivésseis obtido a benevolência do governo das comunidades religiosas e que toda a França vos aclamasse como Judite!"

Interrogada sobre sua maneira de santificar as refeições, ela respondeu:

"No refeitório, temos somente uma coisa a fazer: executar esta ação tão baixa com pensamentos elevados. Confesso-vos que, muitas vezes, é no refeitório que me vêm as mais doces aspirações de amor. Algumas vezes, sou forçada a me deter, sonhando que, se Nosso Senhor estivesse em meu lugar, diante dos alimentos que me são servidos, Ele os tomaria com certeza... É muito provável que, durante sua vida mortal, Ele tenha degustado os mesmos alimentos. *Ele comia pão, frutas...*

"Eis minhas regrinhas infantis:

"Imagino estar em Nazaré, na casa da Sagrada Família. Se me servirem, por exemplo, *salada, peixe frio, vinho ou alguma outra coisa de sabor forte, eu o ofereço ao bom São José. À Santíssima Virgem dou as porções quentes, os frutos bem maduros etc.; e os alimentos dos dias de festa, particularmente massas, arroz, frutas em calda, eu os ofereço ao Menino Jesus.* Enfim, quando me trazem uma janta ruim, digo alegremente: *Hoje, filhinha, tudo isso é para ti!*"

Assim, ela nos escondia sua mortificação sob aparências graciosas. Entretanto, num dia de jejum, quando nossa Reverenda Madre havia-lhe imposto um alívio, surpreendi-a temperando com absinto esta doçura muito a seu gosto.

Em outra ocasião, vi-a beber lentamente um remédio abominável.

"Ora, apressai-vos, disse-lhe eu, bebei isso de uma vez!

– Oh! não; não será necessário que eu aproveite as pequenas ocasiões que encontro para me mortificar um pouco, já que me foi proibido buscar as grandes?"

Foi assim que, durante seu noviciado – soube-o nos últimos meses de sua vida –, uma de nossas irmãs, querendo reatar seu escapulário, atravessou-lhe ao mesmo tempo o ombro com seu grande alfinete, sofrimento que ela suportou por horas com alegria.

Noutra ocasião, deu-me uma prova de sua mortificação interior. Eu havia recebido uma carta muito interessante que foi lida no recreio em sua ausência. À noite, manifestou-me o desejo de lê-la pessoalmente e eu lha dei. Algum tempo depois, quando ela me devolveu a carta, pedi-lhe que me dissesse sua opinião a respeito de uma coisa que, particularmente, devia tê-la encantado. Ela me pareceu constrangida e, por fim, me respondeu:

"O bom Deus pediu-me um sacrifício, por causa do zelo que testemunhei no outro dia; eu não a li..."

Falei-lhe das mortificações dos santos, ela me respondeu: "Nosso Senhor fez muito bem em nos prevenir *que na casa de meu pai há muitas moradas. Se assim não fosse, eu vo-lo teria dito* (Jo 14,2)... Sim, se todas as almas chamadas à perfeição, para entrar no céu, tivessem de praticar essas macerações, Ele no-lo teria dito, e nós no-las teríamos imposto de muito boa vontade. Mas, Ele nos anuncia *que há muitas moradas na casa*. Se há aquelas das grandes almas, aquelas dos Padres do deserto e dos mártires da penitência, deve haver também a das criancinhas. Nosso lugar está guardado lá, se nós o amarmos muito, a Ele e a nosso Pai e ao Espírito de amor".

"Outrora, no mundo, ao acordar de manhã, pensava no que provavelmente deveria acontecer-me de feliz ou de desagradável durante o dia; e se previsse somente enfados, levantava-me triste. Hoje, é totalmente o contrário, penso nas aflições, nos sofrimentos que me esperam; e me levanto muito mais alegre e cheia de coragem, quando prevejo mais ocasiões de testemunhar meu amor a Jesus e ganhar a vida de minhas filhas, já que sou mãe das almas. A seguir, beijo meu crucifixo, coloco-o delicadamente sobre o travesseiro por todo o tempo em que me visto e lhe digo:

"Meu Jesus, trabalhastes bastante, chorastes bastante durante os trinta e três anos de vossa vida sobre esta pobre terra! Descansai, hoje... É minha vez de combater e de sofrer".

Um dia de lavação, dirigia-me à lavanderia sem me apressar, olhando de passagem as flores do jardim. Irmã Teresa do Menino Jesus também ia para lá, andando rapidamente. Ela me passou logo e me disse:

"É assim que andamos quando temos crianças a alimentar e somos obrigadas a trabalhar para fazê-las viver?"

"Sabeis quais são os meus domingos e dias de festa?... São os dias em que o bom Deus mais me prova".

Eu me angustiava com minha falta de coragem, e minha querida irmãzinha me disse:

"Você se lastima por aquilo que deveria causar-lhe a maior felicidade. Onde estaria seu mérito se devesse combater somente quando sentisse coragem? Que importa que não a tenha, contanto que agisse como se a tivesse! Se você estivesse demasiado indolente para reunir uma ponta de fio e apesar disso o fizesse por amor a Jesus, você teria mais mérito do que se realizasse uma ação muito mais considerável num momento de fervor. Em vez de se entristecer, alegre-se, pois ao ver que deixando sentir sua fraqueza, o bom Jesus oferece-lhe a ocasião de salvar-lhe um maior número de almas!"

Perguntei-lhe se Nosso Senhor não estaria descontente comigo ao ver todas as minhas misérias. Ela me respondeu:

"Tranquilize-se, Aquele que você tomou por Esposo tem, certamente, todas as perfeições desejáveis; mas, ouso dizê-lo, Ele tem, ao mesmo tempo, uma grande imperfeição: *Ele é cego*! E há uma ciência que ele não conhece: é o cálculo. Essas duas grandes faltas, que seriam lacunas lamentáveis num esposo mortal, tornam o nosso infinitamente amável.

"Se fosse necessário que Ele visse claro e que Ele soubesse calcular, você crê que, diante de todos os nossos pecados, Ele nos faria entrar no nada? Simplesmente não, seu amor por nós o torna positivamente cego!

"Antes veja: Se o maior pecador da terra, no momento de sua morte, se arrepende de suas ofensas, expira num ato de amor, imediatamente, sem calcular, por um lado, as numerosas graças de que esse infeliz abusou, por outro, todos os seus crimes, Ele não vê mais, Ele só conta sua última oração, e o recebe, sem tardar, nos braços de sua misericórdia.

"Mas, para torná-lo tão cego e impedir-lhe de fazer o menor acréscimo, é preciso saber tomá-lo pelo coração: está ali seu lado fraco..."

Causei-lhe uma aflição, e fui pedir-lhe perdão. Ela pareceu-me muito emocionada e me disse:

"Se soubesse o que sinto! Nunca compreendi tão bem o amor com que Jesus nos recebe quando lhe pedimos perdão após uma falta! Se eu, sua pobre criaturinha, senti tanta ternura por você no momento em que você se encontrou comigo, o que deverá se passar no coração do bom Deus quando voltamos para Ele!... Sim, certamente, muito mais rapidamente do que eu faço, Ele esquecerá todas as nossas iniquidades para nunca mais lembrar-se delas... E fará até mais: amar-nos-á muito mais do que antes de nossa falta.!..."

Eu tinha um pavor extremo dos juízos de Deus; e, apesar de tudo o que ela podia me dizer, nada me dissipava o pavor. Um dia, coloquei-lhe a seguinte objeção: "Repetem-nos sem cessar que Deus encontra manchas em seus anjos, como quereis que eu não trema?" Ele me respondeu:

"Há um único meio para forçar o bom Deus a simplesmente não nos julgar, é apresentar-se diante dele de mãos vazias.

– Como assim?

– É muito simples: não faça nenhuma reserva, entregue-se totalmente e há de conquistá-lo. Quanto a mim, se eu viver até os oitenta anos, serei sempre muito pobre; não sei fazer economias: tudo o que tenho, gasto-o logo para comprar almas.

"Se eu esperar o momento da morte para apresentar-lhe minhas moedinhas e as fizer julgar por seu justo valor, Nosso Senhor não deixará de nelas encontrar mistura que, certamente, irei pagar no purgatório.

"Não se narra que grandes santos, chegando ao tribunal de Deus com as mãos carregadas de méritos, por vezes, vão para o lugar da expiação, porque toda a justiça está manchada aos olhos do Senhor?

– Mas, retruquei-lhe, se Deus não julga nossas boas ações, julgará as más, e então?

– Que está a dizer? Nosso Senhor é a própria Justiça; se Ele não julga nossas boas ações, não julgará as más. Para as vítimas do amor, creio que não haverá julgamento; mas antes, que o bom Deus apressar-se-á a recompensar, com delícias eternas, seu próprio amor que Ele verá queimar em seu coração.

– Para gozar desse privilégio, credes que basta fazer o ato de oferecimento que haveis composto?

– Oh! não, as palavras não bastam... Para verdadeiramente ser vítima do amor é preciso entregar-se totalmente. *Somos consumidos pelo amor tanto quanto nos entregamos ao amor*".

Arrependi-me amargamente de uma falta que havia cometido. Ela me disse:

"Tome seu crucifixo e beije-o".

Beijei-lhe os pés.

"É assim que uma criança abraça seu Pai? Rapidamente, passe suas mãos pelo seu pescoço e beije-lhe o rosto..."

Obedeci.

"Isso não é tudo, é preciso fazer-se acarinhar".

E tive de colocar o crucifixo sobre cada uma de minhas faces; então, ela me disse:

"Está bem, agora tudo está perdoado!"

"Quando alguém me censura, dizia-lhe, prefiro tê-la merecido do que ser acusada injustamente.

– Eu, prefiro ser acusada injustamente, porque nada tenho a me censurar, e ofereço isso ao bom Deus com alegria; a seguir, humilho-me só em pensar que serei bem capaz de fazer aquilo de que me acusam.

"Quanto mais avançardes, menos combates tereis, ou antes, vencê-los-eis com mais facilidade, porque vereis o lado bom das coisas. Então, vossa alma elevar-se-á acima das criaturas. Tudo o que podem dizer-me agora, deixa-me absolutamente indiferente, porque compreendi a pouca solidez dos julgamentos humanos.

"Quando somos incompreendidas e julgadas desfavoravelmente, acrescentou ela, para que serve defender-se? Deixemos isso, não digamos nada, é tão doce deixar-se julgar, não importa como! No Evangelho, simplesmente não se diz que Santa Madalena se tenha explicado, quando sua irmã a acusava de estar aos pés de Jesus sem fazer nada. Ela não disse: 'Marta, se soubesses a felicidade de que gozo, se tu ouvisses as palavras que eu ouço, tu também deixarias tudo para participar de minha alegria e do meu repouso'. Não, ela preferiu calar-se... Ó bem-aventurado silêncio que tanta paz dá à alma!"

Num momento de tentação e de combate, recebi dela este bilhete:

"*Que o justo me bata por compaixão pelo pecador! Que o óleo com o qual perfumam a cabeça não amoleça a minha* (Sl 140,5). Não posso ser batida, provada senão por justos, já que todas as minhas irmãs são agradáveis a Deus. É menos amargo ser batido por um pecador do que por um justo; mas, *por compaixão pelos pecadores*, para obter sua conversão, peço-vos, ó meu Deus, ser batida pelas almas justas que me cercam. Peço-vos ainda *que o óleo dos louvores*, tão doce à natureza, *não amoleça minha cabeça*, isto é, meu espírito, fazendo-me crer que possuo virtudes que apenas pratiquei algumas vezes.

Ó meu Jesus, *vosso nome é como o óleo derramado* (Ct 1,2); é neste perfume divino que quero lançar-me inteiramente, longe do olhar das criaturas".

"Querer persuadir nossas irmãs de que elas estão no erro, mesmo quando isso é perfeitamente verdade, não é absolutamente um bom combate, pois não somos encarregadas de suas condutas. Não é necessário que sejamos *juízes de paz*, mas somente *anjos de paz*".

"Vocês se entregam demais ao que fazem, dizia-nos ela, vocês se preocupam demais com suas ocupações, como se a responsabilidade fosse somente sua. Neste momento, ocupam-se com o que se passa nos outros Carmelos? Se as religiosas estão apertadas ou não? Seus trabalhos impedem-nas de rezar, de fazer a oração? Pois bem, devem exilar-se até de sua necessidade pessoal, empregar ali conscientemente o tempo prescrito, mas com desapego do coração.

"Outrora li que os Israelitas construíram os muros de Jerusalém trabalhando com uma mão e tendo uma espada na outra (Ne 4,17). É esta a imagem perfeita do que nós devemos fazer: com efeito, trabalhar só com uma mão, e com a outra defender nossa alma da dissipação que a impede de unir-se ao bom Deus".

"Um domingo, narra Teresa, dirigia-me toda feliz para a alameda dos castanheiros; era a primavera, eu queria gozar as belezas da natureza. Mas ai! decepção cruel! Haviam podado meus queridos castanheiros. Os ramos, já carregados de botões verdejantes, estavam lá, estirados por terra! Vendo este desastre, pensando que me seria necessário esperar três anos antes de vê-lo reparado, meu coração comprimiu-se fortemente. Todavia, minha angústia durou pouco: 'Se eu estivesse em outro mosteiro, pensei, o que me aconteceria se cortassem totalmente os castanheiros do Carmelo de Lisieux?' Não quis mais afligir-me com coisas passageiras; meu Amado tomaria o lugar de tudo. Quero passear incessantemente pelos bosques do seu amor; a estes ninguém pode tocar".

Alameda dos castanheiros no jardim do Carmelo de Lisieux.

(A pequena carruagem que se vê, depois de ter servido ao pai de Irmã Teresa do Menino Jesus, durante seus anos de enfermidade, foi doada ao Carmelo. Nesta carruagem, a Serva de Deus, doente, e instalada neste mesmo lugar, escreveu as últimas páginas de sua "Vida".)

Uma noviça pedia a várias irmãs que a ajudassem a sacudir cobertores, e pedia-lhes, um pouco vivamente, que cuidassem para não rasgá-los, pois estavam um tanto usados. Irmã Teresa do Menino Jesus disse:

"O que você faria se não estivesse encarregada de consertar estes cobertores?... Como agiria com desprendimento de espírito! E, se fizesse notar que eles se rasgariam facilmente, como seria sem apego! Assim, que em todas as suas ações nunca perpasse a mais ligeira sombra de interesse pessoal".

Vendo uma de nossas irmãs muito fatigada, eu disse à minha Irmã Teresa do Menino Jesus: "Não gosto de ver sofrer, sobretudo as almas santas". Ela respondeu logo:

"Oh, não sou como você! Os santos que sofrem nunca me causam piedade! Sei que eles têm a força de suportar seus sofrimentos, e que assim dão uma grande glória ao bom Deus; mas os que não são santos, que não sabem aproveitar seus sofrimentos, oh! como os lastimo! destes eu tenho piedade! Faria tudo para consolá-los e sustentá-los".

"Se eu devesse viver mais, o cargo de enfermeira seria o que mais me agradaria. Não gostaria de pedi-lo, mas se ele me viesse diretamente da obediência, considerar-me-ia muito privilegiada. Creio que o executaria com um amor terno, pensando sempre naquilo que disse Nosso Senhor: *'Eu estava doente e vós me visitastes'* (Mt 25,36). O sino da enfermaria deveria ser para vocês uma melodia celeste. Ele deveria deslizar expressamente sob as janelas das doentes para dar-lhes a facilidade de chamá-las e pedir-lhes serviços. Não devem considerar-se como uma pequena escrava, à qual todos têm o direito de ordenar? Se olharem os Anjos que, do alto do céu, as veem combater na arena! Eles aguardam o fim da luta para cobri-las de flores e de coroas. Sabem que pretendemos ser *pequenos mártires*: para ganharmos nossas palmas!

"O bom Deus não despreza tais combates ignorados e, por isso, mais meritórios: *'O homem paciente vale mais do que o homem forte, e aquele que domina seu ânimo vale mais do que aquele que conquista cidades'* (Pr 16,32).

"Por meio de nossos pequenos atos de caridade praticados na sombra, convertemos ao longe as almas, ajudamos os missionários, atraímos-lhes grandes esmolas; e, com isso, construímos verdadeiras moradas espirituais e materiais a Jesus-Hóstia".

Havia visto nossa Madre falar de preferência a uma de nossas irmãs e dedicar-lhe, assim me parecia, mais confiança e afeição do que a mim. Narrei meu sofrimento à Irmã Teresa do Menino Jesus, crendo receber simpática compaixão, quando, para minha grande surpresa, ela me disse:

"Você crê que ama bastante nossa Madre?

– Certamente! Se eu não a amasse, ser-me-ia indiferente vê-la preferir as outras a mim.

– Pois bem, vou provar-lhe que você está absolutamente enganada: não é nossa Madre que você ama; você ama a si mesma.

"Quando realmente amamos, alegramo-nos com a felicidade da pessoa amada, fazemos todos os sacrifícios para deixá-la feliz. Portanto, se você tivesse este amor verdadeiro e desinteressado, se você amasse nossa Madre por ela mesma, você se alegraria por vê-la encontrar prazer às suas custas; e, visto que você pensa que ela tem menos satisfação de falar com você do que com uma outra, você não deveria ter pena já que lhe parece ser deixada de lado".

Em me angustiava por minhas numerosas distrações na oração:

"Eu também tenho muitas, disse-me ela, mas logo que percebo isso rezo pelas pessoas que me ocupam a imaginação e, assim, elas se beneficiam de minhas distrações.

"... Eu aceito tudo por amor ao bom Deus, mesmo os pensamentos mais extravagantes que me veem à mente".

Foi-me pedido um alfinete que me era muito cômodo, e eu o neguei. Ela me disse então:

"Oh, como você é rica! Você não pode ser feliz!"

Estando encarregada do eremitério do Menino Jesus, e sabendo que os perfumes incomodavam uma de nossas Madres, ela sempre se privou de pôr flores cheirosas, mesmo uma pequena violeta, o que foi motivo de verdadeiros sacrifícios.

Um dia em que ela acabava de colocar uma bela rosa artificial ao pé da estátua, nossa boa Madre a chamou. Irmã Teresa do Menino Jesus, suspeitando que era para lhe fazer tirar a rosa, e não querendo humilhá-la, tomou a flor e, antecipando-se a qualquer reflexão, disse-lhe:

"Vede, minha Madre, como hoje imitam bem a natureza. Não se diria que esta rosa acaba de ser colhida no jardim?"

Um dia ela disse:

"Há momentos em que estamos tão mal *em nós*, em nosso interior, que é preciso apressar-nos a sair disso. O bom Deus não nos obriga, então, a permanecer em nossa companhia. Muitas vezes até, permite que ela nos seja desagradável, para que a deixemos. E eu não vejo outro meio de sair *de si* do que ir fazer uma visita a Jesus e a Maria, recorrendo a obras de caridade".

"O que me faz bem, quando me represento o interior da Sagrada Família, é pensar numa vida totalmente ordinária.

"A Santíssima Virgem e São José sabiam muito bem que Jesus era Deus. Grandes maravilhas, porém, eram-lhes escondidas e, como nós, eles viviam da fé. Vocês não notaram esta palavra do texto sagrado: *'Eles não compreenderam o que Ele lhes dizia'* (Lc 2,50), e esta outra, não menos misteriosa: *'Seu pai e sua mãe estavam admirados das coisas que dele se diziam?'*

(Lc 2,33). Não seria o caso de crer que eles sabiam de alguma coisa? Porque esta admiração supõe um certo espanto".

"Na Sexta, há um versículo que pronuncio todos os dias contra a vontade. É este: *'Inclinavi cor meum ad faciendas justificationes tuas in aeternum, propter retributionem'*[51].

"Interiormente apresso-me a dizer: 'Ó meu Jesus, sabeis bem que não é pela recompensa que vos sirvo; mas unicamente porque vos amo e para salvar almas'".

"Somente no céu veremos a verdade absoluta em todas as coisas. Na terra, mesmo na Sagrada Escritura, existe o lado obscuro e tenebroso. Aflijo-me ao ver a diferença das traduções. Se tivesse sido sacerdote, teria aprendido o hebraico, a fim de poder ler a palavra de Deus como Ele se dignou expressá-la em linguagem humana".

Muitas vezes ela me falava de um jogo bem conhecido, com o qual ela se divertia em sua infância. Era um caleidoscópio, uma espécie de pequeno binóculo, na extremidade do qual percebiam-se belos desenhos de diversas cores; girando-se o instrumento, os desenhos variam indefinidamente.

"Este objeto, dizia-me ela, causava-me admiração, e eu me perguntava o que podia produzir tão encantador fenômeno; foi quando, após um apurado exame, vi que eram simplesmente alguns pequenos pedaços de papel e de lã lançados cá e lá e cortados, não importa como. Continuei minhas pesquisas e percebi três vidros no interior do tubo. Eu tinha a chave do problema.

"Isso foi para mim a imagem de um grande mistério: Enquanto nossas ações, mesmo as menores, não saem do fogo do amor, a Santíssima

---

51. Inclinei meu coração à observância de vossos preceitos, por causa da recompensa.

Trindade, representada pelos três vidros, dá-lhes um reflexo e uma beleza admiráveis. Olhando-nos através da pequena luneta, isto é, como através de si mesmo, Jesus acha nossos caminhos sempre belos. Mas se sairmos do centro inefável do amor, o que verá Ele? Pedaços de palha... ações manchadas e de nenhum valor".

Um dia contei à Irmã Teresa do Menino Jesus os fenômenos estranhos produzidos pelo magnetismo sobre as pessoas que querem repor sua vontade ao magnetizador. Estes detalhes pareceram interessá-la muito e, no dia seguinte, ela me disse:

"Como sua conversa de ontem me fez bem! *Oh! como gostaria de me fazer magnetizar por Nosso Senhor!* Foi o primeiro pensamento que me veio ao acordar. Com que doçura entreguei-lhe minha vontade! Sim, quero que Ele se apose de minhas faculdades, de maneira que eu não faça mais ações humanas e pessoais, mas ações totalmente divinas, inspiradas e dirigidas pelo Espírito de amor".

Antes de minha profissão, recebi através de minha santa Mestra uma graça muito particular. Nós havíamos lavado o dia todo e eu estava quebrada de fadiga, esmagada por sofrimentos interiores. À noite, antes da oração, quis dizer-lhe duas palavras, mas ela me respondeu:

"A oração chama, eu não tenho tempo de consolá-la; aliás, vejo claramente que eu assumiria um sofrimento inútil; no momento, o bom Deus quer que você sofra sozinha".

Segui-a na oração, num tal estado de desânimo que, pela primeira vez, duvidei de minha vocação. "Jamais terei a força de ser carmelita, dizia-me, é uma vida demasiadamente dura para mim!"

Estava ajoelhada há alguns minutos, neste combate e tristes pensamentos, quando, de repente, sem ter rezado, sem mesmo ter desejado a paz, senti em minha alma uma mudança súbita, extraordinária; eu já não me reconhecia. Minha vocação pareceu-me bela, amável; vi os encantos, o preço do sofrimento. Todas as privações e as fadigas da vida religiosa pareceram-me infinitamente preferíveis às satisfações mundanas; enfim, saí da oração absolutamente transformada.

No dia seguinte, contei à minha Irmã Teresa do Menino Jesus o que se passara na véspera; e como ela parecia muito comovida, eu quis saber a causa.

"Ah! como Deus é bom!, disse-me ela então. Ontem à noite você me causava tão profunda piedade que simplesmente não cessei, no começo da oração, de rezar por você, pedindo a Nosso Senhor que a consolasse, que mudasse sua alma e lhe mostrasse o preço dos sofrimentos. Ele me atendeu!"

Como sou filha de personalidade, o pequeno Jesus inspirou-me, para ajudar-me a praticar a virtude, *que me divertisse com Ele*. Escolhi o *jogo de malhas*. Eu mas representei de todos os tamanhos e de todas as cores, a fim de personificar as almas que eu queria atender. A bola do jogo era *meu amor*.

No mês de dezembro de 1896, as noviças receberam, em prol das missões, diferentes bibelôs para sua árvore de Natal. E eis que, por acaso, no fundo da caixa encantada estava um objeto bastante raro no Carmelo: *um pião*. Minhas companheiras disseram: "Que feio! Para que serve isso?" Eu, que conhecia bem o jogo, agarrei o pião exclamando: "Mas é muito divertido! Mediante bons impulsos, isso poderia andar um dia inteiro sem parar!" E, a propósito disso, obriguei-me a dar-lhes um exemplo que as deixou admiradas.

Irmã Teresa do Menino Jesus observava-me sem nada dizer, e, no dia do Natal, depois da missa da meia-noite, encontrei em nossa cela *o famoso pião* com esta pequena carta, cujo envelope trazia como endereço:

À minha pequena esposa querida,
JOGADORA DE MALHAS sobre a Montanha do Carmelo,

Noite de Natal de 1896.

Minha pequena esposa querida,

"Ah! como estou contente contigo! O ano todo tu me divertiste muito *jogando malhas*. Tive muito prazer que o coro dos anjos surpreendeu-se e se encantou com isso. Muitos pequenos querubins perguntaram-me por que não os fiz crianças; outros quiseram saber se a melodia de seus instrumentos não me era mais agradável do que teu riso alegre, quando tu fizeste cair *uma malha* com *a bola de teu amor*. Respondi a todos que eles não deviam queixar-se de não serem crianças, porque um dia eles poderiam jogar contigo nos prados do céu; disse-lhes que, certamente, teu sorriso não era mais doce do que suas melodias, porque tu não podias jogar e sorrir a não ser sofrendo e esquecendo-te de ti mesma.

Minha pequena esposa amada, tenho algo a te pedir. Vais me recusar?... Oh! não, tu me amas muito para isso. Pois bem, gostaria de mudar o jogo: *as malhas divertem-me muito, mas agora gostaria de jogar o pião*; e, se quiseres, tu serás meu pião. Dou-te um por modelo; tu queres que ele não tenha encantos exteriores, quem não souber servir-se dele jogá-lo-á de pé; mas uma criança que o percebe saltará de alegria e dirá: *Ah! como é divertido! isso pode andar o dia todo sem parar!...*

Eu, o pequeno Jesus, eu te amo, mesmo que tu sejas sem encantos, e eu te suplico que andes sempre para me divertir. Mas, para fazer girar o pião são necessários *impulsos*! Pois bem, deixa que tuas irmãs te prestem esse serviço, e sê reconhecida a elas, que serão as mais assíduas para acelerar tua marcha... Quando eu me tiver divertido bastante contigo, levar-te-ei para o alto e nós poderemos jogar sem sofrer".

Teu irmãozinho,
Jesus.

Eu tinha o hábito de chorar continuamente e por nada, o que lhe causava um sofrimento muito grande.

Um dia, veio-lhe uma ideia luminosa: tomando em sua mesa de pintura uma concha de molde, e segurando-me a mão para obrigar-me a não enxugar os olhos, ela se pôs a recolher minhas lágrimas nessa concha. Em vez de continuar a chorar, não pude reprimir meu riso.

"Vamos, disse-me ela, doravante permito-lhe chorar quanto quiser, contanto que seja na concha".

Ora, oito dias antes de sua morte, eu havia chorado uma noite inteira pensando na proximidade de sua partida. Ela percebeu isso e me disse:

"Você chorou. – *Foi na concha?*"

Eu não podia mentir... e minha confissão a entristeceu. Ela retrucou:

"Eu vou morrer, e eu não estarei tranquila por sua conta, se não me prometer seguir fielmente minha recomendação. Dou uma importância capital à sua alma".

Dei minha palavra, pedindo, porém, como uma graça, a permissão de chorar livremente sua morte.

"Por que chorar minha morte? Eis lágrimas muito inúteis. Você chora minha felicidade! Contudo, tenho piedade de sua fraqueza e lhe permito chorar os últimos dias. Mas, depois disso, é preciso retomar a concha".

Devo dizer que fui fiel, embora isso me tenha custado esforços heroicos.

Quando queria chorar, armava-me corajosamente do impiedoso instrumento; mas, qualquer necessidade que eu tivesse, o cuidado que eu devia tomar para correr de um olho ao outro distraía meu pensamento do sujeito de meu sofrimento, e tal engenhoso meio não tardou a me curar inteiramente de minha exagerada sensibilidade.

Eu queria privar-me da Sagrada Comunhão por uma infidelidade que lhe havia causado muito sofrimento, mas da qual eu me arrependera amargamente. Escrevi-lhe minha resolução; eis o bilhete que ela me enviou:

"Florzinha querida de Jesus, para a humilhação de sua alma basta que suas raízes comam terra... é preciso entreabrir, ou, antes, elevar bem alto sua corola, a fim de que, como um orvalho divino, o Pão dos Anjos venha fortificá-la e dar-lhe tudo o que lhe falta.

Boa-noite, pobre florzinha, peça a Jesus que todas as orações que são feitas por minha cura sirvam para aumentar o fogo que deve me consumir".

"No momento de comungar, por vezes represento minha alma sob a figura de uma criancinha de três ou quatro anos que, de tanto brincar, tem os cabelos e a roupa suja e em desordem. – Estas infelicidades me aconteceram ao lutar com as almas. – Mas logo a Virgem Maria acorre ao meu redor. Muito depressa ela retira meu avental todo sujo, prende meus cabelos e os orna com uma bela fita ou, simplesmente, com uma florzinha... e isso basta para me tornar graciosa e fazer-me sentar sem ficar vermelha no banquete dos anjos".

Na enfermaria, nós esperávamos apenas que sua ação de graças tivesse terminado para lhe falar e pedir-lhe seus conselhos. A princípio, ela se entristecia e nos dirigia doces censuras. Depois, logo nos deixava agir, dizendo:

"Pensei que eu não devia desejar mais repouso do que Nosso Senhor. Quando Ele fugia para o deserto após suas pregações, o povo vinha logo perturbar sua solidão. Aproximem-se de mim quanto quiserem. Devo morrer com as armas na mão, *tendo na boca a espada do espírito que é a palavra de Deus*" (Ef 6,17).

"Dê-nos um conselho para nossas direções espirituais. Como devemos fazê-las?

– Com uma grande simplicidade, sem contar demais com um socorro que pode lhes faltar no primeiro momento. Rapidamente, vocês seriam forçadas a dizer com a esposa dos Cânticos: *'Os guardas tiraram-me o meu manto e feriram-me; e mal os tinha ultrapassado, encontrei aquele a quem ama a minha alma!'* (Ct 5,7; 3,4). Se humildemente e sem apego perguntarem onde está seu Amado, os guardas lho indicarão. Todavia, com mais frequência, só encontrarão Jesus depois de ultrapassar todas as criaturas. Quantas vezes, de minha parte, não repeti esta estrofe do Cântico espiritual:

> Não queiras mais enviar-me
> Doravante mensageiro algum,
> Pois não sabem dizer-me o que desejo.

> E todos os que de vós se ocupam,
> Falam-me sempre de vossas mil graças,
> E todos me ferem mais ainda;
> E sobretudo o que me faz morrer
> É um "não sei quê", que eles balbuciam"[52].

"Se, embora impossível, o próprio bom Deus não visse minhas boas ações, não ficaria aflita com isso. Eu o amo tanto que quereria poder causar-lhe prazer sem que Ele saiba que sou eu. Sabendo e vendo, Ele está como que obrigado a retribuir-me... e não quereria dar-lhe esse sofrimento".

"Se tivesse sido rica, não teria podido ver um pobre com fome sem dar-lhe de comer. Faço assim na minha vida espiritual: à medida que ganho alguma coisa, sei que almas estão a ponto de cair no inferno, então dou-lhes meus tesouros e ainda não encontrei um momento para me dizer: 'Agora vou trabalhar por mim'".

"Há pessoas que tomam tudo de maneira a sofrer mais; comigo dá-se o contrário: vejo sempre o lado bom das coisas. Se eu só tiver sofrimento puro, sem melhora alguma, pois bem, faço disso minha alegria".

"Agradou-me sempre aquilo que o bom Deus me deu, mesmo as coisas que me pareciam menos boas e menos belas do que as de outras".

---

52. *São João da Cruz*, Cântico espiritual, 6-7.

"Quando eu era pequenininha, na casa de minha tia, puseram-me um belo livro entre as mãos. Lendo uma história, vi que louvavam bastante uma mestra de internato porque ela sabia livrar-se dos encargos sem ferir ninguém. Anotei sobretudo esta frase: 'Ela dizia a esta: Você está certa; àquela: Você tem razão'; e lendo, eu pensava: 'Oh, eu não teria feito assim, é preciso dizer sempre a verdade'.

E hoje eu a digo sempre. É verdade que tenho bem mais sofrimento, porque, quando alguém vem contar-me um problema, seria tão fácil colocar o erro sobre os ausentes; imediatamente, aquela que se queixa seria apaziguada. Sim, mas... eu faço totalmente o contrário. Se não sou amada, tanto pior! Que não venham procurar-me se não querem saber a verdade".

"Para que uma reprimenda traga fruto é preciso que custe fazê-la; e é preciso fazê-la sem sombra de paixão no coração.

"Não é preciso que a bondade degenere em fraqueza. Quando se admoesta com justiça é preciso permanecer firme e não se deixar enternecer a ponto de se perturbar por haver feito sofrer. Correr atrás da aflita para consolá-la é fazer-lhe mais mal do que bem. Deixá-la entregue a si mesma é forçá-la a não esperar nada do lado humano, a recorrer ao bom Deus, a ver seus erros, a humilhar-se. Caso contrário, ela habituar-se-á a ser consolada após uma censura merecida, e agiria como uma criança mimada que sapateia e grita, sabendo perfeitamente que fará voltar sua mãe para enxugar-lhe as lágrimas".

"Que a espada do espírito que é a palavra de Deus permaneça continuamente em vossa boca e em vossos corações" (Ef 6,17). "Se encontrarmos uma alma desagradável, não nos aborreçamos, nem a abandonemos jamais. Tenhamos sempre *'a espada do espírito'* para repreendê-la de seus erros; nem deixemos passar as coisas para conservar nosso repouso; combatamos sem descanso, mesmo sem esperança de ganhar a batalha. Que importa o sucesso! Avante sempre, seja qual for a fadiga da luta. Não digamos: 'Nada obterei dessa alma, ela não compreende, deve ser abandonada!' Oh, isso seria covardia! É preciso cumprir seu dever até o fim".

"Antigamente, se alguém de minha família tinha dificuldade, e que no locutório eu não havia conseguido consolá-lo, eu saía com o coração aflito; mas logo Jesus me fez compreender de eu era incapaz de consolar uma alma. A partir desse dia, eu não sentia pesar quando alguém saía triste: eu confiava ao bom Deus os sofrimentos daqueles que me eram caros e sentia que fora ouvida. Eu me justificava no locutório seguinte. Depois dessa experiência, quando involuntariamente causo um desgosto, eu não me perturbo mais: simplesmente peço a Jesus que repare o que eu fiz".

"O que pensais de todas as graças com as quais fostes cumulada?
– Penso que *o Espírito de Deus sopra onde quer*" (Jo 3,8).

Ela dizia a sua Madre Priora:
"Minha Madre, se eu era infiel, se cometia somente a mais leve infidelidade, sinto que ela seria seguida de perturbações espantosas, e não poderia mais aceitar a morte".

E quando a Madre Priora manifestava sua surpresa ao ouvi-la usar tal linguagem, ela respondia:

"Falo de uma infidelidade de orgulho. Por exemplo, se eu dissesse: 'Adquiri tal ou tal virtude, posso praticá-la'; ou então: 'Ó meu Deus, amo-vos muito, vós o sabeis, para me deter diante de um só pensamento contra a fé'; imediatamente, sinto-o, eu seria assaltada pelas mais perigosas tentações e, então, sucumbiria com certeza.

"Para evitar esta infelicidade, não tenho senão que dizer, humildemente, do fundo do coração: Ó meu Deus, peço-vos, não permitais que eu seja infiel!"

"Compreendo muito bem que São Pedro tenha caído. Ele confiava demais no ardor de seus sentimentos em vez de apoiar-se unicamente na força divina. Tenho certeza de que se ele tivesse dito a Jesus: 'Senhor, dai-me a coragem de vos seguir até a morte', essa coragem não lhe teria sido recusada.

"Minha Madre, como pode ser que Nosso Senhor, sabendo o que iria acontecer, não lhe disse: 'Peça-me a força de cumprir o que tu queres'? Creio que seja para nos mostrar duas coisas: a primeira que Ele não ensinou nada mais a seus Apóstolos, com sua presença sensível, do que ensina a nós pelas boas inspirações de sua graça; a segunda que, destinando São Pedro para governar toda a Igreja, onde existem tantos pecadores, Ele queria que experimentasse por si mesmo o que pode o homem sem a ajuda de Deus. Foi por isso que, antes de sua queda, Jesus lhe disse: '*Tu, uma vez convertido, conforta os teus irmãos*' (Lc 22,32); isto é, conta-lhes a história de teu pecado, mostre-lhes, por tua própria experiência, quanto é necessário, para a salvação, apoiar-se unicamente em mim".

Eu tinha muita pena de vê-la doente e lhe repetia com frequência: "Oh! Como a vida é triste!" Mas ela me redarguia logo, dizendo:

"A vida não é triste!, Ao contrário, é alegre. Se você dissesse: 'O exílio é triste', eu a compreenderia. Erramos quando damos o nome de vida a algo que deve acabar. É somente às coisas do céu, ao que nunca deve morrer que devemos dar este verdadeiro nome; e, já que nos alegramos com ela a partir desse mundo, a vida não é triste, mas alegre, muito alegre!..."

Ela mesma era de uma alegria encantadora:

Durante vários dias, ela havia passado bem melhor, e nós lhe dizíamos: "Ainda não sabemos de que doença haveis de morrer...

– Mas eu morrerei *de morte*! O bom Deus não disse a Adão de que ele morreria?: '*Tu morrerás de morte!*' (Gn 2,17).

– Pois bem, é portanto a morte que virá buscar-vos!

– Não, não é a morte que virá buscar-me, é o bom Deus. A morte não é senão um fantasma, um espectro horrível, conforme é representada nos quadros. No catecismo está escrito que *a morte é a separação da alma e do corpo*, só isto! Pois bem, não tenho medo de uma separação que me reunirá para sempre ao bom Deus".

"O *ladrão divino* virá logo roubar seu cachinho de uvas?

– Percebo-o de longe e me abstenho de gritar: '*Ao ladrão!!!*' Ao contrário, chamo-o dizendo: '*Por aqui! por aqui!*"

Eu lhe dizia que os mais belos anjos, vestidos de vestes brancas, de rosto alegre e resplandecente, transportariam sua alma ao céu. Ela me respondeu:

"Todas estas imagens não me causam bem algum; só posso nutrir-me da verdade. Deus e os anjos são espíritos puros, ninguém pode vê-los com os olhos do corpo assim como são na realidade. Por isso, jamais desejei graças extraordinárias. Prefiro aguardar a visão eterna.

– Pedi ao bom Deus que me envie um belo sonho para consolar-me com sua partida.

– Ah! eis uma coisa que eu jamais teria feito! Pedir consolações!... Já que quer assemelhar-se a mim, sabe muito bem o que eu disse:

Oh! não temas, Senhor, que eu te acorde;
Eu aguardo em paz a margem do céu...

É tão doce servir ao bom Deus na noite e na provação, temos somente esta vida para viver de fé".

"Sou muito feliz de ir para o céu, mas quando penso na seguinte palavra do Senhor: *'Eis que venho logo, e a minha recompensa está comigo, para retribuir a cada um segundo as suas obras'* (Ap 22,12), digo-me que será muito difícil para mim: eu não tenho obras... Pois bem! Ele me retribuirá segundo as obras dele".

"Certamente, não tereis nem um minuto de purgatório, ou então, ninguém vai direto para o céu!

– Oh! não me preocupo com isso; estarei sempre contente com a sentença do bom Deus. Se eu for para o purgatório, pois bem! passearei no meio das chamas, como os três hebreus na fornalha, cantando o cântico do amor".

"No céu, sereis colocada entre os serafins.

– Se for assim, eu não os imitarei; *todos se cobrem com suas asas* à vista de Deus, *eu me absterei de cobrir-me com minhas asas!*"

Mostrei-lhe uma fotografia representando Joana d'Arc consolada na prisão por suas vozes. Ela me disse:

"Eu também sou consolada por uma voz interior. Do alto, os santos me encorajam e me dizem: 'Enquanto tu estiveres nos ferros, tu não podes cumprir tua missão; mais tarde, porém, após tua morte, virá o tempo de tuas conquistas'".

"No céu, o bom Deus fará todas as minhas vontades, porque jamais fiz minha vontade na terra".

"No alto do céu, olhareis para nós, não é?
– Não, *descerei*".

Citemos ainda este tocante trecho:
Alguns meses antes da morte de Irmã Teresa do Menino Jesus, líamos no refeitório a vida de São Luís Gonzaga, e uma de nossas boas Madres foi tomada pela afeição tocante e recíproca do jovem santo e do venerável religioso da Companhia de Jesus, o Pe. Corbinelli.

"Vós sois o Luizinho, disse ela à nossa santa irmãzinha, e eu sou o velho Pe. Corbinelli; quando estiver no céu, lembre-se de mim.
– Minha Madre, quereis que eu venha buscá-la logo?
– Não, ainda não sofri suficientemente.
– Ó minha Madre, digo-vos que já sofreu bastante".
E a Madre Hermance do Coração de Jesus respondeu:

"Ainda não ouso dizer-vos sim... Para uma coisa tão grave, devo ter a aprovação da autoridade".

Com efeito, o pedido foi dirigido à Madre Priora; e, sem dar-lhe importância, ela deu uma resposta afirmativa.

Ora, num dos últimos dias de sua vida, quase não podendo mais falar em razão de sua grande fraqueza, Irmã Teresa do Menino Jesus recebeu, por intermédio da enfermeira, um buquê de flores colhidas por nossa querida Madre, com o insistente pedido de transmitir-lhe a seguir, como agradecimento, uma única palavra de afeição. Eis qual foi essa palavra:

"Digam à Madre do Coração de Jesus que nesta manhã, durante a missa, vi o túmulo do Pe. Corbinelli muito perto daquele do Luizinho.

– Está bem, respondeu muito comovida nossa boa Madre, digam à Irmã Teresa do Menino Jesus que compreendi..."

A partir desse momento, ela ficou convencida de sua morte próxima, que, de fato, chegou um ano depois.

E, segundo a predição do *Luizinho, o túmulo do Pe. Corbinelli encontra-se muito perto do seu.*

Túmulo de Irmã Teresa do Menino Jesus.
(Cemitério da cidade de Lisieux)
Tenho certeza de não permanecer inativa no Céu: meu desejo é de trabalhar mais pela Igreja e pelas almas; é o que peço a Deus e estou certa de que me ouvirá.

Ato de oferecimento de mim mesma como vítima de holocausto ao Amor misericordioso do bom Deus

Este escrito foi encontrado, após a morte de Irmã Teresa do Menino Jesus, no livro dos santos evangelhos, que ela carregava dia e noite sobre seu coração.

Ó meu Deus, Trindade bendita, desejo amar-vos e fazer que vos amem, trabalhar pela glorificação da santa Igreja, salvando as almas que estão na terra e libertando aquelas que sofrem no Purgatório. Desejo cumprir perfeitamente vossa vontade e chegar ao grau de glória que me haveis preparado no vosso reino; numa palavra, desejo ser Santa, mas sinto minha impotência e vos peço, ó meu Deus, sede vós mesmo minha Santidade.

Já que me amastes a ponto de me dar vosso Filho único para ser meu Salvador e meu Esposo, são meus os tesouros infinitos de seus méritos; vo-los ofereço com prazer, suplicando-vos que não olheis para mim senão através da Face de Jesus e no seu Coração ardente de amor.

Ofereço-vos também todos os méritos dos Santos que estão no céu e na terra, seus atos de amor e aqueles dos Santos Anjos; ofereço-vos, enfim, ó Trindade bem-aventurada, o amor e os méritos da Santíssima Virgem, minha Mãe querida; é a ela que entrego minha oferenda, pedindo-lhe que a apresente a Vós.

Seu divino Filho, meu amado Esposo, nos dias de sua vida mortal, nos disse: *"Tudo quanto pedirdes a meu Pai em meu nome, Ele vo-lo dará"* (Jo 16,23). Portanto, estou certa de que atendereis os meus desejos... Eu sei, ó meu Deus, que *quanto mais quereis dar, tanto mais fazeis desejar.*

Sinto desejos imensos em meu coração, e é com confiança que vos peço que venhais tomar posse de minha alma. Ah! não posso receber a santa Comunhão com a frequência que desejaria; mas, Senhor, não sois

Todo-poderoso? Ficai em mim como no Tabernáculo, jamais vos afasteis de vossa pequena hóstia.

Quisera consolar-vos pela ingratidão dos perversos, e vos suplico que me tireis a liberdade de vos ofender. Se alguma vez, por fraqueza, eu cair, que imediatamente vosso divino olhar purifique a minha alma, consumindo todas as minhas imperfeições, como o fogo que transforma em si mesmo todas as coisas.

Agradeço-vos, ó meu Deus, todas as graças que me concedestes: particularmente por me terdes feito passar pelo crisol do sofrimento. É com alegria que vos contemplarei no último dia, empunhando o cetro da Cruz; e, já que vos dignastes fazer-me participante dessa Cruz tão preciosa, espero assemelhar-me a Vós no Céu, e ver brilhar em meu corpo glorificado os sagrados estigmas de vossa paixão.

Depois do exílio da terra, espero ir gozar-vos na pátria; mas não quero acumular méritos para o céu, quero trabalhar somente por vosso amor, com o objetivo único de vos agradar, de consolar vosso Coração sagrado e de salvar almas que vos amarão eternamente.

Ao entardecer desta vida, aparecerei diante de vós de mãos vazias; por isso não vos peço, Senhor, que leveis em conta minhas obras... *Todas as nossas justiças têm defeitos a vossos olhos!* Quero, pois, revestir-me de vossa própria Justiça, e receber de vosso amor a posse eterna de Vós mesmo. Não quero, absolutamente, outro trono e outra coroa senão a Vós, ó meu Amado!

Aos vossos olhos, o tempo não é nada; *um só dia é como mil anos* (Sl 89,4). Então, num instante, podeis preparar-me para comparecer diante de Vós.

A fim de viver num ato de perfeito amor, OFEREÇO-ME COMO VÍTIMA DE HOLOCAUSTO AO VOSSO AMOR MISERICORDIOSO, pedindo-vos que me consumais sem cessar, e façais irromper em minha alma as ondas de infinita ternura que se encerram em Vós, e que, assim, eu me torne Mártir de vosso amor, ó meu Deus!

Que esse martírio, após me haver preparado para comparecer diante de Vós, me faça, enfim, morrer, e minha alma se lance sem demora no eterno abraço de vosso misericordioso amor!

A cada batida do meu coração, ó meu Amado, quero renovar-vos este oferecimento um número infinito de vezes, até que, *desfeitas as sombras* (Ct 4,6), eu possa repetir-vos meu amor num face a face eterno!!!...

MARIA-FRANCISCA-TERESA DO MENINO JESUS
E DA SANTA FACE,
rel. carm. ind.

Festa da Santíssima Trindade,
9 de junho do ano da graça de 1895.

Consagração à Santa Face
(Composta para o noviciado)

Ó Face adorável de Jesus! Já que vos dignastes escolher particularmente nossas almas para vos doar a elas, nós as consagramos a Vós.

Parece-nos, ó Jesus, ouvir-vos dizer: *"Abri-me, minhas irmãs, minhas esposas amadas, porque minha Face está coberta de orvalho e meus cabelos estão úmidos de gotas da noite"* (Ct 5,2). Nossas almas compreendem vossa linguagem de amor; queremos enxugar vossa doce Face e vos consolar pelo esquecimento dos maus. A seus olhos, Vós estais ainda *"como que escondido... eles vos consideram como um objeto de desprezo!"* (Is 53,3).

Ó Face mais bela do que os lírios e as rosas da primavera, não estais oculta a nossos olhos! As lágrimas que encobrem vosso divino olhar nos aparecem como diamantes preciosos que queremos recolher, a fim de, com seu valor infinito, comprar as almas de nossos irmãos.

Ouvimos a queixa amorosa de vossa boca adorável. Compreendendo que a sede que vos consome é uma sede de amor, quereríamos possuir um amor infinito para vos dessedentar!

Amado Esposo de nossas almas, se tivéssemos o amor de todos os corações, esse amor seria vosso... Pois bem, dai-nos esse amor, e vinde saciar vossa sede em vossas pequenas esposas.

Almas, Senhor, precisamos de almas, sobretudo almas de apóstolos e de mártires; a fim de que, por elas, inflamemos de vosso amor a multidão dos pobres pecadores.

Ó Face adorável, nós saberemos obter de Vós esta graça. Esquecendo nosso exílio às margens dos rios da Babilônia, cantaremos as mais doces melodias aos vossos ouvidos. E porque sois a verdadeira, a única pátria de nossas almas, *nossos cânticos não serão cantados numa terra estrangeira* (Sl 136,4).

Ó Face amada de Jesus, aguardando o dia eterno, no qual contemplaremos vossa glória infinita, nosso único desejo é encantar vossos olhos divinos, escondendo também nossa face, a fim de que nesta terra ninguém nos possa reconhecer... Vosso olhar velado é nosso céu, ó Jesus!

Orações

> Tudo o que pedirdes ao meu Pai, em meu nome,
> Ele vo-lo concederá (Jo 16,23).

Pai eterno, vosso Filho único, o doce Menino Jesus, é meu, porque mo destes. Ofereço-vos os méritos infinitos de sua divina Infância, e vos peço, em seu nome, que chameis às alegrias do Céu incontáveis legiões de criancinhas que seguirão eternamente este divino Cordeiro.

> Assim como, num reino, consegue-se tudo o que se deseja com a efígie do príncipe, assim também com a moeda preciosa de minha santa humanidade, que é minha adorável Face, obtereis tudo quanto quiserdes.
>
> Nosso Senhor à Irmã Maria de São Pedro.

Pai Eterno, já que me destes por herança a Face adorável de vosso divino Filho, eu vo-la ofereço e, em troca desta Moeda infinitamente preciosa, peço-vos esquecer as ingratidões das almas que vos são consagradas e perdoar os pobres pecadores.

Oração ao Menino Jesus

Ó pequeno Menino Jesus! meu único tesouro, abandono-me aos teus divinos caprichos. Não quero outra alegria, senão a de fazer-te sorrir. Imprime em mim tuas graças e tuas virtudes infantis, a fim de que no dia do meu nascimento para o céu, os Anjos e os Santos reconheçam em tua pequena esposa: Teresa do Menino Jesus.

Oração à Santa Face

Ó Face adorável de Jesus, única beleza que arrebata meu coração, digna-te imprimir em mim tua divina semelhança, a fim de que tu não possas olhar a alma de tua pequena esposa sem contemplar-te a ti mesmo.

Ó meu Amado, por amor a ti, aceito não ver, aqui na terra, a doçura do teu olhar e não sentir o inexprimível beijo de tua boca, mas suplico-te que me inflames de teu amor, a fim de que me consuma rapidamente e me faça logo comparecer diante de ti:

Teresa da Santa Face.

Oração inspirada por uma imagem representando a Bem-aventurada Joana d'Arc

Senhor, Deus dos exércitos, que nos dissestes em vosso Evangelho: "Não vim trazer a paz, mas a espada" (Mt 10,34), armai-me para a luta; ardo no desejo de combater por vossa glória; suplico-vos, porém, fortalecei minha coragem... Então, com o santo rei Davi, poderei exclamar: *"Só Vós, Senhor, sois meu escudo; só Vós, Senhor, adestrais minhas mãos para a guerra..."* (Sl 143,1-2).

Ó meu Amado, compreendo a que combates Vós me destinais; não é absolutamente nos campos de batalha que hei de lutar... Sou prisioneira do vosso amor, livremente fechei a corrente que me une a Vós e me separa para sempre do mundo. Minha espada é o Amor! com ele *expulsarei o estrangeiro do reino e vos farei proclamar Rei* nas almas.

Sem dúvida, Senhor, não vos é necessário um instrumento tão fraco quanto eu, mas foi Joana, vossa virginal e valorosa esposa, que disse:

"É preciso lutar para que Deus conceda a vitória". Ó meu Jesus, lutarei, pois, por vosso amor até o entardecer de minha vida. Visto que não quisestes experimentar repouso sobre a terra, quero seguir vosso exemplo; e espero, que assim se realize em mim esta promessa saída de vossos lábios divinos: *"Se alguém me segue, em qualquer lugar que eu esteja, ali também ele estará, e meu Pai o honrará"* (Jo 12,26). Estar convosco, estar em Vós, eis meu único desejo; a certeza que me dais de sua realização ajuda-me a suportar o exílio, esperando o radioso dia do face a face eterno!

Oração para obter a humildade
(Composta para uma noviça)

Ó Jesus, quando éreis peregrino sobre a terra, dissestes: *"Aprendei de mim que sou manso e humilde de coração e encontrareis repouso para vossas almas"* (Mt 11,29). Poderoso Monarca dos Céus, sim, minha alma encontra repouso ao vos ver, revestido da forma e da natureza de escravo, rebaixado até lavar os pés de vossos apóstolos. Recordo-me, então, dessas palavras que pronunciastes para ensinar-me a praticar a humildade: *"Dei-vos o exemplo, a fim de que também vós façais aquilo que eu fiz. O discípulo não é maior do que o Mestre... Se compreenderdes estas coisas, bem-aventurados sereis se as praticardes"* (Jo 13,15-17). Eu compreendo, Senhor, estas palavras saídas de vosso Coração manso e humilde, quero praticá-las com o auxílio de vossa graça.

Quero abaixar-me humildemente e submeter minha vontade à de minhas irmãs, sem contradizê-las em nada e sem procurar saber se elas têm ou não o direito de mandar em mim. Ó meu Amado, ninguém tinha esse direito sobre Vós e, no entanto, obedecestes, não só à Santíssima Virgem e a São José, mas também aos vossos algozes. Agora, é na Hóstia que vos vejo chegar ao cúmulo de vossos aniquilamentos. Com que humildade, ó divino Rei da glória, Vós vos submeteis a todos os vossos sacerdotes, sem fazer distinção alguma entre os que vos amam e os que, infelizmente, são tíbios ou frios no vosso serviço. Eles podem adiantar ou retardar a hora do santo Sacrifício e estais sempre pronto a descer do céu ao seu chamado.

Ó meu Amado, como me pareceis manso e humilde de coração sob o véu da branca Hóstia! Para ensinar-me a humildade, não podeis abaixar--vos mais; e ainda, para responder ao vosso amor, quero pôr-me na última fileira, participar de vossas humilhações, a fim de *"ter parte convosco"* (Jo 13,8) no Reino dos Céus.

Suplico-vos, meu divino Jesus, que me envieis uma humilhação cada vez que eu procurar elevar-me acima das outras.

Mas, Senhor, minha fraqueza vos é conhecida; todas as manhãs, tomo a resolução de praticar a humildade e, à tarde, reconheço ter cometido ainda muitas faltas por orgulho. Diante disso, sou tentada a desanimar, mas sei que o desânimo também é orgulho; por isso, ó meu Deus, quero fundamentar unicamente sobre Vós minha esperança: já que tudo podeis, dignai-vos fazer nascer em minha alma a virtude que desejo. Para obter esta graça de vossa infinita misericórdia, repetir-vos-ei muitas vezes:

"Jesus, manso e humilde de coração, tornai meu coração semelhante ao vosso".

Cantarei eternamente as misericórdias do Senhor.
Armas de Jesus e de Teresa[53]

Nascimento: 2 de janeiro de 1873. – Batismo: 4 de janeiro de 1873. – Sorriso da Santíssima Virgem: 10 de maio de 1883. – Primeira Comunhão: 8 de maio de 1884. – Confirmação: 14 de junho de 1884. – Conversão: 25 de dezembro de 1886. – Audiência de Leão XIII: 20 de novembro de 1887. – Entrada para o Carmelo: 9 de abril de 1888. – Tomada de Hábito: 10 de janeiro de 1889. – Profissão: 8 de setembro de 1890. – Tomada do Véu: **24** de setembro de 1890. – Oferta de si mesma ao Amor: 9 de junho de 1895.

---

53. Segundo uma pintura de Irmã Teresa do Menino Jesus.

EXPLICAÇÃO DAS ARMAS

O Brasão JHS é aquele que Jesus se dignou dar em dote à sua esposa pobrezinha, chamando-a de Teresa do *Menino Jesus* e da *Santa Face*. Estes são seus título de nobreza, sua riqueza e sua esperança. – A vinha que separa o brasão é também a figura daquele que se dignou dizer-nos: *"Eu sou a videira e vós sois os ramos; quero que deis muitos frutos"* (Jo 15,5). Os dois ramos, que cercam: um a Santa Face, o outro, o Menino Jesus, são a imagem de Teresa, que na terra tem apenas um desejo: o de oferecer-se como um pequeno cacho de uvas para refrescar Jesus-Menino, acariciá--lo, deixar-se prender por Ele segundo seus caprichos... e depois estancar também a sede ardente que Ele sentiu durante sua Paixão. A harpa representa ainda Teresa que eternamente quer cantar melodias de amor a Jesus.

O Brasão FMT é o de Maria Francisca Teresa, a florzinha da Santíssima Virgem; também esta florzinha é representada recebendo os raios benfazejos da doce Estrela da manhã. – A terra verdejante é a família bendita no seio da qual a florzinha cresceu. Mais ao longe, vê-se a montanha do Carmelo, onde Teresa representa em suas armas o dardo inflamado do amor que deve merecer-lhe a palma do martírio. Mas ela não esquece que é apenas um frágil caniço; ela o colocou até no seu brasão. O triângulo luminoso representa a adorável Trindade que não cessa de espalhar seus dons inestimáveis sobre a alma de Teresinha; ainda, em seu agradecimento, ela não esquece o lema:

"O amor só se paga com amor".

Irmã Teresa do Menino Jesus e da Santa Face.

Exumação da Serva de Deus, Teresa do Menino Jesus (6 de setembro de 1910)
Após ter retirado o caixão do antigo túmulo onde se vê a cruz, S. Excia. Dom Lemonnier, Bispo de Bayeux e Lisieux, abençoou o novo túmulo e permitiu à multidão passar diante do caixão. Mons. de Teil, Vice-Postulador, escreveu a ata do processo; a seus pés vê-se a palma encontrada intacta.

6 de setembro de 1910, no Cemitério de Lisieux

Várias vezes durante sua última doença, Irmã Teresa do Menino Jesus disse que, *segundo seu desejo*, dela não se encontrariam senão ossos.

"Amastes muito o bom Deus, e por seu intermédio Ele fará maravilhas; nós encontraremos vosso corpo incorrupto", dizia-lhe uma noviça pouco tempo antes de sua morte. – *Oh não!*, respondeu ela, *nada de maravilhas! Isso seria sair do meu pequeno caminho da humildade, e é preciso que as almas pequenas em nada me possam invejar*".

A exumação dos restos da Serva de Deus, feita com o objetivo de garantir-lhe a conservação e não expô-los já à veneração dos fiéis, teve lugar no dia 6 de setembro de 1910.

Procurou-se manter o ato em segredo; porém, foi suficientemente conhecido para permitir que muitas centenas de pessoas acorressem ao cemitério.

Dom Lemonnier, Bispo de Bayeux e Lisieux, Mons de Teil, Vice-Postulador da causa, os Senhores Cônegos Quirié e Dubosq, Vigários-gerais, e muitos sacerdotes entre os quais todos os membros do Tribunal encarregado de instruir o Processo de Beatificação, estavam presentes.

O trabalho de exumação ofereceu grandes dificuldades, pois o caixão estava colocado a uma profundidade de 3m e 50, e num deplorável estado de conservação. Um perito nesses tipos de obras dirigia a ação. Ele fez deslizar tábuas sob o caixão, para fazer um fundo artificial destinado a sustentar o outro que ameaçava se destruir; depois envolveu o conjunto em fortes panos, mantendo-os unidos por sólidas correias. Após muito tempo e alguma ansiedade, conseguiu-se retirar o caixão sem acidente. Quando ele apareceu a seus olhos, o Pontífice entoou com voz comovida o canto de Davi, louvando o Senhor, que *"tira o humilde do pó para fazê-lo sentar-se com os príncipes de seu povo"*. E enquanto os sacerdotes salmodiavam o LAUDADE PUERI DOMINUM, percebeu-se através das tábuas separadas, totalmente verde e fresca como no primeiro dia, a palma que, a 4 de outubro de 1897, fora colocada sobre os despojos virginais da Serva de Deus[54]. Não seria este o símbolo da palma imortal que ela conseguiu pelo martírio do coração? O martírio sobre o qual ela havia escrito: *"A qualquer preço quero colher a palma de Inês; se não for pelo sangue, é preciso que o seja pelo AMOR"*.

---

54. É verdade que esta palma fora esterilizada; mas as semelhantes, de folhas muito delicadas, que desde 1897 eram guardadas na sacristia do Carmelo, tiveram de ser preservadas com cuidado da umidade e enxugadas em épocas chuvosas; sem isso amareleciam e se enchiam de pontos de bolor; finalmente foi necessário queimá-las.

Abriu-se, então, o caixão.

Dois trabalhadores, o pai e o filho, estavam lá perto; nesse momento, sentiram um suave e forte perfume de violetas, que nenhuma causa natural podia explicar e que os comoveu profundamente[55].

As vestes apareceram em ordem; também pareciam conservadas, mas foi apenas uma aparência. Os véus e o escapulário já não existiam, o grosso burel das carmelitas perdera toda a consistência e se rasgava facilmente... Enfim, como a humilde filha havia desejado, encontraram-se apenas ossos!

Um dos médicos presentes quis oferecer uma parte deles a Dom Lemonnier, mas Sua Excia. opôs-se a isso e mandou que se tirasse a menor parte possível. Ele aceitou somente a pequena cruz de madeira que fora colocada nas mãos da Serva de Deus.

O antigo caixão foi então depositado numa caixa de chumbo, disposta num caixão de carvalho. Depois, cobriu-se o corpo de vestes novas que haviam sido preparadas, e a cabeça com um véu que foi coberto de rosas, as últimas colhidas nos próprios roseirais do Carmelo, onde muitas vezes a angélica Teresa havia lançado flores aos pés do Calvário.

Nesse momento, por ordem de Dom Lemonnier, para contentar a multidão que permanecera no cemitério silenciosa e recolhida, afastaram-se as telas que escondiam aos olhares o pequeno recinto das Carmelitas e o caixão foi colocado sobre cavaletes diante da porta gradeada.

Durante três quartos de hora, não se cessou de desfilar, de rezar e de tocar objetos de piedade. O Bispo de Bayeux foi o primeiro a fazer tocar nos ossos pedaços de seda roxa trazidos por ele com essa intenção. Viram-se trabalhadores aproximar suas alianças de casamento; todos os que haviam trabalhado na exumação pareciam perpassados de respeito. Calculou-se que quinhentas pessoas veneraram os restos, após três horas de espera.

Uma extraordinária impressão de sobrenatural, uma emoção da qual não tinham experiência, invadiu os assistentes. Sem dúvida, a alma de Irmã Teresa vagava junto a seus despojos mortais, feliz por oferecer a seu Criador o aniquilamento de seu ser físico... Sentia-se que acontecia alguma coisa grande, solene. Apesar das realidades lúgubres e humilhantes do tú-

---

55. Um desses trabalhadores é o marceneiro que fez os caixões. Em agradecimento pelo favor que eles receberam, a 30 de setembro, trouxeram ao Carmelo uma belíssima coroa de violetas brancas artificiais para ser colocada na cela da Serva de Deus.

mulo, as almas, em vez de estar desconcertadas, perturbadas, esfriadas em sua fé e seu amor, sentiam crescer, ao contrário, o fervor e a ternura de sua veneração.

Quando o desfile chegou ao fim, uma ata, escrita sobre um pergaminho timbrado com as armas de Dom Lemonnier, foi fechada num tubo de metal e depositada no caixão de chumbo. Depois o tubo foi fechado sobre a cobertura na qual foi soldada uma placa com a inscrição:

IRMÃ TERESA DO MENINO JESUS E DA SANTA FACE.
MARIA-FRANCISCA-TERESA MARTIN.
1873-1897

Lê-se o mesmo texto numa placa de cobre fixada sobre o caixão de carvalho. Duas impressões de cada selo de Dom Lemonnier e de Mons. de Teil foram apostas sobre a soldadura nos quatro ângulos do caixão de chumbo. Faltava só fixar o tampo de madeira de carvalho.

A poucos passos do primeiro túmulo foi cavado um novo, de dois metros de profundidade, onde se preparou um ossuário de tijolos nas dimensões do caixão. Dom Lemonnier o abençoara ao chegar e foi lá que se desceram os preciosos despojos.

À tarde, as tábuas retiradas do caixão, alguns fragmentos das vestes e a palma, que a devoção indiscreta dos trabalhadores haviam reduzido a pedaços, foram levados para o Carmelo, e a Irmã encarregada de reuni-los sentiu por duas vezes um perfume de rosas. Partículas das vestes e do caixão exalaram ainda um perfume de incenso.

Uma outra tábua, destacada da cabeceira do caixão e que não pôde ser encontrada no mesmo dia, foi também, oito dias após, levada ao mosteiro. A Irmã que faz a ronda a havia descoberto. Duvidando um pouco de sua autenticidade, suplicou à Irmã Teresa do Menino Jesus que lhe desse um sinal sensível. Ela foi ouvida, pois muitas Irmãs, que não haviam sido avisadas, foram tomadas por um maravilhoso perfume de incenso que exalava dessa tábua e que uma delas sentiu a uma distância bastante grande.

Mas o coração terno de Irmã Teresa quis ainda consolar os que a amam, dando-lhes uma imagem impressionante da plenitude de vida de que ela goza no Céu.

Uma das almas que ela favoreceu nesta circunstância de suas celestes comunicações, e que é bastante estimada pelos sacerdotes piedosos e esclarecidos, atestou sob a fé do juramento a verdade do relato que se vai ler.

Esta pessoa desejava vivamente assistir à exumação e havia projetado informar-se sobre a época em que aconteceria, mas ela pensava que ainda estava longe. O fato a seguir ocorreu na mesma noite que seguiu à exumação, a 6 ou 7 de setembro.

Em sua visão, ela percebeu primeiramente uma grande multidão, que supôs ser um cortejo triunfal e um sepultamento muito solene. "Depois, disse ela, vi uma jovem virgem resplendente de luz. Sua veste de neve e de ouro brilhava em toda a parte. Eu não distinguia seus traços, tão impregnados de luz estavam. Estando semideitada, ela se levantou, parecendo sair de um sudário luminoso. Com o candor e um sorriso de criança, ela me agarrou em seus braços e me deu um beijo. A este celeste contato, pareceu-me que eu estava num oceano de pureza e que eu bebia na fonte das alegrias eternas. Não tenho palavras para expressar a intensidade de vida que emanava de todo o seu ser. Tudo nela falava sem palavra, por um inexprimível raio de ternura, como em Deus, fogo de amor infinito, os bem-aventurados amam no Céu..."

Ignorando o que se passava em Lisieux, a feliz privilegiada perguntava-se quem era essa jovem virgem e por que ela lhe aparecera deitada e saindo de um sudário. Três dias depois, lendo em *La Croix* o relato da exumação, ela teve imediatamente a certeza de que era Irmã Teresa que viera anunciar-lhe o acontecimento, e ela partiu logo para agradecer-lhe em seu túmulo.

Mas não bastou para a Serva de Deus ter dado aos seus esta prova de afeição, de ter-lhes dito como o anjo a Madalena: "Por que procurais entre os mortos aquele que está cheio de vida?", ela quis ainda fazer-lhes promessas para o futuro.

A 5 de setembro, véspera da exumação, ela aparecera à reverenda Madre Priora de um Carmelo estrangeiro e, anunciando-lhe que no dia seguinte dela só encontrariam ossos, "*apenas ossos*", ela lhe fizera pressentir as maravilhas que devia operar a seguir. A reverenda Madre as resume assim: "Estes ossos benditos farão milagres deslumbrantes e serão poderosas armas contra o demônio".

Algumas semanas mais tarde, o resultado da exumação chegou ao conhecimento de um professor da Universidade de X., homem de grande valor intelectual, de uma extraordinária piedade e, mais ainda, muito favorecido pela Serva de Deus com graças de todo o gênero, depois de mais de dez anos que ele a conheceu. Primeiramente ele se entristeceu pelo fato de a angelical virgem ter sido submetida à lei comum, e porque ele se deixou levar por esses pensamentos melancólicos, ouviu uma misteriosa voz que lhe respondia:

"Eu depus a roupa de meus dias de trabalho; aguardo a roupa do domingo eterno: pouco me importa o que acontecerá à outra".

"E então, disse ele, eu tive uma luz que me consolou, compreendi que essa dissolução espalhará os átomos de seu corpo em toda a parte, de modo que não somente sua alma, mas também algo de seu corpo poderá estar presente e FAZER O BEM SOBRE A TERRA.

Com efeito, parece-me que tudo o que realmente pertenceu ao corpo de um santo é uma relíquia, e se assim é, não somente seus ossos, mas também as moléculas invisíveis de matéria podem trazer neles a graça das relíquias".

É certamente a resposta a esse desejo tão poeticamente expresso:

> Senhor, em teus altares mais de uma fresca rosa gosta de brilhar,
> Ela se doa a ti... mas eu sonho outra coisa:
> É me desfolhar...

LEIA TAMBÉM:

A vida merece um sentido
Sinais de Deus no caminho

Dom Itamar Vian
Frei Aldo Colombo

Jesus foi um excelente contador de história. Foi o pregador dos caminhos e nas suas pregações aparece seguidamente o cotidiano. Ele falava dos lírios do campo, das aves do céu e das searas maduras. Também estava atento à dona de casa que procurava a moeda perdida, ao pai que acolheu o filho pródigo e ao negociante que vendeu tudo para comprar uma pérola. Suas parábolas estão cheias de luz e são compreensíveis por todos.

Neste livro, de maneira direta e simples, como é a "maneira franciscana" de se comunicar, os autores procuram apresentar facetas do amor no dia a dia de cada um de nós. Tais expressões de amor são, na verdade, sinais da presença de Deus em nossa vida.

Dom Itamar Vian nasceu em Roca Sales, interior do Rio Grande do Sul, no dia 27 de agosto de 1940. Ingressou na Ordem dos Frades Menores Capuchinhos, tendo sido ordenado sacerdote a 1º de dezembro de 1968. Durante 16 anos trabalhou na formação inicial. Em 1984 foi sagrado bispo de Barra, na Bahia, e em 2002 passou, para a Diocese de Feira de Santana, como arcebispo. Na CNBB foi membro do Conselho Permanente. Em sua atuação pastoral sempre dedicou especial atenção aos meios de comunicação social.

Frei Aldo Colombo pertence à Ordem dos Frades Menores Capuchinhos do Rio Grande do Sul. Nasceu no município de Rolante, RS, aos 9 de novembro de 1937. Foi ordenado sacerdote em 12 de julho de 1964. Em três períodos exerceu a missão de ministro provincial. Pelo espaço de quatro anos atuou na Conferência dos Religiosos do Brasil, no Rio de Janeiro, como diretor de cursos. Atualmente reside em Garibaldi, RS, como superior da fraternidade. Sempre esteve ligado à Pastoral da Comunicação, especialmente no *Correio Riograndense*, onde atuou por 23 anos.

LEIA TAMBÉM:

O livro da felicidade

Joan Chittister

Joan Chittister é beneditina, autora *best-seller* e palestrante conhecida internacionalmente. Já participou de diversos programas, incluindo o da renomada apresentadora americana Oprah Winfrey. É defensora da justiça, da paz e da igualdade, especialmente, para as mulheres do mundo todo, e é uma das mais influentes líderes sociais e religiosas do nosso tempo.

Escreveu vários livros que buscam entender o ser humano em perspectiva existencial e religiosa, com linguagem sempre atual e vivencial. Essa nova obra tem a felicidade como tema central.

Para Chittister, a felicidade não é um derivado da riqueza ou do sucesso, mas uma qualidade pessoal a ser aprendida, regida e destemidamente exercida. Porém muitos, erroneamente, acreditam que a felicidade resulta de ter bastante dinheiro, fama, conforto, sucesso mundano ou até pura sorte.

Ao longo dessas páginas, Chittister desenvolve "uma arqueologia da felicidade" enquanto conduz uma "escavação" através da sociologia, biologia, neurologia, psicologia, filosofia, história e religiões, oferecendo *insights* inspiradores que ajudarão peregrinos de todos os lugares a aprenderem a cultivar a verdadeira e duradoura felicidade dentro de si mesmo.

Joan Chittister é autora também de *Para tudo há um tempo* e *Entre a escuridão e a luz do dia*, ambos publicados pela Editora Vozes.

Esse livro é uma ótima opção de presente para o Natal!!

CULTURAL
Administração
Antropologia
Biografias
Comunicação
Dinâmicas e Jogos
Ecologia e Meio Ambiente
Educação e Pedagogia
Filosofia
História
Letras e Literatura
Obras de referência
Política
Psicologia
Saúde e Nutrição
Serviço Social e Trabalho
Sociologia

CATEQUÉTICO PASTORAL
Catequese
Geral
Crisma
Primeira Eucaristia

Pastoral
Geral
Sacramental
Familiar
Social
Ensino Religioso Escolar

TEOLÓGICO ESPIRITUAL
Biografias
Devocionários
Espiritualidade e Mística
Espiritualidade Mariana
Franciscanismo
Autoconhecimento
Liturgia
Obras de referência
Sagrada Escritura e Livros Apócrifos

Teologia
Bíblica
Histórica
Prática
Sistemática

REVISTAS
Concilium
Estudos Bíblicos
Grande Sinal
REB (Revista Eclesiástica Brasileira)

VOZES NOBILIS
Uma linha editorial especial, com importantes autores, alto valor agregado e qualidade superior.

PRODUTOS SAZONAIS
Folhinha do Sagrado Coração de Jesus
Calendário de mesa do Sagrado Coração de Jesus
Almanaque Santo Antônio
Agendinha
Diário Vozes
Meditações para o dia a dia
Encontro diário com Deus
Guia Litúrgico

VOZES DE BOLSO
Obras clássicas de Ciências Humanas em formato de bolso.

CADASTRE-SE
www.vozes.com.br

EDITORA VOZES LTDA.
Rua Frei Luís, 100 – Centro – Cep 25689-900 – Petrópolis, RJ
Tel.: (24) 2233-9000 – Fax: (24) 2231-4676 – E-mail: vendas@vozes.com.br

UNIDADES NO BRASIL: Belo Horizonte, MG – Brasília, DF – Campinas, SP – Cuiabá, MT
Curitiba, PR – Fortaleza, CE – Juiz de Fora, MG – Petrópolis, RJ – Recife, PE – São Paulo, SP